Gerencia de marketing

Estrategias y programas

Sexta edición

Joseph P. Guiltinan
University of Notre Dame

Gordon W. Paul
University of Central Florida

Thomas J. Madden
University of South Carolina

Traducción
Cecilia Ávila de Barón
Universidad de los Andes
Universidad La Gran Colombia

Revisión técnica
Gabriel Pérez Cifuentes
Psicólogo, Universidad Nacional de Colombia
Magíster en Administración, Universidad de los Andes

Santafé de Bogotá • Buenos Aires • Caracas • Guatemala • Lisboa
Madrid • México • Nueva York • Panamá • San Juan
Santiago de Chile • Sao Paulo
Auckland • Hamburgo • Londres • Milán • Montreal • Nueva Delhi
París • San Francisco • San Luis • Singapur • Sidney
Tokio • Toronto

Gerencia de marketing, sexta edición

Traducido de la sexta edición de
MARKETING MANAGEMENT
Strategies and Programs

ISBN: 0-07-049097-X

6123457890 9012345678

ISBN: 958-600-828-2

Impreso en Colombia Printed in Colombia

Se imprimieron 1.100 ejemplares en el mes de junio de 1999
Impreso por: Editorial Nomos
Impreso en Colombia - Printed in Colombia

ACERCA DE LOS AUTORES

JOSEPH P. GUILTINAN es actualmente profesor de marketing en la University of Notre Dame, en donde también se ha desempeñado como director del departamento de marketing y como decano asociado para los programas de MBA. Antes de vincularse con la facultad de Notre Dame, en 1987, fue miembro de las facultades de la University of Massachusetts y de la University of Kentucky (en donde también fue director de departamento). Para el periodo de 1975-1976 fue miembro asociado de la facultad AACSB en la National Aeronautics and Space Administration.

Egresado de la University of Notre Dame con título de BBA, tiene los grados MBA y DBA de la Indiana University. El doctor Guiltinan ha orientado sus investigaciones hacia los temas de precios, estrategia de marketing y desarrollo de nuevos productos. Sus investigaciones han sido publicadas en *Journal of Marketing, Journal of Consumer Research, Journal of Product Innovation Management, Social Forces* y *Journal of Retailing.*

GORDON W. PAUL es profesor de marketing en la University of Central Florida, en donde anteriormente había ejercido el cargo de director del Departamento de Marketing. Antes de vincularse con la University of Central Florida fue miembro de las facultades de la University of Massachusetts y de la Louisiana State University-Baton Rouge. En tres oportunidades, el profesor Paul ha sido becario senior del programa Fulbright en Grecia y Portugal. Además, ha sido un activo consultor y en la actualidad se halla vinculado a varias organizaciones de negocios como funcionario o como socio.

Egresado de la University of Tulsa, tiene un grado MBA de la University of Texas-Austin y un Ph.D. de la Michigan State University. Sus escritos han aparecido en publicaciones como *Journal of Retailing, Decision Sciences* y *Journal of Marketing.* El profesor Paul ha sido coautor de *Consumer Behavior: An Integrated Approach* (Richard D. Irwin) y *Cases in Marketing Management* (McGraw-Hill).

THOMAS J. MADDEN es profesor asociado de marketing en la University of South Carolina. Antes de vincularse a esta institución, fue miembro de la facultad en la University of Massachusetts-Amherst. El profesor Madden es egresado de la University of Bridgeport como BS y recibió su grado MBA en la California State University-Fresno. Recibió su Ph.D. en la University of Massachusetts.

La investigación del doctor Madden ha sido publicada en *Journal of Marketing, Journal of Marketing Research, Journal of Consumer Research* y *Journal of Advertising Research.* Es coautor de *Marketing Research in a Marketing Environment* (Richard D. Irwin) y *Essentials of Marketing Research* (Richard D. Irwin). El doctor Madden ha sido participante activo en programas de desarrollo ejecutivo tanto en EE. UU. como en otros países.

A nuestras familias

Sharon y Shannon Guiltinan, Joanna McNultz y Jennifer Urbach

Gloria, Christopher y Bradley Paul

Priscilla, Michael y Amy Madden

TABLA DE CONTENIDO

Prefacio xiii

PARTE UNO PERSPECTIVAS ADMINISTRATIVAS SOBRE MARKETING 3

CAPÍTULO 1 ORIENTACIÓN HACIA EL MERCADO, ADMINISTRACIÓN DEL MARKETING Y EL PROCESO DE PLANEACIÓN DEL MARKETING 5

Visión general 5
Calidad y satisfacción del cliente 6
Calidad, satisfacción y desempeño 8
Orientación hacia el mercado 10
Orientación hacia el mercado y planeación del marketing 14
El proceso de planeación del marketing 15
Pasos básicos en la planeación 17 / La gerencia del marketing y el proceso de planeación del marketing 18
Conclusión 19
Rubbermaid: desarrollo de un compromiso con el cliente 20
Preguntas y situaciones para análisis 21
Lecturas adicionales sugeridas 22

CAPÍTULO 2 PLANEACIÓN DEL MARKETING CORPORATIVO 23

Visión general 23
Estrategia corporativa 24
Amenazas y oportunidades del entorno 25 / Fortalezas y debilidades 26 / Misión y objetivos corporativos 28 / Tipos de estrategias corporativas 30 / Estrategias de crecimiento para mercados actuales 31 / Estrategias de crecimiento para nuevos mercados 33 / Estrategias de consolidación 35
Estrategia de la mezcla de productos 36
Modelos de portafolio de productos 37 / La ventana estratégica del negocio 39
El plan corporativo y la gerencia media 41
Conclusión 42
Tenneco: cómo rehacer una corporación 43
Preguntas y situaciones para análisis 44
Lecturas adicionales sugeridas 45

PARTE DOS ANÁLISIS DE LA SITUACIÓN 47

CAPÍTULO 3 ANÁLISIS DEL MERCADO 49

Visión general 49
La voz del consumidor 51
Definir el mercado relevante 53
Descripción de la estructura del mercado del producto 53 / Análisis de la estructura del mercado 54 / Definición de límites amplios en el mercado relevante 55 / Definición de límites estrechos en el mercado relevante 57
Análisis de la demanda primaria 59
Elementos clave en el análisis de la demanda primaria 59 / Identificación del comprador 59 / Disposición y capacidad de compra 62
Análisis de la demanda selectiva 65
Identificación de los tipos de procesos de decisión 67 / Atributos determinantes 69
Conclusión 73
Tupperware: cómo afrontar condiciones cambiantes *en la demanda* 73
Preguntas y situaciones para discusión 73
Lecturas adicionales sugeridas 77

CAPÍTULO 4 MERCADO OBJETIVO Y VENTAJA COMPETITIVA 79

Visión general 79
Segmentación del mercado 79
Forma y perfil de los segmentos 81
Búsqueda de necesidades/beneficios 81 / Medidas del comportamiento 87 / Medidas de valores/estilo de vida 87 / Características de clasificación 88
Evaluación de los segmentos del mercado 90
Unicidad 90 / Sensibilidad 90 / Posibilidad de llegar a la acción 93 / Estabilidad 93 / Rentabilidad 93
Selección de la estrategia 94
Segmentación según la base de datos 94
Examen de las fuerzas competitivas del mercado 95
Creación de un perfil del mercado 95 / Elaboración de mapas perceptuales 97 / Creación de espacios perceptuales 97 / Puntos ideales 102
Identificación de mercados objetivo potenciales 103
Conclusión 104
Mobil: segmentación del mercado minorista de la gasolina 105
Preguntas y situaciones para análisis 105
Lecturas adicionales sugeridas 108

CAPÍTULO 5 MEDICIÓN DEL MERCADO 109

Visión general 109
Tipos básicos de mediciones del mercado 110 / Definición de lo que se va a medir 112

Potencial del mercado total 112
Medición del potencial del mercado total 113
Potencial del mercado relativo 119
Medición del potencial del mercado relativo 119 / Mercados objetivo con alto potencial 121 / Bases de datos internas 123
Pronósticos de ventas 124
Tipos básicos de pronósticos de ventas 125 / Enfoques básicos de pronósticos 127 / Interpretación de los pronósticos 133
Conclusión 135
Cómo enfrentaron la incertidumbre de la demanda en Sport Obermeyer 137
Preguntas y situaciones para análisis 138
Lecturas adicionales sugeridas 141

CAPÍTULO 6 ANÁLISIS DE RENTABILIDAD Y DE PRODUCTIVIDAD 142

Visión general 142
Medición de la rentabilidad del producto 143
Costos fijos frente a costos variables 144 / Tipos de costos fijos 146
Implicaciones del análisis de rentabilidad 147
Relaciones costo-volumen-utilidad 148 / Costos semifijos 150 / Aspectos especiales de rentabilidad para los minoristas 151 / Implicaciones para los presupuestos de marketing 152 / Presupuesto para mejorar el servicio y la satisfacción del cliente 156
Análisis de productividad 159
Métodos tradicionales para el análisis de productividad 159 / Estimados de productividad con base en el criterio 161 / Efectos de elasticidad cruzada 164
Conclusión 166
Linkster Inc.: elaboración de un presupuesto 167
Preguntas y situaciones para análisis 168
Lecturas adicionales sugeridas 170

PARTE TRES ESTRATEGIAS Y PROGRAMAS DE MARKETING 173

CAPÍTULO 7 ESTRATEGIAS DE MARKETING 175

Visión general 175
Estrategias en la demanda primaria 176
Estrategias para atraer a los no usuarios 176 / Estrategias para aumentar la tasa de compra entre los usuarios 177
Estrategias en la demanda selectiva 179
Estrategias para expandir el mercado servido 179 / Estrategias para captar clientes de los competidores 181 / Estrategias para conservar/expandir la demanda dentro de la base de consumidores actuales 183
Seleccionar una estrategia de marketing 186
El papel de los objetivos del producto 186 / Implicaciones del análisis de la situación 187 / El tema de la globalización 188

Aspectos dinámicos de la estrategia de marketing 189
El ciclo de vida del producto 189 / El ciclo de vida del producto y la selección de una estrategia 191 / El ciclo de vida del producto y los programas de marketing 192 / Dinámicas competitivas 192
Conclusión 194
Banca personal o individual: competir para el futuro 195
Preguntas y situaciones para análisis 196
Lecturas adicionales sugeridas 197

CAPÍTULO 8 PROGRAMAS DE DESARROLLO DE PRODUCTO 198

Visión general 198
Tipos de productos nuevos 198
El proceso de desarrollo del nuevo producto 200
Filosofía *stage-gate* o "secuencial" 201 / Desarrollo paralelo 202 / Actividad multidisciplinaria 203
Etapa 1: generación de ideas 203
Etapa 2: tamizado 205
Estudios del potencial de mercado 205 / Pruebas de concepto 206/ Modelos de calificación 206
Etapa 3: desarrollo de producto 210
Arquitectura del producto 210/ Diseño industrial 211 / Consideraciones de fabricación 211
Etapa 4: prueba de producto/mercado 211
Prueba técnica 212 / Prueba de preferencia y satisfacción 212 / Mercados de prueba simulados 214 / Mercado de prueba 216
Etapa 5: análisis del negocio 217
Etapa 6: comercialización 219
El momento oportuno para la introducción de nuevos productos 219 / Seleccionar una estrategia de marca 220 / Coordinar programas de marketing introductorio 221
Conclusión 221
Rediseño del Ford Taurus 1996 222
Preguntas y situaciones para análisis 223
Lecturas adicionales sugeridas 224

CAPÍTULO 9 PROGRAMAS DE FIJACIÓN DE PRECIOS 225

Visión general 225
Objetivos de los programas de fijación de precios 225
Elasticidad-precio de la demanda 228
Elasticidad del mercado, del segmento y de la empresa 229 / Factores subyacentes en la elasticidad de la demanda 231
Estimación de la elasticidad-precio 232
Coeficientes históricos 232 / Experimentos de campo 233 / Experimentos de elección controlados 234
Factores competitivos 236
Factores de costos 237

Tipos de programas de precios 238
Precios de penetración 239 / Precios de paridad 239 / *Premium price* 241
Consideraciones de la línea de producto 241
Precios sustitutos 242 / Precios complementarios 243
Consideraciones adicionales sobre los precios 245
Entorno político-legal 245 / Consideraciones internacionales 246 / Elementos del precio en otros programas de marketing 247
Conclusión 247
¿El fuego de la competencia quema a algunos fabricantes de cigarrillos? 249
Preguntas y situaciones para análisis 250
Lecturas adicionales sugeridas 251

CAPÍTULO 10 PROGRAMAS DE PUBLICIDAD 252

Visión general 252
Promoción de ventas 252 / Publicidad 253
Decisiones y organización de los programas de publicidad 254
Organizaciones publicitarias 254 / Responsabilidad de los programas de publicidad 255 / Elementos del programa de publicidad 256
Objetivos de la publicidad 257
Jerarquía de efectos 257 / Tipos de objetivos publicitarios 260
El proceso del presupuesto 264
Establecer presupuestos de base 265 / Costos del diseño del mensaje y de los medios 267 / Experimentación y revisiones 267
Diseño 268
Contenido de un mensaje efectivo 268 / Alternativas para los tipos de argumentos del texto 269 / Estilo de ejecución 269
Programación de los medios de comunicación 271
Seleccionar el tipo de medio de comunicación 272 / Seleccionar posibles vehículos 273 / Determinación del tamaño, duración y posición 274
Objetivos de los medios de comunicación 275
Programación de los gastos 275 / Medición de alcance y la frecuencia 277 / *Gross rating points* 277
Establecer la programación de los medios de comunicación 279
Evaluación de la efectividad 281
Procedimientos 282
Publicidad global 283
Conclusión 285
Un nombre nuevo para la nueva Coca-Cola 286
Preguntas y situaciones para análisis 288
Lecturas adicionales sugeridas 289

CAPÍTULO 11 PROGRAMAS DE MARKETING DIRECTO Y PROMOCIÓN DE VENTAS 290

Visión general 290
Programas de promoción de ventas 291
Objetivos de la promoción de ventas 292
Objetivos dirigidos a los compradores finales 293 / Objetivos de la promoción de ventas para comerciantes 295 / Relación de los objetivos de la promoción de ventas con la estrategia de marketing 296
Aspectos para considerar en el diseño del programa 297
Factores que influyen en la naturaleza de la respuesta del mercado 297 / Consideraciones específicas de marca 298 / Promociones para comerciantes o distribuidores 299
Aspectos de la rentabilidad 300
Determinación de costos 301 / Estimación de la respuesta del mercado 301 / Evaluación de las implicaciones en la rentabilidad 302
Programas de marketing directo 305
Objetivos del marketing directo 305 / Relación de los objetivos de marketing directo con la estrategia de marketing 308
Aspectos para considerar en el diseño del programa 309
Desarrollo de la base de datos de marketing 309
Aspectos de la rentabilidad 313
La economía distintiva del marketing directo 313 / Valor de permanencia de un cliente 315
Conclusión 317
LapCom Computer 318
Preguntas y situaciones para análisis 318
Lecturas adicionales sugeridas 320

CAPÍTULO 12 PROGRAMAS DE VENTAS Y DISTRIBUCIÓN 321

Visión general 321
Tipos de sistemas del canal de marketing y ventas 323
Sistemas de venta personal directa 323 / Sistemas de ventas para comerciantes 324 / Sistemas de ventas misioneras 324
Estructura del canal de distribución 325
Tareas 326 / Tipo de distribuidor a nivel de mayorista 326 / Tipo de minorista 327 / Número de distribuidores 327 / Sistemas verticales de marketing 328
Objetivos de ventas y distribución 329
Seleccionar un objetivo 331
Atractivos de ventas 332
Atractivos del producto 332 / Atractivos logísticos 333 / Atractivos de disposiciones de protección 334 / Atractivos de simplificación 335 / Atractivos de precio 336 / Atractivos de asistencia financiera 337 / La relación entre atractivos y objetivos 338

Selección e implementación de los atractivos 339
Requerimientos del comprador o distribuidor 340 / Relaciones de ventas y distribución 340 / Construcciones de relaciones 343 / El papel decisivo de la fuerza de ventas 344
Conclusión 346
Procter & Gamble: responder al cambio ante los canales minoristas 348
Preguntas y situaciones de análisis 349
Lecturas adicionales sugeridas 350

CAPÍTULO 13 ADMINISTRACIÓN DE VENTAS Y DISTRIBUCIÓN 351

Visión general 351
Establecer el presupuesto de ventas y distribución 352
Costos de compensación de la fuerza de ventas 353 / Estimar la frecuencia de visitas requerida 355 / Costos especiales de compensación 359 / Costos del capital de trabajo 362 / Costos de la distribución física 365 / Efectos del margen de contribución variable 366 / Finalización del presupuesto 369
Evaluación del desempeño 371
Desempeño de cada vendedor y distribuidor 371 / Desempeño del territorio de ventas 373 / Desempeño del segmento de ventas 376
Conclusión 381
Alpha One: outsourcing de ventas y marketing 382
Preguntas y situaciones para análisis 384
Lecturas adicionales sugeridas 385

PARTE CUATRO COORDINACIÓN Y CONTROL 387

CAPÍTULO 14 ORGANIZACIÓN Y GERENCIA DE LOS PROGRAMAS DE MARKETING Y VENTAS 389

Visión general 389
Ejecución de la estrategia de marketing 390
Factores que influyen en la organización del marketing 392 / Estrategia corporativa 393 / Necesidades de los clientes en el segmento objetivo 394 / Filosofía y recursos de la gerencia 395
Tipos de estructuras organizacionales 396
Organización por función 396 / Organización por producto 397 / Organización por mercado 399
Gerencia de las relaciones organizacionales 400
Investigación y desarrollo 401 / Fabricación 402 / Distribución física 403 / Finanzas 404
Integración de los programas de ventas y distribución 405
Gerencia de la fuerza de ventas 405
Selección de los vendedores 407 / Programas de entrenamiento 408 / Herramientas de ventas y procedimientos de operación estándar 408 / Motivación y compensación 409

Conclusión 410
AGCO: una novedosa estrategia de marketing para el distribuidor 412
Preguntas y situaciones de análisis 413
Lecturas adicionales sugeridas 414

CAPÍTULO 15 EL PLAN ANUAL DE MARKETING 415

Visión general 415
Tipos de planes anuales de marketing 416
El plan anual de marketing a nivel de negocios 416 / Planes anuales por producto o departamento 416 / Planes anuales de ventas 417
Desarrollo del plan 418
Análisis amplio de la situación 418 / Objetivos del plan anual 418 / Objetivos de participación de mercado 420 / Objetivos de volumen de ventas 420 / Objetivos de rentabilidad 421 / Un plan anual de producto: Linkster, Inc. 421
Utilización del plan como mecanismo de control 424
Seleccionar las medidas del desempeño 424 / Comparación del desempeño actual con el desempeño planeado 426 / Especificar grados aceptables de desviación 426 / Identificar las implicaciones de las desviaciones 427 / Hacer modificaciones al plan cuando sea necesario 429
Monitoreo del entorno 431
Sistemas estratégicos de monitoreo del entorno 431 / Fuentes de información del entorno 432 / Otras fuentes de información 433
Organización para la planeación 434
Conclusión 435
La planeación para Windows 95 436
Preguntas y situaciones para análisis 437
Lecturas adicionales sugeridas 439

Apéndice: fuentes seleccionadas de información para gerentes de marketing 441
Agradecimientos 453
Índice 455

PREFACIO

Esta obra ha sido diseñada específicamente para estudiantes de pregrado de los últimos semestres y para estudiantes MBA con algún conocimiento previo de marketing. Surgió como fruto de nuestras frustraciones ante la carencia de materiales de enseñanza dirigidos a un nivel de gerencia media para la toma de decisiones. Nuestro objetivo básico es permitir que los estudiantes entiendan cómo tomar decisiones sobre el tipo de situaciones que enfrentarán en posiciones gerenciales de nivel medio. La obra está dirigida a aquellos niveles en que es necesario un énfasis en la aplicación de los conceptos, las herramientas y los procesos de toma de decisiones de marketing.

Hemos escrito este libro con el propósito de adaptar una variedad de enfoques de enseñanza. Para aquellos docentes partidarios de la conferencia o el análisis, el material es amplio y cubre las necesidades del curso. Para quienes prefieran el uso de estudios de caso, simulaciones u otra pedagogía, la obra cuenta con los fundamentos básicos para este fin. Además, los gerentes en ejercicio encontrarán útil la obra por el aporte en cuanto a pautas de orientación para el desarrollo de planes y programas de marketing.

A diferencia de otros textos de gerencia de marketing, éste no es sólo un libro introductorio sino que cuenta con estudios de casos o conceptos adicionales. Como en las anteriores ediciones, la obra presenta conceptos desde la perspectiva de la toma de decisiones, antes que desde un punto de vista descriptivo. Como resultado, el lector no encontrará capítulos separados sobre temas como comportamiento del consumidor, investigación de marketing, venta personal, distribución minorista, etc. En cambio, estos temas se tratarán desde la perspectiva de su importancia para los gerentes, de manera que los estudiantes apreciarán la importancia de los aspectos en las decisiones de fabricación del producto, precio, distribución y promoción.

Este enfoque hace énfasis en las decisiones de marketing de la gerencia de nivel medio, que los estudiantes tienen mayor probabilidad de enfrentar en sus carreras. En consecuencia, hacemos una distinción entre las decisiones estratégicas de la alta gerencia y las decisiones operativas y estratégicas de los gerentes de nivel medio para un producto o una línea de producto específicos. Adicionalmente, porque los gerentes de marketing son responsables de las utilidades y de las ventas, tratamos con amplitud aspectos relacionados con la elaboración de presupuestos en las decisiones de marketing. En muchos casos, la alta gerencia concluye que el marketing registra sobrecostos que consumen un porcentaje demasiado elevado de los recursos, y que no lo retribuye. Por esta razón, los comercializadores consideran que cada vez es más necesario mejorar su productividad o ver que sus recursos disminuyen inexorablemente o, lo que es peor, convertirse en las víctimas de los reducidores corporativos de costos. Sin el conocimiento de los conceptos y las herramientas de rentabilidad y productividad, los gerentes del futuro estarán mal equipados para "vender" de manera efectiva sus programas a otras personas dentro de la firma y más tarde, implementarlos.

La obra está organizada alrededor del **proceso de planeación del marketing** para delinear con claridad las relaciones entre las decisiones de marketing. En la parte Uno se presenta el proceso de planeación del marketing y se examinan las decisiones de la planeación del marketing corporativo que debe tomar la alta gerencia para brindar orientación a las decisiones de la gerencia media. En la parte Dos se presentan las herramientas analíticas que los gerentes de nivel medio deben utilizar para analizar la situación que afrontan los productos o las líneas de producto de las cuales son responsables. En esta sección se incluyen los capítulos sobre análisis del mercado (que presentan enfoques para analizar el proceso de compra y la segmentación del mercado), la medición del mercado, la ventaja competitiva y el análisis de rentabilidad y productividad (para las decisiones de presupuesto). En la parte Tres se presentan enfoques de planeación sistemática para desarrollar una estrategia de marketing para un producto y para las decisiones necesarias de programas para implementar en la estrategia de marketing general. Los programas analizados incluyen desarrollo de producto, precios, publicidad, promoción de ventas, marketing directo, y ventas y distribución. En la parte Cuatro se estudian los mecanismos de coordinación y control disponibles para los gerentes de marketing. En esta sección se incluyen capítulos sobre organización y administración de actividades de ventas y de marketing, y sobre el plan anual de marketing.

Los usuarios de las ediciones anteriores notarán que, en términos de filosofía y perspectiva, esta edición sigue básicamente los mismos lineamientos que las anteriores. Sin embargo, hemos hecho algunos cambios importantes. Por una parte, a lo largo del texto se ha ampliado la cobertura sobre calidad y servicio al cliente, al igual que sobre marketing directo. En ambos casos hemos tratado de incorporar material que refleje y oriente estas recientes tendencias de marketing. Como la importancia de los mercados internacionales continúa en expansión, los gerentes de marketing se encuentran con que no pueden examinar aspectos multinacionales como simple apéndice de la estrategia. Al igual que en la edición anterior, hemos integrado las dimensiones internacionales del marketing a través del texto y hemos hecho énfasis sobre este importante aspecto de muchas de las decisiones de marketing.

Además de estos cambios, hemos agregado numerosos ejemplos actualizados que ilustran prácticas de marketing aplicadas a diversas organizaciones. Hemos ampliado los capítulos existentes mediante la inclusión de material nuevo. En particular, hemos hecho varias adiciones importantes que serán de utilidad cuando se definan segmentos del mercado. Hemos ampliado nuestro análisis del marketing objetivo con un amplio estudio sobre segmentación y posicionamiento. Hemos dedicado más atención a la recopilación y el análisis de datos, al igual que a la evaluación de segmentos del mercado y a las mediciones de segmentación de la bases de datos. Además, se ha hecho énfasis en temas como gerencia de categoría, alianzas estratégicas, marketing de relación, logística, cambios en la distribución, reducción del tamaño de la organización y flexibilidad. También se ha enfatizado en las prácticas de servicios y marketing industrial. Hemos agregado nuevos análisis de estudios de casos al final de cada capítulo, y preguntas que reflejan este énfasis y ayudan a integrar la perspectiva internacional.

Hasta cierto punto, las modificaciones reflejan los comentarios y las sugerencias de compañeros de facultad que han utilizado las ediciones anteriores, al igual que las evaluaciones ilustradas de varios revisores. Por su apoyo y sus comentarios constructivos, agradecemos especialmente a las siguientes personas: Sharon E. Beatty, University of Alabama; Cathy Cole, University of Iowa; Edward F. Fern, Virginia Polytechnic Institute and State University; Robert J. Fisher, University of Southern California; Jonathan N. Goodrich, Florida International University; Craig A. Kelley, California State University, Sacramento; Ronald T. Lonsdale, Loyola University of Chicago; Mary Ann McGrath, Loyola University, Chicago; Daryl McKee, Louisiana State University; Kenneth L. Rowe, Arizona State University; Peter A. Schneider, Seton Hall University; Mark Spriggs, University of Oregon; H. Rao Unnava, Ohio State University; y Larry K. Yarbrough, University of Arkansas.

Estamos muy agradecidos con Sam Gillespie de Texas A&M University quien nos ha dado valiosas sugerencias y materiales a lo largo de varias ediciones. También agradecemos a nuestra editora, Karen Westover, por su entusiasta apoyo al enfoque que hemos desarrollado. Además, Dan Alpert, nos ha brindado muchas sugerencias útiles y colaborado para que cumplamos con los plazos del cronograma. Estamos muy agradecidos con Richard Mason, Michelle Lyon y Francis Owens por sus contribuciones en cuanto a producción, diseño y trabajo editorial de este proyecto. Su pericia y precisión son de gran valor. Por último, queremos reconocer el apoyo y las sugerencias de los adaptadores de las cinco ediciones anteriores de la obra. Hemos implementado muchas de ellas en esta edición.

Joseph P. Guiltinan
Gordon W. Paul
Thomas J. Madden

Gerencia de marketing

Estrategias y programas

PARTE UNO

PERSPECTIVAS ADMINISTRATIVAS SOBRE MARKETING

Capítulo 1 Orientación hacia el mercado, administración del marketing y el proceso de planeación del marketing
Capítulo 2 Planeación del marketing corporativo

Planeación del marketing de la gerencia media

PERSPECTIVAS ADMINISTRATIVAS SOBRE MARKETING

En el mundo actual, en ocasiones parece que el cambio es la única constante. Los gerentes de organizaciones con o sin ánimo de lucro encaran un ambiente que se caracteriza por el rápido cambio tecnológico, por la creciente competencia ya de alcance multinacional y por el cambio de las fuerzas políticas y económicas, como en el caso de la unificación económica de Europa, una tendencia hacia la desregulación en industrias clave y un crecimiento dramático en el comercio internacional y la inversión extranjera.

Estos cambios tienen implicaciones importantes para las decisiones de marketing en una organización. Las decisiones sobre diseño de productos y servicios, precios y métodos promocionales apropiados y sistemas de distribución, se deben tomar después de considerar las restricciones y las oportunidades del entorno. Debido a que el entorno es dinámico y complejo, y a que el rango de las decisiones, los temas y las posiciones de marketing son amplios, las organizaciones deben desarrollar procesos para coordinar las diversas decisiones y actividades, a fin de garantizar un propósito y una dirección comunes. Esto es particularmente importante en lo que generalmente se conoce como la *gerencia de nivel medio o gerencia media* en una organización. Por lo general, la expresión *gerencia de nivel medio* se aplica a la vasta área que cubre desde los supervisores de planta hasta los vicepresidentes. En marketing, el personal de la gerencia de nivel medio incluye personas con cargos como gerente de producto o de marca, gerente de publicidad, gerente de mercado y gerente de ventas.

Este libro brinda los conceptos, las herramientas y los enfoques para la toma de decisiones que los gerentes potenciales del nivel medio necesitan para asumir los roles y las responsabilidades de su trabajo especializado. Sin embargo, cada uno de estos trabajos representa sólo uno o, a lo sumo, unos cuantos elementos del esfuerzo total de marketing. En consecuencia, para que un gerente del nivel medio pueda apreciar y utilizar plena y efectivamente estos conceptos y herramientas, es importante comprender la relación entre la alta gerencia y las decisiones de la gerencia de nivel medio.

En la parte Uno, la cual incluye los capítulos 1 y 2, se estudia la amplia configuración organizacional en donde se desempeña la función de marketing, y los mecanismos en donde la organización, como un todo, puede tratar de manejar los cambios del entorno. Ambos aspectos son importantes para garantizar que las actividades de la gerencia de nivel medio estén integradas y bien enfocadas.

En el capítulo 1 se presenta el proceso de planeación del marketing, el cual sirve como base para *integrar* las diferentes actividades de marketing. En el capítulo 2 se analiza el papel de la alta gerencia en la toma de decisiones, el cual consiste en desarrollar un plan de marketing corporativo que establezca una *dirección* básica para las acciones de la gerencia de nivel medio.

Ana María Palacio B.

CAPÍTULO 1

ORIENTACIÓN HACIA EL MERCADO, ADMINISTRACIÓN DEL MARKETING Y EL PROCESO DE PLANEACIÓN DEL MARKETING

VISIÓN GENERAL

Las perspectivas sobre las que se constituye el marketing y el lugar que éste ocupa en una empresa han experimentado cambios substanciales con el paso de los años. A mediados del siglo XX, el término *marketing* se veía más o menos como equivalente al término *ventas*. Muchas compañías creyeron que con bastante esfuerzo e inversión se podía vender casi que cualquier producto, mediante una venta de gran fuerza y una publicidad agresiva. En efecto, este "concepto de venta" implicaba que la función del marketing era el de ayudar a disponer cualesquiera bienes y servicios que una firma decidiera producir.

Sin embargo, cuando los productos se volvieron más sofisticados, el aumento de los ingresos personales permitió la compra de artículos más selectivos, la competencia comenzó a incrementarse y el entorno del negocio se fue volviendo más complejo. Las empresas comenzaron a enfatizar en la investigación de marketing para aprender más acerca de las motivaciones y las preferencias de los compradores. Adicionalmente, el ritmo de desarrollo de nuevos productos se aceleró cuando más firmas buscaron satisfacer las cambiantes necesidades del mercado y desarrollaron nombres corporativos y de marca apropiados, que permitieron ganar la confianza y la lealtad de los clientes. Sin embargo, con frecuencia este enfoque para negociar tuvo éxito sólo a corto plazo. Considérese el caso de Schwinn.

> En Estados Unidos, en la década de los años sesenta, una de cada cuatro bicicletas era fabricada por Schwinn, compañía fundada en Chicago en 1895. Las bicicletas Schwinn se vendían en los mejores almacenes del ramo en ese país y la marca era reconocida por su excelente calidad. Sin embargo, para 1992, la participación de mercado de la firma se había desplomado a un simple 3% y la empresa estaba al borde de la bancarrota. El descenso de Schwinn comenzó cuando hizo caso omiso del aumento de participación en el mercado de bicicletas de más bajo precio, producidas por Huffy y Murray, que se vendían en almacenes de comercio masivo. Además, Schwinn decidió no desarrollar un producto que compitiera con las nuevas bicicletas de montaña que se estaban comercializando. A pesar de la creciente aceptación del mercado hacia estas bicicletas, la gerencia consideró que era una moda. Hoy en día, representan 65% de todas las ventas de bicicletas. Finalmente, en un intento por mejorar la competitividad de precios, la compañía trasladó la producción al extranjero para tratar de reducir sus costos. No obstante, este movimiento llevó a retrasos en las entregas y a problemas de calidad. En 1993, el consorcio Scott Sports Group compró la empresa, la trasladó a Colorado y

lanzó un nuevo programa de desarrollo de producto. Para 1995, Schwinn pudo ofrecer nuevas líneas de bicicletas tipo *cross* y de bicicletas para niños, y las ventas de la compañía alcanzaron la cifra de US$250 millones[1].

Los problemas que encaró Schwinn también los han vivido muchas otras organizaciones que experimentaron el éxito. En esencia, la gerencia estaba tan convencida del carácter invencible del nombre y el producto de la firma que consideró el triunfo como un hecho consumado. Sin embargo, en un ambiente caracterizado por el aumento de la competencia global, un evidente flujo continuo de nueva tecnología y clientes exigentes que esperan obtener lo que quieren, ninguna firma puede presumir de mantener su posición con facilidad. Infortunadamente, a menudo los gerentes dedican poco tiempo a observar su ambiente. Una evaluación sugiere que solamente un 40% del tiempo de un ejecutivo senior es dedicado a mirar hacia el exterior y que sólo un 30% de ese tiempo implica pensar en un horizonte de tiempo de 3 años o más[2]. Los gerentes deben comprender que sin importar el éxito del pasado, una firma debe entender las necesidades de sus clientes, su competencia y el amplio entorno en donde opera para garantizar su éxito a largo plazo.

En el resto del capítulo se estudiarán 1) la naturaleza y las causas de la satisfacción del cliente y la calidad, 2) la importancia que significa para una firma tener una "orientación de mercado" con objeto de brindar calidad y mantener así la satisfacción del cliente y la ventaja competitiva, y 3) cómo utilizan los gerentes de marketing el proceso de planeación del marketing en la implementación de una orientación de mercado.

CALIDAD Y SATISFACCIÓN DEL CLIENTE

El grado de satisfacción del comprador con un producto es la consecuencia de la comparación que ese comprador hace entre el nivel de beneficios *percibidos* que ha recibido después de consumir o utilizar un producto y el nivel de beneficios *esperados* antes de la compra. Si después de hacer una compra y utilizar ese producto, un cliente cree que el bien o servicio ha colmado sus expectativas, el resultado es la satisfacción; en caso contrario, se produce la insatisfacción[3]. Con el paso del tiempo, la repetición de experiencias satisfactorias amplía el nivel general de satisfacción del cliente y le permite desarrollar expectativas claras acerca de lo que espera en el futuro. Como aparece en la figura 1-1, la satisfacción del cliente produce dos grandes beneficios para la firma: mayor lealtad y una comunicación verbal positiva cuando los clientes cuentan a otros su experiencia.

Para lograr la satisfacción del cliente, una organización tiene que ofrecer *calidad* en sus bienes y servicios. La calidad representa todas las dimensiones del producto ofrecido que termina en beneficios para el cliente. En ocasiones, la palabra "valor" se utiliza alternativamente con la de "calidad". En su forma habitual, se considera que el valor representa la calidad relativa de una oferta atractiva en la que cuenta el precio del producto.

El término *calidad* se suele entender con el significado de productos libres de defectos. Esta visión tradicional de la calidad orientada hacia la fabricación se ha ampliado considerablemente en los últimos años. Hoy en día, alta calidad significa clientes complacidos, actitud que va más allá de simplemente

[1] "Hard Pedaling Powers Schwinn Uphill in Sales, toward Profits", *Chicago Tribune*, June 22, 1995, p. C2; y Sandra Atchison, "Pump, Pump, Pump at Schwinn", *Business Week*, Aug. 23, 1993, p. 79.
[2] Gary Hamel y C. K. Prahalad, "Competing for the Future", *Harvard Business Review*, July-August 1994, p. 123.
[3] William Wilkie, *Consumer Behavior*, 3a. ed., Wiley, New York, 1994, pp. 541-542.

FIGURA 1-1
Consecuencias de la satisfacción.

protegerlos contra las molestias. Por ejemplo, los fabricantes norteamericanos de automóviles casi han eliminado la brecha de calidad entre ellos y las firmas japonesas, en cuanto a defectos de fabricación. Sin embargo, los productores japoneses han continuado a la cabeza con ofrecimientos refinados como sistemas de suspensión "activa" controlados por computador, y conjuntos de botones y niveladores para manejo de luces, sonido y señales direccionales, que requieren todos de la misma presión exacta para funcionar. Así, una visión de la satisfacción del cliente, verdaderamente orientada hacia la calidad, es aquella que acepta suministrar un nivel de beneficios que excede, y no que simplemente cumple con las expectativas.

En la búsqueda por suministrar este nivel de satisfacción al cliente, las organizaciones pueden perseguir alguna de las ocho dimensiones de la calidad:

1. *Desempeño*: son las características básicas de operación de un producto, tales como la prontitud en el despacho de un paquete expreso o la nitidez de una imagen de televisión.
2. *Características:* son los rasgos especiales complementarios que mejoran la experiencia de utilizar el producto, como en el caso de las bebidas gaseosas durante un vuelo o los materiales opcionales para la tapicería de un automóvil.
3. *Confiabilidad*: es la probabilidad de fallas en el producto dentro de un periodo de tiempo determinado.
4. *Conformidad:* es el grado en el cual un bien o servicio satisface los estándares establecidos, como en el caso del cumplimiento del horario de llegada de un avión o la manera como ajusta una camisa según la talla correspondiente.
5. *Durabilidad:* es el tiempo de uso que se puede dar a un producto antes de remplazarlo.
6. *Servicio:* es la prontitud y facilidad de reparación, y la cortesía y competencia del personal de servicio.

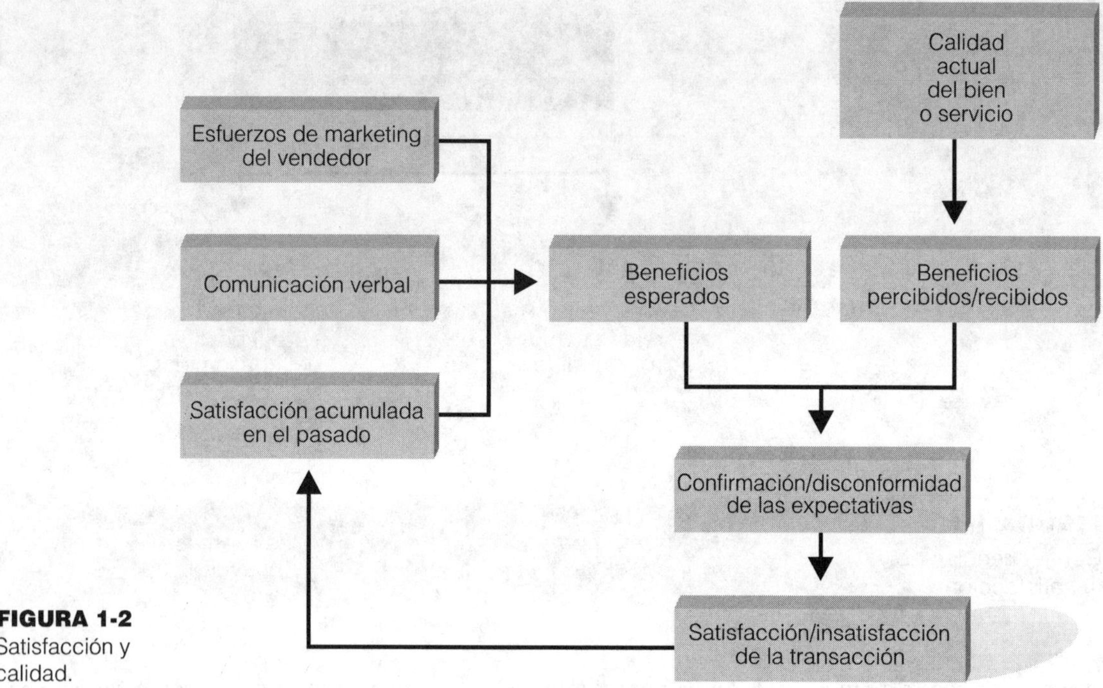

FIGURA 1-2
Satisfacción y calidad.

7. *Estética:* se refiere a los aspectos de un producto, cómo se percibe, se siente, suena, sabe o huele.
8. *Calidad percibida*: es la calidad que se deduce de la reputación de un vendedor (por ejemplo, lavadoras Maytag, relojes Rolex)[4].

La calidad de bienes y servicios que se considera *como percibida por el consumidor* determinará la percepción que el cliente tiene del desempeño y, por consiguiente, la satisfacción, como aparece en la figura 1-2.

Calidad, satisfacción y desempeño

La creencia de que la alta calidad termina por llevar a un desempeño superior en el negocio, se apoya en investigaciones empíricas que demuestran que una mayor rentabilidad (medida por la tasa interna de retorno de la firma) es una consecuencia de una mayor calidad[5]. Una alta calidad crea y mantiene

[4] David Garvin, "Competing on the Eight Dimensions of Quality", *Harvard Business Review*, November-December, 1987, pp. 101-109. Investigadores que se interesan en medir la calidad de los servicios (en oposición a los bienes tangibles) observarían que los aspectos tangibles esenciales, tales como instalaciones y equipo son una dimensión potencial de calidad que no se incluye en las ocho dimensiones de Garvin. *Véase* A. Parasuraman, Valerie Zeithaml, and Leonard Berry, "A General Model of Service Quality and Its Implications for Future Research", *Journal of Marketing*, Fall 1985, p. 48.

[5] *Véase* Eugene Anderson, Claes Fornell, and Donald Lehmann, "Customer Satisfaction, Market Share, and Profitability: Findings from Sweden", *Journal of Marketing*, July 1994, pp. 53-66; y Lynn Phillips, Dae Chang, and Robert Buzzell, "Product Quality, Cost Position, and Business Performance: A Test of Some Key Hypotheses", *Journal of Marketing*, Spring 1983, pp. 26-43.

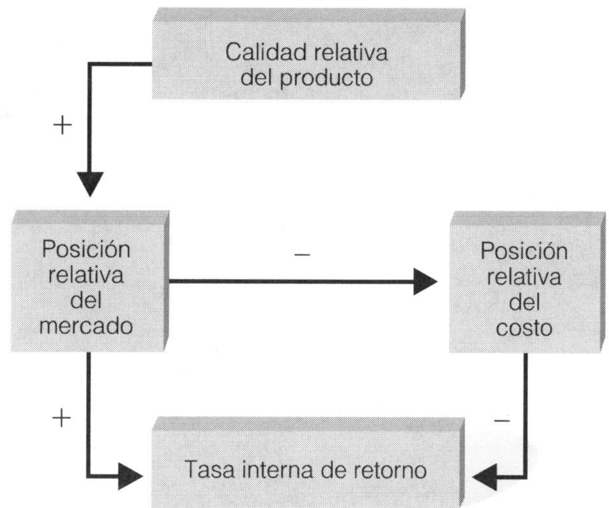

FIGURA 1-3

Calidad y rentabilidad. (Adaptado de Lynn Phillips, Dae Chang, and Robert Buzzell, "Product Quality, Cost Position, and Business Performance: A Test of Some Key Hypotheses", *Journal of Marketing*, vol. 47, p. 29, Spring, 1983).

un alto grado de satisfacción en el cliente. Como resultado (como se ilustra en la figura 1-3), la calidad permite que una firma aumente su posición relativa de ventas en el mercado, lo cual se relaciona positivamente con la tasa interna de retorno. De otro lado, cuando la posición de mercado de una firma crece, a menudo se vuelve más competitiva en los costos promedio por las economías a escala. Como los costos se relacionan de manera negativa con la rentabilidad, los costos más bajos también conducen a una mayor utilidad. Otro ejemplo de la manera como se puede asociar alta calidad con bajos costos que conducen a mayor rentabilidad, se puede encontrar en el dramático cambio de posición en Harley Davidson.

Honda Motor alcanzaba el 44% de participación en el mercado de las motocicletas pesadas en Estados Unidos, cuando comenzó su producción en Ohio. Los usuarios encontraban que las Honda tenían un precio más bajo y eran mucho más confiables en términos de averías que el anterior líder del mercado, Harley Davidson. Al comienzo, la gerencia de esta última empresa sospechó que Honda había desarrollado alguna tecnología de fabricación superior a la suya. Sin embargo, lo que terminó aprendiendo fue que Honda logró costos más bajos y mayor confiabilidad en gran parte debido a su sistema de inventarios. La empresa japonesa y sus proveedores producían las piezas en pequeños lotes diarios según las necesidades de fabricación. Si se encontraba una pieza defectuosa, esto significaba que el problema se podía identificar y corregir rápidamente. El sistema también representaba que Honda contara con poca inversión represada en partes en inventario. Por el contrario, Harley Davidson producía sus piezas en lotes de gran volumen anticipándose bastante a las necesidades de producción. Esto creó no solamente inventarios grandes y costosos, sino que algunas piezas se deterioraban por oxidación antes de poder usarlas, llevando a más defectos en el producto final ensamblado. Al final, la gerencia de Harley Davidson logró aprender la manera como cada departamento podía mejorar sus prácticas de manera que garantizara una mayor satisfacción en el cliente, y en cinco años la compañía duplicó su participación en el mercado y logró ingresos que constituyeron un récord[6].

[6] Peter Reid, *Well Made in America: Lessons from Harley Davidson,* McGraw-Hill, New York, 1990, pp. 13-19.

FIGURA 1-4
El círculo virtuoso. (*Fuente*: Jean-Philippe Deschamps and P. Ranganath Nayak, *Product Juggernauts*, Harvard Business School Press, Boston, 1995,

La historia del cambio de posición de Harley Davidson también ilustra otro aspecto de la relación entre la satisfacción del cliente y el desempeño de la firma. Cuando la primera se basa en crecimiento y utilidades, los accionistas estarán más satisfechos. Jean-Philippe Deschamps y P. Ranganath Nayak, consultores administrativos de Arthur D. Little, Inc. sostienen que los propietarios satisfechos tienen más probabilidad de continuar haciendo inversiones en recursos humanos y equipo[7]. A su turno, esto aumenta la satisfacción del empleado y la calidad. Como se muestra en la figura 1-4, esto conduce a lo que ellos denominan el *círculo virtuoso*: un ciclo de autorrefuerzo que puede llevar a sostener un alto nivel de desempeño.

Al evaluar los problemas que se presentaron en Schwinn, se puede ver que la falla de la compañía para desarrollar nuevos productos y mantener el alto nivel de calidad que los clientes esperaban, llevó al deterioro de la satisfacción del cliente. El descenso resultante de la participación en el mercado y de las utilidades, disuadieron a los anteriores propietarios de hacer inversiones posteriores que habrían cambiado la posición de la empresa. Hoy en día y por lo general, gerentes y eruditos en marketing aceptarían que la experiencia de la compañía podía haberse evitado mediante la adopción de una *orientación hacia el mercado.*

ORIENTACIÓN HACIA EL MERCADO

La orientación hacia el mercado alude a una perspectiva organizacional que estimula 1) la recopilación sistemática de inteligencia del mercado, 2) la difusión de esa inteligencia a través de todas las unidades organizacionales y 3) una respuesta coordinada en toda la organización, ante esa inteligencia[8]. La figura 1-5 refleja las actividades clave en la orientación de un mercado.

[7] Jean-Philippe Deschamps y P. Ranganath Nayak, *Product Juggernauts*, Harvard Business School Press, Boston, 1995, pp. 6-7.
[8] Bernard Jaworski and Ajay Kohli, "Market Orientation: Antecedents and Consequences", *Journal of Marketing*, July 1993, pp. 53-70.

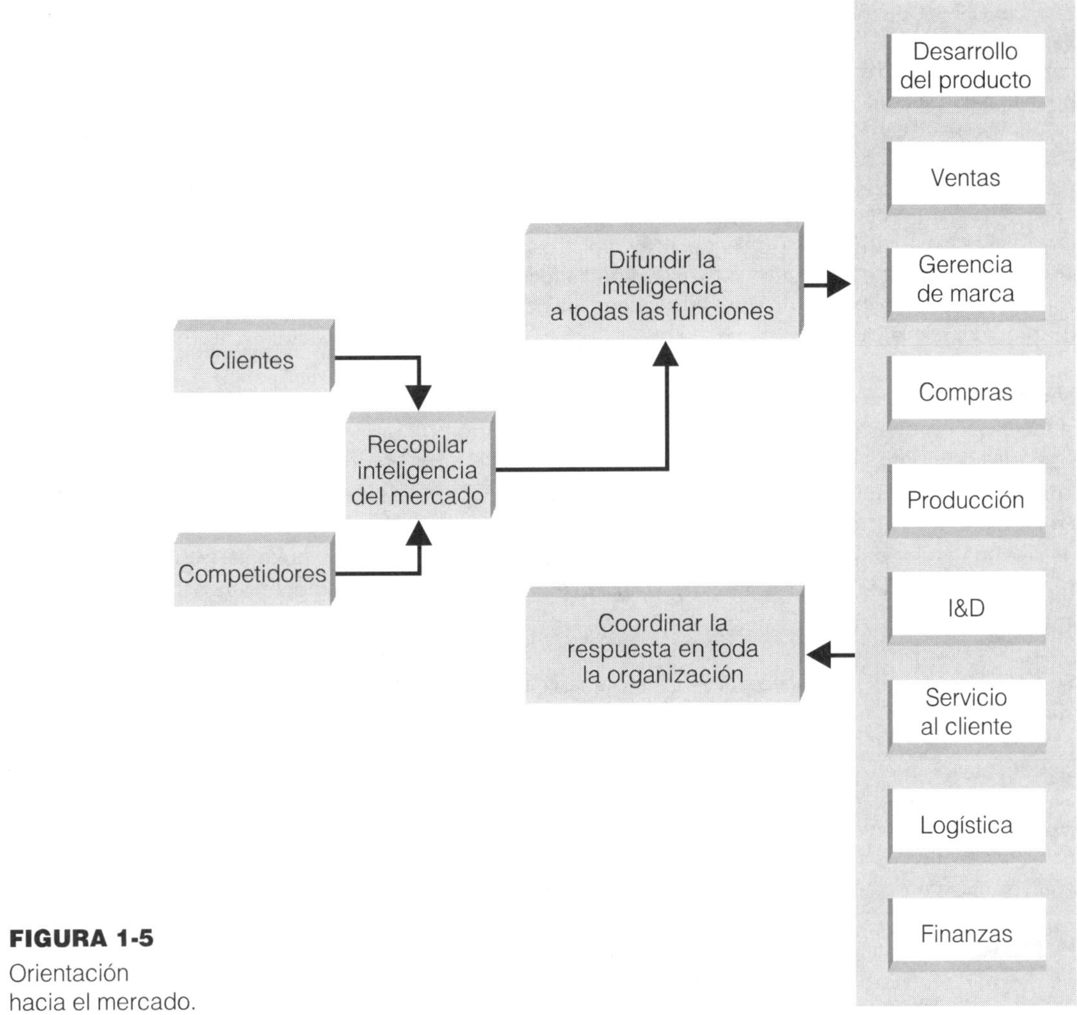

FIGURA 1-5
Orientación hacia el mercado.

En esencia, una orientación hacia el mercado es la comprensión de que el esfuerzo de marketing de una empresa es el negocio de todos los departamentos y funciones. La bien conocida filosofía empresarial de *gerencia de la calidad total* ofrece una perspectiva similar. La gerencia de la calidad total enfatiza en que todos los departamentos y empleados deben comprometerse y compartir la responsabilidad de la calidad, incluyendo todas las dimensiones estudiadas previamente, que tengan impacto en la satisfacción del cliente. El marketing desempeña un papel conductor en este proceso, en el sentido de ser el primer responsable de la clara identificación de las necesidades e intereses prioritarios de los clientes. Como se verá en el capítulo 3, los gerentes de marketing han desarrollado métodos para sintetizar y comunicar información acerca de las necesidades y preferencias de los clientes a las otras unidades. Sin esta información compartida, unidades como compras, producción e investigación y desarrollo, no podrán brindar la calidad requerida para una ventaja competitiva sostenida. La compañía Eastman Chemical ofrece un ejemplo de una empresa que ha extendido continuamente sus esfuerzos para asegurar esta coordinación.

Eastman Chemical produce y comercializa más de 400 productos químicos, con ventas totales que alcanzaban, a mediados de la década de los años noventa, una cifra de US$4 millardos. Primero, hacia 1980, la compañía desarrolló una orientación hacia la calidad total pero la gerencia decidió que la calidad por sí sola no permitiría que la firma sobreviviera a largo plazo. La industria química estaba en la época de las consolidaciones, lo que significaba que las grandes empresas se volverían extremadamente poderosas. Así, la gerencia de Eastman estableció como meta alcanzar los US$15 millardos en ventas para el año 2000. El primer paso de la compañía para lograr esa meta fue el de conformar equipos multifuncionales que identificaran las necesidades emergentes de los clientes. Se vinculó a estos últimos: Eastman los invitó a sus plantas de producción para ofrecerles perspectivas sobre sus productos y procesos. La empresa también implementó una base de datos sobre necesidades de los clientes a la que se podía tener acceso desde cualquier punto de la organización. Hacia 1994, la participación de ventas de la compañía con productos con menos de cinco años, era el doble del promedio de la industria[9].

Lograr la coordinación interfuncional necesaria para implementar el concepto de marketing no es una tarea fácil. La coordinación efectiva requiere que toda la organización conozca la información sobre las necesidades del comprador y que cada departamento funcional se entere de las restricciones que enfrentan otras unidades. Además, debe haber un fuerte compromiso con las metas de satisfacción del cliente y la rentabilidad[10]. No resulta exagerada la importancia del compromiso con los clientes en todos los niveles de una organización. Las empresas pueden tener la necesidad de emular las acciones de Federal Express en el desarrollo extensivo de programas de entrenamiento u otros mecanismos innovadores para crear compromiso.

Federal Express (FedEx) realineó por completo una gran parte de su organización para brindar un enfoque coordinado, dirigido al cliente. Históricamente, el personal del área de marketing era responsable de la promoción por correo directo, un grupo distinto se encargaba de establecer los precios, los representantes de servicio al cliente registraban pedidos y la división financiera manejaba créditos y cobranzas. Bajo la nueva alineación, la base de clientes de FedEx se dividió en segmentos de tipos similares y la empresa creó equipos, a partir de las diferentes funciones, para administrar las cuentas en cada segmento; también invirtió en entrenamiento técnico y para trabajo en equipo, y estableció nuevos estándares de desempeño para premiar a los equipos que ampliaran el valor al cliente y lograran mayores negocios repetidos[11].

Debido al creciente reconocimiento de la importancia de la orientación del mercado, los investigadores de marketing se han interesado en la manera de medirla. Los gerentes que desean evaluar el grado de orientación del mercado en sus empresas, pueden calificarlas según la lista de características que aparece en la tabla 1-1.

En ocasiones, el aspecto controversial de estar orientado hacia el mercado gira en torno a su aplicabilidad en organizaciones sin ánimo de lucro como universidades, agremiaciones artísticas, grupos políticos y causas de acción social. Los hospitales, por ejemplo, han comenzado a reconocer que los pacientes esperan algo más que el cuidado básico en salud. Cada vez con mayor frecuencia estas instituciones están haciendo énfasis en "servicios adicionales" agradables: enfermeras y personal amigable, servicio y atención más rápidos, cuartos decorados con agrado e incluso, comidas tipo gourmet en algunos casos.

[9] Jerry Holmes y Gary McGraw, "White Water Ahead: Eastman Chemical Prepares for Turbulent Times", *Research & Technology Management*, September-October 1994, pp. 20-24; y "Eastman Chemical", *Quality*, January 1994, pp. 24-26.
[10] Benson Shapiro, "What the Hell is Market Oriented?", *Harvard Business Review*, November-December 1988, pp. 119-125.
[11] Alan Grant y Leonard Schlesinger, "Realizing Your Customers' Full Profit Potential", *Harvard Business Review*, September-October 1995, pp. 59-72.

TABLA 1-1

MEDICIÓN DE LA ORIENTACIÓN HACIA EL MERCADO

La orientación hacia el mercado de una firma es mayor según el grado en que la gerencia esté de acuerdo (A) o en desacuerdo(D) con cada uno de los siguientes enunciados.

GENERACIÓN DE INTELIGENCIA

1. En esta unidad de negocios nos reunimos con los clientes, por lo menos una vez al año, para determinar qué productos o servicios necesitarán en el futuro. (A)
2. Las personas de nuestro departamento de producción interactúan directamente con los clientes para aprender cómo servirles mejor. (A)
3. En esta unidad de negocios investigamos bastante sobre el mercado interno. (A)
4. Somos lentos para detectar los cambios en las preferencias de producto de nuestros clientes. (D)
5. Hacemos encuestas entre nuestros usuarios, por lo menos una vez al año, para evaluar la calidad de nuestros productos y servicios. (A)
6. A menudo hablamos o investigamos entre quienes pueden influir en nuestras compras y en las de los usuarios (por ejemplo, minoristas, distribuidores). (A)
7. Reunimos información de la industria a través de mecanismos informales (por ejemplo, almuerzos con amigos industriales, charlas con socios comerciales). (A)
8. En nuestra unidad de negocios, la inteligencia sobre nuestros competidores se genera de manera independiente entre los diversos departamentos. (A)
9. Somos lentos para detectar cambios fundamentales en nuestra industria (competencia, tecnología, regulación). (D)
10. Revisamos periódicamente el efecto probable de los cambios en nuestro entorno de negocios (por ejemplo, regulación) sobre los clientes. (A)

DIFUSIÓN DE LA INTELIGENCIA

1. Una parte apreciable de la "charla casual" informal en esta unidad de negocios se refiere a las tácticas o estrategias de nuestros competidores. (A)
2. Celebramos reuniones interdepartamentales, por lo menos una vez cada trimestre, para analizar las tendencias y el desarrollo del mercado. (A)
3. El personal de marketing de nuestra unidad de negocios dedica tiempo al estudio de futuras necesidades de los clientes con *otros* departamentos funcionales. (A)
4. Periódicamente, nuestra unidad de negocios hace circular documentos (por ejemplo, reportes, circulares) con información sobre nuestros clientes.
5. Cuando le sucede algo importante a un cliente o a un mercado grande, toda la unidad de negocios se entera en muy poco tiempo. (A)
6. Los datos sobre la satisfacción del cliente se transmiten con regularidad a todos los niveles de esta unidad de negocios. (A)
7. Existe una comunicación mínima entre los departamentos de marketing y producción en relación con el desarrollo del mercado. (D)
8. Cuando un departamento encuentra algo importante acerca de sus competidores, es lento para alertar a los otros departamentos. (D)

DISEÑO DE LA RESPUESTA

1. Siempre nos demoramos para decidir cómo responder a los cambios de precios de nuestros competidores. (D)
2. Los principios de la segmentación de mercado dirigen los esfuerzos de desarrollo de nuevos productos en esta unidad de negocios. (A)
3. Por una u otra razón, tendemos a desconocer los cambios en las necesidades de servicio o producto de nuestros clientes. (D)
4. Periódicamente revisamos nuestros esfuerzos de desarrollo de producto para garantizar que están en línea con lo que nuestros clientes quieren. (A)
5. Nuestros planes de negocios están más dirigidos por los avances tecnológicos que por la investigación del mercado. (D)
6. Varios departamentos se unen periódicamente para planear una respuesta ante los cambios que se presentan en nuestro entorno de negocios. (A)
7. Las líneas de producto que vendemos dependen más de las políticas internas que de las necesidades reales del mercado. (D)

(*continúa*)

IMPLEMENTACIÓN DE LA RESPUESTA

1. Si un competidor importante desea lanzar una campaña intensiva dirigida a nuestros clientes, nosotros implementaríamos una respuesta inmediata. (A)
2. Las actividades de los diferentes departamentos en esta unidad de negocios están bien coordinadas. (A)
3. Las quejas de los clientes no se tienen en cuenta en esta unidad de negocios. (D)
4. Aunque contemos con un gran plan de marketing, es probable que no seamos capaces de implementarlo de una manera oportuna. (D)
5. Somos rápidos para responder ante cambios significativos en las estructuras de fijación de precios de nuestros competidores. (A)
6. Cuando nos encontramos con que nuestros clientes no se sienten satisfechos con la calidad de nuestro servicio, de inmediato emprendemos acciones correctivas. (A)
7. Cuando nos encontramos con que a nuestros clientes les gustaría modificar un producto o servicio, los departamentos involucrados hacen esfuerzos conjuntos para lograrlo. (A)

Fuente: Bernard Jaworski y Ajay Kohli, "Market Orientation: Antecedents and Consequences", *Journal of Marketing*, July 1993, pp. 65-66.

No obstante, la controversia primaria se suscita alrededor del grado al cual una organización deberá enfocarse en el cliente, o en su satisfacción cuando la misión esencial de la empresa no se puede cambiar (por ejemplo, un grupo en contra del aborto o ambientalista), o cuando la producción se basa en normas y valores personales (como en el caso de las organizaciones de carácter artístico). Aunque los negocios se pueden mover a través de productos y mercados para satisfacer a los clientes, y seguir conservando su propósito central de suministrar intercambios económicos, las organizaciones sin ánimo de lucro deben considerar su orientación del mercado dentro de los límites impuestos por sus propósitos.

Orientación hacia el mercado y planeación del marketing

Si una firma va a implementar una filosofía de orientación hacia el mercado, no sólo debe motivar a los empleados para adoptar esta perspectiva, sino que debe suministrar las herramientas analíticas y los marcos de referencia apropiados para la toma de decisiones, con el fin de generar y procesar la inteligencia de marketing. A continuación, se presentan algunos ejemplos específicos de acciones clave para seguir:

1. Decidir cuáles probables negocios le dan a la firma la mejor oportunidad de crear clientes satisfechos.
2. Analizar los procesos de decisión de los clientes e identificar los diferentes patrones de preferencia en un mercado.
3. Evaluar las ventajas competitivas y las posiciones de los competidores en un mercado.
4. Medir las oportunidades del mercado y evaluar el impacto de los planes para ampliar la satisfacción del cliente o la ventaja competitiva sobre la rentabilidad.
5. Aplicar el conocimiento de la inteligencia del mercado al diseño de la oferta del mercado.

Estas son las cuatro acciones básicas que, tomadas en conjunto, representan el proceso de planeación del marketing.

EL PROCESO DE PLANEACIÓN DEL MARKETING

La planeación es, simplemente, una forma sistemática para que una organización intente controlar su futuro. Un plan es un enunciado de *qué* es lo que la organización espera lograr, *cómo* hacerlo y *cuándo* hacerlo. Las firmas que se involucran con la planeación, creen que ésta:

- Estimula el pensamiento sistemático acerca del futuro
- Encamina hacia el mejoramiento de la coordinación
- Establece estándares de desempeño para medir las tendencias
- Proporciona una base lógica para la toma de decisiones
- Mejora la capacidad para afrontar el cambio
- Amplía la capacidad para identificar las oportunidades de mercado

La planeación del marketing es el proceso sistemático para desarrollar y coordinar decisiones de marketing. En esencia, entonces, la planeación del marketing brinda el marco de referencia para implementar una orientación hacia el mercado. Suministra el enfoque para la recopilación de información, el formato para la difusión de la información, y la estructura para desarrollar y coordinar las respuestas tácticas y estratégicas de la firma.

Como se indica en la tabla 1-2, es importante que las decisiones de marketing se tomen a dos niveles: alta gerencia y gerencia media, de manera que el proceso de la planeación del marketing opere en los dos niveles.

La planeación del marketing corporativo se basa en proporcionar a largo plazo la dirección de la organización con respecto a los mercados y a las necesidades que atenderá. Desde la perspectiva de orientación del mercado, la pregunta clave para esta forma de planear la dirección que seguirá la compañía es "¿En dónde podemos ser más efectivos para satisfacer competitivamente a los clientes?". Además, intenta establecer objetivos para los diferentes productos y negocios que perseguirá. A menudo, las firmas utilizan las llamadas *Unidades Estratégicas de Negocios* (UEN) para representar estos productos y líneas de productos.

TABLA 1-2

LOS DOS NIVELES DE LA GERENCIA DE MARKETING

ESTOS EMPLEADOS	A ESTE NIVEL	TOMAN ESTE TIPO DE DECISIONES
CEO	Alta gerencia	Mercados que se van a servir
Contralor		Productos que se van a ofrecer
Vicepresidente de marketing		Objetivos del producto
Otros vicepresidentes		Asignación de recursos
Gerentes de marketing	Gerencia de nivel medio	Diseño del producto
Gerentes de producto y de marca		Precios
Gerentes de ventas		Publicidad
Gerentes de publicidad		Promoción de ventas
Gerentes de promoción		Venta y distribución
Gerentes de servicio al cliente		Servicio al cliente

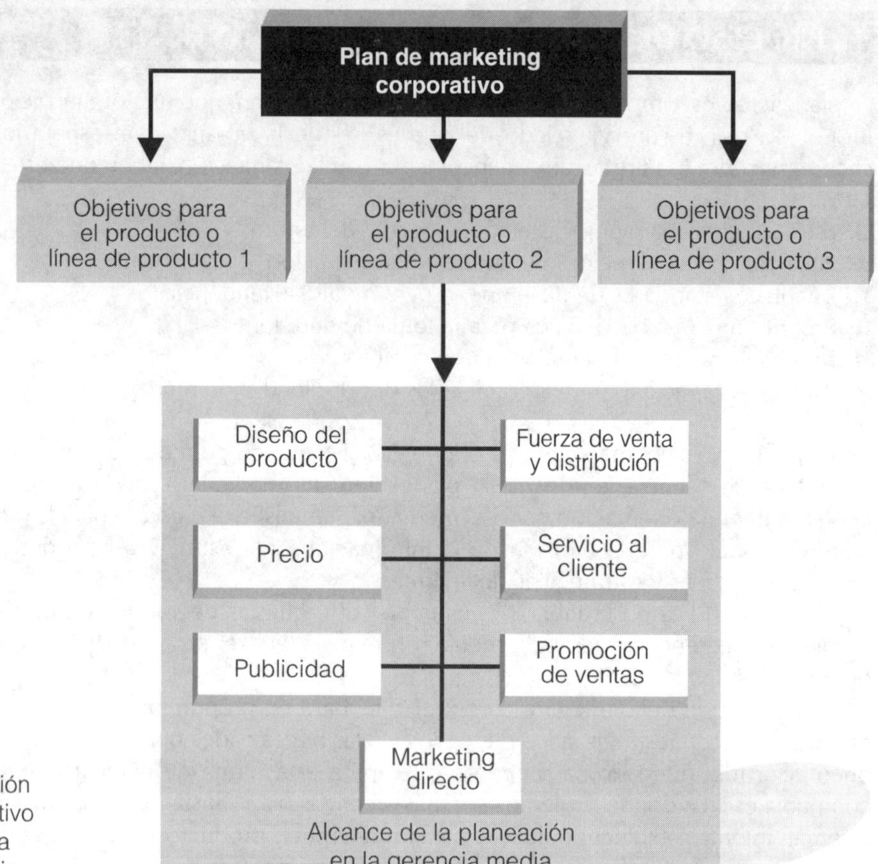

FIGURA 1-6
Enlaces de la planeación del marketing corporativo con la planeación en la gerencia de nivel medio.

La planeación de la gerencia de nivel medio especifica la manera como el plan de marketing corporativo se implementará sobre una base de producto-por-producto, mediante el enfoque en las ventas y la rentabilidad de productos individuales, marcas o líneas de productos estrechamente relacionados. Aunque el número de cargos en la gerencia de nivel medio ha descendido en muchas firmas durante los últimos años, sus funciones se mantienen[12]. De hecho, uno de los resultados de la reestructuración ha sido aumentar las responsabilidades en la toma de decisiones para los gerentes de nivel medio. Los análisis de las necesidades del cliente y las fortalezas del competidor son una parte fundamental del proceso de planeación del marketing en la gerencia de nivel medio. Adicionalmente, en este nivel de planeación es donde se desarrollan acciones detalladas para el diseño del producto, publicidad y otras estrategias dirigidas a responder a clientes y competidores (*véase* figura 1-6).

Resulta importante reconocer que los dos niveles de planeación deberán ser interdependientes. La planeación de la gerencia de nivel medio debe ser consistente con las metas y las decisiones sobre asignación de recursos que toma la alta gerencia en el plan de marketing corporativo. Al mismo tiempo,

[12] Alex Markels, "Restructuring Alters Middle Management's Role but Leaves It Robust", *Wall Street Journal,* Sept. 25, 1995, pp. A1, A6.

como se verá en el capítulo 2, el proceso de planeación del marketing corporativo debe basarse en la información que suministran los gerentes del nivel medio sobre las tendencias del producto y del mercado, y los problemas y las oportunidades que enfrente la firma.

Pasos básicos en la planeación

Aunque la planeación del marketing tiene lugar tanto a nivel corporativo como de gerencia media, en cada nivel se siguen cuatro pasos básicos (*véase* figura 1-7).

1. *Conducir un análisis de la situación.* Antes de desarrollar cualquier plan de acción, los encargados de tomar las decisiones deben entender la situación actual y las tendencias que afectan el futuro de la organización. En particular, se deben evaluar los *problemas* y las *oportunidades* que representan compradores, competidores, costos y cambios regulatorios. Adicionalmente, deben identificar las *fortalezas* y *debilidades* de la firma misma.
2. *Establecer objetivos.* Con un análisis completo de la situación, quienes toman las decisiones deben entonces establecer los objetivos específicos. Objetivos que identifiquen el nivel de desempeño que la organización espera alcanzar en una fecha futura, de acuerdo con las realidades de los problemas y de las oportunidades del entorno, y de las fortalezas y debilidades particulares de la firma.
3. *Desarrollar estrategias y programas.* Para lograr los objetivos establecidos, quienes toman las decisiones deben desarrollar estrategias (acciones a largo plazo para lograr los objetivos) y programas (acciones específicas a corto plazo para implementar las estrategias).
4. *Suministrar coordinación y control.* A menudo, los planes que son muy completos incluyen múltiples estrategias y programas. Cada estrategia y cada programa puede estar bajo la responsabilidad de un gerente diferente. En consecuencia, se debe desarrollar algún mecanismo para garantizar que las estrategias y los programas se implementen de manera efectiva.

FIGURA 1-7
Pasos básicos en la planeación.

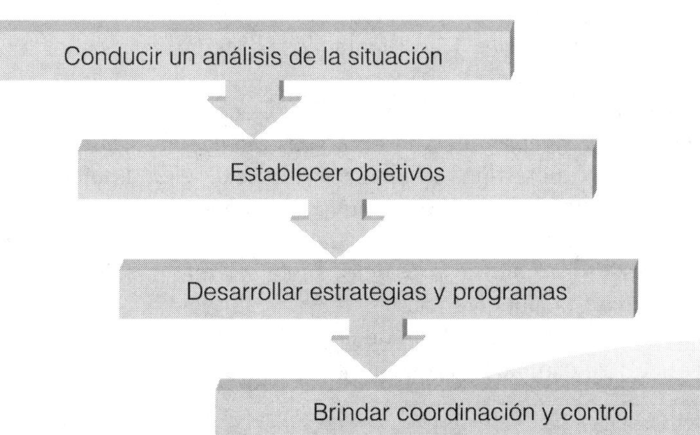

Las estructuras organizacionales y los presupuestos son los mecanismos primarios para coordinar las acciones. El control también es esencial porque el éxito de las estrategias y los programas nunca se puede predecir con certeza. El propósito del control es evaluar el nivel al cual se progresa hacia un objetivo, y señalar con precisión las causas de cualquier falla para lograrlos, de manera que se puedan emprender acciones correctivas.

Se debe anotar un punto adicional acerca de la planeación. La planeación es un *proceso*. Las organizaciones operan en entornos complejos y dinámicos; por consiguiente, a medida que la situación cambia, los gerentes deben estar preparados para modificar objetivos y estrategias con el fin de afrontar esos cambios.

La gerencia del marketing y el proceso de planeación del marketing

La gerencia o administración del marketing abarca todas las decisiones involucradas en el diseño y la ejecución de los planes dirigidos a implementar el concepto de marketing. Como se ha indicado, la alta gerencia y los gerentes de nivel medio toman las decisiones de marketing, y las decisiones que unos y otros tomen influyen entre sí. En consecuencia, se estudiarán ambos niveles en esta obra aunque el enfoque primario está dirigido hacia la toma de decisiones en el nivel de la gerencia media.

Más específicamente, en los capítulos siguientes se estudiarán los tipos de información, conceptos, herramientas y procedimientos que los gerentes de marketing pueden emplear en la toma de decisiones. Como aparecen en la figura 1-8, estas áreas de decisión se tratan dentro del marco del proceso de planeación del marketing. El capítulo 2 estudia los procedimientos para realizar el análisis de la situación y desarrollar los objetivos y las estrategias en el nivel corporativo. De otro lado, un resultado importante de la planeación del marketing corporativo es el desarrollo de objetivos de producto que guían la toma de decisiones a nivel de la gerencia media. Esto también se trata en el capítulo 2.

En los capítulos 3 al 6 se estudiarán las técnicas y procedimientos para conducir un análisis de la situación al nivel de cada producto.

El enfoque básico en los capítulos 7 al 13 está en el desarrollo de estrategias y programas de marketing que lograrán el objetivo del producto y que toman en cuenta los problemas y las oportunidades descubiertas en el análisis de la situación.

Por último, los capítulos 14 y 15 presentan los procedimientos para la coordinación y el control en los niveles de la gerencia media y alta.

Al examinar la figura 1-8, el lector observará la dirección de las flechas que relacionan las principales secciones. El que haya flechas que van en ambas direcciones entre dos secciones refleja dos puntos importantes. Primero, que en una organización bien dirigida, la alta gerencia utilizará los puntos de vista de la gerencia media como un dato muy importante para la estrategia corporativa. La información sobre el análisis de la situación para un producto dado y sobre la factibilidad de desarrollar una estrategia de marketing exitosa para un producto, suele ser más detallada a nivel de la gerencia media y deberá comunicarse a la alta gerencia.

El segundo punto es que la función de control tiene el propósito primario de alertar a los gerentes sobre la necesidad de cambios en objetivos, estrategias o programas.

FIGURA 1-8
Gerencia de marketing y el proceso de planeación del marketing: una visión general.

CONCLUSIÓN

El concepto de marketing sirve como punto de partida para estudiar la gerencia de marketing porque refleja el propósito esencial de un negocio. La falta de atención efectiva a las necesidades del cliente hará que el marketing y las otras funciones de negocios carezcan de la dirección necesaria para el éxito.

Sin embargo, resulta importante reconocer que una organización orientada hacia el mercado es la que toma su guía desde el *mercado,* no necesariamente desde el *departamento de marketing.* Las firmas orientadas hacia el mercado aprenden a entender a sus clientes y competidores, determinan cuáles clientes y necesidades se ajustan mejor con las capacidades y las metas de utilidades de la organización, y desarrollan sus respuestas ante el mercado en una forma muy coordinada y con una perspectiva a largo plazo.

No obstante, inclusive en una organización orientada hacia el mercado, no es un asunto simple implementar el concepto de marketing. Las organizaciones se enfrentan con muchos mercados y clientes alternativos, y con una amplia disposición de políticas alternativas y programas para satisfacer las necesidades del cliente. Estas entidades no pueden seguir a *todos* los posibles compradores y no pueden tomar *todas* las acciones posibles de marketing porque los recursos humanos y financieros suelen ser limitados y no permiten ese tipo de extravagancias.

Para manejar los problemas relacionados con la implementación del concepto de marketing, hemos sugerido un enfoque de planeación. Conducir un análisis de la situación y establecer objetivos antes de desarrollar estrategias y programas, acrecienta las oportunidades para elegir las mejores políticas de marketing. Además, en realidad, la planeación deberá realizarse en dos niveles: en el de la gerencia media se enfoca sobre un producto individual o en una línea de productos relacionados; a nivel de la alta gerencia, la planeación se enfoca en la pregunta esencial ("¿en qué negocio debemos estar?") y en la mezcla total de productos y líneas de productos.

Para muchas firmas, el enfoque en las necesidades y la calidad del mercado han llevado a un desempeño muy sobresaliente. La experiencia de estas organizaciones aporta lecciones valiosas para futuros gerentes. Un ejemplo de ello es Rubbermaid.

RUBBERMAID: DESARROLLO DE UN COMPROMISO CON EL CLIENTE

La firma The Wooster Rubber Company fue fundada en Wooster, Ohio, en 1920, como fabricante de balones de juguete. En 1934, la compañía hizo su primer recogedor de basura –no de caucho– y comenzó en una nueva dirección. La firma adoptó su nombre actual en 1957 y, hoy en día, Rubbermaid casi es sinónimo de innovación de producto.

En la actualidad, la empresa ofrece cerca de 5.000 productos, casi todos a base de polímeros derivados del petróleo, conocidos como "resinas" (diferentes al caucho), los cuales se utilizan para moldear artículos que van desde carros de juguete hasta canecas para la basura. Para lograr su ambiciosa meta de obtener un tercio de sus ventas con productos lanzados al mercado durante los últimos cinco años, Rubbermaid introduce, en promedio, un nuevo producto cada día. Al mismo tiempo, sus productos se precian de una gran reputación de calidad. Principalmente debido a estos logros, la empresa fue calificada como la compañía más admirada en Estados Unidos en encuestas realizadas por la revista *Fortune* en 1994 y 1995.

El énfasis de Rubbermaid en la calidad, tanto en términos de diseño de producto y confiabilidad como en lo referente a la atención a las preocupaciones del cliente, ha sido una marca distintiva del éxito de la compañía. Extensas pruebas de producto garantizan la calidad. Por ejemplo, las canecas de basura con 32 galones de capacidad se lanzan desde 6 pies de altura contra pisos de concreto para la prueba de durabilidad. Rubbermaid cree que esta calidad le permite cobrar un 10% de *premium price* en los productos que compiten en la mayoría de las categorías. No obstante, inclusive con esta atención a la durabilidad del producto, la compañía cree que debe ofrecer una política muy liberal de reembolsos. Éstos se hacen dentro de las 48 horas siguientes a la presentación de un reclamo, inclusive cuando el producto adquirido es una copia similar del producto Rubbermaid y no un producto propio. Los investigadores de mercado de la empresa han aprendido que las quejas de sus clientes insatisfechos alcanzan un promedio de cinco personas, de modo que la compañía se toma muy en serio su obligación de cumplir con sus expectativas.

En parte, el éxito de Rubbermaid en sus esfuerzos de desarrollo de producto ha estado ligado al uso de equipos multifuncionales. Cada división tiene un grupo de equipos para investigar ideas sobre nuevos productos y para asignar los fondos necesarios a los más prometedores. Otro grupo de equipos, con representantes de marketing, finanzas, producción e investigación y desarrollo, tiene luego la responsabilidad de desarrollar e introducir los nuevos productos. Con frecuencia, los principales minoristas trabajan con estos equipos para garantizar que los planes de introducción tengan en cuenta las necesidades de estos distribuidores, con respecto a sus condiciones de bodegaje y exhibición.

La alta gerencia también está involucrada en el proceso de desarrollo en Rubbermaid, pero de una manera diferente. Los gerentes de más alto nivel de la compañía se reúnen con gerentes del nivel de vicepresidentes de las principales firmas minoristas para tratar asuntos que se presentarán en tres o cuatro años en el futuro, como el cambio del inventario de un distribuidor y políticas de *merchandising* o nuevas estrategias importantes. Por ejemplo, este tipo de encuentros se realizaron para estudiar una nueva iniciativa de Rubbermaid que crearía "un almacén dentro de otro almacén", vendiendo solamente líneas Rubbermaid. Al describir las perspectivas que alcanzó durante un alto en investigación y desarrollo, el CEO Wolfgang Schmitt comentó sobre la atención de la firma hacia el futuro al anotar: "Yo puedo agregar valor en términos de apreciar el horizonte, señalar tendencias y calcular cómo aplicarlas en nuestro negocio".

1. ¿Qué evidencia existe de que Rubbermaid está orientada hacia el mercado?
2. ¿Puede apreciar Ud. algunos problemas potenciales como resultado de la concentración intensiva en el desarrollo de nuevos productos en Rubbermaid?
3. ¿Describa cómo difieren en Rubbermaid la gerencia de nivel medio y la alta gerencia?

Tomado de Lee Smith, "Rubbermaid Goes Thump", *Fortune*, Oct. 2, 1995; "Rubbermaid" Turns Trends into Marketing Opportunities, Phenomena Growth", *Business Dateline*, Apr. 19, 1993; Jean-Philippe Deschamps and P. Ranganath Nayak, "Fomenting a Customer Obsession", *National Productivity Review*, Sept. 22, 1995, p. 89; Harvey Mackay, "The CEO Hits th Road", *Harvard Business Review*, March-April 1990, p. 32; "Growth Factors: Organizational Learning at Cemex, Rubbermaid, and Banc One", *ASAP*, July 1995.

PREGUNTAS Y SITUACIONES PARA ANÁLISIS

1. "En las firmas orientadas por el mercado, todos los nuevos productos se basan en la investigación extensiva del cliente y pocos productos nuevos no son exitosos". ¿Está Ud. de acuerdo? Explique su respuesta.
2. De las ocho dimensiones de calidad, ¿cuáles serían las más importantes en una organización que vende fundamentalmente servicios (como bancos, hospitales o aerolíneas), diferentes de las mercancías físicas?

3. "El servicio de reparación es más una función de producción que de marketing, al igual que el otorgamiento de un crédito es más una función de finanzas que de marketing". ¿Está Ud. de acuerdo con este enunciado? Explíquese.
4. Cómo respondería al gerente de negocios de la sinfónica local, quien hace la siguiente afirmación: "A veces, he pensado en utilizar más el marketing en nuestros asuntos, pero simplemente no puedo sufragar el costo de las encuestas y las campañas de publicidad. De cualquier manera, a la gente siempre le agrada escuchar buena música. La calidad de nuestros programas es la única consideración importante".
5. Aunque algunas organizaciones se basan en negocios repetidos con el grueso de sus clientes, otros (como las constructoras y las universidades) no. ¿Tiene menos importancia para estas organizaciones la satisfacción del cliente? ¿Por qué?
6. 3M Company tiene 50.000 productos clasificados desde la cinta adhesiva Scotch hasta máquinas cardiopulmonares. ¿Cómo diferirá la planeación formal de marketing en esta empresa con respecto a otra que cuenta sólo con unos pocos productos?
7. Considere el siguiente enunciado: "Cuando una firma selecciona los clientes a quienes desea servir, también selecciona a sus competidores". ¿Cómo se relaciona este enunciado con el concepto de orientación hacia el mercado?
8. Elabore una lista de posibles temas de alta gerencia que pudiera considerar McDonald's Corporation. ¿Con qué aspectos de la gerencia media probablemente trataría esta firma?
9. ¿Sería más difícil la planeación de marketing para la Ford Motor Company o para Steelcase (un fabricante líder en equipo de oficina)? ¿Por qué? ¿Para cuál compañía sería más importante la planeación del marketing? Considerando ambas respuestas, ¿qué generalización establecería Ud. acerca de la utilidad de la planeación?

LECTURAS ADICIONALES SUGERIDAS

Anderson, Eugene W., Claes Fornell, and Donald Lehmann, "Customer Satisfaction, Market Share, and Profitability: Findings from Sweden", *Journal of Marketing,* July 1994, p. 53-66.

Bonoma, Thomas D., "Marketing Subversives", *Harvard Business Review,* November-December 1986, pp. 113-118.

Day, George, "The Capabilities of Market Driven Organizations", *Journal of Marketing,* October 1994, pp. 37-52.

Jaworski, Bernard, and Ajay Kohli, "Market Orientation: Antecedents and Consequences", *Journal of Marketing,* July 1993, pp. 53-70.

Levitt, Theodore, "Marketing When Things Change", *Harvard Business Review,* November-December 1977, pp. 107-113.

Payne, Adrian, "Developing a Marketing-Oriented Organization", *Business Horizons,* May-June 1988, pp. 46-53.

Shapiro, Benson, "What the Hell Is Market Oriented?", *Harvard Business Review,* November-December 1988, pp. 119-125.

Slater, Stanley, and John C. Narver, "Market Orientation and the Learning Organization", *Journal of Marketing,* July 1995, pp. 63-74.

Walker, Orville, and Robert Ruekert, "Marketing's Role in the Implementation of Business Strategies: A Critical Review and Conceptual Framework", *Journal of Marketing,* July 1987, pp. 15-33.

CAPÍTULO 2

PLANEACIÓN DEL MARKETING CORPORATIVO

VISIÓN GENERAL

En el capítulo 1 se estudió que el éxito de una organización depende, en definitiva, de su capacidad para satisfacer a sus clientes y obtener utilidades. Además, se anotó que, mientras los gerentes de nivel medio son los primeros responsables por el diseño y la implementación de los programas de marketing para los diferentes productos, la alta gerencia es responsable de establecer la dirección a largo plazo y unas metas más amplias para la firma.

La planeación del marketing corporativo es el proceso mediante el cual una organización establece sus prioridades a largo plazo en relación con sus productos y mercados, para ampliar el valor de toda la compañía. Dos clases de decisiones de la alta gerencia se involucran en la planeación del marketing corporativo: la *estrategia corporativa* y la *estrategia de la mezcla de productos* (*véase* figura 2-1). En la estrategia corporativa, la gerencia identifica los negocios en los que se vinculará la empresa en el futuro, mediante la especificación de:

- El rango de mercados que se van a servir
- Los tipos de productos que se van a ofrecer

Al tomar las decisiones de la estrategia corporativa, la pregunta esencial que se debe responder es "¿en qué mercados serán más efectivos nuestros recursos particulares para desarrollar el concepto de marketing?"

Una vez que se ha elegido la estrategia corporativa, la gerencia debe desarrollar una estrategia de la mezcla de productos para identificar la función esperada que desempeñará cada producto en la construcción del valor del negocio. En particular, esta estrategia especificará:

- El tipo de contribución (como crecimiento rápido en ventas o alta rentabilidad) que se espera de cada producto o línea de producto que contribuya a incrementar el valor de la compañia.
- La participación relativa de los recursos de la firma que se han destinado para cada producto o línea de producto.

La estrategia de mezcla de productos constituye una guía para los gerentes del nivel medio acerca de las expectativas de la alta gerencia. Tal como se estudia a lo largo de este libro, para el desarrollo de las estrategias y los programas de marketing es esencial conocer cuál es la función esperada que desempeñará cada producto en la imagen corporativa total.

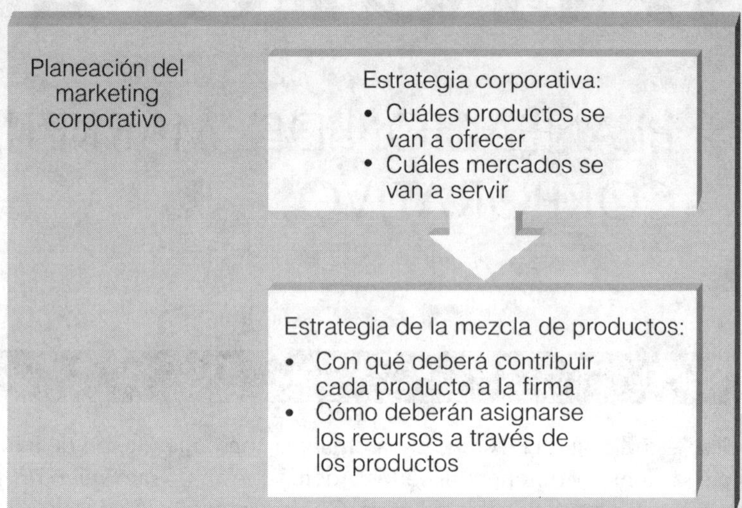

FIGURA 2-1
Elementos de la planeación del marketing corporativo.

El propósito de este capítulo es identificar las diferentes estrategias corporativas y de mezcla de producto disponibles para la alta gerencia, y presentar los procedimientos y herramientas para desarrollar un plan de marketing corporativo. Además, se considerará la relación entre las decisiones a nivel corporativo y el proceso de planeación del marketing a nivel de la gerencia media.

ESTRATEGIA CORPORATIVA

Como se indicó al comienzo del capítulo, las estrategias corporativas son planes de amplio rango que se diseñan para seleccionar los diferentes negocios en los que deberá participar una compañía. Con ellas se identifican los mercados que se van a servir (definiéndolos en términos de necesidades o clientes, o ambos) y las líneas de productos y servicios que se han de producir, sobre la base de una evaluación del entorno, los recursos y los objetivos de la compañía.

Como se presenta en la figura 2-2, las estrategias corporativas deberán derivarse del análisis de tres elementos: amenazas y oportunidades del entorno, misión y objetivos corporativos, y fortalezas y

FIGURA 2-2
Factores que influyen en la estrategia corporativa.

debilidades organizacionales. Una estrategia corporativa deberá ser consistente con los objetivos de la compañía, y alcanzable con los recursos y las competencias existentes (o anticipados). Además, se tendrán en cuenta las amenazas y oportunidades futuras del entorno.

Amenazas y oportunidades del entorno

Toda organización funciona en un entorno dinámico que puede crear una variedad de amenazas u oportunidades en los mercados existentes o potenciales de la firma. Específicamente, los gerentes deberán ser conscientes del posible impacto que puedan tener en sus mercados los seis factores principales del entorno:

1. *Demográficos: tales* como la distribución por edades de la población, índices de natalidad, crecimiento poblacional, cambios en la población regional y el porcentaje de hogares en donde ambos padres trabajan.
2. *Valores sociales y culturales:* como las actitudes hacia la salud y la nutrición, la necesidad de autoexpresión, materialismo, intereses ecológicos y seguridad del producto.
3. *Factores económicos:* incluyen tasas de inflación y desempleo, crecimiento económico, escasez de materias primas, costos de energía, tasas de interés, costos de importación e impuestos de consumo.
4. *Tecnología:* en particular, cambios en estrategias de desarrollo y anticipados que afectan los tipos de productos disponibles en un mercado, y las clases de procesos (como la automatización o el uso de materiales sintéticos) que se utilizan para fabricar estos productos.
5. *Acciones legales y regulatorias:* incluyen las disposiciones sobre el tipo de publicidad disponible para un producto, los requerimientos para marcar y probar el producto, las limitaciones con respecto a los elementos que forman el producto, el control de la polución y las restricciones o los incentivos en relación con las importaciones o exportaciones.
6. *Competencia*: a la larga, es una función de las demás fuerzas del entorno. Específicamente, tanto la *identidad* de los competidores como el *tipo de enfoque* (por ejemplo, orientación por el precio frente a orientación por la tecnología) pueden cambiar debido a:

- La entrada de nuevas firmas (especialmente firmas extranjeras).
- La adquisición de un competidor pequeño por parte de una institución grande y bien financiada.
- La desregulación, el cambio de las condiciones económicas o los nuevos procesos de producción que estimulan el aumento en la competencia de precios.
- Cambios en los valores sociales y culturales o nuevas tecnologías que motiven a los compradores a adquirir productos o servicios anteriormente considerados no competitivos (como la renovada popularidad de los pañales de tela).

Al examinar estas fuerzas, resulta esencial desarrollar estrategias corporativas debido a que estos factores darán forma al atractivo de diversos negocios. A menudo, esos factores crearán nuevas oportunidades o conducirán al rejuvenecimiento de mercados maduros.

La organización moderna debe hacer evaluaciones globales del entorno, cuando las tendencias y los avances en estas seis dimensiones tengan la posibilidad de sufrir variaciones alrededor del mundo. Por ejemplo, mientras que la población de Estados Unidos envejece, en la mayor parte del Asia domina la población joven, dando como resultado una gran oportunidad a compañías como McDonald's y Coca-Cola en ese continente. De modo similar, las regulaciones del entorno con respecto a los empaques son mucho más restrictivas en Europa Occidental que en cualquier otra parte del mundo.

Fortalezas y debilidades

Debido a que los cambios en el entorno conducen a *oportunidades y amenazas*, se les considera fundamentales en el desarrollo de estrategias corporativas. Sin embargo, no todas las firmas son iguales en términos de su capacidad para conseguir ventajas de una oportunidad o para evitar una situación amenazante. Una segunda consideración de importancia en la selección de una estrategia corporativa es si la firma cuenta con las fortalezas y las debilidades que se requieren para responder ante los avances del entorno. En general, las fortalezas de una firma son analizadas mediante la identificación de sus *recursos* y *competencias*. Los gerentes deben buscar aquellas oportunidades de mercado que les permitan sacar provecho de esas fortalezas.

En un sentido más amplio, los recursos y las competencias incluyen:

- Recursos financieros, tales como las reservas de efectivo.
- Habilidades gerenciales y de mano de obra, tales como la experiencia necesaria para fabricar productos de alta tecnología o para administrar grandes presupuestos de publicidad.
- Capacidad de producción y eficiencia del equipo.
- Habilidades en investigación y desarrollo, y patentes.
- Control sobre materias primas fundamentales, como en la propiedad de recursos energéticos.
- Tamaño y experiencia de la fuerza de ventas.
- Canales y sistemas de distribución eficientes o efectivos.

Con demasiada frecuencia las firmas restringen la evaluación de recursos a los más tangibles, como el efectivo y las instalaciones aunque, a menudo, las capacidades de gerencia y marketing son más importantes. Por ejemplo, el éxito de Frito-Lay, en el negocio de los pasabocas empacados, se debe principalmente al adecuado manejo de la publicidad y a su amplia fuerza de ventas, la cual permite rotar las existencias y reabastecer a los distribuidores minoristas. Estas competencias acrecientan la capacidad de la compañía para sacar productos nuevos y exitosos al mercado: algo indispensable en un mercado en donde la variedad de productos es importante para el comprador. El recurso o la competencia más fuerte de una firma se conoce, generalmente, como *competencia distintiva*. La tabla 2-1 sugiere algunas de las formas en que una empresa puede utilizar de manera efectiva sus diversas competencias distintivas.

Con frecuencia, una firma encuentra que sus opciones estratégicas son limitadas, a menos que pueda adquirir nuevos recursos o competencias. En tales casos, la estrategia de la empresa puede ser establecer una *alianza estratégica* con otra firma. Una alianza estratégica es más que un *joint venture*, pues en este dos firmas crean una tercera entidad que se desarrolla por sí misma. En una verdadera alianza estratégica, dos firmas colaboran de manera mucho más completa mediante el *intercambio* de algunos recursos clave (aunque también se pueden formar nuevas entidades) que permiten a las dos partes mejorar su desempeño. Generalmente, las alianzas implican intercambios de uno o más de los recursos que aparecen en la siguiente lista:

- Acceso a redes de ventas y distribución
- Tecnología de nuevos productos
- Tecnología y capacidad de producción[1]

[1] *Véase* Kenichi Ohmae, "The Global Logic of Strategic Alliances", *Harvard Business Review*, March-April 1989, pp. 143-149, para un análisis más minucioso de alianzas estratégicas internacionales.

TABLA 2-1

UTILIZACIÓN DE COMPETENCIAS DISTINTIVAS

COMPETENCIA	USO POTENCIAL	EJEMPLO
Capacidad en I&D	Énfasis en alta tecnología para el desarrollo del producto	Minnesota Mining & Manufacturing extendió su tecnología de imagen a productos para equipos médicos
Recursos financieros	Adquisición de otros negocios	Philip Morris adquiere Kraft
Reputación de la compañía sobre su calidad	Selección de mercados en donde la reputación sea conocida	Motorola enfatiza en mercados familiares con su éxito en electrónica
Gran fuerza de ventas	Selección de nuevos productos que pueden ser vendidos por la fuerza de ventas	Con frecuencia, Frito Lay, división de PepsiCo, saca nuevos pasabocas empacados
Control sobre materiales y otros suministros	Énfasis en productos que requieren de estos recursos a bajo costo; compite como productor de bajo costo	Gallo controla el suministro de uvas, envases de vidrio y el transporte de carga, de manera que puede usar sus precios para penetrar mercados
Sistema de distribución	Énfasis en productos que se beneficiarían al utilizar los mismos canales	Baxter adiciona nuevos instrumentos médicos para vender en hospitales atendidos por el sistema de distribución de la firma

En el mundo farmacéutico, los nuevos productos son esenciales para el éxito, aunque la expansión de la biotecnología ha hecho muy costoso para algunas firmas permanecer a la cabeza de todos los nuevos desarrollos. Debido a los extraordinarios costos que se requieren en I&D, pocas firmas disponen de los fondos necesarios para extenderse geográficamente a través de sus propios esfuerzos. Como resultado, muchas han seguido el patrón desarrollado por la compañía británica Glaxo, que comercializa las marcas de medicamentos con firmas japonesas que amplían su línea de producto y, a la vez, generan un mayor volumen de ventas mediante su red de distribución y ventas establecida en Europa. Case Corporation y GTE también se han expandido por el mundo a través de este tipo de alianzas.

Case Corp., una compañía fabricante de equipos para construcción y con sede en Wisconsin, quería ingresar al enorme mercado chino. Para ello, la empresa estableció una *joint venture* con Guangxi Liugong Machinery. Las dos empresas funcionarán como una nueva compañía que ensamblará piezas producidas por Case y se basará en la experiencia de mercado de Guangxi para vender[2].

GTE Corp. y la nacional telefónica de Alemania, Deustche Telekom AG han formado una alianza estratégica en la industria de los teléfonos inalámbricos. La alianza permite que los clientes estadounidenses de GTE viajen a Europa y utilicen la red Deustche Telekom. Del mismo modo, los clientes de Deustche Telekom pueden pasear por EE.UU. utilizando los servicios de GTE, pero recibiendo la cuenta de cobro como si estuvieran en casa[3].

Misión y objetivos corporativos

En la mayoría de las organizaciones, las decisiones estratégicas se guían mediante los enunciados de la misión corporativa y/o los objetivos corporativos. Una misión corporativa describe los propósitos generales que persigue la organización y brinda los criterios fundamentales para evaluar la efectividad de la organización *a largo plazo*.

Los objetivos corporativos reflejan expectativas específicas de la gerencia en relación con el desempeño organizacional. En la tabla 2-2 se presenta una lista de algunos de los tipos más comunes de objetivos corporativos que se podrían establecer. Recuérdese que una organización puede tener más de un objetivo corporativo en un momento dado. Sin embargo, por lo general, sólo hay una meta primaria hacia la cual se puede dirigir la estrategia corporativa.

Como el entorno cambia, a menudo las organizaciones modifican sus misiones y objetivos. Por ejemplo, los cambios tecnológicos o la difusión natural de tecnologías existentes pueden crear una oportunidad para ampliar la definición de un negocio. Las compañías telefónicas regionales de Estados Unidos (conocidas como *Baby Bells*) surgieron a partir del viejo monopolio de la American Telephone and Telegraph Corporation (AT&T), y ya no "son compañías telefónicas" sino firmas de telecomunicaciones que atienden negocios de automatización de oficinas, sistemas de datos, televisión por cable, y muchos otros bienes y servicios relacionados con bases tecnológicas.

Resulta importante reconocer que puede existir un conflicto implícito cuando una empresa trata de alcanzar más de un objetivo. Por ejemplo, una compañía pequeña que ha determinado el crecimiento en ventas como una meta primaria puede encontrarse con que debe aumentar el capital de trabajo y acondicionar las instalaciones de producción de una manera muy significativa, para poder atender la creciente demanda. Para adquirir los recursos de inversión destinados a sostener esta expansión, la firma puede verse forzada a conseguir nuevos inversionistas, una acción que podría causar conflicto con objetivos tales como mantener el control familiar de una empresa.

[2] "Case Corp.: A Joint Venture in China Creates Access to Market", *Wall Street Journal*, Sept. 22, 1995, p. B4.
[3] John Keller, "GTE Plans a Global and Wireless Drive", *Wall Street Journal*, Oct. 6, 1995, p. B3.

TABLA 2-2

TIPOS COMUNES DE OBJETIVOS CORPORATIVOS

RENTABILIDAD

- Utilidad neta como un porcentaje de ventas
- Utilidad neta como un porcentaje del total de la inversión
- Utilidad neta por acción común

VOLUMEN

- Participación de mercado
- Porcentaje de crecimiento en ventas
- Posición de ventas en el mercado
- Utilización de la capacidad de producción

ESTABILIDAD

- Varianza en el volumen anual de ventas
- Varianza en el volumen de ventas estacionales
- Varianza en la rentabilidad

NO FINANCIERO

- Mantenimiento del control familiar
- Mejoramiento de la imagen corporativa
- Ampliación de la tecnología o la calidad de vida

Más aún, una meta de largo alcance en rentabilidad o aumento de ventas, solamente se puede lograr si se hacen sacrificios a corto plazo. Por ejemplo, la Union Pacific Railroad vendió sus compañías de exploración y producción de petróleo y gas, las cuales representaban el 17% de los ingresos corporativos y un tercio de las utilidades, en 1995. Se esperaba que la venta generaría recursos para invertir en los negocios de ferrocarriles y transporte de carga, los cuales prometían ser, a largo plazo, las más altas oportunidades de crecimiento en ventas[4].

En síntesis, el proceso para establecer una estrategia corporativa está basado en:

- Examinar las amenazas y las oportunidades del entorno.
- Seleccionar objetivos corporativos que sean consistentes con estas amenazas y oportunidades, y con las competencias distintivas de la firma.
- Adquirir cualquier competencia adicional que se requiera para una implementación exitosa, a menudo por medio de alianzas estratégicas.

Aunque este proceso parece bastante simple, cualquier cantidad de estrategias corporativas están a disposición de la alta gerencia. Sólo mediante el entendimiento de los diferentes tipos de estrategias

[4]Daniel Machalba, "Union Pacific's Davidson Is Appointed Chief Operating Officer: Spinoff Slated", *Wall Street Journal*, July 28, 1995, p. B2.

disponibles, los gerentes pueden seleccionar las que sean más apropiadas para una situación particular de la firma.

Tipos de estrategias corporativas

Las organizaciones tienen dos direcciones fundamentales hacia las cuales encaminarse cuando seleccionan una estrategia corporativa: crecimiento o consolidación. Tradicionalmente, las organizaciones han seguido *estrategias de crecimiento*, inclusive cuando el crecimiento de ventas no era el principal objetivo corporativo. En esencia, una estrategia de crecimiento es aquella en la cual el crecimiento de las ventas (usualmente a partir de nuevos productos y mercados) se convierte en un vehículo para alcanzar estabilidad o el aumento de la rentabilidad.

Sin embargo, en los últimos años, en organizaciones grandes y pequeñas ha comenzado a entenderse que el crecimiento desenfrenado y aleatorio puede crear tantos problemas como los que se resuelven. En consecuencia, se han vuelto cada vez más populares las *estrategias de consolidación*, con las cuales las firmas buscan alcanzar metas corrientes (especialmente aumento en las utilidades) a través de mecanismos de no crecimiento.

La tabla 2-3 resume los tipos básicos de estrategias corporativas y muestra las clases específicas de estrategias en cada categoría.

TABLA 2-3

TIPOS BÁSICOS DE ESTRATEGIA CORPORATIVA

ESTRATEGIAS DE CRECIMIENTO

PARA MERCADOS ACTUALES

- Penetración del mercado
- Desarrollo del producto
- Integración vertical

PARA NUEVOS MERCADOS

- Desarrollo del mercado
- Expansión del mercado
- Diversificación

ESTRATEGIAS DE CONSOLIDACIÓN

- Atrincheramiento
- Eliminación de productos
- Retirarse del negocio

Estrategias de crecimiento para mercados actuales

Resulta probable que una firma que encuentra muchas oportunidades y pocos problemas en sus mercados presentes, seleccione alguna forma de estrategia para el mercado actual. Inclusive, cuando se presentan problemas como escasez de materias primas, nueva competencia o cambios tecnológicos, si los mercados actuales son atractivos en crecimiento de ventas, estabilidad de ventas o rentabilidad, la estrategia corporativa todavía puede enfocarse en el mercado actual.

Las tres estrategias que enfocan los mercados actuales son:

- Penetración del mercado
- Desarrollo del producto
- Integración vertical

PENETRACIÓN DEL MERCADO

La expresión *penetración del mercado* se refiere a una estrategia dirigida a aumentar las ventas de productos existentes en los mercados actuales. Por lo general, la penetración del mercado se logra mediante el incremento del nivel del esfuerzo de marketing (a través del aumento en publicidad o distribución) o con la reducción de precios.

De hecho, el potencial de ventas de muchos productos no se cristaliza porque la compañía es demasiado pequeña para iniciar esos esfuerzos. Como resultado, con frecuencia las grandes empresas adquieren esos productos y luego con el esfuerzo apropiado logran penetración del mercado. Por ejemplo, las ventas de Gatorade aumentaron de manera significativa después que Quaker Oats adquirió la marca en 1983 y amplió notablemente la publicidad y la distribución.

Debido a que la penetración del mercado no requiere de ningún cambio en los productos o mercados de una firma, es, en esencia, una estrategia de *statu quo*. En tanto que el desempeño actual sea sólido y el ambiente apoye el crecimiento y brinde oportunidades para obtener utilidades, una empresa puede preferir la opción de seguir con su negocio básico.

> Quaker State Corporation contrató un nuevo presidente cuya primera estrategia corporativa fue la de reconstruir la participación de mercado de la compañía en la industria de motores, cuyas cifras alcanzan US$4.000 millones, debido al crecimiento potencial de las utilidades en ese mercado. Entre las acciones que se tomaron para aumentar la penetración estuvieron: una serie de rebajas atractivas, nuevos colores y tipo de letra para el logo y el empaque de Quaker State; la variación de nombre de la Minit-Lube, por el de Q-Lube para hacer énfasis en los nexos con la marca[5].

DESARROLLO DEL PRODUCTO

Las estrategias de desarrollo del producto implican la creación de nuevos productos para los mercados existentes con el fin de:

- Satisfacer las cambiantes necesidades y deseos del cliente
- Compensar nuevas ofertas competitivas

[5] Matt Murray, "How the Man from Campbell Taught Quaker State to Market Oil Like Soup", *Wall Street Journal*, July 14, 1995, pp. B1, B4.

- Tomar ventaja de la nueva tecnología
- Satisfacer las necesidades de segmentos de mercado específicos

En su forma habitual, la estrategia implica remplazar o reformular productos existentes y expandir la línea de productos. Por lo general, el desarrollo de productos es apropiado cuando los cambios en gustos y necesidades conducen al surgimiento de nuevos segmentos o cuando los cambios competitivos y tecnológicos motivan a las compañías a modificar sus líneas de productos.

Por ejemplo, Toyota y Nissan presentaron sus modelos Lexus e Infiniti debido, en gran parte, a un incremento de la demanda relativa de vehículos tipo sedán de lujo, al costo de automóviles compactos. De manera similar, Gillette introdujo su máquina de afeitar Sensor con el fin de satisfacer la creciente demanda de sistemas para la afeitada de gran calidad. La nueva máquina se basó en la avanzada tecnología de moldeamiento por inyección, para ofrecer el beneficio de dos cuchillas que podían moverse de manera independiente.

A menudo, los esfuerzos más importantes de desarrollo del producto se deben a lanzamientos de productos competitivos que alcanzan segmentos de mercado que no se habían atendido.

> Aunque las marcas Crest de Procter & Gamble y Colgate de Colgate-Palmolive han dominado por largo tiempo el mercado de las cremas dentales, las marcas Arm & Hammer y Mentadent asestaron un buen golpe a estos gigantes con exitosos productos a base de bicarbonato de soda que prometían dientes más blancos. Desde entonces, tanto Crest como Colgate han respondido con sus propias versiones de cremas dentales con bicarbonato de soda, lo cual los ha llevado a aumentar en un 30% su participación en el volumen de producción de cremas dentales en EE.UU. Sin embargo, en 1995, Procter & Gamble recuperó su papel como líder en innovación al introducir la Crest Gum Care, la primera crema dental dirigida hacia la solución de problemas de gingivitis y sangrado de las encías[6].

INTEGRACIÓN VERTICAL

Para lograr que una firma sea más eficiente en su servicio a los mercados existentes, se pueden seleccionar estrategias de integración vertical. Con frecuencia, esta integración se logra cuando una firma se convierte en su propio proveedor (*integración hacia atrás*) o en intermediario (*integración hacia adelante*). Por norma general, estas estrategias serán las más apropiadas cuando los mercados finales tengan un potencial de alto crecimiento, debido a que la integración requiere de grandes recursos. En los siguientes ejemplos se pueden apreciar algunos tipos y propósitos específicos de estrategias de integración vertical.

> IBM continúa fabricando sus propios semiconductores, los cuales son componentes vitales de los computadores, para evitar la dependencia de los productos japoneses con respecto a los precios o tener acceso a la tecnología más reciente.
>
> Los fabricantes de productos farmacéuticos Merck y Eli Lilly han adquirido a Medco Containment y PCS Health Systems, firmas que distribuyen medicamentos bajo prescripción médica a participantes en planes empresariales de atención en salud. Estas acciones estratégicas deberán ampliar el número de medicamentos de Merck y Lilly que están fácilmente disponibles a precios competitivos para empleados y personal retirado de grandes firmas como General Motors[7].

[6]Zachary Schiller, "The Sound and the Fluoride", *Business Week*, Aug. 14, 1995, p. 48.
[7]Bernard Wysocki, "Improved Distribution, Not Better Production Is Key Goal in Mergers", *Wall Street Journal*, Aug. 29, 1995, pp. A1-A2.

En la práctica, la integración vertical no es tan simple como otras estrategias para mercados actuales. Por ejemplo, las habilidades gerenciales y de marketing necesarias para la integración hacia adelante en el área de ventas minoristas de ropa, son bastante diferentes de las que se requieren para la confección de la ropa. De manera similar, la integración hacia atrás puede servir como una acción defensiva si una firma no puede producir sus propios suministros de manera eficiente.

Estrategias de crecimiento para nuevos mercados

Al examinar las fuerzas del entorno y las tendencias de ventas, la alta gerencia puede concluir que el crecimiento de las ventas, la estabilidad de las mismas o la rentabilidad de los mercados actuales no serán satisfactorios en el futuro. Una conclusión de esta clase llevará a estas empresas a buscar nuevos mercados que ofrecerán mejores oportunidades.

Al ingresar a nuevos mercados se pueden utilizar tres clases de estrategias corporativas:

- Desarrollo del mercado
- Expansión del mercado
- Diversificación

DESARROLLO DEL MERCADO

La estrategia de desarrollo del mercado representa un esfuerzo para llevar productos actuales a nuevos mercados. En su forma típica, la gerencia empleará esta estrategia cuando los mercados existentes estén estancados o cuando el aumento de la participación de mercado sea difícil de lograr debido a que es muy alta o porque los competidores son muy poderosos. Esta estrategia se puede desarrollar mediante la identificación de nuevos usos o nuevos usuarios, como lo demuestra el siguiente ejemplo.

> Arm & Hammer han mantenido durante bastante tiempo una gran participación en el mercado del bicarbonato de soda. Sin embargo, este mercado había estado creciendo muy lentamente hasta cuando la compañía comenzó a promover usos adicionales para sus productos (la mayor parte de los cuales fueron sugerencias de sus clientes habituales), como el de limpieza de los cuartos de baño o para eliminar los olores en los refrigeradores.
>
> VISA ha liderado un movimiento entre las firmas de tarjetas de crédito para ampliar el uso de las mismas. La compañía ha iniciado una campaña promocional dirigida a los médicos y odontólogos en un esfuerzo por aumentar el número de profesionales que acepta la tarjeta. Al mismo tiempo, para ganar una mayor aceptación entre los supermercados, los bancos que prestan el servicio VISA redujeron el porcentaje que cobran a los supermercados.

EXPANSIÓN DEL MERCADO

Una estrategia de expansión del mercado implica dirigirse hacia una nueva área geográfica de mercado. Muchas firmas surgen como competidores regionales y más adelante se desplazan hacia otras áreas del país. Por ejemplo, durante muchos años, la cerveza Coors solamente se vendió en la región occidental de EE. UU., y desde hace poco tiempo, Borden ha llevado su línea de pastas Creamette de su sede en la región centro-occidental de esa misma nación, a una distribución a nivel nacional.

En el mundo empresarial de hoy, es probable que las compañías expandan sus mercados internacionalmente y, con frecuencia, que esta estrategia de crecimiento esté dirigida a lograr ventas mayores y crecimiento de las utilidades.

> Amoco Corp., uno de los comercializadores que dominan el negocio de la gasolina en EE.UU., ha anunciado que gastará más de US$200 millones en construir redes de estaciones de gasolina en Polonia y Rumania, en búsqueda de nuevas oportunidades de crecimiento. Una marca nacional de gasolina es un fenómeno nuevo en esas naciones. Posteriormente, Amoco anunció que en México y en sociedad con Pemex, la compañía estatal petrolera mexicana y la empresa de bebidas Fomento Económico Mexicano, construiría una red de centros integrados por una estación de gasolina y puntos de venta de comidas rápidas. Los centros de servicios funcionarán bajo el nombre de Oxxo Express[8].

La expansión hacia el mercado internacional se puede alcanzar en tres niveles: estrategia regional, estrategia multinacional, o estrategia global.

Una *estrategia regional* implica que una compañía concentrará sus recursos y esfuerzos en una o dos áreas. Así, Fiat de Italia históricamente ha competido principalmente en Europa y América Latina. Por lo general, esta estrategia se emplea cuando una firma busca consolidarse primero en su sede principal para hacer negocios.

Una *estrategia multinacional* implica un compromiso con un amplio rango de mercados que incluyen Europa, Asia y las Américas. Las firmas organizan sus negocios alrededor de naciones o regiones, de manera que a una subsidiaria local se le dejan estrategias de marketing independientes (incluyendo las decisiones sobre el rango de productos que se van a ofrecer). IBM, Nestlé y Royal Dutch-Shell están entre las firmas que se consideran multinacionales.

Una *estrategia global* se emplea cuando una organización opera en un amplio conjunto de mercados, pero con un grupo común de principios estratégicos. Dicho de otra manera, esta estrategia ve el mercado mundial como un todo y no como una serie de mercados nacionales. Las estrategias a nivel nacional se subordinan dentro de un marco de referencia global. Las estrategias globales son más apropiadas cuando los competidores o los clientes de una firma están globalizados. Por ejemplo, Caterpillar compite con Komatsu en equipo para remoción de tierras, virtualmente en todos los mercados; instituciones financieras como Morgan Guaranty Trust Company trabajan con clientes corporativos que son, a su vez, empresas de nivel global o multinacional.

DIVERSIFICACIÓN

Una estrategia que involucra nuevos productos y nuevos mercados se denomina diversificación. Es probable que esta estrategia se escoja cuando existan una o más de las siguientes condiciones:

- No se puede establecer ninguna otra oportunidad de crecimiento con los productos o mercados existentes.
- La firma tiene ventas o utilidades inestables debido a que opera en mercados que se caracterizan por entornos inestables.
- La firma desea capitalizar en una competencia distintiva.

[8] Cassey Bukro, "Amoco Plans Convenience in Mexico", *Chicago Tribune*, Aug. 9, 1995, sec. 3, p. 1.

Considérese, por ejemplo, el caso de Service Master.

> Service Master fue fundada en 1947, en Chicago, como una empresa para la limpieza de alfombras. Durante las dos décadas siguientes, la compañía se expandió mediante el sistema de franquicias para suministrar una creciente variedad de servicios de mantenimiento a firmas comerciales. Sin embargo, el aumento del número de hogares en donde el hombre y la mujer trabajan, ha incrementado significativamente la demanda de servicios de mantenimiento y limpieza. En consecuencia, Service Master agregó a su marca diversos productos nuevos (algunos por adquisición) para servir a este mercado. Entre los productos de servicio ofrecidos se encuentran: Tru Green-Chem Lawn, Terminix (para el control de plagas) y Merry Maids (limpieza doméstica). Desde entonces, Service Master se ha encaminado en otra dirección mediante el suministro de servicios de administración para centros de atención de enfermos crónicos, personas jubiladas y casas de retiro, los cuales han crecido en gran proporción por el aumento de edad de la población[9].
>
> Cuando los mercados para muchos de sus productos de ferretería más exitosos (como taladros y sierras de cadena) comenzaron a descender, Black & Decker dirigió su atención hacia el desarrollo de productos para el hogar. Con base en su experiencia en tecnología para dispositivos inalámbricos, la compañía triunfó con su aspiradora Dustbuster, su linterna de bolsillo Spotlighter (recargable) y el destornillador inalámbrico. Con base en estos éxitos y su capacidad para fabricar productos de bajo costo, Black & Decker continuó su diversificación hacia productos para el hogar con la compra del negocio de pequeños electrodomésticos de la General Electric. En el curso de tres años, la empresa se había convertido en líder del mercado en la fabricación de planchas.

Estrategias de consolidación

Un importante avance estratégico (que se observó hacia mediados de la década de 1980) es el creciente énfasis en la consolidación. Dirigidas hacia los grandes conglomerados, más y más firmas están siguiendo algunas de sus recientes estrategias de crecimiento. Básicamente, hay tres tipos de estrategias de consolidación:

- Atrincheramiento
- Eliminación de productos
- Retirarse del negocio

ATRINCHERAMIENTO

En esencia, el atrincheramiento se opone al desarrollo del mercado. Una firma limita su compromiso a sus productos existentes retirándose de los mercados más débiles. Generalmente, esta estrategia se sigue cuando una empresa ha experimentado un desempeño desigual en diferentes mercados. Por ejemplo, a menudo las firmas minoristas decidían concentrar sus esfuerzos de marketing en aquellas regiones en donde tenían más éxito. El costo de la publicidad local y de la distribución física de gasolina desde las refinerías hacia los distribuidores es tan alto, que hace que la venta al detal de gasolina no sea rentable en participaciones de mercado muy bajas. En consecuencia, durante la década de 1980, Exxon salió del mercado de Los Angeles, Chevron dejó muchos sitios en la región Sudeste y Shell se retiró de parte del Pacífico Noroeste.

[9] Culmatta Coleman, "Religious Roots Sprout Divine Results at Service Master", *Wall Street Journal*, Sept. 13, 1995, p. B6.

ELIMINACIÓN DE PRODUCTOS

La eliminación de productos se presenta cuando una firma reduce el número de productos que ha estado ofreciendo en un mercado. En efecto, la eliminación de productos se opone al desarrollo de productos y ocurre cuando una firma decide que algunos segmentos del mercado son demasiado pequeños o demasiado costosos para seguir en ellos.

> Hacia finales de 1996, General Motors decidió retirar de su línea de productos los modelos Cadillac Fleetwood, Buick Roadmaster, Chevrolet Caprice y Chevrolet Impala SS. El descenso en la demanda de estos grandes vehículos con tracción trasera hacía demasiado difícil generar utilidades adecuadas. GM planeó convertir gran parte de la capacidad que le quedaba libre con esta decisión en la ampliación de su producción de vehículos de carga[10].

RETIRARSE DEL NEGOCIO

El retirarse del negocio se presenta cuando una firma vende parte de su negocio a otra organización. Debido a que esto suele significar que una empresa está saliendo por su propia cuenta de una línea de producto y de un mercado en particular, en esencia, el retirarse del negocio se opone a la diversificación.

Con frecuencia, el retirarse del negocio se presenta después que una organización comprende que su estrategia de diversificación ha fallado. Es más probable que esto ocurra cuando el negocio no se ajusta a las competencias de la organización o cuando la alta gerencia se equivoca en la determinación de las destrezas esenciales para triunfar en ese mercado. Adolph Coors optó por cerrar sus negocios que no eran de cervezas (incluyendo tableros de computador en cerámica, vitaminas para alimentación animal y autopartes). Al explicar la lógica de esta decisión, Peter Coors, presidente de la empresa, dijo: "La fabricación de cerveza es una operación del consumidor y todos los demás son negocios para negociar. La mentalidad y la filosofía son muy diferentes"[11].

En otras áreas, retirarse del negocio refleja una decisión en la cual este negocio no es una parte integral de la firma. Según el CEO, Ralston-Purina salió del negocio de cereales para el desayuno porque la gerencia estaba enfocada fundamentalmente en el área de alimentos para mascotas como para dedicarle tiempo al negocio de cereales. Viacom International se retiró de sus operaciones de televisión por cable cuando decidió que no se ajustaban a la misión a largo plazo de la compañía[12].

ESTRATEGIA DE LA MEZCLA DE PRODUCTOS

Una estrategia corporativa genera una organización con una dirección básica mediante el establecimiento de un producto general y un tamaño de mercado por alcanzar. Dado este tamaño, una firma suele optar por retirarse del negocio o retirar los productos que no se ajusten a la estrategia, y más bien dedicar sus recursos a aquellos productos y negocios que sí lo están. No obstante, la mayor parte de las

[10] David Lawder, "GM to End Chevrolet Caprice Model, Other Large Cars", *Reuters Business Report*, May 16, 1995.
[11] Ronald Grover, "Coors Is Thinking Suds 'R US", *Business Week*, June 8, 1992, p. 34; and George Lazarus, "Coors Eyes Spinoff of Non-Beer Units", *Chicago Tribune*, May 15, 1992, sec. 3, p. 4.
[12] Stephanie Forest, Greg Burns, and Gail DeGeorge, "The Whirlwind Breaking Up Companies", *Business Week*, Aug. 14, 1995, p. 44.

organizaciones se involucran con varios productos y negocios dentro del alcance del mercado del producto, y la gerencia debe tener algunas bases para establecer prioridades entre sus productos y negocios.

Una estrategia de mezcla de productos ayuda a la gerencia a solucionar el problema del establecimiento de prioridades. Específicamente, una estrategia de mezcla de productos es un plan que determina, por ejemplo:

- Cuáles objetivos se pueden establecer para cada producto o negocio, a fin de garantizar que se cumplan los objetivos corporativos.
- Cómo debe ser la prioridad de los diferentes productos o negocios con el fin de asignar los escasos recursos.

Modelos de portafolio de productos

Los inversionistas serios acostumbran tener un *portafolio* de sus diferentes clases de inversiones financieras, cada uno con características especiales con respecto a riesgo, rendimiento y crecimiento. Del mismo modo, las organizaciones tienen un rango de productos con diversas características. Tal como un inversionista trata de equilibrar crecimiento, riesgos e ingresos de los diferentes instrumentos de un portafolio de inversiones, la alta gerencia deberá preocuparse por encontrar el equilibrio apropiado entre productos alternativos. En busca de este equilibrio a largo plazo, los gerentes deben reconocer que algunos productos generarán grandes cantidades de dinero que superarán la cifra que se requiere para gastos operativos o para inversión adicional en instalaciones de producción e inventarios. Sin embargo, otros productos, por lo menos a corto plazo, generarán mucho menos dinero del necesario para cubrir los gastos operativos (incluyendo esfuerzos de marketing e investigación y desarrollo) y para inversiones adicionales.

Los modelos de portafolio son métodos que los gerentes pueden utilizar para clasificar productos o unidades de negocios con el fin de determinar las futuras contribuciones de efectivo que se pueden esperar de cada uno de éstos y las necesidades de efectivo que cada producto tendrá en el futuro. En el uso de un modelo de portafolio, usualmente los gerentes deben examinar las fortalezas competitivas de una unidad del negocio o un producto (o línea de producto) y las amenazas y oportunidades que presenta el mercado en donde compite. Es decir, la investigación empírica sobre el éxito del negocio ha establecido que los prospectos de utilidades a largo plazo de una línea de producto o negocio dependen de las clases de fuerzas que aparecen en la tabla 2-4. En particular, gran parte de la investigación se ha dirigido de acuerdo con la base de datos Impacto de la Estrategia de Mercado sobre la Utilidad (Profit Impact of Market Strategy, PIMS) y desarrollada y dirigida por el Strategic Planning Institute. El programa PIMS cubre más de 3.000 unidades de negocios en cerca de 450 compañías y ha tenido éxito en la demostración de algunas relaciones importantes entre estrategia del negocio, posición competitiva y fuerzas del mercado. Los hallazgos más relevantes son los siguientes[13]:

[13] Sidney Schoeffler, "Nine Basic Findings on Business Strategy", *PIMS Letter on Business Strategy*, Strategic Planning Institute, Cambridge, Mass., 1977.

TABLA 2-4

EVALUACIÓN DE LA FORTALEZA COMPETITIVA Y DEL ATRACTIVO DEL MERCADO

DIMENSIONES DE LA FORTALEZA COMPETITIVA

1. ¿Nuestra participación de mercado sugiere que tenemos una base de clientes fuerte?
2. ¿Tenemos las destrezas administrativas necesarias para competir?
3. ¿Son modernas y eficientes nuestras instalaciones de producción?
4. ¿Poseemos la tecnología requerida para mantener una tasa competitiva de innovación y desarrollo del producto?
5. ¿Tienen nuestros clientes una imagen positiva de nuestros productos?
6. ¿Nuestra estructura de costos nos permite ser competitivos en precios mientras mantenemos la rentabilidad?
7. ¿Están bien establecidos y respaldados nuestros distribuidores?
8. ¿Tenemos un número adecuado de personal capacitado en ventas y servicio al cliente?
9. ¿Contamos con proveedores estables y confiables?

DIMENSIONES DEL ATRACTIVO DEL MERCADO

1. ¿Es alta la tasa de crecimiento de ventas de la industria?
2. ¿Es bastante grande el tamaño del mercado como para enfrentar bastantes competidores?
3. ¿Son susceptibles las ventas de la industria, de fluctuaciones cíclicas de temporada o de otra clase?
4. ¿Es elevada la tasa de obsolescencia del producto?
5. ¿La regulación extensiva del gobierno restringe las acciones o plantea incertidumbres?
6. ¿Es muy baja la demanda de la industria en relación con su capacidad?
7. ¿Existe el riesgo de faltantes en materias primas o componentes?
8. ¿Existe un gran número de competidores bien financiados?
9. El número pequeño de compradores representa un porcentaje demasiado grande de las ventas de la industria, ¿de tal manera que dependemos demasiado de ellos?
10. En general, ¿presenta la industria un fuerte potencial de utilidad?
11. ¿Tiene esta industria un alto grado de ajuste con nuestra estrategia corporativa?

- Aumento absoluto de los niveles de utilidad con la participación relativa del mercado de la firma y la tasa de crecimiento del mercado al que sirve.
- El impacto que sobre la rentabilidad tienen los esfuerzos extensos para desarrollo de nuevos productos o la diferenciación de producto es positiva si la empresa ya cuenta con una posición fuerte en el mercado.
- Los esfuerzos para aumentar la participación de mercado pueden tener un efecto negativo a *corto plazo* sobre el flujo de efectivo así como crece la participación en el mercado.
- La calidad (percibida por el cliente) tiene un efecto favorable sobre la participación en el mercado y la rentabilidad.

Estos hallazgos apoyan el establecimiento de casi todos los modelos de portafolio de productos. De hecho, los modelos iniciales eran demasiado simples y con frecuencia sólo consideraban las tasas de crecimiento del mercado y la participación relativa en el mercado. Para los propósitos de esta obra, se estudiará la ventana estratégica del negocio (figura 2-3), la cual es típica de los modelos de portafolio más ampliamente conocidos.

FIGURA 2-3
La ventana estratégica del negocio (adaptado de Rick Brown, "Make the Product Portfolio a Basis for Action", *Long-Range Planning*, vol. 24, February 1991, p. 104).

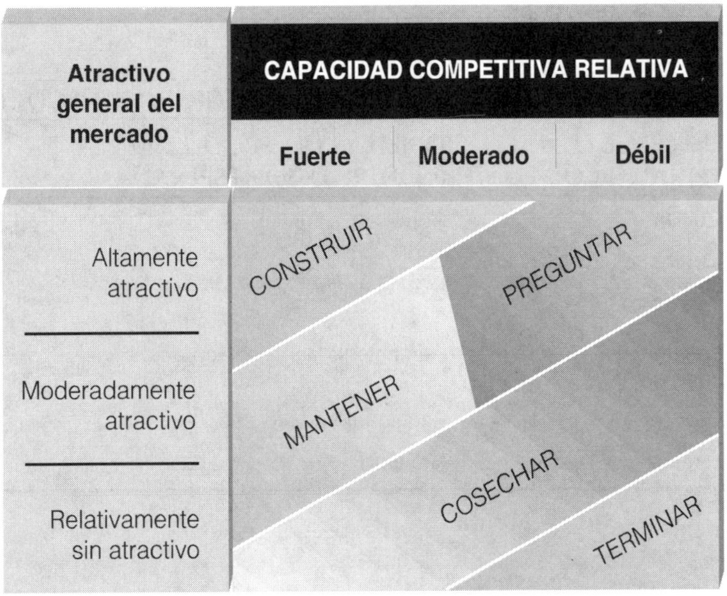

Atractivo general del mercado
CAPACIDAD COMPETITIVA RELATIVA
Fuerte
Moderado
Débil
Altamente atractivo
Moderadamente atractivo
Relativamente sin atractivo
CONSTRUIR
PREGUNTAR
MANTENER
COSECHAR
TERMINAR

La ventana estratégica del negocio

Como la mayor parte de los modelos de portafolio, la ventana estratégica del negocio es un mecanismo para categorizar productos o unidades de negocios con base en evaluaciones administrativas de las capacidades de competitividad relativa de cada unidad, y en el atractivo del mercado en donde ésta opera. En una aplicación típica, los gerentes clasificarán un negocio por cada dimensión relevante dentro de la tabla 2-4, sobre una escala (quizá de cinco puntos que va desde muy bajo hasta muy alto). El resultado será dos puntajes compuestos para cada negocio: uno sobre el atractivo general del mercado, el otro sobre la fortaleza competitiva general. El índice general de atractivo del mercado permite una calificación alta -inclusive si el crecimiento de las ventas de la industria es bajo- cuando el tamaño general, la estabilidad o el costo de competir es bastante positivo como para hacer atractivo el mercado. La calificación de la fortaleza competitiva general refleja la capacidad de la firma para competir exitosamente en la construcción o mantenimiento de la participación de mercado. La tabla 2-5 presenta algunos puntos de vista típicos de la función que cada tipo de producto debería desempeñar en el portafolio de la organización. De acuerdo con este modelo, los productos calificados como "construir" y "preguntar" deberían enfatizar en los objetivos de participación de mercado mientras que aquellos calificados en las categorías "sostener" y "cosechar" deberían estar enfocados hacia la utilidad.

Sin embargo, estas implicaciones deberían ser examinadas con cuidado porque los modelos están fundados en supuestos que no siempre son apropiados. Los gerentes que utilicen modelos de portafolio deberían ser especialmente conscientes de las siguientes consideraciones:

TABLA 2-5

IMPLICACIONES DE LA VENTANA ESTRATÉGICA DEL NEGOCIO

ENFOQUE ESTRATÉGICO	OBJETIVO DEL PRODUCTO (CONTRIBUCIÓN ESPERADA)	IMPLICACIONES DE LOS RECURSOS
Construir	Aumentar volumen	Reinversión significativa para defender la posición o ampliar el mercado
Sostener	Mantener flujo de efectivo y posición	Reinversión modesta según la necesidad
Preguntar	Aumentar la participación de mercado	Compromiso significativo de recursos adicionales
Cosechar	Reunir flujo de efectivo	Retiro gradual de recursos
Terminar	Ninguno	Retirarse del negocio o liquidarlo

- Los modelos de portafolio suponen implícitamente que el portafolio debe estar balanceado en cuanto a su valor; por tanto, debe haber un número suficiente de fuentes de efectivo para financiar los productos que se encuentran en las categorías de construir y preguntar. En realidad, las firmas también pueden generar recursos a través de préstamos y puede no ser necesario extraer todo el flujo de efectivo de los productos con más bajo crecimiento o en mercados menos atractivos, sólo por las grandes necesidades de efectivo en mercados atractivos de más alto crecimiento.
- Los modelos de portafolio que sugieren productos en la categoría sostener pueden "ordeñarse" sin remordimientos debido a su posición ya establecida en el mercado y porque se encuentran en mercados maduros. Por esta razón, estos productos suelen llamarse "vacas lecheras". En realidad, muchos líderes en participación de mercado experimentan enormes retos competitivos por su posición de liderazgo, especialmente en mercados grandes y estables de bienes para el consumidor. Por consiguiente, los objetivos de rentabilidad se pueden subordinar a un objetivo de sostenimiento de la participación de mercado, al menos a corto plazo.
- Los modelos de portafolio indican qué recursos deberían ser invertidos en las categorías "construir" y "preguntar" para ampliar la participación de mercado de estos productos. No obstante, no hay seguridad en cuanto a que la aplicación de mayores recursos conducirá a aumentos en la participación de mercado. La capacidad para mantener o aumentar la participación de mercado no sólo depende de contar con los recursos adecuados sino, además, de la existencia de la ventaja competitiva. En consecuencia, los gerentes deberían invertir en mercados de alto crecimiento solamente si pueden identificar una estrategia de marketing competitiva y factible.
- Debido a que cada elemento del atractivo del mercado y de la fortaleza competitiva tiene un grado diferente de importancia en cada situación, es imposible contar con un método estándar para sopesar la importancia de los diversos elementos. Adicionalmente, de algún modo, las estimaciones son subjetivas, de manera que los gerentes no siempre pueden calificar un negocio en particular de la misma forma, dentro de cada dimensión.

De otro lado, en general, los modelos de portafolio han sido atacados desde la perspectiva de que sólo las interdependencias entre los productos o negocios de un portafolio son los flujos de efectivo. De hecho, se ha estado señalando que esta perspectiva es parte de la razón para la falta de éxito de muchas estrategias de diversificación[14]. En diversificaciones exitosas, los nuevos negocios deberían ser más fuertes en virtud de estar asociados con la firma matriz, o deberían beneficiar a otros negocios de la misma, brindándoles alguna fortaleza competitiva (como nueva tecnología o acceso a canales de distribución más amplios). Por lo general, el término *sinergia* se aplica a estas relaciones. Sinergia significa que el todo es más valioso que la suma de sus partes, que dos o más líneas de productos que funcionan en la misma firma serán más exitosas que si funcionaran en organizaciones separadas debido al carácter común de los recursos empleados. Así, al evaluar la función que cada línea de producto desempeña en la organización, los gerentes deberían ser cuidadosos para identificar relaciones sinérgicas importantes.

EL PLAN CORPORATIVO Y LA GERENCIA MEDIA

El plan de marketing corporativo es importante para los gerentes de marketing en dos aspectos: primero, en la mayor parte de organizaciones el marketing desempeña un papel importante al influir en la estrategia corporativa y de mezcla de producto. Segundo, todo el personal de marketing es responsable de una forma u otra de desarrollar e implementar las estrategias y los programas de marketing necesarios para lograr los objetivos corporativos y los objetivos del producto.

La figura 2-4 resume los principales elementos del proceso de planeación del marketing corporativo e indica que los gerentes del nivel medio pueden suministrar dos tipos básicos de entradas a este proceso. Primero, pueden informar con más detalle sobre cada producto por separado, con respecto al tamaño del mercado, la rentabilidad del producto y la probabilidad de ventas como resultado del incremento en los gastos de marketing sobre un producto. Segundo, los gerentes medios deben identificar las clases de estrategias y de programas de marketing que sean apropiados para un enfoque estratégico dado. Al identificar estas estrategias y programas, con frecuencia se evidenciará que el costo de lograr un objetivo del producto será excesivo, o que no hay una forma factible de lograrlo debido a la carencia de recursos, las fortalezas del competidor u otros factores. En consecuencia, los planes del marketing corporativo pueden necesitar de revisión, una vez que se haya evaluado su factibilidad.

En los capítulos 3 al 13 se estudian las herramientas analíticas y los procedimientos para realizar el análisis de la situación, y para seleccionar estrategias y programas. Como se verá, el punto de partida para estos análisis y decisiones siempre debe ser un examen de las necesidades del mercado. De acuerdo con ello, este tema se tratará en el capítulo 3.

[14]Michael Porter, "From Competitive Advantage to Coporate Strategy", *Harvard Business Review,* May-June 1987, pp. 43-59.

FIGURA 2-4
Relación entre la planeación del marketing corporativo y las actividades de la gerencia media.

CONCLUSIÓN

Las estrategias corporativas suministran el plan detallado para el desarrollo a largo plazo de una organización rentable y viable, mediante el establecimiento de los mercados que se van a servir y los bienes y servicios que se van a ofrecer. En este capítulo se presentó una variedad de estrategias corporativas y se establecieron las razones para elegir cada una de ellas. En general, las estrategias corporativas se seleccionan sobre la base de un análisis de factores del entorno, amenazas y oportunidades (especialmente de crecimiento del mercado), fortalezas y debilidades corporativas, y objetivos a largo plazo. Además, al escoger la estrategia corporativa es importante identificar las competencias distintivas de una firma. Es decir, una organización debe tener los recursos necesarios requeridos para ser exitosa en el producto específico y las áreas de mercado en donde competirá.

La estrategia de mezcla de productos es un elemento esencial en la planeación del marketing corporativo porque forma el puente entre la estrategia corporativa y el desarrollo de las estrategias y los programas de marketing sobre una base de producto-por-producto. La base para este puente es el desarrollo de un enfoque estratégico que indique el objetivo esperado para cada producto, y así contribuir al crecimiento futuro y los requerimientos de rentabilidad de la firma. Además, un enfoque estratégico brinda un formato general para la asignación de los recursos entre los productos. En general, un enfoque estratégico y los objetivos de producto que lo acompañan deberían estar determinados sobre la base de una fortaleza competitiva de la firma en el mercado, y sobre el atractivo del mercado medido a partir de las oportunidades por crecimiento y rentabilidad.

Para apreciar con mayor claridad el alcance y el significado de la planeación del marketing corporativo, considérense algunos de los últimos adelantos de Tenneco.

TENNECO: CÓMO REHACER UNA CORPORACIÓN

En 1995, Tenneco gastó US$1.270 millones en adquirir la división de plásticos de la Mobil Corporation. Al momento de la compra, Tenneco ya poseía Packaging Corporation of America, empresa que generaba ingresos anuales por ventas del orden de US$2.200 millones en papel corrugado, cartón y otros productos para empaque. La compra del negocio de los plásticos de Mobil trajo líneas de productos como Baggies, Hefty y Kordite. Como resultado, el empaque ahora representaría US$4.000 millones anuales en ingresos: cerca del 40% de todas las ventas de Tenneco.

Las otras subsidiarias de Tenneco eran los sistemas de escape Walker y Tenneco Automotive (fabricante de autopartes como los amortiguadores Monroe), Tenneco Gas (transmisión y transporte de gas natural) y la constructora naviera, Newport News.

Cinco años antes, Tenneco había sido básicamente una compañía de explotación de gas y petróleo pero luego se contrajo en más de US$2.000 millones en activos (incluyendo Tenneco Oil). La compañía conservó acciones en la industria del gas natural, aunque se fue retirando gradualmente de las partes reguladas en la industria, como el transporte por oleoductos. Cada vez más, el énfasis de la compañía fue cambiando hacia la expansión global. Mientras que la tasa de crecimiento en la demanda de energía se había nivelado en todo EE.UU., las vibrantes economías de Chile y Brasil encaraban un aumento enorme en las necesidades de energía. Tenneco, se unió con socios ingleses y argentinos en Transgas, una empresa que construiría un gasoducto desde Argentina hasta Chile, país carente de este recurso. (Para ayudar a asegurar la demanda, Transgas planeó asistencia financiera para ayudar a 50 plantas industriales chilenas en el cambio de la electricidad al gas natural).

El negocio de piezas para automóviles de Tenneco también fue global. Un *joint venture* en China haría los amortiguadores Monroe para una nueva planta ensambladora de jeeps. Adicionalmente, la empresa obtuvo un acuerdo con Toyota para distribuir amortiguadores de repuesto a través de todos los 5.600 concesionarios de la red de Toyota en Japón.

1. ¿Era más valioso el negocio de plásticos para Tenneco que para Mobil? Explíquese.
2. ¿Cuáles fuerzas del entorno y competencias distintivas podrían dirigir la estrategia corporativa de Tenneco?
3. ¿Cuáles son los tipos de estrategias corporativas que Tenneco ha estado siguiendo?

Fuentes: Dawn Blalock, "Tenneco Inc. to Buy Mobil's Plastics Unit", *Wall Street Journal*, Oct. 3, 1995, pp. A3-A4; Nelson Antash, "Tenneco, Japanese Auto Maker Reach Parts Deal", *Houston Chronicle*, Sept. 6, 1995, p. B2; "Alernative in China", *Economist Intelligence Unit*, Oct. 2, 1995; Margaret Orgill, "Gas Companies Vie for Latin American Markets", *European Business Report*, Sept. 17,1995.

PREGUNTAS Y SITUACIONES PARA ANÁLISIS

1. En la década de 1980, Federal Express contaba con 45% de participación en el mercado del correo nacional nocturno en EE.UU. Sin embargo, el crecimiento de la compañía había disminuido debido al incremento de la competencia por parte de UPS y al auge de las máquinas de fax. Además, la competencia de precios había resquebrajado las utilidades nacionales y en cuanto a sus negocios internacionales, la empresa estaba perdiendo millones actualmente. Una respuesta ante estos hechos fue la de adquirir Tiger International, la aerolínea de carga más grande del mundo y reconocida por su servicio Flying Tiger Line. Federal Express todavía no había ingresado al servicio de transporte de carga pesada. De otro lado, la compañía buscaba utilizar los aviones de Flying Tiger para el envío de paquetes al exterior, reduciendo la necesidad de subcontratar a otros transportadores como lo había estado haciendo hasta ese momento en muchas naciones.

   ¿Cuáles estrategias corporativas estaba siguiendo Federal Express? ¿Qué sugieren estas estrategias acerca del entorno, las competencias y los objetivos de la empresa?
2. Los puntos de venta de Dunkin' Donuts tienen que permanecer abiertos entre 20 y 24 horas diarias ya que parte de su atractivo es café y donuts listas cuando se desee. No obstante, más del 50% de las ventas se realizan entre las 6 a.m. y las 10 a.m. Si el horario de funcionamiento no se puede cambiar, ¿cuáles estrategias alternativas de crecimiento se podrían seguir?
3. La compra de Magic Chef por parte de Maytag Company amplió su línea de productos para incluir marcas que, virtualmente, sirven a todos los segmentos del mercado de electrodomésticos. Los refrigeradores de Maytag se venden ahora bajo las marcas Magic Chef, Admiral, Norge, Warwick y Jenn Air. ¿Qué tipo de estrategia corporativa parece estar siguiendo la empresa? ¿Cuáles son los problemas y cuáles las limitaciones de esa estrategia?
4. La teoría de administración del portafolio sugiere que la gerencia deberá formar un conjunto de negocios en diferentes industrias y con diferentes índices de crecimiento para diversificar el riesgo. ¿Cuáles serían algunas de las razones que estas mismas gerencias podrían tener más adelante para seguir con las estrategias de consolidación?
5. Después de establecer el diagrama de su negocio, en la matriz de ventana estratégica del negocio, Ud. encuentra el enfoque estratégico lógico para las categorías "sostener" o "cosechar". ¿Le indica a Ud. un modelo de portafolio en dónde debería surgir un nuevo negocio?
6. Europa es un mercado en crecimiento para las bebidas gaseosas. En la actualidad, el europeo promedio bebe solamente 15 galones de bebidas carbonatadas por año, en comparación con el consumo de 50 galones en Estados Unidos, y se espera que el crecimiento en Europa se duplique durante la década de 1990. Con este crecimiento y el mercado unificado de la Unión Europea, Coca-Cola Europa ha comenzado a comprar los derechos de distribución en algunos países y a formar *joint ventures* con embotelladoras, en otros. Previamente, Coke había conseguido

licenciatarios y compañías embotelladoras regionales independientes para gran parte de sus procesos de producción y distribución en Europa. Mediante la centralización del embotellado y la distribución, Coke considera que puede reducir costos y bajar sus precios para aumentar las ventas. Para hacerlo, la empresa ha estandarizado "el empaque a conveniencia": las botellas plásticas y las latas de aluminio son menos costosas, más ligeras y más fáciles de transportar que los envases de vidrio. En algunos países europeos, como Gran Bretaña, 90% de todas las bebidas gaseosas se vende ahora en lata o en envases plásticos. Sin embargo, en naciones como Alemania y Suiza, la mayor parte de las bebidas viene en envases reutilizables. En Alemania hay 1.100 cervecerías, que también producen bebidas gaseosas, y las tiendas de comestibles reúnen y devuelven los envases a las plantas locales. Una reciente ley alemana desestimula el empleo de recipientes plásticos para las bebidas, imponiendo el equivalente a un depósito de 25 centavos por cada botella. Analice las opciones de estrategia corporativa que enfrenta Coca-Cola Europa.

7. En 1995, se presentaron varias fusiones en la industria de la televisión: Westinghouse (propietaria de 15 estaciones de televisión y 39 de radio) adquirió a CBS; Walt Disney Co. compró a Capital Cities/ABC; y Time Warner (con grandes videotecas y emporios de televisión por cable) se fusionó con Turner Broadcasting (propietaria de las redes de televisión por cable CNN y TNT, y dueña parcial del cable de TCI). Los observadores de la industria citaron tres fuerzas claves en el entorno que enfrenta este negocio para esta época. La primera es que la globalización en la industria de la televisión está aumentando a través de satélites y crecientes mercados de cable en el exterior de Estados Unidos. La segunda es que la transmisión directa y la tecnología digital aumentarán las salidas de programación, y la tercera es que se esperaba que la desregulación federal en EE.UU. permitiera a las redes de transmisión ampliar su propiedad sobre estaciones de televisión y operar varios canales digitales en cada estación.

   Analice la manera como estas fuerzas del entorno crean amenazas y oportunidades para las diferentes empresas. ¿Cuáles son los beneficios potenciales para las diferentes empresas involucradas en estas fusiones?

LECTURAS ADICIONALES SUGERIDAS

Brown, Rick, "Making the Product Portfolio a Basis for Action", *Long Range Planning,* February 1991, pp. 102-110.

Day, George, "The Capabilities of Market-Driven Organizations", *Journal of Marketing,* October 1994, pp. 37-52.

Feldman, Laurence P., and Albert L. Page, "Harvesting: The Misunderstood Market Exit Strategy", *Journal of Business Strategy,* Spring 1985, pp. 79-85.

Hall, George E., "Reflections on Running a Diversified Company", *Harvard Business Review,* January-February 1987, pp. 84-92.

Ohmae, Kenichi, "The Global Logic of Strategic Alliances", *Harvard Business Review,* March-April 1989, pp. 143-149.

Porter, Michael, "Towards a Dynamic Theory of Strategy", *Strategic Management Journal,* Winter 1991, pp. 95-118.

Prahalad, C. K. and Gary Hamel, "The Core Competence of the Corporation", *Harvard Business Review,* May-June 1990, pp. 79-91.

Szymanski, David, Sundar Bharadwaj, and P. Rajan Varadarajan, "An Analysis of the Market Share-Profitability Relationship", *Journal of Marketing,* July 1993, pp. 1-18.

PARTE DOS

PLANEACIÓN DEL MARKETING CORPORATIVO
ANÁLISIS DE LA SITUACIÓN
Capítulo 3 Análisis del mercado
Capítulo 4 Mercado objetivo y ventaja competitiva
Capítulo 5 Medición del mercado
Capitulo 6 Análisis de rentabilidad y de productividad
ESTRATEGIAS Y PROGRAMAS DE MARKETING
COORDINACIÓN Y CONTROL

ANÁLISIS DE LA SITUACIÓN

Como se indicó en la parte Uno, las decisiones a nivel de la gerencia media deberán ser consistentes con las decisiones de carácter más amplio que la alta gerencia toma, relacionadas con los objetivos y la dirección a largo plazo de una organización. De manera específica, la alta gerencia es responsable de la identificación de la función que cada producto debe desempeñar en el logro de los objetivos a largo plazo de la organización y de comunicar en forma efectiva lo que dicha función representa a través de la formulación de un *objetivo del producto.*

En esencia, los gerentes de nivel medio tienen la tarea fundamental de alcanzar el objetivo del producto. Más adelante, en la parte Tres, se presentarán algunas herramientas y enfoques fundamentales para seleccionar *estrategias* y *programas* de acción de marketing que se pueden emplear para alcanzar los diferentes tipos de objetivos del producto. Sin embargo, para desarrollar un enfoque lógico y una planeación adecuada, dirigidos a seleccionar las estrategias y los programas de marketing apropiados, los gerentes no sólo deben ser conscientes del objetivo del producto sino también deben comprender los problemas específicos y las oportunidades que enfrenta un producto o una línea de producto.

Mediante la realización de un *análisis de la situación*, los gerentes deberán identificar los principales problemas y oportunidades que puedan ser utilizados para la selección de las estrategias y programas de marketing. Los capítulos de la parte Dos están diseñados para suministrar información sobre los procedimientos y conceptos analíticos más importantes y útiles para efectuar un análisis de la situación.

Por lo general, las oportunidades y los problemas más significativos son los que se relacionan con la demanda del mercado de un producto. En consecuencia, en el capítulo 3, se estudia el proceso de análisis del mercado. En particular, se identifican mecanismos para definir los límites del mercado y para comprender los procesos de toma de decisiones por parte de los compradores. Todas estas actividades son cruciales para los gerentes interesados en aprender sobre la manera de estimular la demanda del mercado.

No todos los compradores potenciales comparten las mismas necesidades y preferencias, y el alcance de una oportunidad de mercado dada depende del tipo de competencia para cada grupo de clientes. En consecuencia, los gerentes deben aprender la manera de evaluar las oportunidades de segmentación y posicionamiento del producto en un mercado. En el capítulo 4 se estudian los medios de identificación de segmentos de mercado y de análisis de las oportunidades que presentan los diferentes segmentos. También se analizan enfoques para evaluar el entorno competitivo y para identificar mecanismos con miras a lograr una ventaja competitiva.

En el capítulo 5, se presentan procedimientos alternativos para medir el tamaño de un mercado y pronosticar las ventas. Al comprender los usos, los supuestos y las limitaciones de estos procedimientos, los gerentes deberán tener mayor capacidad para identificar el tamaño de una oportunidad de mercado y los problemas potenciales asociados al crecimiento de las ventas.

En el capítulo 6 se examina la relación entre ventas y rentabilidad. Debido a que las actividades de marketing cuestan dinero, los gerentes de nivel medio deben saber cómo determinar el impacto que los gastos propuestos en marketing tienen sobre las ventas y la rentabilidad. De acuerdo con ello, en este capítulo se presentan algunas herramientas básicas para identificar los problemas y las oportunidades asociadas con las decisiones de presupuesto en el área de marketing.

CAPÍTULO 3

ANÁLISIS DEL MERCADO

VISIÓN GENERAL

En el análisis del concepto de marketing en el capítulo 1, se señaló la enorme importancia de que una organización entienda al cliente. El objetivo último del análisis del mercado, es determinar cuáles son las necesidades del comprador que la compañía espera satisfacer y cómo diseñar y dirigir la oferta a fin de satisfacer estas necesidades. Para alcanzar este objetivo, los gerentes deben tener conocimiento de los productos alternativos y sustitutos disponibles para clientes potenciales y los procesos que los consumidores utilizan para elegir entre las opciones con las que cuentan.

Este capítulo se inicia con un breve análisis de una técnica utilizada para comprender mejor las necesidades del cliente: la *casa de la calidad*. Luego, se presenta un enfoque de seis pasos para entender la naturaleza competitiva de los mercados, el cual resulta útil para aquellos gerentes interesados en la planeación corporativa a largo plazo o con las estrategias de marketing a corto plazo. Este enfoque está diseñado para aclarar las diferentes clases de exigencias que los gerentes deben tener en cuenta en la toma de decisiones estratégicas. Adicionalmente, se ofrece una serie de preguntas de diagnóstico, diseñadas para guiar a los gerentes a través del proceso de análisis de la demanda y del establecimiento de objetivos para las estrategias y programas de marketing (*véase* figura 3-1).

1. *Definir el mercado relevante*. Para analizar un mercado, los gerentes primero deben definirlo. Con frecuencia, existe una variedad de productos y servicios disponibles a fin de satisfacer necesidades y gustos. La mayor parte de los productos y servicios tienen alternativas y sustitutos directos; por ejemplo, consideremos el mercado de la afeitada masculina. Las máquinas de afeitar desechables Bic y Schick pueden ser como sustitutos la una de la otra, en tanto que una máquina eléctrica se consideraría como una alternativa diferente. Un mercado se puede definir de manera bastante estrecha (al incluir productos que sólo son muy similares de uno a otro) o ampliamente (por ejemplo, al incluir una variedad de diferentes tipos de productos). Es importante recordar que la manera como se defina el mercado, tendrá un impacto significativo en los resultados específicos que se esperan hallar en los pasos subsiguientes.
2. *Analizar la demanda primaria para el mercado relevante.* La demanda primaria implica demanda en el nivel de clase del producto, como en el caso del café frente al té o la demanda de viajes en tren entre dos puntos, frente a la de servicio aéreo. En este paso, los gerentes tratan de establecer el perfil de los compradores, es decir, definir qué características tienen en común. Además, se interesan en comprender los diversos factores que influyen en el proceso de compra para todas las marcas y todos los productos en el mercado relevante. De manera específica, se suministra una serie de preguntas para ayudar a los gerentes a diagnosticar quiénes son compradores (y quiénes no) en el mercado relevante y por qué compran (o por qué no).

3. *Analizar la demanda selectiva dentro del mercado relevante.* En este paso se estudia el proceso mediante el cual los compradores seleccionan marcas, alternativas o proveedores específicos, dentro del límite del mercado relevante.
4. *Definir segmentos del mercado.* Existen pocas situaciones de compra en donde todos los clientes tienen las mismas motivaciones o llevan a cabo procesos de selección semejantes. El concepto de segmentación del mercado reconoce explícitamente esta realidad. Este paso en el proceso presenta algunas formas alternativas para separar compradores en segmentos cuyos integrantes sean similares en su respuesta ante programas de marketing.
5. *Evaluar la competencia.* En este paso se examinan los procedimientos utilizados por los gerentes para evaluar sus productos/marcas frente a las ofertas de la competencia. Los gerentes deben ser conscientes de la manera como se perciben sus productos/marcas en relación con la competencia. La inteligencia competitiva establece la relación de la compañía con sus competidores.
6. *Identificar mercados objetivo potenciales.* En definitiva, la meta del análisis del mercado es identificar las mejores oportunidades para crear clientes. Este paso final demuestra cómo se puede utilizar la información recopilada en los pasos anteriores, para identificar los mercados específicos (y los segmentos de mercado) que los gerentes deberán considerar como objetivos cuando seleccionen las estrategias de marketing.

Los tres primeros pasos en el marco de referencia se presentan en este capítulo. Los pasos 4, 5 y 6 se estudiarán en el siguiente.

FIGURA 3-1
Pasos en el análisis del mercado.

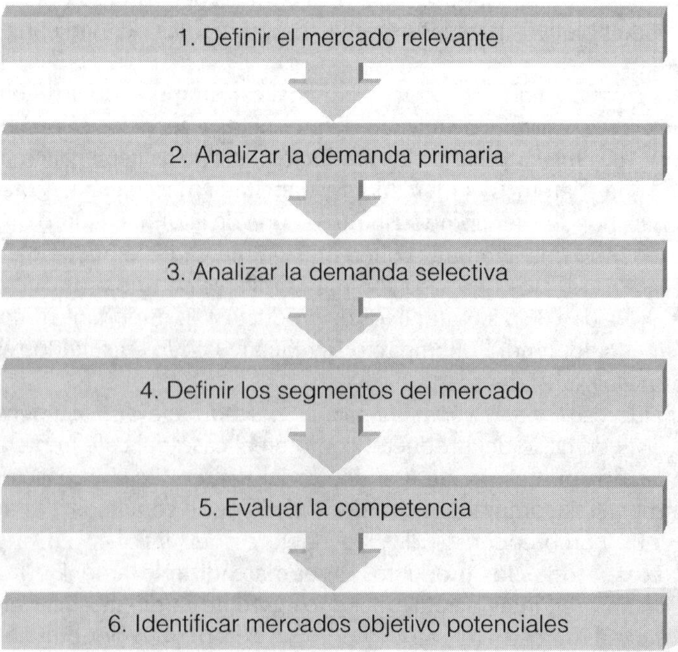

LA VOZ DEL CONSUMIDOR

Como se ha indicado, resulta esencial comprender a fondo lo que los clientes requieren en productos o servicios, con el fin de desarrollar estrategias de marketing efectivas. Esta posición es consistente con la orientación hacia el mercado que se estudió en el capítulo 1, que busca el éxito a través de la satisfacción del cliente. La compañía debe escuchar la *voz del cliente*. Como los consumidores tienen una opción, elegirán la que consideren mejor. Las firmas que ofrecen un producto/servicio que se equipara estrechamente con los requisitos del producto/servicio en el mercado, serán las que sobrevivirán. Un proceso que se utiliza para incorporar los requerimientos del cliente en la estrategia de marketing es el despliegue de la función de calidad.

El despliegue de la función de calidad (DFC) es un proceso que se originó en 1972 en el astillero Kobe de Mitsubishi. El DFC es un método práctico paso-a-paso que incorpora las necesidades de los clientes en el diseño de nuevos productos y/o en el aumento de productos existentes. Con el DFC se puede reducir el tiempo de diseño de nuevos productos hasta en un 60%. Vale la pena resaltar que la calidad de los productos no sólo se ha mantenido sino que, en muchas instancias, aumentó[1]. Toyota pregona que el DFC fue virtualmente el responsable de eliminar los problemas de calidad causados por la oxidación[2]. La Ford Motor Company introdujo el DFC en 1983 como un movimiento defensivo en contra de Toyota, que había estado utilizando el proceso desde 1978. El sorprendente éxito del programa Taurus/Sable que introdujo Ford se consideró un resultado, al menos en parte, del DFC[3]. El primer paso en el DFC es construir la casa de la calidad.

En la figura 3-2 se presenta una ilustración abreviada de la casa de la calidad para la puerta de un vehículo[4]. Se identificaron e integraron cuatro fuentes de información: requerimientos del cliente, características de ingeniería, percepciones del cliente y comparaciones de las características objetivas. La investigación de mercados se utiliza para entrevistar a los clientes con el fin de determinar qué es lo que quieren y esperan de los productos. Una técnica muy popular para identificar los requerimientos del cliente es a través de una entrevista a un grupo foco. Los grupos foco reúnen de seis a diez personas en una instalación central para analizar un tema. Los grupos foco suelen durar dos horas. La gerencia puede ver y escuchar, sin ser vista por los participantes del grupo foco, el análisis que éstos hacen sobre lo que esperan de un producto y lo que les agradaría. En ocasiones, estos requerimientos del cliente son llamados la "voz del consumidor".

Las características de ingeniería, o atributos de diseño, son los medios técnicos de que dispone la compañía para satisfacer los requerimientos del cliente. La matriz de relación está basada en la asociación entre las características de ingeniería y los requerimientos del cliente, y surge la pregunta esencial: "¿cómo satisfacemos, o cómo podemos satisfacer las necesidades del cliente?" La casa de la calidad también incluye dos comparaciones. La primera equipara las percepciones que los clientes tienen de las características del producto con respecto a las de la competencia. La segunda es una comparación objetiva entre la compañía y su competencia por las características de ingeniería. Las comparaciones entre las percepciones del cliente y las medidas objetivas pueden ilustrar los problemas de imagen que

[1] John Hauser, "How Puritan-Bennet Used the House of Quality", *Sloan Management Review*, Spring 1993, pp. 61-70.
[2] Abbie Griffin, "Evaluating QFD's Use in the U.S. Firms as a Process for Developing Products", *Journal of Product Innovation Management*, September 1992, pp. 171-187.
[3] Gary S. Vasilash, "Hearing the Voice of the Customer", *Production*, February 1989, pp. 66-68.
[4] John Hauser and D. Clausing, "The House of Quality", *Harvard Business Review*, vol. 66. no. 3, May-June 1988, pp. 63-73.

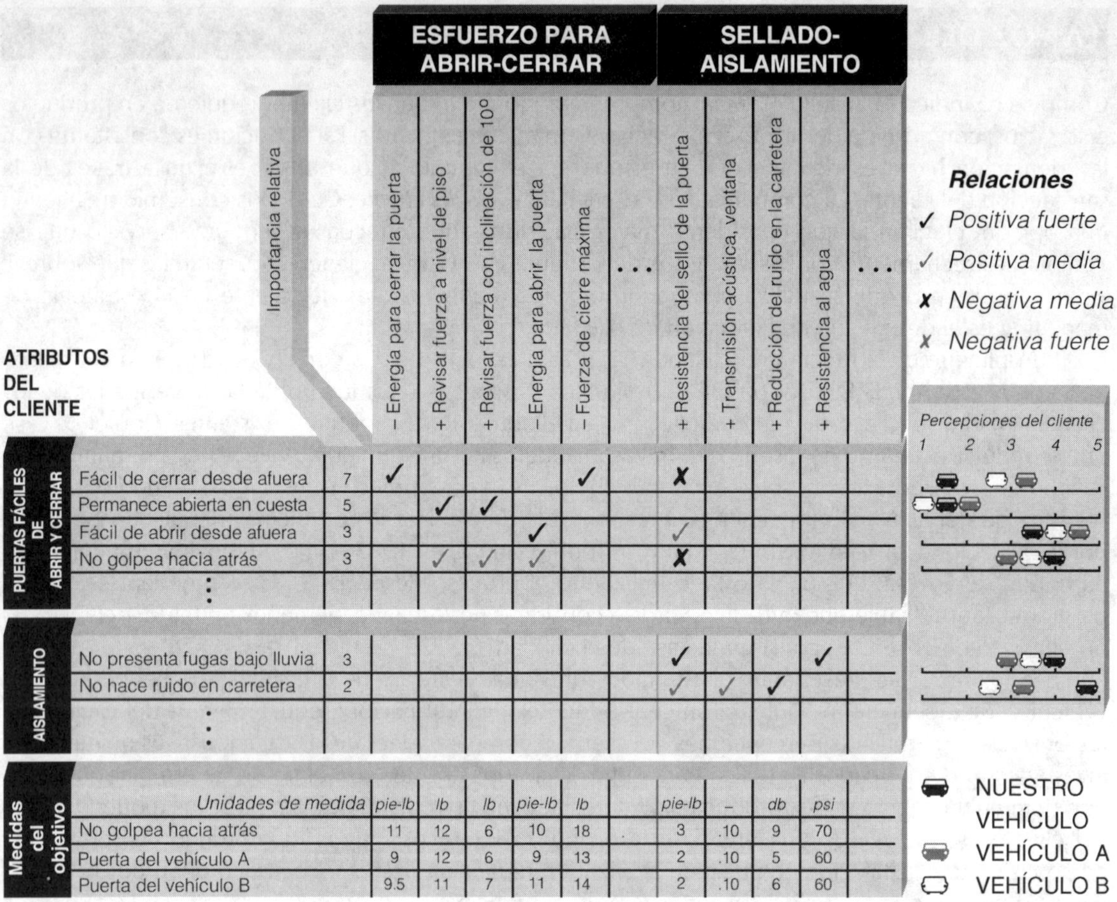

ATRIBUTOS DEL CLIENTE		Importancia relativa	– Energía para cerrar la puerta	+ Revisar fuerza a nivel de piso	+ Revisar fuerza con inclinación de 10º	– Energía para abrir la puerta	– Fuerza de cierre máxima	. . .	+ Resistencia del sello de la puerta	+ Transmisión acústica, ventana	+ Reducción del ruido en la carretera	+ Resistencia al agua	. . .
			ESFUERZO PARA ABRIR-CERRAR						**SELLADO-AISLAMIENTO**				
PUERTAS FÁCILES DE ABRIR Y CERRAR	Fácil de cerrar desde afuera	7	✓				✓		✗				
	Permanece abierta en cuesta	5		✓	✓								
	Fácil de abrir desde afuera	3				✓			✓				
	No golpea hacia atrás	3		✓	✓	✓			✗				
	⋮												
AISLAMIENTO	No presenta fugas bajo lluvia	3							✓			✓	
	No hace ruido en carretera	2							✓	✓	✓		
	⋮												
Medidas del objetivo	*Unidades de medida*		*pie-lb*	*lb*	*lb*	*pie-lb*	*lb*		*pie-lb*	–	*db*	*psi*	
	No golpea hacia atrás		11	12	6	10	18	.	3	.10	9	70	
	Puerta del vehículo A		9	12	6	9	13		2	.10	5	60	
	Puerta del vehículo B		9.5	11	7	11	14		2	.10	6	60	

Relaciones
- ✓ *Positiva fuerte*
- ✓ *Positiva media*
- ✗ *Negativa media*
- ✗ *Negativa fuerte*

Percepciones del cliente 1 2 3 4 5

- NUESTRO VEHÍCULO
- VEHÍCULO A
- VEHÍCULO B

FIGURA 3-2

Casa de la calidad. (*Fuente*: John R. Hauser and Don Clausing, "The House of Quality", *Harvard Business Review*, May-June 1988, p. 69. Reimpreso con autorización).

enfrenta la compañía. La casa de la calidad es una técnica que utilizan los gerentes para decidir cuáles son las necesidades de un comprador que la compañía espera satisfacer . Comprender qué demandas del mercado y cuáles son las opciones que están disponibles para los compradores, forma parte integral del desarrollo de una estrategia de marketing.

Con esta meta en mente, a continuación se pasa al primero de los seis pasos mencionados.

DEFINIR EL MERCADO RELEVANTE

Mercado relevante es el conjunto de productos y/o servicios (dentro de la estructura total del mercado del producto) que la gerencia considera estratégicamente importante. Como se indicó en el capítulo 2, una estrategia de mezcla de producto puede cambiar de manera sustancial dependiendo de como esté definido el mercado relevante. Por ejemplo, una marca especializada de tés de hierbas sin cafeína puede tener una participación de mercado bastante grande en ese mercado, pero una muy pequeña en el mercado total del té. De otro lado, el mercado total no crece tan rápidamente como el de té de hierbas; por consiguiente, la estrategia para este producto se podría construir si el mercado relevante es el té herbal, pero sostenerse e incluso retirarse del negocio si el mercado relevante es el té.

La definición del mercado relevante suele incluir dos pasos. En el primero, la gerencia intentará describir la estructura del mercado relevante; posteriormente se establecerán los límites dentro de este mercado. Los gerentes de marketing siempre se interesan en la participación de mercado. La *participación de mercado* es el porcentaje que una compañía posee del volumen total. La manera como se defina el mercado relevante determinará el volumen total o el denominador en el cálculo de la participación de mercado. Por consiguiente, la definición del mercado relevante afectará el cálculo de la participación de mercado de la firma.

Descripción de la estructura del mercado del producto

Un mercado solamente puede existir cuando están presentes vendedores y compradores. En consecuencia, para definir un mercado, los gerentes deben identificar tanto las necesidades de los compradores como los bienes y servicios que ofrecen los vendedores para satisfacer esas necesidades. Una estructura del mercado de un producto es una representación de los niveles de sustitución que existen entre un conjunto de productos y/o servicios que pueden satisfacer necesidades similares. Mediante la descripción de la estructura del mercado del producto, los gerentes pueden identificar con más rapidez las diferentes formas en que se podría definir el mercado para un producto. De manera específica, los gerentes pueden utilizar la estructura del mercado del producto para identificar los tipos de productos y servicios con los cuales ellos tendrían que competir en diferentes situaciones de satisfacción de necesidades.

Los gerentes pueden clasificar las alternativas de competencia en tres niveles:

1. Marcas en competencia (o sustitutos) dentro de una forma de producto.
2. Formas del producto en competencia dentro de una clase de producto.
3. Clases de producto en competencia que sirven a una necesidad genérica.

Al describir la estructura del mercado del producto, la preocupación inmediata es clasificar las formas y las clases de producto para identificar los posibles mecanismos de definición del mercado que se va a analizar. Debido a que la competencia de marcas o de proveedores se puede analizar mejor después de definir el mercado relevante, la clasificación de alternativas de marca se analiza en el tercer paso del proceso de análisis del mercado. Los mercados del producto se clasifican con base en similitudes.

Un *mercado del producto* se puede definir por la semejanza o diferencia de las características o funciones de los productos que pueden satisfacer la necesidad. Por ejemplo, dentro de la necesidad genérica "alimentos para el desayuno", cereales, pasteles y huevos se considerarían clases del producto distintas con base en la diferencia de su composición y de los procesos para prepararlos. A su vez, los cereales se podrían clasificar dentro de formas de producto tales como nutritivos y preendulzados. Los cereales son diferentes pero más semejantes que las formas de producto alternativas.

El mercado también se podría estructurar con base en la semejanza o diferencia de las situaciones de uso. Por ejemplo, el café instantáneo y el café colado pueden ser más similares que el café y el jugo de naranja, pero este último se puede sustituir por café instantáneo si la situación de uso exige una preparación rápida.

Se cuenta con varios métodos para identificar y clasificar las formas y las clases de producto alternativas[5]. Uno de ellos es el análisis de la estructura del mercado.

Análisis de la estructura del mercado

El *análisis de la estructura del mercado* es una herramienta de investigación de mercados que se utiliza para determinar el grado al cual se pueden sustituir los elementos de un conjunto de marcas o productos. La técnica trata de descubrir esquemas jerárquicos de atributos utilizados por los consumidores para dividir el conjunto total de marcas en subconjuntos más pequeños. Las marcas de un subconjunto son más semejantes y, por tanto, más competitivas entre sí que con las otras marcas de la clase de producto[6]. Considérese la figura 3-3, en donde se presenta una estructura de mercado para bebidas gaseosas. Estas bebidas se pueden dividir en bebidas colas y bebidas sin cola, luego en dietéticas o corrientes, y después en bebidas con cafeína y descafeinadas. Entre más bajo esté en el nivel del árbol, más semejantes serán las marcas. A mayor similitud de las marcas, mayor será su posibilidad de sustitución. Si la bebida favorita de una persona es la cola dietética descafeinada, las marcas que compiten principalmente en la participación de mercado de esa persona serían otras bebidas con las mismas características. Si la bebida favorita no está disponible, se podría elegir otra marca de bebida cola dietética y descafeinada antes de sustituirla por otro tipo de cola. Si no hay ninguna otra marca de bebida cola dietética y descafeinada, el consumidor podría optar por una marca de cola dietética con cafeína. Entre más bajo sea el nivel del árbol, mayor es la posibilidad de sustitución; por consiguiente, mayor es la competencia. Los estudios de la estructura del mercado permiten que el gerente de marketing comprenda cuáles marcas se perciben como parecidas y cuáles atributos se utilizan para agruparlas.

Los datos del panel del consumidor se emplean para establecer estas estructuras del mercado. Los paneles de consumidores registran las compras de las familias a lo largo de un periodo de tiempo. El panel de consumidores de Nielsen, integrado por 40.000 hogares[7], capta entre 85 y 90% de las compras de productos empacados, a nivel nacional. El panel de hogares de Infoscan, manejado por Information Resources Incorporated, consta de 60.000 familias en 27 mercados dispersos geográficamente.

[5] George Day, Allan Shocker, and Rajendra Srivastava, "Customer-Oriented Approaches to Identifying Product Markets", *Journal of Marketing*, Fall 1979, pp. 8-19.

[6] Vithala R. Rao and Darius Jal Sabavala, "Inference of Hierarchical Choice Processes from Panel Data", *Journal of Customer Research*, vol. 8, June 1981, pp. 85-96.

[7] Anónimo, "The Consumer Quotient Is Up", *Progressive Grocer*, vol. 73, December 1996.

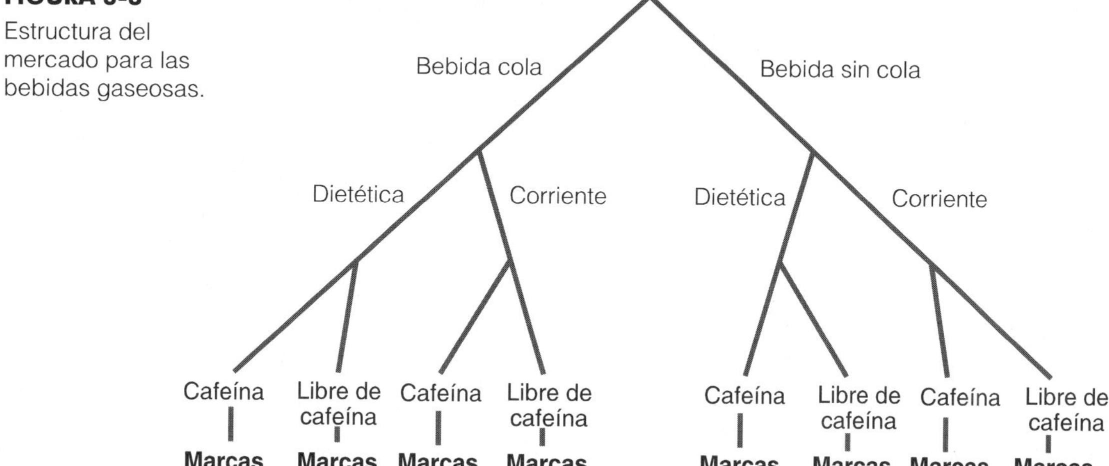

FIGURA 3-3
Estructura del mercado para las bebidas gaseosas.

Estos datos se utilizan para construir tablas que registran la marca que se compra en una ocasión y la que se compra en la siguiente oportunidad. Los datos muestran si la familia continuó comprando la misma marca o cambió a otra. Luego, se utilizan modelos estadísticos para descubrir la estructura del mercado. Una aplicación del análisis de la estructura del mercado[8] utilizó datos del panel de Market Research Corporation of America (MRCA) sobre más de 155.000 compras de 8.000 familias. En la figura 3-4 se presentan dos posibles estructuras, las cuales se probaron. La que mejor describió el mercado fue la del panel A de la figura 3-4. Las familias de la muestra tuvieron más posibilidad de cambiar entre los tipos de café molido preparado con colador y filtrados que entre los tipos de café con cafeína y descafeinados.

Definición de límites amplios en el mercado relevante

Por lo general, la alta gerencia se interesará en identificar las oportunidades de crecimiento a largo plazo (especialmente a través del desarrollo del producto) y en identificar las amenazas potenciales para el crecimiento de la firma, causadas por un entorno cambiante. Por ejemplo, a comienzos de la década de los años noventa, los fabricantes de bebidas gaseosas estaban muy preocupados con los cambios de los consumidores en las preferencias de las bebidas hacia los productos naturales y orientados a la salud. Té con sabores de frutas, aguas efervescentes y mezclas con nombres místicos como Fruit Integration y Strawberry Passion Awareness fueron la última moda en el negocio de las bebidas. Sin embargo, "La Nueva Era se está convirtiendo en la Edad Antigua, afirma Tom Pirko, presidente de Bevmark Inc., una empresa consultora en el área"[9].

Las condiciones que influyen en los gerentes (en especial a nivel de la alta gerencia) para establecer una definición amplia del mercado relevante, incluyen:

[8]Rajiv Grover and William Dillon, *A Probabilistic Model for Testing Hypothesized Hierarchical Market Structures*, The Institute of Management Science, 1985, pp. 312-335.
[9]Robert Frand, "Fruity Teas and Mystical Sodas Are Boring Consumers", *Wall Street Journal*, Oct. 9, 1995, p. B1.

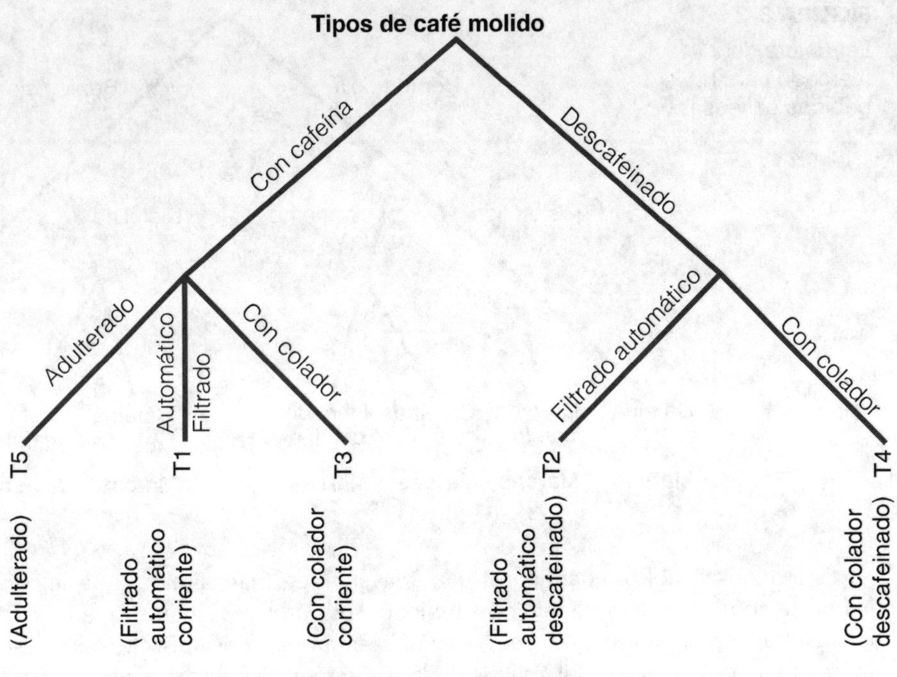

Panel A. Estructura hipotética

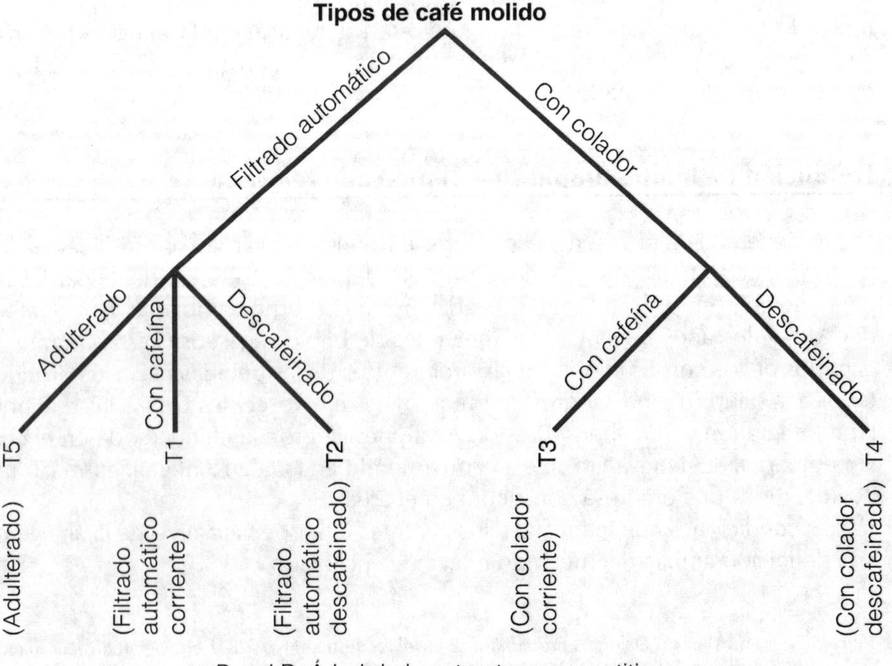

Panel B. Árbol de la estructura competitiva

FIGURA 3-4
Estructuras de mercado que compiten por el café molido. (*Fuente*: Rajiv Grover and William Dillon, *A Probabilistic Model for Testing Hypothesized Hierarchical Market Structures*, The Institute of Management Sciences, 1985, pp. 312-335).

- Cambios regulatorios y técnicos esperados para crear nuevas alternativas en el mercado desde el lugar donde se encuentre el vendedor. Por ejemplo, los gerentes de las compañías de electricidad están muy interesados con lo que parece le gustará a la industria, si la charla acerca de la desregulación se convierte en realidad.
- Los cambios económicos, demográficos y/o sociales y culturales tienen la posibilidad de cambiar el tipo o la frecuencia de uso desde el punto de vista del comprador.
- Las ganancias y las pérdidas por ventas de una empresa están aumentando en formas y clases alternativas (y no simplemente por los competidores de la marca).
- Los competidores no existen a nivel de forma del producto (a menudo porque el producto es una forma innovadora).

Con frecuencia, contar con una visión amplia del mercado lleva a una firma a cambiar dentro y fuera de las categorías del producto. Por ejemplo, General Mills añadió una línea de cereales de avena en 1987 cuando el consumidor de EE.UU. estaba atiborrándose con cantidades de cereales de avena para combatir el colesterol. Cuatro años más tarde, cuando las ventas de este tipo de producto descendieron y la demanda por los cereales listos-para-comer iba en aumento, el desarrollo de nuevos productos se dirigió hacia el lado del mercado correspondiente a los cereales para consumo en frío[10].

Definición de límites estrechos en el mercado relevante

Los gerentes de nivel medio tienen más posibilidades para definir el mercado relevante en términos de la forma de un producto, antes que de una clase de producto. Probablemente esta perspectiva es la más apropiada cuando el punto de enfoque de la planeación se refiere a decisiones a corto plazo y en las siguientes situaciones:

- La competencia de marca o compañía es mucho más significativa que la competencia entre formas y clases.
- Los principales cambios del entorno no se anticipan o no se espera que lleven a cambios significativos en las formas alternativas o en las situaciones de uso. (Aunque, con frecuencia, resulta peligroso dar por hecha una situación de no cambio, el supuesto puede ser razonable a corto plazo).
- La forma o la clase de producto se utiliza para un conjunto único de situaciones de uso, de manera que no son productos fácilmente sustituibles.

En la industria automotriz, por ejemplo, la competencia por forma de producto (compacto versus subcompacto versus de lujo) existe cuando se presenta la competencia clase de producto (transporte público versus motocicletas versus vehículos de recreación). No obstante, los cambios del entorno que influyen en la elección de la forma de producto suelen ser graduales, y el costo y el tiempo necesarios para responder a importantes cambios en el producto son extensivos. Para los gerentes de nivel medio,

[10] Fara Warner, "Oatmeal Blues", *Adweek's Marketing Week,* June 24, 1991, pp. 18-19.

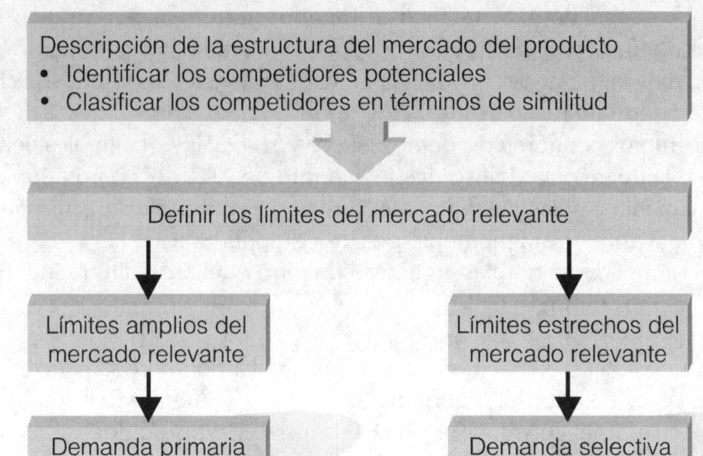

FIGURA 3-5
Elementos e implicaciones del proceso de definición del mercado relevante.

entonces el enfoque primario suele estar dentro de las estrategias y programas de desarrollo de marketing para marcas y modelos, al nivel de forma del producto. De otro lado, la alta gerencia estará interesada en las estrategias a largo plazo que reflejan el crecimiento potencial de la mezcla de producto de varias formas del producto y de la clase del producto automóvil.

La figura 3-5 muestra los principales pasos involucrados en la selección de un mercado relevante, y las consecuencias de elegir límites amplios o estrechos. Como se sugiere en esta figura, los gerentes que se interesan en los límites estrechos del mercado relevante dirigirán su atención a la elección de la marca o del proveedor, actitud que se conoce como demanda selectiva. Del otro lado, cuando la gerencia establece límites amplios para el mercado relevante, su interés es el análisis de la demanda primaria. La figura 3-6 identifica algunos de los aspectos que los gerentes deben considerar al analizar estas dos formas de demanda.

FIGURA 3-6
Análisis de la demanda primaria y de la demanda selectiva.

ANÁLISIS DE LA DEMANDA PRIMARIA

Al definir el mercado relevante, un gerente habrá identificado el conjunto de productos y servicios relevantes dentro de los cuales se deberá analizar el proceso de compra.

La demanda primaria es la demanda por la forma o la clase del producto que se ha definido como el mercado relevante. Al analizar la demanda primaria, los gerentes pueden analizar por qué y cómo compran los clientes una forma o clase de producto y quiénes son los compradores en el mercado relevante. Por ejemplo, si se define un mercado relevante como el té de hierbas, el análisis de la demanda primaria deberá revelar quién compra té de hierbas (y quién no), y por qué algunas personas compran y otras no.

Elementos clave en el análisis de la demanda primaria

La razón más importante para analizar la demanda primaria es poder identificar las oportunidades de crecimiento para la forma o la clase de producto. Esta información es de especial importancia para los gerentes de nuevos productos. Sin embargo, también es importante que los gerentes de productos en mercados de bajo crecimiento puedan identificar posibles mecanismos para impulsar o revitalizar las ventas. De hecho, en mercados maduros pueden existir nuevas oportunidades de crecimiento. Para identificar estas oportunidades y las medidas que deberán ser tomadas para aprovecharlas, los gerentes deberán tratar de responder una serie de preguntas de diagnóstico acerca del proceso de compra. Estas preguntas se dividen en dos categorías:

- Preguntas de identificación del comprador
- Preguntas sobre disposición y capacidad de compra

Identificación del comprador

Mediante la identificación de los compradores de una forma o clase de producto, los gerentes pueden hacerse una idea sobre las oportunidades potenciales de crecimiento en un mercado y acerca de los mecanismos apropiados para comunicarse con el mercado. Específicamente, al identificar las características de los compradores actuales, los gerentes pueden aprender qué tipos de compradores tienen una posible necesidad por la forma o clase del producto. Al punto en que estos compradores pueden ser descritos en términos de edad, ubicación u otras características similares, los gerentes también pueden proyectar cambios en la demanda primaria basados en las tendencias de la población para grupos diferentes. Además, mediante la identificación de los principales usuarios de una categoría del producto, los gerentes pueden seleccionar los medios de comunicación que son eficientes para llegar a los compradores o que pueden identificar a los individuos a quienes deberá dirigirse la fuerza de ventas. En la tabla 3-1 se presenta una lista de las principales preguntas de diagnóstico que se podrían utilizar para la identificación del comprador.

TABLA 3-1

PREGUNTAS DE DIAGNÓSTICO PARA LA IDENTIFICACIÓN DEL COMPRADOR

1. CARACTERÍSTICAS DE COMPRADORES O USUARIOS
¿Pueden clasificarse los compradores de esta categoría de producto por ubicación, demografía, o estilo de vida y psicografía? En caso afirmativo, ¿cómo?
2. EL CENTRO DE COMPRAS
¿Quién está involucrado en el proceso de compra (grupos de referencia; colegas; miembros de la familia)?
3. CAMBIO DEL CLIENTE
¿Existe un alto grado de cambio en el cliente por su movilidad o porque la compra se relaciona con la edad u otros factores demográficos? En caso afirmativo, ¿por qué?

CARACTERÍSTICAS DEL COMPRADOR O USUARIO

Las características de los clientes brindan a los gerentes una variedad de ideas dentro de las cuales los programas de comunicación son apropiados. En particular, para describir a los compradores de una forma o clase de producto son útiles tres clases de características: ubicación, demografía y estilo de vida.

1. *Ubicación.* Los índices de compra de las diferentes formas del producto pueden recibir la influencia del clima, la densidad de la población, las tradiciones culturales y otros factores que varían de acuerdo con la región o por distinciones urbana-suburbana-rural. Por ejemplo, las condiciones climáticas llevan a una mayor demanda de equipos para esquiar en Nueva Inglaterra y en otros estados del norte y oeste de Estados Unidos. De acuerdo con esto, puede ser apropiado para los fabricantes de esos equipos invertir una parte mayor del presupuesto de publicidad y contar con más puntos de ventas minoristas en esas regiones.
2. *Demografía.* Edad, sexo, educación, ocupación y tamaño de la familia están entre las características que pueden tipificar a los compradores de una forma del producto. Los aspectos demográficos son útiles porque la mayor parte de los medios de publicidad los miden al describir sus audiencias y poner esta información a disposición de posibles anunciantes. En consecuencia, si se sabe que la mayoría de los compradores tienen entre 25 y 44 años de edad, se pueden seleccionar los medios para llegar a estos clientes de manera eficiente. De modo similar, muchos gerentes industriales y de almacenes minoristas consideran importante conocer las características de los compradores. Con frecuencia, estos gerentes creen que los compradores tendrán más posibilidad de comprarle a alguien a quien vean como similar en edad, educación u otros rasgos demográficos. Asimismo, ellos pueden asignar vendedores a cuentas parcialmente con base en la similitud con el comprador.
3. *Estilo de vida.* Las medidas sobre el estilo de vida (también llamado psicografía por algunos estudiosos del mercado) intentan reflejar la forma como los productos se ajustan al patrón de vida normal del consumidor, mediante el examen de cómo emplean las personas su tiempo, qué cosas son importantes para ellas y qué opiniones tienen de sí mismas y del mundo que las rodea. En efecto, las

medidas del estilo de vida reflejan, en primer lugar, la influencia de fuerzas sociales sobre los procesos de consumo. Al punto en el cual los estilos de vida se relacionan con el comportamiento de compra de un producto, esos estilos pueden brindar claves acerca de por qué las personas utilizan o no un producto con regularidad. Adicionalmente, los medios y la publicidad serán más efectivos para llegar a los compradores si, por lo menos, son consistentes con los estilos de vida de los clientes.

No obstante, un problema potencial que se encuentra en las características del comprador es que este método se basa en el pasado. Por ejemplo, a menudo los bancos fijan como objetivos de los servicios financieros a los hombres y los hogares de múltiples personas con ingresos de US$75.000 o más porque, históricamente, esta clase de clientes ha dominado la demanda. Sin embargo, el creciente número de mujeres solteras en las profesiones y en la administración representa un mercado bastante desatendido pero con un tamaño significativo[11].

EL CENTRO DE COMPRAS

El centro de compras para un producto consta de todos los individuos que se hallan involucrados en la decisión de compra. De hecho, y con frecuencia, el comprador real no es el usuario de un producto o servicio. De acuerdo con esto, los gerentes deberán identificar a todos los individuos que puedan estar involucrados en el proceso de compra y comprender el tipo de influencia que ejerce cada uno. En el caso de algunos cereales nutricionales, por ejemplo, la publicidad ha estado dirigida tanto a los padres como a los niños porque en muchos hogares ambos se involucran en la decisión de compra. De modo similar, un fabricante de equipos tecnificados para diagnóstico médico encontró que la fuerza de ventas estaba prestando demasiada atención al agente de compras y poca al jefe de cirugía, al patólogo, a la enfermera jefe y demás profesionales con interés en el producto y con influencia en la decisión de compra. Es importante saber quién tiene la mayor influencia en una situación de compra en particular. Partes diferentes pueden tener necesidades diferentes. Por ejemplo, en la venta de cable de fibra óptica para compañías telefónicas independientes, por lo general en la compra influyen tres partes: la gerencia general, el agente de compras y el personal técnico de campo que utiliza el cable. El agente de compras probablemente está mucho más interesado en las condiciones de la compra que en la flexibilidad del cable. Por el contrario, el personal técnico está interesado en la flexibilidad del cable y probablemente incluso ni sepa de las condiciones de compra. Es importante comprender el poder y la influencia que cada uno tiene en el resultado de la decisión final.

ROTACIÓN DE CLIENTES

Esta expresión se refiere al índice al cual una organización debe remplazar todo o una parte sustancial de los individuos de su mercado, debido a un cambio en algún aspecto de las características del comprador. Por ejemplo, la alta tasa de movilidad geográfica en Estados Unidos significa que una gran parte de los clientes de entidades locales minoristas (como los bancos) serán recién llegados. En otros casos, la edad puede ser un factor clave en la rotación de clientes. Por ejemplo, los compradores de pañales desechables suelen estar en el mercado por un corto tiempo. En estas situaciones, los gerentes

[11] Laura Zinn, Heather Keets, and James Treece, "Home Alone -with $660 Billion", *Business Week,* July 29, 1991, pp. 76-77.

deberán reconocer que una gran parte del esfuerzo de marketing debe dirigirse a identificar y alcanzar continuamente a los nuevos usuarios o patrones de uso por primera vez y debido a que estos objetivos tendrán menos conocimiento del producto, a menudo se deberán diseñar diferentes estrategias y programas de marketing para ellos.

En un gran número de sitios de descanso para esquiar, como Vail en Colorado y Waterville Valley en New Hampshire, se ha reconocido que cuando los esquiadores envejecen suelen disminuir su actividad en este deporte. Específicamente, los esquiadores a finales de su segunda o tercera década de edad suelen ser padres con menos dinero para pasar vacaciones esquiando y los de mayor edad acostumbran a dejar la práctica por razones de seguridad. Por tanto, estos sitios de descanso han comenzado a revisar sus programas promocionales y de publicidad, dirigiendo una buena parte de sus mensajes a estos grupos demográficos.

Como lo demuestra este ejemplo, el mercado potencial para una forma del producto suele ser mayor que el nivel actual de demanda cuando algunos clientes potenciales no compran el producto o servicio, o no compran con tanta frecuencia como quisieran. Sin embargo, saber que un mercado se puede expandir debido a la existencia de otros usuarios potenciales no es suficiente, incluso si los gerentes pueden identificar tales posibilidades. Además, los gerentes deben entender los factores que influyen en la disposición y la capacidad para comprar esta clase de productos.

Disposición y capacidad de compra

Los clientes para una compañía no se pueden crear a menos que los compradores potenciales tengan primero la disposición y la capacidad para comprar esa forma o clase del producto. Hasta el punto en que los gerentes pueden identificar formas de mejorar la disposición y la capacidad de compra, la demanda primaria se puede aumentar bien sea porque los compradores potenciales se convierten en clientes actuales o porque los clientes actuales aumentan su frecuencia de uso. En la tabla 3-2 se presenta una lista de las principales preguntas de diagnóstico que se podrían utilizar para responder estos interrogantes.

TABLA 3-2

PREGUNTAS DE DIAGNÓSTICO SOBRE LA DISPOSICIÓN Y LA CAPACIDAD DE COMPRA

1. DISPOSICIÓN DE COMPRA

¿Los productos y servicios relacionados ya sean nuevos o mejorados aumentan la utilización?
¿Qué problemas de uso existen o se percibe que existen?
¿El producto o servicio es compatible con los valores y la experiencia del comprador?
¿Qué tipos de riesgos percibidos son significativos en la compra de una forma del producto?

2. CAPACIDAD DE COMPRA

¿Hasta qué punto inhiben la compra el precio de compra y otros costos de adquisición o mantenimiento?
¿El tamaño o el empaque del producto son factores que crean problemas de espacio para los clientes?
¿El producto está disponible en un tiempo y lugar que satisface las necesidades del cliente?

DISPOSICIÓN DE COMPRA

La principal determinante para comprar una forma o clase del producto es la percepción que tiene el comprador de la utilidad del producto, para una o más situaciones de uso. El análisis que hace un gerente sobre la estructura del mercado del producto deberá identificar las situaciones de uso en las cuales una forma del producto es potencialmente aplicable. Sin embargo, para determinar por qué algunos compradores potenciales no utilizan el producto para uno o más de estos propósitos, se deberán plantear varias preguntas específicas.

1. *Productos y servicios relacionados.* El uso se puede limitar debido a que los productos y servicios relacionados, esenciales para lograr un uso satisfactorio, son inadecuados. Los fabricantes de computadores personales encontraron que la falta de programas para aplicaciones que no estaban relacionadas con el trabajo actuaban como una barrera para el crecimiento de las ventas de los computadores domésticos. Por el contrario, el mercado de las videograbadoras se expandió cuando los consumidores pudieron alquilar casetes de películas en lugar de tener que comprarlos. De modo similar, los gerentes vinculados a centros de acondicionamiento físico reconocen que los servicios relacionados son importantes para atraer clientes de más edad. Por ejemplo, NutraSweet Co. ha abierto una serie de centros llamados Wellbridge Fitness Centers, para atender el mercado de las personas mayores de 50 años. En la actualidad, este mercado necesita más del entrenamiento en el cuidado de la salud que la gente joven, que acostumbra ser el objetivo de estos clubes de salud. No obstante, los centros Wellbridge no solamente se enfocan hacia programas de ejercicios diseñados específicamente para este grupo de edad, sino que también ofrecen asesoría nutricional[12].
2. *Problemas de uso.* De algunos productos se percibe que no se desempeñan igualmente bien bajo todas las circunstancias. Es importante identificar las situaciones en las cuales se presentan los problemas y determinar si éstos se hallan en las características del producto o en la falta de información al usuario acerca de la manera de usar correctamente el producto. En el primer caso, puede necesitarse de un nuevo diseño de las características del producto; en el segundo, es necesario capacitar al cliente o brindarle asistencia técnica para superar las deficiencias percibidas. En gran medida, el crecimiento del mercado de los hornos microondas se debió a los esfuerzos de fabricantes y minoristas para educar a los clientes acerca del correcto uso del producto, de modo que pudieran evitar los problemas por exceso o falta de cocción de los alimentos.
3. *Compatibilidad con el valor o la experiencia.* Cuando un producto nuevo requiere un cambio en el comportamiento de compra o de uso, el cual entra en conflicto con las experiencias previas de los clientes o con sistemas de valor más amplios, la tasa de adopción será más lenta. Para superar este foco de resistencia, los gerentes deberán diseñar comunicaciones que hagan énfasis no sólo en las ventajas del producto sino en las que se originan en el cambio de valores o en las experiencias de uso que se tengan con el producto. Un estudio clásico dirigido por Maison Haire, en la década de los años cincuenta, indicó que la razón para que en los hogares no se adoptara el café instantáneo era que el ama de casa lo percibía como una actitud de pereza[13]. Muchos alimentos congelados y alimentos preparados enfrentaron obstáculos similares.

   Como otro ejemplo, considérese la entrada al mercado de Miller Lite en la década de los años setenta. Aunque las primeras cervezas bajas en calorías presentaron fallas, Miller Lite tuvo muchísimo éxito aunque, en esencia, tenía las mismas características. En gran parte, este éxito reflejó el

[12]Michael Gougis, "NutraSweet Targets Aging Boomers for New Clubs", *Marketing News*, Oct. 14, 1991, p.15.
[13]Maison Haire, "Projective Techniques in Marketing Research", *Journal of Marketing*, April 1950, pp. 649-656.

punto de vista de la compañía de atraer al bebedor habitual de cerveza asociando el consumo de pocas calorías con la ventaja positiva de una bebida que causaba menor sensación de llenura. Los valores también se relacionan con las culturas, de manera que la demanda primaria de algunos productos puede variar enormemente a través de ellas.

> La tendencia japonesa hacia el ahorro es legendaria, y un producto consecuencia de esta actitud es una gran demanda por seguros de vida. En la actualidad, en Japón, las primas de seguros *per cápita* superan la cifra de US$1.000 anuales y siguen creciendo. Por el contrario, las primas *per cápita* en Francia son menores de US$300, y en Grecia y España llegan a menos de US$100. Aunque la demanda de seguros depende de los ingresos, la fuente primaria de estas diferencias es la cultura[14].

Cuando los comercializadores ingresan a mercados internacionales, deben tener especial cuidado para garantizar que las aplicaciones del producto o servicio no violen las normas culturales. Lo que se acepta en una cultura puede ser rechazado en otra.

4. *Riesgo percibido.* La disposición para comprar una forma o clase del producto también dependerá de los tipos de riesgos percibidos por los compradores potenciales. Los riesgos percibidos existirán cuando los compradores crean que hay una fuerte probabilidad de tomar una decisión equivocada y que las consecuencias por este hecho son significativas. Específicamente, pueden existir seis tipos de riesgos cuando se compra una forma o clase del producto.
   a. Riesgos económicos o financieros: si el precio de compra, los costos de mantenimiento o los operativos son altos.
   b. Riesgos de tiempo o conveniencia: si existe la posibilidad de emplear una gran cantidad de tiempo en comprar o utilizar un producto.
   c. Riesgos de desempeño: si existe preocupación acerca de qué tan bien desempeña el producto su función básica.
   d. Riesgos físicos: si existe una amenaza contra la salud o la apariencia del comprador.
   e. Riesgos sociales: si la compra o el uso del producto puede afectar las actitudes de los grupos de referencia hacia el comprador.
   f. Riesgos psicológicos: si la compra o el uso del producto puede influir en la autoestima del comprador o en la imagen que tiene de sí mismo.

Al conocer los tipos de riesgos percibidos por los compradores, los gerentes podrán diseñar programas de marketing para reducir riesgos y así generar una mayor disposición de compra. Por ejemplo, los proveedores de agua embotellada pueden ofrecer entregas a domicilio para reducir el riesgo de conveniencia a un consumidor que no desea cargar hasta su casa grandes y pesados recipientes de agua. De modo similar, algunas firmas ofrecen tamaños especiales de prueba o garantías de devolución del dinero para reducir los riesgos económicos. Los riesgos sociales se pueden reducir si los productos o servicios se anuncian de manera que se enfatice que son aceptables socialmente.

CAPACIDAD DE COMPRA

La capacidad para comprar un producto se puede limitar a varios factores, muchos de los cuales no se hallan bajo el control directo de los gerentes.

[14] Resa King, Larry Armstrong, Steven J. Dryden, and Jonathan Kapstein, "Who's That Knocking on Foreign Doors? U.S. Insurance Salesman", *Business Week,* Mar. 6, 1989, pp. 84-85.

1. *Factores de costos.* Si un producto es un artículo discrecional, o si existen alternativas de forma del producto menos costosas, el precio y/o los costos asociados del comprador (costos de operación, de crédito, de instalación, de mantenimiento) probablemente inhiban la demanda primaria. Por ejemplo, la demanda de colectores solares para la calefacción de los hogares ha estado limitada por la gran inversión inicial que se requiere por parte del propietario, aunque la energía solar tiene un precio muy competitivo cuando se la considera a largo plazo. De manera semejante, las altas tasas de interés sobre los préstamos hipotecarios para vivienda o automóviles fueron parcialmente los responsables del descenso en las ventas de casas nuevas y vehículos a finales de la década de los años setenta y comienzos de la de los ochenta.
2. *Factores de empaque y tamaño.* Las ventas de forma del producto se pueden limitar en virtud de los requerimientos de espacio y tamaño. Algunos compradores potenciales de computadores domésticos, grandes pantallas de televisión y productos semejantes, tienen problemas de espacio para acomodar estos artículos. Muchos proyectos de finca raíz tienen limitaciones de tamaño con las antenas satelitales para televisión, si se les permiten tenerlas. Además, las limitaciones de espacio pueden inhibir la compra de un producto de gran volumen.
3. *Disponibilidad de espacio.* El costo de adquirir un producto puede ser una función de factores de ubicación. Por ejemplo, la gente en comunidades rurales tiene menos acceso a atención en salud y, en consecuencia, visita al médico con menos frecuencia. Del mismo modo, la tasa de compras de bajo valor y compras postergadas puede aumentar al mejorar el acceso. Considérese, por ejemplo, el impacto en las ventas de bebidas gaseosas si no se contara con las máquinas vendedoras.

Aunque este análisis de la disposición y la capacidad de compra se ha enfocado hacia las implicaciones de evaluar las oportunidades para construir la demanda primaria, a menudo estas fuerzas pueden ser importantes para analizar también la demanda selectiva. Ciertamente, una firma que gane una ventaja en costos o localización, o que haga un mejor trabajo al reducir el riesgo percibido u ofrecer servicios relacionados, ampliará su capacidad para captar clientes. De hecho, al realizar un análisis completo de la demanda primaria, los gerentes podrán estar en una mejor posición para entender los procesos que determinan la selección de la marca o del sustituto.

ANÁLISIS DE LA DEMANDA SELECTIVA

Mientras que la demanda primaria es la demanda de una forma o clase del producto (como el té corriente, el té de hierbas o el té instantáneo), la demanda selectiva es la que se dirige hacia una marca o un sustituto específico dentro del mercado relevante. Así, si el té instantáneo se elige como el mercado relevante, la demanda selectiva es por el Lipton Instant Tea, el Nestea Instant Tea o cualquiera otra marca en particular. La figura 3-7 ilustra la diferencia entre las demandas primaria y secundaria de transporte durante un periodo de vacaciones. Si los consumidores se interesan en viajar hacia un destino en particular en vacaciones, primero deben determinar la alternativa de su preferencia (avión, tren, autobús o automóvil). Esta decisión se da a nivel de la demanda primaria. La selección a este nivel se basa principalmente en los factores estudiados: disposición y capacidad de compra. Una vez que los consumidores han decidido cuáles alternativas prefieren, deben seleccionar una de las opciones dentro de una alternativa. Por ejemplo, si se decide volar, se debe determinar la aerolínea. Los factores involucrados en la decisión dentro del nivel de la demanda secundaria pueden ser diferentes de los que son importantes dentro del nivel primario.

FIGURA 3-7
Estructura del mercado para viajar en vacaciones.

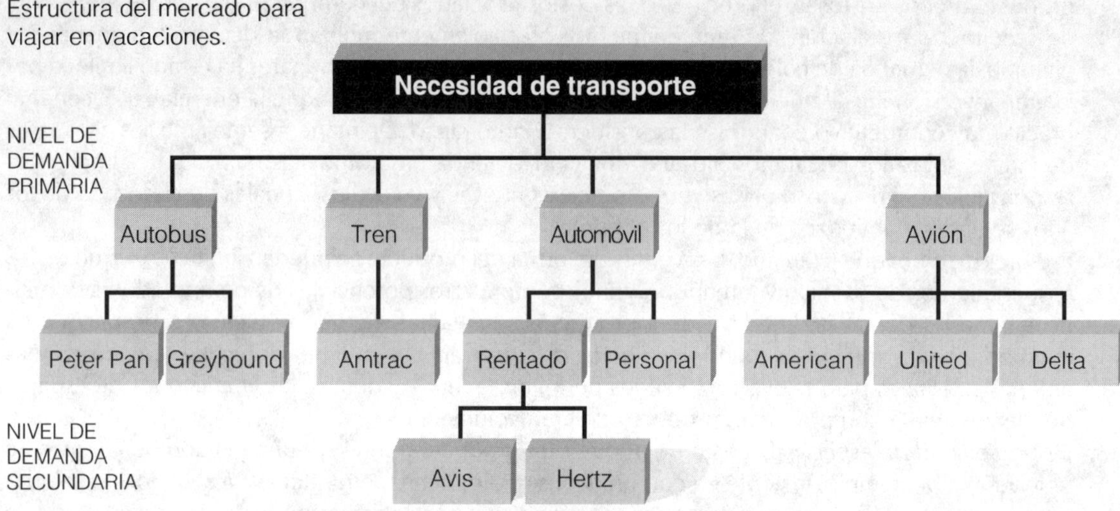

En el análisis de la demanda selectiva, los gerentes se interesan, en primer lugar, por comprender cómo eligen los compradores a partir de las marcas o los sustitutos alternativos dentro del mercado relevante. Sin embargo, no todos los compradores son semejantes en sus elecciones. Por el contrario, la elección es una función de las necesidades de los compradores (beneficios deseados) y las percepciones que ellos tienen sobre las alternativas, dentro del contexto de la situación específica de uso.

En esta sección se presenta un método de dos pasos para examinar la demanda selectiva; el primero es identificar el tipo de proceso de toma de decisión que probablemente se utilizará, y el segundo paso es identificar los atributos determinantes. En la tabla 3-3 se resumen las preguntas de diagnóstico utilizadas en el análisis de la demanda selectiva.

TABLA 3-3

PREGUNTAS DE DIAGNÓSTICO SOBRE LA DEMANDA SELECTIVA

1. PROCESOS DE DECISIÓN

¿Qué tan extensa es la búsqueda de información?
¿Los compradores utilizan fuentes de información personales o impersonales?
¿Los compradores buscan información acerca de las características de la marca o del proveedor?

2. ATRIBUTOS DETERMINANTES

¿Cuáles son los beneficios que los compradores esperan obtener por el uso o la propiedad del producto?
¿Cuáles atributos (características) del producto se consideran que proporcionan estos beneficios?
¿Cuál es la importancia relativa de los diferentes beneficios deseados?
¿Cuánta variación se percibe entre las alternativas de cada uno de los atributos importantes?

Identificación de los tipos de procesos de decisión

Los modelos de elección del consumidor se basan, como norma, en el supuesto de que cuando se enfrenta un conjunto de opciones, los consumidores eligen la opción que consideran les proporcionará el más alto nivel de gratificación o satisfacción[15]. En muchos casos, los consumidores deben tomar decisiones complejas que implican tener en cuenta muchas alternativas. Cuando enfrentan muchas de estas opciones, utilizan reglas de decisión que reducen el número total de marcas disponibles en la clase del producto, a un subconjunto más pequeño que ellos considerarían al comprar[16]. La tabla 3-4 presenta este proceso secuencial de la elección del consumidor. El conjunto total consta de todas las marcas dentro de la clase del producto disponibles para el consumidor. El conjunto de conciencia incluye las marcas de las cuales el consumidor está consciente o recuerda. EL conjunto en consideración es el grupo de marcas que el consumidor consideraría como posibilidad al comprar en un futuro cercano[17].

TABLA 3-4

PROCESO SECUENCIAL DE LA ELECCIÓN DEL CONSUMIDOR

CONJUNTO TOTAL DE MARCAS	CONJUNTO DE CONCIENCIA DE MARCAS	CONJUNTO DE CONSIDERACIÓN DE MARCAS
Arm & Hammer		
Tide	Tide	Tide
Trend		
Cheer	Cheer	Cheer
Vista		
Sun		
Gain	Gain	
Surf		
Rinso		
All	All	All
Ivory Snow		
Bold	Bold	Bold
Rain		
Dreft		
Oxydol	Oxydol	
Wisk		
Ultra		
Purex	Purex	
Fab	Fab	Fab

[15]Robert J. Meyer and Barbara E. Kahn, "Probabilistic Models of Consumer Choice Behavior", en Thomas S. Robertson and Harold H. Kassarjian, eds., *Handbook of Consumer Behavior*, Englewood Cliffs, NJ: 1991.
[16]John A. Howard, *Consumer Behavior in Marketing Strategy*, McGraw-Hill, New York, 1989.
[17]John H. Roberts and James M. Lattin, "Development and Testing of a Model of Consideration Set Composition", *Journal of Marketing Research*, November 1991, pp. 429-440.

Las decisiones de compra se suelen categorizar en: 1) solución de problemas complejos, 2) solución de problemas específicos y 3) respuesta rutinaria[18]. Las etapas varían con respecto al tiempo dedicado a la decisión y al tipo de información que se espera encontrar.

La *solución de problemas complejos* se presenta cuando el consumidor se encuentra ante una decisión radicalmente nueva. Por ejemplo, considérese a consumidores de clima cálido que, por primera vez, deciden pasar sus vacaciones esquiando en la nieve. Nunca antes han hecho este tipo de elección y, por consiguiente, no tienen ninguna formación de concepto[19]. La *formación de concepto* es el proceso de identificación de criterios o atributos que el consumidor necesita utilizar para hacer una evaluación. En la solución de problemas complejos, el consumidor no sólo necesita información sobre las marcas sino que debe decidir cuál información es más importante.

La *solución de problemas específicos* es el proceso de formación de conceptos de marca. El comprador tiene un conocimiento sólido de la categoría del producto y del criterio de elección relevante, pero se halla frente a una nueva marca. La cantidad de tiempo para la decisión es menor que en la solución de problemas complejos, pero sigue siendo considerable. Los consumidores no solamente tienen que evaluar la nueva marca sino también compararla con otras marcas para establecer sus preferencias. En esta etapa, los criterios de selección están bien formados pero la información sobre marcas es necesaria para formar una evaluación.

La *respuesta rutinaria* está representada por una búsqueda limitada de información y una decisión rápida. Los consumidores tienen experiencia en tomar una decisión a partir de la clase del producto y, por tanto, requieren de poca o ninguna información para tomar sus decisiones. En el caso de una fuerte lealtad de marca, los consumidores simplemente tomarán sus marcas preferidas si se hallan disponibles. Si no es ese el caso, para tomar su decisión, el consumidor puede requerir poca información acerca de las otras marcas del conjunto en consideración, como tamaños y precios disponibles.

Tradicionalmente, estos tres tipos de procesos de decisión se han utilizado para describir decisiones tomadas por los consumidores. Para los compradores organizacionales se puede identificar un conjunto paralelo de procesos (*véase* figura 3-8). La nueva tarea es una situación en la cual se presentará la

FIGURA 3-8
Tipos de procesos de decisión.

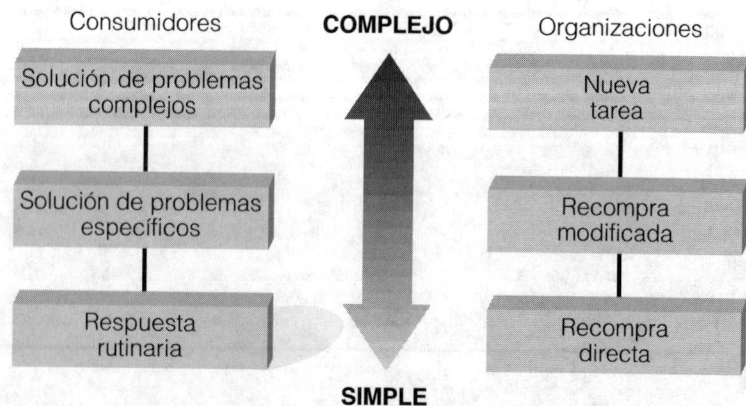

[18] *Véase* William Wilkie, *Consumer Behavior*, 3d. ed., New York: John Wiley, 1994, capítulo 18, para consultar un estudio detallado del tema.
[19] Howard, p. 17.

solución de problemas complejos porque el producto se compra por primera vez. La recompra modificada es el término que se emplea en la solución de problemas complejos en las compras organizacionales. En esencia, las recompras directas son respuestas rutinarias en las que se realizará poca actividad de búsqueda (aunque para muchos productos en la categoría de recompra directa, algunos compradores dividan sus pedidos entre dos o más proveedores establecidos).

Existen dos razones sobre la importancia de distinguir los tipos de procesos de decisión. Primero, un entendimiento del tipo de proceso de decisión involucrado en la compra de un producto, permite que los gerentes comprendan el comportamiento de búsqueda del comprador. Entre mayor sea la solución requerida por el problema complejo, mayor será la cantidad de búsqueda y mayor la probabilidad de que los clientes se fíen de sus fuentes de información personales (incluyendo familiares, amigos y vendedores). En el otro extremo está la toma de decisión rutinaria que lleva a una búsqueda limitada (quizás a nivel cero), con fuentes de información impersonales que posiblemente desempeñan un papel más fuerte que las fuentes personales.

Segunda, el tipo de información requerida por los compradores variará de acuerdo con el tipo de proceso de decisión. En la toma de decisiones rutinaria, la información adicional, incluso puede no ser necesaria: los compradores simplemente pueden responder a aquellas marcas o proveedores que tienen el mayor nivel de conciencia del comprador. En la solución de problemas específicos, la información clave que se busca es aquella que se relaciona con las características (atributos) de la marca o del proveedor. En la solución de problemas complejos no sólo es necesario adquirir información sobre las características de la marca o del proveedor sino aprender cuáles consideraciones importantes se deberán tener en cuenta al hacer una elección. Dicho de otro modo, en la solución de problemas complejos los compradores deben reconocer los atributos determinantes.

Atributos determinantes

En la perspectiva psicológica o económica tradicional de productos y servicios éstos son grupos de atributos. El consumidor hace una evaluación general de un producto mediante la combinación de las percepciones de los atributos del mismo, utilizando alguna(s) regla(s) para comparar la información[20]. La primera tarea, que es similar a los procesos cognoscitivos que tienen lugar en la solución de problemas complejos, es determinar cuáles atributos son los más importantes para el consumidor. Una vez que se establece la importancia de los atributos, el consumidor debe buscar y evaluar la información pertinente de las marcas dentro de la clase del producto. Estas actividades son similares a los procesos cognoscitivos que se utilizan en la solución de problemas específicos. Considérese la figura 3-9, la cual presenta los atributos identificados como importantes para que los agentes de compras seleccionen a los vendedores[21]. Habiendo establecido los criterios de selección o atributos importantes, en el siguiente paso los agentes de compra reunirán información sobre los vendedores potenciales con respecto a estos atributos. La última tarea es establecer reglas para integrar esta información.

Las reglas heurísticas o de decisión de los consumidores son procedimientos utilizados por ellos para facilitar la elección de marca. Estas reglas de decisión han sido clasificadas ampliamente como reglas de decisión compensatorias y no compensatorias. Un rasgo excepcional de las reglas compensatorias

[20] Meyer and Kahn, p. 88.

[21] R. E. Spekman, "Perceptions of Strategic Vulnerability among Industrial Buyers and Its Effects on Information Search and Suppliers Evaluation", *Journal of Business Research,* vol. 17, no. 4, 1988, pp. 313-326.

FIGURA 3-9
Atributos de selección del vendedor.

1. *Producto*
   Interés en la confiabilidad
   Interés en la productividad
   Facilidad de operación
   Facilidad de uso del producto
   Entrenamiento del vendedor asociado con el producto

2. *Servicio*
   Tiempo de respuesta
   Dependencia
   Competencia de los representantes de ventas
   Información antes de la compra
   Imagen del vendedor

3. *Experiencia*
   Experiencia anterior con el vendedor
   Reputación
   Capacidad para cumplir las promesas

4. *Precio*
   Precio/desempeño
   Menor precio
   Costos totales

5. *Disponibilidad*
   Posición financiera del proveedor
   Proximidad geográfica
   Extensión de la línea del producto
   Disponibilidad de apoyo técnico

es que una característica negativa de una marca se puede superar mediante otras características positivas. La tabla 3-5 presenta cuatro atributos que se utilizan en la evaluación de los restaurantes de comidas rápidas y sus puntajes de importancia[22]. La tabla 3-6 (p. 71) presenta los puntajes en tres restaurantes hipotéticos, para cada uno de los cuatro atributos. Una sencilla regla compensatoria promediaría los puntajes para cada restaurante. Siguiendo esta regla de decisión, el restaurante con el puntaje mayor, en este caso el restaurante B, es la alternativa preferida.

Al seguir un enfoque no compensatorio, los atributos se clasifican primero en términos de importancia. Las marcas u objetos se evalúan luego sobre el atributo más importante; la marca con el mayor puntaje es la alternativa preferida. Si hay un empate en el atributo más importante, las marcas se evalúan luego con respecto al segundo atributo más importante. Utilizando este método, el restaurante C sería el elegido. Los restaurantes A y C se evalúan como iguales en el sabor de la comida, el atributo más importante, pero el restaurante C salió favorecido en cuanto a cantidad y costo, el segundo atributo más importante.

[22]Robert L. Armacost and Jamshid C. Hosseini, "Identification of Determinant Atributes Using the Analytic Hierarchy Process", *Journal of the Academy of Marketing Science*, Fall 1994, pp. 383-392.

TABLA 3-5

ATRIBUTOS DE RESTAURANTES DE COMIDAS RÁPIDAS

ATRIBUTO	IMPORTANCIA
Sabor de la comida	4.30
Cantidad y costo	3.79
Selección de alimentos	3.58
Alternativas del menú	3.58

1 = sin importancia
5 = muy importante

En muchos casos, especialmente cuando las alternativas y/o los atributos son numerosos, los consumidores pueden utilizar un proceso de dos pasos. Primero se usan las reglas no compensatorias para seleccionar las alternativas, y luego se emplean las reglas compensatorias para evaluar las marcas que pasaron el primer tamizado[23]. Es importante que los gerentes de marketing comprendan cómo utilizan sus clientes la información para efectuar una evaluación. Si los clientes utilizan un proceso no compensatorio a cualquier nivel, es imperativo que el producto se perciba, por lo menos tan bueno como el de la competencia, en cada atributo importante.

TABLA 3-6

CALIFICACIONES POR ATRIBUTOS PARA TRES RESTAURANTES DE COMIDAS RÁPIDAS

	CALIFICACIÓN DEL RESTAURANTE		
ATRIBUTO	A	B	C
Sabor de la comida	4	3	4
Cantidad y costo	3	5	4
Selección de los alimentos	3	5	3
Alternativas del menú	3	4	3

5= excelente
4= muy bueno
3= bueno
2= aceptable
1= deficiente

[23]Frank R. Kardes, Gurumurthy Kalyanaram, Murali Chandrasherakan, and Ronald J. Dornoff, "Brand Retrieval, Consideration Set Composition, Consumer Choice, and the Pioneering Advantage", *Journal of Consumer Research*, June 1993, pp. 62-75.

Los gerentes deberán ser conscientes de que, con frecuencia, los atributos que dirigen la elección no corresponden al producto físico sino, por el contrario, a la parte más amplia de la oferta. Por ejemplo, el envío rápido y confiable de materias primas es un atributo de extrema importancia para muchas firmas industriales. Por lo general, la conveniencia personal es el factor más importante para determinar en dónde tienen las personas sus cuentas bancarias.

Con frecuencia, varios productos son similares en un gran número de atributos. En tales casos, es importante distinguir uno o más de los *atributos determinantes*; es decir, los atributos que tienen más posibilidad de determinar la elección del comprador[24]. Dos dimensiones ayudan a que un atributo sea determinante: la importancia y la exclusividad. Un atributo se considerará importante si proporciona beneficios deseables; no obstante, si todas las alternativas que compiten tienen la misma característica, entonces ese atributo no determinará la elección de la marca.

Para lograr un mejor entendimiento del concepto de atributo determinante, considérese la figura 3-10. Básicamente, un comprador podría clasificar cualquier atributo en una de las cuatro categorías que se presentan en esta figura. Por ejemplo, es probable que alguien que considere marcas alternativas de cortadoras de césped, califique como importante la característica "de fácil arranque". Sin embargo, si la mayor parte o todas las cortadoras de césped tienen la misma facilidad de arranque, entonces éste se convierte en un atributo defensivo: algo que no se debe dejar de considerar pero no algo que haga que la gente elija un producto. De otro lado, algunos atributos pueden hacer que un producto sea diferente pero no se consideran (en el momento) importantes. Esos atributos son opcionales (como en el caso de una cortadora de césped con dirección en las ruedas, que puede ser inclinada en diferentes ángulos). De hecho, los atributos opcionales tienen el potencial de convertirse en atributos determinantes si se vuelven importantes. En lugares con restricciones sobre el manejo de los desechos por el corte de la yerba, las primeras podadoras de césped con cuchillas con corte especial para forraje tuvieron una ventaja competitiva temporal, debido a que este atributo pasó de ser opcional a determinante. Una vez que muchos competidores ofrecieron este tipo de cuchilla, el atributo pasó de ser determinante a defensivo.

Resulta muy necesario considerar las dos dimensiones que permiten determinar los atributos en el proceso de desarrollo del nuevo producto, como lo demuestra el siguiente ejemplo:

FIGURA 3-10
Marco de referencia para evaluar si un atributo es determinante.

Importancia percibida de este atributo	**Variación percibida entre las alternativas de este atributo:** Baja	Alta
Baja	Atributo irrelevante	Atributo opcional
Alta	Atributo defensivo	Atributo determinante

[24] James H. Myers and Mark Alpert, "Determinant Buying Attitudes: Meaning and Measurement", *Journal of Marketing*, October 1968, pp. 13-20.

Procter & Gamble desarrolló un jabón con forma de concha, llamado Monchel, con una fragancia y un empaque especiales para complementar la inusual figura. Cuando los consumidores utilizaron el producto en pruebas a ciegas (en donde no se identifica la marca) indicaron su preferencia por encima de otras marcas, pero cuando el producto salió al mercado, fracasó. P&G encontró que había creado un producto distinto, pero sobre dimensiones que en esencia carecían de importancia para los consumidores; el producto fracasó en alcanzar un mejor desempeño en los atributos que realmente valían. Así, cuando llegó el momento en que los consumidores gastaran su dinero, los efectos de la novedad desaparecieron[25].

CONCLUSIÓN

Si una organización no logra una adecuada satisfacción del cliente, primero y, ante todo, debe comprender su mercado. El capítulo se inició con un breve análisis de la casa de la calidad. La casa de la calidad es un método utilizado por los gerentes para saber lo que el cliente desea y entender cómo diseñar o modificar productos para satisfacerlo. Luego, se identificaron los primeros tres pasos, de un método de seis, para analizar mercados, el cual resulta de utilidad para los gerentes interesados en la planeación corporativa a largo plazo y para quienes se interesan en estrategias de marketing a corto plazo. Específicamente, se estudió el proceso de definición del mercado relevante: la arena competitiva básica que preocupa a un gerente. Además, se presentaron preguntas de diagnóstico y conceptos que los gerentes pueden emplear en el análisis de la demanda primaria y la demanda selectiva dentro del mercado relevante.

Estos pasos son importantes para la selección de una estrategia de marketing. Sin embargo, los análisis de mercado no sólo deberán efectuarse cuando se ingresa a un mercado nuevo. Por el contrario, las preguntas de diagnóstico deberán revisarse continuamente para mantenerse al día con las condiciones cambiantes, una situación que afrontó Tupperware.

TUPPERWARE: CÓMO AFRONTAR CONDICIONES CAMBIANTES EN LA DEMANDA

Cuando en Estados Unidos, durante las décadas de los años veinte y treinta, los refrigeradores remplazaron las cajas para hielo como el método básico para almacenar alimentos en frío, los consumidores se encontraron ante un problema: la refrigeración hacía que los alimentos se marchitaran y perdieran su sabor. Aunque el papel para empacar y envolver podía ayudar a manejar este problema, el papel podía humedecerse o rasgarse. Hacia la década de los años cuarenta, un inventor de Massachusetts de nombre Earl Tupper comenzó haciendo tazones ligeros de plástico irrompible con tapas de cierre hermético para solucionar el problema.

Aunque el producto era único, las amas de casa no se adaptaron de inmediato a esta innovación.

[25] Zachary Schiller, "Ready, Aim, Market: Combat Training at P&G College", *Business Week,* Feb. 3, 1992, p. 56.

Actuaban con cautela hacia el plástico (al que consideraban una sustancia misteriosa) y vieron a Tupperware como una alternativa costosa y no tradicional para la solución de los problemas de almacenamiento de los alimentos. Finalmente, los distribuidores de Tupperware idearon el mecanismo de las fiestas caseras para vender el producto. Un grupo de mujeres reunidas en la casa de una amiga para almorzar o tomar un postre, conversar y jugar, y una demostración de un vendedor de Tupperware. La anfitriona recibía un regalo y el vendedor hacia muchas ventas.

A lo largo de las décadas de 1950, 1960 y 1970, las ventas de Tupperware (por entonces subsidiaria de Dart Industries) crecieron con tanta rapidez como para alentar a Rubbermaid a entrar al mercado utilizando el mismo enfoque básico de ventas. No obstante, hacia 1980, se presentó un notorio descenso en el número de parejas casadas con niños, el número de hijos por familia fue menor y la participación como fuerza laboral de las mujeres con hijos creció rápidamente. Aunque las mujeres trabajadoras tienen más dinero para gastar, también tienen menos tiempo para fiestas y se muestran menos interesadas en guardar los sobrantes.

Al reconocer el significado de esta tendencia, Rubbermaid descartó el enfoque de las fiestas caseras, a favor de la distribución a través de almacenes de abarrotes. Adicionalmente, varios rivales pequeños ingresaron al mercado vendiendo recipientes de menor calidad y a menor precio en farmacias y otros puntos de distribución minorista. Hacia 1992, la participación de mercado de Tupperware había descendido de 60% a cerca de 40 o 45%, mientras que la de Rubbermaid se estimaba con un crecimiento de 30 a 40%. Rubbermaid había sido muy innovador durante este periodo. Por ejemplo, en 1983 diseñaron un conjunto de siete piezas para uso en hornos microondas. Al mismo tiempo, otros competidores desafiaron a Tupperware, principalmente en el precio. Como han anotado los observadores de la industria, no se necesita de un gran esfuerzo de calidad para mantener los sobrantes de guisantes frescos en el refrigerador durante cinco días.

Hacia 1992, Tupperware decidió volver a la batalla. Sacó al mercado una nueva línea "TupperWave": material plástico para microondas que se podía apilar permitiendo la cocción hasta de tres platos a la vez. La empresa decidió seguir con el enfoque de ventas en las fiestas pero también comenzó a experimentar con catálogos de ventas. Ese año, Tupperware sufrió pérdidas por US$22 millones pero se recuperó con fuerza en 1993 mostrando una utilidad de US$15.5 millones. Para 1995, los inversionistas de Wall Street la consideraban una buena inversión: las ganancias siguieron creciendo y el precio en el mercado accionario ascendió. Tupperware enfrentaba una severa competencia en EE.UU. debido a las imitaciones. No obstante, la compañía era fuerte en los mercados internacionales en donde era más difícil encontrar imitaciones de buena calidad. En 1995, el 80% de las ventas de Tupperware estaba en mercados internacionales.

1. ¿Cuáles preguntas de diagnóstico sobre la identificación del comprador y sobre la disposición y la capacidad de compra son útiles para analizar la demanda primaria en este mercado?
2. Describa el proceso de decisión que Ud. utilizaría para comprar recipientes plásticos de almacenamiento.¿Otras personas utilizarían un proceso diferente?
3. ¿Cuáles atributos son *determinantes* en la compra de recipientes plásticos de almacenamiento? ¿Cuáles atributos podrían caracterizarse como *defensivos* y cuáles como *opcionales*?
4. ¿Quién es el cliente objetivo de Tupperware? ¿Cuáles son las posibles razones del porqué esta compañía eligió ese objetivo?

Basado en Laurie Grossman, "Going Stale: Families Have Changed but Tupperware Keeps Holding Parties", *Wall Street Journal*, July 21, 1992, p. 1, 4; "After the Party: Tupperware Burps Out Array of New Products", *Adweek*, Sept. 23, 1991, p. 1; "Tupperware to Explore Catalog Sales", *Crain's Chicago Business*, May 31, 1992, p. 78; Bart Greer, "New Tupperware Cookware Resembles Rubbermaid Line", *Plastic News*, Sept. 3, 1990, p. 5; "Get Ready for a Tupperware Party", *Business Week*, May 9, 1994, p. 80; "Heard on the Street: Tupperware Maker Premark Is Poised to Pop the Lid Off Its Stock Price, Some Analysts Say", *Wall Street Journal*, Apr. 3, 1995, sec. C, p. 2.

PREGUNTAS Y SITUACIONES PARA DISCUSIÓN

1. A un gerente de marca se le cita por decir: "Ud. puede pensar que define su mercado relevante, pero solamente se está engañando, el consumidor define el mercado relevante". ¿Ud. que opina?
2. Aunque en un mercado atractivo, el producto de Dan no tenía buenos resultados. Él sabía que si no se volvía competitivo estaría en problemas para la siguiente reunión de planeación. Primero quiso determinar si su producto era competitivo dentro de su mercado relevante y, si no, necesitaba saber qué podría hacer para mejorarlo. El producto tiene seis atributos que, por razones prácticas, se han denominado I, II, III, IV, V y VI. Se integró un equipo para analizar el producto. El equipo tomó un enfoque de casa de la calidad e identificó seis características de ingeniería (A, B, C, D, E, y F) relevantes para la producción del producto de Dan.

   El equipo presentó las siguientes conclusiones:

   a. Es comprensible por qué Ud. no tiene una participación de mercado adecuada: su producto es una oferta inferior.

   b. Con base en la lectura de los análisis, recomendamos que el producto aumente en su característica E. Ésta es la característica más importante y brindará la mejor ventaja diferencial.

   ¿Está Ud. de acuerdo con estas conclusiones del equipo?

3. En la página 76 se presentan dos posibles estructuras del mercado para detergentes. Utilícelas para analizar lo siguiente:

   a. ¿Para cuál de las dos estructuras es mayor la lealtad de marca?

   b. ¿Para cuál de las dos estructuras tendrán mayor posibilidad los gerentes de querer una línea de producto mayor?

   c. ¿En cuál de las dos estructuras la evaluación del gerente será relativa al mercado total y no a marcas de la misma forma?

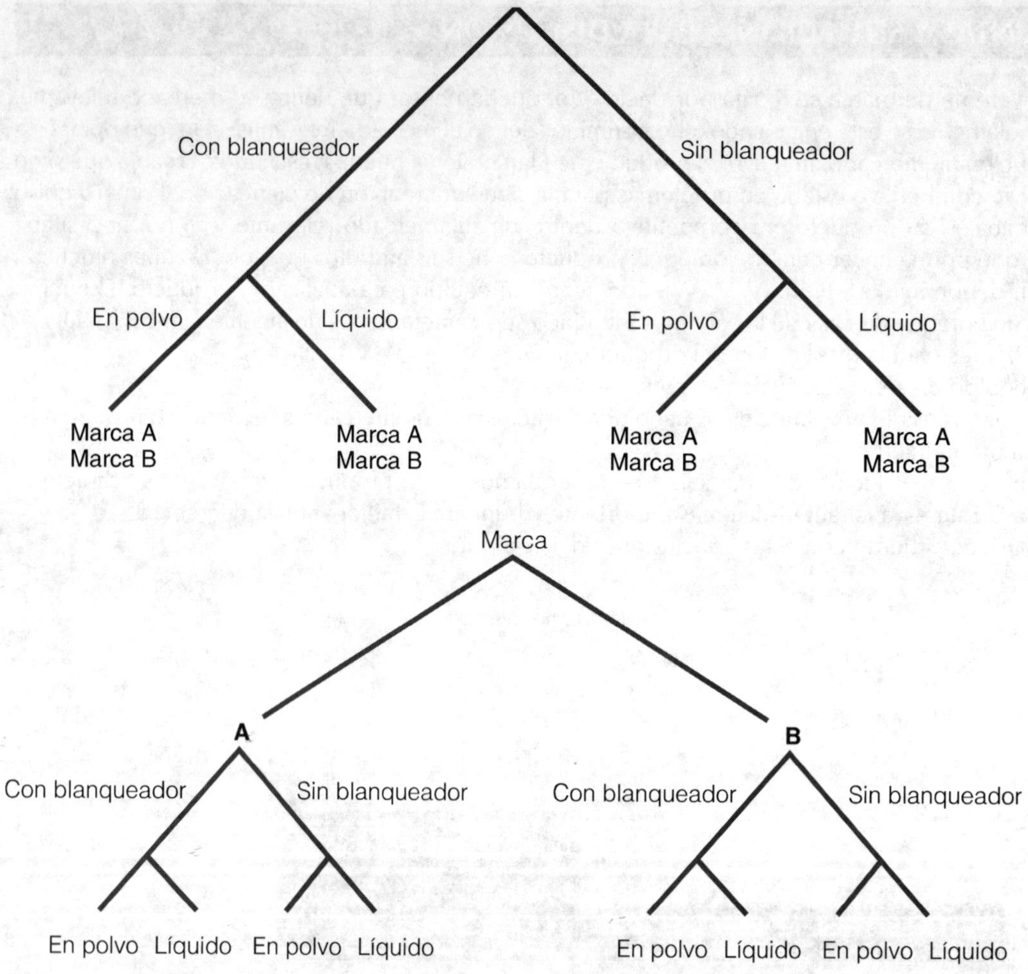

4. Las cooperativas agrícolas, como Sunkist, combinan la producción de muchas granjas pequeñas y comercializan el producto en forma colectiva. ¿Esta forma de comercialización reduce la competencia de las cooperativas a nivel primario o secundario?
5. Cuando los comercializadores ingresan a los mercados internacionales, en especial en naciones del Tercer Mundo, pueden ofrecer un producto o servicio muy diferente del que la gente utiliza en ese momento. Compiten a nivel de la demanda primaria. ¿Qué factores tienen posibilidad de causar resistencia a los nuevos productos?
6. Una reciente innovación tecnológica en materia de empaques permite empacar y almacenar hasta por tres meses sin refrigeración, platillos para entradas previamente congelados. En muchos países, este nuevo empaque permitirá la introducción de comidas congeladas o que fueron congeladas, ya que la refrigeración no será un problema. ¿Qué requerimientos de información deberá considerar el gerente de marketing cuando se creen las piezas promocionales, ahora y en el futuro?

7. La ventaja competitiva es una función del número y grado de atributos determinantes anunciados por la marca. Exponga sus comentarios.
8. Las siguientes tablas presentan la clasificación de cuatro marcas de sopas empacadas de acuerdo con cinco atributos y la importancia dada a esos atributos. Utilice estos datos para responder a las siguientes preguntas:
   a. Si en las áreas geográficas se utiliza un enfoque de toma de decisiones no compensatorio, ¿cuál marca debería elegir cada área?
   b. Si en las áreas geográficas se utiliza un enfoque de toma de decisiones compensatorio, ¿cuál marca debería elegir cada área?

	MARCAS			
ATRIBUTOS	A	B	C	D
Grasa	Baja	Baja	Alta	Alta
Calorías	Baja	Baja	Alta	Alta
Sabor casero	Sí	No	Sí	Sí
Tiempo de cocción (min)	Rápido	Lento	Medio	Medio
Precio	Nacional	Economía	Nacional	Nacional

La siguiente tabla muestra la importancia de los atributos para los consumidores en cada una de las cinco áreas geográficas: 1 indica el más importante y 5 el menos importante.

	ÁREA GEOGRÁFICA				
ATRIBUTOS	I	II	III	IV	V
Baja en grasa	1	5	3	4	4
Baja en calorías	2	4	4	1	5
Sabor casero	5	2	1	3	2
Tiempo de cocción (min)	4	3	5	5	1
Buen precio	3	1	2	2	3

LECTURAS ADICIONALES SUGERIDAS

Davidow, William, and Bro Uttal, "Service Companies: Focus or Falter", *Harvard Business Review,* July-August 1989, pp. 77-85.

Day, George S., "The Capabilities of Market-Driven Organizations", *Journal of Marketing,* October 1994, pp.37-52.

Day, George S., Allan Shocker, and Rajendra Srivastava, "Customer-Oriented Approaches to Identifying Product Markets", *Journal of Marketing,* Fall 1979, pp. 8-19.

Griffin, Abbie, "Evaluating QFD's Use in U.S. Firms as a Process for Developing Products", *Journal of Product Innovation Management,* vol. 9, September 1992, pp. 171-187.

Griffin, Abbie, and John R. Hauser, "The Voice of the Customer", *Marketing Science,* Winter 1993, pp. 1-25.

Holak, Susan, and Donald Lehman, "Purchase Intentions and the Dimensions of Innovation", *Journal of Product Innovation Management,* March 1990, pp. 59-73.

Stanley, Thomas, "Targeting the Affluent Consumer", *Journal of Business Strategy,* September-October 1988, pp. 17-20.

Urban, G. L., P. L. Johnson, and J. R. Hauser, "Testing Competitive Market Structures", *Marketing Science,* Spring 1984, pp. 83-112.

Vithala, R. Rao, and Darius Jal Sabavala, "Inference of Hierarchical Choice Processes from Panel Data", *Journal of Consumer Research,* June 1981, pp. 85-96.

Wells, William, "Psycographics: A Critical Review", *Journal of Marketing Research,* May 1975, pp.196-213.

CAPÍTULO 4

MERCADO OBJETIVO Y VENTAJA COMPETITIVA

VISIÓN GENERAL

La meta del mercado objetivo es posicionar una marca dentro del mercado del producto, de tal manera que la marca cuente con una ventaja competitiva. Los productos alcanzan una ventaja competitiva cuando ofrecen atributos importantes y únicos para el consumidor. En el capítulo 3, se definió un atributo determinante como aquel que es importante y único. Por consiguiente, para crear una ventaja competitiva, la firma debe comprender primero qué es lo importante para los consumidores. ¿Cuáles son sus preferencias? Además, la firma debe determinar el grado de homogeneidad de las preferencias relevantes dentro de un mercado designado. ¿Están de acuerdo los consumidores con la importancia de los atributos o hay segmentos de consumidores que difieren de otros en su apreciación de los atributos? La compañía no puede pasar por alto el entorno competitivo cuando en él están sus clientes objetivo. La gerencia debe comprender el nivel y la intensidad de las fuerzas competitivas que existen dentro del mercado relevante.

En este capítulo se presentan los tres pasos finales de los seis del proceso planteado en el capítulo 3, para el análisis de mercados. Esos últimos pasos son: definición de los segmentos del mercado, análisis del entorno competitivo e identificación de los mercados objetivo.

Segmentación del mercado

En 1956, Wendell R. Smith introdujo el concepto de segmentación del mercado, que ahora se considera un concepto fundamental del tema[1]. Smith distinguió entre inclinar la intención de la demanda para satisfacer la oferta o inclinar el deseo de la oferta para satisfacer la demanda. El marketing masivo -de un producto, de una estrategia de marketing- busca desviar el deseo de la demanda para satisfacer la oferta. Sin duda, sería más fácil, más eficiente en costos y más deseable para una firma, producir un producto en un solo tamaño, color, etc. Henry Ford se acogió a este enfoque cuando dijo: "Ud. puede tener un Ford Modelo T en cualquier color que desee, ya que es negro". La demanda por sus automóviles excedió rápidamente la oferta; por tanto, pudo desviar el deseo de la demanda hacia la oferta. ¿Cómo cree usted que haría Henry Ford con este enfoque, en la actualidad?

Los principales fabricantes de *jeans* cambiaron de un enfoque de talla única, por medio de campañas nacionales en los medios, hacia un enfoque más segmentado. En las décadas de los años sesenta y setenta, las compañías de esta índole estaban orientadas hacia la producción. Su meta era ofrecer lo

[1] Wendell R. Smith, "Product Differentiation and Market Segmentation as Alternative Marketing Strategies", *Journal of Marketing*, July 1956, pp. 3-8.

que fabricaban a cualquiera que estuviera fuera. Para la década de los años noventa, el consumidor tenía una total variedad de opciones en *jeans*. Según Tim Lambeth, presidente de Lee Corporation, ahora es un imperativo que los fabricantes de *jeans* den una respuesta adecuada y se comuniquen con clientes específicos a través de productos y marketing especializados[2].

La segmentación del mercado capitaliza las diferencias en el gusto y las preferencias de los clientes tomando segmentos objetivos con un producto y una estrategia de marketing consistente con sus requerimientos particulares. Un artículo que apareció en *The New York Times* a comienzos de la década de los años ochenta, dejó claro que no hay un tipo único de alojamiento que pueda atraer a todo el público viajero. Diez años después de la aparición del artículo, la segmentación dirige la industria[3]. Marriott Corporation introdujo al mercado el Courtyard de Marriott en 1983. Después, siguió con Marriott Suites, Residence Inn by Marriott y Fairfield Inn en 1987. Los Fairfield Inn se dirigieron al consumidor con mentalidad de economista, en tanto que los Residence Inns y los Courtyards tienen precio moderado[4].

En la segmentación de mercado se incluyen tres actividades: 1) formación y perfil de los segmentos, 2) evaluación de los segmentos del mercado, y 3) selección de una estrategia de segmentación. Estas fases de la segmentación del mercado se presentan en la figura 4-1.

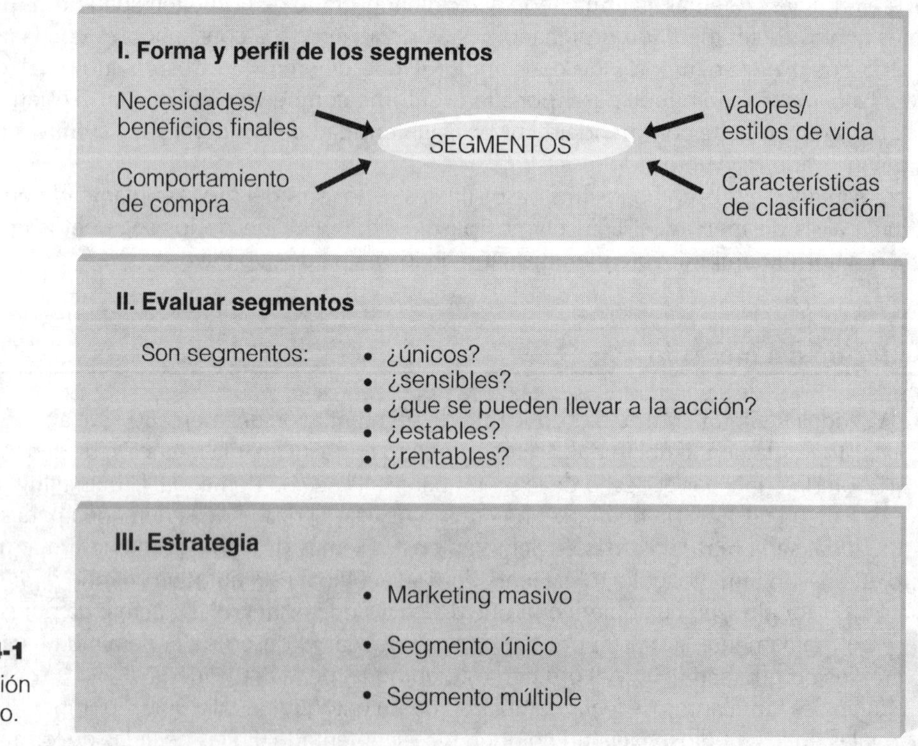

FIGURA 4-1
Segmentación del mercado.

[2] Susan Reda, "Manufactures Develop Labels for Different Retail Tiers", *STORES*, January 1994, pp. 35-38.
[3] Ray Schultz, "A Decade of Segmentation", *Lodging Hospitality*, October 1994, p. 20.
[4] Frank E. Camacho and D. Matthew Knain, "Listening to Customers: The Market Research Function at Marriott Corporation", *Marketing Research: A Magazine of Management and Applications*, March 1989, pp. 5-14.

FORMA Y PERFIL DE LOS SEGMENTOS

Un segmento del mercado está integrado por un grupo de clientes cuyas expectativas de satisfacción de un producto son similares. Para crear estos segmentos, los estudios de segmentación del mercado suelen reunir cuatro tipos de datos: necesidades o beneficios finales deseados, comportamiento de compra, medidas de valores/estilos de vida y características de clasificación.

Búsqueda de necesidades/beneficios

Las necesidades y beneficios son las características o atributos de un producto que los clientes buscan o consideran importantes. Este enfoque para la formación de segmentos del mercado se conoce, en ocasiones, como *segmentación por beneficios*[5]. Los consumidores se agrupan sobre la base de los beneficios que buscan. Considérese el mercado de los vehículos para nieve. Los beneficios deseados en ellos pueden variar, dependiendo de la manera como se vayan a usar. Algunos usuarios, por ejemplo, los viajeros de fin de semana, pueden usarlos sólo en grupos y cerca de la casa, mientras que otros usuarios, como los cazadores, pueden usar sus vehículos individualmente y en áreas remotas. Quizá estos dos grupos valoran diferentes aspectos de esta clase de vehículos; a ambos les gusta, pero lo que se requiere para la satisfacción de un grupo puede carecer de importancia para el otro.

ESCALA MULTI ITEM

Un enfoque para la formación de segmentos con base en las necesidades significa que los consumidores deben indicar el grado de importancia o desinterés que tiene para ellos cada beneficio del producto (*véase* tabla 4-1). Luego, se utilizan métodos estadísticos para formar grupos de consumidores que esperen el mismo beneficio final. Con referencia a la tabla 4-1, ¿cree usted que los cazadores y los usuarios de fin de semana de vehículos para la nieve calificarían del mismo modo la importancia de la precisión del instrumento, su línea de diseño, o el asiento para un segundo ocupante? Los grupos resultantes son los segmentos del mercado. Las preferencias de los consumidores dentro de cada grupo son similares entre sí, pero diferentes de las de otros segmentos. Un enfoque para la formación de segmentos con base en las necesidades, se inicia con la identificación de las necesidades que los clientes desean satisfacer cuando compran productos o servicios. Una ventaja competitiva, la cual también puede ser favorable en costos, se puede crear formando grupos de clientes con patrones de necesidades similares y, luego, dirigiendo las actividades de desarrollo de producto, marketing y esfuerzos de ventas hacia la satisfacción de las necesidades de los grupos, o segmentos, que ofrezcan los mayores ingresos y potencial de rentabilidad[6].

[5]Russell I. Haley, "Benefit Segmentation: A Decision-Oriented Research Tool", *Journal of Marketing*, vol. 32, July 1968, pp. 30-35.
[6]John Berrigan and Carl Finkbeiner, *Segmentation Marketing: New Methods for Capturing Business Marketers*, Harper Business, New York, 1992.

TABLA 4-1

EJEMPLOS DE CARACTERÍSTICAS DE NECESIDADES/BENEFICIOS FINALES

Cuando usted selecciona un vehículo para nieve, ¿qué tan importante es cada una de las siguientes características?

	EXTREMADAMENTE IMPORTANTE	MUY IMPORTANTE	ALGO IMPORTANTE	NO MUY IMPORTANTE	SIN IMPORTANCIA
Reputación del fabricante	5	4	3	2	1
Manejo en nieve profunda	5	4	3	2	1
Apariencia	5	4	3	2	1
Capacidad de carga	5	4	3	2	1
Aceleración	5	4	3	2	1
Consumo de combustible	5	4	3	2	1
Ascenso en cuestas	5	4	3	2	1
Precisión del instrumento	5	4	3	2	1
Respuesta de los frenos	5	4	3	2	1
Manejo sobre el hielo	5	4	3	2	1
Diseño	5	4	3	2	1
Asiento para un segundo ocupante	5	4	3	2	1

Un estudio de segmentación del mercado, dirigido hacia la industria de los alimentos, descubrió que era útil un enfoque con base en las necesidades, incluso cuando los consumidores son muy similares en su edad. El mercado de personas de edad madura, consumidores con más de 50 años de edad, se puede clasificar en uno de tres segmentos de mercado con base en los beneficios finales deseados: interesados en la nutrición, individuos que hacen dieta y procuran mantenerse saludables, y los usuarios tradicionales de cupones. En la tabla 4-2 se presenta una síntesis de cada segmento para las personas de esa edad[7].

TABLA 4-2

SEGMENTOS EN EL MERCADO PARA PERSONAS MADURAS

Las personas *interesadas en la nutrición* constituyen más del 46% de la población con más de 50 años de edad. Este grupo cree que lo que come afecta la manera como se siente. Cuando hacen sus compras, se ajustan a sus listas y leen las etiquetas, aunque admiten que consideran la publicidad al momento de comprar.

Los individuos que *hacen dieta y procuran mantenerse saludables* también se interesan en los aspectos de salud y nutrición, pero se muestran más interesados en la conveniencia. Tienden a cocinar solamente cuando está reunida la familia y confían muchísimo en sus hornos de microondas.

Los *usuarios tradicionales de cupones* muestran poco interés en la nutrición y son el único segmento que no se preocupa por no comer suficiente fibra o por consumir demasiada grasa. Cuando compran, se interesan más en usar los cupones y comprar sus marcas favoritas.

[7] Gabrielle Sandor, "Attitude (Not Age) Defines the Mature Market", *American Demographics*, January 1994, pp. 18-21.

ANÁLISIS CONJUNTO

El análisis conjunto de datos determina cuáles de las cualidades de un producto o servicio son más deseadas por el cliente[8]. Un enfoque conjunto de la estimación de las preferencias del cliente requiere tres etapas: identificación de atributos relevantes, recopilación de datos y análisis de datos.

1. *Identificación de atributos relevantes.* La gerencia debe primero especificar cuáles son los atributos que desea estudiar. En muchos casos, los atributos que se van a estudiar serán aquellos que se han identificado como determinantes en la decisión de elegir un producto en lugar de otro. Como ejemplo, considérese un restaurante de comidas rápidas, como McDonald's o Burger King, que esté considerando si debe ampliar su menú para incluir pizza. La gerencia identifica cinco características como importantes para los consumidores: precio, tiempo de entrega, precio de una segunda pizza, textura de la masa y si se puede con complementos divididos. Una vez que se han identificado los atributos, la siguiente tarea es determinar los niveles de cada uno de los atributos que se van a estudiar: ¿el precio deberá evaluarse en dos niveles, en tres niveles o en más de tres niveles? ¿Cuántos tipos de masa se deberán considerar?, etc. La tabla 4-3 contiene las cinco características de la pizza y los niveles de cada una de las características que se van a estudiar.

TABLA 4-3

CARACTERÍSTICAS DE LA PIZZA

Precio	US$7.45 US$7.90 US$8.35
Entrega	No hay entrega No hay garantía del tiempo La garantía es menos de 30 minutos La garantía es menos de 15 minutos
Precio de una segunda pizza	Gratis Mitad de precio Precio completo
Tipo de masa	Regular Gruesa Delgada Crujiente
Complementos	Sí No

[8]Paul E. Greenn and Yoram Wind, "New Way to Measure Consumers' Judgements", *Harvard Business Review*, July-August 1975, pp. 173-184.

Esta etapa de especificación de los atributos y niveles, es en extremo importante. Si no se incluye un atributo importante, los resultados pueden ser erróneos. Obsérvese que el estudio no mide el valor asociado con pizzerías reconocidas como Dominos o Pizza Hut. Si hay lealtad hacia una cadena, esto no se determinará con el análisis presentado arriba. Si la gerencia quiere evaluar el valor de un nombre como "Pequeño César", entonces los nombres de marca tendrán que incluirse como atributos en el estudio.

2. *Recopilación de datos.* Dados los atributos y niveles descritos en la tabla 4-3, hay (3 × 4 × 3 × 4 × 2) 288 combinaciones posibles y diferentes de pizza. Sería demasiado complicado pedir a los clientes que las calificaran todas. Los paquetes de computador para PC están disponibles para identificar subconjuntos de las 288 combinaciones que permiten a los gerentes de marketing estimar las preferencias del consumidor para cada uno de los atributos[9]. Para el ejemplo de la pizza descrito en la tabla 4-3, a los consumidores se les pediría evaluar 16 combinaciones de pizza. La tabla 4-4 contiene ejemplos de dos de los 16 escenarios de pizza que se han de evaluar. A los consumidores se les acostumbra pedir que califiquen los escenarios del más preferido al menos preferido.
3. *Análisis de datos.* El análisis conjunto de datos utiliza las órdenes de calificación del escenario que suministran los consumidores para estimar la cantidad de valor asociado con cada nivel de cada atributo. Se acostumbra usar una forma de análisis de regresión a fin de determinar el valor de cada nivel de atributos. El valor asociado con los niveles de características se conoce como una utilidad

TABLA 4-4

DOS ESCENARIOS DE LA PIZZA

PIZZA ESCENARIO 4	
Precio	US$7.90
Entrega	Garantizada en menos de 15 minutos
Precio de una segunda pizza	Mitad de precio
Masa	Crujiente
Complementos	No
	Rango ________

PIZZA ESCENARIO 11	
Precio	US$7.45
Entrega	No se garantiza
Precio de una segunda pizza	Gratis
Masa	Delgada
Complementos	Sí
	Rango ________

[9] J. Douglas Carroll and Paul E. Green, "Psychometric Methods in Marketing Research: Part 1, Conjoint Analysis", *Journal of Marketing Research*, vol. XXXII, November 1995, p. 385-391.

de valor parcial. Ésta representa la cantidad de utilidad o valor que se ganaría o perdería como resultado de elegir un nivel sobre otro. Los estimados de la utilidad parcialmente valiosa para los atributos de la pizza aparecen en la tabla 4-5. Obsérvese que para cada atributo se ha establecido un nivel cero. La cantidad de utilidad prevista para el consumidor en los otros niveles del atributo, se determina mediante la comparación de la misma con cada nivel de la base. Si el restaurante ofrece una entrega garantizada en menos de 30 minutos, la cantidad de utilidad asociada con esto es de .40 unidades; si la entrega no se garantiza, la utilidad es de .10; por consiguiente, el restaurante puede suministrar .30 unidades adicionales de utilidad a los consumidores, garantizando la entrega en menos de 30 minutos. Obsérvese que el restaurante no ofrecería virtualmente ninguna utilidad adicional al consumidor para garantizar la entrega de la pizza en menos de 15 minutos.

La pizza más deseada sería aquella combinación que ofrezca la mayor utilidad, en este caso, es una masa gruesa con varios acompañamientos y despachada en menos de 15 minutos por un precio de US$7.45, con una segunda pizza gratis. La cantidad de utilidad que brinda esta combinación es (.30 + .10 + .44 + .65 + .60) 2.09. Los gerentes de marketing pueden usar los resultados del análisis conjunto para determinar la cantidad de utilidad asociada con cualquiera de las 288 combinaciones posibles de pizza, sumando las utilidades parcialmente valiosas para los niveles escogidos.

Como un ejemplo de la segmentación de mercados con el análisis conjunto de datos, considérese una muestra de 1000 personas representantes del mercado objetivo quienes calificaron los escenarios de pizza descritos antes. Los valores de las utilidades de valor parcial se calcularían para todos los 1000 consumidores. Las técnicas estadísticas podrían emplearse, entonces, para formar grupos de personas con gustos y discrepancias similares; es decir, formar segmentos de personas con funciones de

TABLA 4-5

UTILIDADES DE VALOR PARCIAL

ATRIBUTO	NIVEL	UTILIDAD
Precio	US$8.25	0
	US$7.90	.55
	US$7.45	.65
Precio de una segunda pizza	Precio completo	0
	Mitad de precio	.35
	Gratis	.60
Entrega	Ninguna	0
	No hay garantía	.10
	Menos de 30 minutos	.40
	Menos de 15 minutos	.44
Tipo de masa	Regular	0
	Gruesa	.30
	Delgada	.05
	Crujiente	.25
Complementos	No	0
	Sí	.10

preferencias similares. La tabla 4-6 presenta tres posibles segmentos. Los números de la tabla son utilidades parcialmente valiosas y, por conveniencia, se han calificado para sumar uno. El segmento 1 es un segmento de precio. Los representantes dan un gran valor a un bajo precio y a recibir una segunda pizza gratis. No hay ninguna preferencia fuerte por los otros atributos. El segmento 2 quiere entrega rápida y pizza gruesa o tostada; el precio no es muy importante. El segmento 3 muestra una preferencia por la pizza regular y los complementos. Este segmento también se interesa en un precio promedio.

El análisis conjunto de datos se ajusta bien a la segmentación del mercado porque: 1) el foco del análisis conjunto se dirige específicamente a las preferencias de los compradores por niveles de atributos, y 2) el análisis tiene una base micro; las utilidades de valor parcial se pueden calcular para cada persona que conteste[10]. Debido a que dichas utilidades se calculan para cada consumidor, se pueden utilizar también para agrupar a quienes prefieran los mismos niveles en cada uno de los atributos.

TABLA 4-6

UTILIDADES DE VALOR PARCIAL PARA TRES SEGMENTOS DE CONSUMIDORES

ATRIBUTO	NIVEL	I	II	III
Precio	US$8.25	.05	.30	.10
	US$7.90	.10	.35	.40
	US$7.45	.85	.35	.50
Precio de una segunda pizza	Precio completo	.10	.30	.30
	Mitad de precio	.30	.30	.30
	Gratis	.60	.40	.40
Entrega	Ninguna	.05	.02	.20
	No hay garantía	.25	.08	.25
	Menos de 30 minutos	.35	.40	.25
	Menos de 15 minutos	.35	.50	.30
Tipo de masa	Regular	.10	.05	.60
	Gruesa	.30	.35	.20
	Delgada	.30	.05	.10
	Crujiente	.30	.55	.10
Complementos	No	.50	.45	.30
	Sí	.50	.55	.70

[10] Paul E. Green and Abba M. Krieger, "Segmenting Markets with Conjoint Analysis", *Journal of Marketing*, vol. 55, October 1991, pp. 20-31.

Medidas del comportamiento

Las medidas del comportamiento piden que los consumidores indiquen cuáles marcas (servicios) han comprado dentro de un cierto periodo. Para muchas clases de producto, a los consumidores se les pregunta cuáles marcas han comprado en el último mes o en los últimos tres meses. Además, se les pide que suministren información acerca de sus intenciones de comprar marcas en el futuro. Estos datos se pueden utilizar para establecer patrones de cambio entre las marcas, los cuales se pueden usar para formar grupos de consumidores que compran y cambian dentro de las mismas marcas.

En algunos casos, a los consumidores se les puede pedir que registren sus compras en un diario. La firma Wine Spectrum Company pidió a una muestra de 1150 consumidores de vino que registraran todo su consumo. Ellos lo hicieron como sigue:

- Cuándo y dónde consumieron
- La naturaleza de la situación
- Si fue durante una comida, qué tipo de comida
- La cantidad consumida .
- Marca, color y variedad del vino
- Cuántas personas estaban presentes y cuántas también bebieron vino
- Entre quienes decidieron beber vino, quiénes eligieron un vino específico[11]

Estos datos se emplearon para formar segmentos con base en la ocasión durante la cual se consumía el vino. El segmento más grande, que contabilizó 35% del volumen, se denominó segmento social. Los motivos asociados con este segmento fueron sociabilidad, compartir con los demás, celebración, amistad y diversión. El segundo segmento en tamaño, que contabilizó 24% del volumen, se llamó introspectivo; los motivos asociados con él fueron sed, placer, sueño, relajación, capricho, buenos sentimientos y facilidad para servirlo.

Medidas de valores/estilo de vida

Las medidas de valores y estilo de vida se utilizan para determinar qué les gusta y qué no a los consumidores. ¿Cuáles son sus actividades, opiniones e intereses? Por lo común, la utilización de datos sobre valores y/o estilo de vida en segmentos de mercado se denomina *segmentación psicográfica.*

La escala de Valores (*list of values* - LOV) se basa en un conjunto de valores identificado por Rokeach[12]. Esta escala consta de nueve valores: sentido de pertenencia, excitación, gozo y disfrute de la vida, autorrealización, ser bien respetado, relaciones cordiales con los demás, seguridad, logro y autorrespeto. Para comprender la elección que hace una persona sobre el sitio de sus vacaciones, los investigadores de marketing aplicaron la escala aproximadamente a 400 turistas de habla inglesa que se hallaban en Escandinavia. Los resultados indicaron que la comprensión de los valores de una persona es un aspecto importante de lo que atrae a un turista a un destino en particular[13].

[11]Joel S. Dubow, "Ocassion-Based vs, User-Based Benefit Segmentation: A Case Stüdy", *Journal of Advertising Research,* March/ April 1992, pp. 11-18.
[12]Wagner A. Kamakuru and Thomas P. Novak, "Value-System Segmentation: Exploring the Meaning of LOV", *Journal of Consumer Research,* vol. 19, June 1992, pp. 119-132.
[13]Robert Madrigal and Lynne R. Kattle, "Predicting Vacation Activity Preferences on the Basis of Value-System Segmentation", *Journal of Travel Research,* Winter 1994, pp. 22-28.

El uso más prevaleciente de los valores y estilos de vida en la segmentación de mercado es el programa VALS (*values and lifestyles o* valores y estilos de vida) de SRI International. Este enfoque se basa en la noción de que la gente define una autoimagen social y que la imagen se refleja en su conducta y comportamiento como consumidor. Las personas compran productos y servicios, y buscan experiencias que ven como características de sí mismas. Los productos y servicios ayudan a dar forma, solidez, carácter y satisfacción a sus propias vidas[14].

Para establecer los segmentos de valores/estilos de vida, a quienes participan en la prueba se les pregunta si están de acuerdo o en desacuerdo con un conjunto de elementos que describen diferentes valores, actitudes y estilos de vida. Se han identificado tres patrones de respuesta como indicadores efectivos del comportamiento del consumidor.

1. *Orientado por el principio.* Estos consumidores se guían por criterios idealizados abstractos y no por sus sentimientos o un deseo de aprobación.
2. *Orientado por el estatus.* Las acciones, la aprobación y las opiniones de otros ejercen una gran influencia en estos consumidores.
3. *Orientado por la acción.* A estos consumidores los guía un deseo de actividad social o física, variedad y toma de riesgos[15].

La agencia de publicidad Della Femina, en Pittsburgh, utilizó el enfoque VALS para actualizar la imagen de la cerveza Iron City, una marca bien conocida en el área de Pittsburgh, pero comenzó a perder participación en el mercado. La gente en los mercados principales iba envejeciendo y consumiendo menos cerveza. Los más jóvenes cambiaban de marca. La agencia Della Femina dirigió una investigación para establecer la imagen de la cerveza Iron City y el perfil VALS de los consumidores.

> Quienes respondieron el estudio, describieron a los bebedores de Iron City como "operarios que se detienen en el bar local", según afirma Mather, director de investigación de la agencia. Se describían a sí mismos como fuertes trabajadores pero que también amaban divertirse. Como la ciudad, ellos estaban ganando poder económico y rechazaban la imagen de industria pesada. Della Femina diseñó anuncios que relacionaban la cerveza Iron City con la imagen cambiante del grupo objetivo. Los anuncios mezclaban imágenes de la zona antigua de Pittsburgh con otras de la ciudad nueva y vibrante ... La pista sonora era la canción "trabajando en una mina de carbón" con la nueva melodía –"trabajando sobre un hierro frío"–. Los anuncios se presentaron en programas de radio y televisión y, durante el primer mes de la campaña, las ventas de Iron City aumentaron en un 26%[16].

Características de clasificación

Las características de clasificación representan información geográfica y/o demográfica. Las variables geográficas incluyen tamaño de la región, el estado, el condado y la ciudad; comunidades urbanas frente a comunidades rurales; clima, etc. Las variables demográficas incluyen edad, sexo, ingresos, educación, raza, religión, tamaño de la familia, nacionalidad, y así sucesivamente. Los sistemas

[14] VALS 2, Values of Lifestyles Program, SRI International.
[15] Ibid.
[16] Rebecca Piirto, "VALS, the Second Time", *American Demographics,* July 1991, p. 6.

geodemográficos agrupados como el PRIZM de Clarita, ClusterPLUS 2000 de Strategic Mapping, MicroVision de NDS/Equifax y ACORN de CACI[17] combinan información geográfica y demográfica para formar segmentos. Los grupos se basan en la premisa de que "los pájaros del mismo plumaje van juntos". Basta dar una mirada al propio vecindario: es probable que las casas y los automóviles sean similares en cuanto a su tamaño y valor. Resulta posible que una revisión a los buzones y las alacenas revele las mismas revistas y cereales[18].

Aunque cualquiera de los cuatro tipos de datos estudiados previamente se podría utilizar como base para la formación de los segmentos de mercado, en la mayor parte de los casos se han empleado las necesidades de los consumidores o las características de clasificación (demografía) para el desarrollo de dichos segmentos. Una vez que se han formado estos últimos, se perfilan mediante el uso de información del comportamiento y de los valores/estilo de vida. Si las necesidades se utilizan como la base de la segmentación, los consumidores se agrupan según su similitud de respuesta en cuanto a beneficios finales deseados. Una vez que los grupos se han formado, las otras variables se utilizan para establecer una identidad de grupo. Para un productor de alimentos congelados sería importante saber que un grupo de personas se interesaría más en el sabor de la comida congelada que en las calorías. Sin embargo, para poder actuar sobre el esquema de la segmentación, el gerente debe ser capaz de establecer un perfil para el segmento. Son las personas:

- ¿jóvenes o viejas?
- ¿ricas o pobres?
- ¿hombres o mujeres?
- ¿solteras o casadas?
- ¿educadas con más o menos de 16 años de estudio?

El gerente deberá establecer el perfil del segmento con respecto a los valores y estilos de vida de las personas. Se puede caracterizar el segmento como:

- ¿patriótico porque compra productos nacionales?
- ¿lento para el cambio?
- ¿en busca de variedad y emociones?
- ¿integrado por seguidores o líderes de la moda?
- ¿impresionado por los lujos?

Estas variables del perfil permiten que el gerente desarrolle una estrategia específica para el segmento. Una vez que se han identificado los requerimientos del segmento, se puede establecer el producto que brinda el mayor valor en utilidad. Las variables del perfil ayudan al gerente a desarrollar el mejor mensaje y a decidir por cuáles medios de comunicación lo transmitirá, de manera que se diseña una estrategia de marketing específica para dirigirla a ese segmento. Es importante saber qué quiere el segmento, pero para ubicarlo como objetivo, es necesario poder establecer un perfil.

[17]Susan Mitchell, "Birds of a Feather Flock Together", *American Demographics*, February 1995, pp. 40-48.
[18]Ibid.

La tabla 4-7 resalta el enfoque de un estudio de segmentación del mercado, realizado por el Electric Power and Research Institute (EPRI)[19]. El estudio identificó los nueve segmentos diferenciados, con base en las necesidades que se describieron en la tabla 4-8. Los investigadores desarrollaron los nombres de los segmentos para ilustrar las necesidades deseadas por cada uno de ellos. En la figura 4-2 de la página 92, se muestran las diferencias en respuesta ante las necesidades y características de clasificación para dos de los nueve segmentos. Nótese que para el segmento "dependientes" solamente tres necesidades son mayores que neutrales: generación de reservas, facturación flexible y servicio personalizado. Cuando se comparó con los "proactivos", una parte significativa de los participantes eran compañías con una sola sede. Esta información se puede utilizar para establecer ofertas de producto dirigidas a un grupo específico.

EVALUACIÓN DE LOS SEGMENTOS DEL MERCADO

Se evaluaron los resultados de un estudio de segmentación del mercado (*véase* figura 4-1) contra cinco criterios: unicidad, sensibilidad, posibilidad de llegar a la acción, estabilidad y rentabilidad.

Unicidad

La unicidad se refiere a la existencia de grandes diferencias entre los grupos en los segmentos. Las diferencias más grandes en los beneficios deseados por un grupo, llevan a segmentos que son únicos. La mejor base para formar segmentos de mercado es aquella que crea segmentos que son particulares. El objetivo de la segmentación del mercado es alcanzar poder competitivo mediante el traslado del esquema de segmentación en acciones estratégicas y tácticas integradas[20]. Entre más singulares sean los segmentos, más fácil es traducir la segmentación resultante a esa clase de acciones integradas.

Sensibilidad

Al diseñar acciones estratégicas y tácticas específicas para un segmento en particular, entonces se podría esperar que ese segmento sea más sensible a las acciones tácticas que otro. Considérese la demanda para viajar por avión entre Estados Unidos y Europa. La figura 4-3 contiene las curvas de demanda para dos segmentos de mercado. La línea entrecortada representa la acción táctica de un cambio de precio para los segmentos. Nótese que hay poca respuesta ante este cambio en el segmento A, en tanto que se presenta una respuesta significativa en el segmento B. Estos tipos de respuestas podrían esperarse entre los viajeros de negocios frente a los de placer. Los primeros, no son muy sensibles ante un cambio de precio mientras que los segundos sí lo son. Un estudio más preciso de la sensibilidad ante el precio se presenta en el capítulo 9.

[19] John Berrigan and Carl Finkbeiner, *Segmentation Marketing: New Methods for Capturing Business Markets*, Harper Business, New York, 1992.
[20] Ibid.

TABLA 4-7

SEGMENTACIÓN DEL MERCADO PARA EL SERVICIO DE ENERGÍA ELÉCTRICA

ANÁLISIS EXPLORATORIO

A. Entrevista individual
Se entrevistó a treinta ejecutivos de negocios que ya habían decidido comprar equipo eléctrico nuevo. Las entrevistas en detalle descubrieron tres influencias comunes.

- Nivel senior
- Nivel ejecutivo/*staff*
- Gerentes de energía

B. Grupos foco
Siguiendo las entrevistas individuales, los grupos foco se utilizaron para desarrollar listas de necesidades dentro de cada categoría.

C. Estudios piloto
Se emplearon dos estudios piloto para filtrar y depurar las necesidades dentro de cada categoría.

ESTUDIO

Mediante una muestra representativa de establecimientos comerciales en todo EE.UU. se completó un estudio nacional.

TABLA 4-8

PERFILES DE LAS NECESIDADES DE LOS SEGMENTOS

Proactivos	Competidores de precios dirigidos activamente y que adoptan nuevas tecnologías, supervisan el uso de la energía y buscan relaciones con servicios de apoyo.
Asediados	Gerentes día-a-día con costos de energía bajos que se orientan principalmente por sus necesidades de efectivo a corto plazo.
Sobrevivientes	Inversionistas en nuevas tecnologías que pugnan por mejorar el flujo de efectivo mediante la competencia con precio y equipo de aprendizaje.
Innovadores	Líderes que asumen riesgos de calidad y que desarrollan nuevos productos y servicios, acogen nuevas tecnologías y requieren energía limpia y continua.
Utilitaristas	Negocios con múltiples sedes que se dirigen a largo plazo, prefieren equipo a través del *leasing* y buscan suministrar servicios nuevos y superiores.
Dependientes	Gerentes de energía que requieren servicio eléctrico ininterrumpido, desean servicios personalizados y necesitan flexibilidad en la facturación.
Conservadores	Controladores de costos centralizados, orientados hacia el servicio, que buscan energía limpia, estabilidad en las tarifas y relaciones con servicios de apoyo.
Statu quo	Gerentes confiados de líneas maduras de productos que tienen costos de energía de bajo porcentaje.
Independientes	Gerentes de línea día-a-día, orientados hacia la calidad, cuyos negocios no dependen principalmente del suministro o servicios de energía.

Fuente: Berrigan, John and Carl Finkbeiner, *Segmentation Marketing: New Methods for Capturing Business Marketing,* HarperCollins Publishers, 1992, p. 73.

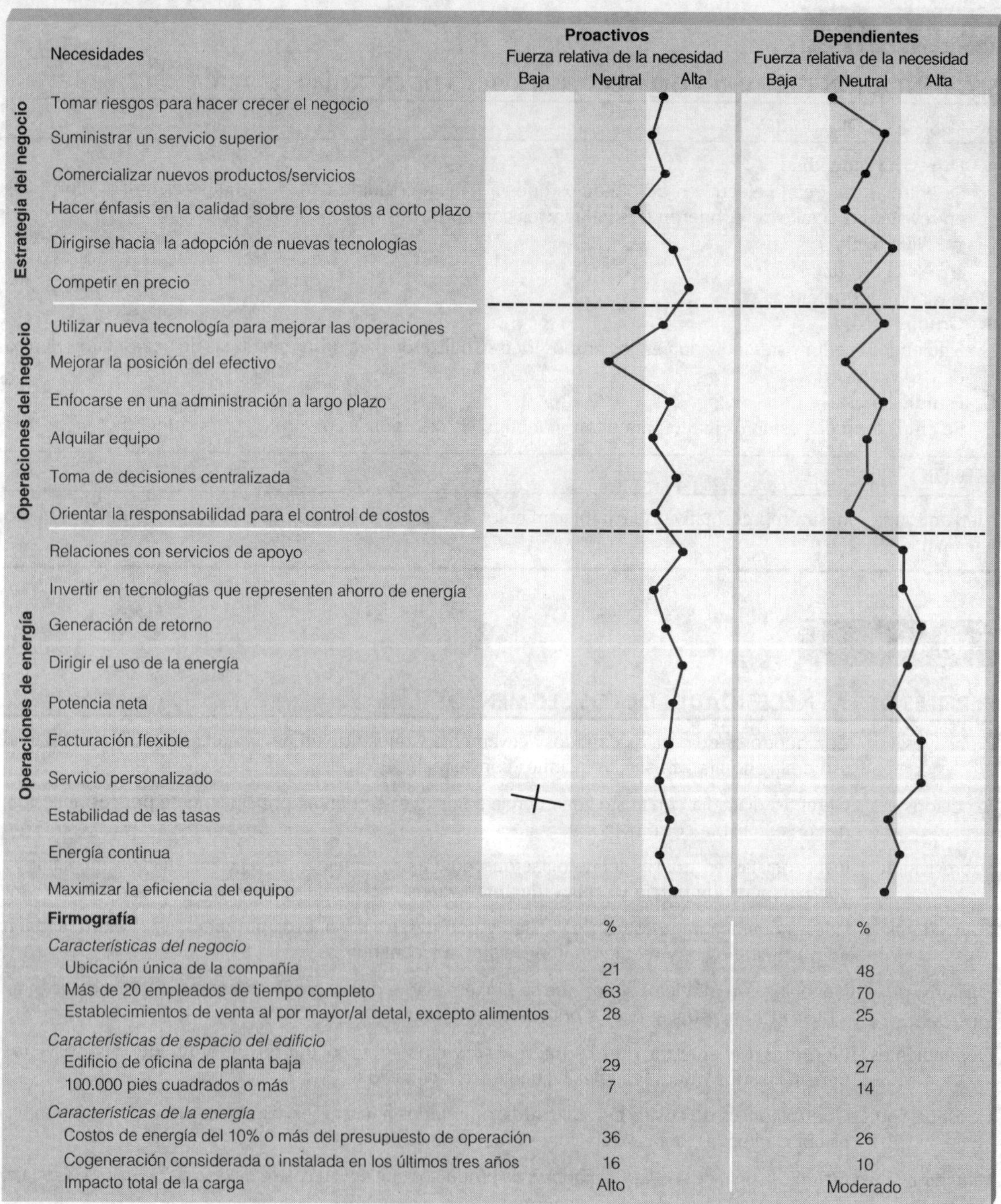

FIGURA 4-2

Segmentación del mercado. (*Fuente*: John Berrigan and Carl Finkbeiner, "Segmentation Marketing", *New Methods for Capturing Business Marketing*, HarperCollins Publishers, 1992, p. 72.

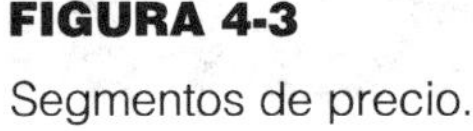

FIGURA 4-3

Segmentos de precio.

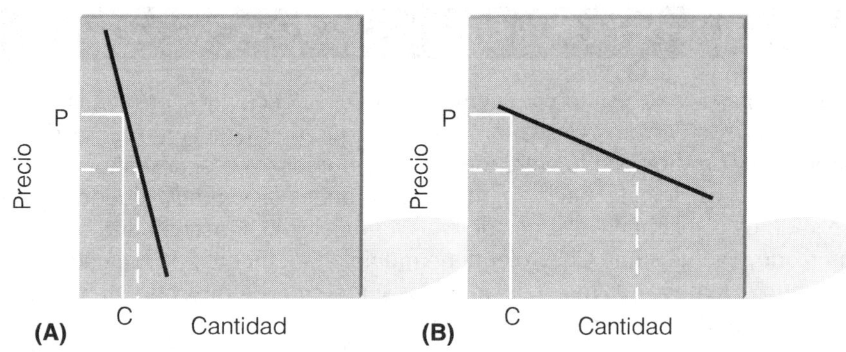

Posibilidad de llegar a la acción

La posibilidad de llegar a la acción es el nivel en el cual el gerente de marketing puede emprender una acción con base en los resultados del análisis de la segmentación. En algunos casos, los segmentos se forman con base en las necesidades y son únicos; no obstante, no se puede formar ninguna relación o relaciones entre los segmentos de necesidades y las otras variables de la segmentación -valores/estilos de vida, comportamiento de compra o características de clasificación-. Por tanto, el gerente de marketing no puede actuar con los resultados que se produjeron con el estudio de segmentación. Un enfoque para lograr que los resultados de la segmentación se puedan convertir en mejores acciones, es incluir simultáneamente características de clasificación y otras medidas. Los segmentos están formados por el uso de necesidades y características de clasificación y, además, sirven como predictores en términos de criterios de comportamiento[21].

Estabilidad

Los gerentes esperan que los segmentos formados sean estables con el paso del tiempo, con respecto a los beneficios finales deseados y los factores de clasificación. No es necesario que las mismas personas permanezcan en el segmento, pero la gente cuyas necesidades se han identificado en él deberá tener las mismas características de clasificación que el segmento. Dicho de otro modo, las personas con las mismas características de clasificación deberán tener las mismas necesidades. Por ejemplo, considérese una estrategia dirigida hacia un segmento de personas con hijos menores de 5 años. La gente que ahora se halla en el segmento saldrá de él a medida que sus hijos crezcan. Pasarán a otro y, si los segmentos son estables, tendrán necesidades similares a las que se definieron para el siguiente segmento en el ciclo de vida familiar.

Rentabilidad

En el capítulo 6 se estudiarán los procedimientos para analizar rentabilidad y productividad. Estas técnicas deben aplicarse a los segmentos para garantizar que sean consistentes con la misión y los objetivos de la firma.

[21] W. Fred Van Raaij and Theo M. M. Verhallou, "Domain-Specific Market Segmentation", *European Journal of Marketing*, vol. 26, Nov. 10, 1994, pp. 49-66.

SELECCIÓN DE LA ESTRATEGIA

El último paso en un estudio de segmentación es seleccionar la estrategia de segmentación. Primero, la gerencia debe decidir si desea tomar un enfoque de marketing masivo, de producción masiva de un producto y promocionarlo entre todos los compradores o, si desea tomar un enfoque segmentado. Si la decisión es dirigirse hacia segmentos, entonces la gerencia puede decidir si abarcará todos los segmentos o solamente algunos de ellos. Por ejemplo, Porsche tiene como objetivo un segmento de mercado, mientras que Chevrolet tiene múltiples segmentos de mercado. La decisión se basará en el número, el tamaño y la rentabilidad de los segmentos de mercado identificados en la etapa de evaluación del estudio de segmentación del mercado.

La estrategia de segmentación definitiva deberá tratar a cada cliente como un segmento. El uso de bases de datos en computador aumenta la capacidad de los comercializadores para ajustar sus estrategias de promoción y marketing a hogares o clientes individualizados. Pueden enviar el mensaje de marketing directamente a los hogares designados.

Segmentación según la base de datos

En el día de San Valentín, una persona recibe una caja de chocolates como regalo no de un amigo cercano sino del CEO de Talbots, el elegante distribuidor minorista de vestuario, accesorios y zapatos para dama. Talbots, a través de las tarjetas de crédito, nivela los datos concernientes al tiempo de compra, el artículo comprado y el tamaño del pedido, con el nombre y la dirección del cliente[22]. Dennis Lambert de los almacenes Tinder Box Tobacco-and-Collectible utiliza su base de datos para identificar a 600 fumadores de cigarros, a quienes envía una tarjeta postal para enterarlos de un embarque que acaba de recibir de República Dominicana y para explicarles las características del tabaco de las Indias Occidentales. Cerca de 20% de los clientes respondieron con compras desde US$3 por un cigarro hasta US$75 por una caja. Algunos de los mayores comercializadores de productos de consumo empacados, como Ralston Purina, R. J. Reynolds, Quaker Oats, Gerber, Philip Morris and Dow Brands están comprometidos al marketing en bases de datos. Los clubes corporativos aumentaron de 130 en 1992 a 167 en 1994[23].

Los distribuidores minoristas están utilizando datos en sus puntos de venta (POS - *point of sale*)[*] para llegar a hogares individuales, Vons, una cadena de tiendas de abarrotes con sede en California, combinó las tarjetas para cajeros automáticos con su propia tarjeta del club Vons para relacionar electrónicamente las ventas de sus 335 almacenes, dirigidas a hogares individuales. Su base de datos central puede ordenar la historia de compras por nivel de hogares y por almacén, departamento, categoría, marca o CUP (Código Universal de Producto). Vons utiliza su base de datos para personalizar el correo de los cupones que envía a esos hogares[24].

Fabricantes como Quaker Oats ven las bases de datos de mercadeo como el medio para tratar los hogares como un segmento. El marketing dirigido a los hogares implica programas en donde se unen

[22]"Talbots' Database Pampers Customers", *The Concept, Discount Store News*, May 15, 1995, pp. 55-56.
[23]*Using Databases to Seek Out the (Brand) Loyal Shoppers*, Promo/Progressive Grocer Special Report, February 1995, p. 10.
[*] N. del R.T.: Conocido también como P.O.P. (point of purchase, punto de compra).
[24]*How Vons Makes It Work*, Promo/Progressive Grocer Special Report, October 1994, p. 558.

múltiples marcas para satisfacer las necesidades de una sola familia[25]. Quaker contaba con su propio sistema de envió de cupones, denominado el Quaker Direct. El programa comenzó con la distribución de cuestionarios a 50 millones de hogares; 18 de ellos respondieron; la empresa utilizó su base de datos para ajustar la distribución de los cupones. Por ejemplo, si la familia no tenía perro, no recibiría un cupón de comida para perros. Quaker abandonó su sistema en 1991 sin ofrecer ninguna explicación, pero se especula que el costo del despacho de la papelería era demasiado elevado. APT (Advanced Promotion Technologies) atacó el problema de los costos utilizando presentaciones electrónicas y recibos de información. Los miembros del APT *Vision 1000 System* cuenta con una tarjeta inteligente que tiene el tamaño y la forma de una tarjeta de crédito. La tarjeta inteligente monitorea las compras y otorga puntos por los artículos adquiridos. Los puntos se pueden redimir por premios. La información de una tarjeta inteligente se puede utilizar para ajustar los cupones a los compradores individuales[26].

EXAMEN DE LAS FUERZAS COMPETITIVAS DEL MERCADO

La inteligencia competitiva implica la colección y el análisis de datos para establecer la relación de la firma con sus competidores y el entorno de negocios. Por ejemplo, la amenaza de desregulación para la prestación del servicio de energía eléctrica motivó a Duquesne Light Company a estudiar los cambios dinámicos de la industria, ya que para posicionarse mejor, la desregulación debía convertirse en realidad[27]. El análisis competitivo se enfoca en cinco preguntas fundamentales, con énfasis en las tres primeras[28].

1. ¿Cuáles son las características fundamentales de mi industria?
2. ¿Quiénes son mis competidores?
3. ¿Cuáles son las posiciones actuales de mis competidores?
4. ¿Cuáles serán los movimientos más probables de mis competidores?
5. ¿Qué movimientos podemos hacer para lograr una ventaja competitiva sostenible?

Un análisis del perfil de mercado es un enfoque útil para responder a la primera pregunta. El mapa perceptual y las técnicas de posicionamiento del producto pueden utilizarse para resolver la segunda y la tercera preguntas.

Creación de un perfil del mercado

Un perfil del mercado deberá incluir secciones que traten sobre las características de la industria y los perfiles de los competidores.

[25]John Deighton, Don Peppers, and Martha Rogers, "Consumer Transaction Databases: Present Status and Prospects", en *The Marketing Information Revolution,* eds. Robert Blatburg, Rashi Glazer, and John Little, Harvard Business Press, Boston, 1994, pp. 58-79.
[26]Ibid.
[27]John E. Prescott and Jefrey S. Allenby, "The Role of Competitive Intelligence in Maintaining Strategic Leadership in High-Technology Settings", *Advances in Global High-Technology Management,* vol. 45, part. A, 1994, pp. 193-215.
[28]John E. Prescott, "The Evolution of Competitive Intelligence", en *Rethinking Strategic Management,* ed. D. E. Hussey, Wiley, New York, 1995, chap. 3.

CARACTERÍSTICAS DE LA INDUSTRIA

Para evaluar las fuerzas que crean el entorno competitivo dentro de una industria, los gerentes de marketing necesitan información relacionada con[29]:

- Tamaño y tasa de crecimiento de la industria
- Productos sustitutos
- Proveedores de la industria
- Clientes principales
- Fabricación y distribución
- Condiciones sociales y económicas que afectan la industria
- Barreras para ingresar

Las dos fuentes más utilizadas para reunir información competitiva son los diarios comerciales y las bases de datos externas[30]. IntelliSeek es una base de datos en CD-ROM desarrollada por Information Access Company que cubre decenas de miles de compañías en las cuatro principales industrias. IntelliSeek suministra información industrial sobre eventos de las empresas, nuevos productos, tendencias de la industria, nuevas tecnologías, tamaño del mercado, participaciones de mercado y oportunidades comerciales[31]. Una excelente referencia a fuentes de datos industriales es el libro de Leonard Fuld, *The New Competitor Intelligence*[32].

PERFILES DEL COMPETIDOR

Una manera de sintetizar los resultados del perfil de un competidor es a través de la matriz de fortaleza del competidor. La figura 4-4 presenta esta matriz para un competidor en el mercado de productos congelados tipo gourmet. Las destrezas y los recursos relevantes en la matriz aparecen listados en un orden de importancia aproximado. Luego figuran posicionados los principales competidores en cada dimensión. Con base en esta matriz, Lean Cuisine de Stouffer aparecerá con la mejor posición general de fortaleza.

En algunos casos, también se realiza el análisis de las debilidades, oportunidades, fortalezas y amenazas (DOFA) de los competidores. El objetivo es determinar en dónde permanecen los competidores en relación con la firma. La tabla 4-9 muestra los resultados del análisis DOFA para una compañía en el negocio de las cortadoras de césped[33].

[29] Richard E. Combs and John D. Moorhead, "Industry Analysis and Issue Studies", en *The Competitive Intelligence Handbook*, Scarecrow Press: Metuchen, N.J., 1992, pp. 145-149.
[30] John E. Prescott and Gaurab Bhardwaj, "Competitive Intelligence Practices: A Survey", *Competitive Intelligence Review*, vol. 6, 1995, p. 6.
[31] "Information Access Company Introduces IntelliSeek", *Information Today*, June 1995, p. 31.
[32] Leonard M. Fuld, *The New Competitor Intelligence,* Wiley, New York, 1995.
[33] Ibid.

FIGURA 4-4

Matriz de fortaleza de un competidor. (*Fuente*: David Aaker, *Strategic Market Management*, 2d. ed., Wiley, New York, 1988, p. 86).

Activos y destrezas	Debilidad → Fortaleza
Calidad del producto	W V B A G L M
Participación de mercado/ economías de participación	V B W A G M L
Parientes en negocios relacionados	B W V G A M L
Empaque	W B V L G A M
Posición baja en calorías	V G M B A L W
Fuerza de ventas/distribución	V B W G A M L
Publicidad/promoción	V B G W A M L
Posición étnica	W A L M G V B

L Lean Cuisine de Stouffer (Nestle's también produce la línea Stouffer "Caja Roja")
M Le Menu (sopa de Campbell, que también produce Swanson's y Mrs. Paul's)
W Weight Watchers (Heinz)
A Armour Dinner Classic/Classic Lite (Con Agra también produce Banquet)
V Van deKamp Mexican Classic y otras líneas étnicas
B Benihana
G Green Giant Stir Fry Entress (Pillsbury)

Elaboración de mapas perceptuales

Los métodos para la elaboración de mapas perceptuales se pueden utilizar para contestar la segunda y la tercera preguntas en el análisis competitivo: 2) ¿quiénes son mis competidores? y 3) ¿cuáles son las posiciones actuales de mis competidores? El entorno competitivo no lo define la firma o sus competidores sino el cliente. Un competidor se puede definir como alguien a quien el cliente perciba como oferente de un producto/servicio capaz de satisfacer una necesidad particular. El posicionamiento del producto es un procedimiento que permite a los gerentes de marketing determinar cuáles marcas perciben los consumidores como similares a las de ellos. Entre más similitud exista entre las marcas en la mente de los consumidores, más fuerte será la competencia entre ellas.

Creación de espacios perceptuales

Dos atributos importantes de una venda adhesiva se refieren a su calidad de adherencia y la ausencia de riesgo de irritar la piel. Para evaluar la similitud percibida entre cuatro marcas de vendas adhesivas (Beiersdorf, Curad, Sheerstrip y Zipstrip) se le pidió a una muestra del mercado objetivo que calificara las marcas en cada uno de los atributos, en una escala de 1 a 7, siendo 1 la calificación mínima y 7 la máxima. La tabla 4-10 presenta las calificaciones hipotéticas para las cuatro marcas en los dos atributos.

TABLA 4-9

DATOS DOFA DE CORTADORAS DE CÉSPED

FORTALEZAS	CALIFICACIONES	DATOS	FUENTES
Distribución	A	Lawnsavers adquirió cuatro mayoristas/ prestadores de servicios independientes para equipo de corte en el norte de California, y dos en la parte sur del estado.	*San Francisco Chronicle*
Ventas	B	Rumores de la adquisición que hizo Lawnsavers de los distribuidores del sureste de EE.UU	Gerente de ventas de Green Acres.
	A	Lawnsavers ha contratado a un vendedor clave para atender al mercado doméstico.	
Administración	A	El nuevo equipo administrativo puede probar que es capaz de ingresar al mercado doméstico y a otros mercados masivos.	Gerente de ventas de la costa oeste
	B	El nuevo equipo administrativo se integró con ejecutivos senior pertenecientes a la lista *Fortune* de las 500 compañías más exitosas.	*OPEI Newsletter*
Tecnología	B	La posibilidad de Lawnsavers es desarrollar una nueva y revolucionaria podadora eléctrica inalámbrica. Las podadoras de este tipo han fracasado en el pasado por la falta de fuerza de corte.	Vendedor
Capacidad	A	La nueva planta puede producir, aproximadamente, 2.000 podadoras al día, trabajando en tres turnos (o 500.000 al año). Ciertamente esto les dará capacidad para el mercado masivo.	Archivos del pueblo; firma de ingeniería

DEBILIDADES	CALIFICACIONES	DATOS	FUENTES
Administración	C	Recientemente se despidió a la administración anterior y se le remplazó por un equipo administrativo nuevo y joven, quizá sin experiencia.	*OPEI Newsletter*
	A	El propietario y CEO de Lawnsavers es conocido por perfeccionista y demorará el lanzamiento de nuevos productos hasta que esté satisfecho que éstos se encuentran libres de defectos.	Ex empleado
Tecnología	B	Probablemente, la tecnología para esta nueva batería dará bastantes dolores de cabeza en fabricación y servicio. Muchos consideran que la fecha de lanzamiento de cuatro a seis meses es muy optimista. No es probable que el grupo Lawnsavers pueda sufragar los costos para desarrollar tecnología a un nivel aceptable de acuerdo con las condiciones de rentabilidad de Green Acres.	Gerente de producción de Green Acres
	B	Green Acres obtuvo la licencia de la tecnología para la batería de una firma suiza de I&D, por la suma de US$2 millones.	

(continúa)

DEBILIDADES	CALIFICACIONES	DATOS	FUENTES
Costos	A	La nueva fábrica automatizada para construir la Go-N-Mow cuesta US$5.2 millones sin incluir costos adicionales como inventario de partes y entrenamiento. Los costos adicionales se estiman en US$1.2 millones. Total = US$6.4 millones, una inversión relativamente grande para una firma de este tamaño. Es probable que esto lleve a la compañía a incurrir en una deuda considerable por una aventura riesgosa.	Periódico local; proveedores
Rentabilidad	A	El margen bruto para las nuevas cortadoras se calcula en US$13 por máquina. El costo de las partes es cerca de US$67; la mano de obra, cerca de US$9; la licencia de tecnología, cerca de US$5; embarque, US$2.	Archivos UCC, proveedores, artículos de prensa
Rentabilidad	A	El flujo de caja pareció ser positivo en un nivel de producción más bajo del rentable, indicando que Lawnsavers podría sostenerse por un largo tiempo, inclusive si no es fiscalmente rentable, en la medida en que podría invertir bastante efectivo para mantener las operaciones en marcha y esto le permitiría lograr su evidente meta de expandir su red de distribución y penetrar en el mercado doméstico	Análisis financiero de fuentes, archivos y entrevistas con la gerencia de Green Acres

OPORTUNIDADES	CALIFICACIONES	DATOS	FUENTES
Clientes	A	Los resultados de crecimiento más rápido para podadoras de césped han sido los centros para el hogar	Asociación comercial
Competidores	A	Otros competidores, como TBL, ya han ofrecido podadoras inalámbricas menos perfectas, pero están trabajando en modelos más nuevos y efectivos con batería de más larga vida entre cargas.	Proveedor
Tendencias	B	De acuerdo con estudios de la industria, todos los artefactos, incluyendo las podadoras de césped, se encaminan hacia aparatos más pequeños, ligeros y más fáciles de usar. La tecnología general de la batería, de acuerdo con los expertos, está cerca de lograr varios adelantos comerciales importantes.	Revista comercial

AMENAZAS	CALIFICACIONES	DATOS	FUENTES
Clientes	A	Los minoristas, como Wal-Mart, buscan continuar presionando a las grandes compañías mayoristas, como Green Acres y Lawnsavers, en cuestión de precios. Los márgenes para la mayor parte de los productos Lawnsavers se reducirán durante los próximos cinco años.	Compradores de almacén, revistas, vendedores de Green Acres

A Altamente important
B Un poco interesante
C Interesante pero no necesariamente útil

Fuente: Fuld, Leonard M., *The New Competitor Intelligence*, John Wiley & Sons (1995).

TABLA 4-10

PUNTAJES HIPOTÉTICOS DE MARCA

	ATRIBUTO	
	ADHERENCIA	NO IRRITANTE
Beiersdorf	7	1
Curad	7	7
Sheerstrip	6	6
Zipstrip	1	7

El grado de semejanza entre las marcas se puede medir por la distancia que se percibe entre ellas. La distancia entre dos marcas se relaciona con la similitud con que se calificaron sus atributos. Una medida común de la distancia percibida es la suma del cuadrado de las diferencias de las calificaciones, percibidas para las dos marcas en cada uno de los atributos. Por ejemplo, la distancia entre Beiersdorf y Curad es $(7 - 7)^2 + (1 - 7)^2$ ó 36. La distancia entre cada uno de los demás objetos se presenta en la tabla 4-11. La meta del mapa perceptual es colocar esas marcas dentro de un espacio, de manera que las distancias se preserven. El mapa perceptual que se basa en las calificaciones de la tabla 4-10, se presenta en la figura 4-5.

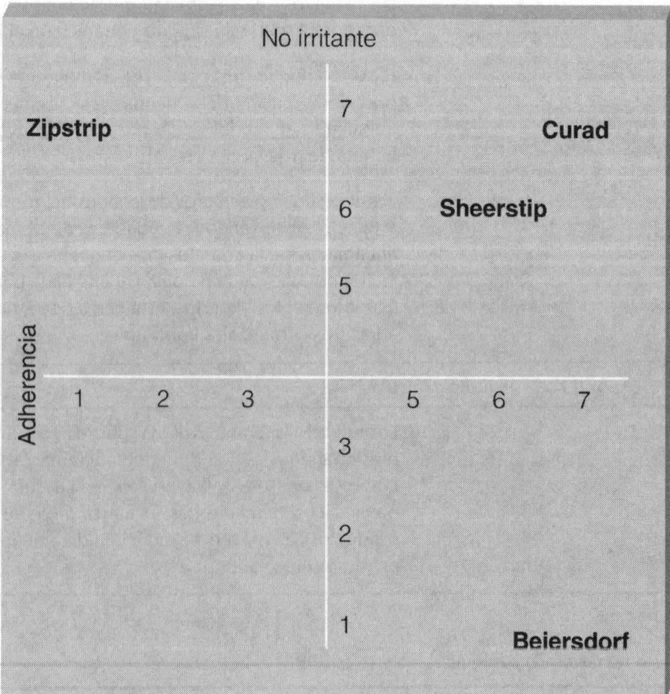

FIGURA 4-5
Mapa perceptual derivado de puntajes hipotéticos de marca.

TABLA 4-11

DISTANCIAS PERCIBIDAS

	BEIERSDORF	CURAD	SHEERSTRIP	ZIPSTRIP
Beiersdorf				
Curad	36			
Sheerstrip	26	2		
Zipstrip	72	36	26	

El origen se fija en el punto medio de cada escala. Por consiguiente, a medida que hay desplazamiento hacia la derecha en el espacio perceptual, la marca se percibe con una mayor capacidad de adherencia. En tanto se mueve hacia la parte superior del espacio, la marca se percibe como menos irritante para la piel. Nótese que Curad y Sheerstrip se localizan cerca la una de la otra en el espacio. Esto se debe a que sus calificaciones son muy similares y, por tanto, la distancia calculada entre las dos es pequeña. Si el mapa va a ser una representación precisa de las percepciones de la marca, estas dos marcas se deben localizar cerca la una de la otra en el espacio. Si las dos marcas tienen puntajes idénticos, su distancia sería cero y quedarían sobrepuestas en el mapa. Según el nivel en que las marcas sean disímiles, se separan en el espacio. En consecuencia, entre más cerca se hallen en el espacio perceptual, mayor similitud se percibirá y, por consiguiente, mayor será la competencia entre las dos.

En el ejemplo descrito solamente se miden dos atributos y, por esa razón, el mapa perceptual que aparece en la figura 4-5 podría mantener las distancias (*véase* tabla 4-11) entre los objetos. De hecho, son idénticos. Sin embargo, en la mayor parte de las aplicaciones comerciales de los mapas perceptuales es posible que se les pida a los consumidores que califiquen las marcas en más de dos atributos.

La tabla 4-12 presenta las calificaciones otorgadas a cuatro restaurantes, por parte de una muestra de ejecutivos de negocios, para ocho atributos considerados como importantes en la selección de un

TABLA 4-12

PUNTAJES PROMEDIO DE LOS ATRIBUTOS

	RUSTY SCUPPER	DAVE´S	HILL TOP	WEST VIEW CAFE
Alta calidad	4.91	5.44	3.09	4.54
Bajos precios	4.04	2.85	5.53	2.94
Ambiente agradable	5.12	5.43	3.54	4.46
Porciones generosas	3.75	3.94	4.70	4.09
Amplia selección	4.25	3.97	3.93	3.94
Servicio rápido	5.03	3.16	5.04	3.70
Tranquilidad	4.60	5.47	2.37	4.24
Facilidad de acceso	5.07	4.63	1.88	4.94

FIGURA 4-6
Mapa perceptual.

restaurante para almorzar. Sigue siendo un ejemplo modesto; sin embargo, evaluar las similitudes entre los restaurantes es más difícil debido a que entran en juego ocho atributos y no solamente dos. El mapa perceptual para estos sitios se muestra en la figura 4-6. Los restaurantes localizados a la derecha del origen parecen contener más en cuanto a los atributos de calidad, tranquilidad, ambiente agradable y facilidad de acceso. De otro lado, los restaurantes localizados hacia la izquierda del eje horizontal se perciben con porciones más generosas y precios más bajos. El eje vertical se define por la amplia selección; la percepción de los restaurantes localizados abajo del origen es que tienen una selección más amplia. Los resultados que aparecen en el mapa perceptual indican que los restaurantes que se ven más semejantes son Dave's y West View. Hill Top se considera como un restaurante con porciones abundantes y bajos precios pero con muy poca calidad, tranquilidad o ambiente agradable, y no tiene un fácil acceso. Rusty Scupper se considera bastante similar a Dave's o West View con respecto a calidad, tranquilidad y ambiente, pero aparece con una oferta de selección más amplia.

Puntos ideales

Al observar el mapa perceptual se puede determinar cuáles marcas se perciben como similares. No obstante, no se puede determinar cuál es la posición ideal sin algo de información adicional. Se podría haber obtenido la calificación de los participantes en el estudio para el restaurante ideal y ubicarlo en el espacio perceptual. De otro lado, la participación de mercado se puede emplear como un sustituto del ideal. Por ejemplo, si la mayoría de las personas fuera a Rusty Scupper a almorzar, entonces los atributos que definen su ubicación en el mapa perceptual serían los atributos deseados.

IDENTIFICACIÓN DE MERCADOS OBJETIVO POTENCIALES

El proceso del análisis de mercado es el primer paso en el diseño de una estrategia de marketing para un producto o una línea de productos relacionados. Específicamente, un análisis de mercado capacita a los gerentes para identificar mercados objetivo potenciales hacia los cuales se podría dirigir el esfuerzo de marketing. La figura 4-7 presenta la relación entre el análisis de mercado y las otras fuentes y tipos de información que influirán en la selección final de un mercado objetivo y de una estrategia de marketing.

FIGURA 4-7

El proceso de identificación de mercados objetivo.

CONCLUSIÓN

Entre mayor sea el número de opciones que se ofrece a los consumidores, mayor será la competencia entre los diferentes proveedores que las ofrecen. La estrategia de marketing debe considerar los requisitos del mercado, la posición de la firma en el mercado y el entorno competitivo. La segmentación del mercado y la posición del producto son dos métodos que utilizan los gerentes de marketing para comprender las necesidades del mercado, de manera que puedan posicionar sus productos/marcas dentro del mercado para lograr una ventaja competitiva. Como se resume en la figura 4-8, las organizaciones deben evaluar el entorno competitivo en donde operarán y las ventajas competitivas (y las desventajas) que tendrán en un mercado objetivo potencial. Resulta claro que el proceso de segmentación y el perfil de los segmentos de mercado es un prerrequisito crítico en la selección de una estrategia de marketing, como lo sugiere la situación de Mobil Corporation.

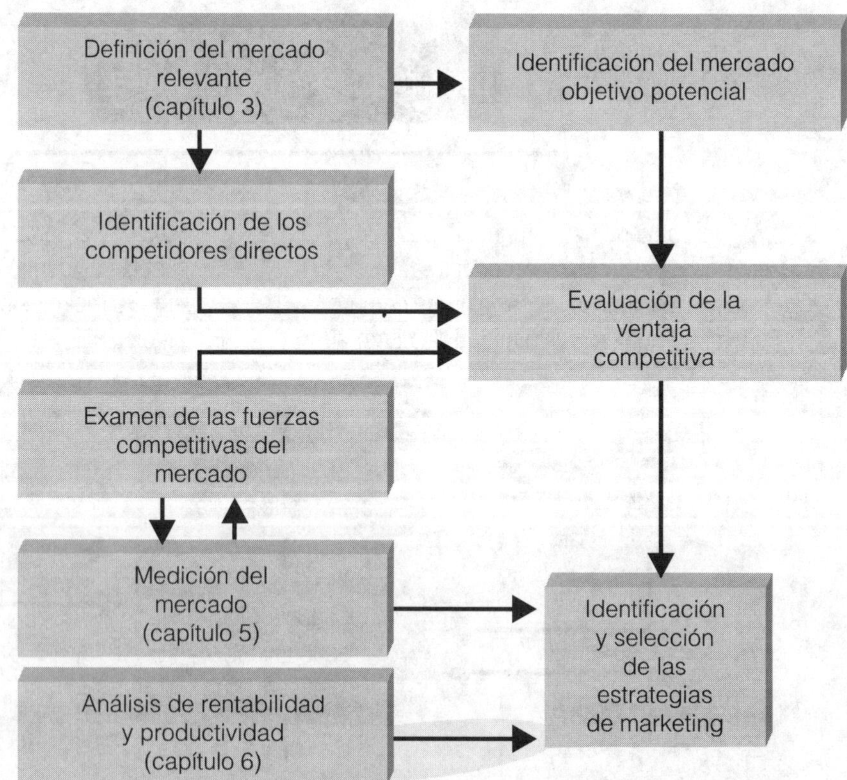

FIGURA 4-8
Pasos en el análisis competitivo y sus relaciones con los otros aspectos del análisis de la situación.

MOBIL: SEGMENTACIÓN DEL MERCADO MINORISTA DE LA GASOLINA

En la década de los años cincuenta, las compañías gasolineras utilizaban obsequios como gafas, cuchillos para la carne, estampillas acumulables para cambio por productos, etc., con el fin de apartar a los clientes de sus competidores. Por el contrario, la estrategia reciente ha sido la de utilizar bajos precios para animar a los consumidores a cambiar. Estas estrategias de bajos precios han ocasionado varias guerras de precios malsanas y sin utilidades. El énfasis de Mobil es deslumbrar al cliente con la calidad del producto y un buen servicio antes que con precios bajos. La investigación de mercados que realizó la empresa identificó cinco segmentos entre los compradores de gasolina: los "guerreros del camino", los "verdaderos azules", la "generación de conductores F3", los "hogareños" y los "atraídos por el precio". Quienes compran por el precio, constituyen alrededor de 20% de la población e invierten un promedio de US$700 al año, en tanto que los "guerreros del camino" y los "verdaderos azules", que juntos alcanzan 32% de la población, gastan un promedio de US$1200 anuales. Estos dos grupos de consumidores están más interesados en pasabocas de clase superior, contacto humano, servicio rápido y dependientes que los reconozcan, que en precios más bajos. Quieren un precio competitivo aunque para ellos no es el factor más determinante. Por ejemplo, una mujer condujo su automóvil hasta una estación Mobil en Orlando, Florida, durante una tormenta; no estaba buscando surtir su vehículo con combustible vestida con su ropa de trabajo y con semejante clima. Un dependiente de la estación ofreció un servicio superior: le dio la gasolina, limpió el parabrisas y se ocupó de la transacción con la tarjeta de crédito aunque la mujer contaba con servicio en línea. Ella dijo que cambiaría de una estación Texaco a una de Mobil aunque en esta última el precio del galón estaba dos centavos de dólar por encima.

1. Con base en la descripción del estudio de segmentación de Mobil, ¿cuál enfoque cree Ud. que usó la compañía en ese sentido?
2. Cuando se evalúe el estudio de segmentación, ¿en qué criterios deberá interesarse Mobil?
3. Como la gasolina de Mobil cuesta dos centavos de dólar más por galón que la competencia, ¿qué puede hacer la compañía para el segmento de los "compradores por precio"?

Fuente: Allanna Sullivan, "Marketing: Mobil Bets Drivers Pick Cappuccino over Low Prices", *Wall Street Journal*, Jan. 30, 1995, B, p. 1.

PREGUNTAS Y SITUACIONES PARA ANÁLISIS

1. La primera etapa en la segmentación del mercado es darle forma y establecer el perfil de los segmentos. Por lo general, se reúnen cuatro tipos de datos en los estudios de segmentación de mercado: necesidades/beneficios finales, comportamiento de compra, valores/estilos de vida y características de clasificación. ¿Cómo decide Ud. cuáles de los cuatro se deberán utilizar para formar los segmentos y cuáles para el perfil de los mismos?
2. En el viaje de regreso de una reunión de la división, la gerente de la misma y usted están discutiendo sobre los méritos de realizar un estudio de segmentación del mercado. Durante la conversación, ella le pregunta: "¿entendió Ud. lo que estaba hablando el asesor cuando dijo que la mejor manera de crear segmentos de mercado es el análisis conjunto de datos? Si es así, presénteme una síntesis en la mañana". ¿Qué información le presentaría Ud. a la gerente de división?

3. El mercado de sopas empacadas, aunque está en la etapa madura en los Estados Unidos, es un mercado en crecimiento en el Reino Unido. ACM es una compañía interesada en exportar sus productos hacia esa nación. Para ello, encargó un estudio de investigación de mercados para evaluar: 1) las preferencias de los consumidores en el Reino Unido para cuatro características de la sopa empacada: precio, sabor, tiempo de cocción y contenido de sal; y 2) si las preferencias variaban entre Inglaterra, Escocia y el País de Gales. Debido al limitado espacio en los estantes y a la falta de relación con los distribuidores, solamente se podría ofrecer una variante en cada mercado. A continuación se presentan los resultados de un estudio conjunto de cada uno de los mercados. Los valores representan las utilidades de valor parcial; es decir, cuánto valor está asociado con cada nivel de los cuatro atributos. Además, se presentan los costos asociados con los niveles de los atributos. Si solamente se comercializara una variable en las tres naciones, se lograría un ahorro de 10% debido a las economías de escala. ¿Qué estrategia entre marketing masivo o marketing por segmentos recomendaría Ud.?

			UTILIDADES DE VALOR PARCIAL		
ATRIBUTO	NIVEL	COSTO	INGLATERRA	ESCOCIA	PAÍS DE GALES
Sabor	Pollo	10 p	.07	..40	.20
	Carne	8 p	.90	.40	.40
	Vegetales	3 p	.03	.20	.40
Tiempo de cocción	3 min	15 p	.60	.45	.20
	5 min	10 p	.30	.35	.35
	10 min	0 p	.10	.20	.45
Contenido de sal	Ninguno	0 p	.02	.03	.03
	Moderado	1 p	.68	.57	.37
	Alto	3 p	.30	.40	.60
Precio	50 p		.50	.45	.75
	60 p		.40	.40	.20
	70 p		.10	.15	.05

4. En un reporte dirigido al gerente de la división, con copia al departamento de investigación de mercados, el gerente de marca comentó que los resultados del estudio de segmentación del mercado eran interesantes pero no se podían llevar a la acción. ¿Qué quiere decir el gerente de marca? ¿Qué le sugeriría Ud. para lograrlo?
5. ¿Cuál es la diferencia entre marketing de marca y marketing familiar?
6. El gerente de una compañía productora de cemento para fraguado rápido quiere asesoría con respecto a la planeación a largo plazo y sobre la formulación de la estrategia. El producto está compuesto por un tercio de cemento, un tercio de arena, y un tercio de gravilla fina. La arena y la gravilla se adquieren localmente. El cemento se compra a uno de los dos proveedores disponibles en Georgia. En la actualidad, hay cinco marcas en la industria. Todas las compañías podrían aumentar sus ventas y distribución en 100% sin ningún problema, si la demanda se lo permitiera. Tres grandes centros para el hogar, como Lowes o Home Depot, representan 85% del mercado. ¿Qué recomendaciones haría Ud. para ayudar al gerente a ser más competitivo en el mercado?
7. La posición de cada marca en un espacio perceptual del mapa de posicionamiento de un producto es una función del número y grado de atributos determinantes que se perciben de la marca en el mercado relevante. ¿Cuáles son sus comentarios al respecto?

8. ¿Cómo puede determinar Ud. la posición ideal en el mapa de posicionamiento de un producto?
9. Los mapas perceptuales o de posicionamiento del producto pueden ser útiles para productos que ofrecen atributos intangibles; sin embargo, los mapas perceptuales no son muy útiles en la industria automotriz debido a que la mayor parte de las características tales como capacidad de frenado, kilometraje por galón de combustible, aceleración, garantía, durabilidad, etc., son tangibles y los define el consumidor. ¿Cuáles son sus comentarios al respecto?
10. A una muestra de 1000 personas de Europa Occidental quienes habían pasado vacaciones en una ciudad de EE.UU. durante los últimos tres años, se les pidió comparar cinco ciudades de acuerdo a nueve atributos. Las ciudades y los atributos aparecen a continuación. A Ud. lo han contratado en la ciudad de San Antonio para recomendar estrategias dirigidas a incrementar el turismo de extranjeros. Utilice el mapa perceptual de la figura 4-9 y deduzca los datos para formular sus recomendaciones.

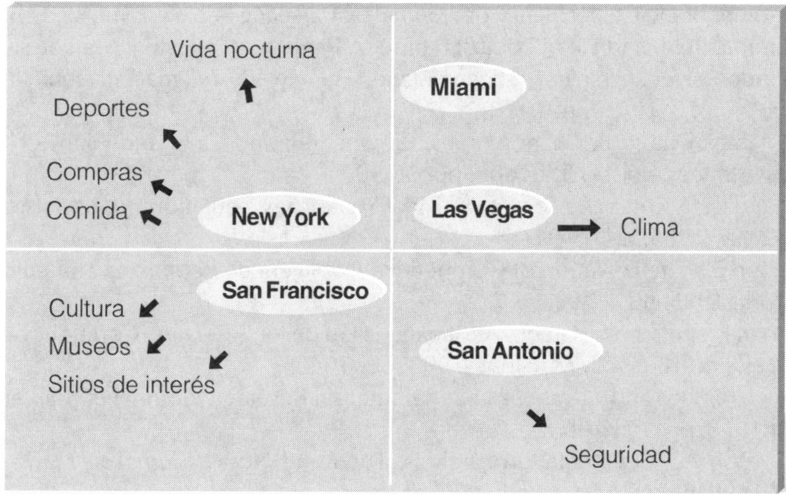

FIGURA 4-9
Mapa perceptual.

CIUDAD	ATRIBUTO
Las Vegas	Comida
New York	Vida nocturna
San Francisco	Seguridad
Miami	Cultura
San Antonio	Sitios de interés
	Compras
	Clima
	Museos
	Actividades deportivas

(continúa)

CIUDAD	POBLACIÓN	INGRESO PER CÁPITA	INGRESO PROMEDIO	TURISTAS EXTRANJEROS
Las Vegas	317,900	$15,997	$34,508	8,756
Miami	362,800	10,410	19,177	2,620
New York	7,386,468	17,453	35,939	17,411
San Antonio	1,134,719	12,604	28,329	840
San Francisco	736,600	20,104	37,125	9,375

LECTURAS ADICIONALES SUGERIDAS

Bucklin, Randolph E., Sunil Gupta and Han Sangman, "A Brand's Eye View of Response Segmentation in Consumer Brand Choice Behavior", *Journal of Marketing Research,* vol. 32, February 1995, pp. 66-74.

Cheron, Emmanuel J. and Elko J. Kleinschmidt, "A Review of Industrial Market Segmentation Research and a Proposal for an Integrated Segmentation Framework", *International Journal of Research in Marketing,* vol. 2, no. 2, 1985, pp. 101-115.

Hlavacek, James D. and B. Charles Ames, "Segmenting Industrial and High-Tech Markets", *Journal of Business Strategy,* vol.17, Fall 1986, pp. 39-50.

Plank, Richard E., "A Critical Review of Industrial Market Segmentation", *Industrial Marketing Management,* vol. 14, May 1985, pp. 79-91.

Prescott, John E., "The Evolution of Competitive Intelligence", *Rethinking Strategic Management,* Wiley, New York, 1995, pp. 71-90.

Prescott, John E. and John H. Grant, "A Manager's Guide for Evaluating Competitive Analysis Techniques", *Interfaces,* vol. 18, no. 3, May-June 1998, pp. 10-22.

Wind, Yoram, "Issues and Advances in Segmentation Research", *Journal of Marketing Research,* vol. 15, August 1978, pp. 153-165.

Wyner, Gordon A., "Segmentation Analysis, Then and Now", *Journal of Marketing Research,* vol. 7, Winter 1995, pp. 40-41.

CAPÍTULO 5

MEDICIÓN DEL MERCADO

VISIÓN GENERAL

En los capítulos 3 y 4 se estudiaron algunos pasos fundamentales que los gerentes deberán tener en cuenta para el análisis de compradores y competidores dentro de los mercados, con el fin de entender los procesos subyacentes que influyen en la demanda primaria y en la demanda selectiva. Este capítulo también se dirige hacia este tema; sin embargo, ahora el interés principal está orientado hacia la medición de la demanda primaria o de la demanda selectiva del mercado, para determinar las diversas oportunidades dentro del mismo.

Las mediciones del mercado tienen una importancia fundamental para muchas decisiones de la gerencia. La alta gerencia debe estar consciente del tamaño y la tasa de crecimiento de los mercados para dar forma a las estrategias corporativas. Las decisiones que toma la gerencia media en relación con las estrategias, los programas y los presupuestos de marketing para productos individuales, no pueden ser efectivas sin algún estimado de los niveles esperados en las ventas de la industria y la empresa. Adicionalmente, para evaluar el desempeño de una compañía, un producto, un territorio de ventas o un distribuidor, se debe establecer un *benchmark* o punto de referencia (como una meta o una cuota de ventas). Tanto la alta gerencia como los gerentes de nivel medio utilizarán puntos de referencia (tales como objetivo de ventas o cuotas) con base en algún estimado del potencial del mercado.

Los gerentes necesitan entender los procedimientos de uso común para recopilar y estimar las mediciones del mercado. Antes de implementar estas últimas, los gerentes deberán familiarizarse con las limitaciones de esas mediciones y las fuentes potenciales de errores o desviaciones que pueden existir en ellas. Las mediciones del mercado son estimados, y pocos son tan confiables como para que los gerentes se limiten a aceptar una simple cifra como perfectamente precisa. Al comprender las suposiciones que se utilizan para hacer cualquier medición, los gerentes pueden evaluar mejor el grado al cual esas medidas son optimistas o pesimistas, y la confiabilidad con que cuentan.

En este capítulo se presentan algunos procedimientos para medir el potencial absoluto del mercado (por ejemplo, uso mensual del servicio telefónico de larga distancia en EE.UU.) y del potencial relativo del mercado (uso mensual del servicio de larga distancia para seis estados de Nueva Inglaterra como un porcentaje de Estados Unidos). Además, se estudian los métodos más utilizados para establecer pronósticos de ventas. Este último aspecto es un elemento esencial en la formación de los planes de marketing: con base en los pronósticos de ventas se establecen presupuestos, niveles de producción, cuotas de ventas, etc. Entre más cercano sea el pronóstico con respecto al nivel de ventas real, más eficiente será todo el proceso de marketing.

Tipos básicos de mediciones del mercado

Las mediciones del mercado que los gerentes solicitan con más frecuencia incluyen:

1. *Ventas actuales.* Los gerentes se preocupan por la cantidad de ventas de sus productos (demanda de la empresa) y las ventas de todas las demás compañías en el mercado (ventas de la industria).
2. *Pronósticos de ventas.* Los pronósticos de ventas de la industria indican el nivel de ventas que se espera de todas las firmas que venden en un mercado definido, durante un periodo definido. Un enunciado como: "Las ventas de automóviles en Estados Unidos entre los años 2000 y 2005 se espera que alcancen la cifra de 100 millones de unidades", es un pronóstico de las ventas de la industria. De modo similar, los pronósticos de ventas de una empresa (línea de producto o marca) indican el nivel de ventas que espera alcanzar un proveedor individual.
3. *Potencial del mercado.* El límite superior para la demanda de un producto dentro de un periodo definido se conoce como *potencial del mercado*. La máxima oportunidad de ventas que pueden alcanzar todos los vendedores en el presente se conoce como *potencial actual del mercado*. Las ventas máximas que se pueden lograr durante un periodo futuro son el *potencial futuro del mercado*.

En la figura 5-1 se muestran las relaciones entre ventas de la empresa, ventas de la industria y mediciones del potencial del mercado. Como lo sugiere la figura, por lo general, las ventas de la empresa serán más bajas que las de la industria y éstas normalmente estarán por debajo del potencial del mercado. (La única excepción a esta regla es el monopolio. Si una firma no tiene competidores, sus ventas serán iguales a las de la industria). La relación entre las ventas de la empresa y las ventas de la industria es la participación de mercado de la firma.

Normalmente, los gerentes deberán interesarse en la tasa de crecimiento en las diferentes mediciones a través del tiempo. Si cambia la tasa en cualquiera de las tres medidas: potencial del mercado, ventas de la industria o ventas de la empresa, las brechas aumentarán o disminuirán. Los cambios en el tamaño de las brechas tienen implicaciones estratégicas.

FIGURA 5-1
Tipos básicos de medidas del mercado.

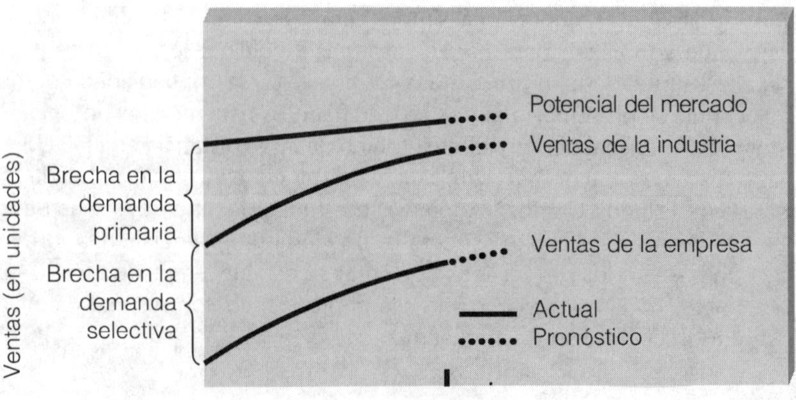

Los cambios en el potencial del mercado suelen ser el resultado de un mayor número de usuarios o que los usuarios actuales están comprando más a menudo. El potencial del mercado puede variar debido a cambios en factores demográficos, los cuales hacen que más usuarios ingresen al mercado. Considérese a los *baby boomers*, el mayor de los cuales cumplió 50 años en 1995. Esta cohorte de consumidores ha afectado el potencial del mercado en muchas industrias de Estados Unidos durante los últimos 50 años y ahora está creando grandes fuentes de demanda en industrias y empresas que abastecen al mercado maduro. Se proyecta que la población con residencia permanente en Florida aumentará de 14.2 millones que había en 1995 a 15.6 millones en el año 2005. Se espera que la población con edades entre 55 y 64 años incremente en un 54.6%[1]. Este aumento, ciertamente cambiará el potencial del mercado para muchos productos y servicios.

Las ventas de la industria pueden cambiar con el paso del tiempo, por múltiples razones:

- Los precios pueden disminuir, mejorando la capacidad de compra de los clientes potenciales.
- Los esfuerzos de marketing de la industria (con respecto a la calidad del producto, los gastos en publicidad y ventas, y el alcance de la distribución) pueden ser más extensivos, de manera que la totalidad de los clientes potenciales perciban u obtengan los beneficios del producto.
- Factores del entorno (como condiciones económicas o cambios en los valores sociales) pueden estimular la disposición o la capacidad para comprar el producto.

Eli Lilly es el productor farmacéutico de Prozac, el medicamento antidepresivo líder en el mundo. Cuando sus competidores, Pfizer y Smith Kline Beecham, lanzaron medicamentos antidepresivos similares a la llamada "serotonina", los expertos de la industria predijeron que el total de ventas de la industria aumentaría. Estas expectativas se basaron, principalmente, en las creencias acerca del impacto de tener tres firmas que comercializarían de manera agresiva estos productos. Específicamente, se esperaba que los esfuerzos de los representantes de ventas de las empresas concientizaran más a los médicos de los síntomas de la depresión (disminuyendo así el número de casos sin diagnosticar), al igual que más médicos prescribirían el tratamiento con la serotonina. Además, como la competencia aumentó, se esperaba que los precios descendieran, haciendo que el costo de los medicamentos con serotonina fuera más competitivo frente a los antidepresivos tradicionales[2].

Las ventas de la compañía pueden variar a través del tiempo por una o dos razones. La primera es un cambio en el potencial del mercado; es decir, los cambios en la demanda primaria. Por ejemplo, si más personas hacen ejercicio, el potencial de consumo de las bebidas enérgeticas aumenta. Segunda, algunas firmas pueden mejorar sus ventas a expensas de sus competidores al ofrecer y promover combinaciones superiores de beneficios y, así, incrementar su participación de mercado. En 1965, Robert Cade y varios compañeros de University of Florida inventaron una bebida para atletas que llamaron Gatorade. Stokely Van Kamp compró los derechos de la bebida y configuró un negocio de US$50 millones. Quaker Oats compró Stokely Van Kamp y, a través de una agresiva promoción, aumentó las ventas de Gatorade por encima US$1000 millones en 1994[3].

Las implicaciones estratégicas más importantes de estas tres medidas se pueden separar al comparar el potencial de mercado con las ventas de la industria y las ventas de la industria con las ventas de

[1] Shannon Dortch, "Sunshine State Forecast", *American Demographics*, December 1995, p. 4.
[2] Thomas Burton, "Lilly's Controversial Prozac May Benefit from Marketing of Two New Competitors", *Wall Street Journal*, July 17, 1992, pp. B1-B2.
[3] "Can Coke and Pepsi Make Quaker Sweat?", *Fortune*, July 10, 1995, p. 20.

la empresa. Si se presenta una diferencia grande en la primera comparación, entonces existe una gran brecha en la demanda primaria. Esto significa que los gerentes deberán examinar los factores que influyen en la demanda primaria (capítulo 3) para determinar la manera como se pueden aumentar las ventas de la industria. Si se presenta una gran diferencia entre las ventas de la industria y las de la empresa, entonces la brecha se presenta en la demanda selectiva. En tales situaciones, los gerentes deberán examinar los procesos de elección de los compradores para identificar las oportunidades que aumentarán su participación de mercado.

Definición de lo que se va a medir

Los gerentes deben especificar con claridad el mercado relevante para poder medir con precisión las ventas de la industria y el potencial del mercado. El mercado relevante se debe definir en términos de forma del producto, segmentos de clientes y tiempo. Por ejemplo, un productor de cereales podría explorar el potencial del mercado para:

1. Todos los cereales o algunas variantes, como un cereal para consumir en frío (forma del producto).
2. El mercado masivo o algún segmento del mercado, como el del suroeste u hogares de una sola persona (segmentos de clientes).
3. El siguiente trimestre o el siguiente año (tiempo).

Estas decisiones afectarán lo que se mide y lo que se estima.

Al final de este capítulo se estudiarán cuatro clases básicas de medidas del mercado: potencial del mercado total, potencial del mercado relativo, pronósticos de ventas de la industria y pronósticos de ventas de la empresa.

POTENCIAL DEL MERCADO TOTAL

El potencial del mercado total es un estimado de la demanda potencial máxima, que suele basarse en dos factores: el número de usuarios potenciales y la tasa de compra. Para un mercado determinado, el potencial del mercado total indica el total en dinero o en volumen de unidades que se podría vender. Existen tres clases de decisiones que, por lo general, se basan en estimados del potencial del mercado total.

1. *Evaluación de las oportunidades del mercado.* Para decidir cuáles oportunidades del mercado se han de seguir en el futuro, una firma necesitará evaluar el potencial del mercado. Esto es particularmente cierto en el caso de mercados con una nueva forma del producto o una nueva clase de producto. Considérese, por ejemplo, los grandes compromisos en recursos para invertir por las empresas que ingresan al mercado de productos como videograbadoras, computadores personales y robots industriales. Estos compromisos podrían no estar justificados desde el punto de vista económico, si las compañías no pueden demostrar una gran demanda potencial. En el caso de productos existentes, las oportunidades de mercado se pueden examinar con más facilidad si el potencial del mercado se puede medir y comparar con las ventas de la industria. Si el potencial del mercado es significativamente mayor que las ventas de la industria, entonces todos los proveedores tienen la oportunidad de aumentar su volumen de ventas a través de políticas apropiadas (como precios más bajos) para cerrar la brecha en la demanda primaria. Sin embargo, si las ventas de la

industria ya están cerca del potencial del mercado, entonces una firma sabrá que el único camino para el crecimiento de las ventas es mejorar la participación de mercado.

2. *Determinar cuotas y objetivos de ventas.* El potencial del mercado suele considerarse para establecer objetivos razonables para la fuerza de ventas y para los distribuidores. La demanda potencial en algunos territorios de ventas se puede mejorar tan rápidamente que resulta apropiado contar con evidentes aumentos anuales en los objetivos de ventas. No obstante, otros territorios pueden quedar estancados en cuanto al número de compradores potenciales y de tasas de compra. En consecuencia, una evaluación justa de la fuerza de ventas y del desempeño del distribuidor deberá estar basada en el potencial de ventas dentro del mercado.
3. *Determinar el número de puntos de venta al detal.* Por lo general, las firmas que venden a través de distribuidores minoristas tienen un número establecido de éstos para un mercado de un tamaño determinado. Por ejemplo, un fabricante de automóviles puede tener un distribuidor para cada 2000 unidades mensuales de potencial del mercado, con el fin de asegurar un cubrimiento adecuado del mismo. De acuerdo con ello, el potencial de mercado al detal en un área específica será una consideración importante para la toma de decisiones.

Medición del potencial del mercado total

En esencia, el potencial del mercado total cuenta con dos componentes: el número de posibles usuarios y la tasa máxima de compra. En algunos casos, los gerentes pueden obtener estimados del potencial del mercado total por área geográfica, tipo de industria, tipo de hogares, etc., suministrados por asociaciones comerciales o firmas de investigación comercial, sin embargo, es más común que los mismos gerentes estimen, por lo menos, uno de estos dos componentes del mercado potencial.

ESTIMACIÓN DEL POTENCIAL EN LOS MERCADOS DEL CONSUMIDOR

Cuando las características de todos los compradores potenciales se conocen y se pueden medir con rapidez, la manera más fácil de estimar el número de compradores es utilizando los datos publicados. Si los compradores potenciales de bienes de consumo se pueden describir en términos de factores básicos de ubicación o demográficos (como edad, condado, vivienda propia o ingresos), se pueden emplear las fuentes de datos del gobierno y de la industria privada. Por ejemplo, la publicación anual *Survey of Buying Power* (de la revista *Sales and Marketing Management*) cuenta con datos sobre el tamaño y la distribución de la población por grupos de edad y categoría de ingresos para cada uno de los condados y para las áreas metropolitanas, en Estados Unidos.

Para estimar las tasas de compra, los gerentes acostumbran a utilizar datos que obtienen de asociaciones comerciales, del gobierno y de publicaciones comerciales. Particularmente, en los casos en que se estima el potencial actual del mercado, los gerentes pueden emplear los índices existentes de ventas por hogar o ventas por persona. Por lo común, estas clases de índices se pueden obtener directamente de algunas fuentes secundarias. The Conference Board, una organización apoyada por la industria y con sede en Nueva York, publica un informe sobre la distribución de los gastos hogareños en varias categorías de producto. Al mismo tiempo, si los datos sobre el total de ventas de la industria están disponibles, la demanda promedio por hogar (o por persona) se puede calcular al dividir el total de las ventas entre el número de hogares.

Aunque se utilice una amplia variedad de fuentes de datos para estimar el potencial del mercado, el siguiente ejemplo es una muestra típica del enfoque que se utiliza para estimar el potencial de los mercados del consumidor.

El señor Bradford, gerente de una cadena de 148 supermercados, leyó, en *Frozen Food Age*, un artículo acerca de las ventas de pizza congelada, titulado "Pizza's Rate of Growth Slows". Durante el primer semestre de 1995, se pudo comprobar un retraso en el crecimiento de las ventas de pizza congelada. Un estudio de Information Resources Inc., solicitado por el Frozen Pizza Institute, indicó que este producto, en relación con sus utilidades y volumen de ventas, estaba escondido en la sección de alimentos congelados. El estudio también mostró que la categoría experimentó un aumento en las ventas cuando se mejoraron sus características y presentación. Cuando se les interrogó sobre el particular, los distribuidores minoristas aceptaron que engañaban en la oferta de pizza congelada en términos de ubicación.

Para 1994, las ventas de la cadena de supermercados del señor Bradford fueron de US$1700 millones, el 84% de ellas procedente de los almacenes en Colorado y Arizona. El señor Bradford quiso actualizar la ubicación y la presentación de la pizza congelada. Dijo que comenzaría con el estado (Colorado o Arizona) que tuviera el mayor potencial. La investigación había indicado que un 40,5% de los hogares compraron pizza durante los últimos seis meses[4]. Las cifras más recientes sobre la población indicaron que 3.470.000 personas viven en Colorado y 3.832.000 en Arizona. EL potencial de mercado para las dos áreas se podría estimar en (.405 × 3.470.000) = 1.405.350 hogares que compran pizza congelada en Colorado y 1.551.960 en Arizona. Con base en este análisis, el señor Bradford podría decidirse por introducir el nuevo programa en Arizona. Sin embargo, estas cifras se basan en la población total. Tradicionalmente, la cadena de supermercados se ha dirigido hacia la población adulta con edades entre 18 y 54 años. Utilizando esta población objetivo (de 18 a 54 años de edad), las cifras quedarían en 1.967.000 personas en Arizona y 1.954.000 en Colorado. No obstante, como en la mayoría de productos para el consumidor, la pizza congelada no se compra en la misma proporción en todos los segmentos de hogares. La tabla 5-1 calcula el potencial de mercado en Colorado y Arizona, teniendo en cuenta las diferentes tasas de compra para las personas de distintos grupos de edad entre 18 y 54 años. Obsérvese ahora, que los dos estados son bastante similares y, de hecho, el potencial es mayor en Colorado que en Arizona.

Como se sugiere en el ejemplo anterior, si es posible que distintos tipos de compradores varíen extensivamente sus tasas de compra, el potencial total del mercado deberá medirse por la suma de los potenciales de cada uno de los grupos de clientes. Además de mejorar la precisión, esto permite que el

TABLA 5-1

ESTIMACIÓN DEL POTENCIAL DE MERCADO PARA LA PIZZA CONGELADA EN ARIZONA Y COLORADO (EN MILES)

EDAD DEL GRUPO	PORCENTAJE DE COMPRA DE PIZZA CONGELADA	POBLACIÓN		VENTAS POTENCIALES DE PIZZA	
		ARIZONA	COLORADO	ARIZONA	COLORADO
18-24	10.4	384	341	39.94	35.46
25-34	25.8	634	607	163.57	156.61
35-44	24.3	568	622	138.02	151.15
45-54	14.5	381	384	55.25	55.68
				396.78	398.90

Fuente: Mediamark Research Meat and Prepared Meals Report, Spring 1994, Mediamark Research, Inc., and Statistical Abstract of the U.S. 1993, Departamento de Comercio de EE.UU.

[4] *Mediamark Research Meat and Prepared Meals Report*, Mediamark Research, Spring 1994, p. 161.

gerente tome en cuenta con mayor rapidez los efectos de cambios demográficos proyectados en los niveles futuros del potencial del mercado.

Este ejemplo es típico de muchos estimados del potencial del mercado, en los que la tasa promedio de compra actual es una buena aproximación a la tasa máxima de compra. Aunque esta suposición será válida en muchos casos, los gerentes deberán examinar las preguntas de diagnóstico sobre disposición y capacidad de compra (capítulo 3) para determinar si la tasa de compra actual se podría aumentar. Por ejemplo, la tasa real de las compras de pizza congelada puede variar a través de distintos mercados debido a la relativa popularidad de la pizza. Si los datos secundarios estuvieran disponibles sobre una base estatal para ajustar los estimados nacionales, entonces el estimado del potencial podría depurarse. Adicionalmente, puede ser posible aumentar las compras de pizza congelada si los productores ofrecen precios más bajos, más variedad o características novedosas. De ese modo, al punto en que la tasa de compra máxima se pueda aumentar de manera realista, los gerentes deberán modificar esta tasa para reflejar con mayor exactitud la brecha entre las tasas reales de uso y las tasas potenciales.

ESTIMAR EL POTENCIAL EN LOS MERCADOS INDUSTRIALES

Las fuentes de datos secundarios como el *County Business Patterns* del Departamento de Comercio de EE.UU. y el estudio anual *Survey of Industrial Buying Power* son de utilidad para proyectar el potencial del mercado en los mercados organizacionales. Cada una de estas dos fuentes son especialmente útiles para identificar el número de organizaciones compradoras.

Las fuentes secundarias de datos que se utilizan para medir las tasas de compra suelen ser menos útiles en mercados organizacionales que en mercados de consumidores. Existen dos razones importantes para ello. La primera es que los fabricantes venden líneas de productos especializadas, pero los datos de las ventas de la industria, por lo común, están disponibles solamente para categorías amplias de producto. Un fabricante de sobres no se puede medir en ventas de sobres a la industria por cliente, debido a que las ventas de la industria estarán disponibles sólo para la categoría más amplia de "productos de papelería". Segunda, las tasas de compra del usuario suelen variar sustancialmente de acuerdo con el tamaño de la organización y de una industria a otra. Éste es un punto de particular interés si el potencial del mercado se estima para un área geográfica limitada; es decir, un mercado local puede tener un número menor de compradores cuyo tamaño y nivel de compras varían totalmente. Algunas de esas firmas pueden comprar mucho más que el promedio nacional de ventas y otras, mucho menos, tan sólo por el tamaño de la organización.

Debido al primer problema -carencia de datos específicos de las ventas de la industria- a menudo los estimados de las tasas de compra se pueden hacer a través de una investigación primaria de mercados. Debido al problema que causa la variación de tamaño en los compradores organizacionales, los gerentes acostumbran a tratar de ponderar el potencial de cada comprador prospectivo, con el fin de tener en cuenta las diferencias de tamaño.

Dos medidas que se utilizan con frecuencia para tomar en cuenta las diferencias de tamaño son el número de empleados y el valor de los envíos, los cuales miden el valor de la producción de una planta o instalación industrial específica. El valor de los despachos y el número de empleados suelen estar estrechamente correlacionados con la tasa de compra (al menos dentro de una industria dada). Además, estas medidas las reportan cada año las diferentes industrias que se encuentran clasificadas en el código Standard Industrial Classification (código SIC) establecido por el Departamento de Comercio de EE.UU. que clasifica a los establecimientos comerciales a nivel individual (como almacenes o plantas de fabricación) en cada condado, dentro de las categorías industriales existentes. Los datos

TABLA 5-2

ALGUNOS CÓDIGOS SIC PARA LA FABRICACIÓN DE VESTIDOS Y PRODUCTOS TEXTILES

CÓDIGO	INDUSTRIA
23	Vestidos y productos textiles
231	Trajes y chaquetas para hombres y jóvenes
232	Accesorios para hombres y jóvenes
2321	Camisas para hombres y jóvenes
233	Ropa exterior para mujeres y jovencitas
2335	Vestidos
2337	Chaquetas y trajes tipo sastre
234	Ropa interior para mujeres y niños

sobre el número de empleados y el valor de los envíos se agregan al nivel del condado para cada uno de los códigos de la industria. Publicaciones gubernamentales (como *Census Retailing, Census of Manufacturing County Business Patterns* y *U.S. Industrial Outlook*) y publicaciones comerciales con base en los códigos SIC, suministran dichos datos a lo largo de diferentes líneas geográficas. Los datos se agregan a los niveles de dos dígitos, tres dígitos y cuatro dígitos, como se indica en la tabla 5-2.

Para entender cómo se pueden utilizar estos tipos de datos para estimar el potencial en los mercados organizacionales, considérese el siguiente ejemplo.

> Rockmorton Chemical Corporation es un fabricante de tintas que se utilizan en diferentes momentos del proceso de impresión. Para establecer cuotas de ventas para su distrito, el gerente de ventas de la zona centro occidental quiso determinar primero el potencial del mercado para su línea de producto. Sus cinco vendedores se ubicaron en Pennsylvania, Ohio, Michigan, Indiana e Illinois. Luego de revisar la historia de ventas de la compañía, consideró que las industrias básicas en el empleo de tintas eran los códigos SIC 2711 (diarios), SIC 2721 (publicaciones periódicas), SIC 2732 (impresión de libros) y SIC 2741 (publicaciones varias). La estrecha revisión de sus registros de ventas, junto con su conocimiento de la industria, llevó al gerente a concluir que el costo de tintas para impresión comprendía cerca de 0.1% del valor de los envíos para las industrias que las utilizaban. Con base en sus estimados de los datos del Departamento de Comercio, calculó el valor de los envíos en cada grupo SIC para cada estado, como se indica en la tabla 5-3.

Muchos de los usos de la información sobre potencial del mercado requieren que la gerencia obtenga estimados que cubran varios años hacia el futuro. Por lo general, estimar el número de compradores potenciales no es difícil en el caso de bienes de consumo, debido a que las proyecciones con respecto al número de hogares, la edad de los grupos poblacionales y muchos otros factores demográficos, son realmente fáciles de obtener en fuentes secundarias.

En el caso de bienes industriales, el número de clientes puede cambiar lentamente. Sin embargo, algunas industrias compradoras pueden crecer con mayor rapidez que otras. Además, los movimientos geográficos (como la reciente tendencia de algunas industrias a trasladarse hacia la zona del Sunbelt

TABLA 5-3

ROCKMORTON CHEMICAL CORPORATION: ESTIMACIÓN DEL POTENCIAL DEL MERCADO

	VALORES DE LOS ENVÍOS (EN MILLONES DE DÓLARES)				
SIC	ILLINOIS	INDIANA	MICHIGAN	OHIO	PENNSYLVANIA
2711	$1571	$549	$ 931	$1274	$1558
2721	1296	0	137	389	1280
2732	137	0	158	0	355
2741	573	114	404	250	235
Total	$3577	$663	$1630	$1913	$3428
× .001					
POTENCIAL ESTIMADO (EN MILLONES)					
	$3.577	$0.663	$1.630	$1.913	$3.428

Para el área de los cinco estados, el valor total de los despachos fue de US$11.211 millones. Cuando este total se multiplicó por 0.1%, el potencial estimado se calculó en US$11.211.000.

de Estados Unidos) pueden cambiar la distribución del potencial entre los territorios de ventas. Las publicaciones del gobierno (como *Current Industrial Reports* y *U.S. Industrial Outlook*), los datos de asociaciones comerciales y publicaciones comerciales (como *Predicasts*) se pueden conseguir con facilidad y, en general, brindan suficiente información para proyectar los patrones de crecimiento de las compras de la industria en producción y empleo.

Más difícil es el problema de estimar los cambios en las tasas de compra. Como un asunto práctico, la gerencia acostumbra suponer que estas tasas se mantendrán estables; no obstante, a menudo los gerentes proyectan cambios en las tasas según su criterio, con base en las opiniones de la fuerza de ventas o de tendencias recientes en las tasas de uso.

En el caso de bienes durables (como aparatos o máquinas industriales), el potencial futuro del mercado también dependerá de la tasa a la cual los propietarios descarten un producto por desgaste o por quedar obsoleto. Los gerentes pueden estimar las tasas de descarte examinando el servicio técnico para la vida de un producto o la tasa histórica a largo plazo del descarte voluntario. Algunos productos deben descartarse por fallas técnicas; sin embargo, con frecuencia el tiempo hasta que se presente el descarte (o venta de segunda) es una función de las condiciones económicas. Por ejemplo, las tasas de préstamo de automóviles nuevos, otras condiciones económicas o cambios en el diseño de los automóviles (que llevan a nuevas características, mayor eficiencia o capacidad mejorada) pueden influir en la tasa de remplazo voluntario de un artículo durable. Si los datos históricos de las tasas de descarte se pueden calcular a partir de una muestra de usuarios, los gerentes pueden utilizar métodos actuariales para estimar el potencial de remplazo en productos de diferentes edades.

TABLA 5-4

CÁLCULO DE LAS TASAS DE SUPERVIVENCIA

AÑO DE COMPRA DEL PRODUCTO	EDAD DEL PRODUCTO (AÑOS)	UNIDADES DESCARTADAS EN 1996 (PORCENTAJE)	TASA DE SUPERVIVENCIA ANUAL (PORCENTAJE)	UNIDADES RESTANTES A FINALES DE 1996 (PORCENTAJE)
1992	4	1	99	99
1991	5	5	95	94
1990	6	10	90	85
1989	7	25	75	63
1988	8	50	50	32
1987	9	80	20	6
1986	10	100	0	0

Para ver cómo se podría estimar el potencial de remplazo de videograbadoras, considérense los datos de las tablas 5-4 y 5-5. Supóngase que un fabricante de estos equipos trata de estimar el mercado potencial de remplazo para 1997 y cuenta con datos pasados de ventas de la industria más los datos de un estudio de consumidores entre propietarios de VCR quienes adquirieron sus productos entre 1986 y 1996.

La tabla 5-4 muestra las tasas de descarte de videograbadoras adquiridas entre 1986 y 1992 (debido a que ninguna de las unidades compradas entre 1993 y 1996 se habían descartado para finales de 1996, los datos de esos años no son relevantes para las cálculos de la tabla 5-4). La tabla indica que el 1% de quienes compraron sus equipos en 1992 los descartaron a los 4 años de uso, en 1996. Esto significa que el 99% de las videograbadoras que se compraron en 1992 sobrevivieron hasta finales de 1996. De los equipos comprados en 1991, el 5% se descartó en 1996. Si se considera que la tasa de descarte para las videograbadoras con cuatro años de uso se mantiene igual, el 1% de los aparatos

TABLA 5-5

ESTIMACIÓN DEL POTENCIAL DE REMPLAZO

AÑO EN QUE SE VENDIÓ EL PRODUCTO	VENTAS DE LA INDUSTRIA (EN MILES)	DEJADOS A COMIENZOS DE 1997 (PORCENTAJE)	NÚMERO DEJADO AL COMIENZO DE 1997 (EN MILES)	TASA DE DESCARTE ANUAL (PORCENTAJE)	POTENCIAL DE REMPLAZO EN 1997 (EN MILES)
1993	10,300	100	10,300	1	103
1992	10,100	99	9,999	5	500
1991	9,800	94	9,212	10	921
1990	10,700	85	9,095	25	2,274
1989	11,700	63	7,371	50	3,686
1988	13,500	32	4,320	80	3,456
1987	12,000	6	720	100	720
					11,660

adquiridos en 1991 se habrían descartado durante 1995. Así, de las unidades originales vendidas en 1991, el porcentaje de supervivencia para finales de 1996 se calcularía como sigue:

Porcentaje de unidades que permanecen después de 4 años	.99
× tasa de supervivencia durante el quinto año	× .95
Porcentaje de unidades que permanecen después de 5 años	.94

Una vez que se han calculado las tasas de descarte y de supervivencia, el potencial futuro de remplazo se puede estimar en tanto estén disponibles los datos de ventas de la industria. La tabla 5-5 demuestra cómo se desarrolla el estimado en 1997. Como se ha considerado que ninguna unidad se descarta sino hasta el cuarto año, se comienza con los datos de ventas de 1993. A partir de la tabla 5-4 se sabe que se descartará el 1% de las unidades con cuatro años de uso; así, de las unidades vendidas cuatro años antes (en 1993) el 1% se descarta en 1997. Las videograbadoras vendidas en 1992 tendrán cinco años en 1997. De éstas, el 1% se descartó en 1996 y se espera que el 5% de las restantes 9.999.000 unidades sea descartado en 1997. El potencial total de remplazo en 1997 (11.660.000) se evalúa sumando el número de unidades que se espera descartar para cada grupo de edad.

POTENCIAL DEL MERCADO RELATIVO

El potencial del mercado relativo es simplemente la distribución porcentual del mercado potencial entre las diferentes partes de un mercado (tales como áreas geográficas o grupos de clientes). Las medidas del potencial relativo se emplean para ayudar a la gerencia a distribuir ciertos recursos de manera eficiente. En particular, existen tres aplicaciones importantes del potencial del mercado relativo.

1. *Asignación de los gastos de promoción.* Por lo general, un comerciante nacional necesitará distribuir el presupuesto de promoción de ventas y publicidad entre diferentes mercados con base en la importancia relativa de cada uno de ellos. Por ejemplo, la tasa de compra de acondicionadores de aire para salas o de llantas para nieve variará de manera significativa entre los mercados de televisión de población igual. Al saber la distribución porcentual del potencial del mercado entre diferentes mercados de televisión, la gerencia puede asignar los gastos de publicidad en proporción con la demanda real.
2. *Asignación de vendedores entre los territorios.* Un fabricante o un distribuidor mayorista necesitará distribuir sus vendedores de la manera más eficiente. Si un territorio tiene el doble de potencial de ventas con respecto a otro, probablemente deberá asignársele el doble de vendedores.
3. *Ubicación de las instalaciones.* Con el fin de minimizar los costos de transporte y maximizar la capacidad para despachar los productos con rapidez, muchas de las organizaciones intentarán ubicar sus instalaciones más cerca de los mercados con mayor potencial que de los de menor potencial. En consecuencia, en la ubicación de bodegas, plantas de producción y oficinas del distrito de ventas, el potencial del mercado relativo que se va a servir es una consideración importante.

Medición del potencial del mercado relativo

Cuando estiman el potencial del mercado relativo, los gerentes comienzan a identificar los factores mensurables que, probablemente se correlacionen con el potencial del mercado. Estas medidas, denominadas factores corolarios, se pueden utilizar para representar el potencial del mercado.

ENFOQUES DE FACTOR COROLARIO ÚNICO

El gerente de una firma de bienes industriales puede saber que el potencial del mercado está directamente relacionado con un factor único, de fácil medición, como es el número de trabajadores de producción en las industrias a las cuales les vende o el valor total de los despachos de producción que se hace a esas industrias.

Por ejemplo, la División de Sistemas de Negocios de Pitney Bowes fabrica equipos para el manejo de correo, como franqueadoras comerciales e industriales para sus clientes. En busca de un método para determinar el tamaño de la fuerza de ventas necesaria en cada área geográfica, la compañía encontró que un factor único -el crecimiento del empleo en el área- parecía estar bien correlacionado con las ventas. El crecimiento del empleo resulta de la formación de nuevos negocios y la expansión de los existentes. Éstos fueron los dos factores que dirigieron la necesidad de equipos nuevos o adicionales para el manejo del correo. Además, las estadísticas sobre empleo se reportan con frecuencia y se dispone de ellas con facilidad.

Como ejemplos del enfoque de factor corolario único podrían incluirse el número de unidades de vivienda (para electrodomésticos), el número de unidades de alojamiento para una sola persona (para los artículos destinados a las reparaciones domésticas), los niveles de ingresos disponibles (para servicios financieros), la cantidad de personas mayores de 50 años (para AARP), las temperaturas promedio en invierno (para la calefacción solar u otros medios de calefacción) y así sucesivamente. La meta del enfoque de factor corolario único es hallar un factor que se pueda obtener con facilidad, como el demográfico, y que se relacione con las ventas. La relación entre las dos variables se puede utilizar para predecir el potencial.

ÍNDICE DE FACTORES COROLARIOS MÚLTIPLES

Los gerentes pueden usar más de un factor corolario para estimar el potencial relativo del mercado. En esos casos, los índices se desarrollarán para reflejar la importancia relativa de los diferentes factores.

Para muchos bienes de consumo que se compran con frecuencia, un índice útil es el Índice del Poder Adquisitivo (IPA) que suministra el *Survey of Industrial Buying Power* de Sales and Marketing Management. Para cada condado se calcula un IPA con el fin de reflejar el porcentaje total del poder de compra en Estados Unidos, para ese condado. El índice para un mercado se compila por el peso de tres factores individuales (cada uno de los cuales se reporta por separado en el estudio), como sigue:

IPA = .5 × porcentaje del ingreso de compra efectivo del mercado de EE.UU.
+ .3 × porcentaje de ventas al detal del mercado de EE.UU.
+ .2 × porcentaje del mercado de la población de EE.UU.

Para ilustrar un uso del IPA, considérese el siguiente ejemplo:

> En 1994, una cadena regional de almacenes por departamentos, que distribuía ropa de mediana calidad y otros "bienes blandos", comenzó a considerar varias alternativas de nuevos mercados con la perspectiva de aumentar el número de almacenes. Los funcionarios de la compañía sabían que se tendría que analizar la competencia en cada mercado potencial; no obstante, antes de hacerlo querían saber cuáles mercados tendrían el mayor potencial en el área de cinco estados que la empresa servía en ese momento. Con base en su conocimiento del tamaño de las áreas en donde funcionaban sus almacenes, los mercados potenciales se

TABLA 5-6

CÁLCULO DEL ÍNDICE DE PODER ADQUISITIVO

ESTADO	POBLACIÓN TOTAL (MILES)	INGRESO TOTAL DE COMPRA EFECTIVA ($000)	VENTAS AL DETAL ($000)	ÍNDICE DEL PODER ADQUISITIVO
IOWA				
Cedar Rapids-Waterloo & Dubuque	806.1	12,029,332	6,872.185	.3055
Davenport-Rock Island-Moline	775.4	11,318,654	6,289,714	.2860
Des Moines-Ames	938.5	14,835,623	8,363,034	.3705
Ottumwa-Kirksville	106.9	1,302,957	749,699	.0346
Sioux City	403.4	5,590,453	3,069,305	.1427

Fuente: Cálculo a partir de los datos en *Sales & Marketing Management*, October 28, 1994, p. 32.

definieron en términos de los condados que se incluirían, y los datos se obtuvieron en el *Survey of Buying Power* para cada mercado. Los resultados de cuatro de los mercados en el estado de Iowa se presentan en la tabla 5-6. Sobre la base de los datos IPA, Des Moines fue claramente el mercado con el más alto potencial. Dadas estas comparaciones, la firma pudo entonces concentrar sus esfuerzos en buscar sitios específicos en aquellos mercados con mayor potencial relativo.

En la práctica, claro está, la gerencia también puede proyectar los cambios en población y poder de compra esperados en el futuro, con el fin de evaluar el potencial a largo plazo de cada mercado.

El índice del poder adquisitivo (IPA) brinda a los gerentes de marketing mediciones estandarizadas del poder de compra relevante de áreas geográficas. Sin embargo, en algunos casos, el IPA puede ser demasiado general y los gerentes pueden desear definir sus mercados más específicamente. En este caso, se puede usar un IPA estandarizado. El gerente seleccionaría un componente demográfico (población), un componente económico (ingresos) y un componente de distribución (ventas al detal) que se consideren relevantes para el potencial del mercado del producto. Estas medidas tendrían que sustituirse en el índice IPA[5].

Mercados objetivo con alto potencial

En muchos casos, las ventas de la industria y de la compañía pueden variar profundamente a través de las zonas geográficas. En algunos territorios, las compras per cápita de un producto (como mezcla en polvo para preparar limonada) puede ser muy alta en comparación con las de otros territorios. Esto sugiere que la brecha de la demanda primaria es, de alguna manera, mayor en el área con ventas per cápita bajas. De modo similar, las diferencias de participación de marca varían sustancialmente a través de los mercados. La limonada Country Time puede tener una brecha en la demanda selectiva mucho más grande en New Jersey que en Texas, por ejemplo.

[5] "How to Construct a Customer BPI", *Sales and Marketing Management*, Oct. 28, 1994, p. 9.

TABLA 5-7

CÁLCULO DE UN ÍNDICE DE DESARROLLO

ÁREA	VENTAS ANUALES DE CAJAS (CATEGORÍA O MARCA)	÷	MILES DE HOGARES	=	VENTAS POR CADA 1000 HOGARES	ÍNDICE
Total	1,600,000		80,000		20	100
A	22,500		900		25	125
B	13,500		750		18	90
C	52,800		2,400		22	110

Índice total = 100. El índice para cada territorio se calcula como:

$$\text{Índice} = \frac{\text{ventas por cada 1000 hogares en el territorio}}{\text{total de ventas por cada 1000 hogares}} \times 100$$

Frecuentemente los comercializadores elaboran índices especiales para reflejar estas brechas de origen regional. Un índice del desarrollo de la categoría (IDC) es una medida que ayuda a identificar territorios en los cuales las brechas en la demanda primaria son relativamente grandes o pequeñas. Un índice de desarrollo de marca (IDM) es una medida que se puede utilizar para evaluar las brechas de la demanda selectiva a través de los territorios[6]. El proceso para desarrollar estos índices se demuestra en la tabla 5-7.

Como lo sugiere la tabla en mención, se utiliza el mismo procedimiento básico para calcular un IDC o un IDM. Específicamente, para un IDC, dentro de cada territorio el total de ventas para una categoría de producto (como la mezcla en polvo para limonada) se divide por el número de hogares en ese mercado. Un IDM para Country Time se calcularía al dividir las ventas del mismo producto en ese mismo mercado, por el número de hogares.

Los índices de desarrollo de categoría y de marca son útiles como herramientas de diagnóstico para ayudar a los gerentes a identificar los mercados en donde existe la brecha más grande en la demanda selectiva o en la demanda primaria. Por ejemplo, los índices hipotéticos en la tabla 5-8 permitirán a los gerentes ubicar cuatro tipos de variaciones en el desempeño promedio del mercado.

- *IDC alto/IDM alto (Boston)*: en estos mercados, los consumos de marca y de categoría son muy altos. Existe poca necesidad de actividad adicional de desarrollo.
- *IDC alto/IDM bajo (Seattle):* la marca necesita de apoyo si es para crecer. Es probable que el apoyo de distribución y promoción sea inadecuado.
- *IDC bajo/IDM alto (Denver):* las oportunidades parecen existir para ampliar la demanda primaria si la gerencia puede identificar por qué algunas personas no están utilizando el producto.
- *IDC bajo/IDM bajo (Memphis):* ni la marca ni la categoría han tenido una amplia aceptación en este mercado.

[6] F. Beavin Ennis, *Marketing Norms for Product Managers*, Association of National Advertisers, New York, 1985, pp. 26-31.

TABLA 5-8

ÍNDICES TÍPICOS DE DESARROLLO DE CATEGORÍA/MARCA

	IDC	IDM
Total en EE.UU	100	100
Región oriental		
Boston	144	239
New York	94	137
Baltimore	127	213
Región sur		
Atlanta	87	71
Memphis	74	58
Dallas	92	84
Región central		
Minneapolis	114	101
St Louis	108	95
Denver	79	139
Región occidental		
Seattle	118	57
San Francisco	83	84
Los Angeles	73	70

Adaptado de F. Beaven Ennis, *Marketing Norms for Product Managers*, Association of National Advertisers, New York, 1985, p. 27.

Bases de datos internas

En muchas industrias, especialmente aquellas que se caracterizan por la competencia intensiva, con frecuencia los líderes del mercado se interesan más en determinar las oportunidades de alto potencial dentro de la base de clientes existentes. Específicamente, esas firmas se concentran en enfocar los esfuerzos de marketing en aquellos clientes que tienen probabilidad de comprar volúmenes más grandes o en quienes son posibles candidatos a comprar productos adicionales de la firma. Las bases de datos internas constan de información acerca del comportamiento de los clientes, que se ha recopilado sistemáticamente durante el transcurso de investigaciones anteriores. La tabla 5-9 suministra una lista de algunos datos típicos que podrían aparecer en la base de datos interna de un comercializador.

Pocas industrias cuentan con bases de datos internas que sean más útiles que las que suministra la industria de servicios financieros. Esas firmas no sólo cuentan con historias de transacciones precisas sino que, además, obtienen amplia información adicional cuando los clientes solicitan tarjetas de crédito, préstamos, etc. Con estos datos, los bancos podrían identificar, por ejemplo, clientes con altos ingresos que solamente tienen una cuenta con chequera (y así son buenos clientes potenciales para certificados de depósito y otros productos de inversión). Adicionalmente, la eficiencia con la cual las firmas pueden usar los recursos de marketing, mejora con el uso de las bases de datos para identificar objetivos con

TABLA 5-9

ALGUNOS DATOS TÍPICOS EN LAS BASES DE DATOS INTERNAS

- Identificación del cliente
- Nombre y dirección
- Número telefónico
- Fechas de promociones para prospecto/cliente
- Respuestas a esas promociones
- Fecha de la primera compra, de las compras subsiguientes, de la última compra
- Frecuencia de las compras
- Artículo(s) comprado(s) por ID producto, categoría o departamento
- Información sobre uso del producto, obtenida a partir de los registros de las transacciones con el cliente
- Cantidades compradas y promedios
- Método de pago (cheque, efectivo, tipo de tarjeta de crédito, etc).
- Información personal generada por las transacciones con la compañía (tales como edad, ingresos, valor de la vivienda, estado civil, edades de los hijos, ocupación y si posee automóvil).
- Información del producto y/o la compra (incluyendo razones de compra, productos competitivos considerados o propios, uso que se pretende dar al producto), obtenida a partir de cuestionarios incluidos en los productos, los cuales los compradores diligencian y devuelven.

Desarrollado de Jack Bickert, *Adventures in Relevance Marketing*, 2 ed., Briefcase Books, Denver, 1990; Ernest Schell, "Lifetime Value of a Customer", *Marketing Insights*, Fall 1991, pp. 85-89; Stan Rapp and Thomas Collins, "The Great Turnaround: Selling to the Individual", *Adweek's Marketing Week*, Aug. 27, 1990, pp. 20-26.

alto potencial. Mientras la mayor parte de las solicitudes de correo directo sólo generan 1 a 2% de respuesta, los comercializadores bancarios citan tasas de respuesta hasta cinco veces mayores, gracias a la efectividad del enfoque de los mensajes promocionales en certificados especiales de depósito o en productos para préstamos de vivienda[7].

En el capítulo 11 se presenta un análisis del uso de bases de datos internas para el marketing dirigido a los consumidores.

PRONÓSTICOS DE VENTAS

Las medidas del potencial del mercado pueden tener un valor significativo para los gerentes, como lo indican los ejemplos en este capítulo. Sin embargo, como el potencial del mercado se relaciona con las ventas de la industria y de la empresa, la utilidad de los estimados de ese potencial se puede ampliar mediante las comparaciones con los pronósticos de ventas.

Los pronósticos de ventas son estimados de los niveles de ventas futuros. Estas medidas del mercado pueden tener un tremendo impacto sobre todas las áreas funcionales de una organización, porque se utilizan para tomar diferentes decisiones. No obstante, existen diferencias importantes en los tipos y en los métodos de pronósticos de ventas, las cuales se estudiarán en este capítulo.

[7] Jon Berry, "The Rich and the Worth", *Adweek's Marketing Week*, May 11, 1992, pp. 21-23.

Tipos básicos de pronósticos de ventas

Los dos principales tipos de pronósticos de ventas son los que corresponden a las ventas industriales y a las ventas de la empresa. Dentro de estas dos clases, los pronósticos pueden hacerse a diferentes niveles de agregación de las ventas.

PRONÓSTICOS DE VENTAS DE LA INDUSTRIA

Los gerentes pueden utilizar un pronóstico de ventas de la industria para estimar las ventas totales que se lograrán con todos los proveedores en el mercado relevante. De acuerdo con la manera como la firma haya definido el mercado relevante, las ventas de la industria se pueden medir para una forma de producto, para una clase de producto o para todas las clases en competencia que satisfagan la misma necesidad genérica. Claro está que un gerente puede desarrollar pronósticos de ventas de la industria para más de uno de estos niveles de agregación, dependiendo de la manera como se vayan a usar los pronósticos.

Existen cuatro usos básicos de los pronósticos de ventas de la industria. El primero es que estos indican las tasas de crecimiento esperadas en mercados alternativos; por consiguiente, son elementos útiles en la planeación del marketing corporativo (como se estudió en el capítulo 2). Además, según el alcance en que estos pronósticos indiquen diferentes tasas de crecimiento para diversas formas o clases de producto, se pueden tomar decisiones para el mercado relevante apropiado. Por ejemplo, si la forma de un producto (como los cereales nutritivos) crece más rápido que otra forma de producto en competencia (como los cereales preendulzados), es probable que la alta gerencia brinde un apoyo mayor a las marcas en la forma de producto que crezca más rápido en el mercado. De otro lado, si los pronósticos de ventas muestran que las ventas de la industria, para una clase o forma del producto (como los cereales) crecen a un ritmo lento, entonces se examinarán las estrategias para estimular las ventas de esa forma o clase.

Segundo, la tasa de crecimiento de las ventas de la industria ejerce una importante influencia en la intensidad de la competencia. Si el pronóstico indica un descenso evidente en esa tasa de crecimiento, la gerencia sabrá que las ganancias futuras por ventas de la empresa deben proceder de aumentos en su participación de mercado, una condición que a menudo estimula una fuerte competencia en precios y promoción.

Tercero, los pronósticos de ventas de la industria también son importantes para la gerencia media. Conocer el nivel futuro de las ventas de la industria permite que una firma calcule la participación de mercado que requiere para alcanzar sus metas de ventas. Por ejemplo, si el objetivo de ventas de un producto es un millón de unidades con un pronóstico de ventas de la industria de cinco millones de unidades, los gerentes pueden juzgar si es factible o no lograr una participación de mercado del 20% con base en el nivel del esfuerzo de marketing que la empresa planeó y en la posición actual de la participación de mercado. La relación entre los pronósticos de ventas de la industria y los presupuestos de marketing se estudiará en detalle en el capítulo 6.

Finalmente, por lo general, la tasa de crecimiento de la industria ejerce una gran influencia en el crecimiento de las ventas de la empresa. De acuerdo con ello, el pronóstico de ventas de una industria a menudo es un dato importante para el pronóstico de ventas de la empresa.

PRONÓSTICOS DE VENTAS DE LA EMPRESA

Así como el pronóstico de ventas de la industria se puede desarrollar en cualquiera de los tres niveles de agregación, los pronósticos de ventas de la empresa también se pueden hacer en más de un nivel. Si lo desea, una firma puede pronosticar las ventas de la empresa de un artículo específico (como Tide tamaño regular), una marca (Tide), una línea de producto (detergentes de Procter & Gamble) o las ventas totales de la empresa (todas las ventas de Procter & Gamble).

En general, los pronósticos a nivel del artículo tienen máxima utilidad en las decisiones que se relacionan con el cronograma de producción y el transporte de bienes a los distribuidores. Los pronósticos que se realizan al más alto nivel de agregación, ventas de la empresa, son los más útiles para toda la planeación financiera de la empresa. Desde la perspectiva de una estrategia y una planeación de marketing, los pronósticos más importantes son aquellos que se enfocan en las ventas de marca o de línea de producto porque, con mayor frecuencia, las decisiones de marketing están diseñadas para influir en las ventas en estos niveles de agregación.

El pronóstico inicial de ventas puede surgir de la alta gerencia o del trabajo de campo. En Davis and Geck, una compañía de artículos médicos, el pronóstico de ventas era un número que se daba a los gerentes de ventas y que ellos, a su vez, entregaban a sus vendedores. Este estilo de arriba-abajo se cambió en 1993 por un enfoque más orientado hacia el campo para hacer que los vendedores se vincularan en el desarrollo del pronóstico de ventas. Dave Jacobs, director nacional de ventas, pidió a los 120 vendedores y los 13 gerentes regionales de ventas de la empresa que participaran con un pronóstico que pudieran cumplir y garantizar[8]. Estos pronósticos se utilizaron luego para preparar los pronósticos de ventas nacionales y regionales.

United Parcel Services, la compañía de mensajería con sede en Atlanta, utiliza un enfoque interactivo de dos puntas. El grupo de marketing corporativo comienza el proceso uniendo el pronóstico inicial de ventas con base en factores como ventas pasadas, indicadores económicos, el índice de precios al consumidor y otras tendencias. Sin embargo, este pronóstico -"la visión desde 50.000 pies"- no tiene en cuenta influencias locales como el cierre de un centro de distribución de Spiegel en Illinois y la apertura de otro en Indiana, o la apertura de una nueva planta automotriz en Carolina del Sur[9]. El proceso depende de los datos con que cuenten los gerentes locales, quienes reúnen a sus representantes para determinar un potencial realista de un área. Estos pronósticos de los territorios se agregan a los del distrito y luego a los regionales para obtener un pronóstico nacional. Estos pronósticos se negocian entre la gerencia corporativa y los directores regionales hasta llegar a un acuerdo[10].

No obstante, no todos los métodos de pronósticos tienen la misma utilidad para la toma de decisiones de marketing. Incluso cuando se pronostican ventas de marca o de línea de producto, el valor de los pronósticos para los gerentes dependerá del tipo de enfoque que se utilice para desarrollar el pronóstico. Los métodos de series de tiempo se usan generalmente, para obtener el mejor estimado de las ventas esperadas. Los pronósticos descriptivos son apropiados para explicar cómo podrían *influir* los presupuestos de precios y de marketing en las ventas futuras.

[8]William Keen, Jr. "Numbers Racket", *Sales and Marketing Management*, May 1995, pp. 64-76.
[9]Ibid.
[10]Ibid.

Enfoques básicos de pronósticos

Aunque existe una amplia gama de enfoques de pronósticos, en realidad hay tres tipos básicos: modelos de series de tiempo, modelos descriptivos y enfoques de juicio. En un estudio reciente, se envió una lista de métodos de pronósticos a los ejecutivos encargados de esa área en 500 empresas. Con base en las respuestas que entregaron 200 de ellos, las técnicas de pronósticos más familiares son los promedios móviles, la suavización exponencial, la proyección lineal y el análisis de regresión. Las técnicas que se utilizan con más frecuencia en un horizonte de tres meses a dos años, fueron suavización exponencial, jurado de opinión ejecutiva, fuerza de ventas, regresión y análisis de la proyección lineal[11]. Los promedios móviles, la suavización exponencial y el análisis de la proyección lineal se discutirán en la sección "Métodos de pronósticos con base en series de tiempo". El análisis de regresión se estudia en "Modelos descriptivos" y el jurado de expertos se analiza en la sección "Enfoques de juicio". Cualquiera de estos enfoques se puede emplear en el pronóstico de ventas de la industria o de la empresa[12].

MÉTODOS DE PRONÓSTICOS CON BASE EN SERIES DE TIEMPO

El supuesto subyacente básico en los modelos de series de tiempo es que las ventas se pueden pronosticar con precisión aceptable mediante el examen de los patrones de ventas históricos. Estos modelos son relativamente fáciles de utilizar porque los únicos datos necesarios son las ventas pasadas; además, estos modelos se pueden implementar por medio de programas de computador ya existentes, fáciles de conseguir. Una ventaja adicional de estos modelos es que el rango probable de la desviación de las ventas reales, a partir del pronóstico de ventas (llamado *error de pronóstico*), se puede estimar estadísticamente.

Por regla general, los modelos de series de tiempo son más útiles cuando las fuerzas del mercado son relativamente estables dentro del horizonte de los pronósticos. Es decir, que si las tendencias de ventas no tienen probabilidad de variación debido a cambios económicos, acciones de marketing o tecnología, estos modelos tienen la posibilidad de ser razonablemente precisos. A menudo, estas condiciones se encuentran cuando se requieren horizontes de pronósticos a corto plazo (menos de un año). También se pueden encontrar en periodos de pronósticos mayores en el caso de mercados tecnológicamente maduros, que no son muy susceptibles a los efectos de las fluctuaciones económicas y se espera que reflejen pocos cambios importantes en el esfuerzo de marketing.

Incluso en los mercados más estables, se pueden presentar variaciones de las estaciones, cambios en las tendencias y fluctuaciones aleatorias. En consecuencia, se ha desarrollado una diversidad deprocedimientos para "suavizar" las fluctuaciones aleatorias mediante el promedio de los niveles de ventas recientes, dando valor a los niveles mensuales de ventas para ajustarse a las estaciones y aumentar la importancia de los más recientes datos de ventas de las tendencias reflejadas.

[11] John T. Mentzer and Kenneth B. Kahn, "Forecasting Technique Familiarity, Satisfaction, Usage, and Application", *Journal of Forecasting*, vol. 14, 1995, pp. 465-476.

[12] Makridakis Spyros and Steven Wheelwright, "Forecasting: Issues and Challenges for Marketing Management", *Journal of Marketing*, October 1977, pp. 24-38; and David M. Georgoff and Robert G. Murdick, "Manager's Guide to Forecasting", *Harvard Business Review*, January-February 1986, pp. 110-120.

FIGURA 5-2
Ventas de Tootsie Roll entre1984 y 1993.

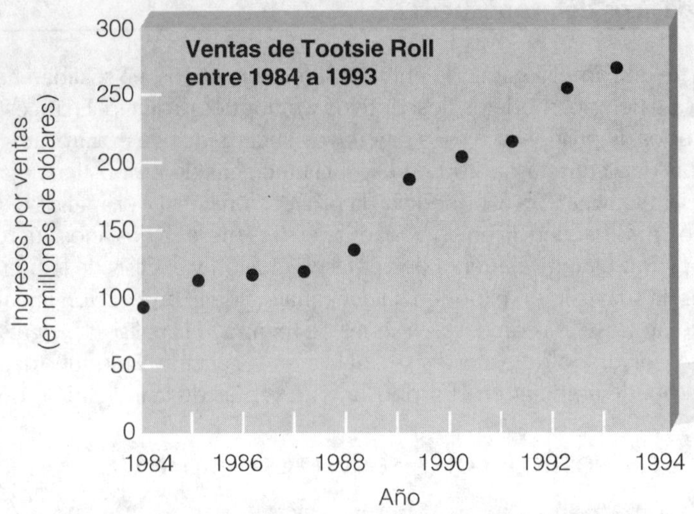

Considérese, por ejemplo, la figura 5-2. Los puntos reflejan las ventas anuales para Tootsie Roll Company desde 1984 hasta 1993. Estos datos de ventas se utilizarán para comparar los tres modelos de series de tiempo más empleados: promedios móviles, suavización exponencial y proyecciones lineales de tendencia.

PROMEDIOS MÓVILES

Como el nombre lo indica, este método se basa en el promedio de algún periodo histórico específico para pronosticar el valor de un periodo futuro. La tabla 5-10 presenta los pronósticos de ventas para un promedio móvil de tres años. El pronóstico para 1987 es el promedio de las ventas de 1984, 1985 y 1986. El error de pronóstico es la diferencia entre las ventas reales y el pronóstico de ventas.

SUAVIZACIÓN EXPONENCIAL

Una limitante de los promedios móviles es que todos los años que se utilizan tienen la misma importancia. En algunos casos, se desea dar un mayor valor a los años recientes. La suavización exponencial permite dar un valor diferencial a los años; la fórmula para aplicarla es

$$Y_{(t+1)} = \alpha A_t + (1 - \alpha) Y_t$$

$Y_{(t+1)}$ es el valor pronosticado, α es la constante de suavización. A_t es las ventas reales para el periodo t y Y_t es las ventas pronosticadas para el periodo t. El pronóstico de ventas, con una constante de suavización de .5 para 1990 (*véase* tabla 5-10) es

$$148.91 = (.5)\ 179.00 + (1 - .5)\ 118.81$$

La constante de suavización se restringe a los valores entre cero y uno. Entre mayor sea el valor de la constante, mayor es el énfasis en los años más recientes.

Cuando los datos se caracterizan por una tendencia de aumento, como aparece en la tabla 5-10, los estimados de promedios móviles y de suavización exponencial siempre estarán por debajo del valor real.

TABLA 5-10

PRONÓSTICOS DE SERIES DE TIEMPO

PROMEDIOS MÓVILES

AÑO	VALOR REAL	PRONÓSTICO A TRES AÑOS VALOR	ERROR
1984	93.00		
1985	106.00		
1986	111.00		
1987	114.00	103.33	10.67
1988	128.00	110.33	17.67
1989	179.00	117.67	61.33
1990	194.00	140.33	53.67
1991	207.00	167.00	40.00
1992	245.00	193.33	51.67
1993	259.00	215.33	43.67
1994		237.00	

SUAVIZACIÓN EXPONENCIAL (CONSTANTE DE SUAVIZACIÓN = .50)

AÑO	VALOR REAL	VALOR DEL PRONÓSTICO	ERROR DE PRONÓSTICO
1984	93.00		
1985	106.00	93.00	13.00
1986	111.00	99.50	11.50
1987	114.00	105.25	8.75
1988	128.00	109.62	18.37
1989	179.00	118.81	60.19
1990	194.00	148.91	45.09
1991	207.00	171.45	35.55
1992	245.00	189.23	55.77
1993	259.00	217.11	41.89
1994		238.06	

PROYECCIONES LINEALES

LÍNEA DE TENDENCIA	VALOR REAL	VALOR DEL PRONÓSTICO	ERROR DE PRONÓSTICO
1984	93.00	75.29	17.71
1985	106.00	94.92	11.08
1986	111.00	114.54	-3.54
1987	114.00	134.16	-20.16
1988	128.00	153.79	-25.79
1989	179.00	173.41	5.59
1990	194.00	193.04	0.96
1991	207.00	212.66	-5.66
1992	245.00	232.28	12.72
1993	259.00	251.91	7.09
1994		271.53	

PROYECCIONES LINEALES

En los casos en donde existen tendencias pronunciadas, las fluctuaciones aleatorias no son severas y los gerentes desean pronosticar varios periodos hacia el futuro, los enfoques de ajuste de línea se emplean, con frecuencia, para identificar las series de tiempo de las ventas. En este enfoque se utiliza un programa de computador para determinar la ecuación de la línea que tenga "mejor ajuste": la línea o curva que se aproxima más estrechamente a la tendencia histórica. Esta ecuación se utiliza, entonces, para pronosticar ventas futuras mediante la proyección de la misma línea o curva hacia el futuro. Como se puede ver en la figura 5-2, existe claramente una tendencia de ventas ascendente con fluctuaciones modestas. La línea de tendencia para los datos es

$$\text{Pronóstico} = 55.67 + 19.62\ (\text{periodo})$$

Los resultados del análisis de la línea de tendencia para los datos que aparecen en la figura 5-2 se presentan en la tabla 5-10. Los pronósticos de ventas para los años subsiguientes (1995 hasta 1998) se pueden utilizar empleando la misma fórmula para los periodos 12 al 16.

Antes de usar pronósticos de series de tiempo, los gerentes deberán responder las preguntas planteadas en la tabla 5-11; estos funcionarios contarán con un número representativo de datos si esperan una tendencia que sea confiable. De manera adicional, los modelos de series de tiempo sólo representan el pasado. Estas proyecciones pueden ser demasiado optimistas si las ventas de la industria se acercan al potencial del mercado (y, de ese modo, tienen la probabilidad de una tasa de crecimiento sustancialmente reducida). Por último, los principales cambios en las ventas futuras suelen presentarse debido a las modificaciones en el entorno demográfico o económico, el esfuerzo de marketing de la firma o la actividad competitiva; los efectos potenciales de esos cambios se pueden captar solamente a través del uso de modelos descriptivos.

TABLA 5-11

PREGUNTAS PARA EVALUAR LA CONFIABILIDAD DE LOS PRONÓSTICOS DE SERIES DE TIEMPO

1. ¿Contamos con una suficiente historia de datos de ventas para construir una tendencia confiable?
2. ¿Podemos esperar que las tendencias de crecimiento de la industria desciendan de nivel, debido a que las ventas de la industria se acercan al potencial del mercado?
3. ¿Es probable que las ventas de la industria cambien debido a factores económicos, demográficos o tecnológicos?
4. ¿Puede anticiparse la nueva competencia (incluyendo la que procede de otras formas o clases de producto) que influirá en las ventas de la industria o de la compañía?
5. ¿Podemos esperar cambios importantes en la actividad de marketing de los competidores?
6. ¿Tiene la industria (compañía) la capacidad de producción para satisfacer los pronósticos de ventas de la industria (empresa)?
7. ¿Planea nuestra empresa hacer cambios importantes en sus programas de marketing?

MÉTODOS DE PRONÓSTICOS CON BASE EN MODELOS DESCRIPTIVOS

Cuando se puede esperar que los cambios del entorno produzcan un giro en el patrón histórico de las ventas, los modelos de series de tiempo pueden ser insatisfactorios. En esas situaciones, los gerentes tienen mayor probabilidad de emplear técnicas de pronósticos que relacionen las ventas con uno o más factores de los cuales se considera que causan o influyen en las ventas. Los modelos descriptivos como los de regresión múltiple se utilizan cuando varios factores ejercen un impacto en las ventas. Los pronósticos de regresión múltiple permiten a los gerentes incorporar los efectos esperados de cualquier variable de marketing que sea controlable y que posiblemente sea significativa cuando se hacen los pronósticos de ventas de la empresa. La meta es evaluar la relación entre estas variables controlables y las ventas. ¿Puede explicarse la variación en ventas para diferentes periodos a través de los niveles de precio, promoción, distribución, etc., en esos periodos? Un modelo de regresión múltiple con ventas como la variable dependiente y los factores controlables como predictores o variables independientes, orientará la respuesta a esta pregunta.

Considérese la tabla 5-12, que presenta datos sobre participaciones de mercado para una marca de galletas líder en Nueva Zelanda[13]. Obsérvese que la participación de mercado varía desde un porcentaje

TABLA 5-12

MERCADO DE GALLETAS EN NUEVA ZELANDA: PARTICIPACIÓN DE MERCADO, PRECIO RELATIVO, PUBLICIDAD Y DISTRIBUCIÓN PARA UNA MARCA LÍDER EN VENTAS

PERIODO	PARTICIPACIÓN DE MERCADO	PRECIO RELATIVO	DISTRIBUCIÓN RELATIVA	PUBLICIDAD RELATIVA
1	0.518667	0.99596	1.05763	0.83048
2	0.558001	0.99112	1.03970	0.42723
3	0.545538	0.98112	1.04589	0.24783
4	0.493883	1.00633	1.03959	0.55797
5	0.502510	0.98687	1.03284	1.00000
6	0.553169	0.97524	1.04448	1.00000
7	0.561195	0.97223	1.04752	0.97441
8	0.535317	0.99437	1.05605	0.51284
9	0.540326	0.99321	1.05296	0.51284
10	0.522628	0.98322	1.03618	0.56120
11	0.536117	1.00383	1.04714	0.80892
12	0.558861	0.99705	1.04960	1.00000
13	0.524293	1.00225	1.04838	0.22737
14	0.466122	1.00172	1.04868	0.32652
15	0.471938	1.00017	1.02406	0.32546
16	0.497760	0.98295	1.03772	0.80955
17	0.511327	0.97971	1.06260	0.87337
18	0.554894	0.98837	1.09686	0.73084
19	0.590279	0.99098	1.10962	0.95759
20	0.572970	0.98397	1.06835	1.00000
21	0.610783	0.97863	1.11071	0.46047

[13] Michael Geurts and David Whitlark, "Forecasting Market Share", *Journal of Business Forecasting*, Winter 1992-1993, pp. 17-22.

bajo de 46.61% en el periodo 14 a un porcentaje alto de 61.08% en el periodo 21. Los factores que se utilizan para explicar la variación en ventas son niveles relativos de precios, distribución y publicidad. Los niveles relativos son la relación del nivel de la empresa con el promedio de la industria. El modelo de regresión múltiple con base en los datos de la tabla 5-12 es

$$\begin{aligned}\text{Participación de mercado} = .61 &- 1.11\ (\text{precio relativo})\\ &+ .97\ (\text{distribución relativa})\\ &+ .01\ (\text{publicidad relativa})\end{aligned}$$

Aunque muchos otros factores podrían explicar por qué la participación de mercado varía de un periodo a otro, el modelo explica en más de un 60% la variación en la participación de mercado, basado únicamente en niveles relativos de precio, distribución y publicidad.

Adicionalmente, como en cualquier pronóstico estadístico, la empresa pudo determinar el error estándar del pronóstico, en este caso, .025; es decir, que siempre hay alguna imprecisión en términos de ventas y pronósticos pasados. Dos tercios de las veces, el estimado del pronóstico de ventas estará dentro de un error estándar (en este caso, .025) de la participación de mercado actual; en un 95% de las veces, el pronóstico de la participación estará dentro de dos errores estándar (en este caso .05) de la participación de mercado actual.

Los modelos de regresión múltiple permiten a los gerentes predecir valores de la variable dependiente (por ejemplo, participación de mercado) para diferentes niveles de las variables predictoras (por ejemplo, precio, distribución y publicidad). Si se establece el precio relativo en .95, la distribución relativa en 1.06 y la publicidad relativa en 1.0, el nivel estimado de participación de mercado, con base en el modelo de regresión múltiple descrito, es

$$\begin{aligned}\text{Participación de mercado} &= .61 - 1.11(.95) + .97(1.06) + .01(1.0)\\ &= .5937\end{aligned}$$

Cuando se construyen e interpretan los modelos de regresión múltiple, los gerentes necesitan hacerse varias preguntas importantes con el fin de evaluar la confiabilidad de los pronósticos de regresión. Dos de los interrogantes más importantes con respecto a los modelos de regresión múltiple son

- ¿Ha quedado por fuera algún factor importante del modelo?
- ¿Las variables independientes o predictoras se correlacionan entre sí?

La primera pregunta trata sobre la especificación del modelo. Si alguno de los factores que tienen un impacto significativo en las ventas se ha dejado por fuera del modelo, el impacto no se incluirá en el pronóstico y, por consiguiente, estará seriamente desviado.

La segunda pregunta se refiere a la capacidad del gerente para separar los efectos de las variables predictoras sobre la variable dependiente. Considérese el modelo de regresión múltiple para estimar las participaciones de mercado del fabricante de galletas. Los coeficientes para precio, distribución y publicidad son 1.11, .97 y .01, respectivamente. Existe la tentación de concluir que la distribución está altamente relacionada con los cambios en la participación de mercado y con la publicidad, no. Sin embargo, si las dos variables, distribución y publicidad, están altamente correlacionadas entre sí, no se puede llegar a esa conclusión. El tamaño del coeficiente de cada variable independiente se afecta por la correlación entre las variables. Cuando las variables predictoras se correlacionan entre sí, la predicción general no se afecta pero la capacidad para atribuir el efecto de una variable cualquiera, sí.

ENFOQUES DE JUICIO

Con frecuencia, no es posible basarse en enfoques estadísticos para hacer los pronósticos. Los métodos de series de tiempo pueden ser inapropiados debido a las amplias fluctuaciones en ventas o por cambios anticipados en las tendencias. Los métodos de regresión pueden no ser factibles debido a la falta de datos históricos o por la incapacidad de la gerencia para determinar (e incluso identificar) las causales. El enfoque de juicio puede ser la única posibilidad de la gerencia para hacer pronósticos en este tipo de situaciones.

Incluso, cuando se dispone de estimados estadísticos, si lo desean, los gerentes pueden usar el juicio para complementar estos enfoques porque inclusive los más sofisticados modelos estadísticos no pueden anticipar todos los factores potenciales externos que pueden influir en las ventas (tales como huelgas en las instalaciones de los clientes o innovaciones competitivas importantes). Dos técnicas de juicio que prevalecen son el jurado de opinión ejecutiva y la técnica Delphi[14]. El jurado de opinión ejecutiva invita el ingreso de ejecutivos de nivel senior. En algunos casos, a los ejecutivos se les pide que den un nivel de ventas optimista, uno pesimista y otro que sea el más probable para algún periodo futuro. Los gerentes que elaboran los pronósticos de ventas determinan primero un pronóstico para cada ejecutivo y luego combinan los niveles de todos ellos. La técnica Delphi pide a los miembros de un equipo que presenten sus pronósticos y los supuestos que los respaldan. Luego, el líder del grupo los revisa y los regresa a los participantes con un resumen de la primera ronda, para una segunda ronda de pronósticos. Cuando se alcanza un consenso aceptable, el proceso se detiene.

Interpretación de los pronósticos

Al evaluar las implicaciones administrativas de un pronóstico de ventas, los gerentes deberán estar plenamente conscientes de la sensibilidad de los resultados del pronóstico ante cambios leves en los supuestos o las técnicas para hacer los pronósticos y los costos de los errores de pronóstico.

ANÁLISIS DE LA SENSIBILIDAD

Si varias técnicas dan, en esencia, los mismos resultados, la confiabilidad de un pronóstico deberá ser mayor. Según esto, algunas firmas elaboran pronósticos paralelos con base en técnicas alternativas. Conocer cómo llevan a esos pronósticos las técnicas o los supuestos, permite que un gerente determine qué tan sensible es el pronóstico ante el cambio de estos factores. Cuando los pronósticos son altamente sensibles, los gerentes deberán esperar una mayor imprecisión y deberán controlar muy de cerca el entorno a fin de encontrar cuál es el modelo y cuáles los supuestos que más se aproximan a la realidad.

[14]Norton Paley, "Welcome to the Fast Lane", *Sales and Marketing Management*, August 1994, pp. 65-66.

LOS COSTOS DE LOS ERRORES EN LOS PRONÓSTICOS

Las empresas que fabrican o venden productos con largos ciclos de vida y ventas sólidas están menos interesadas en los costos de los errores en los pronósticos, porque es probable que en estos casos, los pronósticos se hallen cerca de las ventas reales. No obstante, cuando el pronóstico de ventas que recibe la gerencia tiene un gran error estándar, los gerentes necesitan considerar los costos de sobrestimación y subestimación de las ventas. Para ilustrar este punto, supóngase que a un gerente se le ha informado que el pronóstico de ventas de la empresa es de 200.000 unidades con un error estándar de 10.000 unidades. La teoría estadística dice que existe un 95% de posibilidades de que el nivel real de ventas se encuentre dentro de dos errores estándar. Por consiguiente, existe 95% de posibilidad de que las ventas se encuentren dentro del rango de 180.000 a 220.000 unidades. Si el gerente fija la producción en el nivel mínimo -180.000 unidades-, y la demanda es más alta, la subestimación lo llevará a faltantes en el inventario o escasez del producto. Si fija la producción en el nivel máximo de 220.000, y la demanda es menor, la sobrestimación lo llevará a un exceso de inventarios. Cualquiera de estas consecuencias se agrega al costo de los productos. En algunas industrias caracterizadas por una demanda altamente volátil, como la industria de la moda, los costos de faltantes por subestimación y las ventas de rebajas debidas a la sobrestimación realmente pueden superar los costos de producción[15]. Se ha presentado un gran incremento en las ventas de rebajas en la industria de ventas al detal durante las dos décadas anteriores, como se muestra en la figura 5-3.

FIGURA 5-3
Fluctuaciones en la industria de ventas al detal.

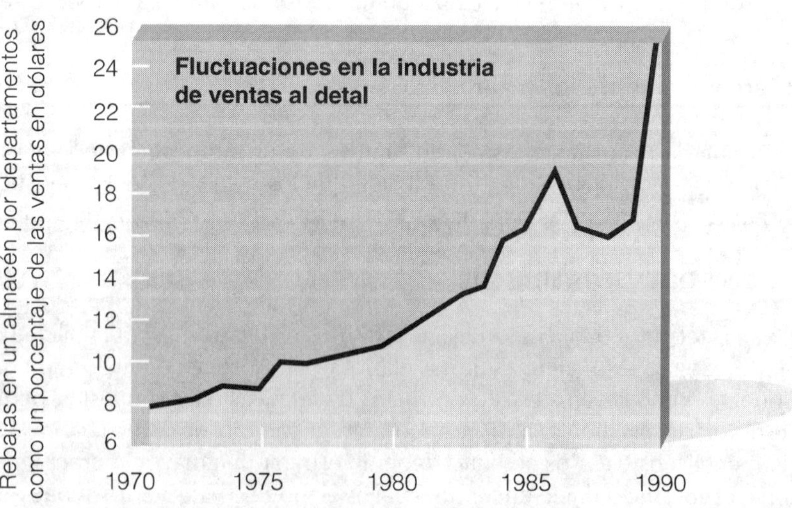

Fuente: Financial and Operating Results of Department and Specialty Stones, *National Reatail Federation.*

[15]Marshall Fisher, "Making Supply Meet Demand in an Uncertain World", *Harvard Business Review*, May-June, 1994, pp. 83-93.

TABLA 5-13

POSIBLES RESULTADOS DEBIDOS A ERRORES EN LOS PRONÓSTICOS DE VENTAS DE UNA COMPAÑÍA

RESULTADOS DE LA SOBRESTIMACIÓN
El exceso en la capacidad conduce a detención en la producción y pérdidas en mano de obra calificada.
Reducciones de precios o gastos adicionales de marketing para movilizar el producto.
Sobrecarga del distribuidor debido a su exceso de inventarios.
Costos de inventario:
Problemas de flujo de caja y costos de capital unidos a los bienes terminados, componentes y materias primas
Retraso o deterioro tecnológico
Costos de almacenamiento o bodegaje
RESULTADOS DE LA SUBESTIMACIÓN
Pérdida de ventas o de prestigio ante el cliente
Costos por exceso de tiempo
Costos de gastos de despacho
Reducción en el control de la calidad porque se disminuye el mantenimiento de la maquinaria al encontrarse al límite de su producción
La producción se encuentra en situaciones de "cuello de botella" debido a la falta de materiales y partes

En la tabla 5-13 se presentan diferentes clases de consecuencias asociadas con la sobrestimación y la subestimación de las ventas de la empresa. Para algunas firmas, el costo de mantener excesos en el inventario puede ser extremadamente alto (quizá porque el producto es perecedero), mientras que la cantidad de ventas perdidas debido al retraso en las entregas es muy bajo (quizá porque la empresa cuenta con la lealtad de sus clientes). De acuerdo con esto, si una firma se encuentra en esa situación, la gerencia estará más dispuesta a arriesgarse en la subestimación que en la sobrestimación. Esta inclinación hacia el riesgo por la subestimación se presenta porque el costo de los excesos de inventarios, que resultan del aumento de la producción, superará las pérdidas causadas por un inadecuado nivel de producción. Debido a que los costos de la sobrestimación son mayores para esa firma, probablemente los gerentes querrán basar sus decisiones en un pronóstico que sea más conservador que el pronóstico de ventas.

CONCLUSIÓN

La medición del mercado es una actividad de trascendental importancia para un amplio rango de decisiones. Los estimados del potencial del mercado y los pronósticos de las ventas de la industria y de la empresa son esenciales para el desarrollo de las estrategias de marketing corporativo y los objetivos del producto. Las decisiones de la gerencia media con respecto al tamaño y la distribución de los gastos de marketing dependen, en gran medida, de los pronósticos de ventas y de la relación entre los pronósticos y las medidas de rentabilidad y productividad. El análisis de rentabilidad y de productividad se verá en el siguiente capítulo.

En este capítulo se han examinado las diferentes clases de mediciones de mercado, sus usos y las diferentes formas en las cuales se pueden desarrollar. Al entender el propósito y los supuestos que sustentan una determinada medición del mercado, un gerente encontrará más fácil especificar el tipo de información necesaria en una situación dada y comprender el grado de confiabilidad que deberá establecer en un estimado de una medición del mercado determinada.

Adicionalmente, los gerentes deberán estar conscientes de las fuentes de datos disponibles que se pueden utilizar para desarrollar estimados de mediciones del mercado. Algunas de esta fuentes se mencionaron en este capítulo; sin embargo, en el Apéndice se presenta una lista y una descripción más completas de las fuentes principales de información del mercado.

Los diferentes pasos en la medición del mercado y las relaciones entre ellos se reflejan en la figura 5-4. Para lograr un mejor entendimiento de algunas de estas relaciones y ser más consciente de los retos que implica la medición del mercado, considérese el proceso utilizado por Sport Obermeyer para pronosticar la demanda de ropa para esquiar. Obermeyer incorpora la teoría estadística formal, los costos y los métodos de pronósticos de juicio para determinar su producción.

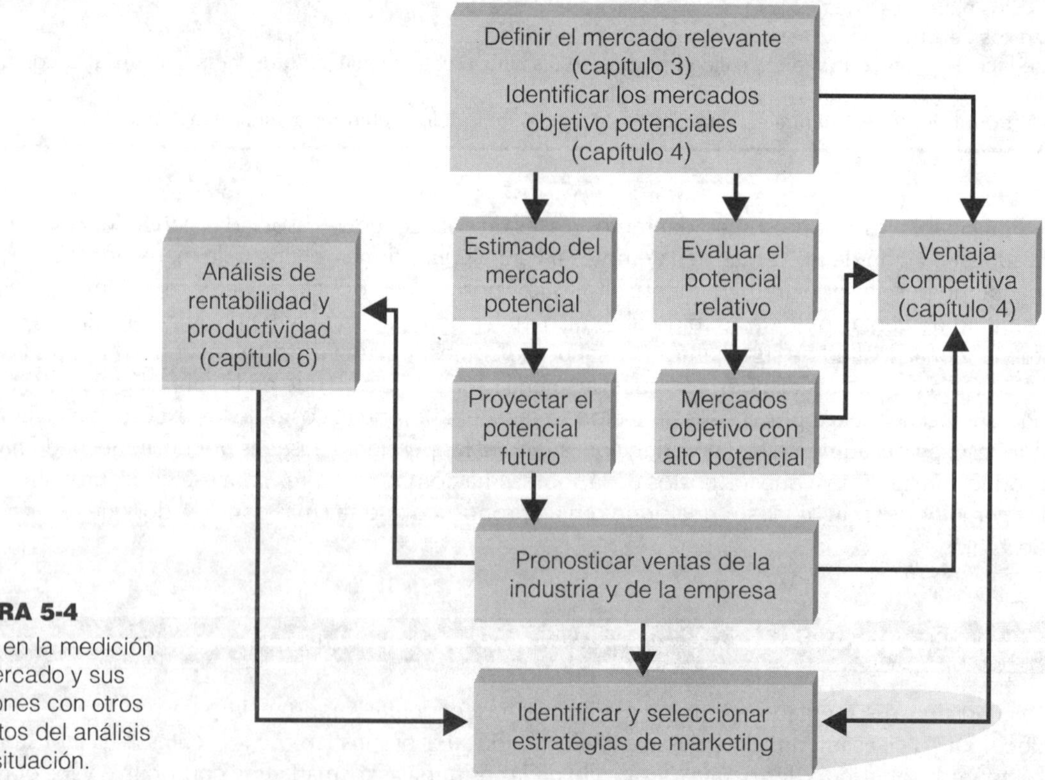

FIGURA 5-4
Pasos en la medición del mercado y sus relaciones con otros aspectos del análisis de la situación.

CÓMO ENFRENTARON LA INCERTIDUMBRE DE LA DEMANDA EN SPORT OBERMEYER

Participante desde hace mucho tiempo en la industria, Klaus Obermeyer describe el mercado de la ropa para esquiar como extremadamente inestable. Con una configuración impredecible, ¿cómo sería posible para usted utilizar métodos estadísticos formales para pronosticar las ventas? Sorpréndase. A pesar de que la demanda de cada producto varía ampliamente, la distribución general de la demanda sigue un patrón reconocible.

La administración de Sport Obermeyer encontró que los datos de la demanda se distribuían normalmente, como la bien conocida curva de campana. Esta distribución se centraba alrededor de la demanda media o promedio; la desviación estándar, o ancho de la distribución, definía el nivel de la demanda incierta. Estas cifras cerca del promedio fueron más ciertas que los números en los extremos o colas de la curva.

Sport Obermeyer utilizó un comité de compras para predecir la demanda para los abrigos de piel con capucha, modelo Pandora; en la gráfica de la figura 5-5, "Ventas probables del abrigo de piel con capucha Pandora", se muestra esta distribución del pronóstico. El área sombreada representa la probabilidad de que la demanda exceda 1285 unidades. La idea tras la curva de distribución era maximizar la rentabilidad esperada, equilibrando los riesgos de la sobreproducción y de la subproducción.

Para equilibrar los costos de la sobreproducción con los costos de las pérdidas en ventas debido a la subproducción, Obermeyer calculó la utilidad marginal para cada abrigo vendido y la utilidad perdida para cada unidad producida y no vendida. La teoría económica establece que la compañía deberá conservar la producción de abrigos tanto como sea necesario para que las ganancias superen a las pérdidas. Por ejemplo,

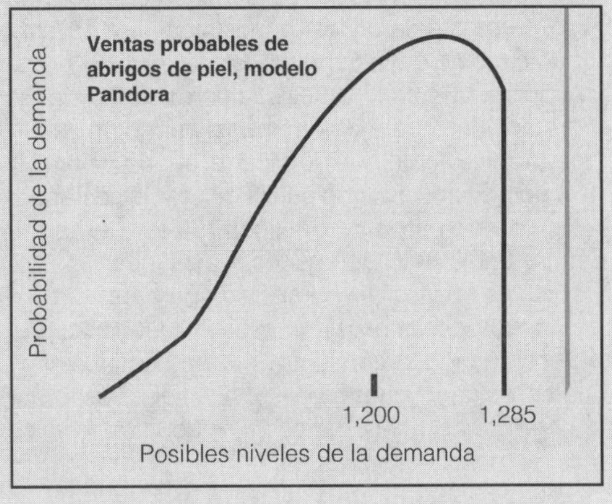

FIGURA 5-5
Ventas probables de abrigos de piel, modelo Pandora.

Sport Obermeyer gana US$14.50 en cada unidad vendida y pierde US$5.00 por cada abrigo que deje de vender. Para los abrigos el número es 1285. La probabilidad de vender el abrigo número 1285 es del 25.7% mientras que la oportunidad de no venderlo es del 74.3%. La ganancia que se espera con ese abrigo es de 3.726 (.257 × 14.50), que es casi igual a la pérdida esperada de 3.715 (.743 × 5.00) por la producción de la misma prenda. En este punto, el dinero que gana la empresa por sus ventas sigue siendo mayor que el que pierde por la sobreproducción. Sin embargo, si la compañía produjera 1290 abrigos, la probabilidad de vender esa cantidad podría disminuir, en tanto que la de tener demasiadas existencias podría aumentar y las pérdidas de Obermeyer podrían ser mayores que sus ganancias. Por tanto, la empresa debe evaluar con precisión la probabilidad de la distribución de la demanda y calcular sus costos para determinar sus oportunidades de rentabilidad.

En su forma típica, los pronósticos de ventas utilizan datos de la demanda histórica pero Obermeyer no tenía ninguna medida predecible, de manera que tenía que encontrar otra técnica de estimación. La empresa comenzó pidiendo a cada miembro del comité de compras que diera pronósticos individuales para cada producto. Luego, se promediaron los pronósticos para hallar el punto medio de la curva de la demanda. A continuación, utilizaron la desviación estándar de las predicciones para determinar el ancho de la curva. Aquí tuvieron que duplicar el ancho de la curva porque encontraron que la desviación estándar de los errores de pronósticos reales, por lo común, había sido dos veces mayor que los pronósticos previos del comité de compras.

Se predijo que los pronósticos serían más precisos cuando el comité tuviera pronósticos similares; es decir, cuando las desviaciones estándar fueran bajas. Esta predicción se confirmó con los datos reales de las ventas del periodo 1992-1993. De ese modo, el comité descubrió que podría avanzar y producir ciertos productos –aquellos en donde sus pronósticos tuvieron desviaciones estándar bajas– inclusive antes que estuvieran disponibles los datos adicionales de ventas.

Sport Obermeyer utilizó métodos estadísticos básicos, combinados con técnicas de pronósticos, para desarrollar una secuencia de producción basada en los riesgos, que señala el enlace entre sistemas de planeación y enfoques analíticos.

1. ¿Cómo se forma la distribución de la probabilidad de la demanda?
2. ¿Cómo se relacionan la probabilidad de la distribución de la demanda, las utilidades y los costos de oportunidad, con el pronóstico de los niveles de producción?
3. En este caso, ¿cree Ud. que la compañía está más interesada en la sobrestimación o en la subestimación?

PREGUNTAS Y SITUACIONES PARA ANÁLISIS

1. ¿En cuáles implicaciones estratégicas se interesaría Ud. si observara una brecha en la demanda selectiva?
2. WatchDog fabrica y vende dispositivos de seguridad para hogares con un sólo miembro en la región de Nueva Inglaterra, en Estados Unidos. Watchdog se interesó en ingresar al mercado de la zona sur, pero quería ingresar el producto en un estado a la vez. Los registros del gobierno indican que Virginia y Carolina del Norte tienen aproximadamente, el mismo número de hogares: 1.218.000 en Carolina del Norte y 1.192.100 en Virginia. Los registros de la empresa indican que el 1.5% de los hogares calificados con menos de US$150.000 compraron el producto; cerca de un 3% con US$150.000 o más, pero menos de US$300.000, fueron usuarios y alrededor de un 4% con más de US$300.000 o más fueron usuarios. Con base en los datos del censo para el valor de las unidades ocupadas por el propietario, que se suministran abajo, ¿cuál de los dos mercados tiene el potencial más grande?

	HOGARES OCUPADOS (EN $000)					
ESTADO	MENOS DE US$50,000	US$50,000 A US$99,000	US$100,000 A US$149,000	US$150,000 A US$199,000	US$200,000 A US$299,000	US$300,000 Y MÁS
C. del N.	382.8	575.7	155.2	56.3	33.1	15.0
Virginia	206.7	466.2	203.9	132.8	116.5	66.0

3. Rockport Metal vende un solvente contra el óxido a compañías clasificadas en los códigos SIC (Standard Industrial Classification) 3411 (latas metálicas) y 3412 (barriles metálicos). La empresa estima que el costo del solvente comprende el .4% del valor de los despachos. Los cuatro mercados más grandes para los códigos SIC son California, Ohio, Texas y Nueva Jersey. La empresa asignó un vendedor para cada una de estas áreas; todas las demás ventas se manejaron por telemercadeo. Si el representante en Ohio, a quien se considera un buen vendedor, registra cerca de US$1.25 millones en ventas, ¿cuáles deberán ser las cuotas para los otros vendedores? (Nota: Ud. necesita utilizar fuentes secundarias para responder esta pregunta).
4. Seamore, una agencia nacional de viajes, especializada en el manejo de paquetes para vacaciones, dirigidos a empleados de construcción y fabricación, quiere desarrollar presupuestos de promoción para las regiones norte, centro-occidental, sur y occidental de Estados Unidos. Los registros anteriores indicaron que el 65% de los negocios de SeaMore se realizan con empleados en la industria de la construcción y el 35% con empleados vinculados a la fabricación. Dado un presupuesto para correo directo de US$5 millones, establezca un presupuesto para las cuatro regiones. A continuación, se suministran los datos de la oficina U.S. Bureau of Labor Statistics para las cuatro regiones.

	CIFRAS DE EMPLEO (000)	
REGION	CONSTRUCCIÓN	FABRICACIÓN
Norte	725	3,582
Centro-occidente	1,021	5,414
Sur	1,714	5,970
Occidente	960	3,107

5. La Tennis Racquet Manufacturers Association ha estimado que, para un determinado segmento del mercado, cerca del 15% de los usuarios desechan sus raquetas durante el primer año después de la compra; el 25%, después de dos años; el 50% después de tres años y, virtualmente, el 100% al cabo de cuatro años. Las ventas de la industria (en miles) para una región geográfica se presentan a continuación. Con base en las ventas, ¿cuál fue el potencial de remplazo para 1997?

AÑO	VENTAS
1996	5250
1995	6479
1994	4890
1993	4798
1992	4678

6. ¿Qué consejo les daría Ud. a los gerentes que desean desarrollar un índice de factor corolario múltiple del potencial del mercado?
7. Para determinar los medios de comunicación y establecer las cuotas de ventas, la gerencia necesitaba clasificar en orden los seis estados de Nueva Inglaterra, con respecto a su índice de poder adquisitivo. Con base en los datos que se suministran a continuación, haga el ordenamiento correspondiente.

ESTADO	POBLACIÓN	VENTAS AL DETAL	INGRESO DE COMPRA EFECTIVO
Connecticut	3,273,900	32,223,567	74,886,978
Maine	1,237,700	11,681,170	19,146,000
Massachusetts	6,053,000	52,465,985	119,450,956
New Hampshire	1,143,000	12,761,493	22,045,996
Rhode Island	995,400	7,538,334	16,198,993
Vermont	582,600	9,011,998	5,125,037
EE.UU.	262,213,300	2,241,319,080	4,436,178,724

8. ¿Cuáles son las diferencias, con respecto a las ventajas y las desventajas, entre un método de arriba abajo y otro de abajo arriba para elaborar pronósticos de ventas?
9. El número de visitantes a la exhibición de arte sobre la vida salvaje en Charleston, Carolina del sur, ha crecido anualmente durante los últimos 10 años. La cámara de comercio quiso estimar el número probable de personas que asistirán este año si se mantiene la misma tendencia. Con base en los datos que aparecen a continuación, prepare un pronóstico utilizando un promedio móvil de tres años, una suavización exponencial con una constante de .6 y un análisis de proyección lineal de tendencia. Compare los pronósticos resultantes y describa cuáles son sus diferencias. Además, ¿puede recomendar Ud. alguna mejor manera de utilizar cualquiera de los tres métodos?

AÑO	VISITANTES
1995	76,890
1994	73,500
1993	67,500
1992	66,780
1991	56,000
1990	54,890
1989	52,765
1988	46,750
1987	42,125
1986	34,400

10. Swing-Rite es uno de los productores líderes de bisagras para puertas de garajes. El producto es comparable a cualquiera de los que existen en el mercado pero, si este no está disponible, los contratistas cambiarán a una de las tres marcas restantes. Es su responsabilidad determinar los niveles de producción con base en pronósticos de ventas. Para estimar las ventas se utilizó un modelo de regresión múltiple. El estimado para 1997 fue de 14.000.000 de unidades con un error estándar de 1.560.000 unidades. ¿cuál es su recomendación?

LECTURAS ADICIONALES SUGERIDAS

Bishop, William S., John L. Graham, and Michael H. Jones. "Volatility of Derived Demand in Industrial Markets and Its Management Implications", *Journal of Marketing,* Fall, 1984, pp. 95-103.

Dalrymple, Douglas, William Strahle, and Douglas Bock, "How Many Observations Should Be Used in Trend Regression in Forecasts?", *Journal of Business Forecasting,* Spring 1989, pp. 7-10.

Frisbie, Gilbert, and Vincent A. Mabert, "Crystal Ball vs. System: The Forecasting Dilemma", *Business Horizons,* September-October 1981, pp. 72-76.

Georgoff, David M., and Robert G. Murdick, "Manager's Guide to Forecasting", *Harvard Business Review,* January-February 1986, pp. 110-119.

Hagdorn-van der Meijden, Jo, A.E.E. van Nunen, and Aad Ramondt, "Forecasting –Bridging the Gap between Sales and Manufacturing", *International Journal of Production Economics,* 1994, pp. 101-114.

Mahajan, Vijay, Eitan Muller, and Frank Bass, "New Product Diffusion Models in Marketing: A Review and Directions for Research", *Journal of Marketing,* January 1990, pp. 1-26.

Mentzer, John T., and Roger Gomes, "Further Extensions of Adaptive Extended Exponential Smoothing and Comparison with the M-Comparison", *Journal of the Academy of Marketing Science,* vol. 2, no. 4, 1994, pp. 372-382.

Proctor, R.A., "A Different Approach to Sales Forecasting: Using a Spreadsheet", *European Management Journal,* Fall 1989, pp. 358-365.

Schnaars, Steven P., "Situational Factors Affecting Forecast Accuracy", *Journal of Marketing Research,* August 1984, pp. 290-297.

Sobek, Robert, "A Manager's Primer on Forecasting", *Harvard Business Review,* May-June 1973, pp. 6-15.

Wang, George C. S., "What You Should Know about Regression Based Forecasting", *The Journal of Business Forecasting,* Winter 1993-1994, pp. 15-21.

CAPÍTULO 6

ANÁLISIS DE RENTABILIDAD Y DE PRODUCTIVIDAD

VISIÓN GENERAL

En los capítulos 3 y 4 se estudió la importancia de comprender a los compradores y los competidores dentro del marco de la toma de decisiones de marketing. En el capítulo 5, se consideraron las relaciones entre mercado potencial, ventas de la industria y ventas de la empresa en el proceso de medición del mercado. Como resultado del estudio y análisis de estos capítulos, los gerentes deberán estar en condiciones de identificar las oportunidades y estrategias del mercado para obtener ventaja de dichas oportunidades. No obstante, antes de emprender una estrategia de marketing, los gerentes de nivel medio tendrán que efectuar un análisis detallado de los costos para desarrollar una determinada estrategia y pronosticar cuáles serán las consecuencias en las ventas y en las utilidades esperadas.

El *análisis de productividad* es la evaluación de las consecuencias en las ventas o en la participación de mercado de una estrategia de marketing. Específicamente, un análisis de productividad implica la estimación de las relaciones entre precio y uno o más gastos de marketing (tales como los presupuestos de publicidad) y el volumen de ventas o la participación de mercado de un producto o de una línea de producto en particular. Como se indica en este capítulo, por lo general, estos estimados se desarrollan con base en posibilidades que se obtienen a partir de los análisis de competitividad del mercado y de las mediciones del mercado.

El *análisis de rentabilidad* es la evaluación del impacto de diferentes estrategias o programas de marketing sobre la contribución en utilidades que se puede esperar de un producto o línea de producto. Al considerar el papel que desempeña el análisis de rentabilidad, los gerentes deberán ser conscientes de que este análisis es importante en relación con el tipo de objetivo de producto que se ha establecido. Ciertamente, rara vez un gerente aumentará de manera significativa el presupuesto de marketing para una "vaca lechera" (en donde el enfoque estratégico está "suspendido") si el aumento no mejorara la rentabilidad. Pero incluso cuando el objetivo primario del producto es el volumen o el crecimiento de la participación de mercado (y no la rentabilidad), para un gerente sigue siendo importante saber cuánta rentabilidad se puede sacrificar para lograr un objetivo de ventas o de participación de mercado dados.

Para contar con una visión general de los conceptos, herramientas y enfoques que se relacionan con el análisis del impacto de los gastos de marketing, considérese la siguiente situación: Linkster, Inc. fabrica una variedad de sombrillas, suéteres, gorras y chaquetas livianas e impermeables para golfistas. La línea se anuncia en revistas de golf seleccionadas y se vende a través de los vendedores de la compañía (quienes reciben un salario y comisiones sobre ventas) a almacenes exclusivos para profesionales, situados en campos de golf, y en tiendas reconocidas de artículos deportivos.

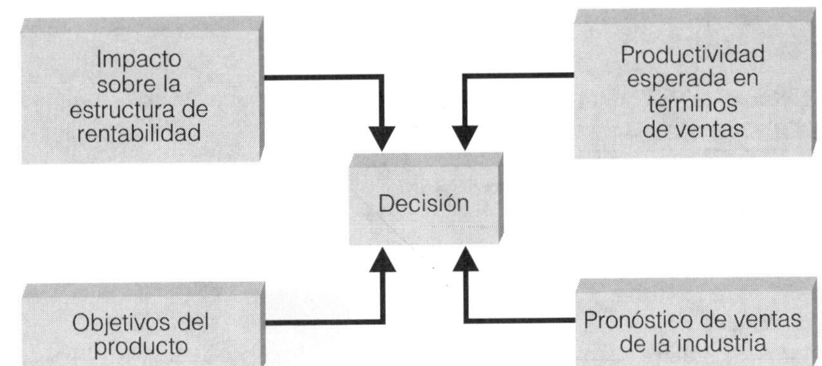

FIGURA 6-1
Factores que se deben considerar en la toma de decisiones sobre gastos de marketing.

En la actualidad, Linkster revisa sus resultados para el año que acaba de terminar. Al preparar el presupuesto para el próximo año, el gerente de marketing de la firma está considerando aumentar el presupuesto de publicidad para las chaquetas. Específicamente, se estudia un aumento de US$100.000.

Como se indica en la figura 6-1, la gerencia de Linkster debe considerar cuatro factores al tomar esta decisión:

1. La importancia relativa de la participación de mercado y la rentabilidad como *objetivos del producto* para las chaquetas.
2. El *pronóstico de ventas de la industria* para las chaquetas.
3. La *productividad* anticipada (es decir, la efectividad) del aumento de la publicidad en el incremento de las ventas de chaquetas.
4. Los diferentes tipos y niveles de costos que determinan la *estructura de rentabilidad* de las chaquetas.

En este capítulo se presentan los procedimientos para medir la rentabilidad del producto y estimar la productividad de los gastos de marketing. Además, se ilustra la manera como se relacionan los objetivos del producto, el pronóstico de ventas, la rentabilidad y la productividad con las decisiones del presupuesto de marketing, utilizando el ejemplo específico de Linkster.

MEDICIÓN DE LA RENTABILIDAD DEL PRODUCTO

Como lo sabe la mayoría de los gerentes, por lo general, el estado de pérdidas y ganancias es inadecuado para analizar la rentabilidad del producto. Considérese el estado de pérdidas y ganancias de Linkster, que se presenta en la tabla 6-1.

Si Linkster fuera una organización con un producto único, el balance convencional de pérdidas y ganancias suministraría una medida razonablemente útil de la rentabilidad del producto. Sin embargo, debido a que la firma es una organización multiproducto, la gerencia también se interesará en la rentabilidad de cada uno de los diferentes productos. Más aún, el estado convencional de pérdidas y ganancias suministra pocos indicios sobre la manera como la rentabilidad podría estar afectada por cambios en esos costos (tales como la publicidad) que conducen a modificaciones en el volumen de ventas.

TABLA 6-1

LINKSTER INC.: ESTADO DE PÉRDIDAS Y GANANCIAS (EN MILES DE DÓLARES)

Ventas		$4640
Menos costo de los bienes vendidos		2300
Margen de utilidad bruta		$2340
Gastos operacionales:		
Publicidad	$600	
Salarios de ventas	500	
Comisiones sobre ventas	220	
Salarios de los diseñadores	400	
Otros (costos generales y administrativos)	600	
Gastos operacionales totales		2320
Utilidad operacional neta (pérdida) antes de impuestos		$ 20

Para examinar estos temas, se necesita hacer dos clases de distinciones en los tipos de costos. Primera, diferenciar entre costos *fijos* y *variables*. Segunda, los *costos fijos* deberán separarse en *directos* o *asignables* para productos individuales y los *indirectos* o *no asignables.*

Costos fijos frente a costos variables

Los *costos variables* son los que cambian con el volumen de ventas. Las comisiones de ventas, los materiales, la mano de obra y el empaque son ejemplos clásicos de costos variables porque su aumento es directamente proporcional a las ventas; es decir, en cada uno de estos costos se incurre cada vez que se produce y vende un tipo de producto específico.

Prácticamente casi todos los demás costos son *fijos;* es decir, en esencia se mantienen igual con respecto a los volúmenes de ventas, por lo menos mientras no se necesite un aumento en el tamaño de una instalación de producción o no se requiera de personal administrativo o de oficina. Aunque la gerencia puede *cambiar* algunos de estos costos (como los presupuestos de publicidad y los salarios de la fuerza de ventas), ellos no cambian *automáticamente* cuando varían las ventas. Para un fabricante, el costo de los bienes vendidos (en el estado de ingresos) suele incluir elementos fijos y variables; es decir, cada unidad vendida se asigna a una parte de los costos para añadirla a su costo variable. Para un minorista o un mayorista, que sólo revende productos elaborados por otras firmas, el costo de los bienes vendidos solamente es un costo variable porque simplemente refleja el precio de compra de artículos que se van a revender.

Para Linkster, los costos fijos de producción (como los salarios de supervisión) se consideran parte del costo de los bienes vendidos (*véase* tabla 6-1), pero no del costo *variable* de los mismos (*véase* tabla 6-2). Por el contrario, los vendedores de Linkster devengan comisiones por cada unidad vendida a sus distribuidores minoristas. Estos costos son variables (como se ve en la tabla 6-2) pero no se incluyen en el costo de los bienes vendidos en la tabla 6-1.

TABLA 6-2

LINKSTER INC.: ESTADO DE MARGEN DE CONTRIBUCIÓN (EN MILES DE DÓLARES)

Ventas		$4640
Menos costos variables de los bienes vendidos (mano de obra, materiales, empaque)		1620
Menos otros costos variables de ventas (comisiones por ventas)		220
Margen de contribución variable		$2800
Costos fijos		
Publicidad	$600	
Salarios de ventas	500	
Costos fijos de producción	680	
Salario de los diseñadores	400	
Gastos generales y administrativos	600	
Gastos operacionales totales		2780
Utilidad operacional neta antes de impuestos		$ 20

Al separar los costos fijos de los variables (como aparece en la tabla 6-2), se identifica la parte de los costos a la cual afecta el volumen. Aparte de US$4.640.000 en ventas, US$1.840.000 (es decir, US$1.620.000 más US$220.000 en comisiones) se invierten en costos variables. Los US$2.800.000 restantes corresponden a la cantidad que contribuye a cubrir todos los costos fijos y la utilidad después que se han restado los costos variables.

Al separar los costos de esta manera, los gerentes pueden calcular una medida muy útil: *el Margen de Contribución Variable en Porcentaje* (MCVP). Esta medida indica el porcentaje de cada dólar de venta adicional que estará disponible para ayudar a la firma a cubrir sus costos fijos y a incrementar sus utilidades. El margen de contribución variable en porcentaje se puede calcular de dos formas.

$$\text{MCVP} = \frac{\text{margen de contribución variable}}{\text{ventas en dólares}}$$

o

$$\text{MCVP} = \frac{\text{precio unitario} - \text{costo variable unitario}}{\text{precio unitario}}$$

En el caso de Linkster Inc. entonces,

$$\text{MCVP} = \frac{\text{US\$2,800,000}}{\text{US\$4,640,000}} = 60.3\%$$

Para que un gerente de marketing aprecie verdaderamente la utilidad de esta medida, es necesario entender la diferencia entre costos fijos directos y costos fijos indirectos.

Tipos de costos fijos

Cuando los costos fijos se presentan en una firma que ofrece múltiples productos, se adjudican al negocio como un todo o a uno o más productos específicos. Por ejemplo, las organizaciones pueden diseñar anuncios de publicidad para comunicar un mensaje acerca de un producto o una línea de producto en particular, o pueden utilizar publicidad *institucional*, la cual presenta un mensaje acerca de la compañía en su conjunto e incluso, puede no mencionar los productos o servicios específicos que vende. Los costos, como la publicidad en que se incurren para un producto o servicio específico se denominan costos *fijos directos*. Los costos como la publicidad institucional en que se incurren para respaldar el negocio total, son costos *fijos indirectos*.

En la práctica, las firmas reconocen que en realidad existen dos categorías de costos indirectos: asignables y no asignables. Los costos *asignables* son costos indirectos que se pueden distribuir entre varios productos sobre una base establecida. Por ejemplo, si se utiliza una fuerza de ventas común para vender dos o más productos, el costo total de la venta suele distribuirse entre los dos productos sobre la base de algún factor como puede ser el porcentaje del tiempo de venta dedicado a cada uno.

El propósito de distinguir los diferentes tipos de costos fijos es poder suministrar una base para evaluar las contribuciones hechas por los diferentes productos o servicios a la rentabilidad general de la firma. De ese modo, las empresas distribuyen los costos directos y los costos indirectos asignables para medir los costos de apoyo para cada producto. Sin embargo, los costos indirectos no asignables no se distribuyen.

TABLA 6-3

LINKSTER INC.: CONTRIBUCIÓN POR LÍNEA DE PRODUCTO (EN MILES DE DÓLARES)

	TOTAL DE LA COMPAÑÍA	SOMBRILLAS	SUÉTERES	CHAQUETAS	GORRAS
Ventas	$4640	$840	$2400	$1200	$ 200
Costos variables de los bienes vendidos	1620	400	800	380	40
Margen de utilidad bruta	$3020	$440	$1600	$ 820	$ 160
Otros costos variables	220	40	120	60	0
Margen de contribución variable	$2800	$400	$1480	$ 760	$ 160
Costos fijos directos, asignables:					
Salarios de ventas	$ 500	$ 20	$ 360	$ 120	$ 0
Salarios de los diseñadores	400	0	300	100	0
Costos fijos de producción	680	100	340	230	10
Publicidad de líneas de producto específicas	300	40	200	60	0
Total	$1880	$160	$1200	$ 510	$ 10
Contribución total	$ 920	$240	$ 280	$ 250	$ 150
Costos fijos indirectos, no asignables:					
Publicidad institucional	$ 300				
Gastos generales y administrativos	$ 600				
Total	$ 900				
Utilidad operacional neta	$ 20				

TABLA 6-4

LINKSTER INC.: MÁRGENES DE CONTRIBUCIÓN VARIABLE EN PORCENTAJE

	SOMBRILLAS	SUÉTERES	CHAQUETAS	GORRAS
Número de clientes	28,000	40,000	20,000	50,000
Precio promedio pagado	$30	$60	$60	$4
Costo variable por unidad	$15.71	$23.00	$22.00	$0.80
Margen de contribución variable por unidad (Precio promedio - costo variable por unidad)	$14.29	$37.00	$38.00	$3.20
MCVP $\frac{(\text{Precio - CV})}{\text{Precio}}$	47.6%	61.6%	63.3%	80%

En la tabla 6-3 se ilustra la manera como se puede medir por separado la rentabilidad de productos o servicios, una vez que la gerencia ha separado los costos fijos. El renglón de ingresos para productos y servicios indivuales ya no es la utilidad operacional neta sino la *contribución total* que es la cantidad con que un producto o servicio en particular "contribuye" a la cobertura de los costos indirectos no asignables y a la utilidad.

Al examinar la tabla 6-3, puede verse que las sombrillas y las chaquetas generaron contribuciones totales cercanas a la contribución total de los suéteres, a pesar de que el volumen de ventas de éstos es mucho mayor. Esto resulta de la participación más alta de los costos fijos directos, asignables de los suéteres (las ventas de esas prendas son el doble con respecto a las de chaquetas, pero los costos directos de diseño, ventas y publicidad son más del doble en los suéteres con respecto a las chaquetas).

Adicionalmente, las chaquetas son ligeramente más rentables que los suéteres en términos del margen de contribución variable en porcentaje. La tabla 6-4 resume los datos del precio unitario y de los costos de diversas líneas, y muestra los cálculos del MCVP. Por cada US$1000 en ventas adicionales de chaquetas, Linkster retendrá cerca de US$633 después de restar los costos variables. En el mercado de los suéteres, se conservarían US$616 si las ventas aumentaran en US$1000.

IMPLICACIONES DEL ANÁLISIS DE RENTABILIDAD

Al identificar los componentes fijos y variables de los costos y distinguir entre costos directos e indirectos, los gerentes podrán examinar algunas de las implicaciones de la rentabilidad en las decisiones de precios y de gastos en marketing. Específicamente, al entender la estructura de rentabilidad de un producto, los gerentes pueden identificar las *relaciones existentes entre costo-volumen-utilidad* y *las implicaciones para los presupuestos de marketing.*

Relaciones costo-volumen-utilidad

En muchas organizaciones, una gran parte del costo operacional total es, esencialmente, fijo. En estas situaciones, por lo general, los gerentes seguirán políticas que obtengan ventaja de las *economías de escala.* Estas economías existirán cuando un gran aumento en el volumen conduce a una reducción significativa en el costo promedio de un producto.

Considérese, por ejemplo, la tabla 6-5. Como el volumen de ventas se duplica (de 40.000 a 80.000 unidades), los costos totales aumentan en una cantidad porcentual menor debido a que una alta proporción de los costos totales son fijos. En consecuencia, el costo promedio por unidad se reduce de US$53 a US$38.

La existencia de fuertes relaciones entre costo-volumen-utilidad significa que los gerentes deberán estar más dispuestos a aumentar los gastos en marketing o a reducir los precios, si estas acciones conducen a incrementos significativos en el volumen. De regreso a la tabla 6-5, se puede observar que con un precio de US$53 por unidad, la firma cubrirá apenas sus costos promedio para un volumen de 40.000 unidades. Sin embargo, el producto podría ser rentable a un precio más bajo (alrededor de US$39) si el volumen pudiera duplicarse como resultado de la reducción en el precio.

Las ventajas de utilizar economías de escala para ser competitivo a nivel de precios son fundamentales para las estrategias de los abanderados de los costos bajos. Además, a menudo los costos fijos son demasiado elevados en las empresas con alta tecnología, en donde las inversiones en investigación y desarrollo son muy altas (por ejemplo en la industria farmacéutica), y en donde la producción ha sido fuertemente automatizada. Particularmente, en los mercados globales, los costos de mano de obra y materiales han descendido en relación con los costos fijos. Como resultado, firmas como Saab se han visto forzadas a tratar con el tema de las economías de escala.

TABLA 6-5

ECONOMÍAS DE ESCALA PARA SUÉTERES

	VOLUMEN ANUAL DE VENTAS	
	40,000 UNIDADES	80,000 UNIDADES
Costo variable unitario	$ 23	$ 23
Multiplicado por el volumen	40,000	80,000
Total costo variable	$ 920,000	$1,840,000
Más costo directo total o costo fijo asignable	$1,200,000	$1,200,000
Total costo directo	$2,120,000	$3,040,000
Dividido por el volumen	40,000	80,000
Costo unitario promedio	$ 53	$ 38

En 1990, General Motors compró el 50% de la compañía Saab, con sede en Suecia, y que había perdido US$300 millones durante el año anterior. Rápidamente se hizo evidente para los gerentes de General Motors que Saab no podría ser competitiva con la estructura de costos vigente en ese momento, debido a que era un productor de bajo volumen dentro de una industria con economías de escala sustanciales. De acuerdo con esto, los costos fijos se redujeron y la productividad de la mano de obra mejoró y, hacia 1992, Saab pudo cubrir todos sus costos fijos con un volumen anual de ventas de 100.000 vehículos (en comparación con los 200.000 necesarios para 1992)[1].

Los gerentes no sólo deben ser conscientes de las oportunidades asociadas con las economías de escala, sino que también deben reconocer las dificultades potenciales que aquellas crean. Cuando los costos fijos son altos y el crecimiento de la industria es bajo, el resultado suele ser una competencia intensa. Esto plantea verdaderas dificultades para las empresas que carecen de posiciones en el mercado establecidas, como lo demuestra el siguiente ejemplo.

IBP Inc. es una de las pocas empacadoras de carnes que ha conocido la rentabilidad en los últimos años. Muchos expertos de la industria lo atribuyen a la agresiva estrategia de expansión de la firma en una industria plagada por el exceso de capacidad. Debido a que los costos fijos son muy altos y los márgenes de contribución estrechos, las firmas deben operar con un alto nivel de capacidad. Al pagar altos precios por el ganado, IBP ha podido garantizar su funcionamiento con una de las mejores economías de escala en esta industria. En esencia, sus costos variables más altos son el producto de economías de escala que le permiten ser un líder en precios en este mercado altamente competitivo[2].

Para competir con firmas que poseen estas ventajas de tamaño, muchas empresas utilizan estrategias que requieren costos fijos mínimos; específicamente, algunas operan en segmentos de mercado en donde los costos fijos que se asocian con los costos de publicidad, venta o alto desarrollo son muy bajos.

Algunas empresas también han encontrado que los costos variables pueden descender a medida que el volumen aumenta. Este fenómeno, conocido como el efecto de la *curva de experiencia*, se ha observado en compañías como Texas Instruments (electrónica de consumo), Black & Decker (herramientas eléctricas) y Du Pont (químicos). Por lo general, estas reducciones de costos se presentan cuando una empresa gana experiencia en la fabricación de un producto por una o más de las siguientes razones:

- La firma puede diseñar equipos o procesos de producción más eficientes.
- La firma puede mejorar su capacidad para obtener descuentos o para controlar inventarios, que la lleven a reducir los costos de materiales y componentes.
- Los trabajadores de producción son más eficientes (en especial, en operaciones de montaje) a medida que se familiarizan con el proceso de producción[3].

En síntesis, cuando los costos promedio se pueden reducir de manera significativa debido a las economías de escala o las curvas de experiencia, los gerentes pueden tener mayores incentivos para aplicar precios competitivos o para aumentar los gastos en marketing con el fin de estimular el volumen de ventas.

[1] John Templeman, "Saab: Halfway Trough a U-turn", *Business Week*, Apr. 27, 1992, p. 121.
[2] Scott Kilman, "IBP Gobbles Up Weak Rivals in Meatpacking Industry", *Wall Street Journal*, Aug. 31, 1992, p. B3.
[3] *Véase* George Day and David Montgomery, "Diagnosing the Experience Curve", *Journal of Marketing*, Spring 1983, pp. 44-58.

Costos semifijos

Los costos semifijos (también conocidos como costos de escala variable) representan una limitante potencial para las economías de escala. Esencialmente, los costos semifijos son aquellos que no varían de manera automática o sobre una base por unidad (como ocurre con los costos variables) sino que pueden cambiar si se presentan aumentos sustanciales en el volumen. Por ejemplo, si el rendimiento en la producción crece de manera significativa, una firma necesita establecer una ruta de entrega adicional, alquilar o construir nuevas instalaciones para producción o inventarios o contratar más trabajadores asalariados o personal para servicio al cliente. Como aparece en la tabla 6-6, una escala en ciertos costos fijos producirá los efectos de economías de escala. En tanto los costos fijos de las sombrillas siguen siendo los mismos a medida que el volumen de ventas crece hasta 35.000 unidades, los costos promedio descienden. No obstante, una vez que se ha logrado el nivel de capacidad, se presentarán grandes aumentos en los costos fijos. En la tabla 6-6, se puede ver que ciertos costos, previamente fijados, se deben incrementar de US$160.000 a US$240.000 en respuesta a los niveles de venta más altos. Como consecuencia, los costos promedio llegarán a su límite superior, al menos temporalmente.

Un ejemplo de las consecuencias negativas del aumento en la demanda es la experiencia de Arkansas Freightways.

> Arkansas Freightways transporta bienes a través de diez estados, desde Texas a Illinois, y en 1991 alcanzó ventas cercanas a US$200 millones. En julio de 1991, el principal competidor de esta empresa, Jones Truck Lines, quedó en bancarrota y frenó sus operaciones. Arkansas Freightways firmó de inmediato con muchos de los clientes de Jones y su volumen de ventas ascendió en un 20% en 24 horas. Sin embargo, este aumento en el volumen demostró ser muy costoso porque la compañía había evaluado mal su capacidad. Los empleados trabajaron tiempo extra y fue necesario alquilar 500 tractomulas para satisfacer la demanda. Aunque, de hecho, los vehículos existentes transportaban más mercancías, el mayor volumen de carga en cada automotor

TABLA 6-6

EFECTO DE LOS COSTOS SEMIFIJOS

	VOLUMEN ANUAL DE VENTAS SOMBRILLAS		
	28,000	35,000	40,000
Costo variable por unidad	$15.71	$15.71	$15.71
Multiplicado por volumen	28,000	35,000	40,000
Total costo variable	$439,880	$549,850	$628,400
Total de costos directos o fijos/semifijos asignables	160,000	160,000	240,000
Más total costo variable	439,880	549,850	628,400
Total costo directo	$599,880	$709,850	$868,400
Dividido por volumen	28,000	35,000	40,000
Costo unitario promedio	$21.42	$20.28	$21.71

representaba mayor tiempo de cargue y descargue. Finalmente, una mayor utilización de los recursos condujo a un aumento de los costos de mantenimiento. Como consecuencia de estos problemas, en la realidad los ingresos netos descendieron durante el último trimestre de 1991[4].

Aspectos especiales de rentabilidad para los minoristas

Además de evaluar el impacto de los márgenes y de los costos fijos directos sobre la rentabilidad, los minoristas también deben evaluar la cantidad de espacio (activos físicos) o de inversión en inventarios (activos financieros) que resultan apropiados para un producto, una línea de producto o un departamento determinados. Debido a que, realmente, el espacio y el dinero invertido en inventarios son los recursos más importantes para la mayoría de los minoristas, los gerentes vinculados con la toma de decisiones de compras al detal también deberán evaluar la rentabilidad en términos de estos activos.

Resulta habitual que los minoristas midan la rentabilidad sobre la base de un producto, línea de producto o departamento, utilizando cuatro medidas básicas:

- Rotación de inventarios.
- Ventas por metro cuadrado.
- Rendimiento del margen bruto sobre la inversión en inventarios.
- Rendimiento del margen bruto por metro cuadrado.

La *rotación de inventarios* es el resultado de dividir las ventas de un producto entre el valor promedio del inventario que se tiene de ese producto.

Las *ventas por metro cuadrado* son el resultado de dividir las ventas del producto entre la cantidad del espacio de venta (medido en metros cuadrados) que se utiliza para el producto.

El *rendimiento del margen bruto sobre la inversión en inventarios* mide el rendimiento de la utilidad y no el rendimiento de las ventas sobre la inversión en inventarios. Esta medida se calcula multiplicando la rotación de inventarios por el porcentaje del margen de utilidad bruta.

El *rendimiento del margen bruto por pie (metro) cuadrado* equivale a las ventas por pie (metro) cuadrado multiplicadas por el porcentaje del margen de utilidad bruta.

En la tabla 6-7 se resumen estas cuatro medidas. Al elegir una de ellas, los gerentes deberán considerar dos aspectos. El primero, es que los minoristas pueden discrepar sobre la importancia del inventario o el espacio sobre cuál es el recurso más decisivo. Algunas firmas cuentan con un espacio adecuado pero con recursos financieros limitados para adquirir inventarios. De acuerdo con ello, estas empresas deberán utilizar la rotación de inventarios o el rendimiento del margen bruto sobre la inversión en inventarios porque las decisiones de mayor trascendencia se relacionarán con la distribución del inventario. Sin embargo, si el espacio es el recurso más escaso, entonces deberán utilizarse las ventas por pie cuadrado o el rendimiento del margen bruto por pie cuadrado.

Una segunda consideración es si utilizar las ventas o el margen bruto como una medida de rendimiento. Muchos minoristas continúan utilizando las ventas y no el margen bruto porque es más sencillo medir las ventas cuando se mide la rentabilidad de una línea de producto o de un departamento. No obstante, si los departamentos o las líneas de producto varían de manera significativa en los márgenes brutos, la utilización de las ventas como una medida de rentabilidad, definitivamente será inadecuada para comparar esta última.

[4]Michael Selz, "Benefiting From Rival's Failure May Take Restraint", *Wall Street Journal*, May 19, 1992, p. B2.

TABLA 6-7

MEDIDAS DE LA RENTABILIDAD DEL PRODUCTO PARA MINORISTAS Y MAYORISTAS

Rotación de inventario $= \dfrac{\text{ventas}}{\text{valor promedio del inventario}}$

Ventas por pie cuadrado $= \dfrac{\text{ventas}}{\text{metro cuadrado por espacio de venta}}$

Rendimiento del margen bruto sobre la inversión en inventarios $= \dfrac{\text{margen bruto}}{\text{precio}} \times \text{rotación de inventarios}$

Rendimiento del margen bruto por pie (metro) cuadrado $= \dfrac{\text{margen bruto}}{\text{precio}} \times \text{ventas por pie cuadrado}$

Implicaciones para los presupuestos de marketing

Como se sugirió al comienzo de este capítulo, los gerentes deberán entender los objetivos del producto y contar con un pronóstico de ventas de la industria para elaborar el presupuesto. Además, deben contar con un estimado de la productividad de un precio propuesto y del nivel de gastos de marketing para generar las ventas de la empresa (después de tomar en cuenta el pronóstico de ventas de la industria). En el resto del capítulo se estudiarán algunos procedimientos para desarrollar dichos estimados de productividad. Sin embargo, suponiendo que la gerencia ha obtenido estos estimados de la productividad, el proceso de elaboración del presupuesto se puede realizar de dos maneras: por el enfoque *directo* o por el enfoque *indirecto*.

EL ENFOQUE DIRECTO

A través de este enfoque, los gerentes deben establecer estimados específicos de las ventas como resultado de un precio y un presupuesto de marketing establecidos. (Los pasos en este enfoque se resumen en la tabla 6-8). Si los datos están disponibles para realizar los pronósticos de ventas de la industria, los gerentes pueden obtener un estimado de las ventas de la empresa al calcular la participación de mercado que esperan obtener para un precio y un presupuesto de marketing establecidos, y multiplicar luego esta participación de mercado por el pronóstico de ventas de la industria.

Para ilustrar esta explicación, recuérdese que Linkster está considerando un aumento de US$100.000 en el presupuesto de publicidad para las chaquetas. Suponiendo que no se presenta ningún cambio en el precio ni en otros costos, los únicos elementos que cambiarán en la estructura de rentabilidad son el presupuesto de publicidad (el cual conduce a un cambio en el total de los costos fijos directos, asignables)

TABLA 6-8

PASOS EN EL ENFOQUE DIRECTO PARA LA ELABORACIÓN DEL PRESUPUESTO DE MARKETING

1. Realizar un pronóstico de ventas de la industria (cuando sea factible).
2. Estimar la participación de mercado que resultará de un precio dado y un nivel de gastos de marketing determinado (si no están disponibles las ventas de la industria, se estiman directamente las ventas de la empresa en lugar de la participación de mercado).
3. Calcular las ventas esperadas de la empresa (participación de mercado × pronóstico de ventas de la industria).
4. Calcular la contribución variable (ventas de la empresa × MCVP).
5. Calcular la contribución total (margen de contribución variable menos costos fijos directos y asignables incluidos en el presupuesto propuesto).
6. Determinar si las ventas, la participación de mercado y los niveles de contribución total son aceptables, considerando los objetivos del producto.

y los costos variables. Es decir, si el incremento en publicidad da como resultado un aumento en el volumen de ventas, entonces, *por* definición, el total de los costos variables también aumentará.

Si las ventas totales de chaquetas que Linkster espera son de 250.000 unidades, y si el gerente de marketing de la empresa predice que la participación de mercado de la empresa será de 10%, entonces las ventas proyectadas de la firma deberán ser de 25.000 unidades. Suponiendo que el precio de venta promedio se mantenga en US$60, las ventas serán de US$1.500.000. Recuerde la tabla 6-4 donde el MCVP para las chaquetas es el 63.33% de las ventas y el margen de contribución variable de Linkster se incrementará en US$38 (63.33% × US$60 precio de venta) por cada chaqueta adicional vendida. En la tabla 6-9 se resume el cálculo de la utilidad proyectada en las chaquetas para el presupuesto propuesto.

TABLA 6-9

LINKSTER INC.: RENTABILIDAD PROYECTADA PARA LAS CHAQUETAS (EN MILES DE DÓLARES)

	AÑO ACTUAL		PROYECTADO	
Ventas		$ 1200		$ 1500
× MCVP		.6333		.6333
Margen de contribución variable		$ 760		$ 950
Costos fijos directos, asignables				
Salarios de ventas	$120		$120	
Publicidad	60		160	
Diseño	100		100	
Costo fijo de producción	230		230	
Costo total directo, asignable		510		610
Total de contribución		$ 250		$ 340

Los cálculos sugieren que el incremento en ventas de US$300.000 conducirá a un aumento de US$190.000 en el margen de contribución variable (el residuo que va a los costos variables). La distribución posterior del aumento de US$190.000 en el margen de contribución variable, muestra que US$100.000 se invertirán en realizar más publicidad, dejando una ganancia neta en la contribución total, de US$90.000. La nueva contribución total de US$340.000 se debe evaluar (junto con la participación de mercado proyectada) frente a los objetivos del producto. Si la participación y la contribución total proyectadas son lo bastante elevadas como para satisfacer las expectativas de la alta gerencia, el nuevo presupuesto de publicidad se considerará adecuado. En caso contrario, el gerente debe tomar en cuenta otros niveles de presupuesto posibles.

El ejemplo precedente es apenas una ilustración sencilla en la que se considera solamente un cambio en los gastos proyectados. En un caso más habitual, los gerentes encontrarán que se pueden presentar otros cambios. Los salarios de la fuerza de ventas pueden aumentar, los costos variables pueden cambiar o los precios pueden subir o caer. Si se espera que estos cambios ocurran, deberán incorporarse en las proyecciones de la rentabilidad. (Obsérvese que un cambio en el precio o en un costo variable exigirá una modificación en el MCVP y en el margen de contribución variable por unidad).

De otro lado, suele existir un cierto nivel de incertidumbre en las ventas y los costos proyectados. De acuerdo con esto, resulta frecuente que los gerentes que utilizan el enfoque directo deban calcular varios estimados diferentes de la contribución total para determinar cuánto cambiarían las cifras de la contribución total, si las ventas o varios elementos de costos se modifican de alguna manera por exceso o por defecto. Por fortuna, casi todos los gerentes de marketing tienen acceso a uno o más programas de hoja de cálculo que les permiten realizar muy rápidamente una gran cantidad de cálculos como lo requiere este proceso.

En la mayor parte de los casos, el grado más alto de incertidumbre se dará en los estimados de productividad. Cuando los gerentes no están muy seguros acerca de estos estimados (una situación que resulta típica de los productos relativamente nuevos), con frecuencia es útil emplear el enfoque *indirecto.*

EL ENFOQUE INDIRECTO

Aquí (*véase* la tabla 6-10) no se requiere un estimado de la productividad de ventas de un precio o un presupuesto establecidos. Por el contrario, los gerentes sólo deben estimar si se puede alcanzar un marco de referencia en el nivel de ventas.

Específicamente, los gerentes que utilicen este enfoque, primero deben calcular el nivel de ventas que se requiere para lograr el mínimo aceptable de la contribución objetivo para un presupuesto dado. Este cálculo exige tres piezas de información de la rentabilidad:

- El margen de contribución variable en porcentaje (o el margen de contribución variable por unidad) que se basa en los precios y los costos variables esperados.
- El total de los costos directos y fijos asignables en que se incurrirá (incluyendo cualquier cambio esperado en el presupuesto de marketing).
- La contribución objetivo mínima que la alta gerencia considerará aceptable.

Dada esta información, el *nivel de ventas requerido* se puede calcular utilizando las siguientes fórmulas.

$$\text{Total de ventas requeridas en dólares} = \frac{\text{(contribución total objetivo)} + \text{(total de costos fijos directos o asignables)}}{\text{MCVP}}$$

o

$$\text{Total de ventas requeridas en unidades} = \frac{\text{(contribución total objetivo)} + \text{(total de costos fijos directos o asignables}}{\text{MCVP por unidad}}$$

En el caso de Linkster, recuerde la tabla 6-4 en la cual el MCVP en las chaquetas es de 63.33% y el margen de contribución variable por unidad es de US$38. Dado el incremento de US$100.000 propuesto en publicidad, los costos directos y fijos asignables aumentarán a US$610.000 (como aparece en la tabla 6-9). Si el propietario está satisfecho con la contribución total actual de US$250.000, entonces:

$$\text{Total de ventas requeridas en dólares} = \frac{\text{US\$250,000} + \text{US\$610,000}}{.6333}$$

$$= \text{US\$1,357,966}$$

$$\text{Total de unidades de ventas requeridas} = \frac{\text{US\$250,000} + \text{US\$610,000}}{\text{US\$38}}$$

$$= \text{22.632 chaquetas}$$

TABLA 6-10

PASOS EN EL ENFOQUE INDIRECTO PARA LA ELABORACIÓN DEL PRESUPUESTO DE MARKETING

1. Establecer el nivel objetivo de la contribución total.
2. Calcular el nivel de ventas requerido para lograr la contribución total objetivo para un precio y un nivel de gastos de marketing determinados (total de costos fijos directos y asignables propuestos más la contribución total objetivo): dividido por el MCVP.
3. Calcular la participación de mercado requerida: el nivel de ventas que se espera, dividido por el pronóstico de ventas de la industria.
4. Con base en la productividad estimada de los gastos de marketing y del precio propuesto, determinar si las ventas y la participación de mercado requeridas se pueden alcanzar.
5. Determinar si la participación de mercado y las ventas requeridas serán aceptables para los objetivos determinados del producto. En caso negativo, determinar si los objetivos de ventas o de participación de mercado se pueden alcanzar con el presupuesto propuesto.

Obsérvese que si se presenta algún cambio en la contribución total objetivo o si los precios, los costos variables u otros costos directos o fijos asignables también cambian, entonces será necesario que las ventas totales cambien. Por ejemplo, si Linkster redujera sus precios de manera que el precio promedio pagado disminuyera de US$60 a US$50, el MCVP se reduciría a 56%; es decir, el MCVP se calcularía como (US$50 - US$22)/US$50. Combinar el aumento propuesto de US$100.000 en publicidad con la reducción de precio daría como resultado los siguientes cálculos:

$$\text{Total de ventas requeridas en dólares} = \frac{\text{US\$250,000 + US\$610,000}}{.56}$$

$$= \text{US\$1,535,714}$$

$$\text{Total de unidades de ventas requeridas} = \frac{\text{US\$250,000 + US\$610,000}}{\text{US\$28}}$$

$$= \text{30,714 chaquetas}$$

A continuación, la tarea inmediata que enfrenta el propietario es determinar la participación de mercado que se necesitará. Como se sugirió en la sección anterior, se considera que las ventas de la industria ascenderán a 250.000 unidades durante el año siguiente. Con base en la propuesta de un aumento de US$100.000 en publicidad y una contribución total objetivo de US$250.000, el nivel de ventas requerido fue de 22.632 unidades. Por consiguiente,

$$\text{Participación de mercado requerida} = \frac{\text{nivel de ventas requerido}}{\text{pronóstico de ventas de la industria}} = \frac{22{,}632}{250{,}000} = 9\%$$

Para determinar la participación de mercado requerida, un gerente establece un punto de referencia para evaluar el presupuesto. De ese modo, puede evaluar el presupuesto sugerido a través de esta pregunta: ¿Nos permitirá un aumento de US$100.000 en publicidad lograr una participación de mercado de 9%? Aunque esta pregunta no necesariamente es sencilla de responder, suele ser más fácil que establecer un estimado directo y específico de la productividad de ventas del presupuesto de marketing.

No obstante, deberá observarse que la participación de mercado requerida que se calcula por medio del enfoque indirecto sólo presenta la participación mínima necesaria para satisfacer las exigencias de rentabilidad. En algunos casos, el objetivo del producto puede necesitar niveles de participación sustancialmente más altos que la participación necesaria para satisfacer la contribución total objetivo. En esos casos, los gerentes también tendrán que plantearse la pregunta de si el presupuesto sugerido será suficientemente productivo para lograr el objetivo de participación de mercado.

Presupuesto para mejorar el servicio y la satisfacción del cliente

En el capítulo 1, se indicó que existe una fuerte relación entre la satisfacción del cliente y la rentabilidad. Los clientes satisfechos tienen más probabilidad de ser clientes recurrentes (e incluso leales).

Además, hay mayor posibilidad de que los clientes satisfechos ofrezcan opiniones positivas acerca del producto a otros clientes potenciales.

Aunque una firma puede emprender varias acciones para aumentar la satisfacción del cliente, una de las más importantes y efectivas es mejorar el *servicio al cliente*. Las actividades de servicio al cliente incluyen algunas acciones que están diseñadas para agregar valor a la experiencia de uso del producto por parte del cliente. Por tradición, el énfasis en el servicio al cliente se ha dirigido al manejo de quejas o a la solución de problemas individuales. En la actualidad, el término también incluye cualquier acción positiva que agregue valor, como mantener abierto por más tiempo el departamento de servicio para el distribuidor de automóviles o entrenar al personal de una aerolínea para ser más eficiente en la determinación de las necesidades particulares de un cliente.

Como en otras actividades de marketing, el servicio al cliente cuesta dinero. Acciones como las de entrenar, aumentar el personal en servicio al cliente, suministrar piezas de repuesto sin ningún cargo adicional o establecer líneas de ayuda gratuitas, aumentan los costos fijos. Aunque, a veces, los rendimientos de ventas de acciones de esta clase son difíciles de apreciar, las empresas están prestando mayor atención a las implicaciones que tienen en el presupuesto. En particular, muchas firmas (especialmente en las industrias de servicios) calculan con regularidad la rentabilidad incremental que el servicio al cliente genera a través de una mayor satisfacción del cliente y su conservación como tal[5]. Considérese, por ejemplo, el caso de una cadena hipotética de pequeños hoteles de descanso, Ameresorts.

Con regularidad, Ameresorts investiga a sus clientes para medir el nivel de satisfacción. En 1996, la investigación de la compañía indicó que solamente el 40% de sus huéspedes de primera vez estaban altamente satisfechos con su estadía en un hotel Ameresorts. Al hacer un seguimiento a sus clientes a través del tiempo en su base de datos, la gerencia sabe que hay 30% de oportunidad de que un cliente satisfecho regrese y que, en promedio, estas personas regresarán cuatro veces en el futuro previsible. La compañía también ha calculado que el margen de contribución variable por unidad del huésped promedio es de US$600. Las preguntas presupuestales que la gerencia de Ameresorts debe responder para decidir cuánto invertir para mejorar las actividades de servicio al cliente son: 1) ¿Cuánto costará mejorar el servicio al cliente? 2) ¿Cuál será el impacto en la satisfacción del cliente?

La tabla 6-11 presenta un visión general de los elementos involucrados en la evaluación de las consecuencias de rentabilidad de los esfuerzos de Ameresorts para mejorar la compra repetida mediante el mejoramiento del servicio al cliente y la satisfacción de éste. La tabla muestra que, si Ameresorts puede mejorar de un 40 a un 50% el porcentaje de clientes satisfechos la primera vez, el regreso de estos huéspedes deberá generar US$8.640.000 en contribuciones futuras a las utilidades. (De hecho, habrá un aumento por las referencias positivas que estos clientes transmitan a otros huéspedes potenciales). Para calcular la ganancia neta en la contribución. La gerencia de Ameresorts debe deducir los costos del plan de mejoramiento de servicio al cliente a partir de US$8.640.000.

Si se conoce el costo del plan de mejoramiento de servicio al cliente, la gerencia puede utilizar una variación del *método indirecto* de presupuesto para calcular el incremento requerido en la satisfacción del cliente para mantener el nivel actual de la contribución total. Por ejemplo, si la gerencia está

[5]Peter Dawkins and Frederick Reichheld, "Customer Retention as a Competitive Weapon", *Directors and Boards*, Summer 1990, pp. 41-47.

TABLA 6-11

PRESUPUESTO PARA LA SATISFACCIÓN DEL CLIENTE: AMERESORTS

	1996	
	ACTUAL	OBJETIVO
Total de cuentas de los huéspedes	200.000	200,000
× porcentaje de los huéspedes de primera vez	× 60%	× 60%
Total de cuentas de nuevos huéspedes	120,000	120,000
× porcentaje satisfecho	× 40%	× 50%
Total de cuentas de nuevos huéspedes satisfechos	48,000	60,000
× probabilidad de regresar	× 30%	× 30%
Número esperado de clientes que regresan	14,400	18,000
× Número promedio de futuras visitas repetidas	× 4	× 4
× Margen de contribución unitario por visita de huésped	× $600	× $600
Contribución incremental futura producto de compras repetidas por huéspedes de primera vez	$34,560,00	$43,200,000
		- 34,560,000
Aumento esperado en la contribución futura, producto del mejoramiento en la satisfacción del cliente		$ 8,640,000

preparada para comprometer US$3.6 millones en entrenamiento del personal y ampliación de las horas de algunos servicios, el aumento requerido en el número de clientes satisfechos es:

$$\text{Aumento requerido en el número de clientes satisfechos} = \frac{\text{aumento en costos fijos directos por servicio al cliente}}{\text{porcentaje de clientes satisfechos que regresan} \times \text{número promedio de visitas repetidas} \times \text{MC por unidad}}$$

$$= \frac{\text{US\$3,600,000}}{30\% \times 4 \times \text{US\$600}}$$

$$= 5,000$$

Como Ameresorts tuvo 48.000 nuevos huéspedes satisfechos en 1996, el número necesario de nuevos huéspedes satisfechos con el nuevo plan de servicio al cliente es: 48.000 + 5.000 = 53.000. Suponiendo que Ameresort no ha aumentado el número de cuentas de nuevos huéspedes:

$$\text{Porcentaje requerido de huéspedes de primera vez satisfechos} = \frac{53,000}{120,000} = 44.17\%$$

Por consiguiente, los gerentes deberán trabajar el plan de servicio al cliente propuesto si creen que con él aumentarán el porcentaje de huéspedes de primera vez que se sienten satisfechos, de 40 a 44.17% o más.

ANÁLISIS DE PRODUCTIVIDAD

El *análisis de productividad* es el proceso de estimar el impacto que tiene sobre las ventas un cambio en el precio o en los gastos de marketing; es decir, el cambio en las ventas que resulta de una modificación dada en un programa de marketing indica cuan productivo es ese programa. Con frecuencia, la expresión *funciones de la respuesta de ventas* se utiliza para representar las relaciones entre precio o gastos de marketing y las ventas.

Métodos tradicionales para el análisis de productividad

La mayor parte de las empresas trata de estimar la productividad utilizando uno o más de los siguientes enfoques:

ANÁLISIS DE RELACIONES HISTÓRICAS

A menudo, los gerentes observan la experiencia histórica al estimar la respuesta de las ventas ante diferentes gastos. Por ejemplo, los datos internos pueden estar disponibles para estimar:

- Las ventas promedio por punto de venta (cuando una organización intenta ampliar su cobertura de mercado)
- El aumento en ventas, producto del incremento en presupuestos de ventas anteriores
- Las ventas por visita de ventas en cuentas de nuevos prospectos.
- La elasticidad histórica de precios.

Al nivel en que estas relaciones sean aplicables a la situación actual, ellas pueden aportar algunas claves acerca del impacto de los gastos propuestos sobre las ventas. Aunque la gerencia no deberá basarse demasiado en estas relaciones observadas, a menos que se sustenten en datos de ventas extensos, más y más firmas están desarrollando bases de datos computarizadas para mantener un registro de las compras de los clientes. Si los datos también están disponibles sobre los precios que los compradores pagaron o sobre los compradores de promociones especiales, las firmas pueden medir la eficacia de estas herramientas. Por ejemplo, American Express puede revisar los registros de las cuentas de sus clientes para determinar históricamente la respuesta de ventas a las promociones de correo directo de un producto para equipaje, con diferentes precios.

ANÁLISIS DE LA PARIDAD COMPETITIVA

Este enfoque también se basa en la experiencia histórica pero está diseñado para considerar explícitamente el esfuerzo de marketing relativo. Por ejemplo, cuando los productos que compiten son altamente similares en calidad, un gerente puede encontrar una correlación muy alta entre la participación de mercado de un producto en particular y

- Su participación en los gastos de publicidad de la industria.
- El número de visitas de ventas hechas en relación con las visitas de ventas de los competidores.
- El número relativo de cuentas minoristas que adquieren el producto.
- El precio del producto en relación con el precio promedio de la industria.

En la medida en que se puedan predecir las acciones de los competidores, un enfoque de la paridad competitiva puede suministrar claves sobre el impacto probable del aumento en los gastos sobre la participación de mercado. Por ejemplo, se ha demostrado que nuevos productos exitosos mantienen el nivel de gastos en publicidad por más de dos años, de manera que la participación de publicidad de la marca es casi *dos veces* la participación objetiva del mercado[6].

EXPERIMENTOS DE MERCADO

En un experimento de mercado, una firma prueba niveles o combinaciones alternativos del esfuerzo de marketing para ver la manera como se comparan en términos de resultados de ventas. Por ejemplo, una firma puede determinar precios diferentes en distintos mercados para medir el impacto que sobre las ventas tiene un precio más bajo o más alto; o una empresa puede comparar las ventas en mercados en donde a los minoristas se les ha pagado para mantener presentaciones especiales con otros en donde no hay ninguna presentación especial, para estimar la ganancia incremental en ventas producto de la presentación. Para los comercializadores de bienes de consumo, una manera efectiva de llevar a cabo esos experimentos es utilizar una *prueba de mercado electrónica.* Firmas asociadas de investigación de marketing como A. C. Nielsen e Information Resources, Inc. ofrecen esas pruebas, las cuales funcionan así:

- Diferentes promociones de ventas (como cupones) son dirigidas (por correo) o diferentes niveles de publicidad (en términos de número de anuncios comerciales) son dirigidos (vía televisión por cable) a un panel de hogares dentro de un mercado.
- Cada hogar tiene un tarjeta especial, la cual registra las compras de ese hogar en los contadores de los supermercados.
- Se establecen comparaciones entre los grupos que reciben cada nivel de anuncios o cada tipo de promoción de correo directo.

El uso de pruebas de mercado electrónicas ha brindado una saludable información acerca de la productividad de ventas de diversas herramientas de marketing. Las firmas pueden evaluar los efectos del total de ventas de, por ejemplo, dos tipos de promociones o dos anuncios diferentes y, además, comparar estos efectos dentro de los diferentes grupos de uso. Es decir, antes que comience el experimento, se identifica el comportamiento de compra previo de cada hogar, de manera que también

[6] *Véase* Simon Broadbent, *The Advertiser's Handbook for Budget Determination*, Lexington Books, Lexington, Mass, 1988, pp. 131-132.

se puede evaluar el impacto del experimento en los clientes con patrones de lealtad de marca diferentes o en clientes con tasas de uso distintas[7].

Estimados de productividad con base en el criterio

Infortunadamente, la mayoría de los gerentes de marketing aún no tienen oportunidades de investigación como las pruebas de mercado electrónicas para medir la productividad de sus gastos de marketing. Más aún, incluso cuando una firma cuenta con alguna evidencia cuantitativa acerca de la respuesta de ventas ante las acciones de marketing, no siempre es seguro que la relación observada se mantenga en el futuro; es decir, los gerentes deben reconocer que existen diversas limitaciones cuando se aplican relaciones observadas de respuesta de ventas.

EFECTOS DE LA INTERACCIÓN

Las relaciones históricas pueden no ser válidas cuando se presentan dos o más cambios importantes simultáneamente. Por ejemplo, una firma puede tener un buen entendimiento de la relación histórica entre los gastos de publicidad y las ventas. Sin embargo, si esa firma combina un cambio en la publicidad con una modificación profunda en el precio, la relación histórica publicidad-ventas puede no continuar. A menos que una empresa tenga una historia extensa que combine los cambios en la publicidad y los precios, será difícil establecer las relaciones históricas entre precio, publicidad y ventas.

COMPETENCIA

Cuando los competidores modifican sus políticas de marketing como una reacción ante cambios competitivos, con frecuencia, la efectividad de una política determinada disminuye. Por ejemplo, un gran aumento en el presupuesto de publicidad puede llevar a los competidores a responder compensando el aumento e impidiendo, de esa manera, que se obtenga alguna ventaja relativa.

EFECTIVIDAD Y EFICIENCIA DEL MARKETING

La efectividad de los programas de marketing puede mejorar con el paso del tiempo y la eficiencia con la que se hacen y distribuyen los gastos puede cambiar. En ambos casos, las mejoras significarán que la misma cantidad de dinero producirá un mayor resultado de ventas. Por consiguiente, los anuncios que se desempeñan mejor en comunicar los beneficios de un producto serán más productivos sobre la base del dinero invertido que los anuncios menos efectivos. De manera similar, la selección mejorada de los medios de comunicación permite que una firma alcance más compradores potenciales al mismo costo. Así, según el alcance que logren los mejoramientos en eficiencia y efectividad, una inversión de marketing puede ser incluso más productiva de lo que sería si se proyectara a partir de datos históricos.

[7]Para un estudio e ilustraciones del valor de las pruebas de mercado electrónicas, *véase* Darral G. Clarke, *Marketing Analysis and Decision Making*, 2d. ed. , Scientific Press, San Francisco, Calif., 1993, chap. 5.

NO LINEALIDAD

Muchos fenómenos de marketing tienen una función de respuesta cambiante a través del tiempo o de los niveles de ventas. Por ejemplo, los esfuerzos promocionales pueden tener un patrón de efecto de ventas similar al que se presenta en la figura 6-2. Como se muestra en esta ilustración, ante un aumento en los gastos de marketing, a menudo, la tasa de la respuesta de ventas cambia con el tiempo y, de ese modo, la relación es curvilínea. Como lo sugiere la figura, las ventas responden sólo a un nivel mínimo ante niveles bajos de publicidad, pero después de alcanzar un nivel de umbral, las ventas aumentan con mayor rapidez ante los incrementos en la publicidad. Como se puede imaginar, en niveles de publicidad muy elevados, se puede alcanzar un punto de supersaturación. Más allá de ese punto, las ventas pueden descender realmente si los gastos en publicidad se aumentan más adelante.

En la estimación de la productividad con base en el criterio, los gerentes aplican sus conocimientos de los factores que influyen en la demanda, los competidores, los cambios potenciales del entorno y los cambios planeados en las estrategias y los programas de marketing (es decir, cómo se puede gastar el dinero de marketing) como complementos (e incluso, sustitutos) de los otros tres métodos.

Uno de los enfoques de la estimación con base en el criterio que mayor publicidad ha recibido es el modelo ADBUDG desarrollado por John D. C. Little. En este enfoque, los gerentes intentan cuantificar sus juicios acerca de la relación entre cada variable de marketing y la participación de mercado, respondiendo cuatro preguntas.

1. ¿Cuál es el nivel de gastos necesario para mantener la participación de mercado actual a través del siguiente periodo del presupuesto? (el *nivel de mantenimiento* de los gastos).
2. ¿Cuál será el nivel mínimo de participación de mercado resultante en el siguiente periodo, si los gastos se reducen a cero? (la participación de *nivel cero*).
3. ¿Cuál será el nivel de mercado resultante en el siguiente periodo, si los gastos aumentan en un 50% sobre el nivel de mantenimiento? (la participación de *nivel más de cincuenta*).

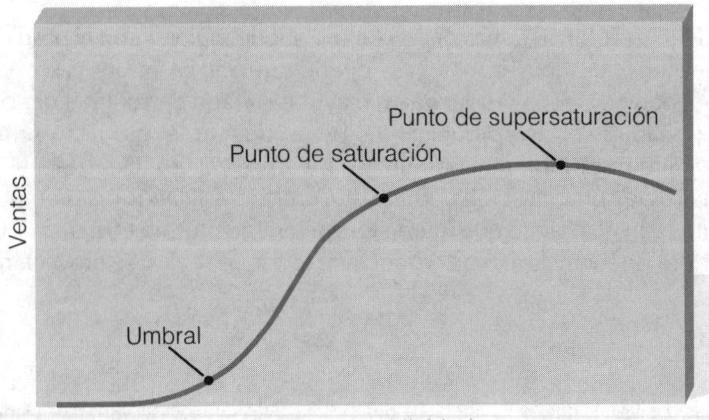

FIGURA 6-2
Relación hipotética entre los gastos de publicidad y las ventas. (Reimpreso con autorización de R. L. Ackoff y J. R. Emshoff, "Advertising Research at Anheuser-Busch", *Sloan Management Review*, Winter 1975, p. 4).

4. ¿Cuál es la participación de mercado máxima que se podría obtener en el siguiente periodo, si los gastos fueran ilimitados?[8] (la participación *máxima).*

Al responder estas preguntas, los gerentes pueden utilizar cualquier información que puedan obtener al examinar las tasas históricas, los experimentos o el análisis de la paridad competitiva. No obstante, también considerarán factores (como los que aparecen en la lista de la tabla 6-12) que probablemente influirán en el impacto de los cambios en los gastos de marketing o el precio en la participación de mercado del siguiente periodo.

Dados estos cuatro estimados, los gerentes pueden elaborar una representación pictórica (es decir, un *modelo)* de sus criterios de productividad. Considérese, por ejemplo, una situación en la cual un gerente se interesa en el estudio del impacto de un cambio en los gastos de publicidad sobre la participación de mercado. Dependiendo de las respuestas a las cuatro preguntas de Little, el gerente puede establecer una imagen de la relación entre participación publicidad-mercado, de diversas maneras. Una representación posible aparece en la figura 6-3. (Esta figura se desarrolló con un *plotter* para establecer las participaciones de mercado en los niveles de cero, mantenimiento y de publicidad más de cincuenta; mediante la identificación de la participación máxima; y conectando estos puntos con una curva casi en forma de S para reflejar la suposición de que la relación no es lineal).

En la figura 6-3, el estimado sugiere que un aumento en la publicidad de US$1.5 a US$2.0 millones será necesario simplemente para mantener la participación de mercado y que los aumentos o las disminuciones fuertes en la participación de mercado serán el resultado de cambios importantes en el presupuesto. Estos estimados podrían reflejar criterios sobre varios de los factores que aparecen en la lista de la tabla 6-12. Es decir, la participación de mercado puede ser altamente sensible a los gastos de publicidad si la marca está compitiendo en las etapas iniciales del ciclo de vida del producto, en donde no se ha establecido con firmeza ni la conciencia de marca ni las preferencias de marca, o si el mercado se caracteriza por un alto grado de rotación de los clientes, de manera que pocos de los compradores anteriores de una marca siguen en el mercado.

TABLA 6-12

FACTORES QUE SE DEBEN CONSIDERAR CUANDO SE HACEN ESTIMADOS DE PRODUCTIVIDAD CON BASE EN EL CRITERIO

1. Etapa en el ciclo de vida de la forma del producto
2. Precios y gastos anticipados por parte de los competidores
3. Probabilidad de retaliación competitiva si se aplica un aumento en los gastos o una reducción en los precios
4. Alcance de la disponibilidad de distribución del producto
5. Principales mejoras en la eficiencia con la que se gasta el dinero
6. Principales mejoras en la efectividad de estrategias y programas, los cuales se espera que conduzcan a percepciones más favorables de los atributos determinantes
7. Alcance de la rotación de los clientes
8. Niveles de conciencia y preferencia de nuestros productos, por parte del consumidor, frente a los productos o las marcas de la competencia

[8] *Véase* John D. C. Little, "Models and Managers: The Concept of a Decision Calculus", *Management Science,* April 1970, pp. B-466—B-485. Una versión ampliada del modelo se puede encontrar en John D. C. Little "Brandaid: A Marketing Mix Model", *Operations Research,* July -August 1975, pp. 628-673.

FIGURA 6-3
Una aplicación del modelo ADBUDG.

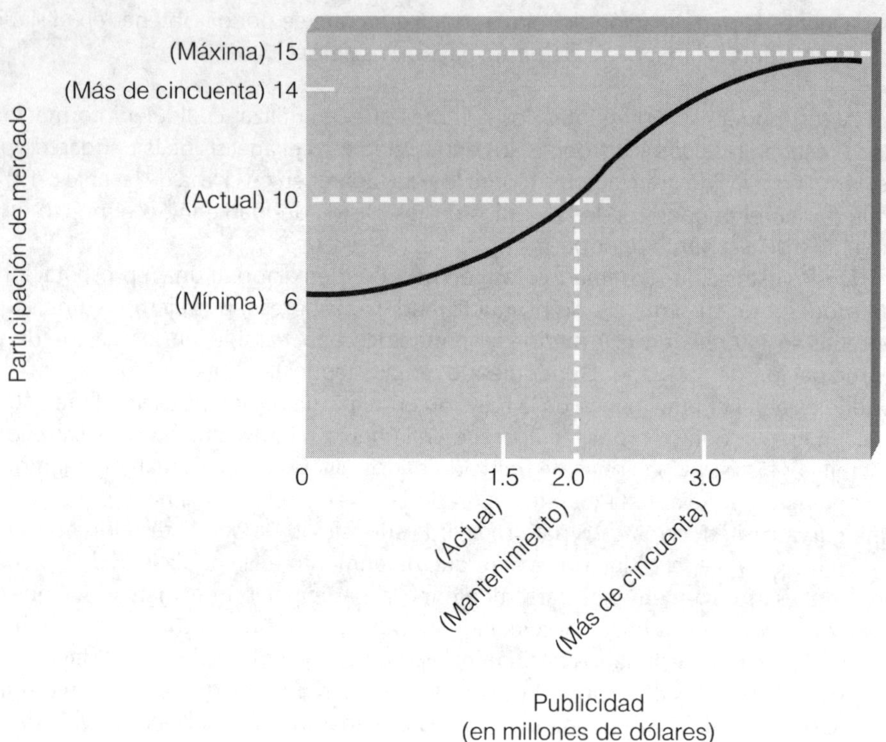

Una vez que un gerente ha elaborado un modelo de la relación de productividad, el efecto de un nivel de gastos propuesto se puede incorporar en el proceso del presupuesto. Los gerentes pueden utilizar este modelo para establecer los estimados directos de la participación de mercado o, si se utiliza el método indirecto, para determinar la probabilidad de lograr un nivel requerido de participación de mercado[9].

Efectos de elasticidad cruzada

Previamente, se estudió el concepto de costos indirectos, indicando que estos costos reflejan la interdependencia en una firma con múltiples productos. Sin embargo, los productos también pueden ser interdependientes en la demanda. Los efectos de la elasticidad cruzada reflejan la interdependencia en la demanda a través de un grupo de productos. Estos efectos pueden ser de dos tipos: efectos de sustitución y efectos complementarios.

Los *efectos de sustitución* se presentan cuando dos o más productos o servicios se utilizan para mejorar la misma función genérica. Así, los anteojos y los lentes de contacto son sustitutos y los efectos

[9] Ibid.

de la sustitución se presentarán cuando un producto recibe un aumento relativo en el apoyo de marketing: es probable que los incrementos en la publicidad para los lentes de contacto tengan algún impacto negativo en la demanda de los anteojos.

Los productos *complementarios* (o servicios) son aquellos que experimentan un aumento en las ventas cuando productos relacionados tiene un aumento en el apoyo que reciben. Esta relación puede presentarse por varias razones:

- *Uso relacionado.* Cuando dos productos se utilizan naturalmente junto con otro (como los trajes para caballero y las corbatas o los computadores y las impresoras de alta velocidad), la compra de un producto puede llevar a la compra del segundo. En consecuencia, muchas firmas ofrecen productos relacionados para satisfacer las necesidades de uso del cliente de una manera más completa.
- *Valor ampliado.* Un producto puede ampliar el valor o aumentar la utilización de otro. Por ejemplo, un nuevo accesorio puede hacer que una cámara sea más fácil o interesante de usar.
- *Complementos de calidad.* Productos diseñados para reparación, mantenimiento o asistencia de funcionamiento pueden permitir que un cliente obtenga o mantenga un alto nivel de desempeño en cuanto a la calidad. Por esta razón, en la actualidad, muchas firmas industriales y del consumidor encuentran que los contratos de servicio con productos electrónicos y otros bienes durables, a menudo tienen mucha demanda.
- *Conveniencia.* Productos que no tienen ninguna relación en cuanto a su uso, pueden ser complementarios si se compran de la misma fuente, porque la compra en una fuente común reduce los costos de búsqueda del comprador.

Así, cuando se promocionan las chaquetas Linkster, no sólo aumentan las ventas de chaquetas sino las de las gorras con uso relacionado y las sombrillas. No obstante, es probable que la promoción de las chaquetas lleve a un descenso en las ventas de suéteres.

Según el nivel en que los gerentes puedan predecir las relaciones de elasticidad cruzada entre productos y servicios, los presupuestos deberán ajustarse para incluir estos efectos. Considérese, por ejemplo, los datos de la tabla 6-13. Esta tabla es una extensión sencilla de la tabla 6-9, la cual presenta un proyecto de presupuesto hipotético para las chaquetas, suponiendo que un aumento de US$100.000 en publicidad conducirá a un aumento de US$300.000 en las ventas.

Como el precio promedio por chaqueta es de US$60, el aumento que se espera es de 5.000 unidades. Supóngase que con sus registros de ventas Linkster sabe que:

- Cuando compran una chaqueta, el 10% de los compradores también adquiere una gorra y el 30%, sombrillas compañeras.
- Si no hubieran adquirido una chaqueta, el 10% de los compradores de éstas habría comprado un suéter Linkster.

Dados estos estimados de elasticidad cruzada y el conocimiento de los márgenes de contribución variable de porcentaje (tabla 6-4), el propietario puede estimar el impacto de la rentabilidad neta del cambio del presupuesto, siguiendo el procedimiento que se presenta en la tabla 6-13.

TABLA 6-13

LINKSTER INC.: PRESUPUESTO PROYECTADO CON EFECTOS DE ELASTICIDAD CRUZADA

	EFECTO DEL NUEVO PRESUPUESTO		
	TOTAL PROYECTADO		CAMBIO PROYECTADO
Ventas en unidades	25,000		+ 5,000
Ventas en dólares	$1,500,000		+$300,000
Contribución total	$ 340,000		+$ 90,000
Más efectos complementarios:			
Ventas de gorras			
(5000 × 10% × $4)		$ 2,000	
× MVCP		80%	+$ 1,600
Ventas de sombrillas			
(5000 × 30% × $30)		$45,000	
× MVCP		47,6%	+$ 21,420
Menos efectos de sustitución:			
Ventas de suéteres			
(5000 × 10% × $60)		$30,000	
× MVCP		61,6%	–$ 18,480
Cambio neto en la contribución total por el cambio en el presupuesto			+$ 94,540

CONCLUSIÓN

Un entendimiento adecuado de la estructura de la rentabilidad de cualquier producto resulta esencial para encontrar mecanismos que aumenten o mantengan la rentabilidad. Como se vio en este capítulo, el marketing cuesta dinero. Para estudiar el interés de mantener, aumentar o disminuir el nivel de gastos de marketing, se deben conocer el margen de contribución variable y otros elementos de la estructura de rentabilidad. Más aún, en el proceso de planeación resulta esencial un entendimiento de la respuesta de ventas ante los cambios en los presupuestos de marketing. El análisis de productividad es el proceso de determinar cuál será la respuesta probable de ventas.

Este capítulo ha estudiado las dificultades relacionadas con la estimación de la productividad. Sin embargo, como se ha demostrado, al combinar los pronósticos de ventas, la participación de mercado, la productividad y la información de rentabilidad mejorará la capacidad de un gerente para evaluar los gastos propuestos.

El impacto de los gastos de marketing en las ventas y la rentabilidad no se puede examinar a plenitud con las herramientas analíticas que se presentan en este capítulo y se resumen en la figura 6-4. Debido a que tienen un cierto propósito estratégico, los gastos también se deben examinar en el contexto de las estrategias y los programas de marketing que los gerentes diseñan para un producto. Es decir, estos gastos tiene mayor posibilidad de lograr los objetivos de los niveles de ventas y de participación de mercado, si se hallan respaldados por estrategias y programas bien elegidos.

FIGURA 6-4
Pasos en el análisis de la productividad y la rentabilidad y sus relaciones con otros aspectos del análisis de la situación.

El proceso de diseñar estrategias y programas de marketing efectivos es el tema de la parte 3 de este libro. Sin embargo, antes de continuar, considérese de nuevo el tema del presupuesto de Linkster Inc.

LINKSTER INC.: ELABORACIÓN DE UN PRESUPUESTO

Después de revisar el desempeño de Linkster durante el año anterior (como aparece en las tablas 6-1 a 6-4), la directora ejecutiva de marketing de la compañía comenzó a elaborar el presupuesto para el año siguiente. Debido a que el negocio de suéteres ha sido tan importante en la corta historia de la empresa, la directora decidió que era importante mantener el crecimiento de ventas para ese producto. Adicionalmente, la competencia era mayor en el negocio de los suéteres que el de las chaquetas y las sombrillas. Ocho fabricantes diferentes estaban diseñando suéteres, específicamente para el mercado del golf, y Linkster mantenía una participación de mercado estimada en el 8%.

Los pronósticos de ventas de la industria se hicieron, habitualmente, por los cambios estimados en el número de torneos de golf que se jugarían durante el siguiente año, los cuales, a su vez, dependían de las tendencias demográficas y económicas. Para el año siguiente se esperaba que las ventas de la industria de los suéteres de golf crecieran en un 10% hasta 550.000 unidades.

La gerente de marketing de Linkster había estimado los gastos totales de publicidad de los competidores en US$3.100.000 para el año más reciente. Además, ella sabía que la línea de Linkster estaba recibiendo una aceptación sustancialmente mejor entre los propietarios de almacenes profesionales, con respecto a la mayor parte de los competidores, debido a la calidad de los productos y la actualización de los diseños.

La gerente de marketing quería establecer una participación de mercado para la línea de suéteres sin sacrificar la rentabilidad. Sin embargo, antes de finalizar el presupuesto, quiso examinar las consecuencias de la participación de mercado y la utilidad en diferentes niveles del presupuesto. Para hacerlo de una forma completa, construyó un modelo con base en el siguiente criterio, estableciendo estos parámetros para los suéteres para golf.

Mantenimiento de publicidad = US$220.000
Participación máxima = 11.5 %
Participación más de cincuenta = 10%
Participación mínima = 4%

1. Analice algunos de los factores específicos que la gerente de marketing probablemente habría utilizado para hacer estos estimados.
2. Con base en estos estimados, elabore un gráfico que refleje la relación entre la publicidad para los suéteres Linkster y la participación de mercado de ese mismo producto.
3. Mediante la gráfica, estime la participación de mercado que resultaría y calcule las consecuencias de utilidad (con el enfoque *directo*) si se establece el presupuesto de publicidad:
   - En US$275.000
   - En US$330.000
4. Cómo cambiarían la participación de mercado y los estimados de utilidad de la pregunta 3, si se cambiara el pronóstico de ventas de la industria:
   - ¿A 520.000 unidades?
   - ¿A 580.000 unidades?

PREGUNTAS Y SITUACIONES PARA ANÁLISIS

1. ¿En qué situaciones sería de más utilidad el enfoque indirecto que el directo, para evaluar un cambio propuesto en los gastos de marketing?
2. **a.** Explique la importancia de un pronóstico de ventas de la industria, preciso para el proceso del presupuesto.
   b. ¿Puede considerar situaciones en las cuales el pronóstico de ventas de la industria pueda variar como resultado de cambios en el presupuesto de marketing? Explique su respuesta.
3. ¿Para cuál de las siguientes compañías habría posibilidad de que los efectos de la curva de experiencia fueran más fuertes y para cuál serían más débiles? ¿Para cuál serían las economías de escala más fuertes y para cuál serían más débiles?
   a. Una firma como Harley Davidson que ensambla motocicletas.
   b. Un fabricante de productos para el hogar con base en resina o plástico durable, como Rubbermaid
   c. Una firma como Waste Management que reúne materiales de desecho para reciclaje.
4. The Great Lakes Manufacturing Company produce una línea de herramientas para casa y jardín. Hace poco, la compañía sacó al mercado un rastrillo liviano pero muy durable. Durante el primer año, el rastrillo alcanzó el 10% de participación de mercado en la región donde compite Great Lakes. El último año, las ventas de la industria para la región fueron de 700.000 unidades. Great

Lakes vendió el rastrillo a los minoristas a US$4 por unidad; estos distribuidores, a su vez, vendieron el producto a los consumidores con un precio promedio de US$7. Los costos variables de producción fueron de US$1.50 por unidad y los costos fijos directos fueron de US$200.000

a. Calcule la contribución total de Great Lakes para el último año en el nuevo rastrillo.

b. Suponga que no hay cambios en los costos, el precio o en las ventas de la industria en Great Lakes, ¿qué niveles de participación de mercado se requerirán para alcanzar una contribución total de US$100.000 sobre este nuevo producto?

c. ¿Cómo podría evaluar el gerente responsable de este producto en Great Lakes las oportunidades para lograr esa participación de mercado?

5. La AM General Division de LTV Corporation creó el Hummer, un vehículo con tracción en las cuatro ruedas que podía desplazarse por diferentes terrenos, para el ejército de EE.UU.; el producto recibió muchos elogios por su desempeño en la Guerra del Golfo Pérsico. En 1992, la compañía comenzó a producir una versión comercial que se esperaba fuera muy popular entre las personas vinculadas a la construcción, la vida en fincas o en zonas agrestes, o aquellas que simplemente buscaran un vehículo para divertirse a campo traviesa. La capacidad de la planta en Mishawaka, Indiana, era de 260 unidades diarias, un número por encima de los requerimientos del negocio militar de AM General. Suponga que con una producción de 40 unidades por día (o 10.000 al año) el costo promedio de producir un vehículo es de US$30.000, la mitad en costos variables y la otra mitad en costos fijos directos, y sin hacer cambios en el costo variable requerido para el nuevo modelo.

a. Calcule el costo promedio de la versión militar en volúmenes de 80 y 120 unidades diarias.

b. Cómo cambiarían los costos promedio (de la pregunta a.) si los nuevos costos semifijos de US$20 millones por año se agregaran a un volumen total de 80 unidades?

c. Si los costos variables para la versión comercial superan en US$10.000 a los de la versión militar, ¿cómo cambiarían las respuestas de los literales **a.** y **b.**?

6. Midwest Electronics estaba estudiando la rentabilidad de dos de sus productos de telefonía celular. En el recuadro siguiente aparecen las cifras de costos e ingresos para 1996.

	AUTO DELUXE	MICRO TALK
Precio de venta	$150	$200
Ventas en unidades	30,000	20,000
Total de costos variables	$75	$100
Gastos de promoción asignables	$1,500,000	$1,500,00

Suponga que todos los otros costos son indirectos.

a. Compare la rentabilidad actual de los dos productos

b. *Solamente* con los datos de rentabilidad, si Ud. cuenta con fondos adicionales para promoción, ¿cuál producto recibiría esos fondos?

c. Si el precio del Auto Deluxe se redujera en US$50, ¿qué nivel de ventas se requeriría para mantener el nivel actual de la contribución total?

7. Para un nuevo álbum de discos compactos, el costo variable de producir y empacar un disco en blanco es de US$1.30. Una cifra de regalías común para el cantante es de US$1.00 la unidad, y los costos de producción de la sesión de grabación, el video y el producto final fácilmente pueden llegar a US$2 millones.

a. Si el precio del fabricante a los distribuidores es de US$10.70 por unidad, ¿cuál es el margen de contribución variable?
b. ¿En qué nivel de ventas se encontrará el punto de equilibrio de la marca, incluso en términos de utilidad? (Es decir, ¿en qué nivel de ventas la contribución total será cero?)
c. ¿En qué nivel de ventas se encontrará el punto de equilibrio de la marca, incluso si se agregan US$200.000 para publicidad?
d. Suponga que Madonna es la artista y que en el contrato pide US$20 millones por anticipado en lugar de regalías. ¿En que nivel de ventas se logra el punto de equilibrio del álbum?

8. En cada una de las siguientes situaciones hipotéticas, analice los principales problemas que enfrentará un gerente de marketing para tratar de estimar la productividad de ventas y la rentabilidad de la acción de marketing que ha de considerar, e indique cuál método de análisis de productividad recomendaría Ud.
   a. IBM está considerando duplicar su publicidad para su línea de computadores personales tipo *notebook*.
   b. Burger King va a distribuir cupones que se pueden utilizar para comprar el nuevo sandwich barbacoa de la empresa. Necesitan decidir si el valor de los cupones deberá ser de US$0.50 o US$0.75
   c. Domino's Pizza debe decidir sobre su presupuesto de publicidad para el próximo año. La empresa puede estimar el tamaño de los presupuestos de publicidad de sus principales competidores con el paso del tiempo. Sin embargo, Pizza Hut ha estado ofreciendo despachos a domicilio solamente desde hace unos años, y Little Caesar's ha hecho énfasis en precios especiales (como dos pizzas por el precio de una), obligando a que la competencia aumente gradualmente el uso de las promociones de precios.

LECTURAS ADICIONALES SUGERIDAS

Alberts, William, "The Experience Curve Doctrine Revisited", *Journal of Marketing,* July 1989, pp. 36-49.

Ames, B. Charles, and James D. Hlavacek, "Vital Truths about Managing Your Costs", *Harvard Business Review,* January-February 1990, pp. 140-147.

Grant, Alan W. H., and Leonard Schlesinger, "Realize Your Customers' Full Profit Potential", *Harvard Business Review,* September-October 1995, pp. 59-72.

Hoch, Stephen J., Xavier Dreze, and Mary E. Purk, "EDLP, Hi-Lo, and Margin Arithmetic", *Journal of Marketing,* October 1994, pp. 16-27.

Jones, John Philip, "Ad Spending: Maintaining Market Share", *Harvard Business Review,* January-February 1990, pp. 38-43.

Piercy, Nigel, "The Marketing Budgeting Process: Marketing Management Implications", *Journal of Marketing,* October 1987, pp. 45-59.

Rust, Roland T., Anthony Zahorik, and Timothy L. Keiningham, "Return on Quality (ROQ): Making Service Quality Financially Accountable", *Journal of Marketing,* April 1995, pp. 58-70.

Sheth, Jagdish, and Rajendra Sisodia, "Feeling the Heat", *Marketing Management,* Fall 1995, pp. 9-23.

PARTE TRES

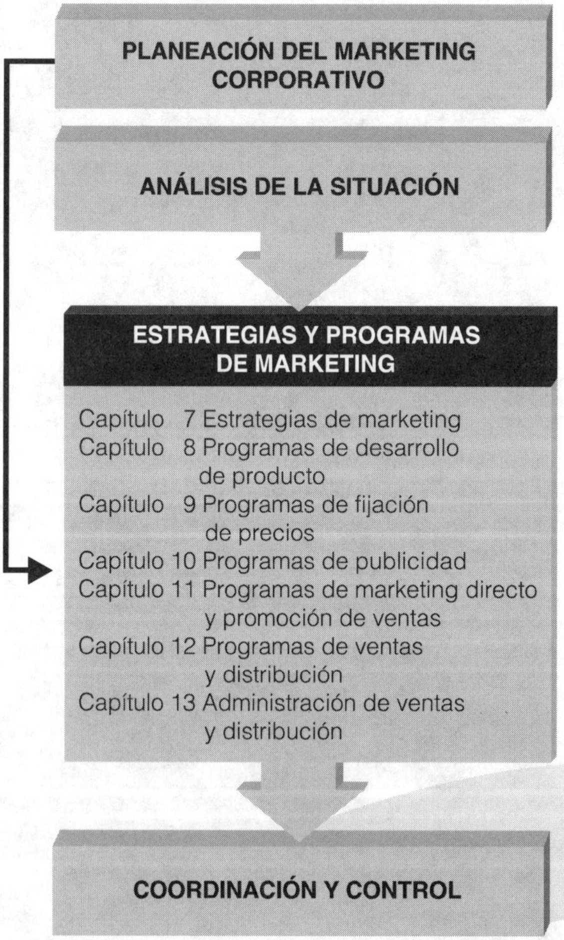

PLANEACIÓN DEL MARKETING CORPORATIVO

ANÁLISIS DE LA SITUACIÓN

ESTRATEGIAS Y PROGRAMAS DE MARKETING

Capítulo 7 Estrategias de marketing
Capítulo 8 Programas de desarrollo de producto
Capítulo 9 Programas de fijación de precios
Capítulo 10 Programas de publicidad
Capítulo 11 Programas de marketing directo y promoción de ventas
Capítulo 12 Programas de ventas y distribución
Capítulo 13 Administración de ventas y distribución

COORDINACIÓN Y CONTROL

ESTRATEGIAS Y PROGRAMAS DE MARKETING

Las responsabilidades fundamentales de los gerentes de marketing de nivel medio son desarrollar e implementar las estrategias y los programas de marketing para cada producto o línea de producto. En la parte Tres se estudian los conceptos y los procedimientos para seleccionar estrategias y programas específicos.

Resulta importante reconocer que los conceptos y los procedimientos que se presentan en los siguientes capítulos no son independientes de los que se trataron en los capítulos anteriores. De hecho, los gerentes no podrán tomar decisiones apropiadas sobre las estrategias y los programas de marketing sin antes haber entendido:

- Los objetivos del producto que se han de lograr
- Los factores que influirán en la respuesta de la demanda primaria y la demanda selectiva ante la oferta de marketing
- Los segmentos de mercado potenciales que se podrían atender
- El alcance, el tipo y la fuente de competencia
- El tamaño de las diversas oportunidades de mercado de acuerdo con las indicaciones del mercado potencial, las ventas de la industria y las tendencias de ventas de la compañía
- Las implicaciones en la rentabilidad y la productividad, como resultado de cambios en los precios o en los gastos de marketing

Los *programas de marketing* son acciones y decisiones específicas, de las cuales son responsables los gerentes de nivel medio. En los capítulos 8 a 13 se estudian los conceptos de toma de decisiones, herramientas y procedimientos para el desarrollo del producto, los precios, la publicidad, la promoción de ventas, el marketing directo, y los programas de ventas y distribución. En particular, se resaltará la importancia de desarrollar objetivos específicos para los programas. Estos objetivos pueden simplificar en gran medida el proceso de selección y diseño de los elementos específicos del programa. Además, se presentan procedimientos para entender las consecuencias específicas de cada uno de estos programas en el presupuesto.

Aunque el desarrollo de programas efectivos es vital para alcanzar el éxito, es frecuente que sean diferentes gerentes los responsables del diseño y ejecución de los distintos programas. De acuerdo con esto, se requiere algún mecanismo para garantizar que los diversos programas sean consistentes y funcionen en armonía para lograr el objetivo del producto. Una *estrategia de marketing* puede brindar la consistencia de dirección entre los programas, mediante la identificación del tipo de impacto que sobre la demanda tendrá el esfuerzo total de marketing. En el capítulo 7 se estudiarán los tipos de estrategias de marketing que se pueden aplicar, la relación entre las estrategias y los programas, y los aspectos que se deben considerar en la selección de una estrategia de marketing.

CAPÍTULO 7

ESTRATEGIAS DE MARKETING

VISIÓN GENERAL

Cuando se consideran las decisiones de marketing y la manera como estas pueden afectar la demanda de los productos de una firma, vienen a la memoria acciones tales como cambio de precios, modificación de campañas de publicidad o establecimiento de promociones especiales. Estas acciones se denominan *programas de marketing,* y de ellas se estudiarán varios tipos en los capítulos siguientes.

Con frecuencia, se utilizan conjuntamente varios programas de marketing diferentes. En otras situaciones, los gerentes pueden verse abocados a elegir entre los diversos programas de marketing a causa de las restricciones del presupuesto. Para elegir la mejor opción en esas situaciones y asegurarse de que dichas decisiones colmarán las expectativas de la gerencia acerca de un determinado producto (como se indicó en la estrategia de mezcla de producto en el capítulo 2), los gerentes de marketing deberán primero establecer y comunicar una estrategia de marketing definida.

Las *estrategias de marketing* son planes que especifican el impacto que una compañía espera alcanzar en cuanto a la demanda de un producto o una línea de producto dentro de un determinado mercado objetivo. Como se vio en el capítulo 3, en ocasiones las firmas perciben que la mejor oportunidad de marketing está en expandir la demanda primaria, mientras que la mayor oportunidad de crecimiento puede surgir de la expansión de la demanda selectiva. Las opciones básicas en el desarrollo de estrategias de marketing aparecen en la lista de la tabla 7-1. Es importante tener en cuenta que esas estrategias no sean mutuamente excluyentes. Si Campbell diseña una nueva campaña de marketing para promover el consumo de sopa a la hora de la cena (una estrategia de demanda primaria), es probable que la marca Campbell se beneficie de la campaña (al estimular la demanda selectiva).

TABLA 7-1

ELEMENTOS BÁSICOS DE UNA ESTRATEGIA DE MARKETING

Selección del mercado mutuamente	Todos los compradores en el mercado relevante Compradores en uno o más segmentos
Tipo de demanda que se va a estimular	Demanda primaria Entre nuevos usuarios Entre usuarios actuales Demanda selectiva En nuevos mercados servidos Entre clientes de los competidores En la base actual de clientes

En esencia, una estrategia de marketing es el puente entre la estrategia corporativa y el análisis de la situación, por una parte, y los programas de marketing orientados hacia la acción, por la otra. Los programas de marketing deberán surgir de, y ser consistentes con, la estrategia de marketing. A su vez, la selección de una estrategia de marketing deberá basarse en los resultados de los pasos iniciales en el proceso de planeación. En el resto de este capítulo se estudian varios tipos de estrategias de marketing que se pueden elegir; también se presenta un proceso para seleccionar una estrategia de marketing, y además se estudian algunos aspectos dinámicos importantes de la misma.

ESTRATEGIAS EN LA DEMANDA PRIMARIA

Estos mecanismos están diseñados para aumentar el nivel de demanda de una forma o clase de producto. Las firmas pioneras en marketing para nuevas formas de producto (como Procter & Gamble en pañales desechables o Boeing en los aviones *jumbo)*, por necesidad, buscarán estrategias de demanda primaria. Adicionalmente, las empresas con gran participación de mercado en mercados establecidos (como la salsa de tomate Heinz o Microsoft en software para PC) a menudo dedican, por lo menos, parte de su esfuerzo de marketing a la expansión de la demanda primaria porque, como líderes del mercado, tienen la mayor opción de ganar con la expansión del mercado.

Básicamente, existen dos fuentes de nueva demanda para una forma o clase de producto: los no usuarios y los usuarios que aumentan su tasa de uso. Por consiguiente, las estrategias de demanda primaria pueden ubicarse por categorías en términos de la manera como se dirige la estrategia.

Estrategias para atraer a los no usuarios

Para incrementar el número de usuarios, la firma debe aumentar la disposición o la capacidad de compra del producto.

AUMENTAR LA DISPOSICIÓN DE COMPRA

La disposición de compra se puede estimular mediante uno de tres enfoques:

1. Demostrar los beneficios con que ya cuenta una forma de producto
2. Desarrollar nuevos productos con beneficios que sean más atractivos para ciertos segmentos
3. Demostrar o promover nuevos beneficios de los productos existentes

Con frecuencia, es necesario demostrar los beneficios básicos de la forma del producto cuando se está comercializando una forma nueva. Por ejemplo, Procter & Gamble había demostrado la conveniencia y el desempeño de los pañales desechables Pampers en un mercado donde utilizar los pañales de tela era un comportamiento tradicional. De manera similar, los populares anuncios de la cerveza Miller Lite estimularon con éxito la disposición de los bebedores de cerveza a ensayar una nueva forma del producto (cerveza ligera), haciendo énfasis en los atributos de "gran sabor, menos llenura".

Cuando nuevos productos dan como resultado adiciones significativas a los beneficios ofrecidos por las formas existentes del producto, es probable que se satisfagan las necesidades de los consumidores potenciales. Por ejemplo, los científicos en Minnesota Mining & Manufacturing (3M) Company desarrollaron un nuevo tipo de esponjilla jabonosa para utilizarla en baterías de cocina con antiadherente. En la actualidad, los artículos con antiadherente representan casi tres cuartas partes de las ventas de baterías de cocina, pero las esponjillas convencionales arruinan las sartenes. 3M esperó que la categoría de esponjillas jabonosas se ampliará en más de un 15%, como resultado de esta innovación[1].

Con frecuencia, las asociaciones comerciales de la industria emprenden estrategias de demanda primaria a favor de los productores en un mercado, con el fin de hacer énfasis en beneficios que no son ampliamente conocidos. Por ejemplo, el American Iron and Steel Institute está realizando una insistente campaña para promover los beneficios de utilizar acero en lugar de madera en la construcción de casas. El instituto argumenta que el acero es una alternativa superior porque es durable, estable, no requiere mantenimiento, no es combustible, es a prueba de termitas y es reciclable. Potencialmente, la demanda de acero para la construcción podría ser dos veces mayor que la demanda actual de ese material en la industria automotriz[2].

La importancia de este tipo de estrategia es destacar el ingreso de una nueva forma o clase del producto, ya que los nuevos productos rara vez se venden por sí solos. Además, esta estrategia puede no ser importante en economías avanzadas si un producto está bien establecido, pero puede ser indispensable para introducir un producto a un nuevo mercado en una cultura diferente. Por consiguiente, en EE.UU., Procter & Gamble debe dirigir su estrategia de marketing de los Pampers a ganar clientes potenciales de los competidores, pero en naciones desarrolladas se hará énfasis en las ventajas básicas de los pañales desechables con el fin de estimular la demanda primaria.

AUMENTAR LA CAPACIDAD DE COMPRA

La capacidad de compra puede mejorarse con la oferta de precios bajos o de crédito, o brindando una mayor disponibilidad (a través de más distribuidores, despachos más frecuentes o menores inventarios). Por ejemplo, la reducción de precios trajo un rápido incremento en las ventas del mercado de teléfonos celulares a finales de la década de los años ochenta. De modo similar, es frecuente que planes de financiación novedosos puedan ayudar a estimular la demanda primaria.

Estrategias para aumentar la tasa de compra entre los usuarios

Cuando los gerentes se interesan en alcanzar un crecimiento más rápido en un mercado lento aunque maduro, la estrategia de marketing puede dirigirse hacia el aumento de la disposición de compra *con más frecuencia* o en *mayor volumen*, utilizando uno de los siguientes enfoques.

AMPLIACIÓN DEL USO

Los compradores pueden incrementar el uso si puede ampliarse la variedad de usos o de ocasiones de uso. En años recientes, varias campañas de publicidad se han dirigido a sugerir aplicaciones más amplias de productos o servicios. Por ejemplo, Al Sauce se ha promocionado para ser utilizada con hamburguesas y no sólo para bistec; Kraft comenzó a promocionar el Cheez Whiz como una salsa de queso para nachos[*]. Ejemplos de tentativas para aumentar las ocasiones de uso incluyen la campaña

[1] Eben Shapiro, "Wool Pads of 3M Shake Up Old Business", *Wall Street Journal*, Jan, 13. 1994, p. B6.
[2] J. Linn Allen, "Indiana Project Could Build a Market", *Chicago Tribune*, Oct. 17, 1995, pp. C1-C2.
[*] N. de T.: pequeña tortilla con queso o salsa de chile picante y hervida.

publicitaria de Coca-Cola que sugiere "Coca-Cola en la mañana", y el énfasis creciente de Pizza Hut para desarrollar su negocio a la hora del almuerzo, a través de la promesa de un servicio rápido. De manera similar, desde hace un tiempo, los fabricantes de bebidas energizantes y barras de dulces han girado el enfoque de sus esfuerzos de marketing hacia la situación de "remplazo alimenticio", cuando algunos consumidores pueden elegir una barra de dulce. Productos como las barras ATP Tour y PowerBars se encontraban en otro tiempo sólo en almacenes especializados para deportistas pero, en la actualidad, se comercializan en tiendas de abarrotes y farmacias[3].

AUMENTO DE LOS NIVELES DE CONSUMO DEL PRODUCTO

Menores precios o empaques con volumen especial pueden llevar a volúmenes promedio más altos y, posiblemente, a un consumo más rápido de productos tales como bebidas gaseosas y pasabocas. También puede ocurrir que los niveles de consumo se estimulen si cambia la percepción que tienen los compradores de los beneficios de un producto o servicio. Este razonamiento respalda los esfuerzos de la industria porcina para estimular el consumo. Una reciente campaña publicitaria hacía énfasis en la similitud de la carne de cerdo y la de pollo en términos de sus beneficios para la salud y su condición de carne blanca. De manera similar, American Express amplió los beneficios de su tarjeta para incluir un seguro automático para los productos que se adquieren con ella.

ESTIMULAR EL REMPLAZO

El rediseño de productos puede considerarse como una estrategia de demanda selectiva. No obstante, básicamente es una estrategia de demanda primaria en la industria de la moda y en otras industrias de bienes durables. Aunque un refrigerador puede funcionar bien hasta por 20 años, muchas ventas para remplazar un producto se pueden hacer antes de ese tiempo si la conveniencia del producto, la utilización del espacio y los costos de operación pueden ser mejorados.

En síntesis, las estrategias de demanda primaria se pueden implementar de diversas formas, como se muestra en la tabla 7-2. Aunque, generalmente, estas estrategias se utilizan menos que las de demanda selectiva, pueden ser útiles en extremo si las predicciones del mercado muestran grandes brechas entre el potencial de mercado y las ventas de la industria. Además, el análisis del proceso de compra

TABLA 7-2

ESTRATEGIAS DE MARKETING EN LA DEMANDA PRIMARIA

CÓMO SE HACE IMPACTO EN LA DEMANDA	ESTRATEGIAS BÁSICAS QUE INFLUYEN EN LA DEMANDA
1. Atraer usuarios	Aumentar la disposición de compra Aumentar la capacidad de compra
2. Aumentar la tasa de compra entre los usuarios	Ampliar las ocasiones de uso Aumentar la tasa de consumo Aumentar la tasa de remplazo

[3]Kelly Shermach, "Nutrition Drinks: They're Not Just for Athletes Any More", *Marketing News*, Oct. 23, 1995, pp. 1, 3.

TABLA 7-3

ESTRATEGIAS DE MARKETING EN LA DEMANDA SELECTIVA

CÓMO SE HACE IMPACTO EN LA DEMANDA	ESTRATEGIAS BÁSICAS QUE INFLUYEN EN LA DEMANDA
1. Ampliar el mercado servido	Ampliar la distribución Extensión de la línea de producto
2. Captar clientes de los competidores	Competencia de confrontación directa Calidad superior Liderazgo precio-costo Diferenciación Posicionamiento de beneficio-atributo Posicionamiento con base en el consumidor
3. Conservación/expansión de la demanda dentro de la base de clientes actuales	Mantener la satisfacción Relación de marketing Productos complementarios

puede identificar los factores que limitan la capacidad o la disposición de compra o la adopción de una clase o forma de producto. En ese caso, los gerentes deberán tener algunas perspectivas sobre las clases de programas que se pueden utilizar para estimular la demanda primaria.

ESTRATEGIAS EN LA DEMANDA SELECTIVA

Como se sugiere en la tabla 7-3, la demanda selectiva puede influir en el mercado en tres formas diferentes: 1) mediante la expansión del mercado servido, 2) mediante la captación de clientes del competidor, y 3) mediante la conservación y expansión de las ventas dentro de la base de clientes actuales de la firma.

Estrategias para expandir el mercado servido

Como se vio en el capítulo 3, las firmas definen su mercado relevante en términos de las formas o clases del producto con las cuales compiten. El *mercado servido* es la porción del mercado relevante que una firma escoge para servir y que refleja el alcance de su producto y sus ofertas de distribución. Cuando Coca-Cola redefinió su mercado relevante como "bebidas gaseosas", tuvo que decidir entre expandir su línea para servir segmentos de producto tales como bebidas con sabor lima-limón y bebidas carbonatadas con extractos de raíces. De manera similar, Keebler compitió en el mercado de las galletas, pero sólo hasta la década de los años ochenta en la Costa Oeste. Cuando las oportunidades para construir la participación de mercado dentro de mercados ya servidos se vuelven limitadas, a menudo las empresas persiguen la expansión de sus ventas ampliando el alcance de su distribución o extendiendo la línea de sus productos. Como se vio en el capítulo 2, estas estrategias de marketing virtualmente son obligatorias si la estrategia corporativa hace énfasis en el desarrollo del mercado o en el desarrollo del producto.

AMPLIAR LA DISTRIBUCIÓN

Los programas de distribución y ventas de una firma están diseñados para poner los productos a disposición en el mercado objetivo y, con frecuencia, para conseguir efectividad en los despachos, la presentación o el apoyo promocional. A medida que una empresa crece, el aumento de su capital puede permitirle desplazarse hacia nuevos mercados geográficos. Por ejemplo, Home Depot, distribuidor minorista de suministros para construcción, experimentó un gran éxito en la región del sudeste de Estados Unidos durante varios años, antes de ingresar hacia la zona noreste y luego a la parte del medio oeste. Debido a que las instalaciones y la publicidad requeridas para triunfar cuando se ingresa en nuevos mercados son muy costosas, la compañía tuvo que proceder gradualmente y afianzar su posición en sus mercados centrales para obtener los fondos necesarios.

En otros casos, las empresas podrán desplazarse hacia nuevos canales de distribución para servir a todas las partes de un mercado. Inicialmente, Levi Strauss vendía sus pantalones vaqueros para hombre solamente en almacenes prestigiosos de ropa para caballero o en almacenes por departamentos de alta calidad, pero ahora se está expandiendo hacia la distribución masiva porque la empresa entendió que una gran parte de su mercado no compraba sus pantalones en los puntos de venta tradicionales. De igual manera, IBM comenzó a vender computadores personales en puntos de venta de comercialización masiva, como Best Buy, porque muchos compradores de "computadores domésticos" no iban a adquirirlos en almacenes especializados. Compaq utilizó una estrategia similar para vender computadores mediante órdenes de correo.

LA EXTENSIÓN DE LA LÍNEA DEL PRODUCTO

Una firma puede expandir la línea de los productos que ofrece dentro de un mercado, a través de programas de desarrollo de nuevos productos. Específicamente, puede elegir entre dos rutas principales cuando utilice el desarrollo de nuevos productos para servir a nuevos mercados.

Una *extensión vertical de línea de producto* implica agregar un nuevo producto en un punto, claramente diferenciado en el precio. La adición del Camry de Toyota estableció una posición en el mercado de automóviles entre los compradores con gustos diferentes en calidad-precio con respecto a los compradores de Corolla. De otro lado, Coors introdujo Keystone en un punto de precios más bajo para competir de manera más efectiva en el segmento de precio "popular" del mercado de la cerveza.

Una *extensión horizontal de línea de producto* se presenta cuando una firma agrega un nuevo producto con diferentes características, más o menos en el mismo nivel de precio. El detergente Liquid Tide y la cerveza Bud Dry son ejemplos de este caso. Estas extensiones de la línea de producto permiten que una empresa sirva una variedad más amplia de gustos o preferencias específicas. Por ejemplo, Coca-Cola amplió su línea de bebidas gaseosas para incluir la Fruitopia en respuesta al creciente interés del consumidor en bebidas no carbonatadas[4].

En el capítulo 8 se examinará con más detalle el proceso para desarrollar estas clases de nuevos productos y las consideraciones necesarias para llevarlos al éxito.

[4]Robert Frank, "Fruity Teas, Mystical Sodas Boring Consumers", *Wall Street Journal*, Oct. 9, 1995, pp. B1-B2.

Estrategias para captar clientes de los competidores

Los competidores más directos de una empresa son aquellos con quienes se enfrenta dentro del mismo mercado servido. Para el Saturn de General Motors, los competidores más directos son el Neon de Chrysler y el Civic de Honda. Cuando los compradores eligen dentro de un determinado mercado servido, quienes consideren el proceso de elección como algo no rutinario compararán las alternativas en términos de los diversos atributos. Debido a que las decisiones finales se basan, principalmente, en estas percepciones, las estrategias de adquisición de los clientes se basarán, fundamentalmente, en la manera como los productos se posicionan en el mercado. Es decir, la *posición* de un producto representa la manera como se percibe en relación con la competencia, teniendo en cuenta los atributos determinantes deseados por cada uno de los segmentos. Desde una perspectiva gerencial, una firma tiene dos opciones estratégicas básicas: posicionamiento de confrontación directa y posicionamiento diferenciado.

POSICIONAMIENTO DE CONFRONTACIÓN DIRECTA

Con esta estrategia, una firma ofrece básicamente los mismos beneficios que la competencia, intentando *superarla* de alguna manera. Un enfoque de la competencia de confrontación directa es hacer un *esfuerzo superior de marketing* (en términos de calidad, selección, disponibilidad y reconocimiento de marca). Por ejemplo, Frito-Lay mantiene una posición dominante en los mercados de pasabocas de sal, papas fritas y tortillas en pasabocas, en gran parte debido a su amplia variedad de sabores, su fuerza de ventas superior (lo cual garantiza una disponibilidad lo más amplia posible) y a su extensivo esfuerzo publicitario. Hace unos años, el presupuesto de publicidad de Frito-Lay fue de US$60 millones comparados con los US$2 millones de su competidor más cercano, Eagle Snacks[5].

De forma alternativa, las firmas pueden competir sobre una base de *liderazgo precio-costo* ofreciendo una calidad comparable a un menor precio. Si una industria se caracteriza por la competencia intensiva (como en el caso de las aerolíneas y el servicio telefónico de larga distancia), se puede esperar una competencia directa en el precio. Aunque, con frecuencia, las firmas líderes tienen economías a escala que les brindan ventajas de costos (como se ilustró en el capítulo 6), resulta significativo que, en ocasiones, firmas pequeñas puedan triunfar en el liderazgo de precios.

Una limitante de la competencia de confrontación directa es que, si la similitud entre las estrategias de marketing de los competidores es muy fuerte, se pueden producir varios problemas de marketing comunes. Primero, si varias marcas ofrecen el mismo precio y los mismos beneficios, en conjunto son más vulnerables ante nuevos competidores agresivos que ofrezcan un beneficio único diferente al precio. Segundo, estas marcas comúnmente posicionadas tendrán un periodo de tiempo más largo y difícil para posicionarse en la mente de consumidores o distribuidores. Así, para alcanzar una ventaja competitiva, tienen que aumentar los recursos invertidos en comunicaciones de marketing (publicidad, promoción o venta personal)[6].

[5]Robert, Frank, "Frito-Lay Devours Snack Food Business", *Wall Street Journal*, Oct. 27, 1995, pp. B1-B4.
[6]Beaven Ennis, *Marketing Norms for Product Managers*, Association of National Advertisers, New York, 1985, p. 41.

POSICIONAMIENTO DIFERENCIADO

Con esta estrategia, una compañía intenta distinguirse mediante la oferta de atributos distintivos (o beneficios) o atendiendo a un tipo de cliente específico.

En el *posicionamiento de beneficio/atributo*, la firma hace énfasis en atributos únicos (como las cuchillas de afeitar eléctricas giratorias de Norelco), en ventajas de empaque originales (como el empaque personal de Lipton Cup-A-Soup) o beneficios excepcionales (Gatorade suministra minerales esenciales para el organismo después de hacer ejercicio). Una reciente historia de éxito en el posicionamiento de beneficio/atributo fue la crema dental Mentadent de Chesebrough-Pond Inc., la cual ascendió con rapidez a la tercera posición en participación de mercado. El producto se entregaba desde una bomba voluminosa, y mezclaba bicarbonato de soda con peróxido para crear un producto efervescente (y presumiblemente dientes más blancos). Su éxito en el mercado llegó, a pesar de que el precio casi duplicaba al de otras marcas[7].

En el *posicionamiento orientado hacia el cliente* (también conocido como nichos), una firma trata de separarse de sus principales competidores sirviendo a un cliente especial o a un número limitado de éstos en un mercado. Con frecuencia, los nichos se definen en términos de situaciones de uso particular o por características del comprador. Nyquil fue el primer antigripal diseñado para tomarlo en la noche. Hace poco, Taco Bell revisó su estrategia para concentrarse en dos grupos de clientes: los de 18 a 24 años de edad que compraban solamente las ofertas de precio más bajo, y las parejas con ingresos por cada integrante interesadas en el servicio rápido. Para alcanzar al primer grupo, Taco Bell amplió sus ofertas de precios bajos (US$0.59, US$0.79 y US$0.99) mientras que, para atender al segundo grupo, la firma cambió sus operaciones de una perspectiva de pedidos bajo demanda a otra con base en inventarios[8].

POSICIONAMIENTO Y *BRAND EQUITY*

Los productos que han tenido éxito al implementar una estrategia de posicionamiento suelen desarrollar un alto nivel de *brand equity*. El *brand equity* es el valor agregado que le da el conocimiento acerca de una marca al producto ofrecido adicional y por encima de sus cualidades funcionales básicas. Los fundamentos del *brand equity* son 1) conocimiento amplio de la marca y 2) asociaciones de marca favorables, únicas y fuertes[9]. Estas asociaciones pueden ofrecer beneficios particulares (como entre Crest y "combate la caries dental"); suministrar situaciones de uso (Kodak "para los momentos de su vida") o caracterizaciones del usuario (Coors y "los hombres de la montaña"); indicar competencias corporativas (3M y la innovación) o categorías de producto (Rollerblades se ha convertido en sinónimo de los patines en línea). A menudo, estas asociaciones se pueden lograr si el producto brinda de manera consistente un desempeño satisfactorio, si cuenta con esfuerzos promocionales extensivos y transmite imágenes consistentes a través de voceros reconocidos (como Michael Jordan para Nike) o personajes (como el hombre Marlboro)[10].

[7]Zachary Schiller, "The Sound and the Fluoride", *Business Week*, Aug. 14, 1995, p. 48.

[8]Alan Grant and Leonard Schlesinger, "Realize Your Customers' Full Profit Potential", *Harvard Business Review*, September-October 1995, pp. 65-66.

[9]Kevin Keller, "Conceptualizing, Measuring, and Managing Customer-Based Brand Equity", *Journal of Marketing*, January 1993, pp. 1-22.

[10]Peter Farquhar, "Managing Brand Equity", *Marketing Research*, September 1989, pp. 24-29.

El *brand equity* puede crear una variedad de beneficios para una firma; específicamente, con un fuerte *brand equity*, una firma puede obtener con mayor facilidad un gran respaldo promocional de los distribuidores mayoristas o minoristas. Además, el *brand equity* fuerte refuerza la lealtad del consumidor hacia una marca. Como se estudiará en el capítulo 8, cuando se utiliza una marca actual fuerte en nuevos productos, el costo de crear conciencia de mercado y probar el nuevo producto puede ser sustancialmente más bajo. Por último, el *brand equity* suele permitir que una compañía establezca un *premium price*, como en el caso de ciertos computadores personales.

> Intelliquest Inc., una firma de investigación de mercado especializada en la industria de computadores, encontró que los clientes pueden estar en disposición de pagar US$339 más por un PC de IBM y US$260 más por un PC de Hewlett-Packard que por un "clon" sin marca. Los computadores AST solamente pudieron dar un *premium* de US$17. Los investigadores señalaron que AST ha fracasado en lograr un *brand equity*, mientras que a Hewlett-Packard se le reconoce por su confiabilidad. De modo similar, Intel tuvo éxito en construir un *brand equity* para su microprocesador Pentium, y los compradores estuvieron en disposición de pagar un promedio de US$345 para actualizarse al Pentium a partir de un chip con un funcionamiento similar fabricado por Advanced Micro Devices[11].

Estrategias para conservar/expandir la demanda dentro de la base de consumidores actuales

Un estudio realizado por la firma de consultoría Marketing Metrics, en 1995 a 165 empresas, reveló que, en promedio, 53% del presupuesto de marketing se dirigía hacia la conservación de los consumidores actuales, frente a un 47% para la captación de consumidores, reversando los porcentajes que se habían observado en 1991[12]. Una razón para el cambio es que los gerentes han comenzado a comprender que suele costar más adquirir nuevos clientes que conservar la lealtad de los existentes, de modo que gastar dinero en conservarlos es más productivo. En consecuencia, se ha manifestado un creciente énfasis en estrategias diseñadas para maximizar las oportunidades de ventas futuras a partir de la base de consumidores actuales. Tres de esas opciones estratégicas son[13]:

1. Mantener un alto nivel de satisfacción del consumidor
2. Construir una fuerte relación económica o interpersonal con el consumidor
3. Desarrollar productos complementarios que atraigan a los consumidores actuales

MANTENER LA SATISFACCIÓN

La lealtad se consigue cuando un consumidor sigue comprando bienes o servicios en la misma fuente, a través del tiempo. Como se indicó en el capítulo 1, la satisfacción del consumidor es el principal motivo de la lealtad. Además, la satisfacción y la lealtad aumentan con un *brand equity* fuerte. Marcas como Coca-Cola (en bebidas gaseosas), Campbell's (en sopas), Gillette (en máquinas de afeitar) y

[11] Jim Carlton, "Marketing Plays a Bigger Role in Distinguishing PCs", *Wall Street Journal*, Oct. 16, 1995, p. B4.
[12] Jagdish Sheth and Rajendra Sisodia, "Feeling the Heat", *Marketing Management*, Fall 1995, pp. 9-23.
[13] Puede encontrarse un análisis descriptivo de las estrategias utilizadas por opositores y defensores en Santley Stasch and John Ward, "Defending Market Leadership: Characteristics of Competitive Behavior", *Proceedings of the Fall 1992 Educators' Conference*, American Marketing Association, Chicago, pp. 466-472.

Kellog's (en cereales) se han mantenido a la cabeza en su participación de mercado durante más de 75 años, en gran medida debido a las imágenes de sus marcas[14]. Este *brand equity* se puede mantener y ampliar en la medida en que las firmas mantengan un alto nivel de calidad en su producto e inviertan en sus asociaciones de marca.

No obstante, incluso en las mejores organizaciones orientadas hacia la calidad, ocasionalmente se podrán presentar defectos en bienes o servicios. Por lo general, esto conduce a consumidores insatisfechos que pueden quejarse o no. Una manera de mantener la satisfacción ante estas situaciones es diseñar un sistema de *administración de quejas*, en el cual los gerentes acostumbran a calificar por categorías las quejas de sus usuarios para determinar si el problema se ocasiona en una falla o si se puede explicar por el uso incorrecto, exceso de expectativas o simples malentendidos. El sistema de quejas por fallas en el producto se puede manejar bajo las políticas de garantías; un desafío mayor se encuentra en decidir cuál política deberá orientar la respuesta de la compañía ante los demás tipos de quejas. La evidencia que existe parece sugerir que las firmas deberán aceptar las quejas libremente como válidas, y compensar al consumidor ante sus reclamaciones. Los argumentos para adoptar este punto de vista son[15]:

1. Los clientes insatisfechos a quienes se persuade de permanecer con la firma, probablemente serán más leales y rentables que antes. (Un estudio de 100 empresas demostró que reducir la deserción de los clientes en un 5% condujo a un aumento en las utilidades de un 25 a un 85%, básicamente debido al aumento en las compras)[16].
2. El manejo generoso de las quejas anima a que se presenten más reclamos por parte de clientes insatisfechos quienes, de otro modo, simplemente no volverían a comprar en el futuro. (Un estudio de British Airways reveló que el 50% de clientes que experimentaron problemas pero nunca se quejaron, se pasaron a los competidores, mientras que el 87% de quienes se quejaron, no se retiraron)[17].
3. Las quejas de los consumidores pueden incluir retroalimentación valiosa para el diseño de productos y servicios que satisfagan mejor las necesidades de clientes existentes.

MARKETING DE RELACIÓN

Una estrategia de marketing de relación se diseña para ampliar las oportunidades de volver a hacer negocios a través del desarrollo de relaciones interpersonales formales con el comprador. Las relaciones a largo plazo, con frecuencia, se establecen mediante asociación o acuerdos contractuales con clientes o distribuidores. En su forma habitual, estos acuerdos sólo son exitosos debido a algún descuento o a un incentivo económico asociado con el costo de la compra. Por ejemplo, los consumidores que adquieren tiquetes según la estación para una serie de presentaciones de la orquesta sinfónica, están esencialmente comprometidos por una relación de asociación. Del mismo modo, las cuotas

[14] *The Value side of Productivity*, American Association of Advertising Agencies, New York, 1989, p. 18.
[15] Claes Fornell and Birger Wernerfelt, "Defensive Marketing Strategy by Customer Complaint Management", *Journal of Marketing Research*, November 1987, pp. 337-346.
[16] Frederick Reichheld and W. Earl Sasser, "Zero Defections: Quality Comes to Services", *Harvard Business Review*, September-October 1990, pp. 105-109.
[17] Charles Weiser, "Championing the Customer", *Harvard Business* Review, November-December 1995, p. 113.

anuales por los servicios de *SPA* para tratamientos de salud, garantizan, por lo menos, una relación de un año. En el marketing industrial, a menudo los compradores o los distribuidores acogen programas de simplificación como la protección a largo plazo contra el incremento en los precios, o la asistencia administrativa en inventarios, ya que los compromete a utilizar un solo proveedor como su fuente única de suministro durante un tiempo. Otro avance reciente implica la instalación de terminales de computador (y con frecuencia, el software asociado) en las oficinas de los clientes. Estas terminales se conectan luego a las que tienen los vendedores, permitiendo que los clientes hagan sus pedidos al instante (consiguiendo, de ese modo, un mejor manejo de sus inventarios), verificando la prontitud de los despachos y recibiendo asistencia técnica. En años recientes, las firmas que han experimentado éxito con estos sistemas incluyen a Cigna Corp. (asistencia en problemas de seguridad para clientes industriales), Baxter Health Care (reordenamiento de suministros hospitalarios) y Benjamin Moore (análisis de muestras de color entregadas por almacenes de pinturas para suministrar preparaciones de los pigmentos).

Una forma particular del marketing de relación que ha ganado popularidad es el *marketing de frecuencia*, una estrategia diseñada para estimular el aumento de las compras de los mejores clientes de una firma. El marketing de frecuencia requiere del establecimiento de bases de datos de clientes (como se estudió en el capítulo 5) que permitan encaminar los mensajes e incentivos directamente a los clientes clave. Por ejemplo, la firma de catálogos de Land's End, con sede en Wisconsin, examinará las compras anteriores de cada hogar y, de acuerdo con ello, modificará los catálogos que envía. Los hogares que acostumbran comprar suéteres con cuello alto o camisas de etiqueta pueden recibir catálogos con más información de estos productos o incluso, catálogos especiales dedicados a una categoría del producto. Sin embargo, como lo ilustra el siguiente ejemplo, la mayor parte del marketing de frecuencia involucra incentivos económicos directos para estimular más compras a partir de la base de clientes existente.

> Lettuce Entertainment Enterprises posee y administra en Chicago varios restaurantes de diversas categorías: elegantes, de buena calidad e informales. Más de 20.000 hogares son miembros *del Frequent Diners Program* de la compañía. Cada miembro diligenció un formulario (disponible en todos los restaurantes) con la información básica de su dirección, a vuelta de correo recibió un certificado con el cual puede participar en cualquiera de los restaurantes para registrar sus compras, y ganar bonos de regalo en cualquiera de esos sitios, de acuerdo con el monto de sus gastos. Además, los miembros con gastos muy grandes pueden ganar el derecho de hacer reservaciones en ciertos restaurantes en donde, normalmente, no las harían[18].

PRODUCTOS COMPLEMENTARIOS

En el capítulo 6 se estudió el hecho de que un incremento en las ventas de un producto podría conducir al aumento de las compras de productos complementarios relacionados, y se presentó una lista de las razones por las cuales podría ocurrir una relación complementaria. Con frecuencia, los productos complementarios se pueden diseñar y comercializar de tal forma que ayuden a conservar a los clientes. La ampliación del número de relaciones entre un vendedor y un comprador hace cambiar hacia un proveedor más costoso para el cliente. Muchas instituciones financieras tratan de conseguir

[18] "Frequent Dining-Restaurants Acquire a Taste for Frequency Marketing", *Colloquy*, vol. 4, no. 4, 1994, pp. 1, 4-8.

clientes de las cuentas bancarias usando la institución como una fuente de sus tarjetas de crédito, préstamos y cuentas de ahorro. En teoría, cuando los consumidores concentran sus negocios en una institución financiera, tendrán menos probabilidad de cambiar sus negocios por algún producto porque les reduciría la conveniencia de concentrar sus operaciones bancarias en un mismo lugar.

En otros casos, el valor estratégico primario de los productos complementarios es apalancar la relación de negocios con los clientes actuales, con el fin de vender productos adicionales. Dos mecanismos populares para implementar esta estrategia son paquetes de productos o servicios y la venta de sistemas. El *paquete de producto* implica el desarrollo de una combinación específica de productos que se venden juntos (como computadores personales, impresoras y software), a un precio especial. Esto puede ser especialmente efectivo si algunos de los productos del grupo son más populares que otros; en esos casos, algunos compradores adquirirán el paquete completo, incluyendo los elementos menos deseables para conseguir las economías ofrecidas. En la *venta de sistemas*, una firma diseña sus productos de manera que sean especialmente compatibles con otros. De este modo, IBM tratará de diseñar software de redes para sus equipos, que sea más eficiente que el software de la competencia.

SELECCIONAR UNA ESTRATEGIA DE MARKETING

Para elegir la mejor estrategia de marketing, un gerente debe considerar varias clases de información (*véase* figura 7-1). La primera es que la estrategia de marketing debe ser consistente con el *objetivo del producto.* Segunda, la naturaleza y el tamaño de la *oportunidad de mercado* deberá establecerse con claridad con base en el análisis y las mediciones del mercado. Finalmente, los gerentes deben entender las clases de ventaja competitiva y los niveles de gastos de marketing que serán necesarios para lograr el *éxito en el mercado.*

El papel de los objetivos del producto

Los objetivos del producto ayudan a establecer el tipo básico de la estrategia necesaria. Por ejemplo, si el aumento en el volumen o el crecimiento de la participación de mercado son importantes, es probable que los gerentes utilicen estrategias de demanda selectivas que se dirijan a captar clientes de los competidores o a expandir el mercado servido. De otro lado, entre mayor sea la importancia del flujo de efectivo y de los objetivos de rentabilidad, mayor posibilidad habrá de que un gerente se dirija hacia una estrategia de marketing que se base en los clientes existentes; es decir, que estas estrategias, *en general,* serán menos costosas que las estrategias de adquisición o las estrategias dirigidas hacia un aumento en el número de usuarios. (Dicho de otra forma, suele ser más fácil alcanzar y persuadir a los clientes existentes de la marca y a los compradores existentes de la forma de producto que convertir a los clientes de los competidores y a quienes no adoptan el producto).

Adicionalmente, la factibilidad de una estrategia determinada depende de la capacidad de la firma para manejar los problemas y las oportunidades identificadas en el análisis de la situación. Si los gerentes no pueden identificar una estrategia de marketing factible para implementar el objetivo del producto, entonces, es probable que el objetivo deba modificarse.

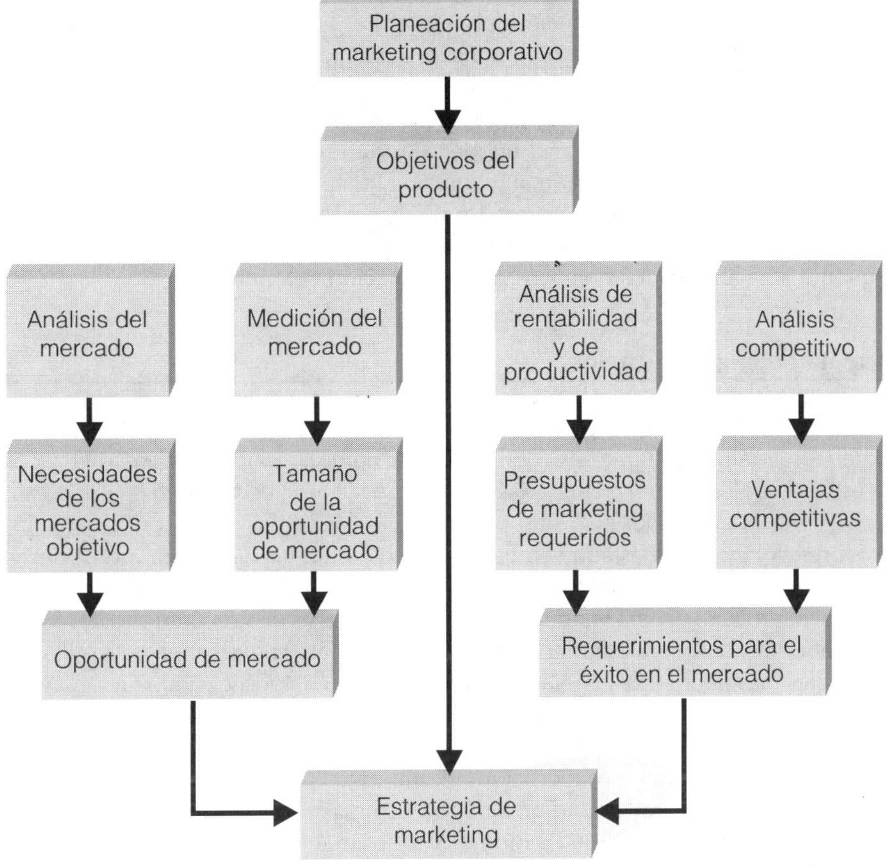

FIGURA 7-1
Selección de una estrategia de marketing.

Implicaciones del análisis de la situación

Cada uno de los aspectos explicados en los capítulos sobre el análisis de la situación (parte Dos) tiene implicaciones para la selección de las estrategias y los programas de marketing.

Primero, el análisis del mercado suministra información sobre la persona que compra (y sobre quien no compra), la forma del producto, las diferentes situaciones en que se utiliza (o no se utiliza) y los factores que influyen en la disposición y la capacidad de compra. Esta información puede ayudar a los gerentes a seleccionar estrategias y programas para incrementar el número de usuarios o la tasa de uso. Al analizar la demanda selectiva, los gerentes deberán considerar perspectivas para las oportunidades de segmentación alternativa que existan y los factores que influyen en los procesos de selección de los compradores.

Segundo, el análisis competitivo permite que un gerente determine quién será la competencia, qué tan intensiva será y cuáles ventajas se deberán desarrollar para competir de manera efectiva contra los competidores directos de la marca (en las estrategias de demanda selectiva) o contra los competidores indirectos en la clase del producto (en las estrategias de demanda primaria).

Tercera, las mediciones de marketing brindan información sobre el tamaño de la *brecha en la demanda primaria* entre el potencial del mercado y las ventas de la industria. Como se sugirió en el capítulo 5, entre mayor sea la brecha, mayor será la oportunidad de ampliar la demanda primaria para una forma o clase de producto. Además, entre más lento sea el crecimiento de las ventas de la industria, más importante será encontrar formas de ampliar la demanda primaria. Los pronósticos descriptivos de las ventas de la compañía pueden aportar perspectivas sobre el impacto que tendrán en las ventas diferentes programas de marketing.

Por último, al combinar los estimados de productividad con el análisis de rentabilidad, los gerentes pueden determinar las consecuencias que sobre la utilidad tendrán las estrategias y los programas requeridos para lograr los objetivos de participación del mercado.

El tema de la globalización

Debido al incremento en la proporción de negocios que operan más allá de las fronteras de su país de origen, un tema importante se refiere a decidir entre comercializar una oferta única estandarizada (y, de ese modo, globalizada) o tratar a las diferentes naciones que se hallen en el mercado como segmentos.

El principio de vender el mismo producto casi de la misma manera en cualquier lugar del mundo, no es nuevo. Exxon ha estado vendiendo globalmente gasolina para motor desde 1911, y Caterpillar adoptó un enfoque global para su marketing después de la II Guerra Mundial. La empresa organizó una red internacional para vender piezas de repuesto y construyó unas cuantas plantas de fabricación, en Estados Unidos, para atender la demanda mundial. Luego, el producto se ensamblaba en plantas regionales más pequeñas, las cuales agregaban las características que fueran necesarias para las condiciones del mercado local. El surgimiento de mercados globales ha permitido que corporaciones tan diversas como Revlon (cosméticos), Sony (televisores) y Black & Decker (herramientas eléctricas) estandaricen sus procesos de fabricación y distribución. Se hacen algunas concesiones según las diferencias culturales como ensamblar automóviles con sistemas de maniobra en el lado derecho o en el izquierdo -aunque esto sólo necesita de modificaciones menores- mientras que la mayor parte de las demás características se mantienen iguales.

Algunos expertos sostienen que los avances en las tecnologías de comunicaciones, transporte y entretenimiento han hecho que los gustos y deseos del mundo sean más homogéneos, de manera que las compañías que no adoptan una estrategia global dan una imagen de vulnerabilidad frente a las firmas globales que pueden obtener ahorros importantes, fruto de la homologación. Otros expertos señalan que los gustos y las costumbres locales aún siguen siendo influencias importantes en los consumidores y los negocios.

Entre los factores que favorecen la globalización, los siguientes parecen estar entre los más importantes[19]:

1. *Existen economías a escala*. Entre más grandes sean las economías a escala que se obtienen en producción, costos de marketing (como publicidad, literatura de ventas) requerimientos de servicio e inventarios de piezas de repuesto, mayor será la ventaja de una estrategia global. Productos como automóviles, electrodomésticos y vehículos para la construcción están entre los ejemplos en donde se pueden lograr las economías más altas.

[19] Se puede consultar un estudio amplio en Vern Terpstra and Ravi Sarathy, *International Marketing*, 6 ed. Dryden Press, Fort Worth, 1994, pp. 264-267.

2. *Clientes que operan globalmente.* Si la base de clientes de una firma es, principalmente, multinacional y funciona en diversos países, será preferible una oferta estandarizada. Así, los grandes bancos, los productores de acero, los hoteles y los fabricantes de computadores tienen mayor posibilidad de ofrecer productos más estandarizados cuando atienden a clientes cuyas operaciones son de alcance global.
3. *La imagen de la empresa dentro de su propio país es valiosa.* Cuando el atractivo de un producto es parcialmente una función de su imagen dentro de su propio país, esa imagen se puede usar para tomar ventaja sin modificar el producto. Los perfumes franceses, los jeans de Levi, los productos de entretenimiento de Sony y los automóviles de Mercedes Benz, se benefician de la imagen que tienen en sus propios países en cuanto a su calidad, en esas categorías particulares.
4. *Uso del producto.* Las diferencias en los procesos de consumo o en las condiciones de uso pueden alterar los beneficios requeridos. Las naciones europeas difieren en las temperaturas para la cocción de alimentos y para el lavado de la ropa. Históricamente, las sopas preparadas no son tan aceptables para los europeos como para los estadounidenses.
5. *Política gubernamental.* Las disposiciones legales de cada país en relación con las etiquetas de los productos pueden restringir los efectos de globalización. Por ejemplo, en Italia, toda la "pasta" debe elaborarse con trigo duro. En otras categorías de producto, las leyes de impuestos pueden impedir la globalización (como la práctica europea de colocar impuestos sobre los automóviles de acuerdo con el tamaño del motor).

ASPECTOS DINÁMICOS DE LA ESTRATEGIA DE MARKETING

Por lo regular, una empresa debe cambiar la estrategia para un producto con el paso del tiempo, debido a la competencia, los costos y al cambio en la naturaleza de la demanda. El concepto de *ciclo de vida del producto* ha contado con una amplia aceptación dada su utilidad para entender las implicaciones estratégicas de estos cambios.

El ciclo de vida del producto

Este proceso representa un patrón de ventas a través del tiempo que, por lo común, se divide en cuatro etapas (*véase* figura 7-2), las cuales se suelen definir como sigue:

1. *Introducción.* El producto es nuevo en el mercado; por consiguiente, como no tiene competidores directos, se debe educar a los compradores acerca de lo que hace el producto, cómo se utiliza, quién lo produce y en dónde puede comprarlo.
2. *Crecimiento.* Ahora, el producto es ampliamente conocido y las ventas crecen rápidamente debido a que ingresan nuevos compradores al mercado y, quizá, porque los compradores encuentran nuevas formas de uso del producto. El crecimiento de las ventas estimula que muchos competidores ingresen al mercado y el aumento de la participación de mercado se convierte en una tarea de marketing muy importante.
3. *Madurez.* Los niveles de crecimiento de ventas demuestran que casi todos los compradores potenciales han ingresado al mercado. Los clientes ya conocen las alternativas, las compras repetidas

FIGURA 7-2
Etapas del ciclo de vida del producto.

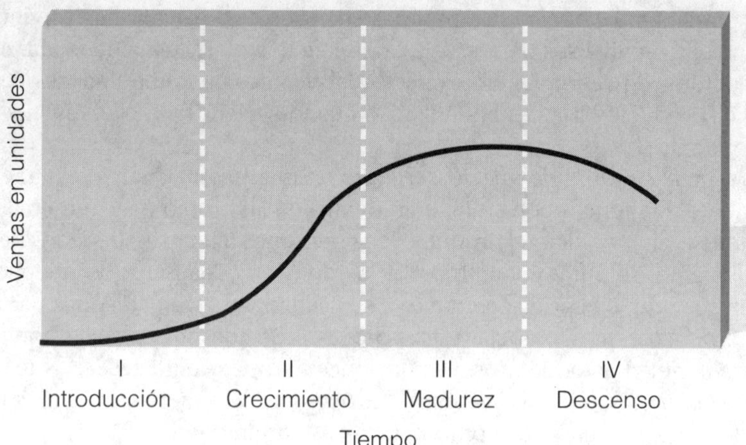

dominan las ventas y las innovaciones de producto están restringidas a mejoras menores. Como resultado, solamente sobreviven los competidores más fuertes. Es muy difícil que las empresas más débiles obtengan distribución y aumenten su participación de mercado.

4. *Descenso.* Las ventas descienden lentamente porque cambian las necesidades del comprador o por la introducción de nuevos productos que son muy diferentes y tienen sus propios ciclos de vida.

Resulta importante que el ciclo de vida del producto refleje el patrón de ventas de esta forma o clase de producto y no de un competidor único. Cualquier marca puede ir y venir en cualquier momento. Sin embargo, el concepto de que las ventas crecen por un tiempo a diferentes tasas, se nivelan, y luego son remplazadas (generalmente) por alguna forma del producto más nueva (con su propio ciclo de vida) es de gran utilidad.

El ciclo de vida del producto no carece de limitaciones. Por ejemplo, no tiene en cuenta competencias y recursos específicos de los diferentes competidores en un mercado determinado. Por consiguiente, si los competidores tienen grandes recursos financieros, el nivel de inversión necesario en marketing, en diferentes etapas, puede ser mayor de lo que el modelo sugiere. Adicionalmente, los competidores que son fuertes en el ámbito financiero debido a las ventas de otros productos, pueden sobrevivir en la etapa de madurez, inclusive con pequeñas participaciones de mercado. Otra limitación es que los competidores pueden equivocarse al establecer el nivel de crecimiento como un indicador de madurez, cuando la verdadera causa es la falta de esfuerzo promocional de la industria o que los precios son demasiado altos. A menudo, el resultado es una profecía de autorrealización: las compañías reducen los gastos en marketing, lo cual, a su vez, retarda el crecimiento de las ventas[20].

[20] *Véase* Mary Lampkin and George Day, "Evolutionary Processes in Competitive Markets: Beyond the Product Life Cycle", *Journal of Marketing*, July 1989, pp. 4-20.

El ciclo de vida del producto y la selección de una estrategia

Desde un punto de vista estratégico, el ciclo de vida del producto ayuda a los gerentes a analizar los cambios pasados y futuros en sus situaciones particulares. Estos cambios (los cuales se sintetizan en la tabla 7-4) pueden causar impacto en la selección de una estrategia de marketing y en el diseño de los programas correspondientes que se utilizarán para implementar la estrategia.

El impacto más obvio del ciclo de vida del producto es el cambio de una estrategia de demanda primaria a una selectiva, a medida que el ciclo pasa de la etapa de introducción a las de crecimiento y madurez. Como los compradores tienen un mayor conocimiento acerca de la categoría del producto y la brecha de la demanda primaria desciende, la necesidad de estrategias de demanda primaria y de sus resultados, también disminuye.

Una segunda consideración es que las estrategias de conservación rara vez deberán ser la base, inclusive para un líder del mercado, hasta que el ciclo de vida se halle en plena etapa de madurez. En la medida que los mercados crezcan con rapidez, las estrategias de adquisición son importantes.

Tercera, las extensiones de la línea del producto deberán desarrollarse tan pronto como surgen oportunidades de segmentación. Aunque algunos consultores de marketing han sostenido que esos productos deberán emplearse para tratar de volver a fortalecer los ciclos de vida en su etapa de madurez, la sabiduría tradicional está cambiando. Con frecuencia, las extensiones de línea son necesarias para mover un producto a través de la etapa de crecimiento porque la variación en las necesidades básicas del consumidor (por ejemplo, computadores personales u hornos microondas) es muy grande. Además, los líderes del mercado que ofrecen una línea de producto completa pueden apropiarse de oportunidades competitivas ante nuevos participantes o estar en mejor capacidad de enfrentar retos competitivos.

TABLA 7-4

CÓMO CAMBIA EL ANÁLISIS DE LA SITUACIÓN DURANTE EL CICLO DE VIDA DEL PRODUCTO

Análisis de mercado

Los compradores tienen más conocimiento acerca de la categoría del producto y las alternativas
Las compras repetidas crecen y las compras de primera vez descienden
Aumenta la segmentación

Análisis competitivo

Los innovadores estimulan la demanda primaria
Los seguidores iniciales pueden imitar o desistir
Solamente los más fuertes sobreviven

Medición del mercado

La brecha de la demanda primaria desciende
La tasa de crecimiento de la industria desciende
Se aceleran las diferencias de penetración en mercados geográficos

Rentabilidad/productividad

Los costos de marketing aumentan, luego descienden de nivel
Los costos de producción descienden con la experiencia
Aumenta la respuesta de demanda selectiva ante el precio y la calidad
Disminuye la respuesta de demanda selectiva ante la publicidad y la distribución

El ciclo de vida del producto y los programas de marketing

Como se ha sugerido, un tipo dado de estrategia de marketing se puede alcanzar mediante dos o más programas diferentes de marketing. Por ejemplo, captar nuevos clientes a través del posicionamiento de confrontación directa podría implicar una lucha directa entre precio, disponibilidad, calidad o conciencia de marca. Sin embargo, durante el ciclo de vida del producto la productividad de programas diferentes cambia. Específicamente, cuando el ciclo de vida pasa de la etapa de introducción a la de madurez y descenso, pueden presentarse las siguientes tendencias como respuesta del mercado[21].

PRECIO El impacto del precio en la demanda primaria suele ser muy alto durante la etapa de introducción. No obstante, el impacto del precio en la participación de mercado es relativamente bajo en esta etapa ante la falta de competidores. Cuando la tecnología madura, los productos que compiten se vuelven cada vez más similares y los compradores se concientizan de otras nuevas alternativas. La participación de mercado, por tanto, *se vuelve más sensible al precio.*

CALIDAD DEL PRODUCTO A medida que los consumidores ganan información por la experiencia y la comunicación interpersonal, se vuelven más conocedores acerca de la calidad relativa de varios productos. Por consiguiente, la participación de mercado *se vuelve más sensible a la calidad del producto.*

PUBLICIDAD Con el tiempo, la conciencia de una marca y sus atributos crecerá con la exposición reiterada ante los anuncios. Como se estudió en el capítulo 6, los niveles de saturación se pueden alcanzar al final. En cualquier caso, la disminución de los retornos se establecerá al final, de manera que la participación de mercado *responderá cada vez menos ante la publicidad orientada hacia la conciencia* (en oposición a la *orientada hacia el precio*).

DISTRIBUCIÓN Para los bienes de consumo, la fuerza de ventas suele buscar, inicialmente, la distribución en almacenes de grandes volúmenes y luego en los más pequeños, menos importantes. Al llegar a la etapa de madurez, es probable que solamente los puntos de ventas marginales no cuenten con el producto. Por consiguiente, el dinero invertido en vendedores adicionales, gastos de viaje o incentivos para lograr distribución adicional harán disminuir los retornos. La participación de mercado, por tanto, *responderá cada vez menos a los gastos de distribución.*

Dinámicas competitivas

Uno de los retos más difíciles para los gerentes de marketing es predecir las respuestas de los competidores ante una estrategia de marketing. En los últimos años, los eruditos en marketing y economía han puesto su atención sobre este tema, desarrollando análisis sobre "la teoría del juego" para una variedad de situaciones que implican acciones competitivas con el paso del tiempo.

El escenario mejor conocido que incluye la competencia dinámica es el "dilema del prisionero", el cual representa de manera efectiva la situación que, con frecuencia, ocurre cuando un pequeño número de competidores sin mayor diferenciación se trenzan en una competencia de confrontación directa en

[21] *Véase* Gerard Tellis, "The Price Elasticity of Selective Demand: A meta-Analysis of Econometric Models of Sales", *Journal of Marketing Research,* November 1988, pp. 331-341; y Leonard J. Parsons, "The Product Life Cycle and Time Varying Advertising Elasticities", *Journal of Marketing Research,* November 1975, pp. 476-480.

un mercado maduro (en donde la probabilidad de aumentar la demanda primaria es pequeña). Los resultados que se producen son paralelos a los descritos en la figura 7-3, en especial cuando la competencia se basa en el precio.

En la misma figura, cada competidor tiene dos opciones: mantener el precio o reducirlo en un intento de obtener participación de mercado. Como los competidores no se diferencian, cualquier distinción en el precio (o en los gastos de publicidad o promoción) tendría un impacto significativo en las opciones de los compradores. Sin embargo, si el precio más bajo (o los gastos más altos en publicidad o promoción) se equilibran, no hay ningún impacto en la participación de mercado.

Como lo muestra la figura, ninguna parte puede permitir que la otra reduzca el precio sin tratar de nivelarlo (un escenario que, a menudo, se observa en industrias como las de aerolíneas, cigarrillos y acero). Si cada firma mantiene sus precios actuales, las empresas dividen el mercado y ganan US$100 millones. Si una firma reduce el precio y la otra no lo sigue, ésta última pierde US$20 millones. Al nivelar el precio más bajo, la segunda firma, por lo menos, se mantiene. Lógicamente, ninguna empresa deberá reducir el precio si espera que el competidor la siga. No obstante, ambas compañías saben que perderán si no actúan cuando un rival reduce los precios. Una vez que un competidor baja los precios con la creencia (casi siempre errada) de que el rival no podrá seguirlo o de que saldrá del mercado, el rival nivelará o atacará el precio más bajo, y puede seguir a esta situación una guerra de precios.

Debido a que esta clase de escenario se aproxima a muchas situaciones del mundo competitivo real, los investigadores han tratado de encontrar una estrategia competitiva que no sea ilegal (que no implique colusión), pero que pueda ayudar a evitar las destructivas guerras de precios. La mejor estrategia no descubierta se conoce como la estrategia "ojo por ojo", en donde la segunda firma responde a una reducción de precio unificando (sin atacar) el suyo propio y haciéndolo con prontitud. Luego, trata de conseguir que la estrategia señale a la empresa que primero redujo el precio que la segunda

FIGURA 7-3
Un ejemplo de los resultados de una partida del juego: "dilema del prisionero".

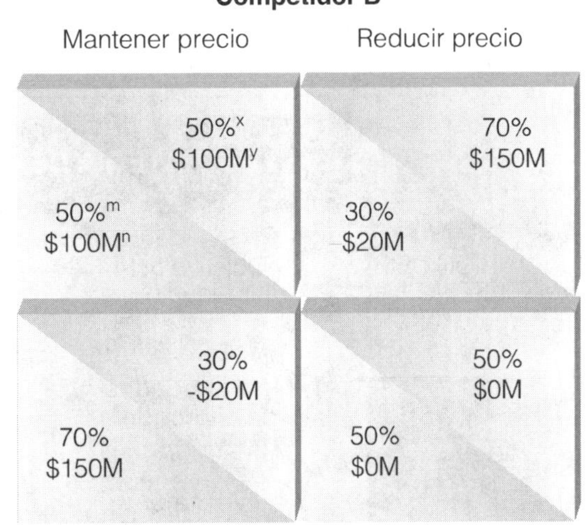

firma no está ansiosa por enfrascarse en una guerra de precios, pero que está decidida a mantener su participación de mercado[22].

CONCLUSIÓN

Aunque las estrategias de marketing indican los enfoques generales que se pueden emplear para lograr objetivos del producto, el desarrollo de estas estrategias mediante los programas corrrespondientes es la parte que más tiempo consume en la gerencia de marketing.

Los programas de marketing (como los de desarrollo de producto, publicidad, marketing directo, promoción de ventas, y los de ventas y distribución) demuestran las actividades específicas que serán necesarias para desarrollar una estrategia. Por ejemplo, si una estrategia requiere que la empresa logre la cooperación del distribuidor, los detalles de *cómo* logrará la fuerza de ventas esa cooperación, deberán calcularse en el programa de ventas y distribución. No importa que tan apropiada pueda parecer una estrategia, fracasará si no se desarrolla de manera apropiada. En consecuencia, son necesarios los enunciados claros con respecto a los mercados objetivo y a las estrategias de marketing para garantizar que se desarrollarán los programas correctos.

Como se ha sugerido en este capítulo, una estrategia de marketing sirve, por un lado, como el principal enlace entre la planeación del marketing corporativo y el análisis de la situación, y por el otro, el desarrollo de programas específicos. En la figura 7-4 se refleja esta relación.

Quizá el aspecto más importante de esta relación es el hecho de que la estrategia de marketing deberá verse desde una perspectiva dinámica: como la estrategia corporativa o el análisis de la situación cambian con el paso del tiempo, la estrategia de marketing necesitará cambiar. Considérese, por ejemplo, la dinámica involucrada en el mercado de servicios bancarios.

FIGURA 7-4
Relación de la estrategia de marketing con la planeación del marketing corporativo, el análisis de la situación y los programas de marketing.

[22] *Véase* Peter Fader and John Hauser, "Implicit Coalitions in a Generalized Prisoner's Dilemma", *Journal of Conflict Resolution*, September 1988, pp. 532-582.

BANCA PERSONAL O INDIVIDUAL: COMPETIR PARA EL FUTURO

Varios de los grandes bancos de EE.UU., liderados por el Citicorp, comenzaron experimentando con los sistemas telefónicos de servicios bancarios en la década de los años ochenta. Estos sistemas permiten que los clientes revisen y transfieran saldos de sus cuentas de ahorro y bancarias y autoricen el pago electrónico de algunas facturas. Hacia 1995, casi 700.000 cuentahabientes eran usuarios activos de los servicios bancarios desde su propia casa.

En octubre de 1995, Intuit, empresa fabricante de software, lanzó al mercado una nueva versión de su popular software de administración de dinero, Quicken. La nueva versión contaba con varias aplicaciones nuevas y sofisticadas; la conectividad con Internet/World Wide Web permitió que los usuarios tuvieran acceso en línea a información acerca del costo de préstamos y tarjetas de crédito en docenas de bancos, y les permitió controlar portafolios de acciones y fondos mutuos, además de las funciones tradicionales de servicios bancarios. Más de un millón de copias de la nueva versión se ordenaron antes de salir ésta al mercado.

Muchos de los grandes bancos (incluyendo a Citicorp) permiten que los usuarios de Quicken tengan acceso a sus cuentas con esas instituciones; otros bancos tienen acuerdos similares con el principal competidor de Quicken, Microsoft Money. Sin embargo, algunos buscan otros caminos para adaptar los servicios bancarios en línea. Wells Fargo de San Francisco y Huntington Bancshares de Columbus, Ohio, comenzaron a experimentar con conexiones directas vía Internet con sus clientes. Otros consideraron la utilización de sistemas desarrollados por VISA. Una preocupación importante de algunos banqueros es que incluso hasta "terceros" como Microsoft e Intuit pudieran interferir con la capacidad de un banco para mantener las relaciones con sus clientes. Otros se sorprenden con el impacto que sobre la demanda ejercen las instalaciones de sucursales bancarias. Los analistas de la industria predicen que 75% de todos los hogares deberán utilizar algún nivel de servicios bancarios en línea para el año 2005, lo cual no permite que sorprenda el interés de los bancos por el impacto de este servicio.

Entre tanto, Microsoft no estaba listo para ceder su liderazgo en el mercado ante Intuit. Aunque Quicken anunció que contaba con una base de usuarios más grande que la de Money, Microsoft había sacado una nueva versión vinculada al sistema de operación Windows 95. Los sistemas Intuit y Microsoft tuvieron precios similares en 1995 (alrededor de US$35 en ventas al por menor para el software y de US$6 al mes hasta por 20 transacciones para el pago de cuentas). Quicken tuvo la ventaja de ser compatible tanto con Macintosh como con los sistemas compatibles con IBM, mientras que Money solamente estaba disponible para quienes contaran con sistemas Windows. Quicken también ofrecía un rango más amplio de funciones que atraían a quienes estaban muy interesados en administrar sus inversiones. Money era más simple y, a los ojos de algunos, más fácil de usar para las funciones básicas de pagar facturas y controlar la cuenta.

1. ¿Cuáles estrategias de demanda primaria se podrían utilizar para construir la demanda de banca personal.
2. ¿Cuáles estrategias de demanda selectiva utilizaron Intuit y Microsoft en 1995?
3. ¿Son válidas las preocupaciones de los banqueros acerca de la conservación de posibles clientes, que surgen de la banca personal? ¿Cómo manejaría Ud. esa amenaza?
4. ¿Cómo cambiará con el tiempo la competencia para el cliente que utilice los servicios de banca individual?

Elaborado a partir de Dean Fust, "From In Line to Online", *Business Week*, Nov. 6, 1995, p. 146; Timothy O'Brien, "On Line Banking Has Bankers Fretting PCs May Replace Branches", *Wall Street Journal*, Oct. 25, 1995, pp. A1, A3; Vanessa O'Connell, "Banks Offer Free Personal Finance Software", *Wall Street Journal*, Oct. 25, 1995, pp. C1-C2; "Intuit Confirms Internet Plans for Quicken", *Reuters Business Report*, Oct. 19, 1995; Matt Roush, "Customers Lead Charge to Electronic Bank", *Crain's Detroit Business*, Oct. 16, 1995, p. 36.

PREGUNTAS Y SITUACIONES PARA ANÁLISIS

1. Explique de qué manera son importantes las medidas de potencial de mercado y ventas de la industria en la selección de una estrategia de marketing.
2. Dos líderes en un industria de alto crecimiento cuentan, cada uno, con 20% de participación de mercado. Uno ha logrado el éxito mediante la competencia de precios, la distribución más amplia y gastos más fuertes en publicidad. El otro tiene la patente de un ingrediente que le permite ofrecer un beneficio adicional y excepcional. ¿Cuál de estos dos productos prefería administrar Ud.? Explique.
3. Neutrógena Corp. fue una pequeña empresa de origen familiar, que basó la mayor parte de sus ingresos en el jabón Neutrógena. Este artículo se posicionó como un jabón seguro y medicinal que se ofreció a un *premium price*. En la década de los años ochenta, la compañía se vio enfrentada repentinamente a la competencia de los jabones medicinales como Purpose de Johnson & Johnson, Clarion de Noxell y dos marcas de Procter & Gamble, Oil de Olay y Vidal Sassoon. Sugiera dos estrategias de marketing que Neutrógena pudiera considerar.
4. ¿Cuál de las siguientes marcas tiene *mayor* probabilidad de buscar políticas de globalización y cuál tiene *menos* probabilidad?
   - Nike
   - Prudential Insurance
   - Electrodomésticos de cocina Whirpool
5. En cada una de las siguientes industrias, indique la etapa en el ciclo de vida del producto que mejor describe la situación de cada una, y exponga sus razones. (Observe que mientras Ud. no tenga acceso directo a las cifras de la industria, podrá hacer inferencias acerca de la etapa del ciclo de vida a partir de la observación del número y de las acciones de los competidores en estos mercados).
   - Cámaras de 35 mm
   - Salsas enlatadas para espaguetis
   - Servicios de acceso a Internet
6. Una de las innovaciones más exitosas en la industria de las telecomunicaciones en los últimos años es el correo de voz, un sistema que le permite a una persona dejar un mensaje en el buzón de correo de voz de otra o en muchos buzones de este tipo, simultáneamente. La mayor parte de la demanda en este mercado de US$2000 billones anuales proviene de la industria, el gobierno y otros compradores organizacionales que han encontrado que pueden reducir el costo telefónico de larga distancia enviando mensajes sucintos que no necesariamente requieren de una respuesta. Otra ventaja de estos sistemas es que, a diferencia de las máquinas contestadoras, son de fácil acceso cuando se está lejos de un teléfono. Adicionalmente, los sistemas de correo de voz facilitan responder a quien llama; a menudo, solamente se necesita tocar sólo un botón. Hacia mediados de la década de los años noventa, ocho firmas dominaban este mercado con Octel (20% de participación de mercado), AT&T (16.5%) y Northern Telecom (14%) como líderes indiscutibles. Con el comienzo del descenso de los sistemas de negocios, los competidores comenzaron a dirigir su atención hacia el desarrollo del mercado residencial. Al mismo tiempo, un cargo típico para los clientes residenciales era de US$6.50 por mes más 20 centavos por cada mensaje enviado al buzón de otra persona.
   a. ¿Cómo se aplica el concepto del ciclo de vida del producto al mercado del correo de voz?
   b. ¿Qué clases de estrategias de mercado se esperarían en el mercado del correo de voz para empresas?

c. Analice algunas estrategias de marketing apropiadas para el mercado residencial. ¿Tienen los actuales líderes del mercado una ventaja significativa sobre otros competidores potenciales?

7. Sweet'n Low, el primer endulzante sintético bajo en calorías, salió al mercado en 1958 y dominó las ventas en restaurantes y almacenes de abarrotes con sus paquetes rosa distintivos, hasta 1980. En 1981, G. D. Searle sacó al mercado un nuevo sustituto del azúcar, patentado, el aspartame (con la marca comercial registrada de Nutrasweet). Una de las primeras aplicaciones del aspartame fue como endulzante artificial empacado bajo la marca Equal. El aspartame tuvo un costo cinco veces más alto que la sacarina, el principal ingrediente del Sweet'n Low y su precio fue tres veces más alto cuando salió al mercado. El esfuerzo de marketing estuvo respaldado por una fuerte campaña publicitaria. En un año típico, el presupuesto de publicidad de Equal podía ser cinco veces el de Sweet'n Low. Aunque Sweet'n Low era realmente más dulce, Equal ganó fuerza con su promoción del sabor "natural" del azúcar. Para muchos, ésta fue una forma disfrazada de cuestionar los riesgos que la sacarina representaba para la salud, aspecto que había estado por años bajo una celosa vigilancia de las autoridades correspondientes. Durante las décadas de los años ochenta y noventa, las ventas de los sustitutos del azúcar crecieron a una tasa ligeramente mayor que antes, con Sweet'n Low como líder en las ventas por unidades en los almacenes de abarrotes, mientras que Equal (con su alto precio) lideraba las ventas en dinero. En términos de ventas a restaurantes, Sweet'n Low continuó siendo el proveedor dominante.
   a. ¿Qué tipo de estrategia de marketing caracteriza mejor la estrategia de Equal?
   b. En su opinión, ¿cuál de los dos rivales tiene una mayor *brand equity*? ¿Por qué?
   c. ¿Qué acciones podría haber tomado Sweet'n Low para defender su participación de mercado?
   d. Durante este tiempo, ¿una estrategia de demanda primaria debería haber sido parte del esfuerzo de marketing de cada competidor? ¿Por qué?
   e. La patente de Searle por el aspartame expiró en 1992. ¿Cómo podría cambiar esto la estrategia de marketing de Equal?

LECTURAS ADICIONALES SUGERIDAS

Brandenberger, Adam, and Barry Nalebuff, "The Right Game: Use Game Theory to Shape Strategy", *Harvard Business Review*, July August 1995, pp. 57-71.

Kashani, Kamran, "Beware the Pitfalls of Global Marketing", *Harvard Business Review*, September-October 1989, pp. 91-98.

Keller, Kevin Lane, "Conceptualizing, Measuring, and Managing. Brand Equity, *Journal of Marketing*, January 1993, pp. 1-22.

Lambkin, Mary, and George Day, "Evolutionary Processes in Competitive Markets: Beyond the Product Life Cycle", *Journal of Marketing*, July 1989, pp. 4-20.

Lane, Vicki, and Robert Jacobson, "Stock Market Reactions to Brand Extension Announcements: The Effect of Brand Attitude and Familiarity", *Journal of Marketing*, January 1995, pp. 63-77.

McKenna, Regis, "Real-Time Marketing", *Harvard Business* Review, July-August 1995, pp. 87-95.

Ramaswamy, Venkatram, Hubert Gatignon, and David Reibstein, "Competitive Marketing Behavior in Industrial Markets", *Journal of Marketing*, April 1994, pp. 45-55.

Weiser, Charles, "Championing the Customer", *Harvard Business Review*, November-December, 1995, pp. 113-116.

CAPÍTULO 8

PROGRAMAS DE DESARROLLO DE PRODUCTO

VISIÓN GENERAL

El constante cambio en el entorno del mercado y en las necesidades del cliente exigen que las empresas orientadas hacia el mercado estén continuamente mejorando sus viejos productos y creando otros nuevos, si desean continuar siendo rentables y competitivas. Un reciente estudio sobre desarrollo de productos concluyó que las compañías que lideraron en crecimiento de ventas y rentabilidad, generaron la mitad de todas sus ganancias de productos que habían sacado al mercado durante los cinco años anteriores. Por el contrario, las firmas con menos éxito en esas industrias solamente obtuvieron el 11% de su volumen de ventas de este tipo de productos[1].

Sin embargo, aunque la importancia de los nuevos productos es innegable, el desarrollo de producto es una actividad costosa rodeada de incertidumbre. De hecho, una revisión de numerosos estudios sobre el desarrollo de un nuevo producto concluye que, de aquellos productos nuevos que en realidad llegan al mercado, cerca de un 35% fracasan. Además, gran parte de los nuevos productos que se encuentran en proceso de desarrollo nunca llegan al mercado[2]. Como resultado, las firmas están invirtiendo una cantidad muy importante de tiempo y dinero en esfuerzos hacia el desarrollo de nuevos productos que no arrojan resultados.

Debido al costo y la incertidumbre asociados con el desarrollo de nuevos productos, se está dedicando mucha más atención al diseño de herramientas y procesos analíticos orientados hacia el manejo de esta actividad. La meta principal de este capítulo es presentar los aspectos más importantes de los procesos habituales para el desarrollo de un nuevo producto. No obstante, antes de continuar, resulta importante identificar diversos *tipos de nuevos productos* y revisar las implicaciones de su clasificación para los gerentes involucrados en el desarrollo de nuevo producto.

TIPOS DE NUEVOS PRODUCTOS

Cuando se habla de "nuevos" productos, es importante aclarar qué es lo nuevo del producto y para quién es nuevo. Más específicamente, un producto puede ser *nuevo en el mercado* lo cual significa que ninguna firma lo ha producido o comercializado antes, y/o *nuevo para la firma*. En este último caso, otras firmas ya han ofrecido alguna versión del producto. Adicionalmente, la *novedad* también es un asunto que va por niveles. Al combinar estos dos tipos de novedad y reconocer que existen grados de novedad, se obtiene como resultado la clasificación que aparece en la figura 8-1[3].

[1] Christopher Power, "Flops: Too Many Products Fail. Here's Why and How to Do Better", *Business Week,* Aug. 17, 1993, p. 76.
[2] *Véase* Robert Cooper, *Winning at New Products,* Addison-Wesley, Reading, Mass., 1993, pp. 8-9.
[3] Los seis tipos principales se identificaron en *New Product Management for the 1980s*, Booze, Allen & Hamilton, New York, 1982.

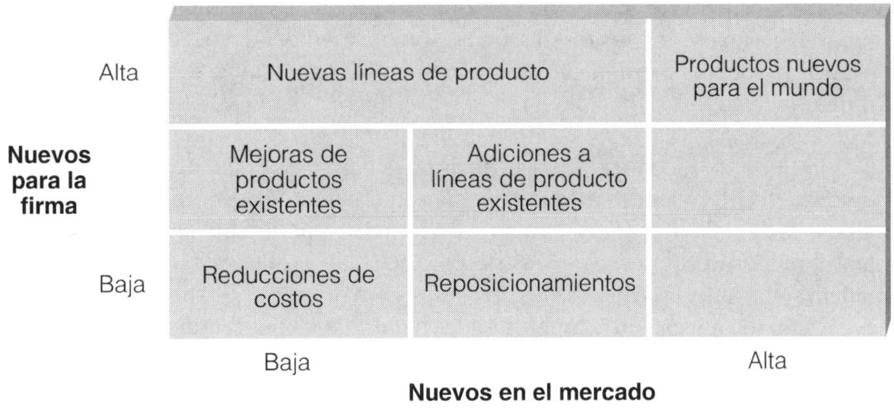

Nuevos para la firma	Baja		Alta
Alta	Nuevas líneas de producto		Productos nuevos para el mundo
	Mejoras de productos existentes	Adiciones a líneas de producto existentes	
Baja	Reducciones de costos	Reposicionamientos	

Nuevos en el mercado

FIGURA 8-1
Tipos de nuevos productos.

En esencia, todas las actividades de desarrollo de producto conducirán a uno de los seis tipos de un nuevo producto.

1. Los *productos nuevos para el mundo* son aquellos que han creado mercados completamente novedosos, iniciando ciclos de vida del producto, totalmente originales. Estos productos "realmente novedosos" (como el *walkman* de Sony o los pañales desechables Pampers) no enfrentan ninguna competencia directa cuando salen por primera vez al mercado.
2. Las *nuevas líneas de producto* son aquellos productos que representan el ingreso a mercados existentes pero que son nuevos para la firma. Por ejemplo, Hewlett-Packard ingresó al mercado de los computadores personales a mediados de la década de los años noventa cuando varios competidores ya estaban bien establecidos. Aunque la compañía había estado produciendo impresoras para los computadores personales, los dos productos servían a necesidades diferentes y así, conformaron distintas líneas de producto.
3. Las *adiciones a las líneas de producto existentes* (también conocidas como *extensiones de línea*) son nuevos productos que permiten a la compañía extenderse en su mercado servido mediante la oferta de beneficios diferentes o de distintos niveles de beneficios. El Saturn de General Motors y la crema dental Crest Tartar Control son ejemplos. Aunque ambos productos atraerían a muchos de los clientes existentes de la General Motors y de Crest, se esperaba que ofrecieran nuevos beneficios para atraer también a nuevos clientes.
4. Las *mejoras a productos existentes* suelen diseñarse para remplazar ofertas de productos ya existentes. Brindan un mejor desempeño o permiten percibir un mayor valor. Los cambios anuales en los modelos de sus vehículos, característicos de los fabricantes de automóviles, quedan dentro de esta categoría, al igual que las versiones "nuevas y mejoradas" de productos como Windows 95 de Microsoft. En algunos casos, la versión anterior se mantiene en el mercado por un tiempo, en especial si ésta ocupa un punto de precio más bajo que la nueva versión.
5. Los *reposicionamientos* son desarrollos técnicos muy modestos que permiten que un producto ofrezca nuevas aplicaciones y sirva a nuevas necesidades. Alka Seltzer se produce con los mismos ingredientes básicos de la aspirina de Bayer, pero al agregarle una acción efervescente puede disfrutar de la posición de medicina para el estómago. De manera similar, las prescripciones de medicamentos para la úlcera como Tagamet y Pepcid se han reposicionado como antiácidos estomacales de venta libre.

6. Las *reducciones de costos* son versiones de productos existentes que brindan un desempeño comparable a un menor costo. Aunque no son realmente "nuevos" desde una perspectiva de marketing, estos productos pueden causar impacto en las operaciones de producción y en la competitividad de una firma.

Es importante reconocer que las decisiones para desarrollar nuevos productos con un tipo y grado de novedad determinados, por lo general, son reflejo de la estrategia corporativa o de la estrategia de marketing de una firma. Por ejemplo, las empresas pueden buscar el desarrollo de productos nuevos para el mundo o de nuevas líneas de producto para satisfacer una estrategia de diversificación. De manera semejante, las extensiones de línea suelen reflejar una estrategia de desarrollo de producto que sirve como respuesta a los cambios en las necesidades del cliente o en las oportunidades de segmentación. Normalmente, las mejoras del producto, los reposicionamientos y las reducciones de costos se buscarían para mantener el éxito en estrategias de marketing de confrontación directa o de posicionamiento diferenciado cuando las condiciones competitivas y de demanda cambien durante el ciclo de vida del producto.

Para reconocer los diferentes tipos de nuevos productos, es importante entender las dudas más importantes que se enfrentarán. Entre mayor sea la expectativa ante los resultados del mercado, mayor inseguridad habrá con respecto a la disposición de compra de los consumidores, los patrones de segmentación y otros aspectos de la demanda. Esta incertidumbre limita la comprensión del gerente sobre si la demanda potencial será adecuada y sobre los requerimientos precisos de promoción y distribución para alcanzar el éxito. Además, entre más novedoso sea el producto para la compañía, mayor será la duda acerca de su propia capacidad para diseñar, producir y comercializar un producto de calidad en una forma competitiva; en otras palabras, el interés se centrará en si hay un buen ajuste entre el producto y los principales competidores de la firma.

Sin embargo, mientras que a una menor novedad se reduce el riesgo de una respuesta deficiente del mercado o de un mal ajuste de la compañía, también es probable que haya menos rendimientos. Numerosos estudios han demostrado que los productos que primero ingresan al mercado tienen mayor posibilidad de obtener las participaciones de mercado más altas. Esto ocurre porque las primeras empresas o marcas que salen al mercado pueden establecer lealtades de marca antes que ingresen los competidores y porque quienes ingresan de último tiene mayor dificultad para ganar distribución[4]. Más aún, productos que no son particularmente nuevos para la firma (por ejemplo, los que se encuentran en las categorías 3 al 6), a menudo obtienen una parte sustancial de sus ventas a partir de las ofertas existentes de la firma. Este efecto se conoce como *canibalización*.

El papel del proceso de desarrollo del producto es, entonces, ayudar a evaluar riesgos y reducir las dudas con respecto a las oportunidades de demanda del mercado (especialmente en productos nuevos para el mercado), la capacidad para entregar un producto competitivo (especialmente en productos nuevos para la firma) y la posibilidad de canibalización (cuando el grado de novedad es bajo).

EL PROCESO DE DESARROLLO DEL NUEVO PRODUCTO

Como se indicó antes, la mayor parte de las firmas han desarrollado sistemas y procesos formales para administrar los programas de desarrollo de nuevos productos. En grandes empresas que fabrican

[4]Gurumurthy Kalyanaram, William Robinson, and Glen Urban, "Order of Market Entry: Established Empirical Generalizations, Emerging Empirical Generalizations, and Future Research", *Marketing Science*, Summer 1995, pp. G212-G221.

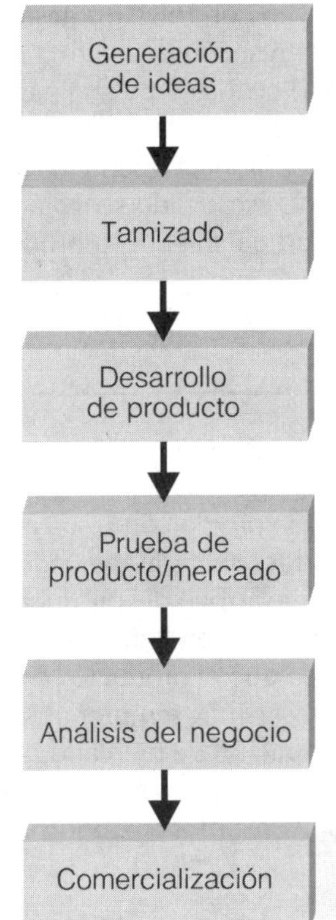

FIGURA 8-2
Etapas del proceso de desarrollo de un nuevo producto.

productos complejos (como automóviles o instrumental médico), este proceso puede implicar docenas de actividades y revisiones específicas. En firmas pequeñas, con tecnología sencilla, se pueden involucrar pocas personas. Sin embargo, las principales actividades y análisis son similares en casi todas las situaciones. Estas actividades se presentan dentro de las etapas que aparecen en la figura 8-2; antes de revisar cada etapa, es importante estar consciente de algunos aspectos básicos del proceso total.

Filosofía *stage-gate* o "secuencial"

Un propósito importante de un enfoque formal que utiliza etapas secuenciales es controlar la evolución de la idea acerca de un nuevo producto cuando ésta va avanzando a través de varias actividades de desarrollo y comprobación. En cada etapa, la gerencia deberá reunir información adicional con el fin de reducir la incertidumbre ante la demanda, el ajuste empresa-producto o la canibalización. Al mismo tiempo, cuando una firma va avanzando a través del proceso, necesitará invertir más tiempo y dinero[5].

[5] Para más información sobre sistemas *stage-gate*, véase Cooper, op cit., cap. 5.

El concepto de un proceso "*stage-gate*" o "secuencial" implica controlar los gastos relacionados con el desarrollo del nuevo producto, haciendo el balance de la inversión de la firma contra el valor de la información adicional. Es decir, al evaluar cada idea después de cada etapa con base en la información adquirida, la gerencia puede volver a evaluar las posibilidades de la idea para alcanzar el éxito. Específicamente, en un sistema *stage-gate*, los gerentes pueden "abrir la puerta" hacia la siguiente etapa del proceso u optar por eliminar el producto en ese punto; de este modo se evitan gastos adicionales de tiempo y recursos si las perspectivas de demanda o utilidad para el nuevo producto parecen desfavorables.

Desarrollo paralelo

Aunque el proceso básico para el desarrollo de nuevo producto está estructurado como grupos de actividades secuenciales, puede suceder que varias operaciones se realicen de manera simultánea *dentro* de cada etapa, con el fin de hacer avanzar el proceso tan rápido como sea posible. La velocidad es valiosa por los beneficios sustanciales que resultan de poder sacar al mercado nuevos productos con mayor rapidez. Primero, si las personas responsables del desarrollo del producto le dedican menos tiempo, el costo del desarrollo se reduce. Segundo, como aparece en la figura 8-3, las firmas pueden aumentar sus ingresos si: a) el ingresar más temprano significa que el producto pasa más tiempo en el mercado durante el ciclo de vida del producto y b) el ingresar más temprano permite que la firma ataque a algunos competidores y, por tanto, logre una participación de mercado más alta que si ingresa más tarde[6]. La sanción por ingresar tarde al mercado es muy severa en industrias de "alta tecnología" como las de software para computadores y la electrónica de consumo, en donde los avances suceden con mucha rapidez.

FIGURA 8-3

Ganancias potenciales en ventas por una introducción temprana. (*Fuente*: Preston Smith and Donald Reinertsen, *Developing Products in Half the Time*, Van Nostrand, New York, 1991, p.4).

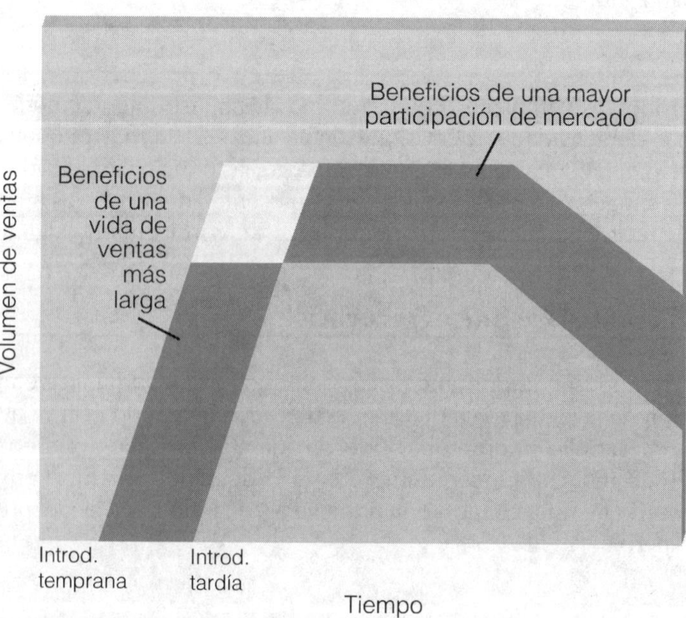

[6]Preston Smith and Donald Reinertsen, *Developing Products in Half the Time*, Van Nostrand, New York, 1991, pp. 3-4.

El desarrollo paralelo amplía la velocidad para ingresar al mercado. Esta filosofía reconoce que algunas acciones pueden emprenderse antes de contar con toda la información de otras actividades o pruebas disponibles. Por consiguiente, los gerentes de marketing pueden comenzar a desarrollar planes tentativos para la comercialización, durante la etapa de desarrollo. De modo similar, los gerentes de producción pueden comenzar las actividades de planeación de la producción aunque la prueba del mercado esté en proceso. Estos esfuerzos pueden afectar materialmente el tiempo total necesario entre la generación de ideas y el lanzamiento[7].

Actividad multidisciplinaria

La conformación de equipos está muy difundida en los programas para el desarrollo de un producto. Por lo común, un equipo se forma una vez que la idea de un nuevo producto recibe la aprobación para un futuro análisis. Aunque el tamaño y la estructura de los equipos en verdad dependen del tamaño del proyecto, de la complejidad tecnológica involucrada y del grado de novedad del producto, el diseño de los equipos requiere que se sigan ciertas pautas generales, entre las que se incluyen las siguientes[8]:

- Se representan todas las funciones claves (por lo menos, marketing, fabricación e ingeniería)
- Miembros voluntarios participan en el equipo
- Los miembros participan en el equipo durante la duración del proceso
- Los miembros participan tiempo completo en el equipo
- Los miembros están físicamente cerca

Los equipos son de utilidad para los proveedores de servicio que diseñan nuevos productos, al igual que para los fabricantes de bienes. Por ejemplo, la Union Pacific Railroad utiliza equipos interfuncionales para diseñar los productos -incluyendo precios, programas, periodos de tránsito, cantidad de vehículos suministrados y servicios especiales de apoyo- que se adaptan a las necesidades individuales de cada transportador[9].

Los equipos supervisan como grupo las actividades de investigación y desarrollo, los procesos de diseño e ingeniería, la investigación de marketing, la planeación de producción y los análisis financieros. La interacción constante entre los miembros es un requisito esencial para y en beneficio de los equipos multidisciplinarios. Durante el proceso deberán surgir nuevas oportunidades tecnológicas o de marketing; los ajustes de las otras funciones se pueden adaptar con mayor rapidez y a un costo menor si un equipo multifuncional dirige el esfuerzo.

ETAPA 1: GENERACIÓN DE IDEAS

Las ideas de nuevo producto pueden surgir de una variedad de fuentes. En particular, en las firmas orientadas hacia la tecnología, un alto porcentaje de esas ideas nace en investigación y desarrollo.

[7] *Véase* Hirotaka Takeuchi and Ikujiro Nonaka, "The New Product Development Game", *Harvard Business Review*, January-February 1986, pp. 137-146.
[8] Smith and Reinertsen, op. cit., pp. 111-112.
[9] Alan Grant and Leonard Schlesinger, "Realize Your Customers' Full Potential", *Harvard Business Review*, September-October 1995, p. 63.

Otras fuentes útiles son los distribuidores, los competidores, los vendedores y otros empleados. Finalmente, las firmas orientadas hacia el mercado se basan en los consumidores para gran parte de sus ideas de nuevo producto.

Por lo general, cuando las ideas parten del área tecnológica de la firma, se especifican en términos de tecnología (por ejemplo, la idea de un nuevo medicamento se puede basar en un reciente proceso de manipulación de enzimas; la idea de un nuevo automóvil puede tomarse con base en el diseño aerodinámico mejorado) o en características físicas (un nuevo teléfono celular es más liviano y más pequeño). De otro lado, las ideas que surgen en los consumidores o distribuidores tienen mayor probabilidad de manejarse en términos de beneficios para la solución de problemas (como el de una maleta que pueda caber sin problemas en el compartimento de un avión situado encima de los pasajeros). Un aspecto multidisciplinario importante del proceso de desarrollo del producto es formular un enunciado preciso del *concepto del nuevo producto*. Los enunciados de esta clase incluirán:

- Especificación de los beneficios que recibirán los clientes potenciales
- Definición de los atributos físicos o de la tecnología que brindarán esos beneficios

Una parte importante del esfuerzo del equipo en este punto del trabajo es desarrollar especificaciones alternativas para el concepto del producto. Por ejemplo, Motorola podría especificar el concepto del producto para un nuevo teléfono celular: "pesa menos de 100 g y no tiene más de 7,5 cm de ancho, de tal manera que los propietarios pueden llevarlo en el bolsillo de la chaqueta". Obsérvese que el concepto de producto orienta tanto a los técnicos como a los gerentes de marketing; los primeros pueden comenzar, o continuar, con su esfuerzo de diseño con un claro entendimiento de sus metas técnicas, y los comercializadores pueden comenzar a planear el diseño de la estrategia y los programas de marketing (incluyendo el nombre, la marca y los mensajes promocionales) para la introducción de dicho producto en el mercado.

Existen diversos métodos para identificar los conceptos del nuevo producto. Para los productos industriales, un método efectivo es el *análisis del usuario modelo*; enfoque en el cual se entrevista al cliente y está dirigido a identificar y anticipar los requerimientos futuros de los consumidores que "guían" a una compañía: aquellos que tienen la mayor posibilidad de ser ganadores si alguna firma les suministra productos mejorados. El supuesto es que este tipo de usuarios aportarán buenas ideas acerca del mejoramiento del producto porque lo han manejado y han reflexionado sobre diferentes problemas del mismo[10]. Por ejemplo, IBM podría considerar a los vendedores como usuarios modelo de computadores *notebook* porque son personas que viajan más que el usuario promedio, de manera que los aspectos de movilidad y facilidad de transporte serán muy importantes para ellos. La aplicación del pensamiento del usuario modelo también puede verse en la vinculación que tuvo la compañía Boeing con algunas aerolíneas, clave para el diseño de sus jets 777, y las acciones del CEO de Harley-Davidson quien dedica más de la mitad de la semana a montar en moto y charlar con los clubes y grupos de "harlistas"[11]. La experiencia de firmas como Hewlett-Packard, Millike y otras, que acostumbran que el cliente las visite durante el proceso de desarrollo del nuevo producto, sugiere que las visitas deberán hacerlas equipos multifuncionales (no solamente el gerente o el personal de ingeniería) y que, en ocasiones, es valioso conseguir información de los usuarios sobre las dimensiones de las ofertas del producto (como entrenamiento, documentación y servicio al cliente), y no sólo sobre las características y beneficios básicos necesarios[12].

[10] Eric von Hippel, *The Sources of Innovation,* Oxford University Press, New York, 1985, chap. 8.
[11] "Producer Power", *The Economist,* Mar. 4, 1995, p. 70.
[12] Edward McQuarrie, *Customer Visits*, Sage, Newbury Park. Calif., 1993, pp. 16, 73.

Un enfoque, en cierto modo similar, que se utiliza con frecuencia para los productos de consumo, es el *análisis del problema*. En este enfoque, una firma entrevista a usuarios importantes de una determinada categoría para obtener una lista de los problemas que han experimentado. Luego, se les pregunta por la *tasa de frecuencia* con que se presentan los problemas y el *grado en que resultan molestos*, utilizando escalas de cinco puntos. De ese modo, se identificarán los problemas reiterados y muy molestos, y las ideas potenciales del nuevo producto se definirán como productos que solucionarían esos problemas[13].

Los *grupos foco* (capítulo 3) son mecanismos ligeramente menos formales para dirigir el análisis de problemas. En ellos, se reúnen grupos de seis a diez usuarios de una categoría de producto, quienes son orientados por moderadores, entrenados en discusiones de lo que le gusta y lo que no le gusta a la gente en los productos de esa categoría. A menudo, se obtienen perspectivas sutiles de problemas de los clientes o de oportunidades de mejoramiento, que de otro modo pasarían sin ser vistos. Por ejemplo, la idea de que American Express debía modificar los beneficios de su tarjeta de crédito para incluir garantías extendidas sobre productos que el cliente compraba con la tarjeta, se generó en un grupo foco.

Finalmente, la *observación directa* de patrones de uso de los consumidores suele aportar importantes puntos de vista para el desarrollo del producto. Braun y Whirlpool filman videos de clientes mientras utilizan sus cafeteras y refrigeradores, respectivamente, para identificar problemas, como ubicación inadecuada de los interruptores o del bastidor, que las personas podrían no considerar durante las entrevistas. De ese modo, los ajustes y mejoramientos del producto de estas firmas se dirigen hacia perfeccionamientos no anticipados del producto. De manera similar, los representantes de ventas de United States Surgical toman ideas para mejorar su instrumental médico observando a los cirujanos durante su trabajo en las salas de cirugía de los hospitales[14].

ETAPA 2: TAMIZADO

El tamizado puede incluir diversas actividades, diseñadas para evaluar el concepto de un nuevo producto. En la mayor parte de las firmas, es durante esta etapa cuando eliminan el mayor volumen de nuevas ideas. Aunque el proceso de desarrollo no ha avanzado bastante como para hacer análisis económicos detallados, la información que se recopila en esta etapa deberá permitir a la gerencia: 1) comenzar a proyectar el nivel de la demanda potencial, y 2) identificar las oportunidades de éxito del producto, al igual que las barreras potenciales para alcanzarlo, y 3) estimar el grado de canibalización. Estos juicios se basan en la información que proviene de actividades como estudios del potencial de mercado, pruebas de concepto y modelos de calificación.

Estudios del potencial de mercado

Los diferentes aspectos de la estimación del potencial de mercado se estudiaron en el capítulo 5. Además de estimar el número de compradores potenciales y la tasa potencial de compra, la gerencia deseará evaluar muy de cerca el entorno competitivo. Específicamente, los gerentes querrán predecir

[13] Claes Fornell and Robert Menko, "Problem Analysis -A Consumer-Based Methodology for the Discovery of New Ideas", *European Journal of Marketing*, 1981, pp. 61-72.
[14] Jennifer Reese, "Getting Hot Ideas from Customers", *Fortune*, May 18, 1992, pp. 86-87.

quiénes serán los competidores cuando se lance el nuevo producto y el nivel de probabilidad de la competencia de precios, con el fin de pronosticar las ventas en dinero y las utilidades.

Pruebas de concepto

Las *pruebas de concepto* son métodos para tratar de medir el interés que el comprador tiene en un producto, antes de desarrollar un prototipo real. Estas pruebas pueden ayudar a una firma a encontrar las mejores opciones para los retos específicos de marketing que será necesario superar cuando se comercialice el producto; también pueden servir a una empresa para proyectar el grado de canibalización. Si el prototipo de un producto ya se ha desarrollado a nivel de ingeniería, esta actividad se puede excluir. Sin embargo, cuando los costos de construir un prototipo son demasiado elevados y existe gran cantidad de conceptos en competencia (estas dos situaciones son frecuentes entre los fabricantes de automóviles, por ejemplo), entonces las pruebas de concepto pueden tener un inmenso valor.

En una prueba de concepto típica, a los compradores potenciales se les muestran enunciados sobre las características y los beneficios del producto, en ocasiones acompañados de esquemas visuales del concepto. Luego, se les pregunta sobre sus reacciones utilizando cuestionarios estructurados como el que aparece en la tabla 8-1. Con base en los análisis de estas respuestas, los gerentes tendrán diferentes puntos de vista acerca del grado en el cual el producto tendrá una ventaja competitiva y sobre los problemas potenciales que deberá superar para conseguir ensayo. Además de esta valiosa información de diagnóstico, la gerencia revisará los estimados de los encuestados sobre su probabilidad de ensayar el producto. Aunque esos estimados no se consideran como indicadores perfectamente válidos del comportamiento real, la gerencia los tiene en cuenta para decidir si avanza hacia la siguiente etapa del proceso, en caso de que un alto porcentaje de las respuestas esté entre las primeras dos o las últimas dos categorías de respuesta[15]. Por último, las perspectivas acerca de la canibalización se pueden obtener mediante la identificación en la muestra de aquellas personas que ya sean usuarias de otros productos de la firma en el mismo mercado y preguntándoles si preferirían el concepto propuesto para el producto que utilizan en el momento. Además, es frecuente que los métodos de análisis conjunto, estudiados en el capítulo 4, se utilicen para determinar si un producto nuevo canibalizará ofertas existentes.

Modelos de calificación

Los *modelos de calificación* permiten a los gerentes calificar el atractivo general del concepto de un nuevo producto o les ayudan a dar un orden a los conceptos en competencia. El procedimiento básico es suministrar información acerca de cada concepto a un grupo de gerentes y hacer que lo "califiquen", independientemente de los conceptos sobre una serie de características relacionadas con la oportunidad de mercado, el ajuste entre el producto y la compañía, u otros factores que puedan influir en el éxito del nuevo producto.

[15] Para contar con un análisis más amplio de los enfoques y las limitaciones de las pruebas de concepto, véase Robert Dolan, "Note on Concept Testing", caso 590-063 de Harvard Business School.

TABLA 8-1

EVALUAR EL CONCEPTO DE UN NUEVO PRODUCTO DE LIMPIEZA

Enunciado del concepto

Un limpiador recién desarrollado, para todo uso, no abrasivo y que no sólo limpia sino que también impide la adherencia del polvo a la superficie que se ha limpiado. Según el porcentaje en que el usuario diluya el producto, éste sirve para limpiar ventanas, vinilo, acero inoxidable, cromo, aluminio, llantas, tapizados, alfombras, accesorios para baño, madera, electrodomésticos, gabinetes de cocina y máquinas.

Característica excepcional: ¿cuál enunciado describe mejor este producto?

______ Parece completamente diferente de cualquier otro producto disponible en el momento
______ Muy diferente de cualquier otro producto disponible en el momento
______ Con características similares que cualquier otro producto disponible en el momento

Competencia: cuando la gente compra un nuevo producto, suele hacerlo a cambio de algún otro que ya había comprado. Si Ud. fuera a comprar este nuevo producto, ¿cuál artículo o artículos remplazaría?______________

Necesidad: ¿soluciona este producto un problema o una necesidad que no satisfacen otros productos que se encuentran ahora en el mercado?

______ Sí ¿Cuál es el problema o la necesidad?______________________________
______ No

Méritos: ¿cuáles son las características específicas que Ud. encuentra atractivas acerca de este nuevo producto?

____
____

Limitaciones: ¿cuáles son las características específicas que Ud. encuentra cuestionables en este nuevo producto?

____
____

Credibilidad: ¿encuentra Ud. difícil de creer alguna de las características o anuncios acerca de este producto?

____
____

Probabilidad de ensayo: ¿qué tan interesado estaría Ud. en adquirir el producto descrito arriba si estuviera disponible en el supermercado?

______ Definitivamente lo compraría
______ Probablemente lo compraría
______ Podría comprarlo o no
______ Probablemente no lo compraría
______ Definitivamente no lo compraría

Algunos modelos muy generales de calificación son los modelos de portafolio que se estudiaron en el capítulo 2, los cuales se dirigen hacia factores que influyen en el atractivo general de un mercado y en la posibilidad de que la firma tenga recursos para competir en ese mercado. En su forma habitual, las firmas seleccionan aquellos factores que han demostrado ser esenciales en su industria particular. Por consiguiente, "la probabilidad de problemas regulatorios" podría ser importante en algunos mercados;

TABLA 8-2

FACTORES QUE INFLUYEN EN EL ÉXITO DE UN NUEVO PRODUCTO

1. *Superioridad/calidad del producto.* La ventaja competitiva que el producto tiene en virtud de sus características, beneficios, calidad, carácter excepcional, etc.
2. *Ventaja económica para el usuario.* El valor del producto en dinero para el cliente.
3. *Ajuste general compañía/proyecto.* La sinergia del producto con la compañía o la similitud que se establece entre destrezas de marketing, capacidades gerenciales y conocimiento del negocio.
4. *Compatibilidad tecnológica.* La sinergia tecnológica con la empresa o la similitud que se establece entre las capacidades de I&D, ingeniería y producción.
5. *Familiaridad para la empresa.* Qué tan familiar es el proyecto para la firma (en oposición a productos o proyectos totalmente nuevos).
6. *Necesidad, crecimiento y tamaño del mercado.* La magnitud de la oportunidad de mercado.
7. *Situación competitiva.* Con cuánta facilidad se puede penetrar el mercado desde un punto de vista competitivo.
8. *Oportunidad definida.* Si el producto cuenta con una categoría bien definida y un mercado establecido (en oposición a una verdadera innovación y una nueva categoría de productos).
9. *Definición del proyecto.* Qué tan bien definidos están el proyecto y el producto.

Fuente: Robert Cooper, "The NewProd System: The Industry Experience", *Journal of Product Innovative Management,* June 1992, pp. 113-127.

"la posibilidad de obtener una patente", en otras, y las "ventas en almacenes de abarrotes", en otras. Sin embargo, a pesar de las diferencias entre las industrias, ahora existe evidencia de que las causas básicas para el éxito de un nuevo producto son, de algún modo, consistentes a través de las industrias. El modelo NewProd es un modelo de calificación que se ha aplicado en más de 100 empresas a nivel mundial. El análisis de los resultados sugiere que existen nueve factores que influyen en el éxito de un nuevo producto, los cuales aparecen en la tabla 8-2.

El sistema NewProd pide que hasta doce gerentes evalúen cada concepto del nuevo producto con respecto a treinta características clave (tabla 8-3) e indiquen su nivel de confianza en esas calificaciones, utilizando una escala de uno a diez puntos. Después, estas características se combinan en índices para obtener los nueve factores finales. Al responder estas preguntas, los gerentes no sólo aportan perspectivas sobre aspectos positivos y negativos del nuevo producto, sino que también identifican aspectos acerca de los cuales los calificadores no están seguros o están divididos en cuanto a sus propias opiniones. Estos aspectos se orientan luego como áreas en donde se debe conseguir más información. Por consiguiente, los modelos de calificación como el NewProd sirven como herramientas de diagnóstico que ayudan a los gerentes a identificar los problemas restantes y las incertidumbres asociadas con un nuevo concepto de producto y decidir si se deberá continuar con el desarrollo actual[16].

Además del uso de un modelo de calificación en la etapa de tamizado, los gerentes deberán revisar la idea de un nuevo producto desde la perspectiva de su consistencia con las prioridades de la empresa, como se señaló en la estrategia corporativa. Por ejemplo, es probable que la gerencia de una empresa que se halla muy comprometida con la diversificación apoye más una idea que refleje un alto grado de novedad para el mercado (incluso aunque esto pueda reducir la *probabilidad* de éxito) que si esa misma gerencia está más involucrada con las líneas de producto y los mercados existentes.

[16] *Véase* Robert Cooper, "The NewProd System: The Industry Analysis", *Journal of Product Innovation Management,* June 1992, pp. 113-127.

TABLA 8-3

CARACTERÍSTICAS QUE SE EVALÚAN EN EL MODELO DE CALIFICACIÓN NEWPROD

1. Los recursos financieros de nuestra empresa son más que adecuados para este proyecto.
2. Las capacidades de I&D de nuestra empresa y nuestro personal son más que adecuados para este proyecto.
3. Las capacidades de ingeniería de nuestra empresa y nuestro personal son más que adecuados para este proyecto.
4. Las capacidades de investigación de marketing de nuestra empresa son más que adecuadas para este proyecto.
5. Las capacidades administrativas de nuestra empresa son más que adecuadas para este proyecto.
6. Los recursos o capacidades de producción de nuestra empresa y nuestro personal son más que adecuados para este proyecto.
7. La fuerza de ventas y/o los recursos y la capacidad de distribución de nuestra empresa son más que adecuados para este proyecto.
8. Los recursos y capacidades de publicidad y promoción de nuestra empresa y nuestro personal son más que adecuados para este proyecto.
9. Nuestro producto es altamente innovador -totalmente nuevo- para el mercado.
10. Las especificaciones del producto -exactamente lo que será el producto- son muy claras.
11. Los aspectos técnicos -exactamente la forma como se resolverán los problemas técnicos- son muy claros.
12. Los clientes potenciales para este producto son totalmente nuevos para nuestra empresa.
13. La clase o el tipo del producto mismo son totalmente nuevos para nuestra empresa.
14. Nunca antes hemos producido o vendido productos para satisfacer este tipo de necesidad o uso del consumidor.
15. Los competidores a quienes nos enfrentamos en el mercado son totalmente nuevos para nuestra empresa.
16. En comparación con productos competitivos (cualquiera que sea el que el cliente esté usando ahora) nuestro producto ofrecerá una serie de características, atributos o beneficios excepcionales para el consumidor.
17. Nuestro producto será claramente superior a los productos en competencia en términos de satisfacción de las necesidades del consumidor.
18. Nuestro producto permitirá al consumidor reducir sus costos, en comparación con lo que está usando ahora.
19. Nuestro producto permitirá al consumidor hacer un trabajo o algo que no ha podido hacer con lo que está disponible en el mercado en la actualidad.
20. Nuestro producto será de mayor calidad -la calidad está definida en este mercado- que los productos en competencia.
21. Nuestro producto tendrá un precio considerablemente más alto que los productos en competencia.
22. Seremos los primeros en el mercado con este tipo de producto.
23. Los clientes potenciales tienen una gran necesidad de esta clase o tipo de producto.
24. Para este producto el tamaño del mercado en dólares (sea un mercado existente o potencial) es grande.
25. El mercado para este producto está creciendo muy rápidamente.
26. El mercado se caracteriza por una intensa competencia de precios.
27. Hay muchos competidores en este mercado.
28. En este mercado existe un fuerte competidor dominante, con una gran participación de mercado.
29. Los clientes potenciales están muy satisfechos con los productos (de los competidores) que están usando actualmente.
30. Las necesidades de los usuarios cambian con mucha rapidez en este mercado, una situación de mercado dinámico.

Fuente: Robert Cooper, "The NewProd System: The Industry Experience", *Journal of Product Innovative Management,* June 1992, pp. 125-126.

ETAPA 3: DESARROLLO DE PRODUCTO

El *desarrollo de producto* es el trabajo técnico de convertir un concepto en un producto que funcione. Más adelante se estudian tres actividades principales en esta etapa: 1) desarrollo de la arquitectura del producto, 2) aplicación del diseño industrial, y 3) evaluación de los requisitos de fabricación[17]. Aunque los gerentes de marketing no están directamente relacionados con el trabajo técnico, son miembros del equipo multifuncional que supervisa el desarrollo, y con buenas razones. Para estar seguros, es importante que la arquitectura y el diseño satisfagan (y posiblemente amplíen) el concepto básico del producto. Como se estudió en el capítulo 3, si una firma aplica un proceso de despliegue de la función de calidad, a los miembros del equipo procedentes de marketing, fabricación e ingeniería les resultará más fácil analizar las relaciones entre beneficios del cliente, características de diseño y requerimientos de fabricación. Adicionalmente, los requerimientos de fabricación y las pruebas de desempeño brindan información que será de vital importancia para tomar decisiones sobre precios y, en ocasiones, para otros costos de marketing.

Arquitectura del producto

La *arquitectura del producto* es la especificación de partes, componentes, montajes, tecnologías y sus interrelaciones que producen las funciones deseadas. Por tanto, la arquitectura es el plan básico para garantizar que el concepto de producto se implementará.

Aunque los comercializadores se interesan en ver que, de hecho, se comprenderá el concepto, puede ser necesario contar con varias decisiones clave acerca de la arquitectura del producto que influirán en la estrategia de marketing, cuando el desarrollo continúe. Por ejemplo, puede haber componentes alternativos o formas alternativas de relacionar montajes que sean igualmente efectivos para suministrar un beneficio específico, pero los cuales difieren en términos de mejoras hacia el futuro, posibilidades de adición o la capacidad para añadir versiones diferentes. Estas decisiones deberán tomarse con información procedente de marketing porque pueden hacer impacto en el éxito del producto en diferentes segmentos o con el paso del tiempo. En 1995, cuando Intel sacó al mercado su microprocesador Pentium Pro, algunos observadores se sorprendieron de que este producto no ofreciera un considerable aumento en el desempeño cuando se utilizaba en el software de los computadores personales existentes. Sin embargo, Intel había decidido especificar la arquitectura para acomodarse a avances posteriores de una gran variedad de microprocesadores especializados para nuevos juegos y aplicaciones de comunicaciones, sacando provecho, en consecuencia, de los beneficios inmediatos de un conjunto de aplicaciones para un conjunto más amplio de futuras aplicaciones[18].

[17]Esta sección se tomó de Karl Ulrich and Steven Eppinger, *Product Design and Development*, McGraw-Hill, New York, 1995, chap. 7.

[18]Don Clark, "Intel Puts Chips under Pentium Brand in Sign Some Won't Reap Its Benefits", *Wall Street Journal*, Sept, 20, 1995, p. B2.

Diseño industrial

El *diseño industrial* es el proceso de crear y desarrollar especificaciones de producto que optimicen la función, el valor y el aspecto del producto. Esta actividad la realizan diseñadores profesionales (que operan dentro del entorno del equipo) pero tiene importantes implicaciones para el marketing del producto.

Firmas como Braun, Rubbermaid, Chrysler, Reebok y Motorola reconocen que la mayor parte de sus historias importantes de éxito en un nuevo producto, durante los últimos años, ocurrieron principalmente debido al valor agregado que se creó al realizar un trabajo de diseño superior[19]. Por ejemplo, el inmenso triunfo de Motorola con el teléfono celular MicroTAC fue su diseño para que cupiera en el bolsillo de la camisa. Cuando se introdujo en el mercado, era el más pequeño y liviano de su clase. El diseño industrial fue el instrumento que ayudó al departamento de ingeniería para lograr los resultados técnicos. No obstante, el inmediato éxito del producto se ha atribuido más a su diseño ergonómico (es decir, a sus consideraciones del factor humano). El producto se diseñó para adaptarse mejor a la forma del rostro que los productos existentes, mediante la ubicación de la parte del auricular y de la bocina, los cuales se pueden doblar con una sola mano. Los usuarios también aprecian su diseño moderno y elegante. Así, el diseño industrial no sólo ayuda a garantizar que el concepto básico (en este caso, un teléfono de bolsillo) se implemente, sino que también añade bastante a la comercialidad del producto más allá del concepto básico. Por esta razón, cada vez más se están integrando diseñadores al equipo de desarrollo de producto en una etapa temprana del proceso[20].

Consideraciones de fabricación

A menudo, los equipos de desarrollo de producto enfrentan metas múltiples y, posiblemente, conflictivas. Entre las situaciones que se deben manejar con frecuencia está decidir entre entregar todos los beneficios "prometidos" en el concepto de nuevo producto y minimizar los costos variables y costos fijos de fabricación o de operaciones. Hoy en día, las empresas acostumbran a reducir los costos de producción a través de modificaciones en el diseño, usualmente cambiando la arquitectura del producto. Un papel clave del equipo de desarrollo de un nuevo producto es evaluar los costos de fabricación proyectados y determinar cuáles de las modificaciones en el desempeño funcional, si las hay, serán aceptables a cambio de una determinada reducción de costos.

ETAPA 4: PRUEBA DE PRODUCTO/MERCADO

Los propósitos generales de las pruebas de producto y mercado son: 1) suministrar evaluaciones más detalladas de las oportunidades de éxito del nuevo producto, 2) identificar los ajustes finales necesarios para el producto, y 3) definir los elementos importantes de los programas de marketing que se han de utilizar en la introducción al mercado del nuevo producto. En esta sección se estudiarán cuatro actividades de las pruebas de producto/mercado:

[19]Bruce Nussbaum, "Hot Product: Smart Design Is the Common Thread", *Business Week,* June 7, 1993, pp. 54-58.
[20]Ulrich and Eppinger, op. cit., pp. 152-154.

- Prueba técnica
- Prueba de preferencia y satisfacción
- Mercados de prueba simulados
- Mercados de prueba

Prueba técnica

El *prototipo de un producto* es una aproximación del producto final. Por lo común, se espera que el prototipo esté bastante cercano a la versión final como para que sea de utilidad en la prueba de una o más dimensiones clave del desempeño del producto en el momento más temprano posible en relación con el tiempo disponible. Un prototipo de un nuevo automóvil puede no incluir el diseño final del motor pero debe estar completo para las evaluaciones aerodinámicas técnicas y para las evaluaciones del consumidor en cuanto al estilo y aspecto interior. En otros casos, el prototipo puede ser suficientemente completo como para permitir pruebas de uso limitadas acerca del desempeño del producto bajo diferentes condiciones. Esta información puede ser útil para las mejoras en el diseño final o para alertar al *staff* de marketing acerca de los factores que se deben considerar en la preparación de los programas de publicidad, ventas y distribución. Específicamente, la prueba técnica puede aportar información sobre:

- Vida del producto en los estantes
- Tasas de desgaste del producto
- Problemas resultantes del uso o consumo inadecuados
- Defectos potenciales
- Programas de mantenimiento apropiados

Cada una de estas clases de información puede tener costosas consecuencias para el marketing del producto. Los estimados de vida en los estantes influirán en la frecuencia (y costo) de despacho. El potencial de problemas significativos por el uso puede requerir de publicidad adicional, suministro de etiquetas o información en el punto de venta. Resulta importante señalar que no detectar esta clase de problemas puede tener un efecto negativo muy importante en la prueba del producto si se presenta una gran difusión publicitaria a ese respecto. Por esta razón, Microsoft distribuyó 400.000 copias por adelantado de Windows 95 a los usuarios de computadores para ayudar a encontrar "bichos" que pudieran solucionarse con cambios de diseño previos al lanzamiento[21]. Se acostumbra lanzar estos prototipos anticipados, conocidos como copias *beta*, cuando se está próximo a finalizar un diseño.

Prueba de preferencia y satisfacción

Mientras que la prueba técnica se acostumbra realizarla solamente en prototipos, por lo común, la prueba de preferencia y satisfacción se reserva para la versión "final". Aunque resultados muy deficientes en esta clase de pruebas podrían llevar a un rediseño del producto, lo más probable es que lleven a la gerencia a declinar el proyecto. Las metas más habituales en esta etapa serían las de obtener

[21] Don Clark, "Amid Hype and Fear, Microsoft Windows 95 Gets Ready to Roll", *Wall Street Journal*, July 14, 1995, p. A1.

TABLA 8-4

PROPÓSITO Y MÉTODOS DE LA PRUEBA DE PREFERENCIA/SATISFACCIÓN DE PRODUCTO

PROPÓSITO	MÉTODO
1. Determinar las ventajas que pueden citarse del producto al hacer los anuncios publicitarios	Comparar las calificaciones que los compradores dan al nuevo producto con las de los productos líderes en cuanto a los atributos clave
2. Determinar la probabilidad de recompra del producto	Pedir a los compradores los índices de satisfacción general o la probabilidad de volver a comprar
3. Hacer una proyección básica de la aceptación del producto en el mercado solamente con base en el desempeño del producto	Hacer que los compradores califiquen el producto en relación con otras marcas conocidas o probadas
4. Predecir la canibalización	Comparar el orden de preferencia para el nuevo producto frente al producto que se usa normalmente

diferentes puntos de vista acerca de los elementos que deberán diseñarse en un plan de marketing y establecer un pronóstico de ventas inicial para el producto.

En general, existen dos enfoques básicos para esta clase de pruebas. En uno, se les pide a los consumidores utilizar el producto durante algún tiempo; en algunos casos, las firmas puedan optar por realizar pruebas "a ciegas" de manera que no se sepa el nombre de la marca o del fabricante. En el otro enfoque, los compradores comparan el producto con una o más alternativas de la competencia. (De nuevo, como en las pruebas de sabor, no se dan a conocer las marcas). A continuación, a los compradores potenciales de la muestra de investigación se les formula una serie de preguntas que dependen de las metas particulares de la prueba. En la tabla 8-4 se resaltan los principales propósitos de estas pruebas y la información específica que se busca al utilizar el producto para cada propósito.

El significado de la información que se obtiene en esta actividad no deberá subestimarse. Es decir que:

- Determinar las percepciones del comprador sobre las ventas específicas de un producto es importante si, en la etapa de promoción, una firma planea mostrar superioridad sobre la competencia; la Federal Trade Commission exige que estos anuncios estén respaldados con pruebas de preferencia y pruebas técnicas.
- Estimar la recompra es importante para medir la participación de mercado a largo plazo. Un resultado deficiente en este punto eliminaría el producto o causaría que la gerencia considere el rediseño.
- Aunque la aceptación en el mercado del nuevo producto se determinará con todos los programas de marketing, y no sólo por el desempeño del producto, ciertamente una alta calificación de esta dimensión sugeriría que el producto deberá, por lo menos, continuarse hasta la siguiente actividad o etapa.
- Es probable que las pruebas de preferencia suministren las mejores señales iniciales de advertencia de un alto nivel de canibalización.

Mercados de prueba simulados

Los *mercados de prueba simulados* (o, en ocasiones, *mercados de prueba en laboratorio*) son procedimientos de investigación de marketing diseñados para suministrar mecanismos rápidos y a bajo costo para obtener indicios sobre la probable participación de mercado que se espera alcanzar con un nuevo producto. Específicamente, estas pruebas están diseñadas para permitir la aplicación de modelos de respuesta de mercado, como se indica en la figura 8-4. El modelo considera que los programas de marketing que se encuentran al lado izquierdo pueden causar las reacciones del consumidor que se encuentran en el medio, dando como resultado las respuestas del lado derecho. Los modelos de mercados de prueba simulados incorporan el criterio de la gerencia y de la investigación de mercado para dar estimados de ensayo, ventas repetidas y ventas totales o participación de mercado para un

FIGURA 8-4
Determinantes y componentes de los volúmenes de ventas durante el primer año.

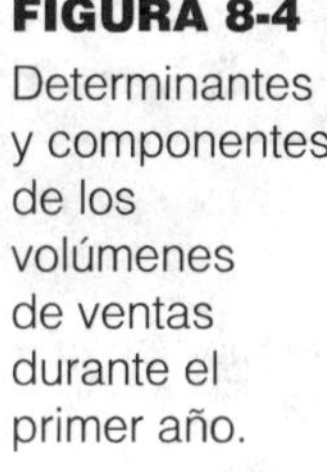

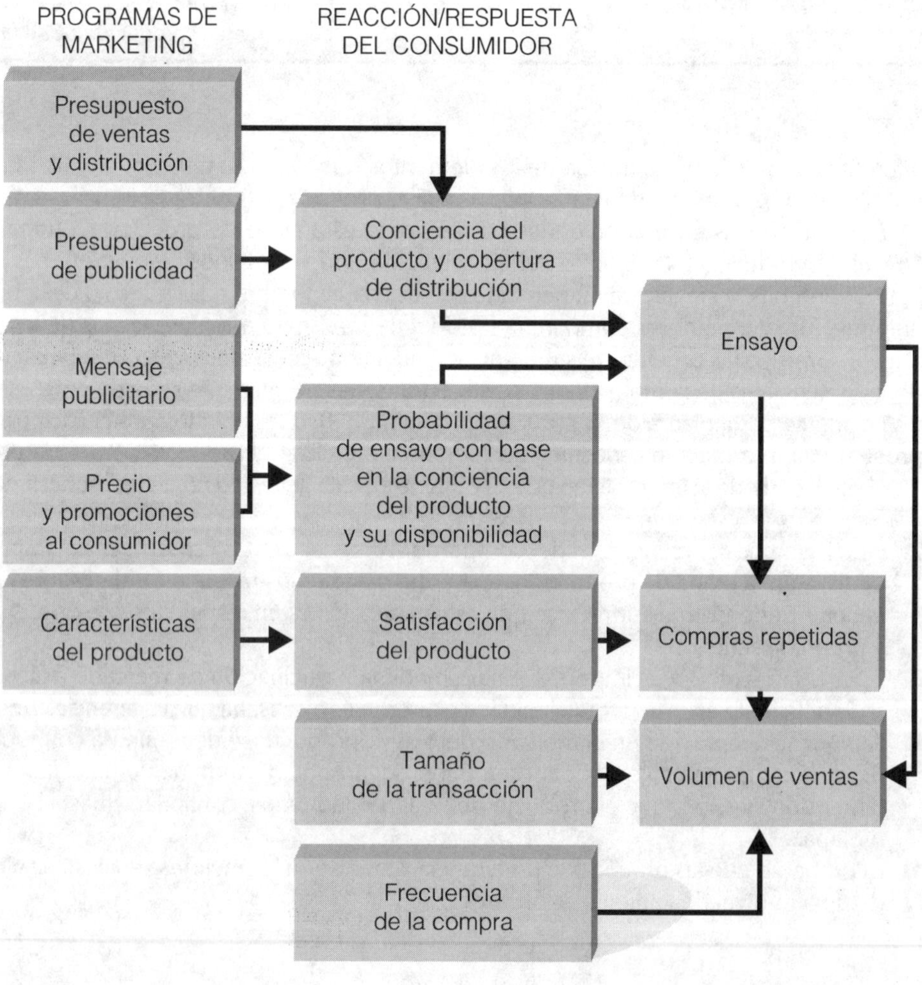

nuevo producto, usualmente para un tiempo límite, por ejemplo un año después del lanzamiento. En general, estos modelos se han aplicado a bienes no durables para el consumidor comercializados a través de almacenes de alimentos, droguerías y/o supermercados. Sin embargo, desde hace poco tiempo se han aplicado versiones alternativas para bienes durables[22].

Los modelos de mercados de prueba simulados más populares son BASES, ASSESSOR, LITMUS y DESIGNOR. Cada uno de ellos cuenta con sus propias características y procedimientos especiales; no obstante, una descripción general de los procesos básicos normalmente incluiría los siguientes pasos[23]:

1. Los gerentes estiman el porcentaje del mercado objetivo que será consciente del nuevo producto, con base en el presupuesto propuesto para publicidad y el porcentaje de disponibilidad del producto en almacenes minoristas, con base en el presupuesto de ventas propuesto.
2. Se realizan entrevistas con una muestra de consumidores que utilizan la categoría del producto. (Quizá se entrevistarían a 300 consumidores por cada dos o más localidades). Las entrevistas suministran información sobre el uso de marca, actitudes y preferencias.
3. Luego, los consumidores de la muestra ven una serie de conceptos o anuncios comerciales que incluyen los anuncios del nuevo producto que se ha de probar.
4. A los mismos consumidores se les da dinero y se les ofrece la oportunidad de comprar uno de los diferentes productos alternativos de la categoría en cuestión en un almacén de prueba (laboratorio).
5. A las personas que no compran el producto de prueba en el paso 4, se les entrega una muestra gratis.
6. Después de un periodo suficiente para la prueba, se puede volver a entrevistar a los compradores para preguntarles sobre sus actitudes, preferencias de marca e intenciones de recompra.

Los seis pasos del mercado de prueba simulado pueden brindar a los gerentes buena parte de la información necesaria para aplicar el modelo de la figura 8-4. Por ejemplo, el paso 1 brinda información sobre la conciencia y la cobertura de distribución. El paso 4 refleja un ensayo en una situación en donde las personas son conscientes y tienen disponibilidad. (Los porcentajes del ensayo que se obtienen de esta manera , por lo general, se reducen a una cantidad en conjunto utilizando la experiencia de la firma de investigación). De ese modo, el "ensayo" se puede estimar combinando la información de los pasos 1 y 4. La repetición se estima utilizando los datos de la segunda entrevista. Esto permite que la gerencia haga una medición básica de la probabilidad de éxito del producto, en tanto muchas de las suposiciones de estas pruebas sean realistas.

Por lo general, existe evidencia de que estas pruebas funcionan bastante bien, al menos en situaciones en donde no se esperan cambios importantes en el comportamiento del consumidor. Es decir, los modelos tienden a ser más efectivos para nuevos productos que ingresan a mercados establecidos, en donde los compradores pueden juzgar el atractivo de un nuevo producto con mayor rapidez. Sin embargo, el mejor uso de los mercados de prueba simulados es como un dispositivo de tamizado para decidir si un nuevo producto deberá o no someterse a una prueba completa de mercado o si deberá

[22]*Véase* Glen Urban, John Hulland, and Bruce Weinberg, "Premarket Forecasting for New Consumer Durable Goods", *Journal of Marketing,* April 1993, pp. 47-63.

[23]Para un completo estudio comparativo de los servicios líderes en mercados de prueba simulados, *véase* a Kevin Clancy, Robert Shulman, and Marianne Wolf, *Simulated Test Marketing,* Lexington Books, New York, 1994, chap. 4.

eliminarse. La investigación sugiere que los mercados de prueba simulados son muy efectivos para identificar productos cuyas proyecciones de éxito en el mercado son las más cuestionables[24].

Mercado de prueba

En un mercado de prueba tradicional a escala completa, una firma ofrece un nuevo producto para la venta, en una o más áreas geográficas limitadas que, de algún modo, son representativas del mercado objetivo total y están suficientemente aisladas como para que las estaciones de redes locales y los sistemas de cable, radio y los periódicos sean los medios de comunicación dominantes para los consumidores. Luego, el producto se introduce con un nivel de publicidad y promoción locales, comparable con el que los consumidores experimentarían durante una introducción a nivel nacional. Luego se hace un seguimiento semanal de las ventas y, en muchos casos, se realiza un investigación de mercado paralela para analizar quién compra el producto.

La decisión de utilizar un mercado de prueba a escala completa no es fácil. Por lo general, se necesitan de nueve a doce meses de prueba para obtener una lectura válida de la aceptación del mercado. (Las ventas iniciales pueden dar buenas perspectivas sobre el índice de prueba, pero las compras repetidas no se pueden evaluar sino hasta que hayan transcurrido dos o tres ciclos de compras para el producto). El costo de estas pruebas fácilmente puede alcanzar US$1.5 millones para una sola área de mercado[25]. Adicionalmente, cuando una firma utiliza mercados de prueba a escala completa (en oposición a los mercados de prueba simulados), los competidores pueden observar la prueba y la estrategia de marketing de la firma; por tanto, pueden preparar productos para competir o diseñar estrategias retaliatorias para sus productos existentes, antes que la firma que hace la prueba pueda introducir su producto a nivel nacional. La tabla 8-5 sintetiza las consideraciones involucradas en la decisión de aplicar o no el mercado de prueba.

TABLA 8-5

CONSIDERACIONES PARA APLICAR O NO UN MERCADO DE PRUEBA

FACTORES QUE FAVORECEN EL MERCADO DE PRUEBA

1. La aceptación del concepto de producto es muy incierta
2. El potencial de ventas es difícil de estimar
3. El costo de crear conciencia en el cliente y que ensaye el producto es difícil de estimar
4. Se requiere de un inversión importante para producir a escala completa (en relación con el costo del mercado de prueba)
5. Están en consideración precios, empaques y atractivos promocionales alternativos

RAZONES PARA NO HACER UN MERCADO DE PRUEBA

1. El riesgo de fracaso es bajo en relación con los costos del mercado de prueba
2. El producto tendrá un ciclo de vida breve
3. Golpear a la competencia es importante porque el producto es fácil de imitar
4. El precio básico, el empaque y los atractivos promocionales están bien establecidos

[24]Glen Urban and John Hauser, *Design and Marketing of New Products*, 2d ed. Prentice-Hall, Englewood Cliffs, N.J., 1993, pp. 468-471.
[25]Urban and Hauser, op. cit. p. 495.

Un avance importante que se ha agregado al valor del mercado de prueba es la evolución de los mercados de prueba electrónicos que se estudiaron en el capítulo 6. Estos sistemas brindan dos importantes beneficios adicionales a quienes aplican las pruebas.

1. Con respecto a los datos necesarios para implementar el modelo de la figura 8-4, los mercados de prueba electrónicos permiten a los gerentes distinguir con claridad las ventas de ensayo de las ventas repetidas y determinar el promedio de las frecuencias y los volúmenes de compras. Estos análisis son difíciles y no ofrecen confiabilidad en aquellos mercados de prueba en donde no se dispone de datos sobre las compras domésticas tomados con escáner.
2. Los mercados de prueba electrónicos permiten a los gerentes ensayar programas alternativos de promoción de ventas y publicidad que introducirían nuevos productos a menor costo y con mayor validez, porque las alternativas se pueden dirigir a hogares individuales dentro de cada mercado.

ETAPA 5: ANÁLISIS DEL NEGOCIO

El propósito de esta etapa es obtener la visión más completa posible de las consecuencias financieras de introducir un nuevo producto. Los gerentes vinculados a la evaluación financiera en realidad ejecutarán esta actividad varias veces cuando cuenten con información adicional sobre los costos de fabricación, los costos de marketing del lanzamiento del nuevo producto, y los niveles de ventas y de canibalización esperados. Aunque los elementos básicos involucrados en el análisis de rentabilidad del producto se presentaron en el capítulo 6, las evaluaciones financieras de nuevos productos son, ligeramente, más complejas.

Una diferencia entre las evaluaciones financieras de productos nuevos y las de productos ya establecidos es el marco de referencia temporal involucrado. A menudo, las ventas y los costos de un nuevo producto varían sustancialmente con el paso del tiempo. Rara vez, los nuevos productos se adoptan de inmediato y, por lo tanto, los costos de marketing serán sustancialmente más altos durante el primer año, en comparación con los años siguientes, debido a la necesidad de crear conciencia del producto e incentivos para la distribución y el ensayo del mismo. En general, los ingresos del primer año estarán por debajo de la rentabilidad a largo plazo, en el caso de aquellos productos que se vuelven exitosos. En consecuencia, en la mayor parte de los casos, una proyección a un año no brindará suficiente información.

Adicionalmente, si el nuevo producto llegara a canibalizar las ventas de los productos existentes o dividiera la producción o los costos de marketing con las ofertas existentes, normalmente, sólo deberán considerarse las ventas incrementales y los costos del nuevo producto para evaluar su porcentaje de contribución a la utilidad. Con respecto a los costos, es importante distinguir cualquier costo fijo que se le asigne a un producto como su "participación" en los costos indirectos de la firma. Como es probable que se incurra en esos costos, ya sea que el producto se agregue o no a la línea, quizá no deberán tenerse en cuenta al evaluar la verdadera contribución a la utilidad incremental.

Por último, los nuevos productos pueden requerir una inversión adicional en instalaciones o equipo. Las inversiones no son costos; son desembolsos de una sola vez antes que gastos repetidos. Sin embargo, debido a que las firmas tienen oportunidades alternativas para invertir estos fondos, y a que diferentes productos requieren diferentes cantidades de capital de inversión, los gerentes deben considerar el tamaño de estas inversiones iniciales para medir la rentabilidad del producto.

Los datos que se presentan en la tabla 8-6 ilustran una clase de análisis que se podría utilizar para evaluar la rentabilidad del nuevo producto. En este ejemplo, los resultados del mercado de prueba sugieren que un nuevo producto alcanzará ventas de 500.000 unidades. Sin embargo, 100.000 de estas unidades reflejarán la canibalización de las ventas de productos existentes en la línea. Así, la ganancia neta en ventas es de 400.000 unidades. Las ventas proyectadas y los gastos de distribución (de los gerentes de marketing) y los costos de producción estimados (de las pruebas técnicas) suministran los datos de los costos variables y de los costos fijos. Entre los costos fijos, algunos (como la participación asignada al nuevo producto en cuanto a los costos de la fuerza de ventas y una parte de los costos fijos de producción) en realidad no son incrementales. La inversión en planta y equipo para el nuevo producto es de US$10 millones, que se depreciarán en diez años.

El análisis demuestra que la tasa interna de retorno para el primer año es sustancialmente más alta cuando el proyecto se evalúa sobre una base incremental. Este tipo de evaluación es importante porque la mayor parte de las firmas evaluarán los prospectos financieros del nuevo producto en relación con la proyección de la tasa interna de retorno a partir de las oportunidades del nuevo producto. Además, para una firma es típico establecer una tasa de retorno mínima (en ocasiones se conoce como *tasa de contención* o *hurdle rate*) que cualquier propuesta de un nuevo producto debe satisfacer para recibir recursos. Adicionalmente, si la empresa trata de proyectar la rentabilidad del producto a varios años, por lo general los gerentes calcularán el flujo de efectivo (el cual es igual a las utilidades netas después de impuestos más la depreciación) para cada año futuro y luego descontar estos flujos de efectivos futuros para evaluar su *valor presente neto*[26].

TABLA 8-6

ANÁLISIS FINANCIERO PARA UN NUEVO PRODUCTO

	PROYECCIONES DEL NUEVO PRODUCTO	ANÁLISIS INCREMENTAL
Pronósticos de ventas	500,000	400,000
Precio unitario	$ 22	$ 22
Ingresos totales	$11,000,000	$ 8,800,000
Gastos variables (30% de las ventas)	−3,300,000	−2,640,000
Gastos de publicidad y promoción	−1,000,000	−1,000,000
Participación distribuida de los gastos de la fuerza de ventas	−1,200,000	0
Otros gastos fijos	−1,950,000	−300,000
Depreciación	−1,000,000	−1,000,000
Utilidad neta antes de los impuestos	$ 2,550,000	$ 3,860,000
Inversión	$10,000,000	$10,000,000
Tasa interna de retorno (TIR)	25.5%	38.6%

[26] El valor presente del flujo de efectivo futuro se calcula como sigue:

$$\text{Valor presente de flujo de entrada de efectivo en el año } i = \frac{\text{flujo de efectivo en el año } i}{(1+d)^i}$$

en donde d = tasa de descuento (porcentaje de retorno deseado)
i = año en la secuencia del periodo planeado

ETAPA 6: COMERCIALIZACIÓN

La comercialización implica la planeación y ejecución de la *estrategia de lanzamiento* para introducir el nuevo producto al mercado[27]. Esencialmente, la estrategia de lanzamiento tiene tres componentes: 1) decidir el momento oportuno del lanzamiento, 2) seleccionar una estrategia de marca, y 3) coordinar el apoyo para los programas de precio de introducción, publicidad, promoción y distribución.

El momento oportuno para la introducción de nuevos productos

La precisión con que se introduce un nuevo producto al mercado puede ser importante para la demanda del consumidor y la perspectiva competitiva. En el caso de la demanda del consumidor, existe algún grado de estacionalidad en cada categoría del producto. Por ejemplo, las máquinas de afeitar eléctricas se venden justo antes de Navidad y las ventas más altas de cerveza se alcanzan durante el verano. Resulta muy apropiado introducir un nuevo producto justo antes de los periodos de demanda pico por dos razones: primera, con un nivel más alto de ventas de la industria, es probable que se alcance más rápido un nivel de ingresos por ventas del nuevo producto, el cual ayuda a recuperar los altos costos iniciales de marketing. Segunda, si muchos compradores no tienen la necesidad de comprar marcas dentro de la categoría durante los meses de menor demanda, pueden ser menos leales a las marcas existentes y más abiertos ante nuevas ofertas. Existe una consideración adicional. El lanzamiento no deberá llevarse a cabo hasta que la firma esté segura de que los distribuidores pueden apoyar el lanzamiento con altos niveles de inventarios, buen servicio al cliente y promoción. El alcance potencial de este apoyo puede verse en el lanzamiento de la versión Windows 95 cuando, antes del lanzamiento, Microsoft entrenó a 15.000 distribuidores con el fin de brindar asistencia al cliente para utilizar el software y realizó 250.000 presentaciones de ventas en puntos de compras[28]. Por consiguiente, es esencial que exista coordinación entre fabricación, ingeniería y funciones de ventas y distribución, incluso en esta última etapa del proceso de desarrollo de producto.

La oportunidad también es la esencia de una perspectiva competitiva. Como se indicó previamente, entre más pronto ingrese una firma al mercado, mayores serán sus oportunidades de ganar conciencia entre el consumidor y lograr una participación de mercado más alta. Entre más semejantes sean los productos en competencia, mayor será la importancia de entrar temprano al mercado. Por ejemplo, durante 1995, Pepcid de Merck, Tagamet de SmithKline Beecham y Zantac de Glaxo que son medicamentos muy similares como antiácidos, recibieron la aprobación de la Food and Drug Administration para pasar de la venta bajo prescripción médica a la venta libre. Frente a esta competencia, Merck suscribió un acuerdo de asociación para contar con la fuerza de ventas de Johnson & Johnson y con su experiencia en marketing. Esto ayudó a Pepcid a ubicarse en el primer lugar del mercado y, en combinación con un fuerte campaña publicitaria inicial, le dio a la sociedad Merck-Johnson & Johnson la

[27] Para un estudio sobre investigación y estrategia de lanzamiento, *vease* Erik Jan Hultink and Henry Robben, "Predicting New Product Success and Failure: The Impact of Launch Strategy and Market Characteristics", en *Bridging the Gap from Concept to Commercialization* de Edward McDonough and Chuck Tomkovich, eds., Product Management and Development Association, Indianapolis, 1994, pp. 108-126.

[28] Kathy Rebello and Mary Kuntz, "Feel the Buzz", *Business Week*, Aug. 28, 1995, p. 31; and Don Clark, "Amid Hype and Fear Windows 95 Ready to Roll", *Wall Street Journal*, July 14, 1995, p. A1.

oportunidad de crear conciencia de marca para Pepcid y de que estuviera en ensayo antes que ingresaran los competidores[29].

Seleccionar una estrategia de marca

A menudo, la imagen del nombre de marca influirá en la aceptación de un nuevo producto por parte del cliente. Como se indicó en el capítulo 7, con frecuencia las empresas pueden reducir el costo de introducir un nuevo producto si éste cuenta con un nombre con un alto *brand equity*. Estas marcas reducen el riesgo de ensayo que el cliente percibe y aumenta las expectativas del distribuidor de que el nuevo artículo tendrá éxito[30]. Como consecuencia, si una compañía se puede *apalancar en el brand equity* de las marcas existentes, necesita un esfuerzo de marketing menor para inducir al ensayo y obtener un espacio de ventas entre los distribuidores.

La capacidad para apoyarse en el *brand equity* es una de las principales fuentes de valor de una marca. Aunque algunos de estos apoyos recurren a través de las *extensiones de marca* –el uso de la marca en una nueva línea de producto (en una nueva categoría)– la inmensa mayoría de las veces, esto ocurre con las *extensiones de línea*[31]. En ellas, el nuevo producto es una adición a una línea existente (como Diet Coke o Liquid Tide). En general, las extensiones de línea de una marca tienen más éxito si la marca es fuerte, si reúne asociaciones funcionales antes que simbólicas y si la entrada a la categoría es relativamente temprana en el ciclo de vida del producto[32]. Las extensiones de marca parecen tener la mejor oportunidad de éxito si se percibe que el nuevo producto necesita de los mismos activos y las mismas destrezas de producción necesarias que la categoría original de la marca, o se percibe como un sustituto o complemento de la categoría original[33]. (Los cepillos de dientes Crest y los artículos de tocador para hombre de Gillette son ejemplos de extensiones de marca que claramente se ajustan a estos criterios, mientras que los cigarrillos Harley-Davidson, no).

De otro lado, en ocasiones una empresa no desea relacionar un nuevo producto con una marca existente. Muchos atribuyen la decisión de General Motors de introducir el Saturn como una división aparte sin ninguna relación con alguna de las marcas existentes de la empresa, como un intento de separar el producto de las simbología de esas marcas. En un caso en cierto modo similar, Coors Brewing sacó la cerveza Keystone como una marca separada porque, tal como una cerveza "con precio popular", Keystone llevaría una imagen de calidad más baja. Coors no quiso una imagen de precio bajo, asociada con el nombre de marca Coors. Por último, las personas que son leales a una marca son los clientes con mayor probabilidad de ensayar un nuevo producto que lleve ese nombre –al menos, cuando es una adición a una línea existente en una firma. Por tanto, el apoyo de marca puede ocasionar un alto grado de canibalización. (Por ejemplo, la mitad de las ventas de Bud Dry originalmente provinieron de bebedores de otros productos Budweiser). Así, una firma puede optar por establecer una nueva marca para suministrar mejor la imagen necesaria para apoyar la estrategia de marketing o porque la gerencia quiere atraer en primera instancia a los clientes de los competidores.

[29]"Stomach Drugs in New Battle", *Chicago Tribune,* July 17, 1995, sec. 4, pp. 1, 4.

[30]Un estudio detallado del impacto de la extensión de marca en la aceptación del mercado se encuentra en Daniel Smith and C. Whan Park, "The Effects of Brand Extensions on Market Share and Advertising Efficiency", *Journal of Marketing Research,* August 1992, pp. 296-313.

[31]David Aaker, *Managing Brand Equity*, Free Press, New York, 1991, p. 208.

[32]Srinivas Reddy, Susan Holak, and Subodh Bhat, "To Extend or Not to Extend: Determinants of Line Extensions", *Journal of Marketing Research,* May 1994, pp. 243-262.

[33]David Aaker and Kevin Keller, "Consumer Evaluations of Brand Extensions", *Journal of Marketing,* January 1990, pp. 27-41.

Coordinar programas de marketing introductorio

Es claro que la efectividad de los diferentes programas de marketing utilizados para introducir un producto al mercado influirán en el éxito de cualquier producto nuevo. Como se indicó antes, estos programas deben garantizar ciertos niveles de conciencia y disponibilidad. Además, en el caso de productos que son muy nuevos para el mercado, los gerentes deberán revisar los factores que influyen en la disposición de compra (capítulo 3) para determinar si uno o más de ellos (como la ventaja relativa, la complejidad de uso o la compatibilidad con valores y experiencias) necesitan estar orientados en el plan de marketing introductorio. Estos aspectos serán el tema de los cinco siguientes capítulos.

CONCLUSIÓN

Los nuevos productos desempeñan un papel importante en la implementación de las estrategias corporativa y de marketing, y el desarrollo de estos productos deberá involucrar todos los elementos del negocio. Debido al alto índice y al costo del fracaso de nuevos productos, se hace imperativo que las empresas desarrollen procedimientos sistemáticos para identificar y tamizar las ideas y conceptos de un nuevo producto, desarrollar y probar prototipos, y examinar la rentabilidad.

En este capítulo hemos presentado un completo enfoque para guiar el proceso de desarrollo de producto y se han examinado algunos procedimientos específicos que proyectan la aceptación del mercado y la rentabilidad de nuevos productos. Sin embargo, como se indicó, el desarrollo eficiente de un plan para un nuevo producto requiere precio efectivo, publicidad y otros programas de marketing. La relación entre los programas de desarrollo de producto, otros programas de marketing y las estrategias corporativas y de marketing se refleja en la figura 8-5. No obstante, antes de continuar con los capítulos siguientes o con estos otros programas de marketing, considérese el proceso de desarrollo del nuevo producto para el Ford Taurus 1996.

FIGURA 8-5
Relaciones entre la planeación del marketing corporativo, la estrategia de marketing, los programas de desarrollo de producto y otros programas de marketing.

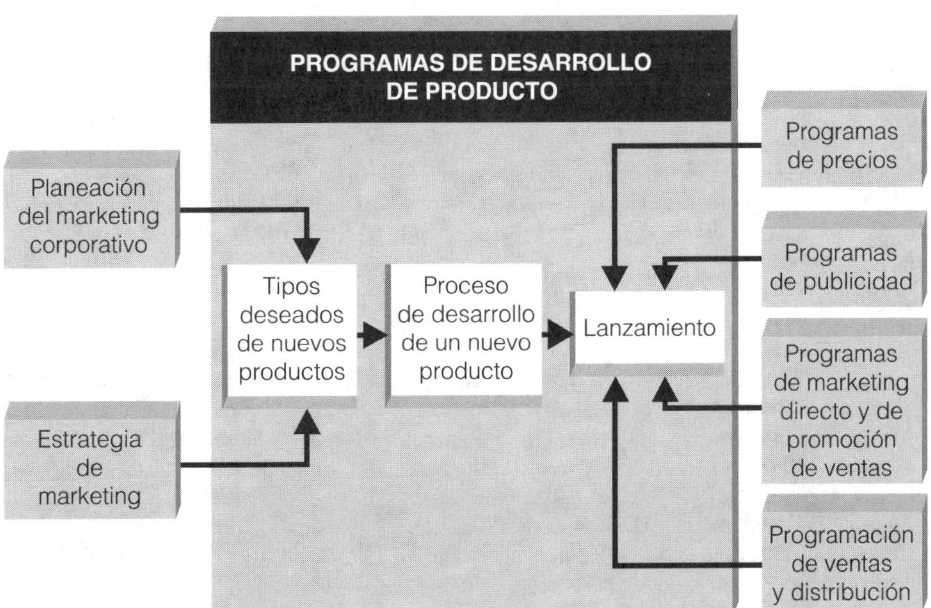

REDISEÑO DEL FORD TAURUS 1996

En el otoño de 1995, Ford Motor Company sorprendió a la industria automotriz con un gran rediseño de su producto más importante, el Taurus. Lanzado originalmente en 1984, el Taurus se había convertido en la fuente número 1 de ingresos para la Ford y, en 1992, superó al Honda Accord al convertirse en el vehículo más popular de los Estados Unidos. No obstante, el Taurus había atraído principalmente a un mercado de más edad y no al más joven, conductores que serían compradores importantes y que la empresa necesitaría a largo plazo.

En 1990, a Richard Landgraff, diseñador de la firma, se le asignó el Taurus. Su trabajo fue diseñar el primer automóvil de Estados Unidos que cumpliera con la calidad y las condiciones de ingeniería de los dos principales rivales japoneses del Taurus, el Accord y el Toyota Camry. Entre 1990 y 1991, Ford estableció varias "clínicas" en donde propietarios de vehículos importados condujeron varios modelos del Taurus, diligenciaron encuestas y compartieron sus impresiones con el personal de marketing, diseño e ingeniería. Varios temas surgieron de esta investigación: los clientes querían modelos más largos y amplios, pero con bajo consumo de gasolina; un cambio hacia un diseño más aerodinámico con mejor manejo ganaría más clientes nuevos de los que se perderían; se estableció el deseo de un motor V6 de bajo mantenimiento. Ford también recibió la influencia del continuo entusiasmo de los propietarios de Accord y Camry por la amplia variedad de equipo estándar que recibieron, en comparación con los modelos producidos por firmas estadounidenses.

En el otoño de 1991, 150 miembros del equipo del proyecto establecieron oficinas en Dearborn, Michigan. Al final, el equipo del Taurus incluiría 700 personas en un momento u otro, con representantes de proveedores y trabajadores de la planta. Cuatro años y US$2.800 millones después, Ford introdujo el nuevo Taurus, respaldado con un presupuesto publicitario de US$110 millones. El estilo elíptico distintivo fue un punto de partida importante con respecto a los modelos de años anteriores, así como lo fueron ciertos beneficios tales como tensión y manejo preciso, un cómodo espacio interior y muchas nuevas características estándar como elevavidrios automáticos con corte de corriente retardada (de manera que los vidrios se pudieran subir de inmediato después de detener el motor).

El equipo de diseño había trabajado progresivamente a lo largo de los 17 diseños más novedosos. Los diseñadores de la parte interna y la parte externa trabajaron en conjunto para garantizar que el estilo del óvalo externo se reflejara en accesorios internos como paneles redondeados para el control del radio y también en los ventiladores de aire. Para mejorar la producción, un equipo de 120 trabajadores de la planta ensambló 200 Taurus y realizó 700 mejoras (como una cubierta para la bolsa de aire contra choques que se podía accionar con la mano) para reducir el costo y el tiempo de fabricación. Con todo, el nuevo Taurus requiere 12 horas para ensamblarlo –una hora más que el modelo anterior– y algunos observadores cuestionaron el alto costo total y la inversión extensiva en nuevos equipos de fabricación para alcanzar las metas de calidad establecidas por la gerencia. Las presiones competitivas forzarían a la Ford a retirarse del punto de su precio inicial aproximado de US$19.390 para el modelo más popular, creando así una presión por el volumen más alto con el fin de alcanzar el margen de contribución por unidad más bajo. No obstante, Ford se dio cuenta muy rápido que el chasis y la suspensión del Taurus serían el fundamento de otros cinco modelos Ford en el futuro cercano.

1. ¿Qué evidencia existe de que un equipo multidisciplinario es de especial utilidad en el proceso de desarrollo para un nuevo automóvil?

2. Defina la *idea* de nuevo producto que motivó la decisión de hacer un gran cambio en el Taurus y el concepto de nuevo producto que guió al equipo que lo desarrolló.

3. Aplique los criterios de éxito de nuevo producto (tabla 8-2) al nuevo concepto del Taurus como si fuera el otoño de 1991. ¿Cuáles de estos criterios habrían sido de más interés para la gerencia en aquel momento?

4. ¿Qué tan importante fue el diseño industrial en este proyecto? ¿Cómo deberá relacionarse el papel que desempeña el diseño industrial con la función de marketing?

Tomado de Warren Brown, "Ford Tinkers with Success", *Washington (D.C.) Post,* Jan. 15, 1995, p. H1; Kathleen Kerwin, Edith Hill, and Keith Naughton, "The Shape of a New Machine", *Business Week,* July 24, 1995, p. 60; and "Customer Satisfaction; the Driver at Ford", *PR Newswire,* Feb. 2, 1994.

PREGUNTAS Y SITUACIONES PARA ANÁLISIS

1. En el momento en que cada uno de los siguientes productos se lanzó al mercado, ¿cuáles tipos de nuevos productos habrían caracterizado mejor cada producto?
   a. Las notas Post-it de 3M
   b. La mayonesa baja en colesterol de Hellmann
   c. La primera minivan de Chrysler
2. Compile una lista de problemas con productos que detecte en cada una de las categorías que aparecen a continuación. En cada caso, evalúe la frecuencia con que ocurren dichos problemas y el grado en que causan molestias. Compare sus evaluaciones con las que hayan hecho sus compañeros y decida cuáles atributos o beneficios deberá ofrecer un nuevo producto en cada categoría.
   a. Refrigeradores
   b. Limpiadores para automóviles
   c. Pizza congelada
3. Considere el siguiente enunciado: "Si una firma fuera a desarrollar solamente los productos que obtuvieron una elevada calificación en el modelo NewProd, nunca introduciría productos realmente novedosos". ¿Está de acuerdo? ¿Por qué?
4. Elabore una lista de productos para los cuales es probable que los esfuerzos de diseño industrial tengan el principal impacto en términos del éxito del mercado. ¿Qué tienen estos productos en común?
5. El mercado de prueba y las pruebas de preferencia/satisfacción del cliente son dos enfoques para evaluar el éxito potencial de un nuevo producto. Con base en las fortalezas y debilidades de cada enfoque, ¿cuál de ellos (si lo hay) recomendaría Ud. para cada uno de los siguientes artículos?
   a. Un detergente nuevo y mejorado
   b. Un televisor de pantalla plana y alta definición de imagen
   c. Un nuevo juego de Nintendo
   d. Una nueva esponjilla jabonosa que se puede usar en batería de cocina con antiadherente.
6. Si se introdujeran los siguientes nuevos productos mediante el apoyo en una marca establecida, ¿para cuál producto habría la posibilidad de que la canibalización fuera más alta?, ¿para cuál más baja?

a. Cadillac introduce una minivan
b. Prego introduce una salsa de tomate para utilizar en las pizzas hechas en casa
c. Schwinn introduce una bicicleta diseñada especialmente para personas con más de 50 años de edad.

7. Timberland obtuvo un éxito inmenso con su línea de botas cómodas, fuertes y resistentes al agua. Posteriormente, la empresa agregó una línea de mocasines en cuero, cosidos a mano y similares al popular "zapato con plataforma" Top Sider. ¿Qué otras características podría considerar Timberland para oportunidades de extensión de marca? Justifique los criterios que Ud. utilizó para seleccionar estas oportunidades.
8. En muchas industrias, la división de investigación y desarrollo es la fuente de una buena parte de las ideas para nuevos productos, Algunas de estas ideas pueden incluir beneficios y características que los clientes no han considerado o tenido en cuenta para un análisis de problemas o en investigaciones de usuario modelo. Los ejemplos incluyen el *walkman* de Sony y el horno microondas. ¿Qué papel deberá desempeñar la investigación de mercado en el proceso de desarrollo de producto para estos productos? ¿Cómo se diferenciará del papel que desempeña en los productos inspirados en el consumidor?

LECTURAS ADICIONALES SUGERIDAS

Calantone, Roger, C. Anthony di Benedetto, and Ted Haggblom, "Principles of New Product Management: Exploring the Beliefs of Product Practitioners". *Journal of Product Innovation Management,* June 1995, pp. 235-247.

Cooper, Robert, "The NewProd System: The Industry Experience", *Journal of Product Innovation and Management,* June 1992, pp. 113-127.

de Brentani, Ulrike, "Success and Failure in New Industrial Services", *Journal of Product Innovation and Management,* December 1989, pp. 239-258.

Drew, Stephen, "Accelerating Innovation in Financial Services", *Long Range Planing,* August 1995, pp. 11-21.

Guiltinan Joseph, "A Strategic Framework for Assesing Product Line Additions", *Journal of Product Innovation and Management,* March 1993, pp. 136-147.

Page, Albert, "Assesing New Product Development Practices and Performance", *Journal of Product Innovation and Management,* September, 1993, pp. 273-290.

Walker, David, "The Soup, the Bowl, and the Place at the Table", *Design Management Journal,* Fall 1993, pp. 10-21.

Wheelwright, Steven, and W. Earl Sasser, "The New, New Product Development Game", *Harvard Business Review,* May-June 1989, pp. 112-127.

CAPÍTULO 9

PROGRAMAS DE FIJACIÓN DE PRECIOS

VISIÓN GENERAL

La elección del precio de venta de un producto es una de las decisiones más importantes que los gerentes deben tomar. Como se observó en el capítulo 6, el precio ejerce un impacto directo en el margen de contribución variable de un producto y, por tanto, influye en la rentabilidad. Específicamente, márgenes de contribución más altos permiten que una firma alcance el mismo nivel de rentabilidad total con un volumen de ventas por unidades más bajo, o que aumente los presupuestos de marketing fijados con poco o ningún incremento en ventas. Sin embargo, más allá de sus implicaciones sobre el margen, el precio puede influir en la demanda de diversas maneras y, por consiguiente, es una herramienta de mucha importancia en el desarrollo de la estrategia de marketing de la empresa.

Un *programa de fijación de precios* es la selección que una compañía hace de un nivel general de precios para un producto, en relación con el nivel de precio que tienen los competidores. Como se estudia más adelante en este capítulo, los tipos generales de programas de precios son: 1) precios de penetración (o más bajos que los competidores); 2) precios de paridad (o comparables con los de los competidores); 3) *premium price* (o por encima de los de los competidores). En este capítulo se examina el proceso para seleccionar un programa de precios y se hace énfasis en que éste deberá estar respaldado por la estrategia de marketing elegida para el producto. Luego, se estudian otros factores que se deben examinar antes de seleccionar los precios finales; en ellos se incluye el impacto anticipado de un determinado precio en las ventas de productos sustitutos o complementos en la línea de producto de la firma, restricciones políticas o legales, y consideraciones sobre el comercio internacional.

Para comenzar, se identifican los diferentes objetivos que una firma puede buscar con sus programas de precios y demostrar la relación entre esos objetivos y la estrategia de marketing. Luego, se estudian tres elementos clave para el análisis de la situación que pueden influir en el éxito de un programa de precios dado: la elasticidad de la demanda (con base en el análisis de mercado que se estudió en el capítulo 3); la naturaleza de la competencia de precios (con base en el análisis competitivo del capítulo 4) y la estructura de costos del producto (como se analizó en el capítulo 6).

OBJETIVOS DE LOS PROGRAMAS DE FIJACIÓN DE PRECIOS

Como se indicó antes, el papel básico de la decisión de precios es ayudar a la gerencia a desarrollar la estrategia de marketing elegida. En algunas instancias, el precio desempeñará un papel menor en el proceso de compra, bien sea porque los compradores están más interesados en otros atributos y beneficios, o porque las diferencias de precios entre los competidores son mínimas. En otros casos, el precio constituirá una fuerza impulsora central de la estrategia de marketing. No obstante, como indica la

TABLA 9-1

ESTRATEGIAS DE MARKETING Y POSIBLES OBJETIVOS DE LA FIJACIÓN DE PRECIOS

ESTRATEGIAS DE MARKETING	OBJETIVOS DE LA FIJACIÓN DE PRECIOS
Estrategias de demanda primaria	
Aumentar el número de usuarios	Reducir el riesgo económico del ensayo Ofrecer un mejor valor que el de las clases/formas de producto de la competencia
Aumentar el índice de compra	Ampliar la frecuencia de consumo Permitir el uso en mayor número de situaciones
Estrategias de demanda selectiva	
Ampliar el mercado servido	Servir un segmento orientado por el precio Ofrecer versiones finales del producto de gran calidad
Captar clientes de los competidores	Atacar a los competidores con el precio Utilizar el precio para señalar una alta calidad
Retener/ampliar la demanda actual del cliente	Eliminar la ventaja de precio de los competidores Ampliar las ventas de productos complementarios

tabla 9-1, existe un papel estratégico potencialmente importante para las decisiones sobre precios en cualquier tipo de estrategia de marketing.

Los precios pueden servir como soporte de las estrategias de marketing orientadas hacia la demanda primaria, si la firma considera que precios más bajos pueden aumentar el número de usuarios o la tasa de uso o de recompra dentro de la forma o clase del producto. En especial, en las etapas iniciales del ciclo de vida del producto, una meta importante es generar nuevos usuarios. Un precio menor puede reducir el riesgo de ensayo para un nuevo producto o puede ampliar su valor con respecto a un producto anterior. Los precios más bajos de los computadores tipo *notebook* han reducido el riesgo de una mala decisión y han aumentado el atractivo relativo de estos productos en comparación con los PC de tamaño estándar. Como alternativa, se pueden diseñar precios más bajos para aumentar la tasa de compra de los clientes existentes. A menudo, reducir el precio de la carne de alta calidad o de productos populares discrecionales como los de Coca-Cola, lleva al aumento en el índice de consumo de estos productos. Southwest Airlines ha demostrado que tarifas aéreas más bajas en vuelos cortos pueden animar a la gente a sustituir el transporte en autobús o automóvil por los viajes en avión[1].

El uso de programas de precios para respaldar las estrategias de demanda primaria es, en cierto modo, limitado. Como se analizará más adelante, la demanda del mercado debe ser elástica en los precios para que esas estrategias tengan éxito. Varias investigaciones demuestran que es más probable que ese sea el caso en las etapas iniciales del ciclo de vida del producto. Por otra parte, los precios de la industria tienden a descender durante el ciclo de vida, dejando menos margen disponible para futuras reducciones de precios.

Con respecto a las estrategias de marketing de demanda selectiva, la efectividad del precio depende, en gran medida, de la importancia que los clientes asignen al precio en el momento de tomar una

[1] James Hirsch, "Air Fares Take Leap Backward on Short Hops", *Wall Street Journal*, Aug . 26, 1993, p. B1.

decisión dentro de la forma o clase de un producto, y a la naturaleza de las interrelaciones de la demanda dentro de la línea de producto. Por ejemplo, las firmas que buscan expandir el mercado al que sirven mediante extensiones de línea deben considerar el precio de un nuevo producto dentro del contexto de los precios en los productos existentes. Un precio demasiado bajo para una extensión del producto, dirigida hacia un segmento sensible al precio puede aumentar la posibilidad de canibalización en las ventas de los productos existentes. De otro lado, si la extensión de línea es una adición orientada hacia la calidad con un "gran acabado" del producto, el precio más alto puede ser señal de mayor calidad[2]. Si la estrategia de la firma está dirigida hacia la conservación de los clientes existentes, por lo general, el precio debe mantenerse a la par con los precios de los competidores más directos. Con frecuencia, el precio se puede utilizar para vender productos complementarios a los clientes existentes, mediante tácticas como "líderes de precio" y "paquetes de productos". Más adelante se estudian estas tácticas. Por último, el precio puede ser un factor esencial para captar clientes de los competidores, bien sea convirtiéndose en líder en precios bajos o mediante la utilización de un precio alto para marcar una diferencia basada en la calidad. En la mayor parte de las categorías de producto, las diferencias de precio entre los competidores disminuyen con el paso del tiempo cuando los consumidores conocen más de cerca las diferencias entre los productos y éstas son más difíciles de mantener[3] en cuanto a la calidad. Por consiguiente, buscar la ventaja competitiva a través de programas de precios requiere un entendimiento muy completo de las fuerzas competitivas.

En las siguientes secciones se estudian los aspectos específicos que los gerentes deben evaluar dentro de su marco de referencia para establecer programas de precios. En la figura 9-1 se presenta una

FIGURA 9-1
Aspectos que se deben considerar en el éxito de un programa de precios.

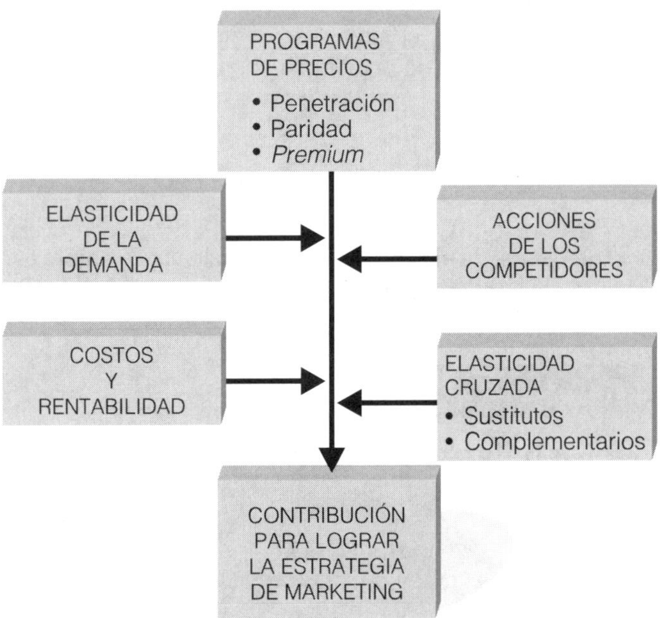

[2] David Curry and Peter Riesz, "Prices and Price/Quality Relationships: A Longitudinal Analysis", *Journal of Marketing*, January 1988, pp. 36-51.
[3] Ibid.

visión general de estos aspectos. Específicamente, la capacidad para tener éxito en utilizar el precio al implementar una estrategia de mercado estará limitada por:

- La elasticidad-precio del mercado y la demanda de la empresa
- Las acciones y las reacciones de los competidores
- Los costos y las consecuencias para la rentabilidad
- Las consideraciones de la línea de producto

ELASTICIDAD-PRECIO DE LA DEMANDA

Debido a que la efectividad de cualquier programa de precios depende del impacto que un cambio de precio ejerce sobre la demanda, es necesario entender la proporción en que cambiará la unidad de ventas como respuesta a una modificación en el precio. Sin embargo, a diferencia de otras relaciones de productividad, un cambio en el precio tiene un efecto doble sobre los ingresos por ventas que percibe una empresa: un cambio en las unidades vendidas y otro en los ingresos por unidad. Por tanto, los gerentes no deberán interesarse simplemente en la sensibilidad del mercado ante el precio sino también en el impacto del cambio sobre el total de ingresos de la empresa.

La elasticidad-precio de la demanda toma en cuenta este aspecto, de manera explícita. Es decir, la elasticidad-precio no es simplemente otra manera de expresar la sensibilidad ante el mismo. Si una modificación en el precio ocasiona un cambio en las *unidades vendidas*, se puede considerar la demanda como sensible al precio. Sin embargo, cuando se utiliza el término elasticidad-precio se examina el impacto que una modificación en el precio tiene sobre *el total de ingresos*.

Más específicamente, la *elasticidad-precio de la demanda* se mide por el cambio porcentual en la cantidad dividido por el cambio porcentual en el precio. Dado un precio inicial P_1 y una cantidad inicial Q_1, la elasticidad de un cambio en el precio de P_1 a P_2 se calcula con la ecuación:

$$e = \frac{Q_2 - Q_1/\frac{1}{2}(Q_2 + Q_1)}{P_2 - P_1/\frac{1}{2}(P_2 + P_2)}$$

Si la medida de la elasticidad e puede calcularse, entonces la gerencia puede predecir el impacto del cambio de precio sobre los ingresos, como se indica en la tabla 9-2.

TABLA 9-2

EFECTOS DE DIFERENTES TIPOS DE ELASTICIDAD

		EFECTO SOBRE EL INGRESO TOTAL DE:	
VALOR DE e	TIPO DE ELASTICIDAD	INCREMENTO DEL PRECIO	DECREMENTO DEL PRECIO
e > – 1	Inelástica	Aumenta	Disminuye
e = – 1	Unitaria	No cambia	No cambia
e < – 1	Elástica	Disminuye	Aumenta

Obsérvese que el número importante que se debe recordar es -1. Si la elasticidad es -1 o menor, (por ejemplo, -2 o -3), entonces la demanda es muy sensible al precio y el cambio en los ingresos será en dirección opuesta a la del cambio de precio (incremento o decremento). De manera similar, si la elasticidad es mayor de -1 (por ejemplo -1/2 o + 1/2), entonces la demanda no es muy sensible al precio y un incremento(o decremento) en éste conducirá a un incremento(o decremento) de los ingresos. Este punto es significativo porque, en la práctica, para los gerentes resulta difícil desarrollar un estimado preciso y confiable de la elasticidad; sin embargo, el hecho de poder determinar si *e* es mayor o menor que -1 les permitirá entender el impacto general que un cambio tiene en el precio o en los ingresos.

No obstante, al hacer estimados de la elasticidad, los gerentes deben distinguir con especial cuidado entre la elasticidad de la *demanda del mercado* y la elasticidad de la *demanda de la empresa* (o de la *marca*) y reconocer las diferencias que pueden existir en la elasticidad entre los segmentos dentro de un mercado.

Elasticidad del mercado, del segmento y de la empresa

La elasticidad del mercado indica cómo responde la demanda primaria total ante un cambio en los precios promedio de todos los competidores. La elasticidad de la empresa señala la disposición de los clientes para cambiar de marcas o proveedores (o de nuevos clientes para elegir a un proveedor) sobre la base del precio. Para el caso de un producto que ofrece un ejemplo del significado de esta distinción, es frecuente que los economistas señalen la sal de mesa. La demanda del mercado para este producto es inelástica porque la gente no puede consumir más por el hecho de que los precios bajen. Sin embargo, si un productor reduce su precio, es probable que gane participación de mercado. Así, aunque la demanda del mercado puede ser inelástica, al mismo tiempo la demanda de la empresa puede ser elástica porque los compradores pueden ser muy sensibles a las diferencias ante los precios en competencia.

No obstante, los comercializadores no están interesados en entender la demanda total del mercado. Recuerde en el capítulo 4, que para la mayor parte de productos, compradores diferentes tienen atributos determinantes diferentes; por tanto, a menudo existen diferencias sustanciales en la sensibilidad ante el precio entre compradores distintos.

Los pronósticos de la demanda que se presentan en la tabla 9-3 y las curvas de la demanda que aparecen en la figura 9-2 pueden ayudar a ilustrar estos puntos. Supongamos que estos datos representan

TABLA 9-3

ILUSTRACIÓN DE PRONÓSTICOS DE DEMANDA DEL MERCADO Y SEGMENTO DEL MERCADO

	VENTAS SEMANALES DEL MERCADO		VENTAS SEMANALES: VIAJEROS DE NEGOCIOS		VENTAS SEMANALES: VIAJEROS QUE NO SON DE NEGOCIOS	
TARIFA IDA Y REGRESO SIN DESCUENTO	UNIDADES	TOTAL DE INGRESOS	UNIDADES	TOTAL DE INGRESOS	UNIDADES	TOTAL DE INGRESOS
US$350	40,000	US$14.0 mill.	24,000	US$8.4 mill.	16,000	US$5.6 mill.
US$325	45,000	US$14.625 mill.	25,000	US$8.125 mill.	20,000	US$6.5 mill.
US$300	51,000	US$15.3 mill.	26,000	US$7.8 mill.	25,000	US$7.5 mill.

FIGURA 9-2
Ilustración de una curva de la demanda del mercado y dos curvas de demanda de segmentos del mercado.

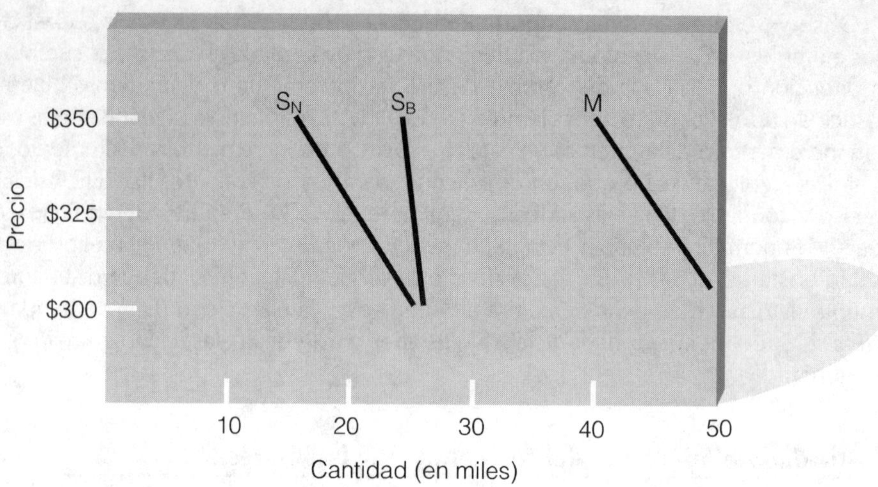

la demanda de vuelos entre Chicago y Nueva York en tres niveles de precios. Para el mercado total (el cual incluye a todas las empresas aéreas), cuando el precio promedio desciende, las ventas totales *y* el total de ingresos aumentan, sugiriendo que la demanda es elástica. Sin embargo, la demanda en este mercado es la suma de la demanda en dos segmentos básicos: viajes de negocios y diferentes a negocios (de placer). Dentro del segmento de viajes de negocios, aunque las ventas aumentan cuando los precios descienden, el total de ingresos en realidad desciende: la demanda en este segmento es inelástica. (Claro que la demanda en el segmento que no es de negocios es muy elástica). Por consiguiente, los gerentes que enfocan el segmento de negocios no necesitan utilizar precios agresivos como la base para una estrategia de marketing.

No obstante, que la estrategia de precios de una firma en particular sea efectiva, dependerá de la elasticidad de la demanda de la *empresa*. Incluso si los precios de la industria descienden de US350 a US$300, una firma determinada que sirve el mercado de viajes que no son de negocios podría llegar a experimentar una demanda inelástica, si puede diferenciar claramente sus vuelos en términos de algún otro atributo determinante (como buenos horarios o servicios especiales a bordo). En ese caso, esa firma podría continuar cobrando precios más altos que sus competidores, sin reducir la rentabilidad.

Los gerentes deberán observar que la distinción entre elasticidad del mercado y elasticidad de la empresa está directamente relacionada con los dos tipos más importantes de estrategias de marketing que se estudiaron en el capítulo 7 y con los objetivos de precios señalados al comienzo de este capítulo. Específicamente, si el objetivo de precios de un gerente es aumentar las tasas de compra para la forma del producto o aumentar la demanda entre los usuarios (ambas reflejan estrategias de *demanda primaria*), entonces el gerente deberá determinar si la *demanda del mercado* es inelástica. De otro lado, si los objetivos de precios reflejan estrategias de *demanda selectiva* (como la conservación o la captación de clientes), entonces los gerentes deberán interesarse en la elasticidad de la *demanda de la empresa*.

Sin embargo, *no es* necesario que la demanda sea elástica para lograr un objetivo de precios. Los gerentes pueden estar muy comprometidos con conservar a los clientes o con captar otros nuevos,

TABLA 9-4

ILUSTRACIÓN DE UN PROGRAMA DE LA DEMANDA DE UNA COMPAÑÍA

PRECIO	DEMANDA	INGRESOS TOTALES
US$2.00	500,000	US$1,000,000
US$1.50	600,000	US$ 900,000
US$1.00	750,000	US$ 750,000

cuando el objetivo del producto es mantener su participación de mercado o aumentarla. Con frecuencia, este compromiso es tan fuerte que los gerentes se arriesgarán a cierta reducción en el total de ingresos para mantener (o establecer) una posición fuerte en un mercado.

Para ilustrar este punto, considérese el plan de la demanda de la empresa en la tabla 9-4. La demanda es inelástica porque el total de ingresos desciende a medida que el precio es menor de US$2.00. Sin embargo, los compradores aún son *sensibles* al precio: el volumen aumenta a medida que el precio decrece. En consecuencia, si el impacto de un volumen más alto sobre el total de ingresos y la rentabilidad es aceptable (dado el objetivo del producto y la contribución total objetiva), entonces un gerente bien puede decidir reducir el precio, sacrificando algún grado de rentabilidad, a cambio de participación de mercado y ganancias por volumen en ventas.

Factores subyacentes en la elasticidad de la demanda

Los gerentes pueden hacerse varias ideas sobre la elasticidad del mercado y la demanda de la empresa, mediante el examen de las preguntas de diagnóstico que se estudiaron en el capítulo 3. Por ejemplo, la tabla 9-5 indica algunos de los factores del proceso de compra que sugerirían que la demanda del mercado probablemente sea elástica. El nivel de descenso que alcancen los precios en una industria lleva a un aumento de la disposición o de la capacidad de compra, y la brecha entre potencial del mercado y ventas de la industria es más pequeña. Por ejemplo, el precio tendrá un impacto sobre la demanda para una forma de producto (aluminio) si las formas de producto en competencia (como el acero) tienen características de desempeño similares, de manera que se pueda sustituir uno por otro sobre una base de precios. De modo similar, si el número de compradores potenciales es mucho más alto que el de los compradores actuales de esa forma de producto, precios más bajos pueden ser un mecanismo para ganar nuevos compradores.

La tabla 9-6 presenta algunos de los factores del proceso de compra que sugerirían una demanda elástica de la empresa o de la marca. La teoría económica sugiere que entre mayor sea el número de

TABLA 9-5

FACTORES QUE SUGIEREN DEMANDA ELÁSTICA DEL MERCADO

1. Existen muchas formas o clases de producto alternativas con las cuales se puede sustituir el producto.
2. Solamente un pequeño porcentaje de los compradores potenciales actualmente compran o poseen el producto debido a su alto precio y porque el producto representa una compra discrecional.
3. La tasa de consumo o la tasa de remplazo se puede incrementar por medio de precios bajos.

TABLA 9-6

FACTORES QUE SUGIEREN DEMANDA ELÁSTICA DE LA EMPRESA

1. Los compradores conocen muchas alternativas.
2. No existen o no se perciben diferencias de calidad.
3. El proveedor o la marca se pueden cambiar con facilidad y con un mínimo de esfuerzos o costos.

alternativas con las que cuenta un comprador, mayor es la elasticidad-precio de la demanda. Adicionalmente, la elasticidad será mayor si los compradores pueden confiar en la observación a través de sus esfuerzos de búsqueda para hacer comparaciones. Así, la competencia entre las aerolíneas es elástica en cuanto al precio porque los atributos primarios determinantes diferentes al mismo (horario de salida, tiempo de vuelo) se pueden observar rápidamente. Además, si las diferencias de calidad que se perciben son mínimas, la demanda será más elástica. De otro lado, a las marcas que han establecido un alto grado de *brand equity* se les permita fijar precios *premium* porque la demanda de la empresa se ha vuelto inelástica ante el precio.

Finalmente, si el costo por buscar alternativas es bajo, es más probable que la demanda sea elástica. Por ejemplo, el tiempo y el esfuerzo involucrado en cambiar la relación bancaria de una persona es mucho mayor que el tiempo y el esfuerzo necesarios para seleccionar una marca diferente de guisantes enlatados. En consecuencia, por lo general se requerirá de un cambio mucho más grande en el precio para inducir a los clientes a cambiar de banco que para cambiar la marca de guisantes enlatados.

ESTIMACIÓN DE LA ELASTICIDAD-PRECIO

Como se ha visto en la sección anterior, los gerentes deberán tener algún estimado del grado de la elasticidad de precio que existe, para predecir el volumen de ventas en unidades y el total de ingresos que resultarán de diferentes niveles de precios; para lograrlo, pueden emplear varios procedimientos alternativos.

Coeficientes históricos

En el capítulo 6 se indicó que los índices históricos pueden existir para indicar los efectos de cambios pasados en una variable de marketing (como el precio) sobre las ventas. Los modelos de pronósticos de ventas de regresión múltiple se emplean con frecuencia para desarrollar la relación histórica entre precio y volumen de ventas.

Cuando se utiliza este enfoque, los gerentes pueden tener datos históricos no sólo sobre las ventas y los precios de la empresa, sino también sobre las ventas de la industria y los precios en competencia. Es decir, para estimar la elasticidad del mercado, los gerentes necesitan determinar la relación histórica entre las ventas de la industria y algunos precios promedio de *ésta*. No obstante, se necesitan los dos datos de información para estimar la elasticidad de la empresa. Es decir, el efecto de un precio de la empresa en la demanda selectiva en realidad dependerá de cuánto difieren los precios de la empresa con respecto a los de sus competidores directos. (Por ejemplo, si en el pasado una firma ha aumentado de manera consistente sus precios sin ninguna pérdida en las ventas, la gerencia no puede deducir necesariamente que la demanda de la empresa es inelástica porque los competidores también pueden haber aumentado los precios). Además, los estimados de la elasticidad de la empresa no se pueden hacer sin considerar los cambios en las ventas de la industria. De ese modo, un aumento en las ventas de la empresa puede reflejar un incremento en la participación de mercado o de las ventas de la industria. (De hecho, con frecuencia, las reducciones de precio conducen a incrementos en la demanda primaria y en la demanda selectiva). De acuerdo con esto, los gerentes deberán examinar la relación histórica entre el precio relativo de una empresa (es decir, en relación con los precios de los competidores) y la participación de mercado cuando se intenta evaluar la elasticidad de la empresa.

Los gerentes también deben reconocer que los índices históricos solamente revelarán niveles de elasticidad-precio si no han ocurrido cambios importantes en las variables de marketing o del entorno. La relación entre precios de la aerolínea y ventas a través del tiempo será difícil de entender si no se ha presentado una recesión, porque un hecho económico de esa naturaleza suele sobrepasar el impacto de los niveles de las tarifas sobre la demanda. De manera semejante, se pueden haber presentado cambios en el presupuesto de publicidad o promoción de una firma y será difícil separar sus efectos de los efectos de los precios.

Experimentos de campo

En los capítulos 6 y 8 se estudió el uso de paneles de consumidores con base en datos recopilados con lectores ópticos, observándose que las firmas utilizan esas herramientas de investigación para comparar la productividad de las ventas con niveles de gastos alternativos en publicidad o promoción o para hacer un seguimiento a las ventas de un nuevo producto en una prueba de mercado. Los experimentos de precios también se pueden realizar utilizando el método del panel con base en lectores ópticos de barras. Para hacerlo, una firma deberá establecer diferentes precios en almacenes minoristas seleccionados y monitorear los cambios en ventas o en participación de mercado dentro de aquellas partes del panel que compran en cada conjunto de almacenes.

En la tabla 9-7 se ilustra un experimento de precios de un detergente para lavar que se ha vendido a un precio de US$2.49. Las ventas se registraron durante un periodo de tiempo para determinar el nivel de ventas "normal" en los diferentes almacenes. Luego, se probó con un precio de US$2.19 en un grupo de almacenes experimentales. Debido a los cambios semanales que pueden ocurrir en las ventas sin estar relacionados con un cambio en el precio, las compras en los almacenes "experimentales" deberán compararse con las que se registran en los almacenes "de control" (en donde se mantienen los precios normales) para juzgar mejor el impacto del precio más bajo.

Como lo indica el ejemplo de la tabla 9-7, la reducción del precio conduce a un aumento en la participación de mercado. Sin embargo, la demanda es inelástica debido a que el aumento en la participación no es suficiente para compensar la reducción del precio. Es decir, como el total de ingresos es igual a precio por cantidad, y cantidad es igual a participación de mercado por ventas de la industria en un mercado específico; entonces, el total de ingresos al precio de ventas normal se estimaría como:

US$2.49 × 24.65% o US$0.614 por ventas de unidades de la industria por periodo de tiempo

en tanto que el total de ingresos con el precio menor se estimaría como

US$2.19 × 27.25% o US$0.597 por ventas de unidades de la industria por periodo de tiempo

Esta clase de experimentos pueden exigir bastante tiempo para su configuración e implementación, y la gerencia debe controlar aspectos como los cambios en la publicidad competitiva o en las actividades promocionales que se presenten dentro del mercado y que puedan tener impacto en los resultados.

TABLA 9-7

ILUSTRACIÓN DE LOS RESULTADOS DE UN EXPERIMENTO DE CAMPO SOBRE PRECIOS

SEMANA	PORCENTAJE DE PARTICIPACIÓN DE MERCADO	
	ALMACENES DE CONTROL (US$2.49)	ALMACENES EXPERIMENTALES (US$2.19)
Periodo de preprueba		
7/30–8/5	22.0	21.4
8/6–8/12	22.2	21.8
Periodo experimental		
8/13–8/19	24.4	26.8
8/20–8/26	24.2	27.6
8/27–9/2	25.0	27.1
9/3–9/9	25.0	27.5
Promedio: periodo de preprueba	22.1	21.6
Promedio: periodo experimental	24.65	27.25

Aumento de participación dentro de mercados experimentales	5.65%
– Aumento en participación dentro de los almacenes de control	2.55%
Aumento neto atribuible a la reducción de precio	3.10%

Experimentos de elección controlados

Con frecuencia, las predicciones de lo que podrían hacer los consumidores en el entorno de un almacén se pueden enunciar a partir de estudios o experimentos de selección dirigidos, en un ambiente controlado. El método más ampliamente utilizado para implementar estos experimentos es el método del análisis conjunto (se estudió en el capítulo 4), el cual analiza la forma como los compradores intercambian los atributos al hacer elecciones[4]. Debido a que, por lo general, los grandes intercambios que los consumidores hacen están entre varios niveles de beneficios y precio, este método tiene especial relevancia para entender la sensibilidad al precio. Adicionalmente, es de gran utilidad para diseñar y fijar el precio de nuevos productos porque permite a la gerencia considerar el impacto de diferentes combinaciones de precio y atributos diferentes a éste, en la aceptación del mercado.

Por ejemplo, considérese la combinación de posibles atributos y los niveles de cada uno para un Asistente Personal Digital (APD) como el Newton de Apple Computer, que aparece en la tabla 9-8. Se le pidió a un grupo de individuos en el mercado objetivo para este producto que calificara en orden de preferencia varias combinaciones de estos cinco atributos. El análisis de los resultados reveló las utilidades de cada uno de los clientes potenciales para los diferentes niveles de atributos, incluyendo los cinco niveles de precios. Como se demuestra en la figura 9-3, existe una inclinación muy pronunciada en la utilidad cuando el precio supera US$500. Si una firma decide ofrecer una combinación específica

[4] Para perspectivas adicionales, *véase* Richard Smallwood, "Using Conjoint Measurement for Price Optimization", *Sawtooth Software Conference Proceedings*, Sawtooth Software, Chicago, 1991, pp. 157-162.

TABLA 9-8

ANÁLISIS CONJUNTO DE NIVELES DE ATRIBUTOS PARA EL ASISTENTE PERSONAL DIGITAL

ATRIBUTO	NIVELES PROBADOS
Método de entrada	**1.** Escritura a mano **2.** Teclado
Capacidad para transmisión de fax	**1.** Sí **2.** No
Capacidad para e-mail	**1.** Sí **2.** No
Memoria	**1.** 1 meg **2.** 2 meg
Precio	**1.** US$400 **2.** US$500 **3.** US$600 **4.** US$700 **5.** US$800

de atributos diferentes al precio, los programas de análisis conjunto pueden entonces predecir qué tan sensible será la participación de mercado o la probabilidad de compra ante las variaciones en el precio. En la tabla 9-9 se muestra lo que se ha aprendido acerca de la sensibilidad al precio para una combinación bastante simple de atributos diferentes al precio para el APD.

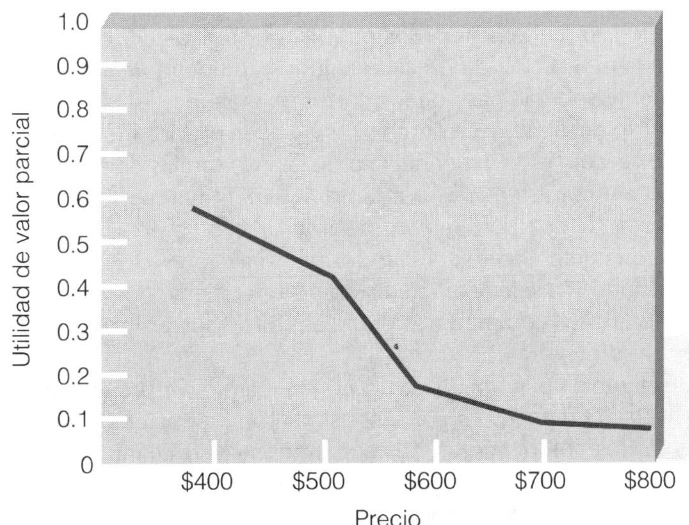

FIGURA 9-3
Utilidades de valor parcial de diferentes precios para un nuevo asistente personal digital.

TABLA 9-9

EJEMPLO DE RESULTADOS DE UN ANÁLISIS CONJUNTO: ANÁLISIS DE LA SENSIBILIDAD HACIA EL PRECIO

ATRIBUTOS DEL PRODUCTO

Entrada de datos escritos a mano
Sin capacidad para transmitir fax
Sin capacidad de e-mail
1 mega de memoria

PRECIO	PROBABILIDAD DE COMPRAS PROMEDIO
US$400	35.2%
US$500	33.9%
US$600	13.5%
US$700	10.6%
US$800	9.9%

FACTORES COMPETITIVOS

Si un gerente está interesado en la elasticidad del mercado o de la empresa, se deben considerar las reacciones de los competidores ante un cambio de precio. Después de todo, si el cambio en el precio se equilibra para todos los competidores, entonces no deberá haber ningún cambio en la participación de mercado. En tal caso, la reducción de precio no tendrá ningún efecto en la demanda selectiva. En consecuencia, los gerentes deberán tratar de determinar cuáles serán las reacciones de los competidores ante los precios.

Por lo común, será útil examinar los patrones históricos del comportamiento competitivo en las reacciones ante la proyección de precios. Algunos competidores pueden fijar los precios de sus productos básicamente sobre la base de los costos. A menudo, estas firmas no cambian sus políticas de precios con el paso del tiempo; en cambio, establecen precios muy competitivos (si están tratando de sacar ventaja de las curvas de experiencia o de las economías de escala) o tratan de mantener márgenes de contribución consistentes y, por tanto, intentan mantener la competencia directa de precios. Además, al analizar el comportamiento histórico de los precios de los competidores, los gerentes pueden hacerse diferentes ideas sobre las posibles reacciones del cliente ante un cambio de precio. En particular, si una industria se ha caracterizado históricamente por una reducción de precios extensiva, es muy probable que los compradores sean sensibles a los precios porque tendrán expectativas ante las diferencias en éstos.

Los gerentes también pueden utilizar su conocimiento de fortalezas y debilidades competitivas y el grado de intensidad competitiva en una industria (como se estudió en el capítulo 4), cuando predicen las respuestas de los competidores. Sin embargo, incluso cuando el precio es el tema de decisión inmediato, los gerentes deberán evaluar las reacciones ante los aspectos diferentes al precio, al igual que las reacciones directas hacia el precio en un mercado, porque las acciones de los competidores en la primera situación pueden influir en la elasticidad-precio. Por ejemplo, varios investigadores han estudiado la influencia de la publicidad en la sensibilidad del consumidor ante el precio; es importante anotar que las conclusiones dependen de si la publicidad está diseñada para comunicar atributos de marca e imágenes o si se dirige a informar a los consumidores sobre el precio. Las dos generalizaciones que han surgido de esta investigación son[5]:

1. Un aumento en la publicidad orientada hacia los precios en un mercado conduce a una mayor sensibilidad ante el precio por parte de los consumidores.
2. Un aumento en la publicidad orientada hacia aspectos diferentes al precio en un mercado conduce a una menor sensibilidad ante el precio por parte de los consumidores.

FACTORES DE COSTOS

En el capítulo 6 se estudiaron las implicaciones de precios asociadas con las economías de escala. Específicamente, se estudió la forma como los precios más bajos llevan a costos promedio menores si representan aumentos significativos en el volumen: cuando el volumen aumenta, los costos fijos se distribuyen entre mayor número de unidades. Por consiguiente, las ganancias de las economías de escala son mayores cuando los costos fijos representan una alta proporción del costo total. (De hecho, si una firma ya cuenta con una producción al límite de su capacidad, las economías de escala ya se han alcanzado por completo; en este punto, las firmas tienen poco que ganar con la reducción de precios).

En muchas empresas, los costos promedio actuales o anticipados sirven como la base primaria para la fijación de precios. De manera específica, muchas empresas utilizan el método de *fijación de precio por costos más cantidad adicional*, en el cual el precio se determina al tomar el costo por unidad y entonces adicionarle un dólar o porcentaje del margen de contribución esperado.

Para ilustrar una versión del método Cost-Plus o precio de costo más cantidad adicional, considérense los datos de la tabla 9-10, en donde se presenta la estructura de costos para el caso de una marca de detergente líquido para lavar platos. Para fijar el precio del fabricante (el precio que paga por caja el minorista), una empresa que utiliza el método en mención suele tomar los costos variables de producción del detergente y luego agrega un estimado de la participación de cada caja en los costos generales fijos, en la publicidad estimada y en los costos de ventas. Obsérvese que para estimar el costo fijo por caja, la empresa debe tener algún estimado del número de cajas que venderá porque:

$$\text{Costo fijo por caja} = \frac{\text{costo total fijo}}{\text{número de cajas vendidas}}$$

Por tanto, de aquí en adelante se agrega una utilidad objetivo (usualmente expresada como un porcentaje de los costos totales), de ahí el nombre "costo más cantidad adicional".

Un aspecto clave al utilizar el método de fijación de precios por costo más cantidad adicional es la determinación del verdadero costo unitario. En muchos casos, algunos costos se distribuyen de manera arbitraria. Por ejemplo, los costos fijos (como los que aparecen en la tabla 9-10) con frecuencia incluirán costos directos fijos más alguna contribución a los costos generales de la empresa. Adicionalmente, como la cantidad de costos fijos debe basarse en algún estimado del número de unidades vendidas, la

[5] *Véase* Anil Kaul and Dick Wittink, "Empirical Generalizations about the Impact of Advertising on Price Sensitivity and Price", *Marketing Science*, Fall 1995, pp. 151-160.

TABLA 9-10

EJEMPLO DE UN PRECIO POR COSTO MÁS CANTIDAD ADICIONAL DE UN DETERGENTE LÍQUIDO PARA LAVAR PLATOS

Costos variables por caja (materiales, empaque)	US$ 6,80
Más participación asignada por fabricación en general	1,70
Más participación asignada en publicidad	6,50
Costo unitario total	US$15,00
Más utilidad objetivo por caja	2,00
Precio de venta del fabricante al minorista	US$17,00

empresa considera de manera implícita que la demanda no variará en una forma demasiado evidente ante algún cambio en el precio de fábrica. Por ejemplo, supóngase que se espera que los gastos anuales por publicidad y ventas alcancen la suma de US$26 millones. Para determinar la participación que de estos costos se asignará a cada caja vendida, un gerente debe tener algún estimado del volumen de ventas esperado, aunque el costo total (y, por tanto, el precio final ya se haya determinado). En la tabla 9-10 del ejemplo, la asignación de US$6.50 por unidad debe indicar que se espera que las ventas sean de cuatro millones de cajas. Es decir,

$$\text{US\$6.50} = \frac{\text{US\$26 millones}}{\text{4 millones de cajas}}$$

No obstante, los comercializadores deberán reconocer que existen dos métodos alternativos para determinar un precio por costo más cantidad adicional. El ejemplo anterior ilustró la aplicación de un método de costo total, en donde todos los costos se consideraron al establecer el precio mínimo. Como alternativa, el fabricante del detergente también pudo considerar un método de precios por costo variable. Como se estudió en el capítulo 6, una firma que opera en un mercado de precio elástico con menos de su capacidad total de producción, puede mejorar la rentabilidad total fijando el precio por debajo del costo unitario promedio; es decir, en tanto la empresa fije el precio del producto por encima del costo variable, cada unidad vendida contribuye en algo a los costos fijos. En consecuencia, si las ventas se estancan por debajo del volumen esperado (es decir, el volumen que se utilizó para calcular los costos fijos promedio), el productor estará en mejores condiciones al reducir el precio de fábrica (suponiendo que la demanda es elástica) a menos de US$17, siempre y cuando el precio exceda los US$6.80 por caja (el costo variable). Sin embargo, si los gerentes consideran que la demanda es inelástica, no es probable que sigan este camino.

TIPOS DE PROGRAMAS DE PRECIOS

Los gerentes pueden seleccionar un programa de precios una vez que han establecido el objetivo de precios y la elasticidad de la demanda, y han evaluado su situación competitiva y de costos. En esencia, existen tres tipos básicos de programas de precios para productos individuales: de penetración, de paridad y *premium price*.

Precios de penetración

Un programa de fijación de precios diseñado para utilizar un precio bajo como la base principal para estimular la demanda es un programa de precios de penetración. Cuando se utilizan estos programas, las firmas están intentando incrementar el grado de penetración de su producto en el mercado, bien sea estimulando la demanda primaria o aumentando la participación de mercado (captando nuevos clientes) con el precio.

El éxito de un programa de precios de penetración requiere que la demanda (primaria) del mercado o la demanda (selectiva) de la empresa sean elásticas. Si la demanda del mercado es elástica, ésta crecerá junto con el total de ingresos de la industria mediante una reducción de los precios de esta última. Por consiguiente, aunque los competidores igualen la reducción del precio, el aumento en la demanda del mercado hará que todos ganen. Si las economías de escala existen o si el producto tiene muchos complementos, los beneficios del aumento en el volumen son mucho mayores.

Si la demanda del mercado es inelástica, entonces los precios de penetración pueden tener sentido sólo si la demanda de la empresa es elástica (de manera que los compradores cambien de proveedores sobre la base del precio) y si los competidores no pueden o no igualan el precio más bajo. En este último caso, el precio más bajo podría reflejar una falta de competitividad sobre los costos o una buena disponibilidad para conceder participación de mercado (al menos por un tiempo) a cambio de utilidades más altas, o porque el precio bajo atrae a un segmento minoritario del mercado. A menudo, varios de estos factores se presentan simultáneamente. Considérese, por ejemplo, la iniciativa de precios bajos planeada por Compaq Computer:

> Compaq sorprendió a la industria de los computadores personales al anunciar que introduciría un nuevo sistema de PC para el hogar (incluyendo un monitor) por sólo US$1500, casi US$500 menos que el precio más bajo de los nuevos modelos en ese momento, los cuales incluían el microprocesador Pentium de Intel y otras características avanzadas de memoria y capacidad de disco duro, suficientes para trabajar con las aplicaciones multimedia más novedosas. La competencia taiwanesa representada por Acer pronto siguió el camino de Compaq, mientras que otras firmas indicaron que encontrarían difícil equiparar ese movimiento de precios argumentando que los márgenes de los PC ya estaban bastante bajos.
>
> La gerencia de Compaq explicó que la lógica detrás de esa decisión era cubrir un enorme y nuevo mercado entre los hogares menos pudientes y sensibles al precio, y expandir de esa manera las ventas de la industria. Aunque un 58% de los hogares con ingresos superiores a US$50.000 poseían PC, la cifra representaba sólo el 14% entre los hogares con ingresos inferiores a US$30.000. Más aún, éstos no compraban modelos más viejos cuyos precios oscilaban entre US$1000 y US$1500 porque no eran adecuados para la mayor parte de los usos previstos. Compaq también estaba tratando de entregar el nuevo PC con una ventaja de costo con respecto a las otras firmas líderes. Además de usar las ventas directas al consumidor (lo cual le permitía evitar el pago de márgenes a los minoristas en una gran parte de las ventas) Compaq esperaba beneficiarse de sus economías de escala. Más aún, debido a su alto volumen de compras, la empresa buscó que los fabricantes de microprocesadores y discos duros le concedieran descuentos en el precio de estos componentes[6].

La tabla 9-11 sintetiza las condiciones más favorables para los programas de precios de penetración.

Precios de paridad

Establecer precios de paridad significa fijar un precio en niveles competitivos o cercanos. En efecto, los programas de precios de paridad intentan minimizar el resultado del papel del precio, de manera que los otros programas de marketing son responsables, en primer lugar, de desarrollar la estrategia de marketing.

[6] Jim Carlton, "Compaq and Acer Are Slashing Prices on Entry-Level PCs to Expand Market", *Wall Street Journal,* Nov. 11, 1995, p. A3.

TABLA 9-11

CONDICIONES QUE FAVORECEN UN PROGRAMA DE PRECIOS DE PENETRACIÓN

1. La demanda del mercado es elástica.
2. La demanda de la empresa es elástica, y los competidores no pueden igualar nuestro precio debido a sus desventajas de costos.
3. La firma también vende productos complementarios con un margen más alto.
4. Existe un gran número de competidores potenciales fuertes.
5. Existen extensas economías de escala, de manera que el método de costo variable se puede utilizar para fijar el precio mínimo.
6. El objetivo del precio es lograr:
   - Construir la demanda primaria, o
   - Captar nuevos clientes a través de la competencia de reducción de precios

Con frecuencia, este enfoque se seleccionará cuando la demanda de la empresa sea elástica, la demanda de la industria sea inelástica y la mayor parte de los competidores deseen y puedan igualar cualquier reducción de precios. En esas situaciones, los gerentes deberán evitar los precios de penetración porque cualquier reducción de precio se convertirá en una retaliación competitiva (anulando cualquier ganancia de participación de mercado). Los precios resultantes más bajos en la industria no llevarán a una ganancia significativa en ventas de la industria y, por tanto, el total de ingresos y los márgenes de utilidad descenderán. La tabla 9-12 sintetiza las condiciones que generalmente favorecen un programa de precios de paridad.

Los precios de paridad son altamente compatibles con los precios por costos más cantidad adicional, en especial cuando los costos promedio se basan en el método de costo total. En muchas industrias, las estructuras de costos serán muy similares para los diferentes competidores, en especial cuando se utilizan contratos de mano de obra similares, materias primas, tecnologías de producción y canales de distribución. En esas situaciones, las firmas que perciben la demanda del mercado como inelástica y los costos de los competidores como comparables tienen una fuerte posibilidad de anticipar un gran volumen de ganancias a partir de los precios de penetración, porque esperan que los competidores los ataquen. Por consiguiente, no se alcanzarían las ganancias potenciales de cualquier economía de escala, indicando que una base de precios por costos variables no es práctica.

TABLA 9-12

CONDICIONES QUE FAVORECEN UN PROGRAMA DE PRECIOS DE PARIDAD

1. La demanda del mercado es inelástica; la demanda de la empresa es elástica
2. La firma no tiene ventajas de costos sobre los competidores
3. No se esperan ganancias de las economías de escala, de manera que la base del precio esté basada en costos totalmente distribuidos
4. El objetivo de precios es enfrentar la competencia.

Infortunadamente para algunos fabricantes, hay industrias en donde parecen existir condiciones para los precios de paridad pero la realidad es para los precios de penetración. Por ejemplo, en los mercados para televisores, viajeros por avión y pasabocas de sal, hay muy pocos competidores grandes con economías de escala significativas y demanda elástica de la empresa. Sin embargo, los recursos que destinan en estas industrias las empresas líderes son tan grandes que, incluso, aquellas empresas que tienen costos más altos creen que deben mantener precios competitivos bajos para permanecer en el negocio. Si la demanda del mercado es inelástica (bien sea porque las ventas de la industria están dirigidas hacia el potencial del mercado o debida a la recesión), los precios de penetración conducen a guerras de precios destructivas para la industria[7].

Premium price

Los programas de precios *premium* o *premium price* establecen un precio por encima de los niveles competitivos. (En el caso de una nueva forma o clase de producto en donde no hay competidores directos, el *premium price* implica un precio alto en comparación con las formas de producto en competencia). Este enfoque tendrá éxito si una empresa es capaz de diferenciar su producto en términos de mayor calidad, características superiores o servicios especiales, de tal modo que se establece una curva inelástica en la demanda de la empresa, al menos dentro de uno o más segmentos objetivo. Las firmas que han implementado con éxito este método generarán márgenes de contribución más altos y, al mismo tiempo, se aislarán de la competencia de precio. Considérese, por ejemplo, una decisión de la firma farmacéutica británica Glaxo:

> Cuando Glaxo introdujo por primera vez el Zantac como un medicamento de venta por prescripción médica para tratar la úlcera, Tagamet ya estaba en el mercado y mantenía una fuerte posición de liderazgo. Sin embargo, en lugar de simplemente igualar el precio de Tagamet, Glaxo sacó ventaja de algunos atributos que le dieron un valor superior ante los ojos de los consumidores: tenía una secuencia de dosis más sencilla; sus efectos secundarios eran menores y se podía tomar sin problemas con otros medicamentos que no eran compatibles con el Tagamet. Así, Glaxo fijó el precio del Zantac 50% por encima del Tagamet y, aun con esa diferencia, al cabo de cuatro años el Zantac se convirtió en el líder del mercado[8].

Es importante anotar que la ventaja que le permite a una empresa establecer un *premium price* no dura por siempre. En consecuencia, estos programas deberán revisarse periódicamente. La tabla 9-13 sintetiza las condiciones que suelen favorecer un programa de esta naturaleza.

CONSIDERACIONES DE LA LÍNEA DE PRODUCTO

En un gran número de casos, las decisiones que un gerente toma con respecto al precio de un producto pueden influir en las ventas de otros productos de la mezcla de la firma. La *elasticidad cruzada de precio* es la relación que existe cuando un cambio en el precio de un producto influye en el volumen de ventas de un segundo producto (además de cualquier impacto en las ventas del primer producto).

[7] *Véase* Andrew Serwer, "How to Escape a Price War", *Fortune*, June 13, 1994, pp. 82-90; y Bill Saporito, "Why the Price Wars Never End", *Fortune*, Mar. 23, 1992, pp. 68-71.
[8] Robert Dolan, "How Do You Know When the Price is Right?", *Harvard Business Review*, September-October 1995, p. 175.

TABLA 9-13

CONDICIONES QUE FAVORECEN UN PROGRAMA *PREMIUM PRICE*

1. La demanda de la empresa es inelástica
2. La firma no tiene exceso de capacidad
3. Hay barreras muy fuertes para entrar
4. Las ganancias de las economías de escala son relativamente bajas, de manera que el método de costo total se utiliza para determinar el precio mínimo.
5. El objetivo de precio es atraer nuevos clientes con base en la calidad.

Cuando un incremento (decremento) en el precio del primer producto lleva a un incremento (decremento) en las ventas del segundo producto, se dice que ambos productos son *sustitutos;* si el incremento (decremento) en el precio lleva a un decremento (incremento) en las ventas del segundo producto, se dice que los dos productos son *complementarios.*

Precios sustitutos

En el capítulo 7, se indicó que una firma puede extender su línea de producto para expandir el mercado que sirve, y que las extensiones de la línea podían ser de dos tipos: extensiones verticales y extensiones horizontales. Con las extensiones verticales, ofertas diferentes brindan beneficios similares pero con distintos niveles de precio y de calidad, en tanto que con las extensiones horizontales cada oferta tiene beneficios distintivos diferentes al precio. En ambos casos, la canibalización es un problema potencial; si los precios se reducen solamente en un producto, buena parte de la respuesta de ventas podría deberse a cambios en la demanda dentro de la línea propia de la firma. Por consiguiente, la principal preocupación de la gerencia al fijar el precio de un producto que tiene sustitutos en la línea de producto es el nivel esperado de canibalización que resultará de los cambios en el precio del producto.

En las extensiones horizontales, la canibalización que se produce por los cambios en el precio no suele ser muy significativa debido a que la diferenciación entre las ofertas en la línea se relaciona con beneficios especializados, situaciones de uso o preferencias que en el proceso de selección pasarán por alto el precio. Al elegir entre el detergente Tide en polvo y el Liquid Tide, entre la mayonesa corriente de Hellmann y la mayonesa tipo light de la misma empresa, o entre la Coca-Cola y otras bebidas gaseosas de la misma firma (como Sprite y Slice), no es probable que esto dependa básicamente de diferencias modestas en el precio. Es decir, en estos casos, los consumidores tendrían un rango relativamente amplio de diferencias de precio aceptables en relación con su precio de referencia. Un *precio de referencia* es un estándar psicológico frente al cual se comparan los precios observados para juzgar si son o no razonables[9]. Cuando se evalúan productos que se encuentran en la misma categoría de la marca, es probable que el rango del precio de referencia sea amplio debido a que el rango de los precios reales de los que el consumidor tiene conciencia también es amplio.

En las extensiones verticales es probable que los productos dentro de la línea sean similares, y quizá se diferencien sólo en una o dos dimensiones distintas al precio. Por ejemplo, Kodak ofrece tres niveles

[9] Gurumurthy Kalyanaram and Russell Winer, "Empirical Generalizations from Reference Price Studies", *Marketing Science*, Fall 1995, pp. 161-169.

de películas (Royal Gold, Gold Plus y Funtime, que se presume difieren en calidad y precio. De manera semejante, Sears ofrece las podadoras Craftsman Lawn Tractors en tres combinaciones de caballos de fuerza y ancho de cuchilla, con precios que van desde US$1699 a US$2699. En estos casos, un principio importante es el anclaje. El *anclaje* es el efecto de estímulo que un precio tiene en el precio de referencia que los compradores utilizan para evaluar los precios. Cuando dos o más productos ofrecen tipos similares de beneficios, los compradores evalúan un precio dentro del contexto del rango general con el cual hacen la comparación. Agregar un nuevo precio en el extremo superior o inferior del rango cambiará los estándares con el cual los clientes evalúan cada artículo[10]. Si Land's End ofrece camisetas en tejido de malla a US$19,50, US$21.00 y US$23.50, la adición de un nuevo artículo a US$27,50 elevará el estándar de precio con el que se juzgarán las otras camisetas: la calidad percibida de la camiseta con el precio más bajo disminuirá de algún modo y, ahora, algunos clientes juzgarán la pieza de US$23,50 como más razonable respecto a la manera como la apreciaban previamente. Del mismo modo, la introducción de un nuevo artículo con un precio más bajo al final de la línea ampliará la imagen de calidad de los productos que previamente se encontraban al final. Es por esta razón que a los almacenes de abarrotes les agrada contar con productos genéricos (sin marca) en algunas categorías; el hecho de que estos productos tengan un precio inferior al de las etiquetas "privadas" propias del almacén, hace que la marca de éste parezca menos "barata".

Precios complementarios

En el capítulo 6 se estudiaron las causas que hacen complementarios a los productos y el impacto de las relaciones complementarias sobre las consecuencias de rentabilidad de las decisiones de marketing. Ciertamente, el impacto potencial del precio en las ventas de productos complementarios puede ser grande. De hecho, la clave del éxito en los precios de penetración puede ser la capacidad para vender un gran volumen de artículos accesorios o de remplazo. Los precios de la máquina de afeitar Sensor de Gillette y del Windows 95 de Microsoft incluyeron la consideración de las ventas adicionales que se lograrían por remplazar las cuchillas y por las aplicaciones relacionadas con el software.

Suele ser difícil analizar el efecto que un cambio de precio de un producto tiene sobre las ventas de productos complementarios. Sin embargo, los gerentes pueden intentar sacar ventaja de las relaciones complementarias a través de dos programas especiales de precios para línea de producto: el precio líder o el precio por paquete.

PRECIO LÍDER

Si la demanda de un producto es elástica, y si el producto tiene varios complementos que amplían su valor o se pueden comprar de manera más conveniente en la misma fuente, ese producto se puede utilizar como líder. El precio líder sencillamente implica establecer y luego promover un precio de penetración en el líder. Se espera que las ventas a nuevos clientes de los productos complementarios aumenten en una proporción más que suficiente como para compensar la reducción en la utilidad del líder.

La tabla 9-14 presenta una lista de las principales características de un buen producto líder. Obsérvese que al seleccionar un líder, por lo general, los gerentes tratan de evitar que sean productos que los

[10]Thomas Nagle, *The Strategy and Tactics of Pricing*, Prentice-Hall, Englewood Cliffs, N.J. 1987, p. 187.

TABLA 9-14

CARACTERÍSTICAS DE UN BUEN LÍDER DE PRECIOS

1. El producto lo utilizan ampliamente compradores individuales en el mercado objetivo
2. El precio del producto que prevalece en el mercado es bien conocido
3. El producto tiene un alto grado de elasticidad de precio
4. El producto tiene muchos complementos, los cuales amplían el valor del líder o son convenientes para comprarlos cuando se compra el líder
5. El producto tiene pocos o ningún sustituto
6. No se acostumbra comprar ni almacenar el producto en grandes cantidades

Adaptado de J. Barry Mason and Hazel F. Ezell, *Marketing: Principles and Strategy*, Business Publication, Plano, Tex., 1987, p. 392.

clientes tienen más probabilidad de almacenar durante la temporada de precios especiales o en donde efectos de sustitución fuertes llevarán a simples cambios en las ventas, al pasar de productos con alto margen a productos con bajo margen.

PRECIO POR PAQUETE

En el precio por paquete, dos o más productos o servicios se comercializan juntos por un precio especial[11]. Técnicamente, la mayor parte de las firmas emplean el precio por paquete mixto: los compradores tienen la opción de comprar dos productos en un paquete o de comprarlos por separado. Los compradores que buscan un valor bajo en uno de los dos productos evitarán el paquete. Sin embargo, el incentivo económico de un precio más bajo en un artículo conducirá a ventas adicionales de ambos productos por parte de algunos compradores que, de otro modo, comprarían solamente uno. Cuando las relaciones complementarias son muy fuertes, los efectos del precio especial son más grandes.

El precio por paquete mixto se puede utilizar por medio de dos métodos: en la forma de *líder mixto,* el precio de un producto líder se descuenta con la condición de que se compre un segundo producto. En el paquete *conjunto mixto,* se ofrecen dos o más productos o servicios por el precio de un paquete único. Por ejemplo, supóngase que un banco ofrece una tarjeta de crédito VISA con un costo anual de US$15 y una cajilla de seguridad de US$25 por año. Una opción de paquete líder mixto sería reducir a US$5 al año la tarjeta VISA, con la condición de que el cliente también adquiera la cajilla de seguridad al precio regular. La opción de paquete conjunto mixto comparable sería "una tarjeta VISA y una cajilla de seguridad por US$30 al año".

Ambas formas de paquete se podrían utilizar para lograr el objetivo de expandir el rango de los productos que compran los clientes existentes. Para el banco del ejemplo, la opción de líder mixto tendría sentido, si se tuviera una gran base de tarjetas VISA y una base pequeña de cajillas de seguridad para alquiler. El descuento en la tarjeta serviría como un incentivo para rentar la cajilla. La opción conjunta mixta sería más útil si los clientes tendieran a comprar un producto u otro. Los poseedores de cajillas tendrían, entonces, un incentivo para comprar una VISA y viceversa.

[11] Joseph Guiltinan, "The Price Bundling of Services: A Normative Framework", *Journal of Marketing,* April 1987, pp. 74-85.

CONSIDERACIONES ADICIONALES SOBRE LOS PRECIOS

Entorno político-legal

El entorno político y legal puede plantear restricciones significativas sobre las decisiones de precios. Muchas de estas restricciones implican la regulación directa de precios. Aunque la atmósfera política de Estados Unidos ha evolucionado hacia la desregulación, la regulación directa es aún un factor en mercados monopolísticos como la televisión por cable o los servicios públicos. Más aún, la regulación del gobierno sobre los precios sigue siendo un factor significativo en muchas otras naciones alrededor del mundo.

El gobierno también ejerce impacto sobre el precio mediante políticas tributarias. Los impuestos estatales y federales, en Estados Unidos, para cigarrillos, licores destilados, automóviles de lujo y botes pueden tener un efecto depresivo en la demanda para esos productos y pueden aumentar la efectividad de las reducciones de precios. De manera similar, la decisión del gobierno federal de declarar exenta la gasolina producida con etanol (un producto que se extrae del maíz) de una parte de los impuestos federales existentes, le da a este producto una ventaja de precio competitiva en los mercados en donde se vende.

En otros mercados, la función del gobierno y las entidades políticas puede ser más indirecto. En el campo de la salud, por parte del gobierno hay una presión significativa para controlar los costos (una gran parte de los cuales los paga el Estado a través de Medicaid) y de las empresas que pagan parte de los planes de seguros de salud de sus empleados. A comienzos de la década de los años noventa, la industria farmacéutica fue atacada verbalmente por el presidente de Estados Unidos y algunos miembros del Congreso debido al alto nivel de precios de los medicamentos, y voluntariamente redujo el índice de aumentos para ciertas categorías de medicamentos. Además, los pacientes de Medicaid (al igual que empleados a quienes una parte del seguro lo pagan sus empresas) están recibiendo cada vez más atención por parte de grandes organizaciones que pueden obtener descuentos significativos en la mayor parte de los medicamentos que más se prescriben[12].

Finalmente, los gerentes deberán ser conscientes de las disposiciones del gobierno diseñadas para mantener la competencia y que, virtualmente, se aplican en todas las industrias. Con base en la Ley Antimonopolio de Sherman, la ley de la Federal Trade Commission (Sección 5) y la Ley Robinson-Patman, las disposiciones federales limitan el comportamiento de los precios de dos maneras. Las prácticas que implican colusión (acuerdos entre competidores para perjudicar a otro) es la acción ilegal más grave en precios. Todas las prácticas colusivas que aparecen en la tabla 9-15 son automáticamente ilegales. Además, las empresas que distribuyen sus productos por medio de minoristas y mayoristas deberán ser conscientes del problema de la desigualdad de precios si no se cobra el mismo valor a todos los distribuidores. La desigualdad en los precios no es ilegal automáticamente; no obstante, sí lo es si estas diferencias de precio no cumplen, por lo menos, con uno de los criterios que aparecen en la tabla 9-16.

[12] Elyse Tanouye, "Big Drug Makers Regaining Control over Their Prices", *Wall Street Journal*, July 12, 1995, p. B6.

TABLA 9-15

EJEMPLOS DE PRÁCTICAS DE PRECIO COLUSIVAS (EE.UU.)

1. Acuerdo para reducir el precio para lesionar los intereses de los competidores.
2. Acuerdo para fijar precios de venta, licitaciones, descuentos o políticas de crédito.
3. Acuerdo y presión para ejecutar una ley sobre precios de reventa.
4. Acuerdo para fijar precios diferenciales, descuentos o términos de venta importantes para determinados grupos de clientes.
5. Acuerdo para rotar cotizaciones entre competidores.

Consideraciones internacionales

La situación competitiva de la firma y la estructura de costos también se deben evaluar en el contexto de varias consideraciones internacionales de carácter especial. Incluso, si la empresa no tiene negocios en el exterior, es probable que firmas extranjeras compitan en el mercado nacional y, con frecuencia, factores específicos de cada país en el ámbito cultural, político y económico influyen en la capacidad para competir en precios contra empresas con sede en el exterior.

Ciertamente, el costo de hacer negocios en diversas naciones influye en los precios. Las empresas que pueden atraer capital, mano de obra o materia prima a un costo más bajo tendrán una ventaja en precios. Por ejemplo, durante la década de los años ochenta, el costo de los préstamos era significativamente más bajo en Japón que en Estados Unidos, permitiendo que las firmas japonesas fijaran precios algo más bajos para obtener la misma tasa de utilidad que sus contrapartes estadounidenses.

Además, cuando las firmas exportan productos a otras naciones deben considerar los *aranceles* o *tasas de importación*. No es raro encontrar aranceles del 20 o el 30% para bienes importados seleccionados, cuando una nación trata de proteger su industria de la competencia de precios.

La fuerza global más problemática para los negocios es la *tasa de cambio de la moneda*. Las tasas de cambio de las monedas entre las diferentes naciones del mundo varían con el tiempo, y un cambio agudo e inesperado (o incluso, un cambio significativo a largo plazo) puede crearle problemas a una empresa. Por ejemplo, un automóvil japonés que se vendía en Estados Unidos en 1985 por US$15.000 le

TABLA 9-16

SITUACIONES EN LAS CUALES SE PUEDEN OFRECER LEGALMENTE DIFERENTES PRECIOS A DIFERENTES DISTRIBUIDORES (EE.UU.)

1. Los productos vendidos no son de "grado y calidad similar" en contenido y características técnicas.
2. Las diferencias de precio no lesionan los intereses de la competencia.
3. Las diferencias de precio se pueden justificar gracias a las variaciones del costo de servir a distintos clientes.
4. Las diferencias de precio se establecen de buena fe para compensar, en condiciones de igualdad, los precios bajos de los competidores, con el fin de conservar clientes y cuando el precio de un competidor no es discriminatorio.
5. Se ofrecen descuentos y concesiones en términos proporcionalmente iguales para todos los distribuidores en competencia.

TABLA 9-17

ELEMENTOS DEL PRECIO EN OTROS PROGRAMAS DE MARKETING

PROGRAMAS DE PROMOCIÓN DE VENTAS	PROGRAMAS DE VENTAS Y DISTRIBUCIÓN
Cupones	Descuentos por cantidad
Descuentos menores	Descuentos por pago en efectivo
Descuentos promocionales	Asistencia financiera o de crédito
Rebajas	Contratos a largo plazo
	Precios negociados

habría dado al vendedor cerca de cuatro millones de yenes a la tasa de cambio que existía en ese entonces. Diez años después, la tasa de cambio era de 102 yenes por dólar. Por consiguiente, una venta de US$15.000 produciría a la misma empresa japonesa solamente millón y medio de yenes (US$15.000 × 102 = 1.530.000). Por tanto, incluso si no existiera inflación, la empresa tendría muchos menos yenes para comprar componentes y pagar los salarios de los trabajores si esta continuara ensamblando el vehículo en Japón[13].

Elementos del precio en otros programas de marketing

Como se ha sugerido con frecuencia en esta obra, los diferentes programas de marketing que existen se interrelacionan. Este capítulo se ha dirigido a la estrategia básica del precio de lista. En capítulos posteriores se estudiarán otros programas relacionados directa o indirectamente con el precio, y los cuales se resumen en la tabla 9-17.

Aunque estos programas implican modificaciones del precio de lista, los gerentes acostumbran emplearlos para lograr diferentes clases de objetivos del programa. Por lo común, son diferentes gerentes quienes toman las decisiones con respecto al uso de estos elementos; en consecuencia, estos programas se estudiarán en capítulos posteriores.

CONCLUSIÓN

En los últimos años, la gerencia ha reconocido aún más la importancia de las decisiones de precios. La desregulación, la competencia internacional cada vez mayor, los avances de la tecnología y, ocasionalmente, la inflación, han producido cambios en el patrón de la competencia de precios en una industria u otra.

Sin embargo, el proceso de desarrollar un programa de precios básico y llegar a un precio específico sigue siendo difícil. Como se indicó en este capítulo, no hay reglas prácticas simples que los gerentes puedan seguir para garantizar un precio correcto. Sin embargo, al emplear el proceso que se sugiere

[13] Bill Montague, "Yen Surge Pinches U.S. Customers", *USA Today*, Apr. 20, 1993, p. B1.

FIGURA 9-4
Relación de programas de precios para el análisis de la situación, estrategia de marketing y otros programas de marketing.

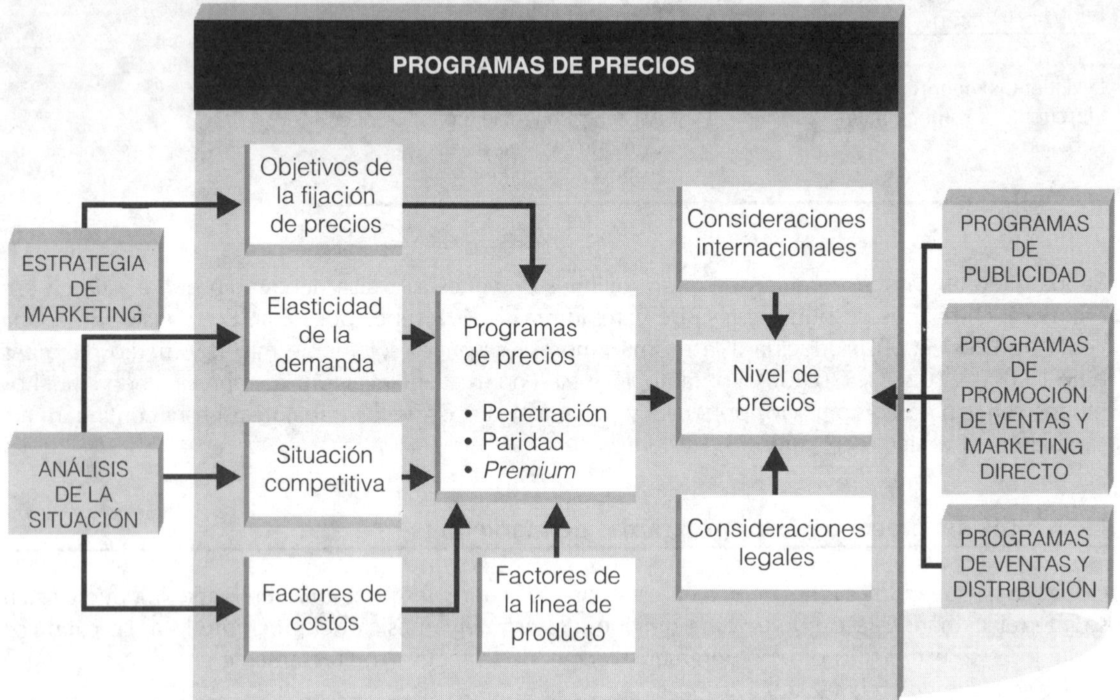

en este capítulo, los gerentes podrán diseñar un programa de precios que sea consistente con su estrategia de marketing. Aunque el programa de precios puede ser modificado mediante programas de promoción de ventas y mediante programas de ventas y distribución, el papel básico que desempeñará el precio en el desarrollo de una estrategia de marketing deberá determinarse por: 1) establecimiento de objetivos de precio claros; 2) análisis de la elasticidad-precio, competencia y costos; y 3) consideración de las restricciones político-legales e internacionales. En la figura 9-4 se sintetizan estos pasos y se brinda una visión general de las relaciones entre ellos.

Aunque para muchas empresas las decisiones de precio no son un elemento central en la estrategia de marketing, ciertamente han hecho impacto en las decisiones estratégicas de la industria del cigarrillo en los últimos años.

¿EL FUEGO DE LA COMPETENCIA QUEMA A ALGUNOS FABRICANTES DE CIGARRILLOS?

Durante décadas, la competencia en la industria de los cigarrillos se caracterizó por un gran énfasis en la proliferación de marcas con base en diferencias menores del producto tales como longitud, grosor, diseños especiales de filtro y aditivos de sabor (como el mentol). Adicionalmente, la publicidad de marca se enfocaba en las imágenes que las marcas asociaban con grupos demográficos (como Virginia Slims), personajes (como el hombre Marlboro) o estilos de vida (como NewPort).

Durante la década de los años ochenta, se produjo un cambio importante en la industria con la introducción de las llamadas marcas de descuento. Cuando los precios de las marcas líderes aumentaron bastante durante esa década, la participación de mercado para las marcas de descuento ascendieron al 40%. Los dos líderes de la industria eran Philip Morris (que vendía la marca líder de la industria, Marlboro, junto a otras como Virginia Slims y Benson & Hedges) y RJR (fabricante de Winston, Camel y otras más). Alrededor de una cuarta parte de las ventas en unidades de Philip Morris procedían de su negocio de descuento, incluyendo la marca Basic, mientras que para RJR el mismo segmento representaba la mitad de su negocio. Los otros tres competidores –American Tobacco, Ligget & Myers, y Brown & Williamson– dependían aún más de los cigarrillos de descuento.

Los precios de los cigarrillos variaron ampliamente en todo Estados Unidos, principalmente debido a diferencias en los impuestos estatales y locales, los cuales excedían a menudo 25 centavos por paquete en el impuesto federal. Sin embargo, un precio típico para los cigarrillos *premium* era de US$2.15 frente a US$1.20 para las marcas de descuento. Los analistas de la industria estimaron que los fabricantes de cigarrillos ganaban sólo cinco centavos por paquete en marcas de descuentos, frente a 50 centavos en las marcas *premium*. Las ventas de cigarrillos en Estados Unidos habían descendido a una tasa de cerca del 2% por año, para un volumen total de ventas de 25.000 millones de paquetes cuando, en 1993, Philip Morris produjo una gran conmoción en la industria con un descuento de 40 centavos por cada paquete de Marlboro.

La reducción de precio del Marlboro fue una violenta ráfaga para la imagen de utilidad de la industria. Cuando Philip Morris anunció la rebaja, la gerencia reconoció que la empresa perdería miles de millones con ese movimiento. RJR estaba soportando una pesada carga en deudas por una compra apalancada y podía salir muy lastimada ante una guerra de precios. Al cabo de seis meses, la participación de mercado de Marlboro ascendió del 21,5 al 25,5%. No obstante, después de varios meses de perder participación de mercado, RJR igualó la reducción de precio de su rival. Philip Morris anunció también una disminución de los precios en sus otras marcas *premium* y un aumento en el precio de Basic de 10 centavos. El resto de la industria siguió la ruta de los dos principales competidores.

Durante los siguientes dos años, la guerra de precios pareció olvidada. RJR inició pequeños aumentos de precio en las marcas *premium* y de descuento, y sus competidores siguieron con estos cambios. A finales de 1995, la participación de mercado entre todas las marcas de descuento fue del 30%; mientras que la de Marlboro alcanzaba el 29.7%.

1. Analice la elasticidad de la demanda para cigarrillos, considerando los datos que se presentan en el estudio de caso y los factores estudiados en la tablas 9-5 y 9-6.
2. ¿Considera Ud. que Marlboro se anticipó correctamente a las consecuencias de su reducción de precio?
3. ¿Qué objetivos de precio cree Ud. que estaba buscando Philip Morris?
4. ¿Cómo podrían aplicarse los conceptos de "*brand equity*" y "el dilema del prisionero", que se estudiaron en el capítulo 7, al análisis de precios en el mercado de los cigarrillos?

Tomado de "P-M Prices Hurt Smaller Players", *Brandweek,* July 26, 1993, p. 10; Jay Mathews, "For Tobacco Giants the Future Is Glowing", *Washington (D.C.) Post,* July 5, 1994, p. A1; Pamela Moore, "Spoils of War: Analysts Say That Philip Morris' Plan to Cut Price of Marlboro Paid Off Big with Increased Market Share", *Winston-Salem* (N.C.) *Journal,* July 17, 1994, p. E7; Subrata Chakravarty and Amy Feldman, "Don't Underestimate the Champ", *Forbes,* May 10, 1993, p. 106; y "Philip Morris Reports Third Quarter Earnings Results", *Business Wire,* Oct. 17, 1995.

PREGUNTAS Y SITUACIONES PARA ANÁLISIS

1. El gerente de marketing de una empresa de electrónica para el consumidor está considerando una reducción en el precio de uno de sus modelos de camcorder de US$698 a US$599. En la actualidad, las ventas de este modelo alcanzan un promedio de 15.000 unidades mensuales.
   a. Si las ventas aumentan a 17.000 unidades mensuales, ¿esto implicaría que la demanda es elástica o inelástica?
   b. ¿Qué otros factores debe considerar el gerente para determinar si el cambio en la demanda refleja verdaderamente el grado de elasticidad de precio?
2. Con respecto al precio, para los siguientes productos ¿sería la demanda de *mercado* elástica o inelástica? ¿Por qué?
   a. Una cirugía de corazón abierto
   b. Tiquetes aéreos para vacaciones
   c. Un yate
   d. Gasolina
3. Para cada uno de los siguientes procedimientos, ¿cree Ud. que la demanda de la *empresa* sería típicamente elástica o inelástica con respecto al precio? ¿Pueden haber excepciones en su respuesta para algunos de estos productores?
   a. Un fabricante de pinturas
   b. Un estilista del cabello
   c. Un fabricante de máquinas de afeitar eléctricas
   d. Un editor
4. ¿En cuáles de las siguientes situaciones serían de más utilidad los índices históricos a fin de estimar la elasticidad-precio de la demanda? ¿Por qué?
   a. Establecer los precios de una nueva línea de comidas congeladas para hornos microondas
   b. Establecer el precio de cintas vírgenes para videocasetes
   c. Boletos para el equipo de basquetbol Boston Celtics
5. Varias firmas alrededor del mundo están desarrollando nuevos y sofisticados sistemas de Televisión de Alta Definición (TVAD) que ofrecerán una increíble mejora en la calidad de la imagen. Estos sistemas ya están disponibles en el Japón a precios del orden de US$8000. Aunque buena parte de la tecnología patentada está vinculada con el desarrollo de la TVAD, el gobierno federal insistirá en que cualquier tecnología que se apruebe para la transmisión y recepción de señales de TVAD estará disponible para todos los fabricantes potenciales de equipos de televisión.

   Con base en esta información, qué tipo de programa de precios recomendaría Ud. a las empresas que decidan entrar en este mercado?
6. En cada una de las siguientes situaciones ¿qué tipo de programas de precios sería apropiado?
   a. La demanda del mercado es inelástica y la demanda de la empresa es elástica

b. Una firma tiene una ventaja distintiva de calidad
c. Una firma no está produciendo al máximo de su capacidad y la demanda de la empresa es elástica

7. Para cada una de las siguientes situaciones, analice las clases de aspectos de línea de producto que deberán considerarse el tomar decisiones de precios.
   a. Un editor ofrece publicar un libro en versiones de pasta dura y pasta blanda y debe establecer el precio para cada una de ellas.
   b. Un almacén de artículos deportivos con una gran diversidad de productos quiere atraer clientes que comprarán diversos regalos de Navidad en el almacén.
   c. Un fabricante de cámaras fotográficas que también produce y vende películas para sus cámaras está considerando una reducción en el precio de su modelo más económico.
8. British Airways ofrece un paquete vacacional "Escápese" que incluye pasaje, alojamiento y recorridos guiados a sitios históricos de Inglaterra, por US$2600; Ameritech vende un nuevo teléfono celular Motorola por el precio especial de US$59 cuando los clientes se suscriben al servicio de teléfono celular a través de la división de teléfonos móviles de Ameritech.
   a. ¿Qué tipo(s) de políticas de precio de línea de producto se están utilizando?
   b. En cada caso, ¿cuáles clientes deberán beneficiarse de la oferta que se hace?
   c. ¿Cree Ud. que la demanda por el paquete de British Airways tiene la posibilidad de ser más elástica o menos elástica en el precio que la demanda por la oferta de Ameritech? Explique por qué.
9. En los últimos años se han desregulado las industrias de transporte de carga interestatal, la banca y el servicio de telefonía de larga distancia, llevando al surgimiento de nuevos competidores, al aumento de la competencia de precios y la desaparición de algunos competidores antiguos.
   a. ¿Cuáles de las condiciones que favorecen los precios de penetración cree Ud. que son responsables de estos resultados?
   b. ¿Existen consecuencias negativas potenciales de la desregulación? Explique.

LECTURAS ADICIONALES SUGERIDAS

Cavusgil, S. Tamer, "Unraveling the Mystery of Export Pricing", *Business Horizons,* May-June 1988, pp.54-63.

Curry, David, and Peter Riesz, "Prices and Price/Quality Relationships: A Longitudinal Analysis", *Journal of Marketing,* January 1988, pp. 36-51.

Dolan, Robert, "How Do You Know When the Price Is Right?", *Harvard Business Review,* September-October 1995, pp. 174-183.

Farley, John, James Hulbert, and David Weinstein, "Price Setting and Volume Planning by Two European Industrial Conmpanies", *Journal of Marketing,* Winter, 1980, pp. 46-54.

Harris, Frederick, and Peter Peacock, "Hold My Place: Yield Management Improves Capacity-Allocation Guesswork", *Marketing Management,* Fall 1995, pp. 34-46.

Prybeck, Frank, and Fernando Alvarez, "How to Price for Successful Product Bundling", *Journal of Pricing Management,* Fall 1990, pp. 5-18.

Tellis, Gerard, "Beyond the Many Faces of Price: An Integration of Pricing Strategies", *Journal of Marketing,* October 1986, pp. 145-160.

Wind, Jerry, "Getting a Read on Market-Defined Value", *Journal of Pricing Management,* Winter 1990, pp. 5-14.

CAPÍTULO 10

PROGRAMAS DE PUBLICIDAD

VISIÓN GENERAL

Como se estudió en los capítulos anteriores, la gerencia de marketing se encarga del desarrollo de productos y servicios apropiados para mercados objetivo, con un precio adecuado, y de los procedimientos para hacer que estén disponibles rápidamente. Sin embargo, los gerentes también deben elaborar los programas necesarios para presentar la información de la organización y sus productos a los mercados objetivo. Las comunicaciones efectivas de marketing son esenciales si los clientes potenciales son conscientes de las ofertas de la firma y están motivados para comprar sus productos. La información de marketing se puede comunicar por medio de fuentes personales: la fuerza de ventas y los distribuidores de la empresa, o a través de fuentes impersonales, básicamente como la publicidad y la promoción de ventas.

Promoción de ventas

La *promoción de ventas* es un aspecto cada vez más importante del marketing, e incluye actividades como cupones, muestras gratis, empaques múltiples, transacciones sin centavos, etc. Las promociones de ventas, que se verán en el capítulo 11, son acciones a corto plazo diseñadas para obtener respuesta inmediata de consumidores, mayoristas o minoristas. Cuando la gerencia ofrece alguna forma de promoción de ventas a mayoristas o minoristas, se espera como resultado que el producto sea impulsado hacia el consumidor. Por ejemplo, supongamos que Tillotson, fabricante de guantes quirúrgicos, desea aumentar su participación de mercado y ofrece un 10% de descuento en los guantes vendidos a empresas de suministros médicos que venden el producto a hospitales. La meta de la promoción de ventas es atraer a las empresas de suministros médicos bien sea para que cambien de otros fabricantes como Johnson & Johnson y Maxxin Medical hacia Tillotson o, por lo menos, lograr que compren más a esta última y luego impulsar la marca Tillotson entre los hospitales porque el margen es mayor. Si el representante de suministros médicos traslada parte del ahorro al hospital, esto hará que los guantes de Tillotson sean más atractivos que los de la competencia. El mismo proceso se mantiene para los otros mercados de consumo masivo. Si un almacén de abarrotes logra un margen adicional de un 1 o 2% en una marca en particular, mediante una promoción de ventas, es probable que el tendero organice una venta de la marca para conseguir consumidores que la compren, o que le dé más o mejor espacio en los estantes al producto, y así sucesivamente.

Estas acciones logran una respuesta rápida, pero pueden tener sus desventajas. Aumentan la sensibilidad ante el precio entre los consumidores al igual que entre los comerciantes (minoristas y mayoristas). Además, la promoción de ventas dirigida a estos dos sectores puede hacer que compren en grandes cantidades cuando la marca está en venta y simplemente que tengan un inventario elevado de la misma durante tres o cuatro meses. Así, el nivel general de ventas no cambia; sólo se modifica cuando se vende el producto. La parte del presupuesto de promoción que se asigna a las actividades de promoción de ventas ha aumentado en relación con el presupuesto destinado para publicidad. A comienzos de los años ochenta, cerca del 65% del presupuesto de promoción se distribuyó entre actividades de promoción de ventas, porcentaje que aumentó a un 73.4% en 1994[1].

Publicidad

Las actividades de promoción de ventas pueden inducir al ensayo pero aumentan muy poco la lealtad de marca a largo plazo. Algunas empresas, como Procter and Gamble, han decidido invertir más en estrategias de publicidad. L. Ross Love, vicepresidente mundial de publicidad de P&G, afirmó que, en el futuro, las agencias de publicidad podrían esperar mayores presupuestos. Love cree que la publicidad es un depósito en el banco del *brand equity*, mientras que la promoción de ventas es un retiro[2]. Las agencias de publicidad pueden utilizarse para asociar la marca con percepciones más fuertes y positivas de la calidad de la misma, lo cual conducirá a un aumento en el *brand equity*. La publicidad que comunica un mensaje único y positivo puede diferenciar la marca de otras ofertas en competencia y ayudar a aislarla de la competencia de precios[3].

Entre las diferentes actividades de promoción, claramente la publicidad es la más visible. De hecho, muchos consumidores tienden a igualar los términos publicidad y marketing. Esto se explica, en parte, por la gran cantidad de dinero que se invierte en publicidad; por ejemplo, en 1993, se consideró que las inversiones por este rubro en Estados Unidos superaron la cifra de US$145 millardos (US$145.000 millones). Algunas empresas exceden la cantidad de mil millones de dólares (US$1.000 millones) al año. Los gastos de Procter & Gamble en 1993 fueron de US$2.4 miles de millones; otras empresas que invierten una cifra aun mayor son Philip Morris (1.8), General Motors (1.59), Sears (1.3) y Pepsicola (1.0)[4]. Infortunadamente, en ocasiones esta preocupación por la publicidad conduce a atribuirle un nivel de efectividad que puede exceder en mucho al que en realidad se alcanza.

Cada tipo de programa de comunicación tiene características únicas y los gerentes deben considerarlas paralelamente con los efectos que esperan alcanzar con cada programa. En este capítulo se estudia la publicidad y en los posteriores se tratarán el marketing directo, la promoción de ventas y la venta personal, que son métodos de comunicación con los clientes.

[1] Terence A. Shimp, *Marketing Communications: Managing of Advertising and Promotions*, 4 ed., HBJ/Dryden, Forth Worth, Tex., 1996.
[2] Sinisi, John, "Love: EDLP Equals Ad Investment", *Brandweek*, Nov. 16, 1991, p. 2.
[3] William Boulding, Eunkyu Lee, and Richard Staelin, "Mastering the Mix: Do Advertising, Promotion, and Sales Force Activities Lead to Differentiation?" *Journal of Marketing Research*, May 1994, pp. 159-172.
[4] Shimp, loc. cit.

DECISIONES Y ORGANIZACIÓN DE LOS PROGRAMAS DE PUBLICIDAD

Las decisiones con respecto al mensaje publicitario (qué dice y cómo lo dice) y los medios (dónde se presenta el mensaje y cuántas veces) son aspectos fundamentales en los programas de publicidad. Por lo general, estas decisiones requieren destrezas técnicas y creativas altamente especializadas como:

- Desarrollar ideas creativas para el texto
- Producir artes y fotografías creativos
- Someter a prueba el texto para identificar las reacciones de los consumidores
- Comprar el tiempo en los medios de comunicación
- Investigar la audiencia o los hábitos de los lectores y los televidentes

Organizaciones publicitarias

La ejecución de las tareas de publicidad implica tres alternativas básicas. Una opción es que una empresa cuente con su propio departamento de publicidad; pero, a menos que tenga un gran volumen de publicidad, es probable que cualquier beneficio de una agencia propia no reflejará la inversión.

Otra alternativa es contratar una agencia de publicidad. Por lo general, las agencias de publicidad prestan servicios completos a través de cuatro departamentos. El departamento creativo es responsable del diseño del mensaje y su estilo de ejecución para equilibrar los objetivos y estrategias del anunciante. El departamento de medios se encarga de seleccionar los diferentes medios de comunicación (por ejemplo, televisión, radio, publicidad exterior, directa, etc.) que transmitirán los mensajes de publicidad. El departamento de investigación dirige estudios como aquellos que se refieren a las preferencias de compra y los hábitos del mercado objetivo del anunciante, y realiza pruebas del impacto de los anuncios elaborados por el personal de servicios creativos. La gerencia de cuenta es responsable de interactuar con los clientes de la agencia. Se debe garantizar que ésta satisfaga todos los objetivos de los clientes. Dos razones importantes para contratar con una agencia de publicidad son el acceso a los especialistas en el área con conocimientos en técnicas publicitarias actuales y efectivas, y su capacidad de negociación con los medios[5].

Por tradición, las agencias de publicidad han cobrado a sus clientes el 15% del valor bruto de la cuenta. Si un anuncio cuesta US$85.000 por publicarlo en una revista, la agencia factura al cliente US$100.000, así descuenta su 15% de comisión (US$15.000) y envía los restantes US$85.000 a la revista. Como podría esperarse, esta norma del 15% ha sido fuente de controversia entre las agencias y sus clientes, en especial con los clientes grandes[6]. Las agencias y los clientes han ensayado diferentes sistemas alternativos de compensación. En la actualidad, sólo el 14% de los clientes paga la comisión estándar del 15%[7].

La tercera alternativa es comprar los servicios de publicidad a especialistas a quienes, en ocasiones, se les denomina como "agencias *boutique*". Con este método, el anunciante puede contratar a una agencia

[5] George Donahue, "Evaluating Advertising Services: Part II", *Marketing Communications*, April 1982, p. 61.
[6] Herbert Zeltner, "Sounding Board: Clients, Admen Split on Compensation", *Advertising Age*, May 18, 1981, pp. 63-76.
[7] "Say Adieu to 15%, But Lower Rates Alive, Kickin", *Advertising Age*, May 15, 1995, p. 1; Iris Cohen, "Big Profits, Risks with Incentive Fees", *Advertising Age*, May 15, 1995, p. 3.

que se especializa en servicios creativos para elaborar el mensaje y luego contratar a otra para programar y comprar los medios de comunicación, y así sucesivamente. Varias firmas independientes, cada una especializada en una tarea, realizan las diferentes funciones de publicidad. Este método puede ser apropiado a nivel de costos porque solamente se contratan los servicios cuando son necesarios[8].

En los años setenta, se presentó un giro importante hacia la utilización de agencias propias y de *boutiques;* en la actualidad, la tendencia se dirige hacia las agencias que ofrecen todos los servicios, en especial entre los grandes anunciantes. Por tradición, Procter and Gamble ha comprado todos los medios a través de un equipo propio y reducido dentro de la empresa, en Estados Unidos. En el Reino Unido, la misma empresa ha elegido a dos grandes agencias, Saatchi & Saatchi y a Leo Burnett, para manejar sus transacciones con los medios de comunicación[9].

Las decisiones sobre el mensaje y los medios son más efectivas cuando las agencias de publicidad, los especialistas y los departamentos correspondientes dentro de la empresa tienen alguna orientación sobre:

- Cómo se espera que el programa de publicidad contribuya a la estrategia de marketing y cómo se relaciona con otros programas.
- Cuál nivel de gastos en publicidad es consistente con el plan de distribución de la mezcla de producto de la firma y con la rentabilidad del producto.

Resulta evidente que en publicidad es necesario contar con objetivos definidos para orientar las decisiones del mensaje publicitario y los medios por los cuales se transmitirá. Los gerentes responsables de la planeación y elaboración del plan de marketing deberán desarrollar estos objetivos.

Responsabilidad de los programas de publicidad

Las organizaciones difieren en cuanto a la respuesta sobre quién deberá ser el coordinador o el punto de contacto con la agencia o con otros especialistas en publicidad. Debido a que el objetivo primario de este capítulo es brindar perspectivas y procedimientos para dirigir los programas de publicidad (y no para desarrollar los elementos creativos y técnicos de los anuncios publicitarios), es importante identificar, brevemente, las posiciones de marketing y los enfoques organizacionales con que cuenta la gerencia de publicidad.

Con frecuencia, el cargo de gerente o director de publicidad existe en firmas que están organizadas sobre una base funcional. En empresas con carácter industrial, este ejecutivo puede reportarse ante el gerente de ventas porque, a menudo, la publicidad es una parte pequeña del esfuerzo de marketing y su papel primario es el de apoyar la función de ventas. En otros casos, el gerente de publicidad se reportará ante un gerente senior de marketing.

En las empresas organizadas con base en el producto, es el gerente de producto o de marca quien supervisa la publicidad. Cuando hay una gran cantidad de productos de una firma, estos gerentes suelen tener una enorme responsabilidad en cuanto al análisis de mercado, la planeación a corto plazo y la coordinación con las demás funciones (como en el caso de ventas e investigación de mercados). En

[8] Donahue, op. cit. p. 64.
[9] Claire Beale, "P&G Makes Media Waves", *Marketing,* Apr. 21, 1994, p. 14.

algunas firmas, como Procter and Gamble, existe un nivel administrativo adicional -se le conoce como gerente de categoría- que se encuentra por encima de los gerentes de marca. Esta estructura está diseñada para mejorar y coordinar los esfuerzos entre los grupos de las categorías de producto.

Aunque los gerentes de publicidad y los gerentes de producto trabajan en estrecha relación con agencias externas y especialistas, su papel en la gerencia de publicidad suele ser compartido con el director ejecutivo de marketing o el gerente de la división. Existen dos razones del porqué la alta gerencia puede involucrarse en estos programas en lugar de delegar toda la responsabilidad a los gerentes de nivel medio. La primera, es que los gerentes de publicidad pertenecen al nivel de personal administrativo y no son directamente responsables de las ventas o las utilidades, aunque tienen experiencia en la selección del mensaje y los medios. La segunda, es que los gerentes de producto o de marca suelen tener responsabilidad en las ventas o las utilidades pero, con frecuencia, buscan aumentos en el presupuesto de publicidad, en especial si son responsables por el volumen de ventas y no por el de la rentabilidad. No obstante, esta situación varía de una empresa a otra. Por ejemplo, Procter & Gamble tiene 90 marcas y relaciones con 16 agencias de publicidad. En 1987, la empresa eliminó la posición de gerente de publicidad para la mayoría de sus marcas en un intento por coordinar con mayor efectividad las actividades de las marcas que se encontraban dentro de la misma categoría. En 1989, P&G restableció dicha posición porque descubrió que las marcas con gerente de publicidad tenían mejores resultados que las que carecían de él. En esta empresa, los gerentes de marca suelen mantener un contacto estrecho con las agencias de publicidad, mientras que los gerentes de publicidad ayudan a establecer la estrategia de la línea de producto y aprueban toda la publicidad y las promociones[10].

En consecuencia, para controlar la asignación de recursos de acuerdo con los objetivos de producto, la alta gerencia debe tomar las decisiones importantes con respecto a los gastos en publicidad, política creativa o planes para la pauta publicitaria (con el respaldo técnico de los especialistas del personal de publicidad).

Elementos del programa de publicidad

Como se sugirió en la sección anterior, la elaboración del mensaje y la programación en los medios no son los únicos elementos de los programas de publicidad. De hecho, como lo indica la figura 10-1, existen varias decisiones relacionadas con la dirección del programa de publicidad. Aunque las agencias y otros especialistas del área se hallan involucrados en primera instancia con el diseño del mensaje y las decisiones sobre los medios, los gerentes de marketing de la firma hacen que la publicidad sea un elemento involucrado de alguna manera en cada paso del proceso.

Dados el análisis de la situación y la estrategia de marketing, estos gerentes de la empresa son responsables de definir los objetivos del programa de publicidad y de determinar su presupuesto. A continuación, la agencia de publicidad o los especialistas externos pueden desarrollar el mensaje y tomar las decisiones sobre los medios de comunicación acordes con los objetivos y el presupuesto. Adicionalmente, los gerentes deberán examinar el mensaje propuesto y el plan de los medios para que tengan consistencia con la estrategia de marketing y los objetivos de producto. Por último, los gerentes deberán evaluar el programa para establecer si logra los objetivos y determinar si es preciso revisar alguno de sus elementos.

[10] Laurie Freeman, "P&G Keen Again on Ad Managers", *Advertising Age,* Sept. 25, 1989, p. 6; y Barry Brown, "P&G Hires 10 Shops", *Advertising Age,* Oct. 21, 1991, p. 38.

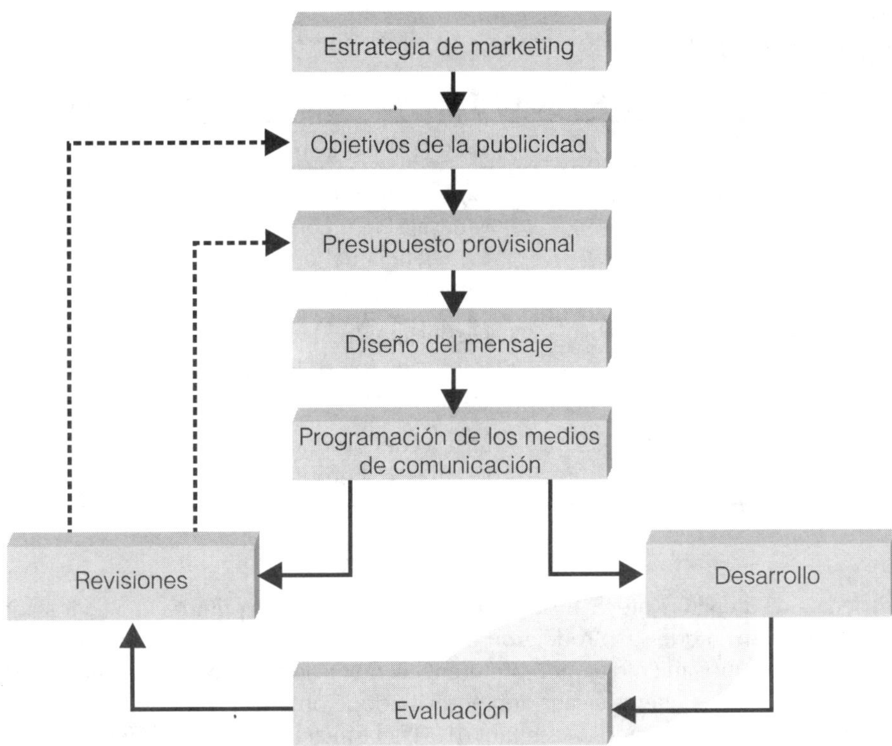

FIGURA 10-1
Elementos básicos de un programa de publicidad.

OBJETIVOS DE LA PUBLICIDAD

Existen dos razones básicas para establecer los objetivos de los programas de publicidad. La primera, es que los objetivos pueden servir como guía para el desarrollo del mensaje y la toma de decisiones sobre los medios. La segunda, es que los objetivos de publicidad sirven como estándares para evaluar el desempeño del programa de publicidad. A menos que los gerentes hayan definido lo que se espera lograr con el esfuerzo de publicidad, no habrá ningún mecanismo adecuado para evaluar los resultados.

Jerarquía de efectos

Las estrategias de publicidad pueden servir para muchas funciones. Se pueden utilizar para informar a los consumidores, persuadirlos y/o recordarles sobre el producto[11]. Los programas de publicidad están diseñados para mover a los consumidores desde el punto en donde no son conscientes de la marca hacia el ensayo y la compra repetida. Un marco de referencia que resalta estas etapas es la jerarquía de efectos. Existen diversos marcos de referencia sobre el particular. El modelo AIDA, que se basa en los

[11] James Webb Young, "What is Advertising, What Does It Do?", *Advertising Age,* Nov. 21, 1973, p. 12.

TABLA 10-1

EFECTOS DE LAS COMUNICACIONES SOBRE DIFERENTES ETAPAS DE LA RESPUESTA

ETAPAS	EFECTOS ESPECÍFICOS
1. Etapa cognoscitiva	Exposición al mensaje Mensaje de recordación Conciencia del producto Conocimiento de los atributos y usos del producto
2. Etapa afectiva	Disposición para buscar más información Interés en los atributos del producto Evaluación favorable del producto o la marca
3. Etapa de comportamiento	Ensayo del producto Compra del producto

aspectos de atención-interés-deseo-acción, se presentó por primera vez en los años veinte[12]. Dos marcos de referencia que se introdujeron en los años sesenta fueron el modelo de la jerarquía de efectos (conciencia-conocimiento-agrado-preferencia-convicción-compra)[13] y el modelo de adopción de innovación (conciencia-interés-evaluación-ensayo-adopción)[14]. Estos modelos son muy similares. Un acuerdo generalmente aceptado (*véase* tabla 10-1) clasifica los diferentes efectos en tres niveles.

1. *Respuestas cognoscitivas*: aquellas que indican que se ha recibido el mensaje
2. *Respuestas afectivas*: las que indican el desarrollo de actitudes (agrado/desagrado) hacia el producto o la empresa
3. *Respuestas de comportamiento*: acciones reales que emprenden los miembros de la audiencia

La figura 10-2 está adaptada de un modelo de jerarquía de efectos más recientes[15]. En este modelo, el consumidor pasa de ser inconsciente de la marca a formarse expectativas sobre ella y luego a ensayarla. El ensayo refuerza las creencias acerca de la marca o de la imagen de ésta o de la empresa. Las creencias llevan a reforzar la actitud mientras que la imagen permite un reforzamiento del *brand equity*. La actitud y el *brand equity* conducen a la lealtad de marca.

Claro está que, a largo plazo, las empresas no invertirán dinero en publicidad a menos que esperen que esos gastos les ayuden a alcanzar sus objetivos de ventas, participación de mercado y rentabilidad. Sin embargo, por lo general ventas y rentabilidad son objetivos inapropiados para los programas de publicidad por varias razones. La primera, es que las ventas, por lo común, responden lentamente a la

[12] E. K. Strong, "The Psychology of Selling", McGraw-Hill, New York, 1925, p. 9.
[13] Robert J. Lavidge and Gary A. Steiner, "A Model for Predictive Measurements of Advertising Effectiveness", *Journal of Marketing*, October 1961, p. 61.
[14] Everett Rogers, "Diffusion of Innovations", Free Press, New York, 1962, pp. 79-86.
[15] Shimp. loc. cit.

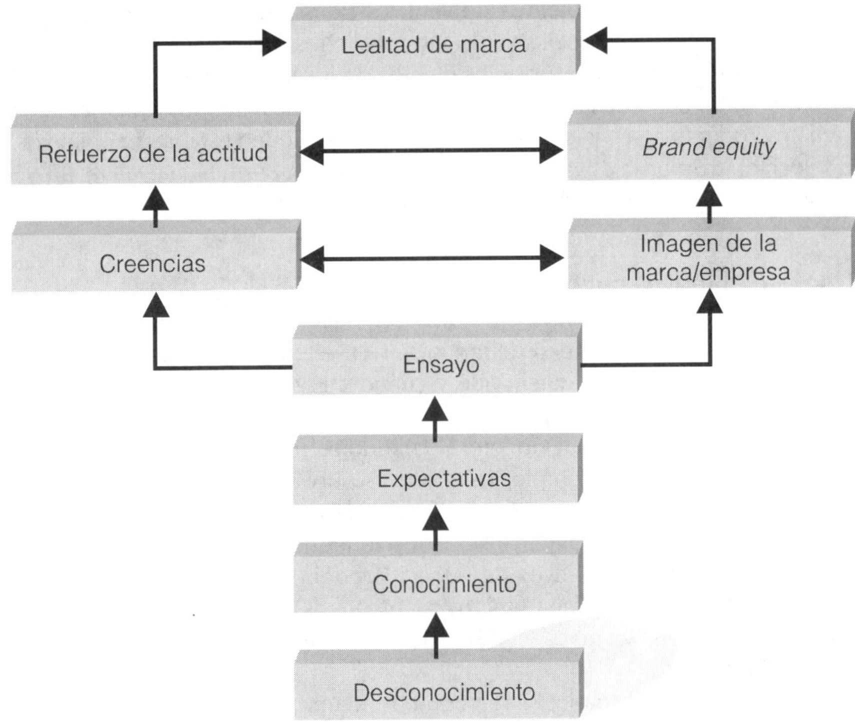

FIGURA 10-2
Modelo jerárquico del funcionamiento de la publicidad.

publicidad. Esto resulta bastante cierto en los productos que no se compran con frecuencia, pero también lo es para aquellos que se adquieren a menudo, porque la mayoría de los anuncios comerciales deben ser vistos más de una vez antes que el consumidor reciba el mensaje y actúe de conformidad. En la segunda, factores del entorno y acciones competitivas suelen influir en las ventas y la participación de mercado. Un mensaje publicitario puede ser muy efectivo para comunicar un beneficio particular de producto respecto de un automóvil, pero si aumentan las tasas de interés o los índices de desempleo, las ventas de la industria y de la empresa pueden descender a pesar del esfuerzo en publicidad.

Por ejemplo, Nissan introdujo su automóvil Infinity de lujo con una campaña de US$60 millones; los objetivos publicitarios eran crear altos niveles de conciencia e interés entre los clientes potenciales por un sedán deportivo de lujo. Todas las medidas de Nissan sobre conciencia, identificación de marca y los resultados de las visitas a las salas de exhibición indicaron que se habían alcanzado estos objetivos. Sin embargo, en lugar de las ventas mensuales de 2500 unidades proyectadas en el plan de marketing, solamente se vendieron 1700 automóviles durante los dos primeros meses. Analistas indicaron que esto sucedió debido a que Toyota había sacado al mercado su sedán deportivo de lujo Lexus, dos meses antes del Infiniti, y que Nissan había subestimado la competencia de otras empresas de automóviles de lujo como BMW, Mercedes y Volvo[16].

[16]Kenneth R. Sheets, "Infinities Art of Pacific Persuasion", *U.S. News & World Report*, Nov. 13, 1989, p. 67; y Bradley A. Stertz, "Nissan's Infiniti Gets Off to a Slow Start", *Wall Street Journal*, Jan. 8, 1990, p. B6.

Adicionalmente, los objetivos de ventas y participación de mercado aportan muy poca dirección para el desarrollo de mensajes y la selección de los medios. La motivación de una acción (como una compra) es sólo uno de los posibles efectos de los programas de comunicación.

Sin embargo, lo que la publicidad puede hacer es ayudar a implementar la estrategia de marketing para un producto o servicio. Es decir, los gerentes pueden establecer objetivos de publicidad para guiar la selección de mensajes y medios de comunicación, permitir la evaluación del desempeño del programa y hacer una contribución específica al logro de la estrategia de marketing.

Tipos de objetivos publicitarios

Los objetivos de la publicidad deben incluir un enunciado preciso de los objetivos de comunicación generalmente aceptados: quién, qué y cuándo. El quién se relaciona con la audiencia o el mercado objetivo al que se dirige el mensaje. El qué se relaciona con el efecto que se desea lograr: conciencia, cambio de actitud, recordación, etc. El cuándo se relaciona con el periodo durante el cual se deberá obtener el objetivo. Por ejemplo, los objetivos publicitarios para el lanzamiento de un nuevo producto podrían determinarse primero como: Al cabo de tres meses del lanzamiento del producto, esperamos que el 75% del mercado objetivo sea consciente del producto.

Para ser útiles, los objetivos de publicidad deben ser, en primer lugar, realistas; hasta donde sea posible, deben expresarse en términos cuantitativos de manera que puedan medirse y, posteriormente, evaluarse. Si el objetivo no es medible, no hay manera de evaluar si el programa de publicidad logra el objetivo enunciado.

Los objetivos publicitarios sirven como fundamento para posteriores decisiones de publicidad. Por consiguiente, los objetivos de publicidad deberán diseñarse antes de tomar decisiones específicas en el programa, como el tipo de mensaje y el sitio en donde se colocará. Las principales razones del porqué los objetivos de publicidad deberán preceder a otras decisiones del programa incluyen[17]:

- Los objetivos de publicidad reflejan el consenso de la gerencia en relación con lo que la publicidad deberá hacer por la marca
- Establecer los objetivos ayuda a determinar el presupuesto de publicidad
- Los objetivos sirven como estándar frente al cual se pueden comparar los resultados

Es posible lograr más de un objetivo durante una campaña, aunque esto puede ser muy difícil y costoso. Más aún, cada objetivo es generalmente más útil para implementar un tipo particular de estrategia de marketing. Por ejemplo, para el mismo producto, pueden haber diferentes objetivos de publicidad para distintos grupos de clientes. Obtener el ensayo de un producto o de una marca en particular puede ser el objetivo de quienes no son usuarios y/o de quienes ingresan por primera vez al mercado. Para los usuarios actuales, el objetivo puede ser obtener preferencia o lealtad para el producto o la marca. Además, el objetivo de la promoción podría ser estimular la demanda para una clase completa de producto (por ejemplo, máquinas de afeitar eléctricas) o para una marca en particular (por ejemplo, las máquinas de afeitar eléctricas Braun). En consecuencia, si se emplea más de un objetivo, es importante tener certeza de que los diferentes objetivos son compatibles con la estrategia de marketing.

[17] Charles H. Patti and Charles F. Frazer, *Advertising: A Decision-Making Approach,* Dryden Press, Hinsadle, Ill., 1988.

Aunque no se considera como estándar una tipología única de objetivos publicitarios, se pueden identificar ocho tipos básicos[18], los cuales incluyen:

1. Hacer conocer el producto
2. Servir como recordatorio de uso para los compradores
3. Cambiar la actitud acerca del uso de la forma del producto
4. Cambiar las percepciones acerca de la importancia de los atributos de marca
5. Cambiar las creencias acerca de las marcas
6. Reforzar las actitudes
7. Construir las imágenes corporativa y de la línea de producto
8. Obtener una respuesta directa

HACER CONOCER EL PRODUCTO

Con frecuencia, el objetivo primario de la publicidad es simplemente generar o aumentar el conocimiento de un nombre de marca, un concepto de producto o de la información acerca de dónde o cómo comprar un producto. Éste puede ser un objetivo importante en varias situaciones diferentes.

Primero, cuando una marca ingresa al mercado, a menudo para los compradores es difícil desarrollar una actitud si la marca y el concepto básico del producto no son conocidos. Es decir, el conocimiento del producto y la comprensión de su concepto básico deben existir antes que se puedan desarrollar actitudes favorables hacia la marca.

Segundo, los gerentes también deberán emplear objetivos de divulgación cuando los clientes necesiten saber cómo comprar o cómo conseguir información acerca de un producto. Los gerentes de productos de consumo masivo con sistemas de distribución altamente selectivos pueden necesitar hacer énfasis en este objetivo, en especial si las marcas en competencia tienen una distribución más intensiva. Los anuncios publicitarios para las podadoras de césped John Deere, los de American Family Insurance y de muchas otras marcas acostumbran mencionar a sus distribuidores locales al final de los anuncios. De manera similar, comercializadores industriales -en especial aquellos con fuerzas de ventas pequeñas- pueden incluir en sus anuncios números telefónicos con llamadas gratuitas para permitir que compradores potenciales interesados obtengan más información, brindando de ese modo posibles clientes a la fuerza de ventas.

Finalmente, la conciencia y el reconocimiento del nombre de marca suelen ser objetivos esenciales de marketing para productos que se perciben con bajo riesgo, cuando hay poca deliberación o investigación. En estas situaciones, los compradores seleccionarán las marcas principalmente con base en su familiaridad con ellas. Es decir, las marcas que son más ampliamente conocidas tenderán a contar con las participaciones de mercado más grandes.

SERVIR COMO RECORDATORIO DE USO

Para artículos discrecionales con patrones de uso irregulares, una estrategia de marketing apropiada puede estimular la demanda primaria al aumentar la tasa de uso. El papel primario de la publicidad al

[18] Harper Boyd, Michael Ray, and Edward C. Strong, "An Attitudinal Framework for Advertising Strategy", *Journal of Marketing*, April 1972, pp. 27-33; y Kenneth A. Longman, *Advertising*, Harcourt, Brace, Jovanovich, New York, 1974.

desarrollar esta estrategia es recordar a los compradores que usen el producto o que se aprovisionen del mismo. Es decir, las compras pueden disminuir debido a que el producto es altamente discrecional y los consumidores no tienen existencias de inventario para actuar como un recordatorio de uso del producto.

CAMBIAR LAS ACTITUDES ACERCA DEL USO DE LA FORMA DEL PRODUCTO

Este objetivo está diseñado para apoyar las estrategias de demanda primaria que atraigan nuevos usuarios o aumenten el número de usos. Los programas de publicidad para desarrollar estas estrategias suelen tener una de dos formas básicas. La primera, es que las campañas de publicidad pueden demostrar nuevas formas de uso del producto o nuevas ocasiones de uso. Arm & Hammer han utilizado anuncios publicitarios para demostrar que el bicarbonato de soda puede eliminar los malos olores de las alfombras, los ceniceros y los refrigeradores; y la salsa A-1 Steak Sauce se ha promovido como una alternativa frente a la salsa de tomate para las hamburguesas. Segunda, algunas campañas publicitarias se han diseñado para superar percepciones negativas sobre categorías de productos.

Oldsmobile, al comprender que su base de clientes se estaba reduciendo y envejeciendo, decidió atacar directamente la imagen de viejo quisquilloso con su campaña publicitaria de la "Nueva Generación". Los anuncios publicitarios de la misma, representaban a celebridades de los años cincuenta y sesenta con sus hijos, en una serie de imágenes divertidas junto a sus Oldsmobile. Los estudios indicaron respuestas positivas ante la campaña entre consumidores de 35 a 44 años de edad, la audiencia objetivo que Olds deseaba. Aunque no se registró un aumento medible en las ventas durante el primer año, los ejecutivos de marketing de la firma consideraron que tardaría cerca de tres años para que el tema de publicidad funcionara. No obstante, la edad promedio de los compradores del Cutlass Supreme que era de 50 años cuando el vehículo salió al mercado en 1987, para 1989 había descendido a 45 años. Además, los distribuidores reportaron un mayor número de personas jóvenes en las salas de exhibición[19].

CAMBIAR LAS PERCEPCIONES ACERCA DE LA IMPORTANCIA DE LOS ATRIBUTOS DE MARCA

Una manera efectiva de captar nuevos clientes a través del posicionamiento diferenciado es anunciar una "propuesta única de ventas". Para que un atributo sea determinante en el proceso de elección de un cliente, éste debe ser importante y los compradores deben percibir que los productos alternativos difieren en el grado en el cual poseen ese atributo. Por consiguiente, si una marca o un proveedor tiene un atributo único, la publicidad debe estar dirigida a resaltar su importancia para hacerlo determinante. Por ejemplo, los anuncios de Listerine muestran que la marca ayuda a prevenir la gingivitis. El objetivo es persuadir a los consumidores para considerar este atributo en la formación de sus actitudes con respecto de los enjuagues bucales, y lograr que las evaluaciones de Listerine sean más favorables.

[19] Joanne Lipman, "New Olds Ad Campaign Updates the Old", *Wall Street Journal,* Aug. 23, 1989, p.5; Raymond Serafin, "Olds Keeps the Faith", *Advertising Age*, Aug. 25, 1989, p. 50; y Joseph B. White, "New Ads Give a Boost to the Olds Image but Don't Help the Old Sales Woes Much", *Wall Street Journal,* June 19, 1989, B1.

CAMBIAR LAS CREENCIAS ACERCA DE LAS MARCAS

Si un atributo (o beneficio) ya se considera importante, los compradores examinarán el grado en el cual cada producto o marca alternativo posee ese atributo o brinda ese beneficio. Con base en esto, el objetivo de la publicidad puede ser mejorar la calificaciones que los compradores dan a una marca en cuanto a atributos importantes o cambiar las calificaciones relativas de las marcas que compiten con ese atributo. Debido a que éste no es único para una marca, la publicidad diseñada para demostrar esta superioridad relativa deberá estar respaldada por una estrategia de marketing de confrontación directa. Por ejemplo, ConAgra introdujo sus comidas Healthy Choice e ilustró la superioridad de sus productos atacando los méritos nutricionales de las comidas congeladas de sus competidores. Con una campaña de US$15 millones, la empresa demostró que Healthy Choice era más saludable en términos de su contenido de sodio, grasa y colesterol. Las ventas del producto fueron del orden de US$150 millones durante el primer año, con más del 55% de los clientes iniciales que compraron otra vez el producto. Además, en promedio, los consumidores compraron tres cajas de Healthy Choice en comparación con 1.5 cajas de las demás comidas congeladas[20].

REFORZAR LAS ACTITUDES

Las marcas o los proveedores con una posición fuerte en el mercado y sin debilidades competitivas importantes, tienen mayor probabilidad de interesarse en las estrategias de retención de clientes. Al garantizarle a éstos que la marca o el proveedor sigue ofreciendo el nivel más alto de satisfacción en los beneficios más importantes, la publicidad puede reforzar las actitudes y, por tanto, mantener las preferencias de marca y la lealtad. En consecuencia, para lograr esta clase de objetivo, Heinz presenta el alto nivel continuado de espesor y calidad de su salsa de tomate, anunciando la calidad al verter lentamente el producto, mientras que los anuncios del conejito de Energizer recuerdan a los consumidores la larga vida de estas pilas.

CONSTRUIR LAS IMÁGENES CORPORATIVA Y DE LÍNEA DE PRODUCTO

Frecuentemente, la publicidad se utiliza para establecer o cambiar las percepciones que se tienen de organizaciones o de líneas de producto amplias, pero sin enfocarse en atributos o beneficios específicos del producto. La publicidad corporativa general suele estar diseñada para ampliar la imagen pública de la corporación, para hacerla ostensiblemente más atractiva ante los accionistas potenciales. Por ejemplo, Dow Chemical lleva a cabo una extensa campaña publicitaria para difundir la imagen de ser un sitio estupendo para que la gente joven trabaje, y haciendo énfasis en los esfuerzos de la corporación para mejorar la calidad de vida. Es posible que esta publicidad aumente el conocimiento de ciertos atributos corporativos, pero muchos expertos cuestionan su efectividad y valor reales[21].

En automóviles, computadores, la mayor parte de productos de electrónica para el consumidor, y en muchas otras categorías, numerosos productos (cada uno con características y estrategias de posicionamiento diferentes) comparten un nombre de marca y un sistema de distribución comunes. La

[20] Steve Weiner, "How Josie's Chili Won the Day", *Forbes,* Feb. 5, 1990, pp. 57, 60, 62, 63.
[21] Anne B. Fisher, "Spiffing Up the Corporate Image", *Fortune,* July 21, 1986, pp. 68-70.

publicidad para la imagen de la línea de producto se utiliza para brindar una imagen de paraguas a los atributos y beneficios específicos de cada artículo de la línea. Por ejemplo, los automóviles Pontiac de General Motors se han comercializado bajo la imagen de "Creamos la emoción", mientras que los productos de General Electric se han reunido bajo el tema "Hacemos cosas buenas para la vida". La publicidad diseñada para construir las percepciones de la línea de producto aumentará luego, mediante la publicidad diseñada para construir creencias de marca o importancia de atributo para productos y modelos separados, dentro de la línea.

OBTENER UNA RESPUESTA DIRECTA

Uno de los sectores con más rápido crecimiento es el del marketing directo. En él, la organización se comunica directamente con los clientes objetivo con el fin de generar una respuesta o una compra. Aunque el marketing directo es sólo una parte de la mezcla promocional, se ha convertido en una pieza integral del programa de comunicaciones. La publicidad de respuesta directa es un método de marketing directo en donde el producto o servicio se promueve a través de los anuncios comerciales, y el cliente tiene la oportunidad de comprar o responder directamente al fabricante.

EL PROCESO DEL PRESUPUESTO

Establecer el presupuesto de publicidad es una de las tareas más difíciles que encaran los gerentes de marketing. Como se sugirió en el análisis de la productividad (capítulo 6), resulta en extremo complicado predecir el impacto que tiene un determinado nivel de gastos en publicidad por varias razones: no es probable que la relación entre publicidad y ventas sea directa y lineal; acciones competitivas o factores del entorno pueden trastornar la efectividad de los esfuerzos de publicidad y, en ocasiones, los efectos de la publicidad se ven modificados por los cambios en el precio, el esfuerzo de ventas u otros programas de marketing. Un problema adicional es que los efectos de la publicidad tienden a ser acumulativos, es decir, los gastos de un año tendrán algún impacto inmediato en las ventas, pero también tendrán un efecto a largo plazo en las ventas de periodos subsiguientes, como se ve en el caso de la campaña de Oldsmobile. Los compradores que se han visto motivados para comprar un producto (o al menos para conocerlo o desarrollar una actitud favorable hacia él), debido a los esfuerzos publicitarios del primer año, a menudo lo comprarán en los años venideros. Una dificultad final se presenta alrededor del tema de la eficiencia. El aumento en los gastos de publicidad nunca puede garantizar el incremento en las ventas, es decir, el dinero adicional que se invierte puede perderse debido a deficiencias en el diseño del mensaje o en la programación en los medios.

A pesar de estas dificultades, es importante establecer un presupuesto tentativo para brindar alguna guía a los diseñadores del mensaje y a los planificadores de los medios. Debido a que estas tareas requieren de dinero, los gerentes deben tener algún indicio de las fuentes que estarán disponibles antes que se puedan identificar un mensaje razonable y los medios alternativos. (La figura 10-3 presenta la elaboración de un presupuesto provisional para publicidad).

Aunque los aspectos específicos del proceso de elaboración del presupuesto de publicidad variarán de una empresa a otra, los gerentes pueden utilizar un enfoque general que incluye los siguientes pasos:

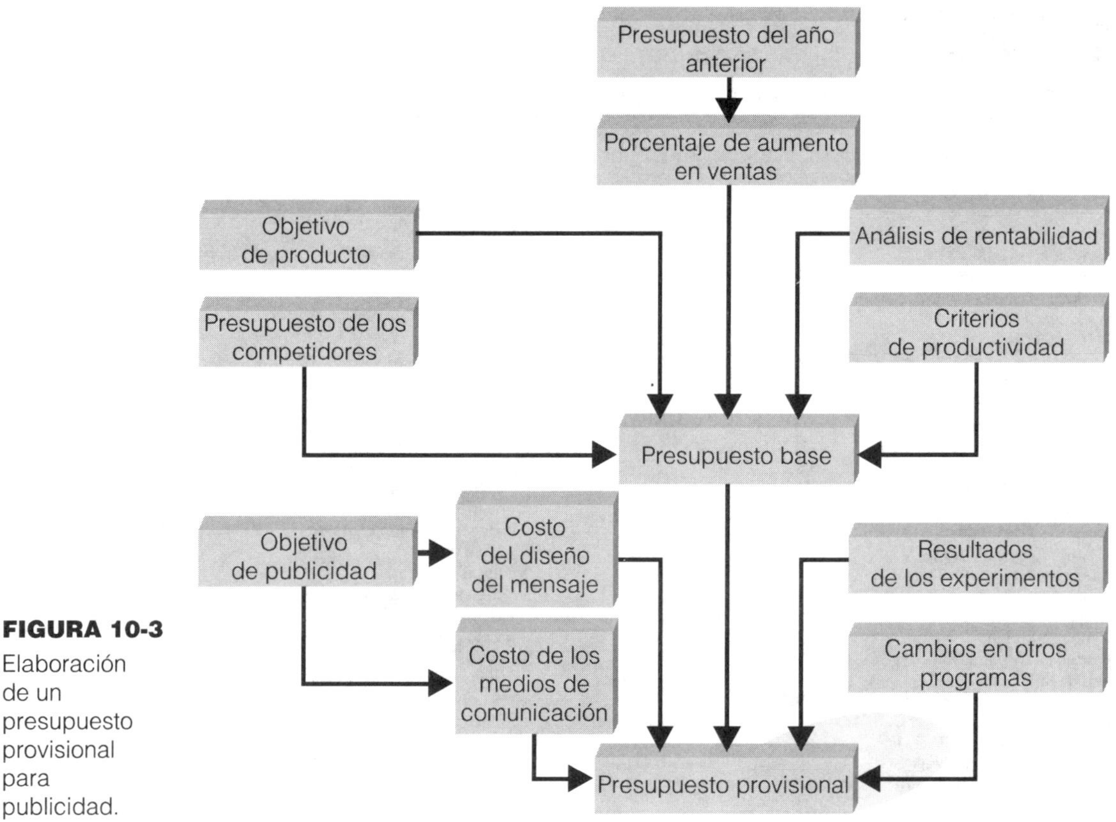

FIGURA 10-3
Elaboración de un presupuesto provisional para publicidad.

1. Establecer un presupuesto base
2. A partir de los objetivos de publicidad, estimar los requerimientos de costos del diseño del mensaje y de los medios
3. Si el tiempo y los recursos lo permiten, realizar experimentos para conseguir un estimado básico del impacto del programa propuesto
4. Revisar el presupuesto (o los objetivos) cuando sea necesario, sobre la base de los costos de las tareas, los resultados de cualquier experimento, y los costos y el impacto esperado de otros programas de marketing

Establecer presupuestos de base

En la mayor parte de las organizaciones, el presupuesto total de publicidad no varía mucho de un año al siguiente; por ello, un método posible es usar el presupuesto del año anterior o los índices publicidad/ventas de la industria como guía (*véase* tabla 10-2). Para ser más realistas, cada año los gerentes ajustarán los presupuestos a partir de diferentes factores.

TABLA 10-2

ÍNDICE PUBLICIDAD/VENTAS (POR INDUSTRIA) 1991

INDUSTRIA	DINERO INVERTIDO EN PUBLICIDAD COMO PORCENTAJE DE LAS VENTAS (US$)	DINERO INVERTIDO EN PUBLICIDAD COMO PORCENTAJE DEL MARGEN (US$)
Abrasivos, asbesto, minerales varios	1.1	3.9
Adhesivos y sellantes	2.7	5.9
Productos químicos para el agro	0.7	3.1
Cultivo y cosecha de productos agrícolas	2.2	7.1
Equipos de aire acond., calefacción y refrigeración	1.7	6.5
Servicios de correo aéreo	1.2	9.9
Transporte aéreo programado	1.9	65.5
Aeronaves y sus partes	0.6	3.1
Piezas de aeronaves, equipo auxiliar, NEC	0.8	3.1
Almacenes de artículos para automóviles y el hogar	2.2	8.9
Alquiler y *leasing* de autos, sin conductores	2.4	3.6
Controles automáticos de regulación	3.3	11.5
Productos de panadería	8.0	47.6
Bebidas alcohólicas	8.6	14.6
Libros: publicación e impresión	2.9	6.0
Elaboración de materiales textiles en algodón	4.3	21.7
Servicios de negocios, NEC	2.7	6.5
Servicios pagados de TV por cable y otros serv. de TV	2.9	6.0
Máq. de contabilidad y calculadoras, diferentes a computadores	1.7	4.4
Empresas de ventas por catálogo o pedidos por correo	6.9	17.7
Distribuidores mayoristas de prod. químicos y derivados	4.2	18.0
Prod. químicos y sus derivados	2.3	6.1
Programación de comput. y procesamiento de datos	0.2	0.6
Almacenes de comput. y software para comput.	0.6	3.1
Diseño de sistemas computarizados integrados	1.5	4.1
Serv. de preparación de datos y proces. por comput.	1.5	2.9
Servicios de programación de computadores	1.7	8.9
Impresos comerciales	2.7	10.4
Equipos de comunicaciones, NEC	2.1	4.9
Servicios de comunicaciones, NEC	1.3	3.2
Computadores y equipo de oficina	1.6	3.3
Equipos computarizados para comunicaciones	1.9	4.0
Equipos periféricos para computadores, NEC	1.9	4.1
Dispositivos de almacen. de datos para comput.	1.4	4.8
Ventas al por mayor de comput. y software	0.6	5.2
Equipos para construcción, minería y manejo de materiales	4.4	12.9
Productos en cartón y papel, diferentes a cajas	2.3	5.2
Derivados lácteos	4.1	11.2
Almacenes de medicamentos y farmacias	1.6	5.6
Ventas al por mayor de bienes durables, NEC	3.6	7.6
Servicios educativos	6.9	15.7
Aparatos eléctricos industriales	2.0	6.2
Instrumentos eléctricos para pruebas y mediciones	2.6	5.4
Otros equipos eléctricos diferentes a los comput.	2.2	5.6
Equipos cableados de iluminación eléctrica	2.5	8.5
Aparatos para electromedicina	1.3	2.2
Accesorios electrónicos para computadores	0.7	2.3
Comp. electrónicos, NEC	1.0	3.4
Computadores electrónicos	3.6	7.2
Conectores electrónicos	1.0	4.2
Ventas al por mayor de partes para equipos electrónicos, NEC	2.0	7.5
Servicios de ingeniería	0.4	1.9
Motores y turbinas	1.3	6.6
Servs. de ing. de invest. medición y relacionados	1.4	6.7
Alquiler y venta por *leasing* de equipos, NEC	0.7	2.4
Elaboración de obras de orfebrería	1.0	3.7
Elaboración de productos en caucho, NEC	0.7	3.9
Instalaciones para servicios administrativos de apoyo	1.9	11.6
Maquinaria y equipo agrícola	1.1	4.5
Servicios financieros	0.8	6.9
Productos alimenticios y similares	6.3	14.9

Tomado de *Business Marketing Magazine*, November 1991, pp. 111-113.

1. Los objetivos de producto determinan cuáles productos recibirán mayor o menor respaldo, o cuáles lo mantendrán. Con base en ello, los gerentes pueden modificar los presupuestos para reflejar cualquier cambio en los objetivos de producto.
2. La rentabilidad del producto deberá ser un aspecto importante para considerar en la elaboración del presupuesto. Entre mayor sea el margen de contribución, menor será el aumento en ventas que se necesite para cubrir los costos de un incremento en los presupuestos de publicidad.
3. Los criterios de productividad (especialmente en combinación con los análisis de rentabilidad) pueden ser útiles para determinar los efectos de cambios en los presupuestos. Como se estudió en el capítulo 6, los gerentes pueden decidir qué nivel de publicidad necesitan para aumentar o mantener la participación de mercado al nivel actual.

Muchos anunciantes creen que es necesario mantener sus presupuestos de publicidad (o participación de voz) con una proporción de la inversión consistente con el total de los gastos de publicidad en la categoría del producto, si con ello mantienen su participación de mercado. Este tipo de enfoque de paridad competitiva exigiría que la empresa aumente su "participación de voz" en el mismo nivel porcentual que la participación de mercado deseada. Firmas como Procter and Gamble, McDonald's y Wendy's han señalado que utilizan este tipo de enfoque. Esta forma de presupuesto puede ser errada por dos razones: primero, ignora la posibilidad de que pueden existir límites para alcanzar la participación de mercado; por ejemplo, podría esperarse con razón que una marca con el 10% de participación no aumente a un 50%, por el simple hecho de invertir el 50% del dinero en la categoría de publicidad. Segunda, este método para elaborar presupuestos no toma en cuenta los diferentes factores del comportamiento de compras que influyen en la función de respuesta de ventas de la marca, y los cuales se estudiaron en el capítulo 6.

Costos del diseño del mensaje y de los medios

Con un objetivo de publicidad establecido, un gerente puede estimar, con bastante rapidez, los costos del desarrollo de un mensaje (producción, honorarios técnicos, regalías para los participantes) y los costos de los medios de comunicación (espacios en prensa, radio o televisión). Por lo general, los costos para desarrollar el mensaje serán una parte menor de los costos totales, mientras que los costos de los medios de comunicación constituyen el componente principal. Como se estudiará en detalle más adelante en este capítulo, el tamaño del mercado objetivo, el tamaño o la duración del anuncio, el número de veces que éste se transmite y los costos específicos de cada medio de transmisión influyen en los costos de los medios de comunicación.

Experimentación y revisiones

Cuando sea factible, el programa propuesto deberá someterse a prueba en un área limitada del mercado para determinar si se logran los objetivos de publicidad y para estimar la respuesta de ventas. Estas pruebas pueden aportar indicios de si los efectos históricos de la publicidad son pesimistas u optimistas en relación con el programa presente. No obstante, los experimentos suelen indicar, solamente, los efectos a corto plazo de un programa porque, por lo común, la duración del experimento es limitada. Sin embargo, los experimentos pueden ser bastante útiles para determinar el efecto del argumento de los textos y los programas de medios. Si se utilizan diferentes medios o distinta cantidad de anuncios comerciales en diferentes mercados, se podrá medir el valor de cada medio y de los diferentes niveles de audiencia expuestos a un mensaje. Estas medidas pueden permitir que los gerentes ajusten los presupuestos para obtener los programas de medios más eficientes.

Las revisiones también pueden ser necesarias debido al impacto de otros programas. En algún grado, la publicidad compite por los recursos con ventas, promoción de ventas y desarrollo de producto. Además, los cambios de precios llevarán a la modificación de los márgenes de contribución. Con base en esto, los cambios en los presupuestos para otros programas pueden forzar a los gerentes a modificar el presupuesto de publicidad para permanecer dentro del límite de los recursos disponibles para un producto. Por ejemplo, en 1991 Sprint redujo sus gastos en publicidad de US$81 millones a US$68 millones, mientras que su competidor, MCI, lo aumentaba de US$56 millones a US$94 millones. La participación de mercado de MCI aumentó del 14.2 al 16%; la de Sprint descendió del 9.7 a un 9.5%[22].

DISEÑO

El mensaje publicitario incluye dos elementos básicos: los puntos de atracción (argumentos básicos del *copy* o texto del mensaje) que representan la idea central del mensaje y el método de presentación (o estilo de ejecución) que se utiliza para presentar esos argumentos básicos. Aunque el diseño del mensaje es una responsabilidad primaria de la agencia de publicidad o de otros especialistas creativos, el director de publicidad o los gerentes de producto pueden hacer aportes significativos para ayudar a determinar si el diseño del mensaje es apropiado para la estrategia de marketing y los objetivos de publicidad. En particular, la información con respecto a las características demográficas y al estilo de vida de la audiencia objetivo es útil para decidirse sobre las personas que han de aparecer en los anuncios.

Contenido de un mensaje efectivo

La información sobre el proceso de compra puede ayudar a la agencia o a los especialistas a tratar con los tres principales requisitos de un mensaje efectivo: deseo, exclusividad y credibilidad[23]. Los criterios de deseo y exclusividad simplemente son los mecanismos de una firma para hacer énfasis en aquellos atributos determinantes que brindan una ventaja. Si el deseo es un problema, entonces se podría reflejar la utilidad del producto para solucionar un problema de uso. La exclusividad se puede demostrar a través de comparaciones (directas o indirectas) una vez que se conocen las diferencias reales y las percibidas. La credibilidad es importante en aquellas situaciones en donde es difícil demostrar el beneficio o el atributo del producto, o éste es altamente subjetivo, o cuando se requiere un cambio importante en los patrones de uso. Por ejemplo, la empresa fabricante de los productos alimenticios Del Monte desechó un nuevo yogurt de larga vida, el Little Lunch, después que la investigación del consumidor reveló que los compradores de esta clase de producto rehusaron la idea de que el yogurt no debía mantenerse refrigerado. La investigación inicial indicó que el concepto se veía como deseable y único, pero, finalmente, el costo de lograr credibilidad era demasiado alto después de una prolongada prueba de marketing con varios tipos de mensajes[24].

[22] Terry Lefton, "The Man from Mars' Game Plan for Sprint", *Adweek's Marketing Week*, May 25, 1992, p. 12.

[23] Dik Warren Twedt, "How to Plan New Products, Improve Old Ones and Create Better Advertising", *Journal of Marketing*, January 1969, p. 53-57.

[24] Sally Scanlon, "Calling the Shots More Closely", 1978, *Sales and Marketing Plans, Sales and Marketing Management*, 1979, p. 90.

Alternativas para los tipos de argumentos del texto

Las alternativas para los argumentos del texto (puntos de atracción básicos del mensaje) son los argumentos motivacionales o enunciados descriptivos que contiene el mensaje, y pueden ser de tres tipos:

- Argumentos que describen los atributos físicos del producto
- Argumentos que describen los beneficios funcionales que se pueden obtener con el producto
- Argumentos que caracterizan el producto en términos de los tipos de personas que lo utilizan, los resultados de obtener los beneficios funcionales o el estado de ánimo

En la elección del tipo de argumento para un programa de publicidad determinado, en principio los creativos deberán guiarse por el enunciado del objetivo de publicidad de la firma. Es decir, el objetivo publicitario deberá establecer con claridad las características específicas que hacen que el comprador conozca el producto, o los atributos o beneficios específicos en los cuales deberán cambiarse o reforzarse las percepciones. Además, algunos objetivos de publicidad pueden enfocarse hacia la exclusividad, mientras otros hacen énfasis en el deseo (importancia) de un atributo. Dado el objetivo de publicidad, los creativos pueden seleccionar el enfoque apropiado para el texto que respaldará el deseo, la exclusividad o la credibilidad (o una combinación de ellos) del atributo o beneficio que se caracteriza.

Cuando los creativos desarrollan el *copy* o texto, deben considerar el tipo de concepto de marca involucrado. Los productos se pueden clasificar en términos de una de las siguientes necesidades[25]:

1. *Necesidades funcionales:* productos que solucionan problemas relacionados con el consumo que se presentan en el entorno de las personas (por ejemplo, las podadoras de césped)
2. *Necesidades simbólicas*: productos que satisfacen necesidades generadas internamente, como automejoramiento o identificación del ego (por ejemplo, automóviles)
3. *Necesidades de experiencia:* productos que brindan placer sensorial, variedad u otras clases de estímulos (como alimentos o entretenimiento)

Resulta claro que la caracterización se convierte en un elemento importante del texto cuando implica necesidades simbólicas o de experiencia. Además, a menudo, el tipo de necesidad tiene una influencia significativa en la selección de un estilo de ejecución.

Estilo de ejecución

Se denomina así a la manera como se presentan los argumentos del texto ante la audiencia objetivo. A continuación se hace un breve análisis de los estilos de ejecución más comunes. Los detalles de la selección de un estilo de ejecución están por fuera del alcance de este libro[26].

Las *asociaciones simbólicas* se constituyen en un medio para representar los atributos o beneficios intangibles, mediante la asociación del producto o servicio con un cierto tipo de individuos (suele ser

[25]C. Whan Park, Bernard Jaworski, and Deborah MacInnis, "Strategic Brand Concept-Image Management", *Journal of Marketing,* October 1986, pp. 135-145.

[26]Se dispone de un estudio amplio sobre el particular en la obra de George E. Belch and Michael A. Belch, "Introduction to Advertising and Promotion", Irwin, Homewood, Ill., 1993, pp. 351-382.

el caso en los anuncios de automóviles) o con un objeto tangible. (Obsérvense los símbolos de seguridad que utilizan las compañías de seguros: vigilantes, escudos, el peñón de Gibraltar, etc.).

Los beneficios funcionales del producto se pueden comunicar en diversas formas. Los *testimoniales* se emplean para respaldar la credibilidad de los beneficios del producto a través de celebridades cuya imagen permite establecer alguna asociación con la categoría de producto; por ejemplo, la bebida para deportistas, Gatorade, utiliza imágenes de Michael Jordan en su sitio *web*, http://www.gatorade[27]. Las *demostraciones* o *recetas del producto* muestran cómo, de una forma particular, se puede solucionar un problema del comprador, de manera que se aumente el deseo por el producto. Las secuencias de "*Fragmentos de la vida*" que reflejan compradores en situaciones de solución de problemas son similares a las demostraciones que muestran beneficios del producto. Las *historias de caso* que documentan los beneficios de un producto (como las pilas para linterna que duran toda la noche) sirven como refuerzo de la credibilidad y como una demostración de los beneficios del producto.

Cuando el texto de un anuncio se dirige a los atributos funcionales del producto, la documentación sobre los atributos de este último (de organizaciones presuntamente no sesgadas) puede ser benéfica. Desde hace poco tiempo, los formatos de *publicidad comparativa* (en los cuales dos o más marcas se comparan en dos o más atributos) se han utilizado bastante como un medio para demostrar la unicidad o credibilidad del texto del anuncio sobre un atributo de producto.

Una de las campañas publicitarias de mayor éxito en Estados Unidos ha sido el "Reto Pepsi" que comparaba el sabor de Coca-Cola con el de Pepsi. Sin embargo, en Japón, en donde los comerciales presentan a consumidores japoneses enfrentándose al "Reto Pepsi", el sistema que utilizó Pepsi para cubrir el nombre de Coca-Cola disminuyó el impacto de la publicidad. Los consumidores japoneses consideran arrogante comparar un producto con otro y la mayoría de los hombres de negocios japoneses creen que la competencia abiertamente desafiante no es ética. Más adelante, cuando la Fair Trade Commission de Japón disminuyó las restricciones frente a la publicidad comparativa, Pepsi sacó al aire un anuncio comercial comparativo con el cantante de rap M. C. Hammer. En los dos meses que se pasó el anuncio por las cinco principales estaciones comerciales, las ventas de Pepsi aumentaron en un 50%; esto se atribuyó a la popularidad de M.C. Hammer y al alto consumo de bebidas gaseosas entre la población joven. Sin embargo, las estaciones de televisión rechazaron los *spots* (anuncios) adicionales y el futuro de la publicidad comparativa es incierto en el Japón[28].

Pepsi ha seguido enfrentando problemas con la publicidad que compara su producto con el de otras marcas. Una reciente disposición en Inglaterra puede forzar a la empresa a cambiar su comparación con Coca-Cola por una comparación con la "Marca X"[29]. Cuando Pepsi trató de utilizar el tema del "reto Pepsi" con la marca inglesa Virgin Cola, ésta acusó a Pepsi de afectar su nombre de marca. La gerencia de Virgin solicitó a las autoridades hacer que la multinacional estadounidense cambiara sus anuncios o que los retirara[30]. Históricamente, los supervisores de la publicidad de la Unión Europea han estado en contra del uso de la publicidad comparativa; sin embargo, después de muchos años de debate, esta forma de publicidad está próxima a convertirse en una Euroley, lo cual significa que países como Bélgica y Alemania tendrán que modificar su prohibición generalizada de la publicidad comparativa[31].

[27] Gerry Khermouch, "Jordan Goes On-Line for Gatorade", *Brandweek*, Feb. 19, 1996, p. 14.

[28] "Pepsi, Coke Spar in Japan over Comparative TV Ad", *Wall Street Journal*, Mar. 8, 1991, p. B6; Yukimo Ono, "Pepsi Challenges Japanese Taboo as It Ribs Coke", *Wall Street Journal*, Mar. 6, 1991, p. B3; y David Kilburn, "Pepsi's Challenge: Double Japan Share", *Advertising Age*, Dec. 10, 1990, p. 36.

[29] "Pepsi Has to Change TV Campaign", *Marketing Week*, Feb. 10, 1995, p. 7.

[30] Rose Snowdon, "Virgin Challenges Pepsi's Claims", *Marketing*, Sept. 14, 1995, p. 1.

[31] Lionel Stanbrook, "Comparison Is a Liberty Which We Must Still Defend", *Marketing*, Nov. 30, 1995, p. 16.

Un estilo de ejecución bastante común y, con frecuencia, controvertido, es el del *humor*. Hacia 1923, Claude Hopkins, un famoso escritor de textos publicitarios, sugirió que la publicidad nunca debería tratar de divertir porque el humor distraería la atención del contenido del mensaje. En 1963, otro ejecutivo de publicidad, David Ogilvy, expidió un comunicado en contra del uso del humor; no obstante, en 1982 modificó su nota inicial para sugerir que el humor podría ser útil en ciertas circunstancias[32]. Un estudio entre ejecutivos de la publicidad de las primeras 150 agencias de los Estados Unidos indicó que el humor es un mecanismo efectivo para captar la atención. El humor funciona mejor con productos no durables y cuando se relaciona directamente con el producto; los vehículos que mejor se acomodan a la publicidad humorística son la televisión y la radio[33]. Los resultados de un estudio de publicidad, que incluyó cientos de anuncios en radio, televisión y revistas, señalaron que el humor se ajustaba mejor a productos de bajo riesgo como pasabocas, postres, cervezas, etc., y se adaptaba menos a productos funcionales de más alto riesgo como electrodomésticos, equipos, seguros, llantas y, en especial, a productos expresivos de más alto riesgo como prendas de moda y joyería[34].

Como se ha indicado en el estudio precedente, los especialistas creativos cuentan con gran cantidad de opciones. Sin embargo, tienen mayor posibilidad de seleccionar textos y estilos de ejecución efectivos si entienden el objetivo de la publicidad y el proceso de compra. Con base en ello, es importante que los gerentes establezcan estos objetivos y brinden a los especialistas los indicios que ellos mismos han obtenido a través del análisis del comprador.

PROGRAMACIÓN DE LOS MEDIOS DE COMUNICACIÓN

Las decisiones que se toman en el momento de establecer un programa de medios tienen una importancia extrema por dos razones. La primera, es que la compra de tiempo en radio y televisión, y de espacio en revistas y periódicos representa el elemento de costo más alto del presupuesto de publicidad. Por ejemplo, el costo de un anuncio de 30 segundos durante la final de fútbol americano en la Liga Nacional en 1995, el SuperBowl, fue superior a un millón de dólares. Un anuncio de página completa en la edición nacional del *The Wall Street Journal* cuesta US$123.591 diarios; un aviso similar, dirigido a la región de Nueva Inglaterra costaría US$15.700 por día[35].

Segunda, el éxito de un anuncio para alcanzar los objetivos de publicidad depende principalmente de lo bien que cada programa o revista alcance al segmento del mercado objetivo. Por lo general, debido a que se conocen el costo, el tamaño de la audiencia y las características de cada alternativa en los medios de comunicación, los gerentes pueden emplear algunas herramientas cuantitativas para establecer el programa de los medios. Sin embargo, como se demostrará, también deben aplicar su criterio en las decisiones de esta programación debido a que algunos de los atributos de los medios no se pueden medir con facilidad.

En esta sección se presentarán los principales pasos involucrados en la elaboración del programa de los medios. En particular, se estudian cada uno de los siguientes tipos de decisiones:

[32] Marc G. Weinberger, Harland Spotts, Leland Campbell, and Amy L. Parsons, "The Use and Effect of Humor in different Advertising Media", *Journal of Advertising Research*, May-June 1995, p. 44.
[33] Thomas J. Madden, and Marc G. Weinberger, "Humor in Advertising: A Partitioner View", *Journal of Advertising Research*, 24.4, 1984, pp. 23-29.
[34] Weinberger, loc. cit.
[35] *Marketer's Guide to Media,* Spring-Summer 95, Adweek Publishing.

- Seleccionar el tipo de medio para usar
- Seleccionar los vehículos específicos para considerar
- Determinar el tamaño, la duración y la posición del anuncio
- Determinar el alcance y la distribución de frecuencia deseados en los mensajes

Después de haber tomado estas decisiones, se pueden desarrollar uno o más programas de medios. A continuación, los gerentes deberán examinar el programa y determinar si será adecuado para lograr el objetivo deseado y si será necesario revisar el presupuesto provisional.

Como en el caso del diseño del mensaje, los gerentes de publicidad y los gerentes de producto no pueden tomar todas las decisiones detalladas que se relacionan con el proceso. No obstante, deberán revisar y analizar esas decisiones para estar seguros de que sean consistentes con el tipo de objetivo de publicidad deseado y que serán apropiadas para el mercado objetivo y el diseño del mensaje. En esta sección del capítulo se presentan algunas pautas para hacer estas revisiones y evaluaciones[36].

Seleccionar el tipo de medio de comunicación

Cada medio (televisión, radio, periódicos y revistas) tiene características particulares que pueden ser o no apropiadas para el tipo de mensaje que se desea presentar y para la clase de segmento objetivo que se busca alcanzar. Por ejemplo, cuando se utiliza la publicidad por correo directo, una empresa suele basarse en la lista de correo que contiene los nombres de las personas con alguna característica común como la edad (por ejemplo personas mayores), ocupación (estudiante o profesional), área geográfica (localidades suburbanas) o propietarios del producto (como los propietarios de residencias).

A menudo, cuando la promoción se relaciona con condiciones geográficas, los gastos de publicidad se pueden distribuir de acuerdo con el potencial de mercado de un área si las ventas varían de una región a otra. Los gastos se pueden asignar para aquellas áreas en donde el producto ya es líder, con el fin de mantener la participación de mercado o en donde existe potencial de crecimiento. Los planificadores de los medios suelen utilizar índices para ayudarse en la toma de estas decisiones. Además de los índices del Estudio de Poder Adquisitivo, o del Índice de Desarrollo de Marca (IDM) y del Índice de Desarrollo de Categoría (IDC), que se estudiaron en el capítulo 5, las empresas se pueden basar en información secundaria como la que suministra el Simmons Market Research Bureau (SMRB) o Mediamark Research, Inc. (MRI). Estas fuentes aportan datos agrupados por tamaño y composición de la audiencia para cerca de 100 publicaciones, al igual que los datos de la amplitud de exposición y uso para más de 800 productos y servicios para el consumidor. Además, suministran información sobre estilos de vida y características del uso de los medios que hace la población. La tabla 10-3 es una muestra del trabajo de Mediamark Research, Inc. para la práctica de la pesca en agua dulce y el golf. Obsérvese, utilizando el índice, que la revista *New York Magazine* es útil para el golf pero no para la pesca. Como podría esperarse, *North American Fisherman* sería el medio seleccionado para alcanzar la audiencia de los pescadores de agua dulce.

Debido a que la audiencia es reducida, esto tiende a ser una forma económica de comunicar mensajes complejos para segmentos específicos del mercado. Alternativamente, los gerentes pueden

[36] Dennis Gensch, "Media Factors: A Review Article", *Journal of Marketing Research*, May 1970, pp. 216-225; y Leo Bogart, "Mass Advertising: The Message, Not the Measure", *Harvard Business Review*, September-October 1976, pp.107-116.

TABLA 10-3

DEPORTES: PARTICIPACIÓN LA SEMANA ANTERIOR

BASE: ADULTOS	TOTAL EN DÓLARES '000	PESCA (EN AGUA DULCE) A '000	B % ABAJO	C % HORIZONTAL	D ÍNDICE	GOLF A '000	B % ABAJO	C % HORIZONTAL	D ÍNDICE
All Adults	187756	5356	100.0	2.9	100	5719	100.0	3.0	100
Money	10634	292	5.5	2.7	96	608	10.6	5.7	188
Motor Trend	4939	225	4.2	4.6	160	238	4.2	4.8	158
Muscle & Fitness	6842	335	6.3	4.9	172	345	6.0	5.0	166
National Enquirer	20315	836	15.6	4.1	144	319	5.6	1.6	52
National Geographic	31769	986	18.4	3.1	109	1377	24.1	4.3	142
National Geographic Traveler	3744	108	2.0	2.9	101	226	4.0	6.0	198
Natural History	1771	55	1.0	3.1	109	22	.4	1.2	41
Newsweek	22143	719	13.4	3.2	114	967	16.9	4.4	143
New Woman	3977	72	1.3	1.8	63	57	1.0	1.4	47
New York Magazine	1839	8	.1	.4	15	83	1.5	4.5	148
New York Times (Daily)	3099	14	.3	.5	16	103	1.8	3.3	109
New York Times Magazine	4443	66	1.2	1.5	52	105	1.8	2.4	78
The New Yorker	3985	113	2.1	2.8	99	144	2.5	3.6	119
North American Fisherman	3098	421	7.9	13.6	476	147	2.6	4.7	156
North American Hunter	3150	414	7.7	13.1	461	155	2.7	4.9	162
Omni	3310	77	1.4	2.3	82	137	2.4	4.1	136
Organic Gardening	4259	94	1.8	2.2	77	76	1.3	1.8	59
Outdoor Life	7151	816	15.2	11.4	400	301	5.3	4.2	138
Outside	1681	70	1.3	4.2	146	55	1.0	3.3	107
Parade	80074	2431	45.4	3.0	106	2966	51.9	3.7	122
Parenting	5669	203	3.8	3.6	126	77	1.3	1.4	45

Fuente: Mediamark Research Sports & Recreation Report, Spring 1994.

utilizar medios tales como vallas, afiches y publicidad en vehículos de tránsito masivo cuando se presenten mensajes cortos y claros para una audiencia (por lo común) no seleccionada.

Seleccionar posibles vehículos

Un vehículo es una revista, periódico, programa de radio o de televisión específicos. Cuando se selecciona un determinado grupo de vehículos, los gerentes deberán conocer la capacidad que cada elemento de ese conjunto tiene para alcanzar los segmentos del mercado objetivo. Los servicios de *ratings* (índices de audiencias) y de investigación especial que brindan los vehículos o las agencias de publicidad, suministran información sobre el tamaño de la audiencia y sus características demográficas para cada vehículo. Algunas revistas publican ediciones separadas para llegar a grupos demográficos específicos. La revista *Time* publica ediciones adicionales que contienen publicidad especializada para médicos, educadores, ejecutivos de negocios y estudiantes.

Los vehículos deberán evaluarse con base en la posible efectividad para el producto y el mensaje específicos; por ejemplo, la orientación editorial de un vehículo como *Time* o *Newsweek* puede aumentar la credibilidad de una presentación debido a que el vehículo se percibe como confiable. De modo similar, un vehículo que se reconoce por su prestigio o experiencia en un tema dado puede ser una opción excelente para ciertos productos (por ejemplo, *Sports Illustrated* para equipo deportivo). La capacidad de un vehículo para enviar mensajes con necesidades técnicas especiales que impliquen color, tamaño, etc., pueden influir en la selección de un vehículo específico.

La disponibilidad de los medios y los conflictos en las disposiciones que los regulan se presentan en todo el mundo. En ciertos países no es posible presentar anuncios comerciales en televisión o radio, o su uso está muy restringido. Las discrepancias en las leyes regulatorias de una nación pueden incluir límites sobre la cantidad de tiempo disponible para los anuncios en televisión, los cuales pueden ir desde la prohibición completa hasta permiso de emisión entre 15 y 20 minutos al día en bloques de tres a cinco minutos. Como se ha visto, las restricciones sobre el uso de textos comerciales comparativos varían de un país a otro.

Al estudiar las características de la audiencia y la efectividad, los gerentes pueden reducir el número de vehículos potenciales hasta una cifra más manejable para análisis subsecuentes. El costo suele ser una consideración importante en la selección del programa final de los medios de comunicación. El costo por inserción en diferentes medios se puede obtener a través del contacto directo con el personal del área, de los especialistas que compran en medios de comunicación (quienes, a menudo, pueden obtener descuentos sobre las cifras brutas) y de las publicaciones *Standard Rate* y *Data Service,* para el caso de EE.UU.

El costo real por inserción dependerá del tamaño, la duración y la posición del anuncio.

Determinación de tamaño, duración y posición

El costo de una inserción depende del tamaño, la duración y la posición del anuncio. Después de determinar estas tres características específicas, los gerentes pueden calcular el costo en términos del número de personas que se alcanza con cada vehículo.

El método más común que se utiliza para medir el costo de un anuncio es el costo por mil, que se conoce como CPM, y el cual se calcula al dividir el precio de un anuncio por el número de personas a quienes llega. Por ejemplo, supóngase que un fabricante de zapatos de golf para dama, quiere hacer publicidad en una revista para sacar al mercado su nueva línea de calzado. El costo de un anuncio a cuatro tintas y de página completa en la revista *Golf* es de US$65.560 mientras que el costo por el mismo anuncio en la *Golf Digest* es de US$78.380. La circulación de la primera es de 2.740.000 ejemplares mientras que la segunda alcanza a 4.260.000. El CPM para las dos revistas es de[37]:

$$\begin{aligned}\text{CPM } (\textit{Golf}) &= \frac{\text{US\$65.560} \times 1000}{2.740.000} \\ &= \text{US\$23.93} \\ \text{CPM } (\textit{Golf Digest}) &= \frac{\text{US\$78.380} \times 1000}{4.260.000} \\ &= \text{US\$18.40}\end{aligned}$$

[37] *Marketer's Guide to Media*, loc. cit.

La inversión total del anuncio es mayor en *Golf Digest,* pero el costo de llegar a cada persona es menor.

En algunos casos, las agencias utilizan un CPM dirigido, es decir, el costo por mil para los miembros de un mercado objetivo específico. El fabricante del ejemplo estaría más interesado en el costo de llegar a las lectoras de las revistas. El CPM dirigido a la audiencia femenina es:

$$\text{CPM } (\textit{Golf}) = \frac{\text{US\$65.560} \times 1000}{700.000}$$
$$= \text{US\$93.63}$$
$$\text{CPM } (\textit{Golf Digest}) = \frac{\text{US\$78.380} \times 1000}{1.050.000}$$
$$= \text{US\$74.65}$$

El costo para publicar el anuncio sigue siendo el mismo, pero como la base de los lectores es masculina, el costo para llegar a la audiencia femenina aumenta.

La medida básica que se utiliza para estimar el CPM en televisión es un punto del *rating*. La fuente más común que se utiliza para los *ratings* publicitarios en este medio es el Índice Nielsen de Televisión. La figura 10-4 presenta estos índices para la semana del 7 de abril de 1996. El índice se calcula al dividir el número de hogares que ven el programa entre el total de hogares. Para ese año, en Estados Unidos había cerca de 97 millones de hogares; por consiguiente, .305 × 97.000.000 = 29.585.000 hogares vieron *Seinfeld*.

OBJETIVOS DE LOS MEDIOS DE COMUNICACIÓN

Para un periodo de planeación dado, los gastos de publicidad se pueden distribuir en diferentes formas, con base en la programación de los gastos o de acuerdo con su alcance y frecuencia.

Programación de los gastos

La programación refleja la manera como se distribuyen los gastos durante el periodo de planeación. Muchos productos y servicios tienen patrones de ventas que se rigen básicamente por las estaciones. Las ventas de juguetes alcanzan su punto pico durante los meses de noviembre y diciembre, las de las pastillas contra la gripe, en invierno, y las de tarjetas se disparan para las festividades más importantes. Según el conocimiento que se tenga de los patrones de las estaciones, los gerentes pueden programar la publicidad de manera que el grueso de los gastos coincida (o se oriente ligeramente) con el periodo de las ventas pico.

Los anunciantes tienen tres alternativas para la programación del mensaje. Con un *programa ininterrumpido o continuo*, distribuyen una cantidad de dinero casi igual para cada periodo; si el presupuesto anual es de US$3.000.000, US$250.000 sería la cifra para cada mes. Con un *programa intermitente*, destinan una cierta cantidad para cada mes; sin embargo, el tamaño puede cambiar. Por ejemplo, un productor de sopas puede planear su publicidad para todo el año pero acentuándola durante los meses de invierno. En este caso, con un presupuesto de US$3.000.000, el fabricante de sopas podría asignar US$100.000 para los meses de abril hasta septiembre y US$400.000 para octubre hasta marzo. Un *programa volante o de oleada* es similar al intermitente, excepto porque durante algunos periodos

FIGURA 10-4

Índices Nielsen. (*Fuente*: Nielsen Ratings, *USA Today*, April 10, 1996, p. 3c).

NIELSEN RATINGS

Características
- *Rating points* = 959.000 hogares televidentes
- Participación = porcentaje de aparatos encendidos
- Número de televidentes en millones

(*) = un índice Nielsen
(r) = un episodio repetido
(s) = una transmisión especial
- **Fuente: Nielsen Media Research**

Índices de la red para la semana:

NBC....10.3 Fox 6.5
ABC....10.0 UPN....2.6
CBS .... 9.7 WB 2.3

Estación a la fecha:

NBC....11.8 Fox 7.5
ABC....10.9 UPN....3.2
CBS .... 9.7 WB 2.5

Lunes, abril 1, 1996

Horario	Programa	Televidentes	*Rating*	Participación	Posición	Semana anterior
8:00	**The Nanny** (CBS) (r)	15.1	10.9	18	*25	
	Melrose Place (Fox)	13.3	9.3	15	39	
	Fresh Prince of Bel-Air (NBC) (r)	13.3	9.0	14	*42	*27
	Second Noah (ABC)	12.6	8.2	13	*51	
	Star Treck: Voyager (UPN) (r)	5.1	4.0	6	90	90
8:30	**Almost Perfect** (CBS)	13.4	9.7	15	*32	
	Brotherly Love (NBC)	12.1	7.9	12	*56	*47
9:00	**Prelude to a Championship** (CBS)(s)	20.1	14.1	22	8	
	Untamed Heart (NBC)	15.1	10.9	17	*25	
	High Incident (ABC)	13.3	8.9	14	44	
	Ned and Stacey (Fox)	10.6	7.5	11	60	
	Nowhere Man (UPN) (r)	2.9	2.1	3	*99	106
9:15	**NCAA Basketball** (CBS) (s)	26.7	18.3	39	5	
9:30	**Partners** (Fox)	8.3	6.0	9	*73	
10:00	**Murder One** (ABC)	12.0	8.7	14	*46	

Martes, abril 2, 1996

Horario	Programa	Televidentes	*Rating*	Participación	Posición	Semana anterior
8:00	**Roseanne** (ABC) (r)	17.5	11.6	20	17	*12
	Wings (NBC) (r)	13.8	9.7	17	*32	*30
	John Grisham's The Client (CBS)	10.0	7.1	12	62	62
	Kindred: The Embraced (Fox)	7.5	5.4	9	81	
	Moesha (UPN) (r)	4.1	3.1	5	91	91
8:30	**Coach** (ABC)	18.8	12.6	20	*10	18
	3rd Rock From the Sun (NBC)	17.6	11.7	19	16	17
	Minor Adjustments (UPN)	3.5	2.4	4	98	*99
9:00	**Home Improvement** (ABC)	38.0	23.0	36	1	10
	Frasier (NBC) (r)	14.9	10.5	16	*28	11
	Never Give Up: Jimmy V. Story (CBS)	9.3	6.7	11	*66	
	The Paranormal BorderLine (UPN).	2.9	2.1	3	*99	104
9:30	**The Dana Carvey Show** (ABC)	19.7	12.6	21	*10	*21
	The John Larroquette Show (NBC)(r)	16.4	11.3	18	21	19
	Tales From the Crypt (Fox)	6.1	4.4	7	*85	
10:00	**NYPD Blue** (ABC)	19.7	13.9	25	9	16
	Dateline NBC (NBC)	15.1	11.1	20	*22	20

Miércoles, abril 3, 1996

Horario	Programa	Televidentes	*Rating*	Participación	Posición	Semana anterior
8:00	**Ellen** (ABC)	15.6	10.7	19	27	*37
	JAG (NBC)	12.3	9.0	15	*42	35
	Beverly Hills, 90210 (Fox)	12.8	8.6	15	48	
	Dave's World (CBS)	9.5	6.9	12	65	*63
	Sister, Sister (WB) (r)	4.0	2.9	5	93	*94
	The Sentinel (UPN)	3.9	2.8	5	*94	*99
8:30	**The Faculty** (ABC)	13.8	9.6	16	*34	*44
	My Guys (CBS)	7.8	5.8	10	76	
	The Parent 'Hood (WB) (r)	3.9	2.7	5	96	*92
9:00	**Grace Under Fire** (ABC)	18.9	12.5	21	13	24
	Dateline NBC (NBC)	15.9	11.5	19	18	15
	Summer of Fear (CBS)	11.1	8.1	14	*53	
	Kindred: The Embraced (Fox)	7.9	5.5	9	80	
	The Wayans Bros. (WB) (r)	4.5	3.0	5	92	*94
	Swift Justice (UPN)	2.6	2.0	3	102	101
9:30	**Ellen** (ABC) (r)	17.3	11.4	19	*19	
	Unhappily Ever After (WB)(r)	3.6	2.5	4	97	102
10:00	**PrimeTime Live** (ABC)	17.6	12.3	22	15	*21
	Law & Order (NBC) (r)	14.1	10.5	19	*28	23

Jueves, abril 4, 1996

Horario	Programa	Televidentes	*Rating*	Participación	Posición	Semana anterior
8:00	**Friends** (NBC)	27.4	18.4	31	4	4
	Murder, She Wrote (CBS)	12.0	8.7	15	*46	40
	Before They Were Stars (ABC) (r)	9.7	6.7	11	*66	
	Living Single (Fox)	9.3	6.0	10	*73	*77
8:30	**Boston Common** (NBC)	23.3	15.3	25	7	7
	Martin (Fox)	10.7	6.7	11	*63	*63
9:00	**Seinfeld** (NBC)	30.5	20.0	32	3	3
	Bermuda Triangle (ABC)	12.2	8.2	13	*51	
	Rescue 911 (CBS)	10.3	7.0	11	*63	60
	New York Undercover (Fox)	10.9	7.0	11	*63	*72
9:30	**Caroline in the City** (NBC)	26.7	17.8	29	6	5
10:00	**ER** (NBC)	33.2	22.3	37	2	2
	48 Hours (CBS)	11.4	8.1	14	*53	53

Viernes, abril 5, 1996

Horario	Programa	Televidentes	*Rating*	Participación	Posición	Semana anterior
8:00	**Family Matters** (ABC) (r)	15.1	9.4	18	*37	*30
	Unsolved Mysteries (NBC) (r)	11.9	8.4	16	*49	41
	Due South (CBS)	11.2	7.6	14	*58	*63
	Sliders (Fox)	8.3	5.6	10	79	81
8:30	**Muppets Tonight!** (ABC)	14.2	7.9	14	*56	61
9:00	**Dateline NBC** (NBC)	13.9	9.8	17	31	25
	The X-Files (Fox) (r)	14.3	9.4	18	*37	36
	America's Funniest Videos (ABC) (r)	16.3	9.2	16	40	
	Diagnosis Murder (CBS)	13.0	9.1	16	41	46
10:00	**20/20** (ABC)	18.5	12.6	24	*10	*12
	Nash Bridges (CBS)	14.4	9.5	18	36	*37
	Homicide: Life on the Street (NBC)	11.4	8.1	15	*53	52

Sábado, abril 6, 1996

Horario	Programa	Televidentes	*Rating*	Participación	Posición	Semana anterior
8:00	**Dr. Quinn, Medicine Woman** (CBS)	15.3	9.6	19	*34	
	Cops (fox)	9.4	6.0	12	*73	79
	Real Funny (ABC) (s)	7.4	4.7	9	*83	
	Malibu Shores (NBC)	5.9	4.3	9	*87	*82
8:30	**Cops 2** (Fox) (r)	10.5	6.6	13	*69	*72
9:00	**Touched by an Angel** (CBS) (r)	16.3	10.4	20	30	
	Brothers of the Frontier (ABC)	10.9	6.6	13	*69	
	America's Most Wanted (Fox)	10.2	6.6	12	*69	75
	Hope & Gloria (NBC)	6.2	4.3	8	*87	87
9:30	**Home Court** (NBC)	6.0	4.4	8	*85	85
10:00	**Walker, Texas Ranger** (CBS)	17.7	11.1	22	*22	
	Sisters (NBC)	7.4	5.7	11	*77	76

Domingo, abril 7, 1996

Horario	Programa	Televidentes	*Rating*	Participación	Posición	Semana anterior
7:00	**60 Minutes** (CBS)	17.9	12.4	25	14	8
	The Ten Commandments (ABC) (r)	18.1	11.1	20	*22	
	World's Funniest Outtakes (Fox) (r)	7.2	4.7	10	*83	
	Pinky & the Brain (WB) (r)	2.0	1.4	3	104	105
7:30	**The Parent 'Hood** (WB) (r)	1.9	1.2	2	105	103
8:00	**Cybill** (CBS) (r)	12.1	8.4	16	*49	26
	The Simpsons (Fox) (r)	9.0	5.7	11	*77	*63
	Sister, Sister (WB) (r)	3.3	1.9	4	103	*94
8:12	**Mad About You** (NBC) (r)	11.7	7.6	14	*58	*42
8:30	**Bonnie** (CBS)	10.3	7.2	13	61	*50
	The Show (Fox)	6.7	4.3	8	*87	*82
	Kirk (WB) (r)	3.4	2.1	4	*99	98
8:42	***Sommersby*** (NBS)	13.3	8.8	15	45	
9:00	***To Sir, With Love II*** (CBS)	16.0	11.4	19	*19	
	Married... With Children (Fox) (r)	9.3	6.3	11	72	*68
	Savannah (WB)	4.0	2.8	5	*94	*94
9:30	**Local Heroes** (Fox)	6.8	4.8	8	82	84

Los primeros 20

1 **Home Improvement** (ABC)
2 **ER** (NBC)
3 **Seinfeld** (NBC)
4 **Friends** (NBC)
5 **NCAA Basketball** (CBS)
6 **Caroline in the City** (NBC)
7 **Boston Common** (NBC)
8 **Prelude to a Championship** (CBS)
9 **NYPD Blue** (ABC)
10 **Coach** (ABC)
***Dana Carvey Show** (ABC)
***20/20** (ABC)
13 **Grace Under Fire** (ABC)
14 **60 Minutes** (CBS)
15 **Prime Time Live** (ABC)
16 **3rd Rock From the Sun** (NBC)
17 **Roseanne** (ABC)
18 **Dateline** (NBC)
19 ***To Sir, With love II*** (CBS)
***Ellen** (ABC)

Noticias en la noche

Para la semana:	Semana anterior:
ABC 9.0	ABC 9.2
NBC....8.3	NBC....8.6
CBS 7.4	CBS 7.6

no tiene asignación de dinero. En ese caso, el fabricante puede destinar US$500.000 para los meses de noviembre a febrero y US$250.000 para marzo, abril, septiembre y octubre, y no asignar ninguna cantidad para mayo hasta agosto[38].

Medición del alcance y la frecuencia

El *alcance* es el porcentaje de una audiencia objetivo que está expuesto al mensaje publicitario, por lo menos una vez, en un periodo definido (por lo común, cuatro semanas). La *frecuencia* es el número de veces que un miembro de la audiencia objetivo está expuesto al mensaje durante un periodo de cuatro semanas. Si un anunciante publica su aviso una sola vez en cada emisión de una revista cuya circulación es mensual, el alcance y la frecuencia son directos y fáciles de entender. El primero sería el número de personas que leen la revista y la frecuencia es uno. Ahora, considérese el caso más probable en que un anunciante utiliza múltiples medios. Por ejemplo, un anuncio para el producto se presenta durante dos programas de televisión que se transmiten en horario triple A, en tiempo de radio se transmite la versión en audio del mismo anuncio y, finalmente, se publica un aviso respectivo en un periódico de gran circulación. El alcance es la probabilidad de que una persona estará expuesta al mensaje, por lo menos una vez, mediante uno o más de estos vehículos. La frecuencia es el número promedio de veces que una persona está expuesta al mensaje. Por ejemplo, si el comercial sale al aire todos los jueves por un periodo de cuatro semanas durante la emisión del programa *Seinfeld*, y una persona ve el programa todas las veces, la frecuencia es de cuatro. Cuando se utilizan varios medios, la frecuencia se estima como el número promedio de veces que un individuo está expuesto al mensaje. Por ejemplo, si el 40% de la audiencia objetivo se alcanza una vez, el 30% se alcanza dos veces y el 10% tres veces, se dice que se llegó al 80% de la audiencia y la frecuencia promedio sería de:

$$\frac{(.4 \times 1) + (.3 \times 2) + (.1 \times 3)}{.80} = 1.63$$

Por consiguiente, el 80% de la población objetivo estaría expuesta al mensaje un promedio de 1.63 veces.

El alcance y la frecuencia de la publicidad se pueden definir con facilidad pero, en la práctica, son bastante complicados de calcular. Las distribuciones de probabilidad son necesarias para indicar la posibilidad de que un miembro del mercado objetivo estará expuesto al mensaje. Los directores de los medios suelen basarse en modelos computarizados para los estimados de alcance y frecuencia.

Gross rating points

Con frecuencia, los gerentes utilizan medidas como los *gross rating points* (puntos de índice bruto) o GRPs para establecer las metas de los medios o evaluar los vehículos alternativos o los programas de

[38] Shimp, loc. cit.

medios. Los GRPs se calculan multiplicando alcance por frecuencia. Dado que un programa de medios en particular alcanzará un 80% de la audiencia objetivo con una frecuencia de 2.5 veces, el GRP es:

$$\begin{aligned} GRP &= \text{alcance} \times \text{frecuencia} \\ &= 80 \times 2.5 \\ &= 200 \end{aligned}$$

Un incremento en el alcance o la frecuencia conducirá a un aumento en los GRPs. La figura 10-5 ilustra la relación de alcance, frecuencia y GRP para diferentes medios. Un gerente podría preguntar: "¿Cuál sería el costo de lograr doscientos GRP por mes para los primeros seis meses de la introducción de un producto?" o "¿cuántos GRPs se podrían obtener con US$2.000.000?". Una crítica a los GRPs es que se considera que cada exposición tiene el mismo efecto[39]. El anunciante y los analistas de medios tienden a utilizar el alcance efectivo como una guía para la programación de los medios. El *alcance efectivo* se basa en la noción de que un anuncio solamente es efectivo si llega a la audiencia objetivo el número correcto de veces: ni demasiadas ni muy pocas[40].

FIGURA 10-5
Relación de alcance, frecuencia y GRPs. (*Fuente*: Michael L. Rothschild, *Advertising, from Fundamentals to Strategies*, Heath, Lexington, Mass., 1987, p. 381).

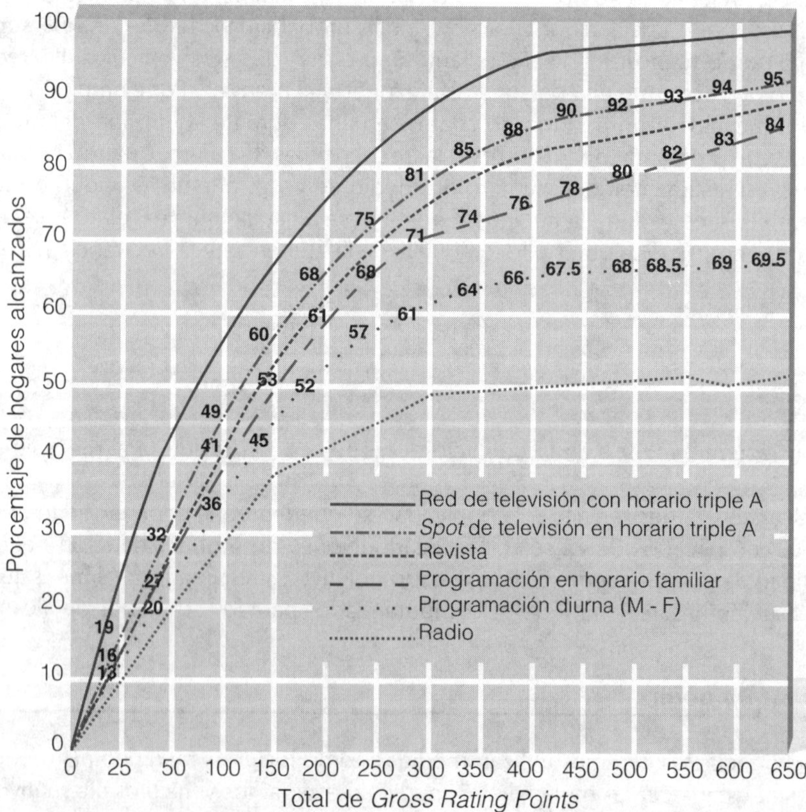

[39] Cita del consultor de publicidad Alvin Achenbaum, utilizada por B. G. Yovovich en "Media's New Exposures", *Advertising Age*, Apr. 13, 1981, sec. S, p. 7.

[40] Shimp, loc. cit., y en un estudio encontraron que más del 80% de las agencias de publicidad utilizan el "alcance efectivo" como un criterio en la planeación de los medios. *Véase* Peggy J. Kreshel, Kent M. Lancaster and Margaret A. Toomey, "How Leading Advertising Agencies Perceive Effective Reach and Frequency", *Journal of Advertising*, no. 3, 1985, pp. 32-38.

Con base en una publicación hecha en 1979 por la American National Advertisers (ANA), la norma para el alcance efectivo es 3, aunque en los últimos tiempos se ha desafiado esta cifra. Las conclusiones de un nuevo estudio "Advertising Reach & Frequency: Maximizing Advertising Results through Effective Frequency", publicada por la ANA, desvanece la regla de +3. Gran parte de la publicidad es simplemente para recordar a los consumidores productos que les son familiares; por tanto, dos exposiciones quizá sean un alcance efectivo[41].

ESTABLECER EL PROGRAMA DE LOS MEDIOS DE COMUNICACIÓN

Como se indica en la figura 10-6, los pasos precedentes brindan los datos administrativos básicos e iniciales para la decisión de la programación de los medios. Para distribuir el presupuesto entre vehículos aceptables, se acostumbra utilizar rutinas de computador, con base en las limitantes presupuestales,

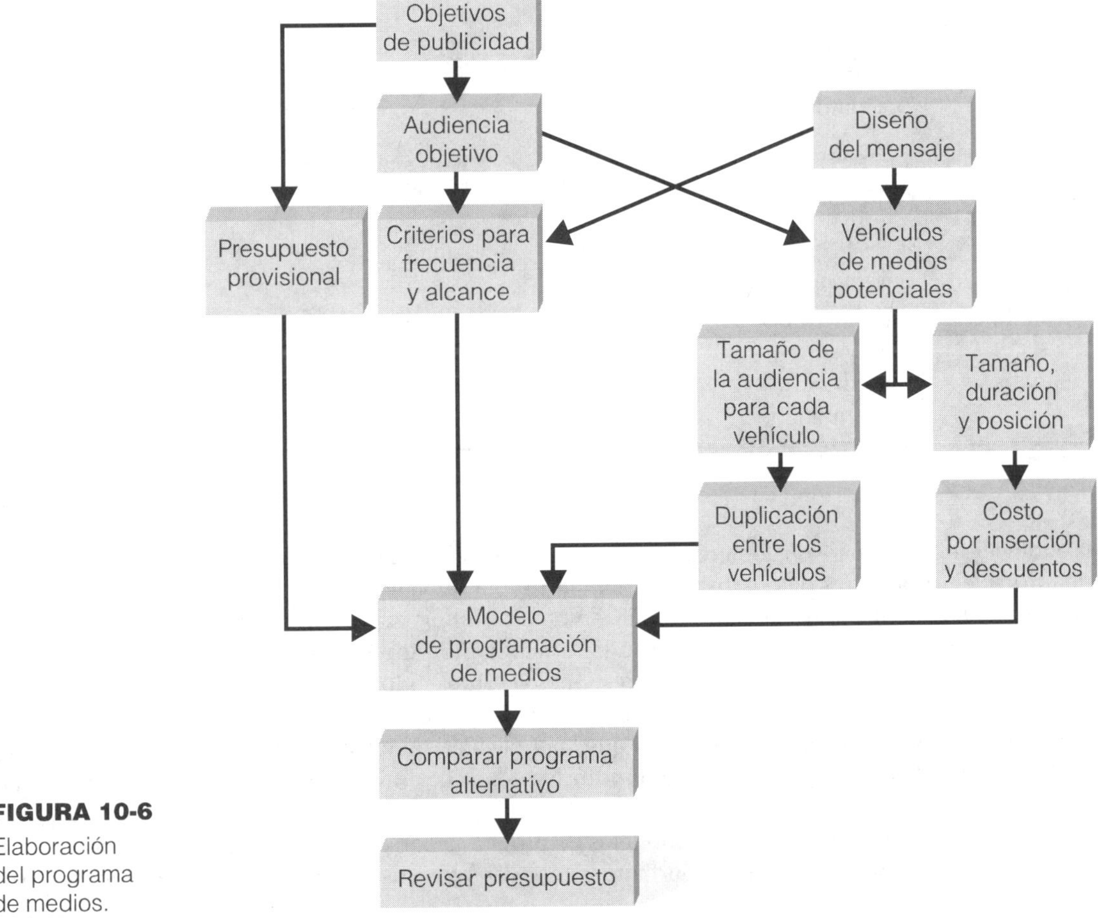

FIGURA 10-6
Elaboración del programa de medios.

[41]Joe Mandese, "Revising Ad Reach, Frequency", *Advertising Age*, vol. 66, iss, 48, Nov. 27, 1995, p. 46.

TABLA 10-4

PLAN DE LOS MEDIOS PARA UN ARTÍCULO DE REGALO PARA HOMBRE

		HOMBRES ENTRE 25 Y 49 AÑOS	
MES	MEDIO	ALCANCE	FRECUENCIA
Marzo	Televisión	78	3.1
	Revistas	69	2.1
	Combinado	93	2.4
Abril	Televisión	78	3.1
	Revistas	33	1.3
	Combinado	84	3.4
Mayo	Revistas	34	1.3
Junio	Revistas	34	1.3
	Radio	38	5.3
	Combinado	59	4.1
Julio	Radio	38	5.3
Septiembre	Revistas	35	1.3
Octubre	Revistas	59	1.7
Noviembre y Diciembre	Televisión	81	3.5
	Revistas	32	1.2
	Radio	38	5.3
	Combinado	92	2.7

la audiencia objetivo para un comercial, la frecuencia y el alcance deseados, el costo por inserción para una duración y posición determinadas, el tamaño de la audiencia y los factores demográficos para cada vehículo aceptable usualmente se utilizan para distribuir el presupuesto entre vehículos aceptables. Por lo general, estas rutinas conducirán a un conjunto de programas de medios que brindan el mayor número de GRPs posibles para el presupuesto establecido.

En la tabla 10-4 se presenta el ejemplo de un programa de medios para un artículo de regalo para hombre. Al examinar la tabla podemos ver que la publicidad tiende a ser mayor durante la temporada de Pascua, la época de grados y el tiempo de Navidad. Los niveles de alcance y frecuencia están distribuidos para cada mes.

Aunque se han desarrollado varios modelos de programación de medios, mediante la aplicación de procedimientos matemáticos[42], es importante reconocer que el uso de esos modelos no sirve como un

[42] Dennis Gensch, *Advertising Planning: Mathematical Models in Advertising Media Planning*, Elsevier Scientific, Amsterdam, 1973.

sustituto del criterio administrativo. Por el contrario, simplemente sirve para hallar los mejores programas con base en el presupuesto y en las decisiones anteriores de la gerencia, con respecto al mensaje y los objetivos de tamaño, duración y posición. De hecho, incluso los modelos más sofisticados disponibles para los anunciantes requieren datos muy extensos de los gerentes de publicidad o de producto[43].

EVALUACIÓN DE LA EFECTIVIDAD

Con frecuencia, los gastos de publicidad representan una proporción significativa del presupuesto de marketing y, a menudo, son un ingrediente esencial para el éxito de un producto. Con base en esto, los gerentes desean saber si se le da el uso apropiado al dinero asignado para publicidad. Medir la efectividad de un programa de publicidad suele ser una actividad difícil y costosa; sin embargo, los resultados de investigaciones sobre publicidad informan a los gerentes si el anuncio logró sus metas y, en caso contrario, qué se necesita corregir.

En el proceso de evaluación, el papel de los gerentes de publicidad y de los de producto es vital, especialmente para controlar el logro de los objetivos. Las agencias de publicidad y los especialistas creativos tienen mayor posibilidad de contar con las destrezas necesarias y de ser muy objetivos para evaluar los mensajes individuales y determinar el texto publicitario más efectivo. No obstante, los gerentes de publicidad, de producto y de marketing de alto nivel, deberán tratar de establecer si el mensaje produce el efecto deseado en cuanto al conocimiento del producto o sobre las actitudes del consumidor. Los anuncios publicitarios que agradan a la industria y que los consumidores recuerdan, no necesariamente son los que mueven un producto. Por ejemplo, en 1991, la campaña "Chill out" de Pepsi logró muy fuertes resultados en términos de recordación y los anuncios utilizados fueron de mucho agrado entre los consumidores; sin embargo, durante este periodo, las ventas del producto crecieron a una tasa significativamente más baja en comparación con las de Coca-Cola[44].

Más adelante, los gerentes de publicidad y de producto deberán ser los responsables primarios de evaluar la efectividad de todo el programa por dos razones. La primera es que resulta casi imposible para las agencias ser perfectamente objetivas. Segunda, inclusive cuando se dan objetivos muy bien orientados hacia las comunicaciones, varios factores (como cambios en la disponibilidad de distribución, los precios y las acciones de los competidores) pueden influir en el conocimiento y la actitud hacia el producto. Solamente los gerentes de marketing en la firma que hace la publicidad pueden evaluar con propiedad el impacto de esos factores.

Cuando sea posible, los resultados de la investigación de publicidad deberán tener carácter de diagnóstico. Es decir, que la investigación no sólo deberá indicar entre dos mensajes alternativos cuál es el mejor o qué tan bien se alcanza algún objetivo de publicidad, sino que deberá aportar intuiciones sobre acciones remediales, si ellas son necesarias.

[43] John D.C. Little and Leonard M. Lodish, "A Media Planning Calculus", *Operations Research*, January-February 1969, pp. 1-35.
[44] "Pepsi: Memorable Ads, Forgettable Sales", *Business Week*, Oct. 21, 1991, p. 36.

Procedimientos

Como se indica en la tabla 10-5, se cuenta con procedimientos alternativos para evaluar la efectividad de la publicidad[45]. Algunos de estos procedimientos debe implementarlos el anunciante o su agencia, mientras que otros están disponibles en diferentes servicios de investigación publicitaria.

Resulta importante reconocer que se utilizan diferentes procedimientos para distintas clases de evaluaciones. En particular, se pueden hacer tres clases de evaluaciones de la efectividad.

TABLA 10-5

PROCEDIMIENTOS PARA EVALUAR PROGRAMAS DE PUBLICIDAD

PROCEDIMIENTOS PARA EVALUAR ANUNCIOS COMERCIALES ESPECÍFICOS

1. Pruebas de reconocimiento:
   Estimar el porcentaje de personas que declaran haber leído una revista y que reconocen el anuncio cuando se les muestra
2. Pruebas de recordación:
   Estimar el porcentaje de personas que declaran haber leído una revista y que pueden recordar (sin ayuda) el anuncio y su contenido.
3. Pruebas de opinión:
   Miembros potenciales de la audiencia a quienes se les pide calificar anuncios alternativos como más interesante, más creíble, de mayor agrado
4. Pruebas de teatro:
   Se le pregunta a la audiencia del teatro sobre sus marcas preferidas antes y después de mostrarle un anuncio dentro del contexto de un programa de televisión

PROCEDIMIENTOS PARA EVALUAR OBJETIVOS DE PUBLICIDAD ESPECÍFICOS

1. Conciencia del producto:
   A los compradores potenciales se les pide que indiquen las marcas que recuerdan de una categoría de producto. Se presenta un mensaje que se utiliza en una campaña publicitaria y se pide a los compradores que identifiquen la marca que se anuncia con ese mensaje.
2. Actitud:
   A los compradores potenciales se les pide que califiquen las marcas en competencia o individuales sobre atributos determinantes, beneficios y caracterizaciones, utilizando escalas de rango.

PROCEDIMIENTOS PARA EVALUAR EL IMPACTO MOTIVACIONAL

1. Intenciones de compra:
   A los compradores potenciales se les pide que indiquen la posibilidad de que comprarán una marca (sobre una escala de "compraré definitivamente" hasta "definitivamente no compraré")
2. Prueba de mercado:
   Los cambios en las ventas en diferentes mercados se monitorean para comparar los efectos de diferentes mensajes y niveles de presupuesto.

[45] Joanne Lipman, "Single Source Ad Research Heralds Detailed Look at Household Habits", *Wall Street Journal,* Feb. 16, 1988, p. 35; D., Dalbey et al., *Advertising Measurement and Decision-Making*, Allyn and Bacon, Boston, 1968; además, *véase* Bernard Ryan, Jr., *It works! How Investment Spending in Advertising Pays Off,* American Association of Advertising Agencies, New York, 1991, pp. 1-63.

- Evaluar mensajes de publicidad individuales (texto y formato) para elegir la mejor de dos o más alternativas, o para medir el grado en el cual la audiencia está recibiendo el mensaje
- Evaluar la conciencia sobre el producto y las actitudes
- Evaluar el impacto motivacional del programa de publicidad como un reflejo de las ventas o de las intenciones para comprar

Obsérvese que cuando los gerentes miden el conocimiento sobre el producto, las actitudes, las intenciones de compra y las ventas, deberán hacer esas mediciones antes que comience la campaña y, de nuevo, en diferentes intervalos durante el transcurso de la misma.

AT&T utilizó una serie de anuncios comerciales que reflejaban personas de negocios con ira o con miedo, que enfrentaban problemas con el teléfono o el computador. Estos anuncios mostraban a personas de negocios que no siempre son agradables y amables cuando hacen compras por teléfono. Los anuncios se desarrollaron y controlaron utilizando diversos métodos de investigación. Se establecieron grupos foco y éstos llevaron al concepto original. Más adelante, se realizaron pruebas internas en la empresa para medir los niveles de persuasión y recordación de los anuncios. Antes del lanzamiento de la campaña, se realizaron grupos foco adicionales para ver si respaldaban los resultados de las pruebas de los anuncios. Durante toda la campaña se controlaron todos loa resultados y se realizó la investigación con vendedores[46].

Un procedimiento como el de AT&T le permitió a la gerencia determinar los problemas y pensar en posibles modificaciones en el diseño del mensaje o en la programación de los medios en una etapa tan temprana como fuera posible. Además, las pruebas que aportan información de diagnóstico suelen ser las de mayor utilidad para que los gerentes determinen cuáles son las modificaciones específicas necesarias. Por ejemplo, las pruebas de recordación ayudan al diagnóstico de las debilidades en un mensaje al indicar las partes de las afirmaciones del texto que no se recuerdan. Adicionalmente, las diferencias en la recordación entre los vehículos pueden revelar diferencias en la efectividad de éstos (o en los efectos de los factores de tamaño, duración y posición, si ellos difieren). De modo similar, las pruebas de actitud pueden servir para indicar si el texto es efectivo para cambiar las percepciones y si con él se han logrado cambios que no se pretendían.

PUBLICIDAD GLOBAL

El enfoque global ha recibido muchísima atención: se ve el mundo como un solo mercado en lugar de una colección de muchos mercados regionales o nacionales[47]. Esta orientación emplea un enfoque de marketing uniforme y productos estandarizados. Las ventajas de este enfoque altamente estandarizado incluye costos de producción más bajos, productos de la más alta calidad, imagen consistente a nivel mundial y marketing más eficiente.

[46]Thornton C. Lockwood, "Behind the Emotion in Slice of Death Advertising", *Business Marketing*, September 1988, pp. 87-93.
[47]Robert D. Buzzell, "Can You Standardize Multinational Marketing?" *Harvard Business Review*, November-December 1968, p. 102. El profesor Buzzell fue una de las primeras personas que plantearon la pregunta de cómo se podría estandarizar el marketing multinacional. Theodore Levitt, en "The Globalization of Markets", *Harvard Business Review*, May-June 1983, pp. 92-96, enunció el enfoque apropiado para todas las firmas. *Véase también*, "Differences, Confusion Slow Global Marketing Bandwagon", *Marketing News*, Jan. 16, 1987, p. 1. En un estudio entre 100 anunciante que venden productos fuera de Estados Unidos, solamente 9% utilizó un enfoque de marketing global.

Algunos ejecutivos de publicidad creen que la publicidad global, debido a la necesidad de atraer a una audiencia multicultural, constriñe la creatividad. "Ud. termina con el denominador común más bajo en publicidad cuando va alrededor del mundo; suele funcionar tanto como Ud. descienda a un nivel increíblemente fácil de entender"[48]. En respuesta a un anuncio global para un champú cuya audiencia objetivo está integrada por "cada mujer en el mundo que alguna vez se haya lavado el cabello", un director de cuenta incluyó las siguientes instrucciones a los creadores: "Sin diálogo. Sin movimiento de los labios. Sin humor. Sin sexo. Sin la posibilidad de un premio"[49].

El señor Volpi, vicepresidente senior para servicios creativos de J. Walter Thompson, sugiere que los anuncios globales deberán enfocarse en sentimientos que, en muchos casos, pueden ser universales. Cita la campaña "Colores de Verdad" para Kodak, realizada por la agencia en 1988, y que salió al aire en Estados Unidos, Europa y Asia, y aún sigue funcionando. Un ejemplo, que se ha presentado en América Latina, Europa, América del Norte y Asia, mostraba una situación emocional entre un padre y su hija el día de la boda de ella. El padre la miraba a los ojos mientras bailaban el vals y recordaba las cosas que habían hecho, "Las emociones trascienden más allá de la cultura"[50].

El mayor obstáculo para el marketing global puede estar en las diferencias culturales. Existe poca evidencia para respaldar el punto de vista de que los consumidores del mundo se están volviendo cada vez más similares. De hecho, a medida que la gente tiene mayores recursos económicos y está mejor educada, sus gustos difieren y puede ser necesario hacer ajustes mayores para las condiciones y la cultura locales. La Grey Advertising Agency ha identificado tres preguntas que las empresas deberán hacerse cuando vendan sus productos en el exterior. Una respuesta negativa a alguna de ellas sugeriría que un programa de publicidad global no es lo apropiado[51].

- ¿Son los consumidores objetivo similares en diferentes naciones? Por ejemplo, Kentucky Fried Chicken se puede considerar como una comida corriente en Estados Unidos mientras que en otra nación se considera como una amenaza.
- ¿Comparten los consumidores los mismos gustos y las mismas necesidades alrededor del mundo? General Foods posicionó con éxito la marca Tang como un sustituto del jugo de naranja al desayuno pero encontró que, en Francia, la gente bebe poco jugo y casi nunca desayuna.
- ¿Se ha desarrollado el mercado en la misma forma de un país a otro? Por ejemplo, Kellog's Pop-Tarts fracasó en el Reino Unido porque las tostadoras no se utilizan mucho, mientras que son un electrodoméstico de uso corriente en Estados Unidos.

Swatch ha producido una campaña de cinco anuncios que salieron al aire en más de 64 países. Por ejemplo, "Tatuaje" muestra el estilo del reloj en la muñeca de una mujer tatuada; "Lavado del auto" demuestra que el reloj puede resistir mejor un lavado general del automóvil que la mujer que lo conduce[52]. La publicidad global puede ser una respuesta a las restricciones de los presupuestos de publicidad: permite lograr un alcance máximo para el comercial utilizando un mínimo de dinero en su producción[53].

[48] Roberta Lawrence, "Global Advertising: Maximun Mileage", *SHOOT,* Feb. 24. 1995, pp. 35-38.
[49] John Kelly, "Globaldiary", *Adweek*, Eastern edition, vol. 36, no. 29, July 17, 1995, p. 43(1).
[50] Lawrence, loc. cit.
[51] Ronald Alsop, "Efficacy of Global Ad Projects Is Questioned in Firm's Survey", *Wall Street Journal*, Sept. 13, 1984, p. 1.
[52] Lawrence, loc. cit.
[53] Lawrence, loc. cit.

Sin embargo, los anunciantes deben tener en cuenta que las diferencias entre los países pueden exigir un esfuerzo promocional adaptado específicamente para reflejar puntos de vista locales. El jabón para baño de fragancia herbal de Sara Lee, el mejor vendido en Gran Bretaña, se conoce como Radox. No obstante, mucho europeos confunden este nombre con Raid, el insecticida. En lugar de Radox, Sara Lee promueve Sanex, un jabón español que los europeos perciben como una marca cuya fragancia es duradera y destruye los gérmenes de la piel. Sin embargo, en el gran mercado británico, el sonido de la palabra se parece a "sanitario" y tiene connotaciones equivocadas. Otros nombres como L'eggs no se traducen para muchos mercados de Europa. Por ejemplo, la palabra para L'eggs en Francia tendría que ser *Les Oeufs* (los huevos)[54].

CONCLUSIÓN

Aunque el proceso de desarrollar e implementar anuncios comerciales suele ser responsabilidad primaria de una agencia de publicidad, resulta esencial que los gerentes de publicidad, de producto y el personal de la gerencia de marketing de alto nivel tomen parte activa en el proceso. En particular, es indispensable que los gerentes establezcan objetivos de publicidad que sean 1) consistentes con la estrategia de marketing, 2) lo bastante específicos para servir como guía para el texto publicitario y la gente de los medios, y 3) medibles, de manera que los gerentes puedan evaluar de verdad la efectividad del programa.

La importancia de desempeñar un papel activo en el desarrollo de un programa de publicidad parece obvia. Sin embargo, son demasiadas las empresas, en especial las más pequeñas, las que conceden demasiada libertad a sus agencias para la realización de un programa. En efecto, los intereses creativos con frecuencia reciben más atención que los intereses administrativos. De hecho, las agencias u otros especialistas son esenciales en el proceso de publicidad; no obstante, al tomar una función activa para especificar la estrategia de marketing, el mercado objetivo, los objetivos de publicidad y la base para evaluar la efectividad, los gerentes pueden garantizar que la agencia considere los programas de publicidad como parte del esfuerzo de marketing (y no viceversa).

En este capítulo se han presentado varias pautas y procedimientos de orientación para desarrollar programas de publicidad efectivos. Adicionalmente, se ha explicado un proceso dentro del cual esas indicaciones y procedimientos se pueden usar con mayor efectividad. En la figura 10-7 se sintetiza este proceso y se indica la relación entre los programas de publicidad y los otros elementos del proceso de planeación. Como lo ilustra esta figura, los programas de publicidad están estrechamente relacionados con otras clases de programas de marketing. Es frecuente que los programas de promoción de ventas puedan comunicarse a través de la publicidad. Además, las promociones de ventas y la publicidad deberán trabajar en estrecha coordinación por las razones estudiadas en el capítulo 11. La publicidad y los esfuerzos del personal de ventas también deberán estar coordinados debido a que la primera allana el camino de la fuerza de ventas. Esta relación se explicará con mayor detalle en el capítulo 12.

[54] Steve Weiner, "How Do You Say L'eggs in French?" *Forbes*, Nov. 27, 1989, pp. 73-77.

FIGURA 10-7
Relación de los programas de publicidad con el análisis de la situación, la estrategia de marketing y otros programas de marketing.

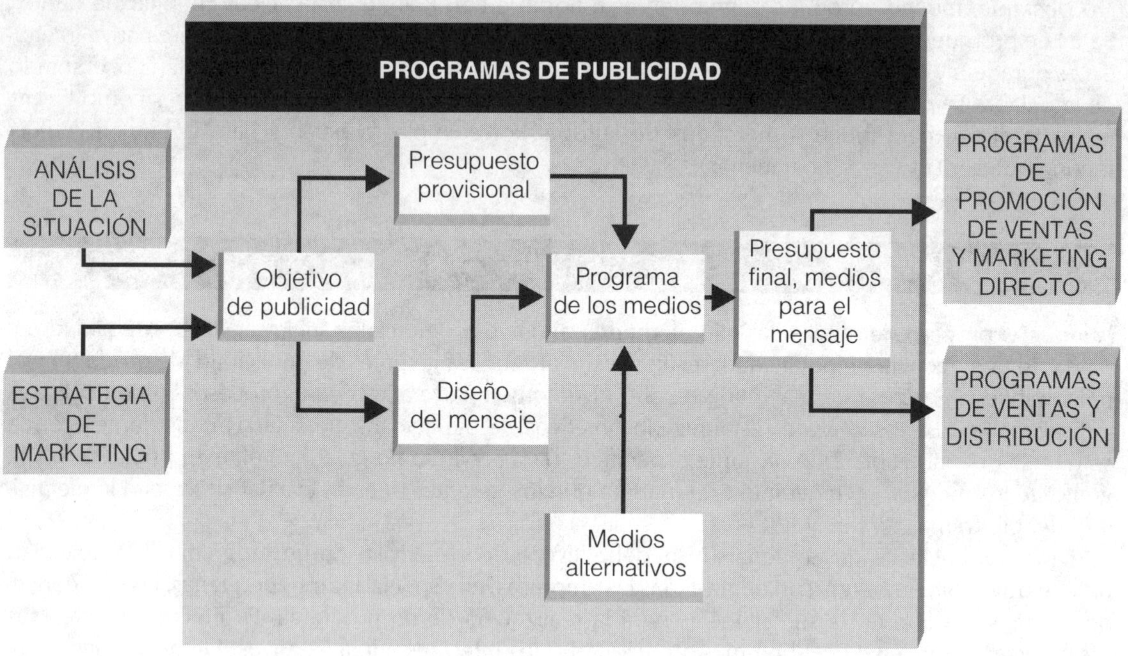

UN NUEVO NOMBRE PARA LA NUEVA COCA-COLA

Durante 20 años, Coca-Cola Company y Pepsi-Cola han competido por el liderazgo en el mercado de las bebidas gaseosas. Estas dos empresas contabilizan cerca del 70% de las ventas de la industria y gastan cientos de millones de dólares anuales en publicidad. Cada punto de porcentaje de la participación de mercado es igual a US$460 millones en ventas al detal del mercado de US$44.4 miles de millones en la industria de las bebidas gaseosas.

En abril de 1985, Coca-Cola cambió la fórmula de su producto e introdujo la Nueva Coca-Cola. Esta decisión condujo a una enorme protesta de los consumidores leales de la vieja marca y llevó a la reintroducción de la bebida original bajo el nombre de Coca-Cola Clásica, poco tiempo después. Además, la Nueva Coca-Cola nunca alcanzó las metas de participación de mercado que se habían establecido y fue relegada a la oscuridad, aunque se siguió distribuyendo en mercados en donde Pepsi era fuerte, como en Spokane, Washington, y el sur de California. Los comercializadores de Coca-Cola, explorando mecanismos para captar consumidores entre la gente joven que prefería un sabor más suave, decidieron revivir la Nueva Coca-Cola y la volvieron a sacar al mercado como Coca-Cola II.

La ciudad de Spokane, Washington, fue la elegida como un mercado de prueba para investigar la nueva salida al mercado de la marca en cuestión. Los motivos para elegirla fueron su relativo aislamiento del mercado de los medios con sofisticadas instalaciones de investigación de mercado y una alta participación de mercado por parte de Pepsi. En la prueba, Coca-Cola contó los anuncios rap de Pepsi con los suyos, al igual que las latas especiales de 16 onzas a precios de las de 12 onzas. La publicidad de la Coca-Cola II hizo énfasis en su "verdadero sabor de la cola, más la dulzura de Pepsi".

Pepsi respondió ante estos anuncios con otros dirigidos a crear confusión entre los consumidores sobre lo que parecían tres tipos de Coca-Cola. Antes y durante la presentación de los anuncios, Coca-Cola utilizó grupos foco, hizo investigaciones telefónicas semanales, envió personal a centros comerciales y realizó estudios comparativos de los anuncios locales de Coca-Cola II y de Pepsi. Esta investigación se diseñó para aprender cuánto costaría convertir a un cliente leal de Pepsi en un aficionado a la nueva fórmula de Coca-Cola.

Cuando la prueba comenzó en marzo de 1990, la nueva Coca-Cola tenía una participación de mercado del 1.3% en Spokane. Un mes después, Coca-Cola II había llegado al 4.7% de participación, mientras que en mayo alcanzó un 2.4%. Durante este mismo tiempo, la participación nacional de la Nueva Coca-Cola fue del 0.6%. Además, las ventas totales de Coca-Cola, junto con las de Pepsi, se incrementaron, en gran parte debido a la reducción de precios.

Después de las pruebas, Coca-Cola decidió reposicionar la Nueva Coca-Cola como Coca-Cola II a nivel nacional. Entonces. se presentaron anuncios de televisión que mostraban el producto con un vocero que informaba a los televidentes de que la Nueva Coca-Cola se llamaba en adelante Coca-Cola II y tenía un verdadero sabor a cola con la dulzura de la Pepsi. Estos anuncios sugerían que quienes consumían Pepsi deberían hacer la prueba con Coca-Cola y recordaban al televidente que la Coca-Cola Clásica no había cambiado.

Research Systems Corp. (RSC) encontró que un 24% de los televidentes de estos anuncios podían recordar el nombre del mensaje. La investigación se realizó en cuatro mercados dispersos geográficamente e involucró a 832 compradores de bebidas gaseosas. Research Systems Corp. (RSC) investigó sobre la capacidad de persuasión de estos anuncios; para hacerlo, midió el cambio en la preferencia de marca que resultaba de estar expuesto al anuncio. La experiencia de la empresa con estudios similares llevó a concluir que los anuncios por sí solos no generarían la participación de mercado deseada. Las entrevistas se realizaron con los compradores de bebidas gaseosas que participaron en las pruebas de persuasión, tres días después. Para esa época, solamente un 57% de los entrevistados pudo recordar el mensaje clave del anuncio. Esto llevó a RSC a concluir que Coca-Cola necesitaría usar varios anuncios diferentes de manera que pudiera remplazarlos a media que su recuerdo se redujera. Esto maximizaría el nivel de persuasión para los GRPs del presupuesto de medios de Coca-Cola II.

1. ¿Cuáles parecen ser los objetivos de Coca-Cola para los *spots* publicitarios de Coca-Cola II?
2. ¿Cuáles serían las ventajas o desventajas de hacer la prueba de la campaña de Coca-Cola II en Spokane?
3. ¿Qué tan importantes serían el alcance y la frecuencia en la programación de la campaña de Coca-Cola II?

Este caso se tomó de Laura Bird, "Coke II: The Sequel", *Adweek's Marketing Week*, July 30, 1990. pp. 6-7; "Coke II Spot Goes Flat on Persuasion". *Advertising Age*, Sept. 7, 1992. p. 9; Patricia Winters, "Jury Still Out on Future of Coke II", *Advertising Age*, July 16, 1990. p. 44; Patricia Winters, "Pepsi Yawing over Relaunch Plans for Coke II", *Advertising Age*, March 1990, pp. 3, 77; John Lippman, "Coca-Cola Pours More Energy into Ads", *Los Angeles Times*, Sept. 5, 1991, pp. D1, 7.

PREGUNTAS Y SITUACIONES PARA ANÁLISIS

1. ¿Cuáles son los factores competitivos que llevarían a diferentes distribuciones del presupuesto de promoción para publicidad y promoción de ventas?
2. ¿En cuál de los siguientes casos sería más razonable usar el volumen de ventas como un objetivo primario de publicidad?. ¿Cuáles son, si las hay, las posibles desventajas a largo plazo de utilizar un programa de ventas en estos casos?
   a. Una pequeña firma de software planea un programa de publicidad a través de las revistas líderes de negocios.
   b. Kellogs saca al mercado un nuevo cereal para combatir el colesterol.
   c. Marshall Fields hace publicidad a su línea de marca exclusiva para chaquetas deportivas masculinas.
3. Upjohn Company ha tomado un enfoque clave para hacer publicidad a su producto para combatir la caída del cabello, Rogaine. Los anuncios no mencionan ni al Rogaine ni al Minoxidil, su ingrediente activo. La U.S. Food and Drug Administration prohibe mencionar los medicamentos en los anuncios, a menos que haya una amplia explicación de cualquier contraindicación o efectos secundarios. Los anuncios aparecieron en revistas para hombres como *Golf Digest, Sports Illustrated* y *Gentlemen's Quarterly*. Además de no utilizar el nombre, el tratamiento en el anuncio no se señala como un medicamento. El resultado es que la audiencia no sabe si el tratamiento es cabello tejido, un trasplante o fármaco. El mensaje es "Si está preocupado por la pérdida del cabello, debería ver a su médico". ¿Cuáles son los objetivos publicitarios que parece tener Upjohn en su campaña para el Rogaine? ¿Cuáles son las ventajas de la publicidad en revistas, en oposición a la transmisión por radio y televisión, para un producto con elevado compromiso como Rogaine?
4. Ud. pertenece a un equipo de la gerencia de cuenta de una gran agencia de publicidad. En una visita reciente a la oficina de su cliente, le indican que el objetivo del programa de publicidad para su categoría durante el siguiente periodo de planeación era aumentar el conocimiento de la marca. La cliente preguntó: "Antes de irse, ¿tiene Ud. alguna pregunta?" ¿Qué le respondería Ud.?
5. Algunos ejecutivos ven la publicidad como un costo necesario para informar a la audiencia objetivo, mientras que otros sostienen que la publicidad puede agregar valor al producto. ¿Qué cree Ud. que la publicidad puede agregar como valor al producto?
6. ¿Qué hace que la publicidad sea efectiva?
7. A Ud. recientemente lo han contratado en U.S. Health, una cadena de clubes para el acondicionamiento físico. El deseo es hacer de estos sitios lo que el Best Western es para los hoteles. En U.S. Health han decidido lanzar una campaña publicitaria utilizando revistas de circulación nacional y han pedido su opinión sobre las primeras diez a quince revistas. Esperan su respuesta en la mañana.
8. Suponga que el costo de producir un anuncio para televisión es de US$200.000. Además, suponga que el costo de sacar al aire un anuncio en *Seinfeld* es de US$420.000 para un tiempo de 30 segundos, y en *Rescue 911* es de US$195.000. El gerente de producto determina que no puede usar el primero de estos programas, mientras que sí podría hacer dos anuncios en el último. ¿Qué le respondería Ud.? (*Ayuda:* puede revisar la figura 10-4).
9. ¿Es más importante lograr el máximo de alcance o el máximo de frecuencia?
10. ¿Cómo afectan los programas de vuelo u oleada e intermitente a los GRPs para el mismo presupuesto, cuando se comparan con un programa continuo o ininterrumpido?

LECTURAS ADICIONALES SUGERIDAS

Cannon, Hugh M., and Edward A. Riordan, "Effective Reach and Frequency: Does It Really Make Sense?" *Journal of Advertising Research,* March-April, 1994, pp. 19-28.

Dickson, Peter R., "GRP: A Case of a Mistaken Identity", *Journal of Advertising Research,* February-March 1991, pp. 55-59.

Erwin, Ephron, "More Weeks, Less Weight: The Shelf-Space Model of Advertising", *Journal of Advertising Research,* May-June 1995, pp. 18-23.

Gronhaug, Kjell, Olan Kvitastein, and Sigmund Gronmo, "Factors Moderating Advertising Effectiveness as Reflected in 333 Tested Advertisements", *Journal of Advertising Research,* October-November 1991, pp. 42-58.

Hite, Robert E., and Cynthia Fraser, "International Advertising Strategies of Multinational Corporations", *Journal of Advertising Research,* August-September 1988, pp. 9-17.

Jones, John P., "Ad Spending: Maintaining Market Share", *Harvard Business Review,* January-February 1990, pp. 38-42.

Kashani, Kamran, "Beware of the Pitfalls of Global Marketing", *Harvard Business Review,* September-October 1989, pp. 91-98.

Lodish, Leonard M. et. al., "How T.V. Advertising Works: A Meta-Analysis of 389 Real World Split Cable T.V. Advertising Experiments", *Journal of Marketing Research,* May 1995, pp. 125-139.

Ogilvy, David, *Confessions of an Advertising Man,* Atheneum, New York, 1986.

Peltier, James W., Barbara Mueller, and Richard G. Rosen, "Direct Response versus Image Advertising: Enhancing Communications Effectiveness through an Integrated Approach", *Journal of Direct Marketing,* Winter 1992, pp. 40-48.

Plummer, Joseph T., "The Role of Copy Research in Multinational Advertising", *Journal of Advertising Research,* October-November 1986, pp. 11-15.

Schroer, James C., "Ad Spending: Growing Market Shares", *Harvard Business Review,* January-February 1990, pp. 44-48.

Schumann, David W., Jan M. Hathcote, and Susan West, "Corporate Advertising in America: A Review of Published Studies on Use, Measurement, and Effectiveness", *Journal of Advertising,* vol. 20, September 1991, pp. 35-56.

Zaltman, Gerald, and Christine Moorman. "The Management and Use of Advertising Research", *Journal of Advertising Research,* December 1988-January 1989, pp. 11-18.

CAPÍTULO 11

PROGRAMAS DE MARKETING DIRECTO Y PROMOCIÓN DE VENTAS

VISIÓN GENERAL

En el capítulo 10 se estudiaron los programas de publicidad. Más específicamente, se abordó el tema de la publicidad a través de los medios masivos de comunicación: televisión, radio, periódicos, revistas. Esta publicidad puede ser un mecanismo eficiente para dirigir una audiencia significativa de compradores potenciales, con un mensaje común acerca de un producto. Tal como se señaló cuando se estudiaron los objetivos de la publicidad y la evaluación de la efectividad de ésta, la publicidad en los medios masivos de comunicación está diseñada básicamente para despertar conciencia del producto, influir en las percepciones y preferencias o reforzar la *brand equity* o equidad de marca. En definitiva, estos programas también deberán producir ventas entre quienes reciben el mensaje; sin embargo, por lo general su impacto inmediato estará confinado a respuestas que no son del comportamiento. En este capítulo se tratan dos clases de programas de marketing que se utilizan para obtener respuestas de comportamiento inmediatas y fáciles de medir: la promoción de ventas y el marketing directo.

La *promoción de ventas* es cualquier oferta o incentivo a corto plazo, dirigido hacia compradores, minoristas o mayoristas, y diseñados para lograr una respuesta específica e inmediata. Las dos clasificaciones básicas de la promoción de ventas son *promociones para el consumidor*, que incluyen cupones, muestras gratis, premios y exhibiciones especiales; y las *promociones para comerciantes*, en las cuales se utilizan recursos como dinero, mercancías, equipo u otros, para premiar a las empresas minoristas o mayoristas o a su personal. A menudo, las promociones de ventas para el consumidor se comunican o se coordinan con los programas de publicidad; en consecuencia, la publicidad puede ayudar a crear conciencia o a cambiar o reforzar actitudes. Sin embargo, el valor principal de las promociones para el consumidor o los comerciantes yace en su efectividad para estimular *respuestas de comportamiento*.

El *marketing directo* es un *sistema interactivo* de marketing que utiliza una variedad de medios de comunicación para lograr respuestas específicas y medibles[1]. De gran relevancia en los métodos de marketing directo son el correo directo, incluyendo catálogos; el telemercadeo; la televisión de respuesta directa (como la red Home Shopping Network); los anuncios de respuesta directa en periódicos y la Internet. Como en los programas de marketing directo se acostumbra incluir incentivos especiales, las actividades de promoción de ventas suelen implementarse a través de un sistema de marketing directo. No obstante, el marketing directo se diferencia en ciertos aspectos. Primero, el sistema es interactivo, lo cual significa que los comercializadores no sólo se comunican con los compradores, sino que también miden el éxito de la comunicación porque cada comprador tiene una oportunidad para responder a esa comunicación. Segundo, el sistema se caracteriza por una base de datos en la

[1] Mary Lou Roberts and Paul Berger, *Direct Marketing Management,* Prentice-Hall, Englewood Cliffs, N.J., 1989, p. 2.

cual los comercializadores registran la historia de las comunicaciones dirigidas a cada consumidor y las ventas u otras respuestas recibidas. Por tanto, el marketing directo puede ajustar los mensajes a compradores *individuales* y no solamente a los *segmentos* de compradores potenciales en las audiencias de vehículos de medios masivos de comunicación.

En este capítulo también se estudian la promoción de ventas y el marketing directo; en particular, se identifican: 1) las clases específicas de objetivos que se pueden buscar con cada programa, 2) los aspectos clave para considerar en el diseño de un programa, y 3) los aspectos de rentabilidad que se deben considerar al evaluar programas específicos.

PROGRAMAS DE PROMOCIÓN DE VENTAS

En Estados Unidos durante los años ochenta, la participación de la promoción de ventas en el total de gastos de marketing creció de manera sostenida, y a comienzos de la década de los años noventa, el dinero que las empresas invirtieron en promoción para el consumidor igualó la inversión en publicidad masiva. Aunque se han intentado varias explicaciones para este avance, la responsabilidad puede recaer en cinco fuerzas básicas[2]:

1. El lento crecimiento de la población ha intensificado la competencia por la participación de mercado en las industrias de bienes empacados, en donde se hace el mayor uso de las promociones.
2. El aumento en la segmentación de la audiencia (especialmente con el crecimiento de las redes de televisión por cable) y el incremento en los costos de los medios masivos de comunicación han hecho que la publicidad sea menos efectiva para aquellas compañías que tienen clientes objetivo más amplios.
3. Más productos han llegado a la etapa de madurez en su ciclo de vida, de modo que las oportunidades de diferenciación disminuyen y el precio se está haciendo cada vez más importante en la elección de marca.
4. Los grandes distribuidores mayoristas y minoristas han exigido más promociones a los fabricantes porque el dinero en efectivo y las asignaciones de *merchandising* son una contribución significativa a sus utilidades.
5. Las promociones de precio suelen ser más confiables que la publicidad para aumentar rápidamente los ingresos a corto plazo, situación que atrae a las empresas cuyos precios de inventario se hallan bajo presión para mostrar resultados en el renglón de ingresos en sus estados financieros.

En la actualidad, numerosos signos sugieren que los presupuestos de promoción pueden haber pasado por su época máxima. Por ejemplo, Procter & Gamble ha decidido retirar la mayor parte de las promociones para comerciantes y eliminar los cupones en mercados de prueba seleccionados, a favor de una política de "cada día precios bajos" (CDPB). General Mills también ha tratado de eliminar todas las promociones para el consumidor[3]. No obstante, muchas compañías continuarán invirtiendo cantidades relativamente grandes de sus presupuestos de marketing en promoción, en aquellos casos en donde estos programas puedan alcanzar objetivos clave que sean esenciales para la estrategia de marketing.

[2] Robert Buzzell, John Quelch, and Walter Salmon, "The Costly Bargain of Sales Promotion", *Harvard Business Review*, March-April 1990, pp. 141-149.

[3] Tim Triplett, "Cereal Manufacturers Await Reaction to General Mills' Coupon Decision", *Marketing News*, May 9, 1994, pp. 1-2; y "Procter's Gamble", *The Economist*, July 25, 1992, pp. 61-62.

OBJETIVOS DE LA PROMOCIÓN DE VENTAS

Es enorme la cantidad de ideas, tácticas y actividades específicas de promoción de ventas que se ha utilizado, y parece crecer semanalmente a medida que la mente de los creativos de marketing genera nuevas promociones. Sin embargo, como en el caso de los programas de publicidad, un programa de promoción de ventas no deberá diseñarse sino hasta que se haya entendido claramente el objetivo. Más aún, el objetivo de la promoción de ventas deberá ser consistente con la estrategia de marketing.

Aunque es muy amplio el número de posibles objetivos específicos de la promoción de ventas, se puede establecer un número limitado de tipos de objetivos básicos. Las tablas 11-1 y 11-2 presentan estos objetivos e indican algunos programas típicos que se pueden emplear para alcanzar cada objetivo.

TABLA 11-1

OBJETIVOS DE PROMOCIÓN DE VENTAS Y PROGRAMAS ALTERNATIVOS DIRIGIDOS A COMPRADORES FINALES

OBJETIVO	PROGRAMAS ALTERNATIVOS
Consultas	Regalos gratis Cupones de información incluidos en el correo Ofertas por catálogo Exhibiciones
Ensayo del producto ■ Nuevos productos ■ Productos relacionados ■ Marcas líderes	Cupones Transacciones especiales Muestras gratis Concursos Premios Demostraciones
Recompra	Cupones dentro del empaque Cupones de rebaja por correo Premios continuos o permanentes
Construcción de tráfico en el almacén	Ventas especiales Ofertas semanales especiales Eventos de entretenimiento Cupones a los minoristas Premios
Aumento de la tasa de compra ■ Construcción del inventario ■ Aumento de la tasa de uso	Empaque múltiple Pague uno y lleve dos Información sobre nuevas situaciones de uso

TABLA 11-2

OBJETIVOS DE LA PROMOCIÓN DE VENTAS Y PROGRAMAS ALTERNATIVOS DIRIGIDOS A LOS COMERCIANTES

OBJETIVO	PROGRAMAS ALTERNATIVOS
Construcción de inventarios	
■ Aceptación de nuevos productos	Aceptación de devoluciones
■ Aumento en la asignación de espacio	Concesiones de mercancía
	Descuentos por espacios
Apoyo promocional	
■ Anuncios locales	Concesiones promocionales
■ Presentaciones	Promociones cooperativas
■ Precio especial	Cajas de exhibición reutilizables
	Concursos de ventas
	Concesiones de mercancías

Objetivos dirigidos a los compradores finales

Mediante la promoción de ventas se pueden estimular cinco tipos básicos de acciones por parte del comprador: consultas, ensayo del producto, recompra, construcción de tráfico en el almacén y aumento de la tasa de compra.

ESTIMULAR LAS CONSULTAS

La consultas pueden incluir la devolución de un formato de solicitud de información adicional acerca de un producto o servicio, o visitar una exhibición en una reunión de una asociación comercial. Los gerentes pueden generar consultas ofreciendo cosas como un catálogo gratuito o algún premio o trofeo. (A menudo, el incentivo se ofrece en el contexto de algún mensaje publicitario diseñado para introducir los beneficios del producto. Con base en esto, las promociones de ventas deben estar en estrecha coordinación con los programas de publicidad). A menudo, un gerente seleccionará este objetivo cuando trata de identificar y atraer nuevos prospectos para un producto o servicio. Este objetivo tiene especial importancia cuando se debe aprovisionar a los clientes cada cierto tiempo, como es el caso de las instituciones educativas o las guarniciones militares. Además, con frecuencia es importante atraer sólo clientes potenciales con alto interés, especialmente cuando los compradores potenciales son pocos y difíciles de identificar. En estos casos, compañías que son efectivas para estimular las consultas pueden dirigir su seguimiento de ventas y otras actividades de marketing hacia clientes potenciales con alto interés. Además, cuando se ofrecen nuevas versiones o modelos de un producto o servicio, las promociones de ventas pueden estar diseñadas para estimular consultas de clientes antiguos para mantener contacto con los prospectos.

GENERAR ENSAYO DEL PRODUCTO

Un objetivo de ensayo del producto es ciertamente apropiado en el marketing de nuevos productos. Las muestras gratis y los cupones suelen ser útiles para estimular el ensayo de productos que se perciben como de bajo riesgo porque generan una experiencia de uso que, si es positiva, puede conducir a actitudes favorables más rápidas que la publicidad. Para productos más complejos y de mayor precio (como bienes durables o muchos servicios), las demostraciones dentro del almacén parecen ser más útiles. Para el caso de artículos de cocina, se sabe que las demostraciones aumentan las ventas entre un 80 y un 300% durante la semana de la demostración[4].

Además, las compañías que comercializan varios productos diferentes (como extensiones de la línea de producto o productos complementarios) pueden emplear técnicas como cupones cruzados para favorecer el ensayo de aquellos otros productos. Así, un paquete de cuchillas de afeitar de Gillette podría contener un cupón con una nueva extensión de la línea de producto de la crema de afeitar Gillette Foamy.

ESTIMULAR LA RECOMPRA

Hasta el punto en el cual la formación de hábitos lleve a la lealtad de marca (especialmente para productos que se perciben de bajo riesgo), los incentivos promocionales pueden ser un "lazo" deseable del vendedor hacia el comprador. Por ejemplo, los cupones que se incluyen en un paquete y que se pueden redimir en la compra siguiente pueden tener este tipo de impacto y serán especialmente valiosos para implementar las estrategias de retención. De modo similar, los minoristas pueden estimular la lealtad hacia el almacén (o al menos las visitas continuas al mismo) a través de ofertas de ventas especiales para cargar a la cuenta del cliente o a través de promociones continuas. Las *promociones continuas* incluyen estampillas para cambiar, juegos y concursos que se realizan a lo largo de varias semanas, o regalos que se distribuyen con el paso del tiempo (como un juego de platos). Estas promociones estimulan la recompra en un almacén minorista porque los clientes deben regresar para obtener el valor total del programa.

CONSTRUCCIÓN DEL TRÁFICO EN EL ALMACÉN

Los minoristas emplean las promociones de ventas como vehículo para estimular el tráfico en el almacén por parte de nuevos compradores, al igual que los objetivos de recompra ya citados. Los eventos especiales de entretenimiento (como autógrafos del autor de un libro en los ejemplares vendidos) y atracciones especiales en centros comerciales pueden atraer clientes que harán algunas compras. Adicionalmente, al establecer ofertas de precios especiales en los llamados productos *líderes* (se estudiaron en el capítulo 9) los minoristas pueden atraer clientes que compran el producto líder más los productos complementarios (a precios que no son los de venta).

AUMENTAR LAS TASAS DE COMPRA

Con frecuencia, uno de los efectos más importantes que se busca con una promoción es conseguir más compras por parte de los compradores existentes. Sin embargo, hay dos propósitos alternativos

[4] Ealine Appleton, "Houseware Companies Are Convinced that Seeing Is Believing", *Adweek's Marketing Week,* Oct. 9, 1989, pp. 20-21.

estratégicos que se hallan en la base de este objetivo: saturar de productos al consumidor y aumentar la tasa de consumo. *Saturar de productos al consumidor* refleja una estrategia de marketing orientada hacia la conservación del cliente, en la cual la meta principal es conseguir que los compradores acumulen bastante producto. No es probable que un comprador que cuenta con inventarios por encima de lo normal, compre productos en competencia. Así, las promociones de paquetes múltiples y similares se pueden utilizar justo antes que se introduzcan al mercado nuevos productos o para anticiparse a un aumento en la actividad promocional del competidor. Alternativamente, la promoción puede estimular la demanda primaria si los precios más bajos estimulan una tasa de consumo más alta (con frecuencia en el caso de productos como las bebidas gaseosas o algunos productos cárnicos).

De otro lado, un método bien conocido para aumentar las tasas de compra es el uso de exhibiciones dentro del almacén. Al examinar los datos recopilados con lectores ópticos para periodos que cubren la utilización o no de exhibiciones, la compañía Information Resources Inc. reporta que las exhibiciones son especialmente efectivas para productos como pasabocas, bebidas gaseosas y jugos. Sin embargo, la empresa también reporta ganancias semanales en ventas de un 100 a un 200% con respecto a otros productos, incluyendo sopas y detergentes[5].

Objetivos de la promoción de ventas para comerciantes

Los propósitos fundamentales de las promociones para comerciantes son: 1) *impulsar* el producto a través del canal de marketing, haciendo que los intermediarios (minoristas y mayoristas) comercialicen el producto agresivamente, y 2) ayudar a garantizar el éxito de las promociones para el consumidor diseñadas para *impulsar* el producto a través del canal. Estos dos propósitos se reflejan en dos tipos de objetivos de promoción de ventas.

ESTIMULAR LA CONSTRUCCIÓN DEL INVENTARIO DEL COMERCIANTE

Los comercializadores que realizan extensas promociones orientadas al consumidor, casi siempre quieren alcanzar este objetivo simultáneamente. Si se espera que la promoción para el consumidor construya la demanda a corto plazo, se deben evitar los faltantes de inventario entre los minoristas. Así, los fabricantes pueden ofrecer márgenes especiales o mercancía extra sin costo adicional para inducir a un aumento en los inventarios del minorista o del mayorista. Además, las concesiones especiales por devoluciones -precios más altos de lo que habitualmente se pagan a los minoristas por los productos que éstos devuelven- también se pueden utilizar para animar a los minoristas a arriesgarse con inventarios más altos.

Con respecto a la aceptación de nuevos productos, los fabricantes han encontrado cada vez más exigencias entre los minoristas con los llamados *descuentos por espacios*. Estos son pagos en efectivo que se hacen a los minoristas por el espacio que conceden a un nuevo producto durante un periodo específico. De acuerdo con una fuente, en una cadena con 50 almacenes el costo del espacio fácilmente puede llegar a US$70.000 por una nueva línea de producto aceptada. La causa del aumento en los descuentos por espacios es la proliferación de nuevos productos de abarrotes. Cerca de 10.000

[5] Kathleen Deveny, "Displays Pay Off", *Wall Street Journal*, Oct. 15, 1992, p. B1.

nuevos artículos salen al mercado cada año para este tipo de almacenes[6]. Los minoristas que buscan esta clase de descuentos argumentan que la mayor parte de los productos nuevos fracasan, mientras que otros simplemente alcanzan las ventas de productos ya establecidos dentro del almacén. En cualquier caso, el minorista prevé poco aumento en sus utilidades por agregar el nuevo producto.

OBTENER ASISTENCIA PROMOCIONAL DEL DISTRIBUIDOR

Como se estudiará en el capítulo 12, el objetivo de obtener asistencia promocional del distribuidor deberá implementarse con la fuerza de ventas. Sin embargo, el esfuerzo de la venta personal es más fácil si se dispone de incentivos de promoción de ventas. Se deben ofrecer concursos de venta y premios especiales en mercancía o efectivo como contraprestación de los acuerdos con el distribuidor por brindar un espacio especial o un esfuerzo adicional de ventas o publicidad. Si son efectivos, estos programas pueden ayudar a garantizar el éxito de una promoción para el consumidor. Por ejemplo, los minoristas tienen una cantidad de espacio limitada para dedicarla a presentaciones especiales. En consecuencia, los incentivos de promoción para comerciantes (por lo general en la forma de cajas gratis del producto para mostrar) son esenciales para lograr el apoyo del minorista.

Relación de los objetivos de la promoción de ventas con la estrategia de marketing

Como se ha indicado, diferentes tipos de promociones de ventas sirven a diferentes objetivos de la promoción de ventas. A su vez, cada uno de los objetivos de la promoción de ventas es más apropiado para algunas estrategias de marketing que para otras.

Con respecto a las promociones dirigidas hacia los compradores finales, por lo general las consultas y los ensayos del producto son más efectivas cuando la estrategia de marketing se utiliza para atraer a quienes no son usuarios o para conseguir nuevos clientes. Las promociones orientadas hacia la recompra apoyan una estrategia dirigida hacia la conservación de los clientes actuales. Las promociones para aumentar la tasa de compra pueden respaldar una estrategia de demanda primaria (a través del aumento de la tasa de uso) o una estrategia de retención, como se estudió antes. La construcción del tráfico dentro del almacén es un objetivo amplio y puede servir cualquiera de las estrategias básicas, dependiendo de la naturaleza específica de la promoción: ventas especiales semanales tienden a estimular la conservación de los clientes, mientras que exhibiciones únicas pueden atraer a nuevos clientes. Finalmente, las promociones para comerciantes deben verse como un medio y no como un fin. El propósito básico de la promoción para comerciantes es apoyar la publicidad o las promociones para el consumidor. Por consiguiente, para los diferentes objetivos de la promoción para comerciantes deben servir, en definitiva, cualquiera de las estrategias de marketing[7].

[6] Jim Bessen, "Riding the Marketing Information Wave", *Harvard Business Review*, September-October 1993, p. 152.

[7] Kenneth Hardy, "Key Success Factors for Manufacturers'Sales Promotion in Package Goods", *Journal of Marketing*, July 1986, pp. 13-23.

ASPECTOS PARA CONSIDERAR EN EL DISEÑO DEL PROGRAMA

Como se sugiere en la sección anterior, los gerentes deberán establecer el objetivo de la promoción de ventas antes de seleccionar un tipo específico de incentivo para ella. Además, el objetivo de la promoción de ventas deberá respaldar la estrategia de marketing para el producto. Sin embargo, los gerentes vinculados en el diseño de estos programas necesitan considerar: 1) los factores que influirán en la naturaleza de la respuesta a corto plazo del mercado, y 2) factores específicos de marca relacionados con el posicionamiento a largo plazo de la compañía.

Factores que influyen en la naturaleza de la respuesta del mercado

Muchos expertos en marketing de productos empacados creen que las empresas desperdician una gran cantidad de dinero en las promociones. Específicamente, estas personas sostienen que muchas promociones no son eficaces y son demasiado costosas por alguna de las siguientes razones:

- La respuesta del consumidor a la promoción (especialmente la tasa de *redención* de los cupones) es muy baja
- Las ventas que resultan de las promociones se deben principalmente a *ventas desplazadas*, es decir, ventas a compradores regulares que habrían comprado el producto de alguna manera
- Una gran parte del aumento en las ventas se debe simplemente a la *acumulación de inventarios* que, por consiguiente, afecta las ventas de periodos futuros

Un factor que ocasiona complicaciones es el grado de lealtad al tamaño que puede existir en algunas categorías de producto, de manera que una promoción de un tamaño en particular puede no ser atractiva para los clientes de los competidores, quienes prefieren otros tamaños. Esto implicaría que si existe lealtad hacia el tamaño, una empresa deberá ofrecer el incentivo en el tamaño en el que tiene la participación de mercado *más baja*, si el propósito de la promoción es inducir al ensayo. Al enfocarse en sus tamaños con la participación de mercado más baja, la empresa reducirá la proporción de cupones que utilizan sus clientes regulares y probablemente atraerá a los clientes de los competidores.

La respuesta del consumidor ante las promociones de ventas dependerá, en gran parte, de la cantidad y tipo de esfuerzo de búsqueda que requiera el consumidor. Por ejemplo, en los cupones dentro o adjuntos al empaque se registra, generalmente, la tasa de redención más alta porque los usuarios habituales ya están favorablemente dispuestos hacia el producto. De hecho, este enfoque no será efectivo para lograr que quienes no son usuarios ensayen el producto o para atraer compradores de marcas en competencia. Para alcanzar esos objetivos, las transacciones especiales sin centavos que se realizan semanalmente y los "insertos de cupones gratuitos" en periódicos y revistas son muy populares para los fabricantes. No obstante, estas promociones no están dirigidas hacia todo el mercado objetivo. Por ejemplo, hace unos pocos años, las empresas de productos empacados gastaron US$6.1 miles de millones en 300 miles de millones de cupones, pero solamente se redimieron 1.8 millones y, de éstos, casi el 80% los utilizaron personas que habían comprado el producto de una u otra forma[8]. En consecuencia, ahora el énfasis se ha dirigido a enfocar con mayor precisión las promociones.

[8]Matt Wlash, "Point-of-Sale Persuaders", *Forbes,* Oct. 24, 1994, pp. 232-233.

Una de las formas más exitosas para mejorar el objetivo de los cupones es mediante el uso de *sistemas de promoción dentro del almacén* (como el sistema de pago Coupon System de Catalina Marketing o el Vision Value Club). Estos sistemas entregan cupones u otros incentivos en el almacén, con base en las compras reales. Por ejemplo, en el sistema Catalina, cuando los lectores ópticos leen los códigos de barras, un computador de la empresa emite cupones para productos competitivos o complementarios, o incluso para el mismo producto, dependiendo del objetivo del fabricante que utilice el sistema. Catalina informa que con esto obtiene una tasa de redención promedio del 9%[9].

Finalmente, como se indicó antes, el efecto de algunas promociones es que los compradores regulares "se surten" del producto a precios promocionales. Como es lógico, esto aumenta los inventarios del comprador, llevando a una reducción de las ventas en algún momento en el futuro (cuando los precios se hallen en los niveles "normales"). Sin embargo, no es probable que este efecto sea fuerte en todas las situaciones; en general, es probable que los efectos de la acumulación de inventarios sean mayores cuando:

- Los compradores no cuentan con una gran cantidad de espacio o dinero para el inventario
- El riesgo de desperdicio o de caer en desuso es bajo
- Las promociones están dirigidas hacia compradores regulares
- No se establecen límites de volumen (como dos por cliente)

Es importante anotar que los cupones y las promociones de precio dentro del almacén han demostrado el cambio de las tasas de inventarios de una manera diferente. Una promoción de precios sólo es temporal y suele aplicarse a múltiples compras, de manera que los efectos de la acumulación de inventarios por lo general son altos. Por el contrario, los cupones no suelen tener fecha de vencimiento a corto plazo y sirven para una sola compra, de manera que el incentivo de acumular inventario es menor[10].

Consideraciones específicas de marca

Existe un creciente aumento en la investigación disponible para las promociones de ventas, especialmente en aquellas vinculadas con incentivos de precios directos; gran parte de esa investigación se ha dirigido a la efectividad competitiva de las promociones de ventas[11].

Un resultado que se halla bien documentado es que, dentro de un mercado dado, las promociones de marcas de alta calidad causan impacto en las marcas más débiles (y en los productos con marca privada) de una manera desproporcionada. Es decir, que la promoción de marcas con precios altos genera más cambio en marcas relacionadas con precios más bajos que el que genera la promoción de estas últimas sobre las primeras. Se presume que estos efectos se deben a la mayor *brand equity* que disfrutan las marcas *premium.*

No obstante, también es importante reconocer los efectos dinámicos de utilizar promociones de precio. Por ejemplo, una de las preocupaciones más grandes de los comercializadores es que la promoción de precios altos conducirá a una reducción en el *brand equity* de la compañía. Hasta ahora, la evidencia es

[9]Ibid., p. 233.

[10]*Véase* Robert Blattberg, Gary Eppen, and Joshua Lieberman, "A Theoretical and Empirical Evaluation of Price Deals for Consumer Nondurables", *Journal of Marketing,* Winter 1981, pp. 116-129.

[11]Esta sección se basa principalmente en el trabajo de Robert Blattberg, Richard Vriesch, and Edward Fox, "How Promotions Work", *Marketing Science,* Fall 1995, pp. G122-G132.

conflictiva acerca del efecto de la promoción a largo plazo. Sin embargo, también la hay con respecto a que, entre mayor sea la frecuencia de negociar con base en el precio, más sensibles son los consumidores ante éste. Por tanto, un aumento en la frecuencia de los negocios con base en el precio reducirá la cantidad del *premium price* que una marca nacional pueda comandar en el mercado. Por consiguiente, a largo plazo, una marca *premium* que continúa luchando con marcas regulares o de descuento con promociones de precio, puede debilitar gradualmente su posición de ventaja.

Además de considerar el *brand equity* al formular programas de promoción de ventas, los gerentes también deberán considerar la posición de participación de mercado de la marca. Aunque las marcas líderes suelen contar con los clientes más leales, y, por tanto, parcialmente aislados de los efectos de las promociones competitivas, tienen más clientes que perder y menos que ganar en caso de vincularse en batallas promocionales. Además, debido a que tienen la mayoría de los clientes, la pérdida de rentabilidad por venderle a compradores regulares a precios promocionales es más significativa para una marca con alta participación que para las marcas con poca participación; como los clientes regulares serán a quienes más atraiga un precio especial, entre mayor sea la participación, mayor será el porcentaje de cupones redimidos y mayor el porcentaje de ventas con precios promocionales que tendrá la marca en cuestión.

Promociones para comerciantes o distribuidores

Como se indicó antes, las promociones para comerciantes (las que se dirigen a minoristas o mayoristas) están diseñadas para lograr la construcción del inventario o respaldo promocional. De hecho, puede ser necesario lograr ambos objetivos para garantizar el éxito de las promociones para el consumidor.

Infortunadamente, muchas promociones para comerciantes no logran estos objetivos y existe evidencia específica de tres problemas importantes con ellas:

- Muchos compradores comerciales responden a las promociones comprando para un inventario normal. En algunos casos, los compradores adquieren un gran volumen del producto para evitar adquirirlo a los precios normales.
- Con frecuencia, los compradores comerciales aceptan el incentivo pero no cumplen con los requerimientos promocionales esperados.
- Algunos minoristas compran por encima de sus propios requerimientos cuando negocian con base en el precio y, luego, revenden la mercancía descontada a otros minoristas con un margen de utilidad[12].

Aunque estos problemas no se resuelven con facilidad, los gerentes pueden emprender varios pasos para reducir su gravedad.

Primero, deben entender las necesidades del distribuidor con respecto a la categoría del producto. Por ejemplo, las promociones orientadas por el precio (como concesiones de mercancía) pueden ser más efectivas para lograr el respaldo de los minoristas que están orientados por el volumen (como en ferreterías y almacenes de descuentos), mientras que las promociones de publicidad cooperativa que ayudan a construir la imagen del minorista en cuanto a su calidad, pueden ser más importantes para los

[12] John Quelch, "It's Time to Make Trade Promotion More Productive", *Harvard Business Review,* May-June 1983, pp. 130-136.

minoristas con alto margen y alto servicio (como en el caso de los almacenes por departamentos)[13]. Como se estudiará con más detalle en el capítulo 12, los gerentes también deberán reconocer el impacto que tendrá sobre las utilidades una promoción de ventas, en cuanto al espacio del distribuidor y las restricciones de inventario y sobre la selección de productos que haga el minorista. Como la probabilidad de variación entre los intermediarios en estas y otras dimensiones es alta, en la actualidad la mayoría de los expertos cree que deberá brindarse una mayor flexibilidad en los requerimientos de desempeño promocional que esperan los minoristas.

La llegada de los lectores ópticos ha mejorado en gran medida la capacidad de las empresas para evaluar el impacto de las promociones para el consumidor en el desempeño del minorista, al igual que en el desempeño de la marca. Por consiguiente, los gerentes tienen un conocimiento cada vez mayor acerca de las ganancias que provienen de las diferentes formas de apoyo comercial para fabricantes y minoristas. Si los fabricantes pueden mostrar la manera como una promoción dada afecta el *total* de ventas para un minorista determinado, encontrarán más fácil ganar la aceptación del comercio.

ASPECTOS DE LA RENTABILIDAD

La respuesta a la pregunta ¿Cuánto deberá invertirse en promoción de ventas? es bastante evasiva. Sin embargo, la importancia de responderla no puede pasarse por alto. Las empresas que acostumbran usar la promoción de ventas saben que es muy costosa. General Mills, por ejemplo, estimó que la empresa pagó 75 centavos de dólar por impresión, distribución, manejo y redención de los cupones de 50 centavos de dólar que sus clientes redimieron[14]. No obstante, las consecuencias sobre ventas y utilidades son difíciles de predecir. En esta sección, se revisarán los elementos básicos que deberán considerarse en el proceso del presupuesto. Estos elementos aparecen en la figura 11-1. Además, se ilustran los métodos que se pueden usar para elaborar el presupuesto. Debido a que las promociones para el consumidor son las de más amplia utilización y suelen ser las más complejas desde la perspectiva presupuestal, este estudio se dirige al proceso del presupuesto para estos tipos de promociones.

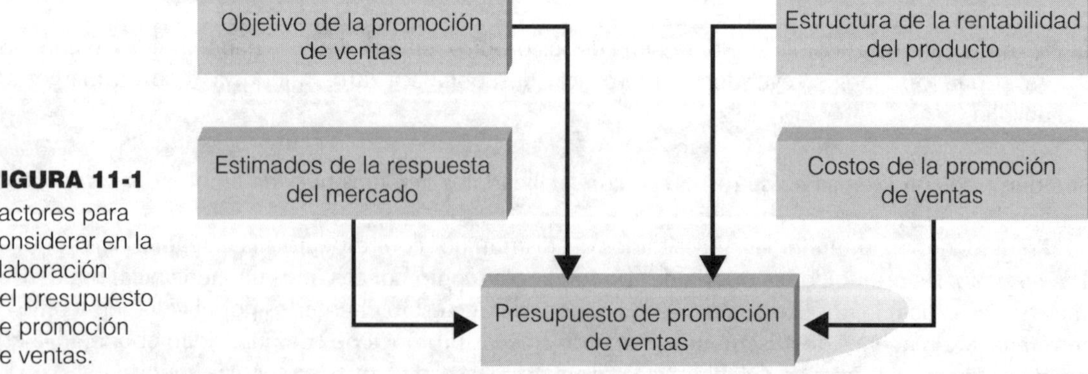

FIGURA 11-1
Factores para considerar en la elaboración del presupuesto de promoción de ventas.

[13]Rockney Walters, "An Empirical Investigation into Retailer Response to Manufacturers' Coupons", *Journal of Retailing*, Summer 1989, pp. 253-272.
[14]Triplett, op. cit., p. 1.

Determinación de costos

La mayor parte de las promociones incurrirán en costos fijos directos y costos variables. Entre los costos fijos directos están los costos de la distribución de muestras físicas; los cupones por correo y la colocación de anuncios con cupones, desprendibles de consulta y ofertas de premios. Adicionalmente, los márgenes de contribución se pueden reducir debido a que el valor del cupón o de la transacción especial sin centavos, es en realidad una reducción del precio. De otro lado, cuando se utilizan los cupones, se debe remunerar a los minoristas por cada cupón redimido (lo habitual es a la tasa de 8 centavos de dólar por cupón), y esto representa un aumento en el costo variable por unidad.

Un problema clave en la estimación de los costos es que los márgenes de contribución se reducen solamente en aquellos artículos que en realidad se compran a precios de promoción. Por consiguiente, será necesario contar con algún estimado de la respuesta de ventas para determinar la reducción real en los márgenes de contribución.

Además, cuando se utilizan cupones, algunos minoristas los redimirán aunque el producto no se haya vendido en realidad; entonces, redimirán el valor establecido en el cupón y recibirán el cargo por manejo de 8 centavos. Aunque este procedimiento (llamado *redención fraudulenta*) es una estafa, se considera que su uso está muy extendido y es altamente costoso para los fabricantes. Por tanto, se debe hacer alguna provisión para estimar el nivel de redenciones fraudulentas que deberá considerarse en la proyección de costos.

Estimación de la respuesta del mercado

En el capítulo 10 se sugirió que los gerentes deben tener algún estimado de la respuesta de ventas para establecer el presupuesto provisional de publicidad; específicamente, necesitan tener algunas proyecciones de la respuesta del mercado que se planteó antes: tasas de redención, tasas de desplazamiento y efectos sobre inventarios. Al desarrollar estas proyecciones, históricamente los gerentes se han basado en su criterio y experiencia con promociones similares en el pasado. Junto con esto, pueden utilizar experimentos para estimar la respuesta del mercado. En particular, los resultados de los datos con lectores ópticos (como se indicó en el capítulo 6) son de extrema utilidad para predecir el nivel de respuesta, descubrir quién responde y seguir el volumen de compras.

Además de la redención, el desplazamiento y los inventarios, los gerentes querrán conocer los otros tres factores de respuesta del mercado: tasas de adquisición, tasas de conversión y efectos en la línea de producto. La *tasa de adquisición* es el porcentaje de cupones redimidos por compradores no regulares y la *tasa de conversión* es el número de compras futuras de la marca por parte de esos compradores que no son regulares y que se verán atraídos por la promoción. Estos son factores de gran importancia cuando el objetivo estratégico del programa es atraer nuevos clientes porque ellos, en esencia, determinan el éxito de la promoción. Claro está que si se confía en el pronóstico de la tasa de desplazamiento (el porcentaje de ventas a compradores regulares), es bastante simple estimar la adquisición. No obstante, las conversiones son difíciles de predecir (aunque se pueden rastrear después del hecho de observar los datos de paneles electrónicos con base en el escaneo). Los *efectos de la línea de producto* (estudiados en los capítulos 6 a 9) también son de interés si el artículo para promover es un bien sustituto o complementario.

La figura 11-2 sintetiza las relaciones entre estos diferentes factores de respuesta del mercado.

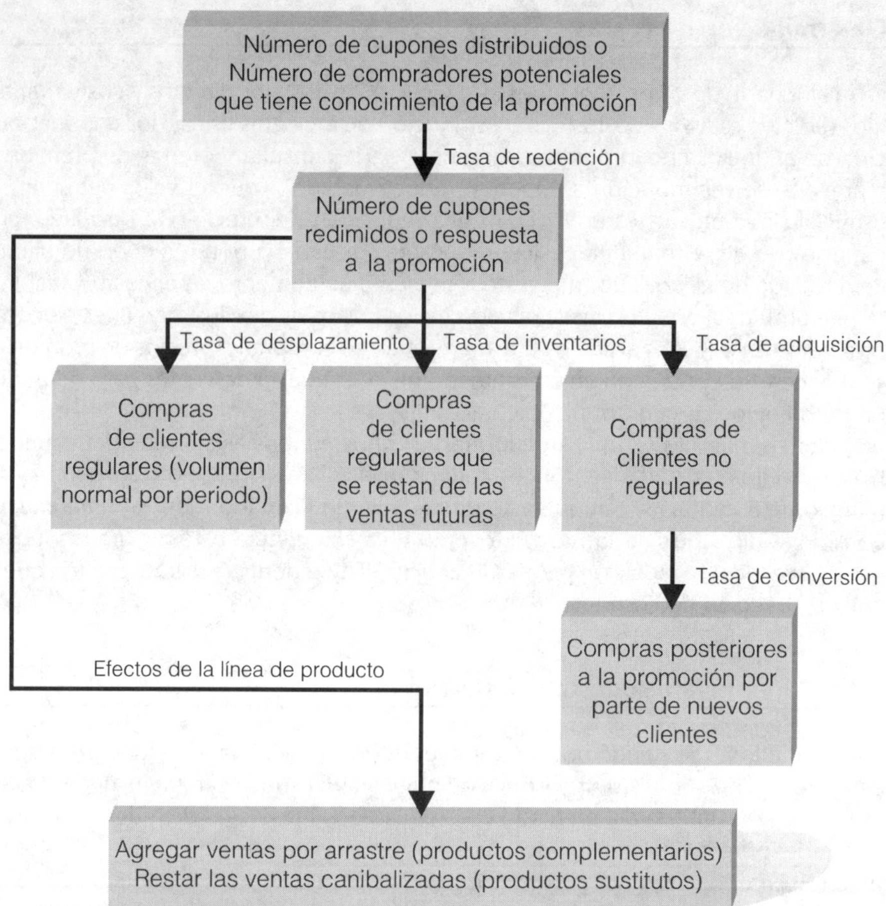

FIGURA 11-2
Relación entre tipos de respuestas de mercado ante las promociones de ventas.

Evaluación de las implicaciones en la rentabilidad

Si los gerentes pueden identificar los costos directos asociados con una promoción de ventas y pueden desarrollar algunos estimados básicos de la respuesta del mercado, las implicaciones en la rentabilidad de una promoción dada pueden evaluarse al comparar la contribución "normal" durante el periodo de la promoción, con la contribución promocional esperada. Como indica la figura 11-3, existen tres pasos para evaluar las implicaciones en la rentabilidad: 1) estimar la contribución reducida de las ventas desplazadas y de inventario; 2) estimar el aumento en la contribución de las ventas incrementales a nuevos compradores, y 3) restar los costos directos de la promoción de ventas. Estos pasos se ilustran en el siguiente ejemplo.

Linkster (capítulo 6) produce una línea de ropa y accesorios para golf; al tratar de expandir las ventas de sus suéteres especialmente diseñados para ese deporte (con ventas actuales a una tasa de 40.000 por año), la empresa va a contratar la publicación de un aviso de página completa en la revista

FIGURA 11-3
Evaluación de la rentabilidad de una promoción de ventas.

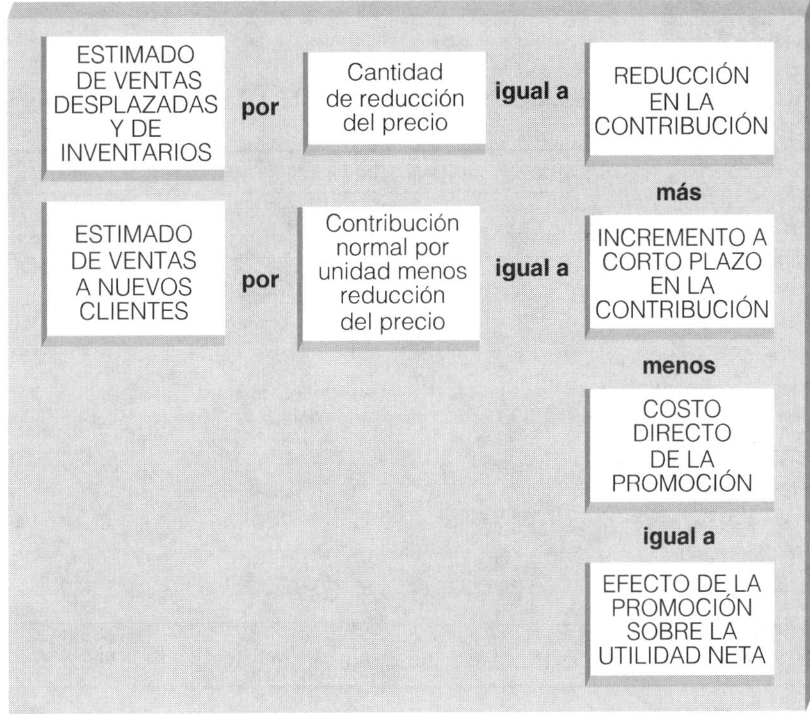

Golf Digest (circulación de 1.4 millones). El costo total del anuncio (incluyendo las artes) es de US$96.000. Parte del anuncio contiene un cupón de US$20 para cualquier suéter Linkster.

Como se indicó en el capítulo 6, la contribución normal por unidad en un suéter es de US$37. La empresa reembolsará a sus distribuidores el cupón de US$20 más 25 centavos por el costo de manejo de las redenciones. Así, el margen de contribución de la empresa sobre los cupones de ventas será de:

$$\text{US\$37.00} - \text{US\$20.00} - \text{US\$0.25} = \text{US\$16.75}$$

Con base en la información de *Golf Digest* y la experiencia de la industria, el gerente de marketing anticipa que se redimirán del 0.5 al 1% de los cupones y que de un 15 a un 20% de las redenciones serán ventas desplazadas. Con estos estimados, las ventas estimadas que resultan de la promoción de cupones estarán entre

$$1.4 \text{ millones} \times .005 = 7000$$

y

$$1.4 \text{ millones} \times .01 = 14.000$$

TABLA 11-3

ESTIMACIÓN DE LAS CONSECUENCIAS PROBABLES DE LA PROMOCIÓN DE LINKSTER SOBRE LAS UTILIDADES

	REDENCIÓN DE 0.5%		REDENCIÓN DE 1%	
	15% DESPLAZADO	20% DESPLAZADO	15% DESPLAZADO	20% DESPLAZADO
Total redimido	7,000	7,000	14,000	14,000
■ Nuevos compradores	5,950	5,600	11,900	11,200
■ Ventas desplazadas	1,050	1,400	2,100	2,800
Aumento en la contribución sobre las ventas para nuevos compradores (a US$16.75)	$99,663	$93,800	$199,325	$187,600
Menos pérdida de contribución sobre las ventas desplazadas (a US$20,25)	$21,263	$28,350	$42,525	$56,700
Menos aumento en los costos directos	$96,000	$96.000	$96,000	$96,000
Impacto neto sobre el total de la contribución	($17,600)	($30,550)	$60,800	$34,900

Las consecuencias de esta promoción sobre la rentabilidad pueden identificarse en la tabla 11-3. Mientras cada venta a un nuevo comprador genera US$16.75 en la contribución incremental, cada venta desplazada reduce la contribución de Linkster en US$37.00 - US$16.75, o US$20.25. Al restar los costos directos de US$96.000 y la pérdida de contribución en las ventas desplazadas de los ingresos incrementales de nuevos compradores, el resultado es el impacto neto esperado en la contribución total. Como puede verse, las consecuencias son altamente sensibles a los estimados de la tasa de redención y de la tasa de desplazamiento. Bajo las mejores condiciones la promoción generará una ganancia de US$60.800, pero según los estimados más pesimistas (es decir, redención más baja y desplazamiento más alto), la promoción dará como resultado un descenso de US$30.550 en la contribución.

No obstante, resulta importante considerar que esta promoción (o cualquiera) no se puede juzgar únicamente por las consecuencias sobre la utilidad. Para la gerencia puede ser aceptable alguna reducción en la rentabilidad si la promoción ha alcanzado su objetivo primario de captar nuevos clientes. En este caso particular, se espera que los compradores no regulares compren entre 5600 y 11.900 suéteres durante la promoción, y es probable que muchos de estos nuevos clientes compran suéteres en el futuro. De hecho, el gerente de marketing de Linkster también deberá examinar la experiencia de la empresa y el proceso de compra para determinar si la promoción canibalizará las ventas de otros productos o creará algún arrastre de las ventas en productos complementarios.

PROGRAMAS DE MARKETING DIRECTO

Los programas de marketing directo como la venta por catálogos enviados por correo han existido por más de un siglo. En años recientes, en Estados Unidos, este enfoque de marketing ha tenido amplia difusión y su aplicación ha sido muy diversa. Una razón para este crecimiento es el aumento en el uso de las tarjetas de crédito, que facilita la realización de transacciones estimuladas por el correo, el teléfono, la televisión o las comunicaciones de marketing por Internet. (Adicionalmente, un creciente número de máquinas vendedoras aceptan tarjetas de crédito). Un segundo factor es el aumento de la capacidad disponible en los computadores para almacenar y analizar extensas bases de datos de los clientes. (El costo de mantener en línea nombre, dirección e historial de compras de un cliente descendió en un factor de 1000 entre los años setenta y noventa)[15]. Sin embargo, lo más significativo es que el marketing directo ha crecido porque los gerentes del área han comprendido que existen grandes beneficios al tratar a cada cliente como un individuo. De hecho, la mayor parte de los objetivos del marketing directo refleja esta orientación hacia el cliente como un individuo.

Objetivos del marketing directo

Un programa de marketing directo puede diseñarse para alcanzar una variedad de objetivos específicos. La tabla 11-4 presenta una lista de ellos. Muchos programas de marketing directo podrán lograr más de uno de estos objetivos, como se demostrará más adelante.

TABLA 11-4

OBJETIVOS DEL MARKETING DIRECTO Y PROGRAMAS ALTERNATIVOS

OBJETIVO	PROGRAMAS ALTERNATIVOS
Generar liderazgo o ensayo	Solicitud de respuesta directa Cupones POP Programas de referencia Generación de consulta a través de la respuesta directa
Ampliar las relaciones con el cliente	Programas de ventas cruzadas con base en historiales de compras Programas de mejoramiento
Conservar a los clientes	Programas de frecuencia Descuentos dirigidos
Reactivar antiguos clientes	Descuentos dirigidos

[15] Robert Blattberg and John Deighton, "Interactive Marketing: Exploiting the Age of Addressability", *Sloan Management Review*, Fall, 1991, p. 6.

GENERAR LIDERAZGO O ENSAYO

Al igual que el marketing masivo tradicional, el marketing directo puede utilizarse para ampliar la base de clientes de una firma atrayendo a no usuarios a una categoría o captando clientes de los competidores. En algunos casos, los comercializadores directos solicitarán nuevos clientes a través de la publicidad de *respuesta directa* o del telemercadeo. Los comercializadores adquieren listados de personas que parecen clientes potenciales, con base en factores como su ubicación geográfica, grupo de edad o por ser lectores de ciertas revistas. Los esfuerzos del marketing directo se hacen por medio del telemercadeo o del correo directo. Por ejemplo, Fingerhut, que cuenta con 75 catálogos de especialidades que cubren áreas como ropa exterior, vestuario juvenil, juguetes y artículos de ferretería utiliza listas obtenidas a través de revistas, empresas financieras y otros minoristas. A los clientes se les envía por correo una serie de ofertas con mercancía de valor cada vez mayor para establecer la capacidad y calidad del crédito y el volumen potencial de cada cliente[16].

Los fabricantes de bienes empacados pueden implementar una variación de este enfoque, conocida como *cupones en el punto de compra (POP)* dirigidos a usuarios de marcas competitivas. Por ejemplo, anteriormente se mencionó el sistema Catalina, que programa las registradoras de sus almacenes para emitir cupones, con base en las compras registradas por el almacén. Muchas firmas deciden suministrar esos cupones solamente a la gente que compra productos en competencia, una práctica que reduce en dos tercios las ventas desplazadas y el costo por cupón redimido por los nuevos clientes[17].

Para algunos productos complejos, como las costosas vacaciones familiares o los fondos mutuos, el marketing de un producto implica la divulgación de amplia información. En esos casos, el tiempo y los costos que demanda comunicarse con los clientes es demasiado alto, de manera que es más probable que los comercializadores directos utilicen un método de dos pasos, diseñando primero los programas que llevan a generar ventas (esto es listas de clientes potenciales básicos) y aplicando luego el programa de respuesta directa[18]. Un método es el *programa de referencia* en el cual los clientes actuales de la empresa reciben incentivos por suministrar los nombres de amigos que pueden convertirse en clientes. Como opción, los gerentes pueden utilizar la *generación de consulta a través de la respuesta directa* para animar a los prospectos a llamar a un número gratuito en busca de más información. Por ejemplo, algunos corredores de Bolsa solamente trabajan con clientes seleccionados de alto volumen; utilizan anuncios en televisión en programas relacionados con sus negocios (como la red de cable CNBC) para hacer que los inversionistas estén conscientes de sus bajas tasas y se animen a las consultas. Los clientes potenciales que responden son "calificados" más adelante para asegurar que su volumen de negocios justificará las bajas tasas de la compañía.

AMPLIAR LAS RELACIONES CON EL CLIENTE

Debido a que el marketing directo implica el desarrollo de bases de datos con el historial de compras de los clientes, a menudo los gerentes deben conseguir perspectivas sobre el nivel y tipo de negocios adicionales que podrían generar clientes individuales.

[16] Bessen, op. cit., pp. 156-157.
[17] Walsh, op. cit., p. 234.
[18] Martin Baier, Henry Hoke, and Bob Stone, "Direct Marketing–What Is It?" en *Readings and Cases in Direct Marketing*, eds. H. Brown and B. Buskirk, NTC Publishing, Lincolnwood, Ill., 1992, pp. 8-10.

Los *programas de ventas cruzadas* están diseñados para llamar la atención del cliente y crear el deseo por productos complementarios. Una aplicación de esta clase es el catálogo *Sundance* del actor Robert Redford, con el cual se venden artesanías de Estados Unidos a través de Internet. Los clientes pueden consultar el catálogo electrónicamente y hacer clic en los artículos que deseen ordenar. Una solicitud electrónica aparece en la pantalla; luego, el sistema sugiere productos complementarios como una bufanda hecha a mano para llevar con una chaqueta con flecos[19].

Los *programas de mejoramiento* aplican el mismo principio de pasar a los clientes de mercancía poco costosa a productos costosos. El Women's Specialty Retail Group of U.S. Shoe opera las cadenas de ropa femenina Casual Corner, Petite Sophisticate y otras, que incorporan una variedad de programas de marketing directo mediante incentivos personalizados. Sus programas de mejoramiento están diseñados hacia clientes con un alto potencial de ventas de largo alcance. Ellos saben, por ejemplo, que dos clientes pueden comprar el mismo volumen en dinero durante un periodo de seis meses, pero si la compra de uno de ellos incluye un traje, el potencial de compras futuras de mercancía de alto valor para ese cliente es mucho mayor[20].

CONSERVAR A LOS CLIENTES

Como se indicó en el capítulo 7, más empresas están reconociendo la enorme importancia de conservar a sus clientes. Con base en ello, este objetivo suele ser un aspecto dominante en una organización establecida. Dos tipos principales de programas para captar la atención son los descuentos dirigidos y los programas de frecuencia.

Los *descuentos dirigidos* son el método más sencillo. Una compañía simplemente suministra a los clientes existentes cupones u otros incentivos que se pueden utilizar en compras futuras. No obstante, algunas firmas prefieren enfocar estos premios a sus mejores clientes. Von's Supermarkets, un cadena líder en California, ha mejorado su método de revisión tradicional para la aprobación de la tarjeta con un sistema electrónico de revisión que le permite captar las historias de ventas de sus clientes a través de diversas categorías de producto. Los mejores clientes del almacén, aquellos cuyas cuentas de abarrotes son dos veces y media el promedio del comprador de Von's Supermarkets, ganan descuentos electrónicos instantáneos en todos los artículos en promoción regular cuando pasan sus tarjetas por el escáner de verificación. Esto garantiza que el cliente reciba todos los especiales aplicables sin la necesidad de anexar cupones. Adicionalmente, estos clientes también reciben muchos cupones dirigidos de los fabricantes, con base en sus compras[21].

Los *programas de frecuencia* también proporcionan incentivos para hacer que los clientes regresen pero, por lo general, evitan las actividades con cupones. En su forma habitual, estos programas se presentan en el contexto de algún acuerdo con carácter de "miembro" en donde los beneficios se obtienen gradualmente sobre compras repetidas. Los programas del "viajero frecuente" de las aerolíneas son ejemplos de este caso. De modo similar, los casinos han establecido "clubes de tragamonedas" para clientes que son jugadores consuetudinarios de las máquinas tragamonedas, premiándolos con

[19]John Verity and Robert Hof, "The Internet: How It Will Change the Way You Do Business", *Business Week,* Nov. 14, 1994, p. 84.
[20]"Building 'Share-of-Customer' Becomes a Priority at U.S. Shoe's Women's Specialty Retailing Group", *Colloquy,* vol. 4, no. 1, 1993, pp. 3-5.
[21]Larry Armstrong, "Coupon Clippers, Save Your Scissors", *Business Week,* June 20, 1994, pp. 164-165.

puntos para obtener cenas y espectáculos gratis[22]. Arby's, distribuidor de comidas rápidas, también utiliza este método; los clientes se unen al "Club Arby's" luego de diligenciar un formulario de vinculación gratuita en donde indican su nombre, dirección, nivel de educación, ocupación y preferencias del menú. Las tarjetas personalizadas de los miembros del club se escanean en la registradora y sus propietarios ganan puntos para obtener diversos premios de alimentos Arby's o por otros productos como entradas al parque de diversiones. La gerencia de Arby's cree que el programa ha sido más efectivo y menos costoso que los cupones tradicionales, quizá duplicando los negocios repetidos en los almacenes que lo utilizan, a un costo aproximado de 35 a 40 centavos de dólar por visita repetida[23].

REACTIVAR ANTIGUOS CLIENTES

Aunque la atención de la gerencia suele estar enfocada en los clientes actuales o nuevos, muchas firmas se han dado cuenta que dedicar tiempo a clientes que no han vuelto a comprar puede ser productivo. En muchas categorías de producto, se espera que con el paso del tiempo se pierdan algunos clientes debido al deseo de variedad de éstos. En otros casos, los clientes pueden haber tenido un experiencia desagradable en cuanto al servicio. Los programas de reactivación pueden diseñarse para dirigir ambos grupos de clientes mediante incentivos.

Por ejemplo, el Women's Specialty Retail Group of U.S. Shoe estudia a sus clientes antiguos para descubrir por qué han dejado de comprar en un almacén dado. Si la decisión del comprador se originó en un servicio deficiente, un deseo de variedad u otras razones, a estos clientes se les ofrecen cupones de US$10 para mercancía que vale US$20 o más. La compañía considera que esto con frecuencia lleva a equilibrar o superar los US$75 que el comprador promedio gasta en uno de estos almacenes por cada visita[24].

Relación de los objetivos de marketing directo con la estrategia de marketing

Al igual que los objetivos de la promoción de ventas, los distintos objetivos del programa de marketing directo servirán a diferentes tipos de estrategia de marketing. Generar ventas o ensayos será el objetivo cuando la estrategia de marketing está dirigida hacia la creación de nuevas categorías de usuarios o a la captación de clientes de los competidores. La reactivación también servirá como un objetivo para estrategias dirigidas hacia la captación de nuevos clientes de los competidores, pero solamente en aquellas situaciones en que una compañía está tratando de atraer a antiguos clientes (en oposición a los compradores que nunca han sido clientes). Las fortalezas especiales del marketing directo se hallan en su capacidad para usar el conocimiento acerca del comportamiento pasado del cliente. Así, los otros dos tipos de objetivos del marketing directo respaldan la estrategia básica de conservar y ampliar la demanda entre los clientes actuales.

[22] Bruce Orwall, "Like Playing Slots? Casinos Know All about You", *Wall Street Journal*, Dec. 20, 1995, pp. B1-B3.
[23] "Club Arby's: Different Is Good", *Colloquy,* vol. 4, no. 3, 1993, pp. 12-13.
[24] "Building 'Share-of-Customer'", op. cit., p. 4.

ASPECTOS PARA CONSIDERAR EN EL DISEÑO DEL PROGRAMA

La efectividad de un programa de marketing directo depende de: 1) qué tan *efectivo* es para generar la respuesta deseada (es decir, para lograr el objetivo del marketing directo) y 2) qué tan *eficiente* es para medir el costo y las consecuencias en la utilidad. Los aspectos de rentabilidad se examinarán en una sección posterior de este capítulo. La efectividad de un programa de marketing directo depende principalmente de dos aspectos clave: el diseño de la base de datos de marketing y el proceso de utilizar la base de datos para seleccionar los clientes objetivo (o clientes potenciales).

Desarrollo de la base de datos de marketing

Para ser efectiva, una base de datos de marketing deberá permitir que los gerentes identifiquen a los mejores prospectos para una oferta de marketing determinada. Esto significa que deberán identificar el comportamiento de compras pasado y, además, predecir cómo responderán los individuos ante ofertas específicas. Para lograrlo, existen varias pautas que los gerentes deberán seguir en el diseño o modificación de las bases de datos[25].

1. Los gerentes deberán utilizar bases de datos separadas para los clientes existentes y para los potenciales porque será necesario contar con bases separadas para cada grupo.
2. Las bases de datos de clientes activos y de clientes potenciales deberán contener registros de todas las iniciativas de marketing dirigidas a cada hogar o negocio en el pasado.
3. La base de datos del cliente deberá hacer el seguimiento a los historiales de compras para mostrar la *última fecha de compra,* la *frecuencia* y el *valor monetario* de las compras pasadas.
4. Además de los datos anteriores, las firmas deberán agregar información del "perfil" tales como aspectos demográficos, psicográficos, estilo de vida e información financiera acerca de los clientes, bien sea investigándolos directamente o comprando bases de datos externas como las que aparecen en la tabla 11-5.

TABLA 11-5

PRINCIPALES BASES DE DATOS DE CONSUMIDORES EN EE.UU.

Dun & Bradstreet–Fast Data
  Datos demográficos y algo sobre el comportamiento de compras en los hogares
Equifax
  Datos financieros y de compras de las personas con base en su historial de la tarjeta de crédito
R. R. Donnelly–Metromail
  Datos demográficos, de estilo de vida y compras en la mayoría de hogares de EE.UU.
TRW
  Datos sobre transacciones de crédito

[25] *Véase* Robert Blattberg and John Deighton, op. cit., pp. 13-14, para un amplio estudio de estos puntos y otras recomendaciones.

UTILIZACIÓN DEL HISTORIAL DE COMPRAS PARA PRONOSTICAR LA RESPUESTA

Una ventaja importante del marketing directo es la capacidad para enviar ofertas específicas de manera eficiente enfocando el esfuerzo de la compañía en aquellos clientes que responden más. Para lograrlo, los comercializadores directos segmentan su base de clientes con respecto al historial de compras con los datos más útiles que se refieran a la última fecha de compra, la frecuencia y el valor monetario. La *última fecha de compra* se suele medir por el tiempo transcurrido desde la última compra del cliente o por el número de ofertas consecutivas que no han tenido respuesta. La *frecuencia* se mide de manera amplia como el porcentaje de solicitudes en un periodo reciente que terminan en un pedido o por el número de pedidos en un periodo reciente. El *valor monetario* es el valor promedio de un pedido durante un periodo reciente[26].

Un proceso tradicional típico para utilizar estos datos se presenta en la figura 11-4. Una empresa de catálogo ha segmentado una lista de correo de 240.000 clientes reincidentes, teniendo en cuenta la última fecha de compra ya sea reciente o antigua, frecuencia alta y baja, y niveles de valor monetario alto,

FIGURA 11-4

Segmentación de la base de datos por última fecha de compra, frecuencia y valor monetario: tasa de respuesta del grupo UFV.

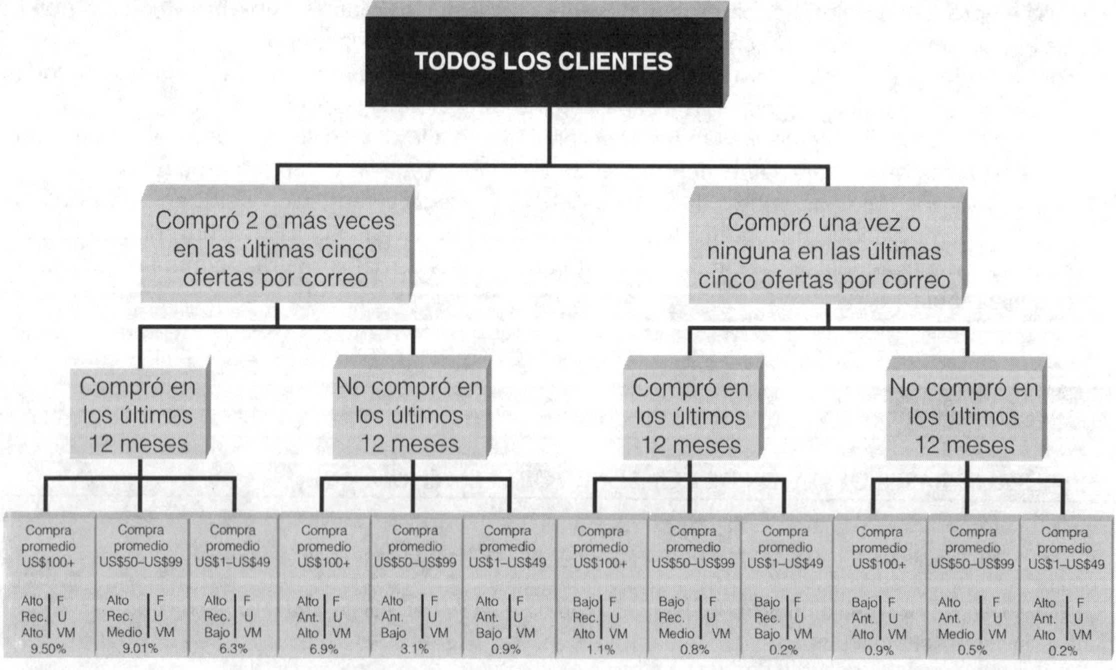

F = frecuencia
U = última fecha de compra
VM = valor monetario
Rec. = reciente
Ant. = antigua

[26] Para un estudio adicional, *véase* Mary Lou Roberts and Paul Berger, *Direct Marketing Management*, Prentice-Hall, Englewood Cliffs, N.J., 1989, pp. 105-107.

TABLA 11-6

RESULTADOS DE LA SEGMENTACIÓN POR ÚLTIMA FECHA DE COMPRA/FRECUENCIA/VALOR MONETARIO

SEGMENTO	NÚMERO DE CLIENTES	TASA DE RESPUESTA	TOTAL DE VENTAS
F alta/U reciente/VM alto	12,000	.095	1,140
F alta/U reciente/VM medio	20,000	.090	1,802
F alta/U reciente/VM bajo	10,000	.063	630
F alta/U antigua/VM alto	8,000	0.69	552
F alta/U antigua/VM medio	8,000	.031	248
F alta/U antigua/VM bajo	13,000	.009	117
F baja/U reciente/VM alto	24,000	.011	264
F baja/U reciente/VM medio	21,000	.008	168
F baja/U reciente/VM bajo	25,000	.002	50
F baja/U antigua/VM alto	18,000	.009	162
F baja/U antigua/VM medio	38,000	.005	190
F baja/U antigua/VM medio	43,000	.002	86
Total	240,000	.022	5,409

medio y bajo. Cada cliente se ubica en el grupo que caracteriza su historial de compras. Al observar los registros históricos, o mediante experimentos con una oferta planeada, la compañía puede estimar la tasa de respuesta para cada segmento. Cuando las diferencias en las tasas de respuesta y en el tamaño del segmento se toman en cuenta (como se demuestra en la tabla 11-6) se ve que la base de datos se puede ampliar con eficiencia. La empresa puede enviar la oferta a los 240.000 clientes y obtener 5409 respuestas para una tasa de respuesta agregada del 2.2%, o decidir dirigirse solamente a los mejores segmentos (por ejemplo, los cinco segmentos en los cuales la respuesta excede el 3%) y obtener 4372 respuestas de clientes a partir de 58.000 solicitudes (para una tasa de respuesta del 7.5%), incurriendo en una cuarta parte de los costos de correo. De hecho, al volver al tema de los objetivos del marketing directo, se presentarán situaciones en las cuales se establezca un objetivo de reactivación o de mejoramiento. En tales situaciones, la firma puede optar por elegir clientes con última fecha de compra baja o con frecuencia baja para las promociones especiales. Sin embargo, lo más común es invertir el dinero del marketing directo de la compañía en una forma tal que se establezca como objetivo a los mejores clientes.

En años recientes, los comercializadores directos se han vuelto más sofisticados en la manera de aplicar técnicas estadísticas para la segmentación de bases de datos. Los datos adicionales del historial de compras (como el tipo de producto adquirido) se puede agregar ahora al proceso de segmentación. Nuevas técnicas pueden determinar con mayor precisión la manera de dividir la base de clientes para identificar los segmentos más homogéneos[27]. Con todo, los datos UFV siguen siendo los predictores más valiosos de la respuesta.

[27] David Shepard Associates, "The Role of Modeling in the New Direct Marketing", en *The New Direct Marketing,* Irwin, Homewood, Ill., 1995, pp. 271-314.

INTEGRACIÓN DE LA INFORMACIÓN DEL PERFIL CON HISTORIALES DE COMPRAS

La integración de la información del perfil con la base de datos del cliente puede tener dos funciones. La primera, es que al conocer la edad o las preferencias del cliente por ciertas actividades, los gerentes pueden contar con ayuda en el diseño de los incentivos. Previamente, se vio cómo utilizó esta información Fingerhut en su selección de prospectos para ciertos tipos de catálogos especializados. De modo similar, Arby's puede seleccionar incentivos con mercancía que no es propia para diversos miembros del Club Arby's, utilizando esa información. (Es probable que las personas mayores respondan menos ante los incentivos para parques de diversiones que las familias con niños pequeños).

Una segunda aplicación de las bases de datos externas es ayudar a seleccionar nuevos prospectos que compartan características comunes con los mejores clientes. Por ejemplo, una empresa puede tener datos de sus mejores clientes con base, principalmente, en los historiales de compras. Para encontrar nuevos prospectos que tengan la posibilidad de ser similares en los patrones de compra, algunas empresas buscarán características comunes que suministran claves de los individuos que son mejores clientes. Es posible que esto se logre por medio de las características demográficas y de estilo de vida, en el caso de productos de consumo masivo, y quizá por el tamaño de la compañía o el tipo de línea de producto, en el caso de los clientes institucionales. Una base de datos externa que contiene esta información se puede analizar para determinar las características de los mejores clientes. Considérese el ejemplo hipotético de la tabla 11-7, en donde una empresa que vende con un descuento libros

TABLA 11-7

COMBINACIÓN DE LAS BASES DE DATOS INTERNAS Y EXTERNAS

		DATOS EXTERNOS				
NOMBRES	DATOS INTERNOS	EDAD	INGRESOS (en miles)	NIÑOS	DEPORTES	LÍMITE (en miles)
M. Ciccone	B	45-60	$30-70	0	S	$10
R. Jackson	B	45-60	$30-70	0	N	$15
S. Nash	B	45-60	$30-70	0	N	$4
G. Bush	N	60+	$70+	3+	S	$4
C. Chase	N	45-60	$70+	3+	N	$15
D. Stengel	N	45-60	$30-70	0	N	$3
E. Aikman	O	25-44	$70+	1	S	$6
F. Canseco	O	25-44	Menos de $30	0	S	$10
G. Stone	O	60+	Menos de $30	2	S	$6

Convenciones
B = cliente de alto valor
N = no cliente
O = cliente de bajo valor
EDAD = edad del jefe de hogar
INGRESOS = total de ingresos familiares
HIJOS = números de niños en el hogar
DEPORTES = ¿disfruta el jefe del hogar de los deportes al aire libre?
LÍMITE = límite de la tarjeta de crédito para el hogar

nuevos directamente a los miembros de su "club", ha comprado una de estas listas externas. Al buscar a sus propios clientes dentro de esa base de datos, encuentra tres de sus clientes de alto valor y tres de bajo valor. (De hecho, la mayoría de personas en esas listas no serán clientes). Como se muestra en la tabla, los tres "mejores" clientes comparten tres características en común: tienen entre 45 y 60 años de edad, ingresos entre US$30.000 y US$70.000 y no tienen niños en casa. Los clientes de bajo valor *no comparten* estas características pero, por lo menos, alguien que no es cliente sí, C. Stengel. Por consiguiente, ese cliente (y otros que comparten características clave) se considerarían para la lista de clientes potenciales.

En la práctica, el proceso se describe como un ejemplo simplificado de un "modelo de puntajes". Por lo común, existen varias características que se pueden emplear para definir el perfil de clientes y prospectos. Más aún, los análisis estadísticos que se utilizan para la selección de las características son, en cierto modo, complejos. El enfoque más básico utilizaría un método de regresión múltiple como el que se presenta en la sección de pronóstico de ventas del capítulo 5. Las diversas técnicas están diseñadas para ayudar a los gerentes a encontrar la combinación de características que mejor sirvan para predecir el comportamiento de compra de alto valor[28].

ASPECTOS DE LA RENTABILIDAD

Los conceptos básicos de rentabilidad que se presentaron en el capítulo 6 son directamente aplicables al desarrollo de los presupuestos del marketing directo. Sin embargo, al aplicar estos conceptos es importante entender: 1) cuál es la economía distintiva del marketing directo y 2) el concepto del valor de permanencia de un cliente.

La economía distintiva del marketing directo

Como se indicó antes, la característica fundamental del marketing directo se basa en su filosofía de dirigirse hacia las comunicaciones y la entrega del producto directamente a cada cliente. Dos consecuencias de esto son: 1) la eliminación de los distribuidores (y, por consiguiente, de la necesidad de pagar sus servicios) y 2) la oportunidad de aplicar de una manera más eficiente el presupuesto de marketing[29].

Por ejemplo, considérese la situación de Linkster -el fabricante de suéteres y otras prendas de vestir para la práctica del golf que se estudió en el capítulo 6 y al comienzo de éste-. Linkster ha vendido su línea a través de almacenes minoristas de artículos para golf, utilizando una fuerza de ventas para visitar a estas firmas y contactando a los consumidores potenciales a través de la publicidad

[28]Para un estudio introductorio de los diferentes métodos, *véase* Behram Hansotia, "List Segmentation: How to Find Your Best Prospects", en Brown and Buskirk, eds., op. cit., pp. 103-113.
[29]Para un estudio más detallado *véase* Pierre Pasavant, *The Dollars and Sense of Direct Mail,* Dependable Lists, New York, 1981.

TABLA 11-8

ESTRUCTURA DE LA RENTABILIDAD DEL MARKETING DIRECTO FRENTE A LOS CANALES INDIRECTOS PARA LOS SUÉTERES DE LINKSTER

	CANAL INDIRECTO	MARKETING DIRECTO
Precio de venta del fabricante	US$60	US$90
Menos costos variables por unidad		
Costo de los bienes vendidos	–20	–20
Comisiones de ventas	–3	–0
Diligenciamiento	–0	–4
Margen de contribución variable por unidad	US$37	US$66
Multiplicado por las unidades de ventas	× 40,000	× 40,000
Margen de contribución variable en dólares	US$1,480,000	US$2,640,000
Menos costos fijos		
Fuerza de ventas	–360,000	–0
Publicidad masiva	–200,000	–0
Diseño y producción	–640,000	–640,000
Correo (@US$400 por 1000)*	–0	–800,000
Contribución total	US$ 280,000	US$1,200,000

*Con una tasa de respuesta de 2%, Linkster necesitará solicitar dos millones de compradores potenciales para vender 40.000 unidades. Es decir, 2 millones × 2% = 40.000. El costo del correo es, por consiguiente, igual a (2.000.000 ÷ 1.000) × US$400 = US$800.000.

en revistas. La primera columna de la tabla 11-8 sintetiza la economía de marketing de los suéteres Linkster a través de su canal indirecto tradicional hacia el consumidor (utilizando los datos de precio, costo y contribución para estas prendas de las tablas 6-3 y 6-4).

Como alternativa, Linkster podría utilizar el marketing directo, por ejemplo, para solicitar por correo los pedidos de suéteres de las listas de suscriptores de las revistas de golf y enviándolos directo al consumidor. La economía de este método difiere en dos aspectos. El primero, es que la eliminación del distribuidor minorista permite que la empresa reciba todo el precio al detal del producto en oposición al precio que le paga el minorista. Suponiendo que los almacenes minoristas de artículos para golf venden este producto a los consumidores a US$90, éste se convierte en el nuevo precio de venta del fabricante. (Nota: este análisis supone que los consumidores también pagarán el costo del despacho, además del precio al detal). Compensa parcialmente esta ganancia el costo adicional de *diligenciamiento* (es decir, de procesar el pedido de cada cliente y prepararlo para el despacho). Segundo, mientras parte del marketing directo (como los anuncios de respuesta directa en televisión o en revistas) se dirige hacia audiencias masivas, el marketing de correo directo y dirigido por teléfono suele conducir a la reducción de la fuerza de ventas y de los costos de publicidad masiva.

Estas consecuencias económicas se pueden observar en la tabla 11-8. En ella, Linkster puede comparar la rentabilidad del marketing directo e indirecto al estimar el número necesario de solicitudes de correo directo, para generar las 40.000 unidades del volumen de ventas que en la actualidad logra con los canales indirectos. Por ejemplo, si la empresa espera una tasa de respuesta del 2%, necesita solicitar dos millones de clientes potenciales (es decir, 2.000.000 × .02 = 40.000). Al revisar la tabla 11-8, se aprecia por qué el marketing directo es tan atractivo para muchas firmas. A pesar del elevado costo del correo directo, la rentabilidad de Linkster aumentará de manera significativa al eliminar los costos de ventas y de publicidad, y por la mayor contribución variable por unidad producto al eliminar al minorista. Adicionalmente, como la empresa cuenta con una base de datos de clientes que le permite a la gerencia identificar a los compradores frecuentes o de alto valor, su eficiencia aumentará aún más. Por ejemplo, si Linkster pudiera incrementar su tasa de respuesta al 5% (utilizando los métodos de análisis de bases de datos estudiados en la sección precedente de este capítulo), el número de solicitudes necesarias para venderle a 40.000 clientes sería entonces:

$$\frac{40{,}000}{.05} = 800{,}000 \text{ prospectos}$$

Con un costo del correo de US$400 por millar, el costo total de las solicitudes sería de:

$$\frac{800{,}000}{1{,}000} \times \text{US\$}400 = \text{US\$}320{,}000$$

Esto representa una reducción del costo fijo (y, por consiguiente, un aumento en la contribución total) de US$480.000 cuando se compara con el envío por correo de 2 millones de solicitudes.

Valor de permanencia de un cliente

Cuando el objetivo primario de un programa de marketing directo es captar nuevos clientes o la reactivación de clientes antiguos, los gerentes deberán tratar de estimar el *valor de permanencia* de cada cliente. En esencia, el valor de permanencia de un cliente es el valor de las adquisiciones de ese cliente, teniendo en cuenta las compras futuras y las compras iniciales. A menudo, las solicitudes de productos como la revista *Sports Illustrated* y el Columbia House Video Club incluyen incentivos que parecen exorbitantes para motivar las compras. Comprender el valor de permanencia de un cliente permite que los gerentes de estas empresas determinen cuánto se puede invertir con rentabilidad para captar nuevos clientes o reactivar los antiguos[30].

Retomando al ejemplo de Linkster, al comienzo de este capítulo se indicó que la empresa pensaba ofrecer un cupón de US$20 para los clientes potenciales. Al considerar el valor de permanencia de captar un nuevo cliente, los gerentes pueden encontrar que un gran incentivo puede ser apropiado, en especial ahora que la empresa vende directamente y recibe un margen más alto de contribución variable por unidad.

El proceso de estimar el valor de permanencia es muy similar al método (capítulo 6) que se utilizó para estimar los beneficios de compras repetidas que resultan de programas diseñados para mejorar la satisfacción del cliente. La principal diferencia es que, en este caso, se estima el valor potencial de los clientes *futuros* y no de los *existentes.* Para determinar el valor de permanencia, normalmente una

[30] Otros ejemplos de los cálculos del valor de permanencia en Arthur Hughes, *The Complete Database Marketer,* Probus Publishing, Chicago, 1991, cap. 10.

TABLA 11-9

VALOR DE PERMANENCIA DE UN NUEVO CLIENTE DE LINKSTER

NÚMERO DE COMPRAS REPETIDAS	×	PORCENTAJE DE CLIENTES LINKSTER	=	PROMEDIO PONDERADO
0		.38		0
1		.21		.21
2		.15		.30
3		.10		.30
4		.08		.32
5		.06		.30
6		.02		.12
		1.00		1.55

Número promedio de compras repetidas	1.55
Por el promedio de ventas en dólares	× US$120
Por el margen promedio de contribución variable	× .60
Total de margen de contribución variable sobre ventas repetidas	US$111.60
Más contribución variable sobre la venta inicial (de la tabla 11-8)	66.00
Valor de permanencia	US$177.60

compañía analiza la base de datos de los clientes para estimar la tasa promedio de compra repetida y el promedio del dinero invertido en cada compra. Adicionalmente, los gerentes necesitarán saber el margen promedio de contribución variable de todos los productos. (Recuérdese que en el capítulo 6 se indicó que el margen de contribución variable por porcentaje cambia a través de diferentes productos).

En la tabla 11-9 se ofrece un ejemplo simplificado de la manera como se podría calcular el valor de permanencia. Con base en los datos históricos de la compañía, un 38% de los nuevos clientes nunca volverán a comprar un producto de Linkster, pero un pequeño porcentaje repetirá varias veces. Al ponderar el número de compras repetidas por el porcentaje de compradores que muestra cada patrón de compra, Linkster puede calcular que es posible esperar 1.55 repeticiones del nuevo cliente "promedio". Al combinar esto con la información del valor promedio en dólares de una venta y el margen promedio de contribución variable, la compañía puede pronosticar el valor de permanencia del cliente. Luego, la empresa puede evaluar cuánto puede invertir para adquirir cada nuevo cliente. (Con base en la tabla 11-8, Linkster planea invertir US$800.000 para atraer a 40.000 nuevos clientes o US$20 por consumidor. Al agregar el incentivo propuesto de US$20 se obtiene un total de "costo de adquisición" por cliente de US$40. Esto se halla bastante por debajo del valor del tiempo de permanencia de US$177.60).

La revisión del concepto de valor de permanencia refuerza el punto que se ha tratado varias veces y en diferentes formas en esta obra. Es decir, que los gerentes deberán evitar pensar en los clientes en términos de transacciones individuales y, en cambio, enfocarse en las relaciones continuas. Además, también deberán atender las oportunidades de segmentación que se aprecian con el análisis de la base de datos de los clientes. Resulta claro que el valor de permanencia se basa en la frecuencia y el valor monetario. De modo que si la solicitud se puede dirigir hacia prospectos con probabilidad de tener puntajes UFV altos (como se indicó antes), el valor de permanencia de los nuevos clientes (y, por consiguiente, la cantidad que una compañía deberá estar dispuesta a invertir) puede ser mucho mayor.

CONCLUSIÓN

Las altas tasas de crecimiento en promoción de ventas y la actividad de marketing directo parece reflejar la efectividad de estos programas de marketing para influir en la demanda. Sin embargo, existen algunas precauciones para los gerentes que utilizan estos programas.

En primer lugar, como se indicó antes, el impacto a largo plazo de las promociones de ventas sobre el *brand equity* no es seguro. Algunos creen que la promoción puede deteriorar la imagen de marca, especialmente si no está combinada con publicidad u otros programas que construyan enlaces de beneficio de marca. Así, los gerentes deberán tratar de desarrollar un alto grado de coordinación entre los programas de publicidad y de promoción de ventas, y deberán involucrar a las agencias de publicidad en el proceso de decisión de la promoción de ventas.

Segundo, es frecuente que las promociones de ventas y el marketing directo estén coordinados con los programas de publicidad (para comunicar la oferta) y con los programas de venta personal (para hacer el seguimiento a las consultas del cliente y al apoyo del comercio). Esto significa que será esencial contar con objetivos definidos con claridad y programas integrados y desarrollados lógicamente, si estos programas van a funcionar de manera sincronizada para implementar la estrategia de marketing.

En este capítulo se han presentado varios conceptos y herramientas que los gerentes pueden emplear para desarrollar programas de promoción de ventas y marketing directo. Además, se han mostrado programas y objetivos de programas específicos que pueden y deben enlazarse con la estrategia de marketing y con los requerimientos de rentabilidad del producto. Este proceso se resume en la figura 11-5.

Para revisar algunos de estos elementos y sus relaciones entre sí, considérense los programas de promoción de ventas y marketing directo de LapCom Computer.

FIGURA 11-5

Relación de los programas de promoción de ventas y marketing directo con la estrategia de marketing, el análisis de la situación y otros programas de marketing.

LAPCOM COMPUTER

LapCom es una empresa fabricante de sofisticados computadores tipo *laptop* y en la actualidad vende su línea de producto a través de almacenes especializados. La empresa surte al usuario conocedor de computadores en la comunidad de negocios, ofreciendo una combinación no igualada de capacidad, versatilidad y diseño compacto, junto con software incorporado e interfaces para acceso rápido a Internet y disponibilidad de fax.

Los distribuidores de LapCom compran los equipos a un precio de US$2550 y los venden al detal a US$3000, en promedio. El costo variable de LapCom es de US$1800 por máquina, y el total de ventas y el presupuesto de publicidad es de US$25.000.000. En 1996, las ventas fueron de 100.000 unidades, una participación muy pequeña de la industria, y la gerencia está interesada en identificar mecanismos para ampliar su base de ventas. (Aunque los clientes son leales, el intervalo de recompra para los *laptops* es bastante largo en la mayoría de los clientes).

Una opción para considerar es una oferta de rebaja de US$200 durante un periodo de dos meses. Los compradores de nuevos computadores de LapCom recibirían un cheque por ese valor contra el envío de una prueba de compra (tarjetas de garantía y desprendibles del recibo de venta). El gerente de marketing ha estimado que la oferta conduciría a ventas entre 20.000 y 30.000 unidades con una tasa de desplazamiento de 40 a 60%.

Como alternativa, LapCom está pensando en iniciar un programa de marketing directo. Con listas de correo de revistas especializadas en computadores, más la base de datos interna de la empresa (la cual se ha configurado a través de los años con las tarjetas de garantía), LapCom solicitaría los pedidos directamente ofreciendo los computadores a un precio de US$2600. El costo del correo directo sería cercano a US$500 por millar y los costos de diligenciamiento serán de US$50 por pedido. Otros costos fijos de marketing serán alrededor de US$10.000.000.

1. Evalúe el programa de rebaja propuesto en términos de sus consecuencias potenciales en la rentabilidad.
2. ¿Qué otros aspectos deberá tener en cuenta LapCom para decidirse por el plan de rebaja?
3. Si LapCom lograra una respuesta del 1%, ¿sería mayor o menor la contribución total del marketing directo que la contribución total actual del canal indirecto?
4. ¿Qué aspectos adicionales deberá tener en cuenta LapCom para decidirse por el plan del marketing directo?

PREGUNTAS Y SITUACIONES PARA ANÁLISIS

1. ¿Cuál objetivo y programa de promoción de ventas sería el más apropiado para cada uno de los siguientes casos y por qué?
   a. Una marca líder de espaguetis
   b. Una nueva institución para el tratamiento del consumo de drogas
   c. Una empresa para cuidado de prados y jardines
   d. Una revista deportiva
2. Giorgio de Beverly Hills decidió introducir un perfume llamado *Red* para un mercado objetivo ligeramente de mayor edad y capacidad económica que los mercados de otros perfumes de la firma. La investigación de Giorgio había revelado que, si una mujer utilizaba una fragancia por lo menos tres

veces, era probable que la comprara. La empresa obtuvo listas de correo de almacenes por departamentos con las clientes preferenciales y les envió tubos rojos con una muestra de la fragancia, junto con anuncios de que el producto estaría disponible en los almacenes por departamentos al cabo de dos semanas. *Red* logró ventas por US$90 millones durante el primer año y se convirtió en líder de ventas.

Analice la manera como el diseño de este programa habría influido en la naturaleza de la respuesta del mercado.

3. ¿Para cuáles de los siguientes productos serán mayores los efectos de la acumulación de inventarios? ¿Por qué?
   a. Coca-Cola
   b. Pudín instantáneo Jell-O
   c. Café granulado Maxwell House
   d. Alimento para perros Alpo (bolsa de 40 libras)
4. Al comienzo de este capítulo se indicó que las promociones de marcas con precios *premium* son más efectivas para atraer clientes de las marcas con precios bajos, que estas últimas para atraer clientes que normalmente compran marcas *premium.* ¿Significa esto que, cuando la marca líder en participación de mercado es una marca *premium,* los gerentes deberán ser siempre agresivos al utilizar las promociones de ventas? ¿Por qué?
5. En general, ¿cuáles de las siguientes clases de respuestas de ventas cree Ud. que serían más *difíciles* de predecir para una firma con amplia experiencia en promoción de ventas?
   a. Tasas de desplazamiento
   b. Tasas de conversión
   c. Tasas de redención de cupones
6. Algunos comercializadores directos se basan en gran medida en la publicidad de respuesta directa que está dirigida a grupos demográficos, de estilo de vida o de espectadores de tipos de programas de televisión, y no a los individuos. Por ejemplo, los comercializadores de equipos para practicar ejercicio y de discos compactos que contienen "las mejores melodías de los años ochenta" acostumbran utilizar el canal ESPN2, cuyos televidentes están interesados en el aspecto atlético y son principalmente jóvenes. Considerando las ventajas de los mensajes dirigidos al comprador individual que se estudiaron en este capítulo, ¿qué condiciones llevarían a una empresa a utilizar estas otras formas de marketing directo?
7. En 1996, una mujer demandó a Victoria's Secret, acusando a la empresa de cobrar distintos precios para diferentes receptores de su catálogo. Específicamente, argumentó que ella recibió una oferta de US$10 de descuento sobre una compra de US$75 en un catálogo de invierno, mientras que otra persona (que era hombre y con más dinero) recibió una oferta de descuento de US$25 en el mismo catálogo.
   a. Si la denuncia fuera cierta, ¿por qué seguiría Victoria's Secret una política de esta naturaleza?
   b. ¿Es injusta esta política para los consumidores? ¿Por qué?
8. La empresa Quaker Oats lanzó el programa Quaker Direct, un sistema que envía cupones para los productos Quaker a hogares identificados individualmente, de acuerdo con una base de datos desarrollada por Computarize Marketing Technologies of New York. Con este sistema, Quaker puede estar seguro de que solamente los hogares con perros reciben cupones para el producto Gaines Burgers. Más aún, los valores de los cupones pueden variar por hogar. Por último, como cada cupón está codificado, Quaker puede hacer seguimiento a las redenciones por cada hogar. El sistema también permite a Quaker diseñar estudios que detectarían cambios en las necesidades del

cliente. Para atraer y conservar a estos hogares, Quaker podría realizar apuestas y concursos para los participantes.

El costo de Quaker Direct es cercano a US$27.50 por cada 1000 hogares alcanzados. Esto es cuatro veces el costo de insertar cupones gratuitos en los periódicos. Considerando este costo más alto, ¿qué beneficios podría brindar un sistema de esta naturaleza a Quaker?

LECTURAS ADICIONALES SUGERIDAS

Basu, Amiya, Atasi Basu, and Rajeev Batra, "Modeling the Response Pattern to Direct Marketing Campaigns", *Journal of Marketing Research,* May 1995, pp. 204-212.

Bawa, Kapil, and Robert Shoemaker, "Analizing Incremental Sales from a Direct Mail Coupon Promotion", *Journal of Marketing,* July 1989, pp. 66-78.

Bessen, Jim, "Riding the Marketing Information Wave", *Harvard Business Review,* September-October 1993, pp. 150-160.

Blattberg, Robert, Richard Briesch, and Edward Fox, "How Promotions Work", *Marketing Science,* Fall 1995, pp. G122-G132.

————, and John Deighton, "Interactive Marketing: Exploiting the Age of Addressability", *Sloan Management Review,* Fall 1991, pp. 5-14.

Fader, Peter, and Leonard Lodish, "A Cross-Category Analysis of Category Structure and Promotional Activity for Grocery Products", *Journal of Marketing*, October 1990, pp. 52-64.

Farris, Paul, and John A. Quelch, "In Defense of Price Promotion", *Sloan Management Review*, Fall 1987, pp. 63-69.

Jones, John Philip, "The Double Jeopardy of Sales Promotions", *Harvard Business Review*, September-October 1990, pp. 145-152.

CAPÍTULO 12

PROGRAMAS DE VENTAS Y DISTRIBUCIÓN

VISIÓN GENERAL

Los programas de ventas y distribución incluyen todas aquellas actividades que involucran al personal que está en contacto directo con los compradores finales o con los intermediarios mayoristas o minoristas. Principalmente, estas actividades se dirigen hacia tres funciones:

- Transmitir individualmente mensajes de ventas adaptados a cada cliente
- Prestar servicio al cliente a través de información o asistencia con respecto a las características del producto, estado del pedido, o reclamos de los clientes
- Crear valor para los clientes a fin de coordinar el programa y los métodos de despacho del producto/servicio para brindar conveniencia, confianza y respaldo

Estas actividades son de capital importancia para ejecutar la estrategia de marketing cuando los compradores o distribuidores tengan necesidades y deseos muy complejos y variados. En tales circunstancias, la interacción personal es vital para comprender y responder de manera apropiada a la situación o al problema de compra de cada cliente.

Aunque el rango de actividades relacionado con los programas de ventas y distribución parece bastante amplio, en realidad estas actividades son parte de la función de ventas de una organización típica. De hecho, cada vendedor usualmente dedica más tiempo a las muchas actividades de servicio al cliente que a la venta en sí misma. Adicionalmente, como se verá más adelante en este capítulo, los vendedores pueden encontrar que las necesidades logísticas de los clientes, asociadas con la frecuencia, el tamaño y la puntualidad en el despacho de los productos son tan importantes como la calidad del producto o el precio de lista al momento de hacer una venta.

En esencia, cada producto o servicio debe comunicarse y distribuirse al cliente a través del canal de marketing. Estas mismas actividades básicas tienen lugar si una empresa vende directamente a los compradores finales o a través de un amplio número de intermediarios. En las pequeñas empresas industriales, en particular, los mismos vendedores o los gerentes de ventas pueden tener la responsabilidad de las ventas directas a los compradores y del trabajo con los intermediarios en el canal de marketing. El surgimiento de los intermediarios de marketing resulta de los compradores o los vendedores que trabajan con otros para asesorarlos en la comunicación o distribución del producto para completar la transacción. La participación de otras partes más allá del comprador y el vendedor significa que el valor asociado con las transacciones que normalmente existen entre el comprador y el vendedor, ahora debe compartirse con estos intermediarios a cambio de los servicios que ellos suministran, o que debe crearse el valor adicional para estos servicios y compartirse entre los participantes al igual que con el comprador. Normalmente, esto se logra a través del programa de precios que existe entre los participantes en el canal de marketing.

Debido a que los temas de la venta personal, el servicio al cliente, las relaciones en el canal de distribución y la política de distribución física están muy integrados, deben considerarse como parte de los programas de ventas y distribución completos. En algunas compañías, se asignan empleados de áreas como marketing, finanzas, distribución y operaciones, para trabajar con ventas y con compradores clave con el fin de facilitar la coordinación y la integración.

Además, un proveedor de servicio externo como una empresa de bodegajes o un transportador por vía férrea puede suministrar una parte integral de la estrategia y del programa de ventas y distribución. En este capítulo y en el siguiente, se estudiará el proceso de desarrollo y evaluación de estos programas, que requieren de cuatro etapas principales:

1. Definir los *objetivos* de ventas y distribución, diseñados para desarrollar la estrategia de marketing de la empresa
2. Identificar los *atractivos* de ventas más apropiados para utilizarlos en el logro de los objetivos
3. Determinar y asignar los *recursos* financieros y humanos que se requieren para el programa
4. Evaluar el *desempeño* del programa para ajustarlo cuando sea necesario

Las dos primeras etapas se estudiarán en este capítulo. En particular, se presentan las clases de objetivos que pueden utilizarse para guiar el esfuerzo de ventas y distribución, y los tipos de atractivos que las empresas pueden emplear. A continuación, se analizarán los factores para considerar en la selección de la mejor presentación y los mejores métodos que la fuerza de ventas puede utilizar para mostrar y lograr la aceptación de la presentación. Por último, se estudiarán algunas de las consideraciones excepcionales involucradas en la venta a través de los distribuidores.

Sin embargo, antes de estudiar los objetivos de ventas y distribución, es importante entender los tipos básicos de *sistemas del canal de marketing* y *ventas* que pueden emplear las organizaciones. Entender estos tipos de sistemas es importante ya que la función específica de la fuerza de ventas en el desarrollo de una estrategia de marketing variará a través de estos tipos de sistemas. (En la figura 12-1 se presentan los principales elementos de un programa de ventas y distribución).

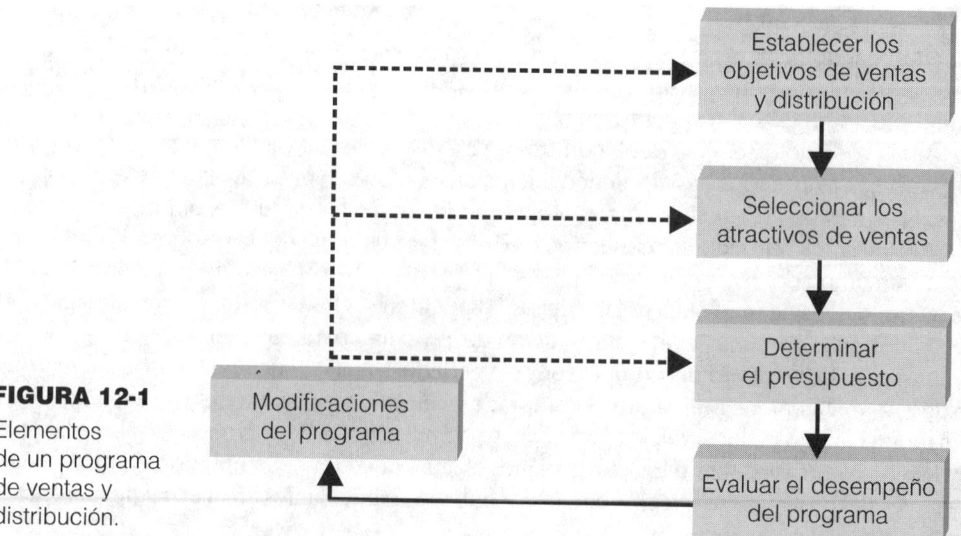

FIGURA 12-1
Elementos de un programa de ventas y distribución.

TIPOS DE SISTEMAS DEL CANAL DE MARKETING Y VENTAS

Además de los sistemas de marketing directo (estudiados en el capítulo 11), los comercializadores pueden emplear otros tres tipos básicos de sistemas de ventas y distribución. Como se sintetiza en la tabla 12-1, cada uno de estos sistemas difiere en términos del papel que desempeña la venta personal.

Sistemas de venta personal directa

Como en los sistemas de marketing directo, en los sistemas de venta personal directa los productos se envían directamente al cliente. No obstante, a diferencia de los primeros, la mayor parte de los mensajes de ventas se transmite cara a cara. Obsérvese que un fabricante puede emplear este sistema de venta directa con su propia fuerza de ventas o con representantes de ventas por comisión. Técnicamente, estos representantes son agentes mayoristas que ejecutan sólo actividades de venta, de manera

TABLA 12-1

TIPOS DE SISTEMAS DEL CANAL MARKETING Y DE VENTAS

TIPOS	CARACTERÍSTICAS CLAVE
	SISTEMAS DIRECTOS
1. Sistemas de venta personal directa	Productos que se distribuyen directamente al comprador final Mensaje de ventas que se envía a compradores individuales por contacto cara a cara (La venta por teléfono se usa para tomar el pedido) Las funciones primarias son para suministrar información del producto, asesoría técnica, servicio al cliente e identificar las necesidades cambiantes del mismo
	SISTEMAS INDIRECTOS
1. Sistemas de ventas para comerciantes	Productos que se distribuyen a través de mayoristas o minoristas que acostumbran comprarlos con el fin de revenderlos a los compradores finales Mensaje de ventas que se envía mediante el contacto personal (La venta por teléfono se usa para tomar el pedido) Las funciones primarias son obtener apoyo del distribuidor, suministrar información del producto, brindar entrenamiento en ventas y asistencia a los distribuidores
2. Sistemas de ventas misioneras	Productos que se distribuyen a través de mayoristas o minoristas quienes acostumbran comprarlos para revenderlos a los compradores finales Mensaje de ventas que se envía mediante el contacto personal La función primaria es suministrar información del producto y ofrecer servicio al cliente directamente al comprador final o a quienes influyen en los compradores

que si visitan únicamente a los compradores finales, actúan como una fuerza de ventas directa. La venta personal directa se utiliza cuando el papel de la fuerza de ventas es más complejo que presentar un mensaje de ventas sencillo y tomar el pedido. Específicamente, estos vendedores dirigen sus esfuerzos a ayudar a los clientes a resolver problemas definidos de compras, demostrándoles la manera como se puede usar o adaptar un producto (o servicio) a las necesidades del cliente. Además, también pueden ser responsables de identificar nuevos productos que podrían desarrollarse para satisfacer estas necesidades. (Du Pont conformó un equipo de ventas flexible con ejecutivos de todos los rangos para desarrollar y vender nuevos productos. En 1990, este grupo identificó la necesidad de producir un nuevo herbicida que los cultivadores de maíz pudieran aplicar con menor frecuencia que las sustancias existentes y crearon un producto que alcanzó ventas de US$57 millones durante el primer año[1]). Finalmente, también pueden realizar actividades de *servicio al cliente* como el seguimiento de sus reclamos; prestar servicios de mantenimiento, reparación y funcionamiento (MRF); garantizar un despacho confiable; suministrar información sobre inventarios y procesamiento de los pedidos, y asesorar a los clientes en el manejo de los inventarios de repuestos.

Sistemas de ventas para comerciantes

Cuando las organizaciones emplean distribuidores mayoristas y/o minoristas para distribuir físicamente sus productos a los clientes finales, un papel importante de la fuerza de ventas es garantizar que los distribuidores quieran y puedan respaldar la estrategia de marketing. En consecuencia, se acostumbra llamar a la fuerza de ventas para demostrar a los distribuidores la manera como pueden beneficiarse siguiendo políticas específicas que también aumentarán las ventas de un fabricante. Estas políticas pueden incluir promoción, servicio, asignación de espacio, inventarios y decisiones de surtido. De otro lado, esta fuerza de ventas puede ser responsable de suministrar a los distribuidores la misma clase de respaldo de servicio al cliente que la fuerza de ventas directa presta al comprador final.

Por ejemplo, Nabisco Biscuit de RJR utiliza un sistema de distribución "despacho directo al almacén". En lugar de enviar los productos a bodegas centrales de la empresa, la compañía atiende cerca de 105.000 almacenes casi tres veces a la semana. Los 400 encargados del *merchandising* de Nabisco organizan la exhibición de los productos y los estantes en los almacenes. Los 2800 representantes de ventas de la empresa utilizan computadores portátiles para compilar los datos de ventas de cada almacén y ayudar a los compradores al detal a organizar su espacio en los estantes de la manera más productiva. Este sistema llevó a un cambio en la estrategia de nuevo producto de Nabisco, de manera tal que los nuevos productos con alta demanda no superaran la capacidad de producción de panadería, para así cumplir con los pedidos de una manera oportuna[2].

Sistemas de ventas misioneras

La venta misionera también implica actividades que amplían las ventas de los distribuidores. No obstante, estas actividades se dirigen, en primera instancia, hacia los compradores finales o los individuos que influyen en la decisión de compra y no hacia los distribuidores. Por ejemplo, un fabricante de equipo

[1] "Smart Selling", *Business Week*, Aug. 3, 1992, p. 48.
[2] "This Cookie Is Tops in Food Sales", *Fortune*, May 4, 1992, p. 100.

TABLA 12-2

EMPRESAS QUE UTILIZAN DIFERENTES ALTERNATIVAS DE DISTRIBUCIÓN (por porcentaje)

TAMAÑO DE LA EMPRESA (VENTAS EN MILLONES)	TELEMERCADEO	REPRESENTANTES MFG	DISTRIBUIDORES/ MAYORISTAS	PRINCIPALES REPRESENTANTES DE CUENTA NACIONAL
Menos de US$5	34.5	20.7	32.8	5.2
US$5-25	21.6	52.6	48.5	5.2
US$25-100	24.5	36.7	51.1	12.2
US$100-250	44.0	20.0	48.0	16.0
US$250+	25.0	8.3	58.3	29.2

Adaptado de "Twenty-Sixth Survey of Sales Force Compensation", The Darnell Corp., Chicago, 1990.

hospitalario puede utilizar los servicios de un mayorista, pero se basa en su propia fuerza de ventas misioneras para suministrar información del producto al personal clave en el hospital. De manera similar, los editores utilizan su propia fuerza de ventas para llamar a los profesores universitarios que influyen en las compras de textos de los estudiantes, incluso aunque utilicen una librería local para distribuir el producto. Estas clases de fuerzas de ventas se emplean cuando los vendedores de los distribuidores no tienen un entrenamiento adecuado o su número es insuficiente para suministrar la información técnica requerida. Adicionalmente, cuando los distribuidores están encargados de líneas de producto amplias y diversas y cuando los nuevos productos se desarrollan a una tasa elevada (como sucede en la industria farmacéutica), la fuerza de ventas misionera será de especial utilidad.

La descripción anterior sugiere que existen diferencias significativas en el papel de la fuerza de ventas a través de los sistemas de ventas y distribución. Sin embargo, también hay muchas diferencias en la función de la fuerza de ventas *dentro* de cada tipo de sistema ya que cada organización tiene productos, clientes, competidores y estrategias diferentes. Más aún, algunas organizaciones emplearán más de un tipo de sistema. Por ejemplo, para el marketing de sus computadores personales, IBM utiliza sistemas de marketing directo y de venta personal directa, al igual que la venta a entidades comerciales. Las empresas utilizarán diferentes sistemas de distribución dependiendo de su tamaño, como se muestra en la tabla 12-2. Finalmente, cuando la venta es a través de distribuidores, el tipo de sistema que se utilice tendrá un soporte en el diseño de los programas de ventas y distribución. En la siguiente sección de este capítulo se estudian algunas alternativas del canal de distribución.

ESTRUCTURA DEL CANAL DE DISTRIBUCIÓN

Un *canal de distribución* es un conjunto de participantes organizacionales que ejecutan todas las funciones necesarias para conseguir un producto de un vendedor para el comprador final. El sistema de distribución podría incluir participantes "primarios" del canal (mayoristas o minoristas que toman la propiedad y el riesgo) y participantes "especializados" del canal (empresas transportadoras, agentes de carga, bodegas públicas, y comisionistas que comercializan y mueven el producto). Además, los miembros "facilitadores" del canal (bancos, firmas de comunicaciones, empresas de investigación de mercados, empresas minoristas de merchandising, etc.) también podrían ser participantes del canal de distribución. La estructura del canal está determinada por tres elementos: las *tareas* y actividades para desarrollar por los intermediarios, el *tipo* de distribuidor que se va a utilizar y la *cantidad* de cada tipo de distribuidores[3].

Tareas

Las empresas utilizan a los participantes de los canales para realizar aquellas tareas de marketing que un vendedor no quiere o no puede ejecutar de una manera eficiente o efectiva. Las tareas más ampliamente ejecutadas incluyen mantener la disponibilidad hacia el despacho local o dejando el producto en sitios apropiados para el cliente, brindándole a éste servicios financieros o de mantenimiento y reparación, y los beneficios de la venta y la publicidad local del producto. Hay mayor probabilidad de que estas tareas las realice uno o más participantes del canal y no el proveedor cuando:

- Hay un gran número de compradores, cada uno de los cuales compra en pequeñas cantidades de dinero, de manera que el costo de hacer llamadas personales de ventas a cada uno de ellos sería muy alto para el fabricante
- Es importante contar con un conocimiento detallado de las condiciones del mercado local y de las necesidades del comprador porque éstas varían muchísimo entre los clientes
- Es importante contar con un servicio especial de emergencia
- Los competidores cuentan con un alto nivel de disponibilidad y, por consiguiente, es necesario ofrecer conveniencia o rapidez en el despacho para ser competitivo
- Los compradores adquieren pequeños volúmenes de una amplia selección de productos relacionados, mientras que el fabricante sólo suministra una pequeña parte de esa selección y, por tanto, no puede satisfacer todo el rango de las necesidades del cliente
- Los participantes buscan beneficiarse de la sinergia de trabajar juntos para brindarle al cliente satisfacción y lealtad.

En otras palabras, las tareas que deben ejecutarse dependerán de lo que se requiere para satisfacer competitivamente las necesidades del cliente y de la eficiencia económica relativa de ejecutar o delegar la tarea.

Tipo de distribuidor a nivel de mayorista

Un fabricante que considera el uso de distribuidores a nivel de mayoristas tiene variedad de opciones. Las principales diferencias entre las clases de mayoristas se hallan en el tipo y el número de funciones que ejecutan. Aunque todos los intermediarios a nivel de mayoristas cumplen una función de ventas, solamente los comercializadores mayoristas asumen el riesgo asociado con tomar la propiedad de los bienes a medida que se acercan al comprador final. No sorprende, entonces, que estos mayoristas también reciban los mayores márgenes de las ventas que hacen –alrededor de un 25%, en comparación con 3 a 7% para la mayoría de los agentes y comisionistas que no toman el título de los bienes–. Esta distinción en las funciones entre los comercializadores mayoristas y los agentes o (comisionistas) es la razón

[3] Para un estudio amplio de los canales de distribución, *véase* Louis Stern, Adel El-Ansary, and James Brown, *Management in Marketing Channels,* Prentice-Hall, Englewod Cliffs, N.J., 1989.

del porqué los primeros forman parte de un sistema de venta para comerciantes, mientras que básicamente los agentes son simples sustitutos de la fuerza de ventas de un fabricante. Por consiguiente, cuando los agentes llaman a otros intermediarios (como en el caso de los comisionistas de alimentos) ellos son parte de un sistema de ventas para comerciantes. Si llaman a los compradores finales, forman parte de un sistema de venta directa.

Tipo de minorista

Los distribuidores minoristas difieren en términos de tres factores principales: el alcance de las líneas de producto que sirven, el tipo de esfuerzo de búsqueda del consumidor que abastecen y el nivel de servicio que ofrecen. El tipo de intermediario minorista empleado dependerá de los mercados objetivo de la empresa. Por ejemplo, al atender un mercado orientado por el precio, hay mayor probabilidad de elegir a los almacenes que se clasifican como orientados hacia la venta de bienes. Al tratar de alcanzar un mercado interesado con el servicio personal y una imagen de calidad, por lo general los almacenes especializados son los más apropiados.

Tanto a nivel mayorista como al detal, los gerentes de ventas deberán dirigir sus esfuerzos hacia distribuidores que ejecutarán las tareas requeridas y que son del tipo deseado para alcanzar el mercado objetivo.

Número de distribuidores

Los canales pueden tener un patrón de distribución *intensivo* (en el cual existe una cantidad relativamente grande de distribuidores dentro de un área dada) o un patrón de distribución *selectivo* (en donde solamente hay unos cuantos distribuidores dentro de un área dada). En el extremo, puede designarse un distribuidor como el representante *exclusivo* para un área. En general, entre más funciones se espere que desempeñe un distribuidor, existe más probabilidad que sea necesario establecer como medida de protección un patrón de distribución exclusivo o selectivo, para brindar el incentivo de mantener grandes inventarios, para ofrecer servicio y para la promoción agresiva. La distribución selectiva también tiene otras ventajas para el proveedor. Cuando una firma tiene pocos distribuidores, suelen ser más bajos los costos de venta, de despacho y de control del desempeño de la distribución. Estas ventajas existen debido a que se necesita menos personal de ventas y porque es menor el número de puntos de despacho que se requiere (normalmente con cargas cuyo tamaño sea más económico de transportar).

Sin embargo, los sistemas de distribución exclusiva tradicional pueden ser inapropiados si cambian los patrones de compra del consumidor y las condiciones del mercado. En marzo de 1992, Goodyear Tire and Rubber anunció sus planes para vender las llantas de marca Goodyear a través de Sears y de su propia red exclusiva de 2500 distribuidores independientes. La decisión de la empresa se basó en su estudio continuo de otras alternativas de distribución y el crecimiento de grandes superminoristas como Sears, Kmart, Wal-Mart, y otros. Desde el anuncio, cientos de distribuidores de Goodyear han adoptado marcas privadas, las cuales les ofrecen márgenes mayores y reducen su incentivo de vender las llantas Goodyear[4].

[4]Dana Milband, "Independent Goodyear Dealers Rebel: Decision to Sell through Sears Proves Unpopular", *Wall Street Journal,* July 8, 1992, p. B2; y "And Fix that Flat before You Go Stanley", *Business Week,* Jan. 16, 1995, p. 35.

De otro lado, según la importancia que tenga para el comprador la conveniencia de comprar (en especial para los bienes de consumo masivo con baja participación), se requerirá más distribución intensiva. Con base en esto, los gerentes deberán estar seguros de que el número de cuentas deseadas en cada mercado se considere, antes de establecer la cantidad específica de nuevas cuentas para desarrollar.

Sistemas verticales de marketing

El reconocimiento cada vez mayor de la importancia de las ventas *a través y no sólo* del distribuidor ha llevado a muchas empresas a desarrollar canales altamente coordinados. Generalmente, la expresión *sistema vertical de marketing* se utiliza para describir tipos de canales en los cuales las acciones del distribuidor están altamente coordinadas con la estrategia de marketing del fabricante, debido a que se ha establecido una relación fuerte, continua y formal. Estos sistemas pueden ser de tres tipos: corporativo, contractual y administrativo.

Los *sistemas corporativos* son canales en los cuales se ha logrado algún grado de integración vertical. Es decir, si un minorista le pertenece a un proveedor (o viceversa), entonces existe un sistema corporativo. En la actualidad, muchas compañías petroleras, de llantas y de ropa poseen sus propios puntos de venta al detal. Aunque el costo de poseer puntos de distribución puede ser grande, por lo general a los representantes de ventas se les asegura que estos sitios apoyarán totalmente la estrategia de marketing.

Por ejemplo, Francia es el único mercado importante en el mundo en donde Coca-Cola cuenta con su propia embotelladora. Durante 40 años, Pernod-Ricard, un gran productor de vinos, controló el embotellamiento de Coca-Cola en ese país. Francia tenía el consumo per cápita más bajo de la bebida dentro de la comunidad europea, y Coca-Cola atribuyó esto a la promoción de Pernod-Ricard de sus propias marcas a expensas de Coca-Cola y de otros productos de la empresa. Después que Coca-Cola compró las operaciones de embotellamiento, el volumen unitario en Francia subió en un 23% en el primer año. Éste fue el incremento más grande en el continente[5].

Los *sistemas contractuales* incluyen programas de franquicia y asociaciones voluntarias en las cuales se suscriben legalmente contratos que establecen las tareas que ejecutará cada parte. Específicamente, los programas de *franquicia* son acuerdos contractuales entre un fabricante y un distribuidor a nivel mayorista o minorista, que especifican la asistencia que los proveedores proporcionarán, al igual que las obligaciones de los distribuidores. En años recientes, este tipo de programas se ha impuesto en negocios al detal como ventas de automóviles, restaurantes de comidas rápidas, servicios y suministros para automóviles y en algunos negocios mayoristas (incluyendo el embotellamiento de bebidas gaseosas). Estas líneas de comercio son similares en varios aspectos: los distribuidores se basan en primera instancia en un proveedor, se requiere una amplia inversión de capital del distribuidor y es importante mantener estándares de calidad en el servicio. Debido a estas características, los poseedores de franquicias y los otorgantes tienen una alta dependencia entre sí.

Cuando esto no ocurre, dichos acuerdos de distribución se deterioran rápidamente, como en el caso de Burger King. Una serie de campañas de publicidad mal dirigidas y la falta de nuevos productos llevó al rechazo de las franquicias. Ahora, bajo un nuevo liderazgo, ante el CEO se reportan el diseño del almacén, el desarrollo de producto y la investigación de alimentos. Esta reorganización está diseñada para acelerar la introducción de nuevos productos y servicios sugeridos por los poseedores de las franquicias[6].

[5] Patricia Sellers, "Coke Gets Off Its Can in Europe", *Fortune*, Aug. 13, 1990. p. 70; y "Fizzing", *The Economist*, Sept. 4, 1993, pp. 63-65.
[6] "Sid Fettenstein Is having, It His Way", *Business Week*, Nov. 23, 1992, p. 64.

De otro lado, las *asociaciones voluntarias* son sistemas contractuales organizados por mayoristas o minoristas para suministrar un amplio *merchandising* y programas promocionales a minoristas independientes. Estos programas están diseñados, en primera instancia, para ayudar a los clientes de los mayoristas a mantener una postura competitiva en relación con las cadenas de minoristas integradas por franquicia o verticalmente. Los almacenes de alimentos IGA y los almacenes Western Auto están entre las organizaciones que se ubican dentro de esta categoría.

Los *sistemas administrados* son canales en los cuales los distribuidores no tiene dependencia de pertenencia o contractual con un proveedor. En esencia, estos fabricantes brindan un amplio rango de incentivos a cambio de un extenso respaldo promocional y por el mantenimiento de grandes inventarios y una línea de productos completa. Firmas como O. M. Scott and Sons (productos para césped y jardín) y Kraft (productos alimenticios) emplean estos sistemas para brindar a los distribuidores una amplia asesoría en *merchandising*, disposiciones de protección (como distribución exclusiva) y asistencia financiera directa.

OBJETIVOS DE VENTAS Y DISTRIBUCIÓN

Dada una estrategia de marketing, los gerentes pueden definir uno o más objetivos básicos para el programa de ventas y distribución. Además, estos objetivos deberán definirse en términos específicos para indicar la dirección de la fuerza de ventas y establecer una base para evaluar el éxito del programa.

De hecho, la clase de objetivo más específico que se puede establecer y el más fácil de medir es un objetivo en cifras de dinero o en unidades de ventas. Claro está que el volumen de ventas es un objetivo importante para el programa y tiene amplia utilización como base para evaluar a los vendedores, el territorio de ventas y el desempeño del programa. Sin embargo, en la mayor parte de los casos, el volumen de ventas no será adecuado como un objetivo para el programa por varias razones.

Primera, los programas de ventas y distribución cuestan dinero. En muchos casos, los costos de distribución, incluyendo los de ventas, se han estimado en un 30 a 40% del costo de un producto[7]. Los esfuerzos diseñados para aumentar las ventas pueden no llevar a un incremento en la rentabilidad, como se verá en el capítulo 13. Con base en esto, un objetivo de ventas puede no ser consistente con un objetivo de producto dirigido al aumento de la rentabilidad. Segunda, con frecuencia, los resultados de ventas se determinan por las acciones de los competidores, las fuerzas del entorno, u otros programas de marketing fuera del control de la fuerza de ventas. Tercera, el papel primario de un programa de marketing es implementar una estrategia de marketing. Como ésta define mercados estratégicos y la clase de impacto que se espera lograr en la demanda, los objetivos del programa deberán reflejar la estrategia de marketing, y establecer simplemente un objetivo de ventas o de rentabilidad no reflejará la estrategia con mucha precisión. Cuarta, y última, un objetivo de ventas no aporta a la fuerza de vendedores ninguna guía sobre la *manera* de aumentar (o mantener) el volumen de ventas. Los gerentes deberán ser responsables de dar la dirección que ayude a los vendedores a identificar las mejores oportunidades para el desarrollo de las ventas.

En síntesis, aunque los objetivos de ventas-volumen son útiles, los gerentes también deberán establecer objetivos de ventas y distribución que:

- Reflejen la estrategia de marketing
- Contribuyan a la satisfacción y la lealtad del cliente

[7]Rita Koselka "Distribution Revolution", *Forbes*, May 25, 1992, p. 58.

- Provean una dirección a las actividades de la fuerza de ventas
- Identifiquen los segmentos objetivo de los cuales provendrá el volumen de ventas futuro
- Puedan utilizarse para evaluar los esfuerzos de la fuerza de ventas al igual que los resultados

En general, pueden emplearse cuatro tipos de objetivos de ventas y distribución (cada uno de los cuales se establece en términos específicos): desarrollo de cuentas, apoyo al distribuidor, mantenimiento de cuentas y penetración de cuentas.

1. Los objetivos de *desarrollo de cuentas* están diseñados para hacer énfasis en la adquisición de nuevos distribuidores o en la captación de nuevos clientes. Preferiblemente, los gerentes deberán identificar objetivos específicos para nuevas cuentas, dependiendo de la estrategia de marketing. Por ejemplo, deberán identificar grupos de industrias o usuarios específicos en un sistema de venta directa o tipos específicos de puntos de venta al detal en un sistema de ventas para comerciantes.
2. Los objetivos del *apoyo al distribuidor* se aplican a las ventas para el comercio y están diseñados para obtener la cooperación de distribuidores mayoristas o minoristas en la implementación de la estrategia de marketing. Específicamente, los fabricantes pueden buscar diversas formas de apoyo, como la participación del distribuidor en publicidad cooperativa o las promociones especiales de ventas, la venta agresiva del producto o la prestación de un amplio servicio al cliente. En general, el apoyo al distribuidor se considera como esencial en los sistemas indirectos debido a que éste es un socio clave en el esfuerzo de marketing. De hecho, cuando los productos están en la etapa de madurez del ciclo de vida del producto, el apoyo al distribuidor bien puede ser el principal elemento de marketing en el éxito de las ventas porque se pueden disponer de bastantes productos técnicamente similares.
3. Los objetivos del *mantenimiento de cuentas* suelen ocupar la mayor parte del tiempo de un vendedor en los sistemas de venta personal directa y en los sistemas de ventas para el comercio. Se hace énfasis en estos objetivos cuando la gerencia está interesada en mantener una posición de ventas efectiva a través de las llamadas regulares de ventas, las cuales están diseñadas para suministrar información acerca de nuevos productos, obtener información sobre el cambio en las necesidades del cliente o del distribuidor y desarrollar actividades de servicio al cliente. (Por ejemplo, los representantes de ventas de Kraft no limitan sus esfuerzos a idear promociones en los supermercados. Ahora, ofrecen investigación y asesoría para mejorar las utilidades de un almacén).
4. Los objetivos de *penetración de cuentas* están diseñados para aumentar el volumen total de ventas o para incrementar las ventas de los productos más rentables o de los productos complementarios, entre los distribuidores o los compradores existentes. Por ejemplo, Agco aumentó sus ingresos de US$274 millones en 1991, su primer año a plena capacidad, a la cifra de US$1.4 miles de millones en 1994, al comprar marcas en descenso como White Tractor, herramientas para heno Hesston y el gigante de los tractores, Massey-Ferguson. En la actualidad, la empresa puede ofrecer a sus 6.600 distribuidores la oportunidad de vender múltiples marcas Agco. Cada vez que un distribuidor agrega una nueva marca, esto le genera US$150.000 adicionales en ventas[8].

Con frecuencia, las firmas industriales comparten el negocio de algunos clientes con uno o más competidores. (Por ejemplo, algunos fabricantes de automóviles compran las llantas a dos o tres

[8] Geoffrey Brewer, "Wheeler Dealers: What the Hell Was Robert Ratliff Thinking?" *Sales and Marketing Management*, June 1995, pp. 39-44.

proveedores). Un intento de esas empresas para incrementar su participación en el volumen de compra de un comprador, refleja un objetivo de penetración de cuentas. Finalmente, las firmas que tratan de lograr que sus distribuidores cuenten con más inventarios o que destinen más espacio de venta a un producto, también están buscando la penetración de cuentas.

Seleccionar un objetivo

Los gerentes deberán seleccionar un objetivo de ventas y distribución basado en la estrategia de marketing para cada producto o línea de producto, porque el propósito de los programas de ventas y distribución es ayudar a implementar estas estrategias. Esto significa que los gerentes deberán identificar las necesidades de los compradores o distribuidores objetivo y la estrategia de marketing para implementar cuando seleccionen los objetivos de ventas y distribución.

Obsérvese que poder "clasificar por tipo" un producto, de acuerdo con el modelo de portafolio, no permitirá por sí sola que un gerente seleccione un objetivo de ventas y distribución. Aunque el desarrollo de cuentas suele ser un objetivo importante para los nuevos productos, la penetración de cuentas también puede emplearse en esos casos. De manera similar, el apoyo al intermediario puede ser un objetivo de los gerentes para alguno de estos tipos de productos. En la tabla 12-3 se sintetizan las estrategias de marketing que se suelen asociar con los diferentes objetivos de ventas y distribución.

Una vez establecido el objetivo del programa, la gerencia puede dirigir su atención a la pregunta de cómo alcanzar el objetivo. Específicamente, los gerentes deben identificar el tipo de atractivo que será más efectivo para satisfacer el beneficio que desean el comprador o el distribuidor.

TABLA 12-3

OBJETIVOS DE VENTAS, DISTRIBUCIÓN Y ESTRATEGIAS DE MARKETING RELACIONADAS

OBJETIVOS DE VENTAS Y DISTRIBUCIÓN	CÓMO SE IMPLEMENTAN LAS ESTRATEGIAS DE MARKETING
1. Desarrollo de cuentas	Aumentar la disponibilidad con respecto a los competidores Lograr acceso a nuevos segmentos Aumentar la capacidad de compra
2. Apoyo al distribuidor	Aumentar la disponibilidad (inventario) Aumentar la tasa de consumo Reducir las oportunidades competitivas Aumentar el apoyo promocional con respecto a la competencia
3. Mantenimiento de cuentas	Garantizar la satisfacción del usuario Reducir las oportunidades competitivas
4. Penetración de cuentas	Simplificación Aumentar la tasa de consumo y el volumen de compra Aumentar la capacidad de compra Competencia directa Ventas de productos complementarios

ATRACTIVOS DE VENTAS

Los atractivos de ventas son los elementos básicos de la oferta de marketing que la fuerza de ventas comunicará. Es decir, los atractivos reflejan los beneficios que un vendedor ofrecerá para obtener el tipo de respuesta establecida en el objetivo del programa para el cliente o distribuidor. Debido a que la fuerza de ventas se comunica directamente con los compradores finales y con los participantes del canal, es posible particularizar el atractivo a un nivel mucho mayor que el que resulta posible con la publicidad. Este atributo de la venta es una diferencia importante porque los distribuidores pueden diferir en los beneficios que desean y también porque a menudo los compradores organizacionales no coinciden en los criterios que utilizan para seleccionar un proveedor.

En general, pueden emplearse seis clases de atractivos en los programas de ventas y distribución:

- Atractivos del producto
- Atractivos logísticos
- Atractivos de disposiciones de protección
- Atractivos de simplificación
- Atractivos de precio
- Atractivos de asistencia financiera

Atractivos del producto

Los atractivos del producto son los beneficios específicos relacionados con el producto que los compradores obtendrán al utilizarlo o que los distribuidores conseguirán al tenerlo dentro de sus existencias. Los beneficios del producto casi siempre serán importantes para el comprador o el distribuidor. Con base en esto, casi siempre lo incluirán en el mensaje de ventas. Sin embargo, varias firmas en competencia podrán igualar los atributos o beneficios del producto. En esas situaciones, es más probable que otros atractivos sean determinantes.

Los atractivos de producto tienen más posibilidad de ser determinantes cuando los riesgos económicos que se perciben no son altos; por ejemplo, si un comprador industrial adquiere un componente que es importante en la calidad del producto final, la calidad y confiabilidad de la pieza serán los atributos más sobresalientes. Para los bienes de consumo masivo, los atractivos del producto serán más importantes cuando los riesgos sociales o psicológicos son superiores, como lo muestra el siguiente ejemplo:

> BeautiControl Cosmetics se ha convertido en la tercera empresa de venta directa de cosméticos para dama, dirigiéndose principalmente hacia las mujeres profesionales y dedicadas a su carrera. La presentación clave del plan de marketing de BeautiControl es que la empresa ofrece análisis de color gratuitos. Esta técnica incluye determinar el tono de piel de una mujer y luego identificar cuáles son los colores de los cosméticos que la harán lucir mejor[9].

En el caso de productos industriales, por lo general, los atractivos del producto incluyen control de calidad, confiabilidad, características distintivas de desempeño, la capacidad para satisfacer las especificaciones del computador o la compatibilidad con productos y sistemas existentes. En el caso de la venta

[9] William Barrett, "See Dick and Jinger Sell", *Forbes,* Aug. 7. 1989, p. 48.

a distribuidores, los atractivos del producto son aquellos en los cuales se demuestra el impacto que ejerce el producto sobre el total de ventas del distribuidor. Por ejemplo, algunos productos pueden ayudar a construir el tráfico del almacén, darle prestigio al distribuidor o permitirle a éste que ofrezca una línea de producto más completa. De hecho, no todos estos beneficios del producto pueden demostrarse con facilidad. Como se estudiará al final del capítulo, la capacidad de la fuerza de ventas para comunicar de manera efectiva y creíble estos beneficios será un factor importante en el éxito de las atractivos de un producto.

Atractivos logísticos

La logística de la distribución es la administración del flujo de productos desde el punto de origen hasta el punto de consumo para satisfacer las necesidades del consumidor, quien se beneficiará al recibir los productos a tiempo, en el lugar correcto, en la cantidad convenida, en las condiciones apropiadas y con el costo total más bajo. Con frecuencia, el costo total de la distribución física se ha estimado en cerca de un 8% de los ingresos por ventas. Los principales componentes del total de costos de distribución física son transporte, mantenimiento de inventarios, procesamiento del pedido y administración del servicio de distribución. Además, también pueden considerarse los costos de oportunidad asociados con partes o niveles de servicio inadecuados o descuentos por volumen. Como resultado, la distribución física puede verse no solamente como un costo sino también como una herramienta para atraer y retener a los clientes mediante la oferta de un mejor servicio o precios más bajos.

En los últimos años, el costo de mantener los inventarios ha aumentado de manera notable debido al incremento en el número de modelos y líneas ofrecidos, y al mayor valor del dinero. Por ejemplo, se ha estimado que la industria de abarrotes podría ahorrar US$30 billones anuales al dinamizar su estructura logística. Debido a la duplicación e ineficiencia, una caja de cereal para el desayuno tarda 104 días en llegar de la fábrica al supermercado tras pasar por una serie de mayoristas, distribuidores y comisionistas, cada uno con sus propias bodegas[10]. Según esto, los atractivos logísticos se han vuelto cada vez más efectivos para negociar con los distribuidores y compradores industriales. Estos atractivos incluyen procesar con rapidez los pedidos, programar los despachos con frecuencia y ofrecer rapidez en la entrega.

Despachar a tiempo se ha convertido en una ventaja competitiva clave en la mayor parte de las industrias. En Europa, por ejemplo, Nissan garantiza a sus distribuidores la entrega en diez días y Caterpillar despacha repuestos dentro de un lapso de 72 horas en el 99.7% de los casos. La logística se ha convertido en parte central de la estrategia de marketing; puede brindar una ventaja competitiva distintiva porque los consumidores valoran la conveniencia, la confiabilidad y el apoyo, no solamente el producto. Para las empresas de respuesta directa como Dell Computers, el despacho a tiempo es un elemento clave en su estrategia competitiva. La promesa de Dell de despachar un producto dentro de los cinco días siguientes al pedido y entregarlo en dos días se ha convertido en un factor clave para posicionarse como el primero de su industria en cuanto a satisfacción del cliente[11]. De otro lado, los computadores Compaq llegan al cliente sólo en un 40% del tiempo programado. Además, para 1994, Compaq estimó las pérdidas entre US$500 millones y un billón de dólares por no disponer de computadores en el sitio y momento en que los clientes estaban listos para comprarlos.

[10] Ronald Henkoff, "Delivering the Goods", *Fortune,* Nov. 28, 1994, pp. 64-78.
[11] Rita Koselka, op. cit., p. 59; y Anil Kumar and Graham Sherman, "We Love Your Product, but Where Is It?" *Sloan Management Review*, Winter 1992, pp. 93-99.

Adicionalmente, algunos fabricantes ofrecen la posibilidad de administrar inventarios. Por ejemplo, un comprador puede garantizar a un proveedor que le comprará una cantidad mínima de un producto durante el transcurso de un año. A cambio, el vendedor se responsabiliza de hacer despachos muy rápidos (con frecuencia, dentro de las 24 horas siguientes a la confirmación del pedido) y además se encarga de los costos de mantener los inventarios.

Por consiguiente, el efecto primario de los atractivos logísticos es ayudar a compradores o distribuidores a reducir la cantidad del inventario con que cuentan. En el caso de Kmart, la empresa pudo reducir el inventario de sus centros de distribución en un 20% al tiempo que aumentaba las ventas en un 15% mediante la adición de nuevos sistemas de información y programas de distribución. Este beneficio de reducir inventarios a sus intermediarios es de extrema importancia cuando se presenta alguna de las siguientes condiciones:

- El costo del dinero prestado para financiar inventarios causa una disminución significativa de las utilidades.
- Es difícil predecir la demanda de un producto, quizá porque ésta es muy sensible a los cambios de las condiciones económicas.
- La tasa de obsolescencia del producto es muy alta debido a los cambios de moda, tecnología o al deterioro.
- Las restricciones de espacio limitan la cantidad de inventarios que los compradores o distribuidores pueden mantener.

Por ejemplo, los almacenes Wal-Mart sólo utilizan cerca de un 10% de su espacio para inventarios, en comparación con el promedio de los almacenes que alcanza un 25% para usos que no son de ventas.

Existen diversas técnicas para ayudar a los clientes con problemas de inventarios. Algunas de ellas pueden verse en las acciones de A. M. Castle & Co.

> A. M. Castle, con sede en Illinois, es un distribuidor de acero, aluminio y otros productos metálicos para 30.000 clientes industriales en una variedad de industrias y lugares. Durante la década de los noventa, la empresa reducirá de 18 a 12 el número de sus bodegas regionales. Sin embargo, los lugares que queden serán más grandes y almacenarán más inventarios para mejorar la selección de productos al cliente. Adicionalmente, las mejores ubicaciones para las bodegas garantizarán el despacho de los pedidos al día siguiente, para toda el área continental de Estados Unidos. Al mismo tiempo, la compañía ha enlazado sus sistemas de computadores con los de aquellos clientes con quienes el intercambio de información le permite ayudarlos a controlar y manejar sus niveles de inventarios[12].

Aunque los atractivos logísticos pueden ser muy efectivos, su costo puede ser muy alto; por tanto, los gerentes que deseen considerar su utilización deberán revisar muy de cerca el impacto que tendrán sobre las utilidades. Sobre el particular, en el capítulo 13 se presentan algunos procedimientos para evaluar dicho impacto.

Atractivos de disposiciones de protección

Las disposiciones de protección representan políticas específicas diseñadas para reducir el riesgo del distribuidor y del comprador al aceptar un producto. Un ejemplo es el de un proveedor que puede

[12] Flynn McRoberts, "Castle Fortified Metal Opeations", *Chicago Tribune*, Aug. 7, 1989, p. B1.

ofrecer una *distribución exclusiva;* por ejemplo, Haggar Corporation vende su línea masculina de pantalones "Brickerton by Haggar" solamente a los almacenes Dillard's Department Stores.

Para proteger a los intermediarios contra el riesgo de ventas bajas, los fabricantes pueden ofrecer el producto *en consignación*. Con este procedimiento, la propiedad y los riesgos de inventario son del vendedor hasta que el distribuidor venda en realidad el producto, o el vendedor puede dar amplias *concesiones de devolución*. Por ejemplo, en Japón, la mayor parte de los almacenes por departamentos y otros minoristas tradicionales, acostumbran comprar las mercancías con la condición de que puedan devolver lo que no vendan.

Para proteger a los compradores contra las alzas del precio, los vendedores pueden ofrecer *contratos a largo plazo* que especifican los niveles de precio futuros a cambio de un volumen mínimo de pedidos. Según el alcance de este acuerdo, los compradores pueden estar dispuestos a aceptar estos contratos incluso cuando se incluyan *cláusulas escalonadas*, las cuales le permiten al vendedor agregar ciertas clases de aumentos de costos (como en la mano de obra o los materiales) sobre el precio contratado.

Por último, las *marcas privadas* pueden ser el atractivo empleado para ofrecer disposiciones de protección a los distribuidores. Una marca privada es un producto fabricado por una firma, que se vende bajo un nombre de marca controlado por un distribuidor (como en el caso de las galleticas de chocolate y cola Sam's American Choice de Wal-Mart, las cuales produce Loblaw, Co., la cadena canadiense de abarrotes). Con frecuencia, los fabricantes de productos con una alta participación de mercado en industrias de bajo crecimiento ofrecerán producir marcas privadas como mecanismo para utilizar su exceso de capacidad sin incurrir en el costo de respaldar una marca a través de una promoción fuerte. Los distribuidores pueden tener éxito con una marca privada en la etapa de madurez del ciclo de vida, si un gran segmento del mercado es sensible al precio. Adicionalmente, al tener una marca sin comparaciones directas, se reduce el riesgo de un distribuidor de enfrentar una gran competencia de precios.

En muchas categorías de producto, un aspecto de gran importancia para distribuidores minoristas y mayoristas es la existencia de *comercializadores piratas*, puntos de venta no autorizados que venden productos con marcas reconocidas por debajo del precio de lista y, a menudo, sin ofrecer ningún servicio. Los comercializadores piratas pueden presentarse cuando grandes compradores toman ventaja de descuentos del 30 al 40%, y luego revenden el producto a distribuidores no autorizados a un precio menor del que podrían pagar los puntos de venta minoristas. IBM ha protegido a sus distribuidores de estos competidores no autorizados, insistiendo en que aquellos distribuidores y los grandes clientes firmen contratos en donde se comprometen a no revender a distribuidores no autorizados y prescindiendo de quienes violen estos contratos.

Atractivos de simplificación

Los atractivos de simplificación están diseñados para permitir que el comprador o distribuidor reduzca los costos de manejo, uso o promoción del producto.

Los fabricantes que venden a distribuidores, con frecuencia "pre-etiquetan" la mercancía (para ahorrar los costos de mano de obra del distribuidor) o prestan ayudas promocionales específicas (entrenamiento en ventas o exhibiciones). En algunos casos, los grandes minoristas exigen que el fabricante ponga etiquetas adhesivas con el precio en los empaques individuales. Totes, Inc., por ejemplo, recibió la advertencia de un gran minorista de que se le impondría una sanción de US$30.000 por errores en los códigos de barras de sus productos[13].

[13]"Clout: More and More, Retail Giants Rule the Marketplace", *Business* Week, Dec. 21, 1992, p. 68.

Algunos fabricantes ofrecen a los distribuidores un completo plan de *merchandising* para el producto, suministrando indicaciones sobre inventarios y distribución de espacios, y programas promocionales ajustados específicamente al mercado del distribuidor. Los fabricantes de productos empacados ofrecen una variedad de atractivos de simplificación para ampliar las ventas del producto. Algunos, como Kraft y Campbell Soup ayudan a los tenderos a reorganizar sus estantes y presentaciones para maximizar las utilidades. Otros rediseñan el producto, los empaques y los métodos de despacho para ajustarse a grandes clubes mayoristas como Costco, Price y Sam's. Por ejemplo, Heinz empaca condimentos como salsa de tomate y aderezo en un solo paquete y envía 64 botellas de una onza en bandejas de presentación cuya adaptación de diseño facilita su manejo a los almacenes[14].

En el caso de compradores industriales, la prestación de servicios especiales de mantenimiento, reparaciones y funcionamiento (MRF) y asistencia para inventarios constituyen un paralelo para esos planes de *merchandising*. Este enfoque simplifica los problemas de un cliente para utilizar el producto. Como resultado, el vendedor puede lograr una mayor lealtad del comprador o del distribuidor porque estos programas pueden permitirles utilizar el producto de una manera más satisfactoria o porque pueden llevarlo a una mayor dependencia del proveedor.

Atractivos de precio

Como se sugirió en el capítulo 9, las decisiones básicas del nivel de precios las toman los gerentes de producto o de marketing sobre la base del costo, la demanda, los aspectos competitivos para considerar, y teniendo en cuenta la estrategia de marketing. No obstante, a menudo la fuerza de ventas ejerce un impacto importante en el precio final que paga cada comprador.

En el caso de bienes industriales, el *precio sombra*, por fuera de lista, es un atractivo de uso común para cerrar una venta, en especial cuando se están buscando nuevas cuentas. Es decir, con frecuencia la fuerza de ventas tiene alguna libertad sobre el precio real que se ha de cobrar y puede "dar un precio por debajo de lista", si es necesario. Esta práctica se halla muy extendida entre las empresas de bienes industriales. Además, bajo las presiones inflacionarias, muchas empresas elaboran listas de precios que reflejan los posibles aumentos de precio que podrían presentarse, y luego ofrecen sistemáticamente los precios "fuera de lista" hasta que los incrementos de costo llegan al tope de los niveles de precio de la lista original. Al trabajar de esta manera, las compañías evitan el costo de las frecuentes revisiones a las listas de precios y también reducen el desagrado del comprador por las alzas.

El precio sombra no siempre es una opción disponible cuando los fabricantes venden a los distribuidores, en el caso de EE.UU., debido a la ley Robinson-Patman que restringe las discriminaciones de precio que se estudiaron en el capítulo 9. Sin embargo, los *descuentos por cantidad* son un mecanismo para justificar precios más bajos para algunos distribuidores, además de que permiten conceder beneficios significativos a compradores industriales. El fundamento para los descuentos por cantidad se halla en el hecho de que para atender a los compradores que piden grandes cantidades no se requiere una fuerza de ventas proporcionalmente más grande, así como tampoco de costos por crédito o despacho para el servicio de la cuenta. Un posible beneficio adicional para el vendedor de las compras por cantidades es la reducción del costo de inventarios que surge de trasladar grandes volúmenes al distribuidor o al comprador industrial.

[14]Patricia Sellers, "Winning Over the New Consumer", *Fortune*, July 29, 1991, pp. 113ff.

Atractivos de asistencia financiera

En algunos casos, el capital de trabajo de un comprador, la inversión o los requerimientos de gastos directos aumentarán de manera significativa como resultado de una compra. Es frecuente que se *concedan créditos y descuentos por pago en efectivo* cuando los requerimientos de inventarios son grandes. Los términos de crédito pueden ir desde 30 hasta 120 días (a veces más) y están diseñados para permitir que el distribuidor tenga tiempo para completar la reventa del producto o para permitir que un comprador cuente con tiempo de compra suficiente para la producción y venta del producto final, con el fin de pagar el pedido. Los descuentos en efectivo están diseñados para permitir que las empresas logren suficientes ahorros como para pagar las facturas con rapidez.

Además, los vendedores pueden ofrecer gratis equipo especial o ahorros sustanciales a los distribuidores para costear equipo e inversiones en instalaciones. Muestras, herramientas, equipo de servicio, equipo de almacenamiento y muchos otros estímulos se hallan dentro de esta categoría.

Desde hace un tiempo, han empezado a emplearse nuevas formas de asistencia financiera con el fin de lograr cooperación especial en el almacenamiento de nuevos productos o para conseguir el apoyo de ventas del distribuidor. Por el lado de los bienes empacados para el consumidor, el nuevo atractivo dominante es la subvención de entrada, que los supermercados solicitan generalmente cuando se toma una decisión sobre el almacenamiento de nuevos productos. Los minoristas consideran las subvenciones de entrada como una forma de recuperar parte del costo de establecer, manejar y almacenar nuevos productos. En un supermercado normal, el número de artículos que se manejan se duplicó entre 1979 y 1995. Debido a que muchos de estos nuevos productos son extensiones de líneas o versiones competitivas, suele ser modesta la ganancia neta sobre los ingresos del minorista. Por ejemplo, un estudio encontró que los compradores en supermercados de cadena escucharon cerca de doce presentaciones semanales de nuevos productos y rechazaron casi dos tercios de ellas[15]. Con frecuencia, este rechazo se basa en la baja tasa interna de retorno asociada con marcas diferentes a las que llevan uno o dos artículos. Por tanto, los minoristas comienzan a solicitar subvenciones de entrada con pagos anticipados de US$1000 a US$5000 o más por cada uno de los almacenes de cadena para soportar costos.

Además de las subvenciones de entrada, el apoyo promocional comercial de los fabricantes puede ser en la forma de honorarios de presentación para cubrir costos de espacio, descuentos y otros incentivos a corto plazo. A finales de los años ochenta, los fabricantes de bienes de consumo en EE.UU. invierten más en promociones comerciales que en publicidad como un porcentaje del presupuesto de marketing. Se ha estimado que los fabricantes ofrecieron al minorista de abarrotes promedio, 20 veces más promociones comerciales de las que se podrían acomodar dentro del espacio de exhibición disponible en el almacén[16]. Sin embargo, al inducir a los clientes mayoristas y minoristas a comprar más producto, ellos pueden revender los productos con rapidez y esto crea problemas de producción y aumenta los costos y los inventarios. Cuando minoristas y mayoristas compran en ofertas y descuentos para comerciantes, trasladan a los consumidores variaciones de precio en patrones impredecibles. Estos consumidores compran solamente cuando el producto está en promoción y adquieren cualquier producto que se encuentre en oferta.

[15]Edward W. McClanglin and Vithala K. Rao, *Decision Criteria for New Product Acceptance: The Role of Trade Buyers*, Quorom Books, Westport, Conn., 1991, pp. 59-61.

[16]John A. Quelch, *Sales Promotion Management*, Prentice-Hall, Englewood Cliffs, N.J., 1989, p. 33.

La relación entre atractivos y objetivos

Como se resume en la tabla 12-4, una gran cantidad de atractivos pueden emplearse como el punto focal del esfuerzo de la fuerza de ventas. De hecho, los gerentes pueden optar por utilizar simultáneamente varios de estos atractivos.

En general, casi cualquier tipo de atractivo puede emplearse para tratar de lograr un objetivo de ventas y distribución dado. Sin embargo, para un tipo de objetivo determinado, ciertos atractivos ameritan consideración especial. Por ejemplo:

- Atractivos de disposiciones de protección, de precio sombra o fuera de lista y de producto, son de amplia utilización para el desarrollo de cuentas, en especial si los compradores o distribuidores tienen un conocimiento limitado del producto del vendedor.
- Los atractivos de simplificación y asistencia financiera tienen amplio uso para apoyar al distribuidor porque son mecanismos efectivos para estimular actitudes cooperativas por parte de los distribuidores
- Los atractivos logísticos y de simplificación son utilizados ampliamente para el mantenimiento de cuentas, especialmente si las características del producto y los precios no varían en gran medida dentro de los proveedores en competencia.

TABLA 12-4

TIPOS DE ATRACTIVOS DE VENTAS

TIPO DE ATRACTIVO	EJEMPLOS
Producto	Características técnicas Características de desempeño Impacto sobre las ventas del distribuidor
Logístico	Rapidez de despacho Manejo de inventarios
Disposiciones de protección	Distribuciones exclusivas Venta en consignación Descuentos por devoluciones Contratos a largo plazo Marcas privadas
Simplificación	Preetiquetado Asistencia de *merchandising* Servicios MRF
Precio	Precio sombra o fuera de lista Descuentos por cantidad
Asistencia financiera	Crédito y descuentos por pago en efectivo Subvenciones de entrada Equipo especial

- Resulta frecuente que los descuentos por cantidad y los contratos a largo plazo sean efectivos para lograr objetivos de penetración de cuentas porque se enfocan más directamente al tema del aumento del volumen.

Sin embargo, al seleccionar atractivos específicos para un cliente o un segmento del mercado, es importante que los gerentes de ventas y el personal de la fuerza de ventas entiendan lo que motiva al comprador o al distribuidor. Como se sugirió previamente, una ventaja de utilizar una fuerza de ventas es la capacidad para adaptar la oferta de marketing para satisfacer los requerimientos particulares del comprador o distribuidor. Adicionalmente, el éxito de un atractivo dependerá del tipo de relación de poder o influencia y de las relaciones de poder que existan entre un vendedor y un comprador o distribuidor. Los requerimientos del comprador o distribuidor y las relaciones de poder se estudian en la siguiente sección de este capítulo.

SELECCIÓN E IMPLEMENTACIÓN DE LOS ATRACTIVOS

Como se sugiere al comienzo de este capítulo, la característica distintiva de las actividades de la fuerza de ventas es la interacción personal entre esta y los compradores y distribuidores. Dicha interacción tiene dos funciones básicas:

- Desarrollar un entendimiento del comprador o de los requerimientos del distribuidor de modo que la gerencia pueda seleccionar atractivos apropiados (la figura 12-2 muestra el proceso de selección de un atractivo de ventas).
- Mantener una relación de influencia con compradores o distribuidores para *implementar* con éxito los atractivos.

FIGURA 12-2
El proceso de seleccionar un atractivo de ventas.

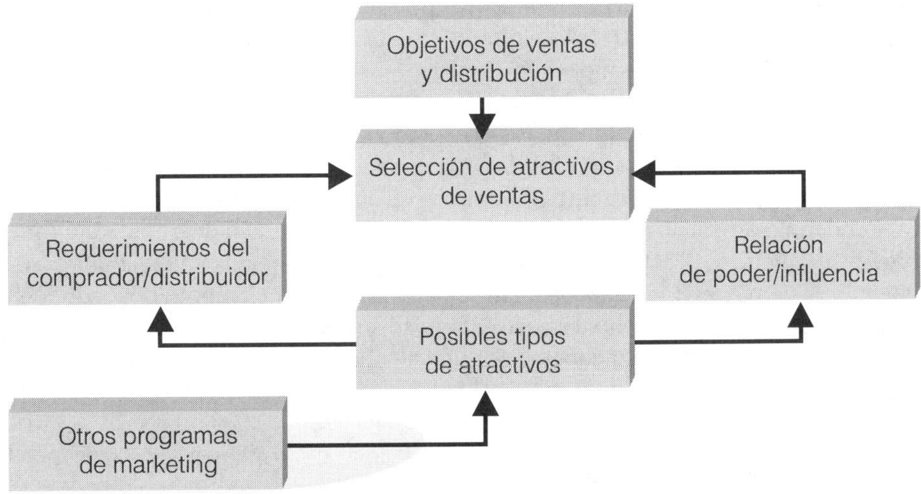

Requerimientos del comprador o distribuidor

Los *requerimientos* a los que aquí se hace referencia incluyen los diversos beneficios que los compradores o los distribuidores organizacionales desean de un vendedor para satisfacer las necesidades de sus negocios. En el capítulo 4 se identificaron varias clases de beneficios. Sin embargo, puede esperarse que éstos varíen de un segmento a otro y, por lo regular, de un cliente a otro, especialmente cuando varios individuos están vinculados al centro de compras. Por ejemplo, el aceite para motor se vendía tradicionalmente en las estaciones de servicio, pero en la actualidad se comercializa a través de puntos de venta como los almacenes Quality Farm y Fleet, Discount Auto Parts, los supermercados Albertson, las grandes bodegas Sam's, Wal-Mart, 7-11, Jiffy-Lube y una variedad de nuevos puntos de distribución. Esto exige entender y adaptar los programas de marketing a cada canal comercial distintivo. Con base en esto, el personal de ventas y de servicio al cliente debe evaluar la manera como se ajustan sus productos y servicios a las necesidades de cada cuenta si ellas crean valor para los clientes y una ventaja competitiva para ellos mismos. Para hacer esto, ese personal debe entender las estrategias de posicionamiento de precio-valor de los diferentes participantes del canal, los requerimientos de *merchandising*, las necesidades de despacho/inventarios, los métodos de publicidad y promoción, las necesidades de empaque y la importancia del producto en su mezcla total[17].

Además, el vendedor que llama a compradores o distribuidores debe entender no solamente los requerimientos del comprador/distribuidor sobre el *producto* sino también el proceso de ventas del cliente. Es decir, es probable que cada comprador tenga preferencias individuales o se halle en situaciones especiales que condicionen la cantidad y tipo de información necesaria para hacer una compra. Algunos pueden desear una presentación de ventas corta mientras que otros pueden necesitar información amplia y utilizar materiales para lograr la aprobación de sus gerentes[18].

Relaciones de ventas y distribución

La relación entre los diferentes participantes en un canal de distribución variará según las industrias y de una empresa a otra. En la mayor parte de los casos, el nivel en que una empresa pueda influir en las acciones y decisiones de otra se basa en los diferentes tipos de poder que cada una mantiene. El poder es significativo en la elección de los atractivos porque refleja el grado en el cual el vendedor tiene control real sobre aquello que atrae de la oferta. Los requerimientos de un comprador o distribuidor pueden satisfacerse por completo, simplemente porque el proveedor necesita de su apoyo de ventas o de su volumen de compras. En esos casos, el comprador o el distribuidor puede verse como más poderoso que el vendedor. Alternativamente, los compradores o distribuidores pueden aceptar un atractivo de determinado vendedor debido a las diversas fuentes de poder que éste tiene. En teoría, existen cinco bases de poder. En la tabla 12-5 se presenta un resumen de las bases de poder disponibles.

Pueden desarrollarse algunas indicaciones al seleccionar atractivos para indicar el grado en que un proveedor puede medir la cantidad de poder que posee en relación con la que tiene el comprador. Por ejemplo, si un proveedor sabe que de él se percibe una imagen como poseedor de una ventaja tecnológica única, la gerencia deberá hacer énfasis en su experiencia en sus atractivos del producto. Si un proveedor tiene la capacidad para reducir significativamente los costos de un comprador o aumentar la

[17] Allan J. Magrath. "One Size Doesn't Fill All", *Sales and Marketing Management*, July 1994, pp. 27-28.
[18] David Szymanski, "Determinants of Selling Effectiveness: The Importance of Declarative Knowledge to the Personal Concept", *Journal of Marketing*, January 1988, pp. 64-77.

TABLA 12-5

BASES DE PODER ALTERNATIVAS DISPONIBLES PARA FABRICANTES DISTRIBUIDORES Y COMPRADORES

BASE DE PODER	PARA UN FABRICANTE	PARA UN DISTRIBUIDOR O COMPRADOR
Recompensa	Capacidad para ofrecer productos con precios bajos, descuentos por cantidad, márgenes altos	Capacidad para ofrecer grandes volúmenes de compras
Coercitiva	Capacidad para retirar productos (con poca pérdida en ventas) cuando no hay alternativa comparable disponible para el comprador o distribuidor	Capacidad para rechazar ofertas (con poca pérdida en el volumen de ventas) cuando no hay distribuidores o compradores equivalentes disponibles para el vendedor
Experto	Capacidad para ofrecer asistencia técnica superior o necesaria	Capacidad para brindar apoyo de distribución único
Referencia	Capacidad para ofrecer un nombre de marca de prestigio o representar a una empresa establecida y reconocida	Capacidad para presentar una imagen de calidad en el punto de venta al detal o para servir como ejemplo de prestigio del comprador satisfecho
Legítimo	Disposición contractual que exige al distribuidor contar con una línea completa	Disposición contractual que exige al vendedor brindar garantía, servicio de reparación y distribución exclusiva

utilidad de un distribuidor mediante la oferta de precios más bajos, la gerencia deberá utilizar el poder de recompensa para emplear los atractivos de precios.

Además, es importante reconocer que las relaciones de poder pueden cambiar con el paso del tiempo. El reciente crecimiento de los sistemas de marketing vertical y multicanal han traído la necesidad de relaciones de ventas y distribución con base en más cooperación, asociación o programación de distribución y no solamente sobre la base de poder. Los participantes del canal tienen necesidades, problemas, fortalezas y debilidades diferentes. Por esta razón, las empresas comprenden la necesidad de establecer asociaciones a largo plazo con los distribuidores y evitar el uso del poder coercitivo. De hecho, parece que el poder relativo de los fabricantes está en descenso en muchas industrias (tanto nacionales como internacionales) por diversas razones.

- En la distribución mayorista, las grandes compañías, administradas profesionalmente, están desplazando con bastante rapidez a las pequeñas empresas familiares. Más aún, estos grandes mayoristas están estableciendo relaciones continuas, fuertes, contractuales y a largo plazo con los compradores finales, dificultando a los fabricantes evitar negociar con ellos sobre una base de poder coercitiva[19].

[19]James C. Anderson and James Narus, "A Model of Distributor Firm and Manufacturer Firm Working Partnerships", *Journal of Marketing,* January 1990, pp. 42-58.

- Los minoristas a gran escala también están ganando una gran participación en las ventas de bienes de consumo masivo. Esto les ha permitido construir la base de su poder económico. Adicionalmente, su base de poder está creciendo debido a la tecnología de la información. El amplio uso del escaneo electrónico y las capacidades de computación, en combinación con nuevos modelos estadísticos para hacer los análisis de productividad, están permitiendo a los minoristas evaluar el desempeño de rentabilidad de las marcas del fabricante y basarse menos en las fuerzas de ventas de este último en busca de asesoría para la asignación de espacio y de tácticas de *merchandising* dentro del almacén[20].

En Europa, las cadenas de abarrotes están fusionándose y construyendo almacenes fuera de sus países de origen, y las decisiones de compra han pasado a las casas matrices. El establecimiento de la UE ha llevado a los minoristas a trabajar juntos a través de alianzas para comprar un mismo producto al menor costo. En Estados Unidos, se ha dado una consolidación de los minoristas, los cuales han llegado a la creación de gigantescos "minoristas poderosos", quienes utilizan sofisticados sistemas de información, una estrecha administración de inventarios y precios competitivos para sacar a los almacenes más débiles. El crecimiento de estos poderosos minoristas ha llevado a un cambio de poder en la tradicional relación entre fabricante y minorista. En la actualidad, minoristas como Wal-Mart, Kmart, Target, Toys 'R' Us y otros le indican, incluso a grandes fabricantes, qué es lo que deben producir y en qué colores y tamaños. Además, se están exigiendo cantidades de despacho y las entregas justo a tiempo, al igual que los descuentos para abrir nuevos almacenes y pago de multas por errores de embarque. Debido a estos avances, los proveedores han tenido que reconsiderar su base de clientes y el precio y la promoción de sus productos. En muchos casos, este cambio de poder ha conducido a una reestructuración de la organización por parte de los proveedores.

Además de exigir despachos a tiempo y de minimizar inventarios, los grandes minoristas poderosos están en posición de exigir diversos requerimientos especiales por parte de los proveedores (*véase* tabla 12-6).

Los minoristas que ofrecen grandes descuentos encuentran que la manera más eficiente de comprar es a un bajo precio. En esta forma, se trata de evitar la formación de inventarios con programas especiales de promoción, y poder mantener políticas consistentes de precios bajos. La práctica de aumentar los precios y luego hacer descuentos a través de diversas promociones de ventas se ha vuelto cada vez más ineficiente para fabricantes y minoristas. Como resultado, empresas como Procter & Gamble, Kraft y General Mills están en la vía de los bajos precios diariamente. Por ejemplo, en abril de 1994, General Mills anunció que planeaba reducir por más de US$175 millones anuales las inversiones en los ineficientes cupones para cereales y en las promociones de precios. En cambio, la empresa redujo el precio de sus principales marcas en un promedio de 11%[21]. Ahora, Kraft ajusta su oferta no solamente para cada cadena de supermercados, sino para cada almacén dentro de la cadena. Al trabajar en sociedad con la cadena de supermercados, desarrolló programas de *merchandising* apropiados para cada almacén. Programas como el de Kraft exigen estrechas relaciones de trabajo a todo lo largo de la cadena de suministros en factores operacionales como niveles promedio de inventarios, horarios de despacho, tratamiento de los productos dañados y/o perdidos, y cooperación en los programas promocionales.

Históricamente, los fabricantes han mantenido una gran ventaja de poder en el Japón debido al dominio de los pequeños minoristas. En esa nación, 1.6 millones de pequeños almacenes controlan el 53% de las ventas. (Por el contrario, en Estados Unidos esta clase de sitios sólo controlan el 3% de las

[20] Brent Belgner, "Retailers Grab Power, Control Marketplace", *Marketing News,* Jan. 16, 1989, pp. 1-2.
[21] Tim Triplett, "Cereal Makers Await Reaction to General Mills'Coupon Decision", *Marketing News,* May 9, 1994, pp. 1-2.

TABLA 12-6

REQUERIMIENTOS Y PRÁCTICAS DE GRANDES MINORISTAS

MINORISTA	
Wal-Mart	Cuenta con enlaces electrónicos y de reordenamiento computarizado con 5000 proveedores Desea eliminar a los comisionistas independientes y los representantes de los fabricantes, y tratar directamente con los proveedores Desea mantener precios bajos cada día y evitar las promociones de precios Despacho oportuno de mercancías libres de defectos
Kmart	Enlaces electrónicos con 2600 de 3000 proveedores Suministra a los principales proveedores datos del punto de venta que les permiten el reabastecimiento automático de inventarios
Toys 'R' Us	Vinculado al diseño de nuevos productos Exige tener derechos exclusivos sobre algunos productos
Home Depot	Exige a la industria de la madera colocar etiquetas adhesivas con códigos de barras en todas las piezas de madera Suministra datos para el desarrollo de nuevos productos del proveedor: colores, nombres, garantías
Costco	Exige tamaños especiales de empaque y procedimientos de embarque que reduzcan la manipulación de los productos
Dillard's	Produce "etiquetas híbridas exclusivas" con los proveedores

Fuente: Patricia Sellers, "How to Remake Your Sales Force", *Fortune,* May 4, 1992, pp. 98-103; y "Clout More and More, Retail Giants Rule the Marketplace", *Business Week,* Dec. 21, 1992, pp. 66-73.

ventas). En gran medida, este poder es el resultado de una legislación que permite a los pequeños minoristas determinar si los grandes almacenes pueden entrar en sus áreas de comercio. Sin embargo, a pesar de esta tradición, las ventas al detal a gran escala parecen estar ganando terreno en Japón[22].

Construcciones de relaciones

A medida que desciende el poder de un fabricante con respecto al de distribuidores fuertes o al de grandes compradores, existe una mayor tendencia para buscar *intercambios de relaciones* a largo plazo. Esta clase de intercambios se presentan cuando ambas partes tienen un alto grado de dependencia entre sí y cuando operan en entornos de gran incertidumbre (como aquellos en donde dominan el cambio tecnológico acelerado o la competencia extensiva). Un alto grado de planeación conjunta, actividades bien coordinadas y confianza mutua caracterizan estos intercambios[23]. Como consecuencia, en estas condiciones se establecen programas de ventas y distribución para implementar estrategias de

[22]Bruce Hirobayashi, "winds of Change", *Age of Information Marketing,* A. C. Nielsen Co., Chicago, 1989, pp. 9-12; y Emily Thornton, "Revolution in Japanese Retailing", *Fortune,* Feb. 7, 1994, pp. 143-146.

[23]*Véase* F. Robert Dwyer, Paul Schurr, and Sejo Oh. "Developing Buyer-Seller Relationships", *Journal of Marketing,* April 1987, pp. 11-27, para un estudio sobre la manera como se desarrollan estas relaciones.

relación de marketing (como se estudiaron en el capítulo 7). Un ejemplo que ilustra la necesidad de dichos programas es la situación que se vivió en Snapple.

Después que Quaker Oats adquirió a Snapple, intentó tomar las cuentas de supermercados de los distribuidores de Snapple para dárselas a Gatorade. Los distribuidores de Snapple se concentrarían, entonces, en las cuentas de conveniencia y de negocios familiares; sin embargo, ellos se rehusaron y los planes para 1995 se retrasaron. Esto llevó a una pérdida financiera y a un descenso en las ventas de un 5%. El sistema de distribución de Snapple era completamente diferente al de Gatorade. Por ejemplo, los 300 distribuidores de Snapple despachaban directamente a los almacenes mientras que los de Gatorade lo hacían a bodegas. Después de este conflicto inicial, Quaker trabajó estrechamente con los distribuidores de Snapple para establecer una relación más cercana. Esto llevó a la reducción del tiempo de entrega de tres semanas a tres días. Los distribuidores han podido reducir los costos de inventarios en un 50% y seguir despachando a los almacenes en un lapso de dos días. Quaker planea conectarse vía computador con sus principales distribuidores para reabastecerlos automáticamente. Además, al trabajar con los distribuidores, la empresa ha reducido el número de sabores de Snapple de 50 a 35, y ha mejorado el empaque y las relaciones con el distribuidor a través de mejores comunicaciones[24].

Sin embargo, sin considerar la naturaleza de la relación, una base de poder no puede emplearse de manera efectiva y no puede establecerse un intercambio de relaciones si no es a través de la fuerza de ventas. Hasta cierto punto, el vendedor es la personificación de la empresa. Si un determinado vendedor demuestra falta de experiencia, la imagen de la empresa, sobre esta base de poder potencial, se verá afectada. Por consiguiente, al seleccionar e implementar atractivos, los miembros de la fuerza de ventas tienen una función importante por desempeñar.

El papel decisivo de la fuerza de ventas

En la venta a organizaciones (sean distribuidores o compradores finales), es importante mantener relaciones efectivas con cada cuenta. Es decir, por lo general el vendedor se presenta ante el mismo comprador una y otra vez, vendiendo el mismo tipo de mercancía y estableciendo una relación más cercana entre un proveedor y su cliente o distribuidor[25].

Además, por lo general los vendedores desempeñan un doble papel. No son simplemente los representantes de la empresa ante los clientes (suministrando información del producto) sino que también son los representantes de los clientes o distribuidores ante el proveedor, porque ayudan a los compradores a obtener despachos a tiempo, servicios especiales o diseños especiales del producto.

Estas relaciones son más o menos continuas e implican el desarrollo de relaciones interpersonales en las cuales cada individuo (vendedor o comprador) necesita de alguna manera del otro. Según esto, la efectividad del vendedor depende, a menudo, de su éxito para comunicar poder.

TIPOS DE PODER DEL VENDEDOR

Las bases primarias de poder disponibles para el vendedor son: poder de experto, poder de referencia y poder de recompensa.

[24] Zina Moukheiber, "He Who Laughs Last", *Forbes,* June 1, 1996, pp. 42-43.
[25] Benson Shapiro, "Manage the Customer, Not Just the Sales Force", *Harvard Business Review*, September-October 1974, p. 130.

El poder de experto existe hasta el punto en el cual compradores o distribuidores creen que el vendedor tiene conocimiento o habilidades que pueden ser valiosos para el comprador. Las formas de experiencia del vendedor que pueden ser valiosas para compradores o distribuidores incluyen conocimiento de la manera como se puede utilizar efectivamente el producto, la capacidad para organizar una presentación efectiva y el conocimiento de los productos y modelos que atraerán a los clientes de un distribuidor. En consecuencia, los atractivos que emplee la experiencia del vendedor pueden darle a éste una base para influir en el comprador.

El poder de referencia existe cuando el vendedor atrae al comprador hacia un nivel de amistad o de sentimiento de identidad compartida, porque ve al vendedor como alguien con valores o intereses similares[26]. Debido a la identidad compartida que a veces conduce a un aumento de la disposición del comprador para confiar en el vendedor, el poder de referencia dará a la fuerza de ventas una fuente de influencia que resulta útil, incluso cuando no se necesita un alto grado de experiencia técnica[27].

La fuerza de ventas también puede emplear el poder de recompensa. El entretenimiento o los favores especiales del comprador (especialmente aquellos relacionados con el papel del vendedor como representante del cliente ante el proveedor) ilustran el uso del poder de recompensa. Cuando éste se utiliza durante un tiempo, el vendedor también puede, como resultado, desarrollar una base de poder de referencia porque el comprador estará más dispuesto a confiar en el vendedor.

ELECCIÓN DE LA BASE DE PODER PARA UTILIZAR

Es probable que los clientes difieran en su frecuencia de interacción con el vendedor, en el tamaño del pedido, en el nivel de riesgo que perciben en una situación de compra dada, y en el tipo de proceso de decisión empleado (como se indicó en el capítulo 3). Con base en ello, la selección de un tipo de atractivo y de un tipo de poder deberá depender, básicamente, de la situación de venta específica que enfrente el vendedor. Además, las destrezas técnicas y las características personales de los vendedores variarán. Mientras uno prefiere utilizar el poder de experto, otro puede basarse en el poder de referencia. Por tanto, ningún método puede ser superior. Por el contrario, es probable que un determinado vendedor pueda tener más éxito al adoptar un comportamiento que sea apropiado para sus características y destrezas al igual que para satisfacer los requerimientos del comprador o distribuidor[28].

En síntesis, los vendedores deben desarrollar su propio plan para las cuentas que atienden. Es necesario que realicen un análisis de la situación para cada cliente, dependiendo de sus requerimientos; deberán establecer un objetivo para cada cuenta con base en las ventas actuales y el objetivo de distribución y en la evaluación que el vendedor hace de las oportunidades para lograr ese objetivo en cada cuenta. (Esta evaluación se basará en la competencia, en el nivel de éxito anterior y en si la empresa del vendedor tiene el poder para ofrecer los atractivos necesarios). Finalmente, el vendedor

[26]*Véase* Gilbert Churchill, Robert Collins, and William Strang, "Should Retail Salespersons Be Similar to Their Customers?" *Journal of Retailing,* Fall 1975, pp. 29-42.

[27]Paul Busch and David Wilson, "An Experimental Analysis of a Salesman's Expert and Referent Bases of Social Power in the Buyer-Seller Dyad", *Journal of Marketing Research,* February 1976, pp. 3-11.

[28]*Véase* Barton Weitz, "Effectiveness in Sales Interactions: A Contingency Framework", *Journal of Marketing,* Winter 1981, pp. 85-103; y Thomas Leigh and Patrick McCraw, "Mapping the Procedural Knowledge of Industrial Sales Personnel: A Script-Theoretic Investigation", *Journal of Marketing,* January 1989, pp. 16-34.

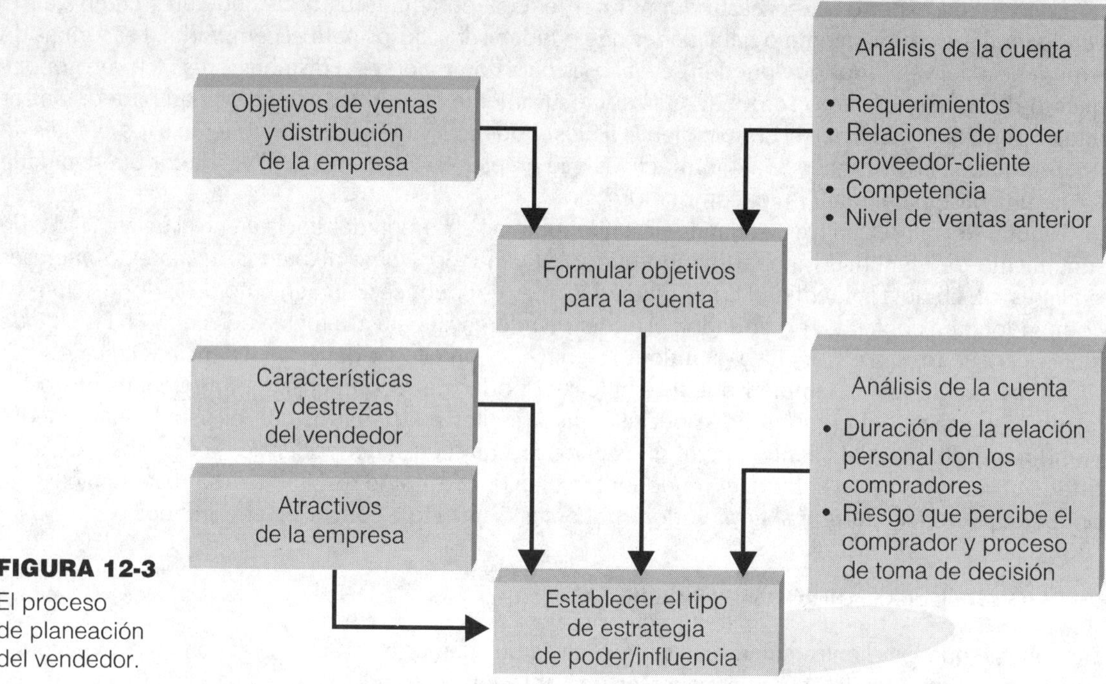

FIGURA 12-3
El proceso de planeación del vendedor.

debe adoptar una estrategia de influencia para cada cuenta, con base en sus propias capacidades y en la relación existente con el comprador. La figura 12-3 refleja algunos de los elementos involucrados en el desarrollo de un plan de cuenta individual.

CONCLUSIÓN

Los programas de ventas y distribución suministran los enlaces fundamentales entre una firma y sus compradores o distribuidores. El tipo de sistema de ventas y distribución que una firma selecciona, determina si un producto se vende directamente o a través de intermediarios mayoristas o minoristas, y especifica los papeles de comunicación básica y de servicio al cliente que desempeñará la fuerza de ventas.

Los objetivos que se establecen para el programa aportan una dirección específica a las actividades de la fuerza de ventas, y deberán reflejar la estrategia de marketing de la firma y brindar un base para seleccionar los atractivos críticos que se ofrecen a compradores o distribuidores. Adicionalmente, para seleccionar los atractivos, los gerentes deben considerar los requerimientos del comprador y las relaciones de poder existentes entre fabricantes, distribuidores y compradores.

Aunque los gerentes de ventas tienen una función importante que desempeñar en el diseño del programa de ventas y distribución, corresponderá a los vendedores, así como a los gerentes de ventas identificar objetivos alcanzables y seleccionar los atractivos que serán efectivos en cada situación de compra. En efecto, los miembros de la fuerza de ventas pueden convertirse en estrategas de marketing

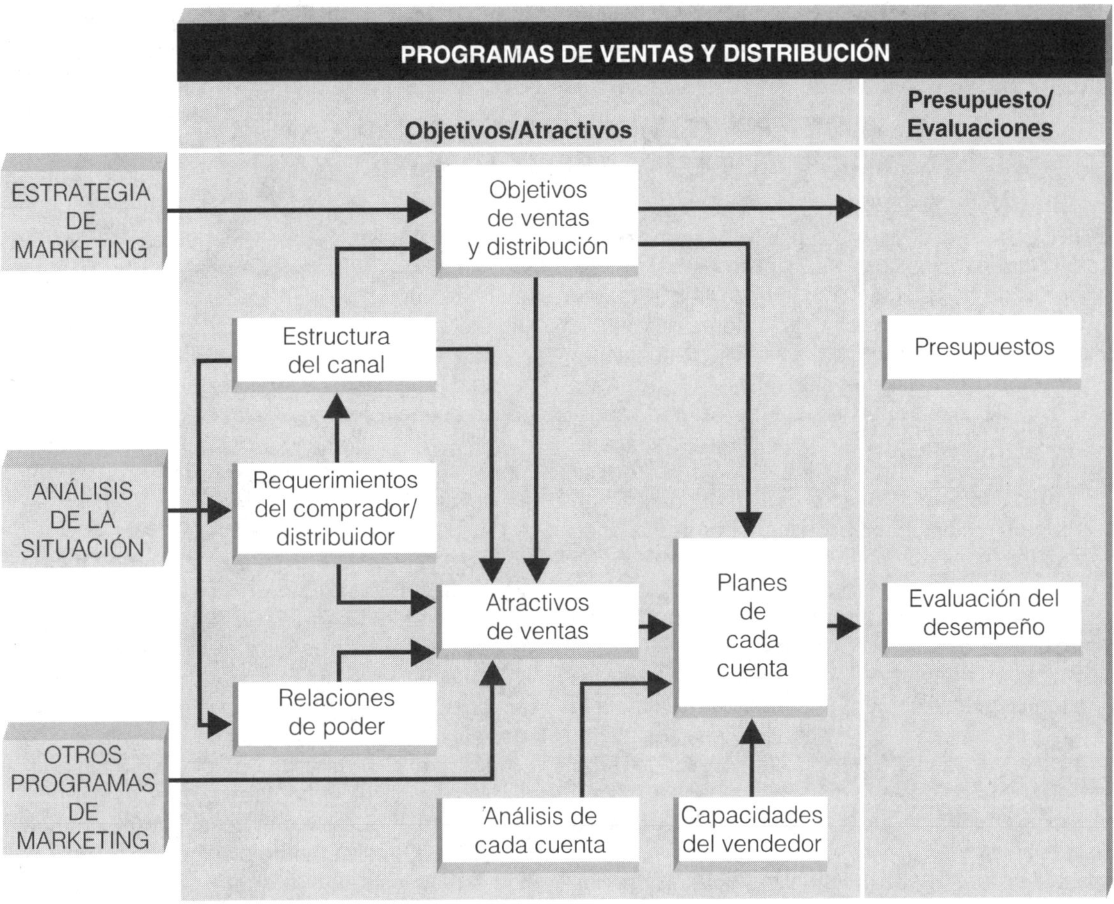

FIGURA 12-4

Relación entre los objetivos de ventas y distribución y los atractivos con la estrategia de marketing, el análisis de la situación y otros programas de marketing.

para sus áreas de mercado. Sin embargo, para garantizar la uniformidad de criterios entre los vendedores, los gerentes deberán establecer los objetivos generales del programa y determinar el rango de atractivos que puede ofrecerse, antes que cada miembro del equipo de ventas diseñe sus propios planes y tácticas para influir en los clientes. En este capítulo se han estudiado los tipos de objetivos y atractivos que los gerentes pueden elegir, el proceso para seleccionar tipos y atractivos, y algunos de los principales aspectos para considerar con el propósito de implementar los atractivos. En la figura 12-4 se sintetiza la relación entre los temas de este capítulo y sus relaciones con los capítulos precedentes y siguientes.

Como con cualquier programa de marketing, las actividades de ventas y distribución cuestan dinero y no siempre conducen al logro de los objetivos. Por consiguiente, es importante entender los mecanismos de presupuestos y de asignación y evaluación de gastos para estas actividades. Estos son los principales temas del capítulo 13. Sin embargo, antes de continuar, considérese el siguiente ejemplo para revisar algunos de los principales elementos de un programa de ventas y distribución.

PROCTER & GAMBLE: RESPONDER AL CAMBIO ANTE LOS CANALES MINORISTAS

El crecimiento de la vinculación a los grandes clubes ferreteros como Costco y Sam's y a los almacenes de descuento como Wal-Mart ha llevado a Procter & Gamble a utilizar el sistema de precios bajos diariamente (PBD), en lugar de mantener precios de lista elevados con descuentos promocionales frecuentes e irregulares. Minoristas como Wal-Mart y Costco están menos interesados en las promociones de precio que en los precios bajos diariamente, en los despachos de carga directamente a ellos y no a bodegas, y en mantener inventarios mínimos. No obstante, muchos supermercados y mayoristas aún quieren descuentos por cajas, el dinero de la publicidad cooperativa y otras concesiones. En 1970, los fabricantes ofrecían a los minoristas descuentos promocionales con un promedio de 4%; hacia la década de los años noventa, los descuentos habían aumentado al 10 y el 15% y contabilizaban el 44% de cada dólar invertido en publicidad y promoción por parte de los fabricantes. P&G sostuvo que solamente el 30% del dinero de las promociones para el comercio se traducía en precios bajos para el consumidor. Además, estimó que un 35% se perdía por ineficiencia y un 35% quedaba al minorista. Esto ocurría porque muchos distribuidores practican la compra anticipada, el proceso de almacenar más productos de los que planean vender durante la promoción. Cuando el periodo promocional termina, estos bienes se venden a los precios regulares o van a parar a un supermercado en donde no se ofrecieron los descuentos o a un intermediario que los desvía.

En un momento dado, el 17% de todos los productos P&G, y en algunas categorías el 100%, se vendieron a precios promocionales. Esto llevó a la ineficiencia de la planta, con 55 cambios de precio en un día en las 34 categorías de producto, y contaron con 17 grupos de precios. La carga comercial condujo a ascensos y descensos en los precios al público: Tide a US$1,99 una semana y a US$2,99 la siguiente. Esta situación indujo a los consumidores a aumentar las compras sólo de productos en promoción o a cambiarse a productos con marca privada. Estas prácticas también llevaron a aumentos en los costos debido a que, con frecuencia, los mayoristas se guardaban buena parte del descuento y habían grandes variaciones en la producción cuando las ventas especiales iban y venían. Hacer el seguimiento a todos los negocios promocionales también contribuyó a que se presentaran errores de facturación y numerosos ajustes.

La estrategia de PBD de P&G fue reducir los gastos promocionales para el comercio del 17% en ventas a cerca del 5% de los ingresos. Al retirar el dinero de las promociones para comerciantes, se desestimuló la compra anticipada, la producción se niveló y los precios de lista se redujeron. Hacia 1994, P&G redujo precios del 12 al 24% en casi todas sus marcas. La empresa ha vinculado a su sistema de distribución al proveedor, al mayorista, al minorista y al consumidor de una manera más eficiente, remplazando el anticuado sistema de pedidos por piezas por el reabastecimiento continuo del producto (RCP). Al utilizar lectores ópticos en los almacenes minoristas, conectados directamente con la fábrica, P&G puede determinar cuándo y dónde remplazar inventarios. Esto minimiza los errores y los ajustes en créditos, reduce inventarios, minimiza los faltantes de mercancías y mejora el flujo de efectivo. Los cambios en los precios se han reducido a uno por día y las rotaciones de inventario en las bodegas de los clientes han pasado de 17 a 27 en un año. Incluso, aunque sólo un 25% de los pedidos están bajo el sistema RCP, la eficiencia de la fábrica ha mejorado y los inventarios en Estados Unidos han descendido el 10% y se estima que descenderán un 20% dentro de un año.

1. P&G no puede despachar todos los días con precios bajos sin incurrir en costos bajos todos los días. ¿Cómo lleva el programa PBD a reducir costos?
2. ¿Por qué algunos supermercados y mayoristas prefieren concesiones de cajas del producto, dinero por publicidad cooperativa y otros descuentos, en lugar de precios bajos diariamente?
3. ¿Cuáles serían las ventajas y cuáles las desventajas del nuevo programa PBD de P&G para el desarrollo y el lanzamiento de nuevos productos?

Bill Saporito, "Behind the Tumult at P&G", *Fortune*, Mar. 7, 1994, pp. 74-82; "Ed Artzt´s Elbow Grease Has P&G Shining", *Business Week*, Oct. 10, 1994, pp. 84-86; Patricia Sellers, "The Dumbest Marketing Ploy", *Fortune*, Oct. 5, 1992, pp. 88-93; and "Not Everyone Loves a Supermarket Special", *Business Week*, Feb. 17, 1992, pp. 64-68.

PREGUNTAS Y SITUACIONES DE ANÁLISIS

1. La empresa U. S. Power Tool de Black & Decker estableció divisiones en Wal-Mart y Home Depot para abastecer a estas grandes cuentas. Un vicepresidente supervisa un grupo compuesto por vendedores, un comercializador, un experto en sistemas de información, un pronosticador de ventas y un analista financiero. Este equipo es responsable de crear empaques especialmente diseñados para taladros y brocas con destino al minorista. Además, antes de introducir una nueva línea de herramientas eléctricas, Black and Decker trabaja estrechamente con los minoristas durante un periodo de nueve meses para obtener información sobre nombre, color y desarrollo de una política de devolución a 30 días sin hacer preguntas. ¿Qué ventajas tiene Black & Decker por abastecer a grandes cuentas de esta manera? ¿Existe alguna desventaja?
2. Wal-Mart contabiliza más del 20% de las ventas de Mr. Coffee, Royal Appliance y de la ropa Gitano. ¿Qué ventajas o desventajas tienen Wal-Mart y estos proveedores por una concentración de ventas tan alta con una sola cuenta?
3. Las compañías que utilizan fuerzas de ventas para el comercio y las que usan fuerzas de ventas misioneras emplean distribuidores. Explique cómo difieren estos tipos de fuerzas de ventas. Explique cómo difieren las tareas que realizan los distribuidores entre los canales en los cuales el fabricante utiliza cada tipo de fuerza de ventas.
4. ¿Cuál tipo de objetivo de ventas y distribución será el más apropiado para cada una de las siguientes empresas?
   a. Un fabricante de computadores que funciona a plena capacidad
   b. Un fabricante de medias para dama con un producto que se vende en un número relativamente pequeño de almacenes por departamentos
   c. Una embotelladora que desea organizar exhibiciones minoristas dentro del almacén para una nueva línea de bebidas gaseosas.
   d. Un fabricante de cinturones de seguridad para automóviles que es solamente uno de los diferentes proveedores que utilizan los fabricantes de automóviles.
5. ¿Cuáles son las opciones de cambio que los gerentes responsables de inventarios necesitan considerar cuando reordenan la mercancía?
6. En 1991, el presidente de Wal-Mart envió un carta a los fabricantes indicando "Hemos decidido que nuestros negocios deberán hacerse directamente con los directivos de su empresa". Esto llevará a la eliminación de los representantes del fabricante. ¿Cuáles son las ventajas y/o desventajas para Wal-Mart y los fabricantes?

7. Los proveedores de marcas nacionales pueden acordar la fabricación de productos con marcas privadas para grandes cadenas de supermercados. ¿Cuáles son las ventajas y desventajas para los proveedores de dichas marcas?
8. Duracell se ha basado principalmente en promociones y descuentos a corto plazo para la venta de sus pilas. Estas promociones y descuentos se presentaron durante 32 semanas del año y contabilizaron el 90% del volumen de la empresa. Duracell ha eliminado la mayor parte de estas ofertas y las ha remplazado con nuevas presentaciones y eventos en el almacén para atraer a los clientes. ¿Qué factores harán que Duracell cambie su estrategia anterior de promociones y descuentos? ¿Qué reacción esperaría Ud. de los minoristas ante este cambio?
9. Gus es un representante de cuenta para un importante fabricante de computadores y es responsable de todas las actividades de ventas y servicio al cliente en un importante banco de Nueva York. Además de Gus, la compañía de computadores ha asignado a esta cuenta a dos gerentes de ventas, cuatro vendedores, dos aprendices y 13 personas de servicio técnico. Cuando se contemplan adquisiciones importantes, el proceso de decisión en este banco bien puede tardar un año.
   - **a.** ¿Cuáles serían las razones probables para seleccionar un sistema de venta personal directa en este caso?
   - **b.** ¿En cuál objetivo de ventas y distribución deberán hacer más énfasis Gus y su equipo?
   - **c.** ¿Cuáles atractivos cree Ud. que serán más efectivos en esta situación?
   - **d.** Analice los factores más importantes que un vendedor deberá considerar en este tipo de situación de ventas.

LECTURAS ADICIONALES SUGERIDAS

Calantone, Roger J., and Jule B. Gassenheimer, "Overcoming Basic Problems between Manufacturers and Distributors", *Industrial Marketing Management,* August 1991, pp. 215-221.

Fites, Donald V., "Make Your Dealers Your Partners", *Harvard Business Review,* March-April, 1996, pp. 84-95.

Fuller, Joseph B., James O'Conor, and Richard Rawlinson, "Tailored Logistics: The Next Advantage", *Harvard Business Review,* May-June 1993, pp. 87-98.

Ganesan, Shankar, "Determinants of Long-Term Orientation in Buyer-Seller Relationships", *Journal of Marketing,* April 1994, pp. 1-19.

Gaski, John F., "The Theory of Power and Conflict in Channels of Distribution", *Journal of Marketing,* Summer 1984, pp. 9-29.

Gassenheimer, Jule B., and Rosemary Ramsey, "The Impact of Dependence on Dealer Satisfaction: A Comparison of Reseller-Supplier Relationships", *Journal of Retailing,* Fall 1994, pp. 253-266.

Kalwani, Manohar U., and Narakesar Narayandas, "Long-Term Manufacturer-Supplier Relationships: Do They Pay Off for Supplier Firms?", *Journal of Marketing,* January 1995, pp. 1-16.

Leigh, Thomas, and Patrick McGraw, "Mapping the Procedural Knowledge of Industrial Sales Personnel: A Script-Theoretic Investigation", *Journal of Marketing,* January 1989, pp. 16-34.

Magrath, Allan, and Kenneth Hardy, "Avoiding the Pitfalls in Managing Distribution Channels", *Business Horizons,* September-October 1987, pp. 29-33.

Quelch, John A., and David Harding, "Brand versus Private Labels: Fighting to Win", *Harvard Business Review,* January-February 1996, pp. 99-109.

Shapiro, Benson P., V. Kasturi Rangan, and John J. Sviokla, "Staple Yourself to an Order", *Harvard Business Review,* July-August 1992, pp. 113-122.

CAPÍTULO 13

ADMINISTRACIÓN DE VENTAS Y DISTRIBUCIÓN

VISIÓN GENERAL

En el capítulo 12 se indicó la importancia de establecer objetivos de ventas y distribución que brindaran orientación para el diseño de atractivos específicos de venta y distribución. Además, se estudió la importancia de seleccionar los atractivos que mejor puedan satisfacer los beneficios que busca el comprador-distribuidor. Esos atractivos deberán basarse en un cuidadoso análisis de los requerimientos del comprador-distribuidor, así como también en las relaciones de poder existentes. Resulta importante recordar que en el mercado competitivo actual, un programa que solamente maximiza las ventas o algún otro objetivo del programa (como ventas de un nuevo producto) puede no ser el mejor desde una perspectiva rentable.

En el mundo actual, las empresas no solamente venden productos sino que también deben proveer el valor agregado a lo largo de la cadena de suministros. Esto significa que no sólo es necesario satisfacer al siguiente enlace en el sistema de distribución sino también satisfacer las complejas necesidades del usuario final, las cuales pueden ser técnicas, operacionales o financieras. Esto ha llevado no sólo a hacer un énfasis cada vez mayor en mejorar la eficiencia a través del sistema de ventas y distribución, sino también para reducir los costos. Como los demás programas de marketing, las actividades de ventas y distribución cuestan dinero. Con un costo promedio establecido de US$513 de una visita de ventas, para un vendedor *senior*, los gerentes de ventas deben trabajar dentro de un margen de presupuesto que sea consistente con los objetivos generales de marketing y publicidad[1]. Es tarea de la gerencia de ventas establecer no solamente el presupuesto necesario para sufragar los gastos de la operación de ventas, sino también equilibrar los recursos disponibles para los requerimientos de los mercados.

Además de evaluar el costo de los diferentes programas, los gerentes de ventas son también responsables de evaluar el desempeño del programa en cuanto al volumen de ventas y las dimensiones que no se relacionan con éste. Estas evaluaciones suelen hacerse a diferentes niveles: el desempeño de cada vendedor, el de los distribuidores o los territorios de ventas, y se estudia además el desempeño general del programa. Estas evaluaciones se utilizan para identificar posibles modificaciones del programa para mejorar el desempeño.

[1]The Gallup Organization investigó a 301 vendedores senior pertenecientes a algunas de las empresas de la lista Fortune 1000, en un estudio exclusivo para *Sales and Marketing Management*. Además del costo promedio por visita de ventas, encontraron que el 56% de los vendedores estudiados invirtieron más de US$500 mensuales en viajes, con un costo promedio por viaje de US$2045 y el costo de entretenimiento fue de US$600 por mes. *Véase* Allison Lucas, "Leading Edge", *Sales and Marketing Management,* June 1995, p. 13.

En este capítulo se presentan procedimientos para establecer el presupuesto del programa, cuando se estudia la relación entre atractivos de ventas y distribución y los costos de esas dos actividades. Hacia el final del capítulo se presentan varios métodos para evaluar el desempeño de ventas y distribución. En el capítulo 14 se estudiarán algunas de las acciones de la gerencia de ventas que se dirigen a la ampliación del desempeño de los integrantes de la fuerza de ventas.

ESTABLECER EL PRESUPUESTO DE VENTAS Y DISTRIBUCIÓN

Al diseñar un programa para lograr un objetivo de ventas y distribución, los gerentes de ventas intentarán estimar las consecuencias presupuestales del programa. Específicamente, deberán examinar los costos en que incurrirá un programa específico y el impacto que se espera del programa sobre la rentabilidad. La importancia de esto puede ilustrarse con la frase del gerente general de la división de Health Care Division de Johnson & Johnson, cuando dijo: "Si [los departamentos] no satisfacen los objetivos de utilidades de la división, los presupuestos por departamento se volverán a elaborar hasta que queden en línea con los objetivos"[2].

Luego, los gerentes pueden determinar si el presupuesto es consistente con los objetivos del producto. Es decir, un presupuesto de ventas y distribución que lleve al aumento de la participación de mercado y ventas puede ser apropiado para un objetivo de "construir", incluso si a corto plazo se espera un descenso en la contribución total. Por ejemplo, con esos tipos de productos y servicios, es usual que las empresas paguen incentivos adicionales para abrir nuevas cuentas con el fin de aumentar la participación de mercado. Además, los gastos de viajes y representación asociados con la venta de productos con baja participación en mercados de alto crecimiento, con frecuencia, son más altos debido al incremento en la actividad competitiva. Alternativamente, los presupuestos de ventas y distribución para productos con alta participación en mercados de bajo crecimiento deberán resultar, por lo general, en un aumento en la contribución total[3].

En la figura 13-1 se sintetizan los elementos del proceso de presupuestos. Como se sugiere en la figura, si los resultados que se esperan del presupuesto propuesto no son consistentes con los objetivos del producto, puede ser apropiado revisar los objetivos o los atractivos.

El primer paso en este proceso consiste en estimar el impacto de los atractivos en la estructura de rentabilidad. Como se observa en la figura 13-1, los programas de ventas y distribución pueden influir en los costos directos de marketing de un producto o línea de producto y en el margen de contribución variable. Esto exige que los gerentes de ventas cuenten con información oportuna sobre los diferentes mercados, sobre las cuentas específicas en ellos y sobre las necesidades de los participantes del canal en estas cuentas. No obstante, en la mayor parte de las empresas, los sistemas de contabilidad hacen el seguimiento de los costos básicamente por categorías de producto y no por cliente, o por el participante en el canal de distribución. Con frecuencia, esto puede llevar a una falta de entendimiento por

[2]"At Johnson & Johnson, the Sales Budget Gets the Best of Care", *Sales Management*, May 19, 1975, p. 10; y Nigel Pierey, "The Marketing Budgeting Process", *Journal of Marketing,* October 1987, pp. 45-59.

[3]La relación entre presupuestos de marketing y su efecto sobre la participación de mercado se estudian en Robert D. Buzzell and Frederick E. Wiersma, "Successful Share-Building Strategies", *Harvard Business Review*, January-February 1981, pp. 135-144.

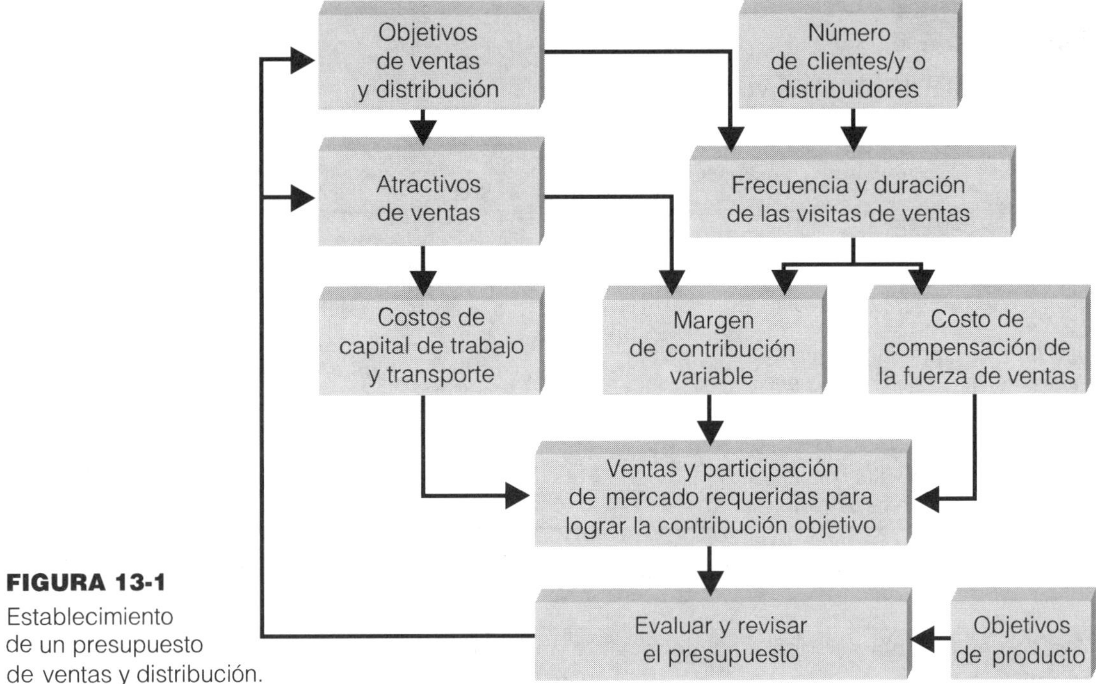

FIGURA 13-1
Establecimiento de un presupuesto de ventas y distribución.

parte de la gerencia de los costos asociados con alcanzar y servir a diferentes tipos de compradores y distintos tipos de canales de distribución[4]. No obstante, los principales factores presupuestales que deben considerarse son:

- Costos de compensación de la fuerza de ventas
- Costos de capital de trabajo para crédito e inventario
- Costos de distribución física
- Precios y descuentos (margen de contribución variable)

Costos de compensación de la fuerza de ventas

Los salarios del personal de ventas y de servicio al cliente y los gastos de viaje necesarios para apoyar su trabajo son una categoría de gastos importante para las compañías que emplean fuerza de ventas propia. En la tabla 13-1 se da una indicación más completa del costo promedio por visita de ventas,

[4]H. Thomas Johnson and Robert S. Kaplan, *Relevance Lost: The Rise and Fall of Management Accounting,* Harvard Business School Press, Boston, 1987, p. 245.

TABLA 13-1

COSTO PROMEDIO DE UNA VISITA DE VENTAS

	TIPO DE FUERZA DE VENTAS		
	BIENES DE CONSUMO MASIVO	BIENES INDUSTRIALES	SERVICIO
Costos medios directos			
Compensación	70,500	68,500	71,500
Gastos	16,600	24,000	15,600
Total	87,100	92,500	87,100
Visitas promedio por año*			
Áreas o políticas de alta frecuencia	841.5	748.0	1122.0
Áreas o políticas de baja frecuencia	561.0	561.0	654.5
Costo promedio por visita			
Áreas o políticas de alta frecuencia	144.03	155.97	110.03
Áreas o políticas de baja frecuencia	216.05	230.62	217.49

*Se considera una cifra de 187 días de venta por año.
Tomado de "1993 Sales Manager's Budget Planner", *Sales and Marketing Management,* June 28, 1993.

asociado con la venta personal. La determinante primaria de estos costos es el tamaño de la fuerza de ventas[5].

Existen varias formas para determinar el número de vendedores que se necesitan. Quizá el método más fácil es el de dividir el dinero disponible por los costos necesarios para apoyar a un vendedor. Aunque este método es sencillo de aplicar, desconoce las condiciones del mercado que deberán influir en el tamaño de la fuerza de ventas. Por ejemplo, se esperaría que al iniciar el ciclo de vida del producto puede ser deseable tener un grupo de personal más grande en ventas del que sería necesario en la etapa de descenso o declinación. Algunas empresas contratan tantos vendedores como sea posible, ya que la utilidad bruta que ellos generan en el nuevo negocio es igual a los costos asociados con el vendedor adicional. Esta política puede llevar muy rápido a contratar más vendedores de los necesarios para visitar a muy pocos clientes; además, al seguir un método de esta clase se pasan por alto las condiciones económicas y de mercado[6].

Un método más lógico y sistemático es determinar el tamaño de la fuerza de ventas necesaria, considerando el número de clientes o prospectos y sus requerimientos. Un estimado básico del número de vendedores necesario se puede hacer generalmente como sigue:

$$\text{Tamaño de la fuerza de ventas} = \frac{\text{número de cuentas en el mercado objetivo} \times \text{número de visitas requeridas por año por cuenta}}{\text{número de visitas que puede hacer cada vendedor}}$$

Obsérvese que los gerentes pueden tener que desarrollar estimados separados para establecer el tamaño de la fuerza de ventas para diferentes sectores de la misma. Por ejemplo, cuando se requieren

[5]Para una revisión útil de las técnicas para estimar el tamaño apropiado de una fuerza de ventas, *véase* Arthur Median, "Optimizing the Number of Industrial Salespersons", *Industrial Marketing Management,* February 1982, pp. 63-74.
[6]Leonard M. Lodish, "A User-Oriented Model for Sales Force Size, Product and Market Allocation Decisions", *Journal of Marketing,* Summer 1980, pp. 70-78.

diversas tareas de ventas en diferentes clientes, pueden existir fuerzas de ventas especializadas. Los gerentes pueden calcular por separado el tamaño de:

- La fuerza de ventas y la fuerza de servicio al cliente
- La fuerza de ventas para nuevos prospectos y la fuerza de ventas para atender a las cuentas establecidas
- Las fuerzas de ventas que atienden cuentas en diferentes industrias (cuando es importante contar con un conocimiento especializado de procesos de producción o tecnologías industriales)
- La fuerza de ventas para cada territorio

Cualquiera que sea la definición de la fuerza de ventas relevante, en el plan para conformar el grupo de personal se debe considerar el número de cuentas, la frecuencia de visitas de ventas requerida y la capacidad de visita de los representantes de ventas y servicio.

Estimar la frecuencia de visitas requerida

Los gerentes deberán considerar cada uno de los siguientes factores para estimar el número de visitas requerido por cada cuenta.

- El tamaño de las diferentes cuentas de comprador o distribuidor
- Los objetivos de ventas y distribución
- La necesidad de visitas no planeadas
- Los efectos de ventas estimados por aumentar o reducir el número de visitas por cuenta

TAMAÑO DE LA CUENTA

Un aspecto importante para considerar en el estimado del número de visitas requerido es el tamaño de la cuenta debido a que el gerente de ventas deseará minimizar el riesgo de perder cuentas grandes. Por otra parte, éstas pueden ser más rentables debido a que los costos de distribución física son más bajos como en el caso de entrada de datos, facturación, preparación y empaque del pedido, consolidación y transporte.

La norma ABC de clasificación de cuentas establece que el primer 15% de los clientes de una empresa contabilizarán un 65% de las ventas de la misma, el siguiente 20% producirá un 20% de las ventas y el 65% restante de clientes producirá solamente un 15% de las ventas[7]. Un estudio reciente realizado entre 192 empresas encontró que el primer 20% de las cuentas produjo el 75% del volumen de ventas[8].

Una práctica común en muchas empresas es dividir las cuentas de distribuidor o comprador en categorías según su tamaño, similares a la división que aparece en la tabla 13-2. Allí se indica que un pequeño número de grandes cuentas (las cuentas A) generalmente representa una gran parte de las ventas. Esto es verdad si las cuentas son de compradores finales o de distribuidores. Fusiones, adquisiciones y alianzas estratégicas exigen que los proveedores presten más atención a las cuentas clave. Las grandes cadenas de minoristas requieren de servicios especializados y un enfoque coordinado por

[7]Henry Porter, "The Important Few -The Unimportant Many", *1980 Portfolio of Sales and Marketing Plans,* Sales and Marketing Management, New York, 1980, pp. 34-37.
[8]William A. O'Connell and William Keenan, Jr., "The Shape of Things to Come", *Sales and Marketing Management,* January 1990, pp. 36-41.

TABLA 13-2

UNA ILUSTRACIÓN DE LA FRECUENCIA DE VISITAS DE VENTAS POR TAMAÑO DE CUENTA

GRUPO DE CUENTA	VOLUMEN POR MES	NÚMERO DE CUENTAS	FRECUENCIA PLANEADA POR CUENTAS	TOTAL VISITAS
A	2000	100	24/año	2400
B	600	300	12/año	3600
C	50	600	6/año	3600
				9600

parte de sus proveedores en áreas como apoyo logístico, manejo de inventarios, aplicaciones personalizadas y apoyo de *merchandising*. Con base en esas cuentas se las visitará con más frecuencia que a las cuentas medianas y pequeñas, como se aprecia en el caso de Dictaphone.

> Dictaphone agrupó sus datos históricos de ventas de cinco años, según el tipo de empresa al que se vendía y el número de empleados que trabajaban en esas compañías. Utilizando la base de datos Dun & Bradstreet Market Identifiers de 8.8 millones de empresas de EE.UU. y las ventas de Dictaphone por tipo de empresa frente al número de empleados en esa compañía, se crearon valores con base en lo que se había vendido históricamente para cada tipo y tamaño de empresa. Esto le dio a Dictaphone el valor potencial en dinero que podría asignarse a una empresa de cualquier tamaño. Después de eliminar a las compañíasque ofrecían muy poco potencial, crearon tarjetas separadas con el perfil de cada empresa, distribuidas por territorio. Las compañías fueron asignadas a los representantes de ventas, clasificadas con base en el potencial de ventas. La empresa sugirió que las cuentas A se visitaran cada dos semanas, las cuentas B, una vez al mes, y las cuentas C, una vez por trimestre[9].

Un aspecto importante para examinar el tamaño de la cuenta es el de utilizar las ventas *reales* o las ventas *potenciales* como base para clasificar cuentas. Las empresas que clasifican las cuentas con base en las cuentas actuales implícitamente suponen que la empresa ha alcanzado su máximo nivel de logros en cada cuenta. Con todo, para la mayor parte de las empresas, algunas de las cuentas C pueden convertirse en cuentas A si se hace un esfuerzo adicional. El desarrollo de cuentas clave exige un compromiso de recursos del proveedor. Los costos de esa clase de desarrollo requieren que la empresa establezca con cuidado un proceso de selección de cuentas con base en el potencial a corto plazo y los recursos necesarios a largo plazo para producir utilidades de la relación con la cuenta[10].

OBJETIVOS DE VENTAS Y DISTRIBUCIÓN

Sin embargo, los objetivos de ventas y distribución para un programa específico pueden forzar una modificación del patrón básico de la frecuencia de visita. Aunque los patrones de frecuencia que aparecen en la tabla 13-2 pueden ser apropiados para el mantenimiento de cuentas, si los gerentes

[9] Bob Attanasio, "How PC-Based Sales Quotas Boost Productivity, Morale", *Sales and Marketing Management,* September 1991, p. 150.
[10] Para un estudio de selección de cuenta y el proceso respectivo, *véase* Frank V. Cespedes, "*Concurrent Marketing: Integrating Product Sales and Service*", Harvard Business School Press, Boston, 1995, pp. 189-198.

establecen otros objetivos, puede ser necesario hacer revisiones posteriores de la frecuencia establecida. Por ejemplo, si se acordó un objetivo de desarrollo de cuentas, las visitas de ventas a las nuevas cuentas deben incluirse en el plan del grupo de personal. Por ejemplo, Goodyear exige que cada vendedor abra cinco nuevas cuentas al año y le concede bonificaciones con base en el tamaño de las mismas[11]. De manera similar, algunas visitas de ventas o de servicio al cliente para cuentas existentes se diseñan para cumplir un objetivo específico (como demostrar la superioridad de un producto para aumentar la penetración de ventas en cuentas clave, o estimular con apoyo especial al intermediario en programas especiales).

VISITAS NO PLANEADAS

Las reparaciones de emergencia o el seguimiento de un pedido pueden necesitar visitas no planeadas. Por lo general, la relación entre visitas no planeadas y visitas planeadas puede establecerse con base en los reportes históricos de visitas de ventas. Sin embargo, al desarrollar el plan (de conformación) del grupo de personal, deberá considerarse el número de visitas no planeadas debido a que exigen tiempo adicional a la fuerza de ventas.

EFECTOS DE LAS VENTAS ESTIMADAS

Como una consideración final para determinar el número de visitas requeridas, los gerentes deberán tratar de estimar el cambio que se producirá en las ventas por aumentar o reducir las frecuencia actual de las visitas de ventas para cada cuenta. Por lo regular, este análisis (el cual está incorporado en muchos sistemas computarizados para la gerencia de territorios) debe hacerse con base en el análisis conjunto del vendedor y el gerente de ventas[12]. Por ejemplo:

> Turner Warmack, vicepresidente de ventas y marketing de Ziegler Tools, sostiene una reunión anual con cada uno de los 18 vendedores de la empresa para analizar las ventas del año anterior, las cuentas clave, el crecimiento de las mismas y las posibles áreas de nuevos negocios. Warmack y sus vendedores clasifican por categorías las cuentas y deciden la frecuencia de visita para cada una de ellas. Si el vendedor cree que puede conseguir más negocios de una cuenta visitándola con más frecuencia, se le anima para aumentar la frecuencia de visitas[13].

Como en el caso de los estimados de criterios que se estudiaron en el capítulo 6 (respuesta de ventas ante la publicidad) y en el capítulo 9 (elasticidad-precio), los gerentes deberán buscar una respuesta ante ciertas preguntas específicas para lograr otras perspectivas de la relación entre las visitas de ventas y el volumen de ventas. Entre estas preguntas están las siguientes:

- ¿Con qué frecuencia se toman las decisiones de compra?
- ¿Hay una oportunidad significativa para la penetración de cuentas?
- ¿Con qué frecuencia visitan los competidores a esta cuenta?

[11]Bill Kelley, "How Much Help Does a Salesperson Need?" *Sales Management*, May 1989, p. 35.
[12]Leonard Lodish, "Vaguely Right Approach to Sales Force Allocations", *Harvard Business Review*, January-February 1974, pp. 199-214; El impacto de la duración y frecuencia de las visitas de ventas también se estudia en Raymond LaForge and David Cravens, "A Marketing Response Model for Sales Management Decision Making", *Journal of Personal Selling and Sales Management*, Fall/Winter, 1981-1982, pp. 10-16.
[13]Kelley, op. cit., p. 32.

- ¿Se anticipa la presencia de nuevos competidores, nuevos productos o nuevas tecnologías?
- ¿Qué tan importante es mantener el poder de referencia a través del contacto frecuente?
- ¿Qué tan difícil o cuánto tiempo se requiere estar con los compradores o distribuidores para que cambien de proveedores?
- ¿Con qué frecuencia necesitan servicio al cliente los compradores o distribuidores?
- ¿Qué se requiere para desarrollar una relación cooperativa y no una serie de transacciones?

ESTIMAR LA CAPACIDAD DE VISITAS DE LA FUERZA DE VENTAS

En la mayor parte de las organizaciones no suele ser una tarea difícil estimar la duración promedio de una visita de ventas. Sin embargo, esa duración puede diferir significativamente entre las cuentas nuevas y las existentes, y entre las cuentas grandes y las pequeñas, así como también variará si la decisión de compra la toma un comité de compras y no una sola persona. Además de los requerimientos del esfuerzo de ventas, en el análisis deberán tenerse en cuenta aspectos que no son propiamente de ventas tales como teléfono, trabajo de oficina, tiempo de planeación, etc. Además, el número de visitas posible dependerá del tiempo necesario para viajar entre las cuentas.

Por ejemplo, Diesel Supply Co. (DSC) tiene una fuerza nacional de siete vendedores que visitan cuentas de refinerías y gasoductos de gas natural. Los vendedores de DSC solamente pueden hacer cuatro visitas por día debido a que la distancia entre las cuentas está entre 112 y 128 km de distancia. Para ayudar en las ventas de campo, DSC utiliza mapas de software para construir mapas de rutas de visitas de ventas con base en datos del cliente, altamente específicos[14].

Con base en esto, la capacidad de visitas de la fuerza de ventas se verá afectada significativamente por la manera como a ésta se le asignan los territorios y las cuentas. A su turno, el número de vendedores y sus gastos de viaje se determinarán por el sistema de asignación.

Los estudios demuestran que cerca de un 80% de las compañías de Estados Unidos tienen territorios de ventas desequilibrados. Al contar con demasiados vendedores en un territorio y muy pocos en otro, las empresas experimentan de un 2 a un 7% en pérdidas de ventas cada año. Las decisiones con respecto a la asignación de la fuerza de ventas a los territorios deberá modificarse cuando la gerencia espera que diferentes territorios experimenten distintas tasas de crecimiento en potencial o cuando las condiciones del mercado han cambiado. Como ejemplo, considérense los cambios hechos por Hoescht Roussel, la filial farmacéutica de Hoescht Celanese[15].

Por tradición, los vendedores de la industria farmacéutica le vendían a tantos médicos del sector privado como les era posible. Sin embargo, la creciente influencia de la medicina prepagada ha llevado a más personas a intervenir en las decisiones del proceso de compra. Estudios de la industria revelan que más de un 90% de los médicos pertenecen, por lo menos, a un tercio de los planes de salud prepagados. Esto exige que la distribución y asignación de personal no solamente se realice teniendo en cuenta el sitio en donde están ubicados los facultativos, sino también según el plan al que pertenezcan. Además, las empresas de medicina prepagada también necesitan de la comercialización. Hoescht Roussel decidió que era necesario realinear su fuerza de ventas para reflejar los cambios del mercado. Para hacerlo, fue necesario considerar factores como cuáles vendedores se asignarían a cuáles regiones,

[14] Richard Lewis, "Putting Sales on the Map", *Sales and Marketing Management,* August 1992, p. 29.
[15] Melissa Campenelli, "Reshuffling the Deck", *Sales and Marketing Management,* June 1994, pp. 83-90.

cómo responderían los clientes, qué entrenamiento sería necesario y cuáles costos se asociarían con una realineación de esta naturaleza.

La fuerza de ventas de Hoescht integrada por 640 personas se asignó según el sitio en donde estuvieran localizados los médicos y los hospitales. La fuerza de ventas operó sobre el supuesto de que un 65% de los médicos escribía el 94% de las prescripciones. Se investigó en cuáles de ese 65% deberían enfocarse y cuál era la influencia de las compañías de medicina prepagada en áreas geográficas específicas, con el fin de dividir la fuerza de ventas con criterio geográfico alrededor de los siguientes segmentos de clientes: consultorios de médicos de atención primaria, compañías de medicina prepagada y hospitales. Un programa de software llamado MapPix se utilizó para establecer factores con base en variables geográficas tales como cordilleras, ríos y autopistas, y otros factores que afectarían el tiempo de viaje de un vendedor.

El resultado de este análisis fue una reducción de nueve a seis vendedores en algunas regiones y la adición de seis gerentes de operaciones regionales. Estos gerentes de operaciones son responsables del despliegue de los vendedores, del entrenamiento a nivel regional, y de dirigir más vendedores por región; de otro lado, se eliminaron 125 representantes que les vendían casi directamente a los médicos. La fuerza de ventas se alineó sobre la base de clientes de alto volumen/bajo volumen dentro de cada segmento. Los costos de ventas se redujeron aproximadamente en un 15%, lo que representó ahorros por más de US$10 millones anuales. Las visitas se redujeron en 200.000, pero aumentaron en 100.000 las que correspondían a clientes de alto volumen. A los clientes con volúmenes más bajos se les contactó por correo directo y telemercadeo[16].

Costos especiales de compensación

La compensación especial incluye comisiones de ventas, bonificaciones e incentivos especiales (como premios en mercancías y viajes). Estos incentivos se ofrecen para lograr algún tipo específico de desempeño por parte de los miembros de la fuerza de ventas o de los distribuidores.

En el caso de las comisiones de ventas, el incentivo se dirige a estimular el logro de volúmenes de ventas. Debido a que el nivel de comisión devengado se determina como un porcentaje de las ventas o como una cantidad fija por unidad de ventas, el costo de este incentivo es un *costo variable.* Sin embargo, los costos de compensación más especiales representan aumentos en los costos fijos directos y generalmente se relacionan con objetivos específicos de ventas y distribución. Por ejemplo, las bonificaciones y premios en viajes pueden otorgarse a los vendedores que logran un cierto nivel de apertura de nuevas cuentas o un determinado nivel de participación del minorista en una promoción de ventas. Además, un creciente número de empresas utiliza ahora el grado de satisfacción del cliente como base para una compensación especial.

Debido al alto costo de tener una fuerza de ventas en la empresa, muchas compañías utilizan representantes de ventas del fabricante para realizar la función de la venta directa. Estos representantes son empresas independientes y, en Estados Unidos, cerca de 50.000 fabricantes las utilizan; en 1995, se contabilizaron más de 38.000 representantes en ejercicio[17].

[16]Ibid.

[17]Lois C. DuBoise and Roger H. Grace, "The Care and Feeding of Manufacturer's Reps", *Business Marketing,* December 1987, p. 56; y Michael Marshall and Frank Siegler, "Selecting the Right Rep Firm", *Sales and Marketing Management,* January 1993, p. 46. *Véase también,* Melissa Campenelli, "Agents of Change", *Sales and Marketing Management,* February 1995, p. 72.

Estas firmas acostumbran vender las líneas de producto de varios fabricantes dentro de una industria específica y operan con base en una comisión por porcentaje de ventas. Un estudio de la Manufacturer's Agent National Association demostró que la agencia independiente típica representó a un promedio de 10,1 fabricantes diferentes y empleó 5,6 vendedores. La tabla 13-3 da algunos ejemplos del nivel de comisión porcentual pagado sobre las ventas netas a los representantes del fabricante, en algunas industrias seleccionadas.

Desde una perspectiva de costos, la decisión de usar una fuerza de ventas propia o representantes del fabricante gira alrededor del volumen total de ventas de la compañía. La fuerza de ventas en una empresa es un costo fijo con respecto al volumen de ventas, mientras que la comisión del representante del fabricante es un costo variable. Por consiguiente, con volúmenes de ventas muy bajos, el representante del fabricante es la alternativa menos costosa. Cuando el volumen de ventas crece (dentro de un territorio o mercado específicos), el costo fijo de la fuerza de ventas de la compañía se distribuye gradualmente entre más unidades.

En la tabla 13-4 se presenta una comparación de los costos de ventas directas y los de agencias de ventas. La figura 13-2 muestra la manera como se comportan los costos de las dos alternativas cuando aumenta el volumen de ventas. Si el costo de la fuerza de ventas de una empresa es US$200.000 para un territorio dado, y si un representante del fabricante cobra el 5% sobre ventas, los costos son iguales cuando las ventas son de US$4 millones. El punto de costos iguales se deriva como sigue:

$$\begin{aligned} \text{Costo del representante del fabricante} &= \text{costo de la fuerza de ventas de la empresa} \\ 0.5 \times \text{ventas de la empresa} &= \text{US\$200,000} \\ \text{Ventas de la empresa} &= \text{US\$4,000,000} \end{aligned}$$

TABLA 13-3

COMISIONES PROMEDIO DE LOS REPRESENTANTES DEL FABRICANTE EN LÍNEAS SELECCIONADAS

PRODUCTO O SERVICIO	COMISIÓN PROMEDIO PAGADA
Productos y servicios de publicidad	16.17
Materiales de construcción y suministros	7.65
Computadores	9.99
Productos electrónicos de consumo	5.64
Productos y servicios alimenticios	15.00
Servicios marítimos	9.81
Industria del papel	11.16
Plásticos	6.18
Suministros y accesorios para deportes	8.18

Fuente: Manufacturers' Agents National Association, *Survey of Sales Commissions,* presentado en *1987 Survey of Selling Costs, Sales and Marketing Management,* Feb. 16, 1987, p. 59.

TABLA 13-4

VENTAS DIRECTAS FRENTE A AGENCIAS DE VENTAS: UN ANÁLISIS COSTO/PROPORCIÓN

	VOLUMEN DEL TERRITORIO			
NÚMERO DE VENDEDORES DIRECTOS	US$250,000	US$500,000	US$1M	US$2M
1	US$ 50,000 20%*	US$ 50,000 10%	US$ 50,000 5%	US$ 50,000 2.5%
2	US$100,000 40%	US$100,000 20%	US$100,000 10%	US$100,000 5%
3	US$150,000 60%	US$150,000 30%	US$150,000 15%	US$150,000 7.5%
4	US$200,000 80%	US$200,000 40%	US$200,000 20%	US$200,000 10%

	VOLUMEN DEL TERRITORIO			
COMISIÓN AGENCIA DE VENTAS	US$250,000	US$500,000	US$1M	US$2M
5%	US$ 12,500 5%*	US$ 25,000 5%	US$ 50,000 5%	US$100,000 5%
7.5%	US$ 18,750 7.5%	US$ 37,500 7.5%	US$ 75,000 7.5%	US$150,000 7.5%
10%	US$ 2 5,000 10%	US$ 50,000 10%	US$100,000 10%	US$200,000 10%

*Costo como un porcentaje del total de ventas.

Notas: las cifras de costos anuales se basan en un salario de US$39.000 más US$11.000 de gastos por vendedor. Esto no incluye el costo de las instalaciones de una sucursal y del personal o los beneficios adicionales que se pagan a los vendedores directos. El número de personas de una agencia que cubre el mismo territorio puede variar, pero las comisiones como un índice de las ventas se mantendrían iguales.

Fuente: Edwin E. Bobrow, "The Question of Reps", *Sales and Marketing Management,* June 1991, p. 34.

Por tanto, en este ejemplo, el costo de un representante del fabricante es más bajo cuando el volumen de ventas es inferior a US$4 millones, pero el costo de la fuerza de ventas de una empresa es menor cuando el volumen de ventas es superior a US$4 millones. Además del costo, deben considerarse otros factores al elegir entre una fuerza de ventas de la empresa y un representante del fabricante. Entre los principales argumentos a favor de las dos alternativas, los siguientes puntos son los de mayor aceptación[18].

[18] *Véase* Erin Anderson, "The Salesperson as Outside Agent or Employee: A Transaction Cost Analysis", *Marketing Science,* Summer 1985, pp. 234-254. Para otro punto de vista, *véase* "Wal-Mart's War on Reps", *Sales and Marketing Management,* March 1987, pp. 41-43.

FIGURA 13-2

Relación entre volumen de ventas y el costo de cada representante del fabricante o de la fuerza de ventas de una empresa.

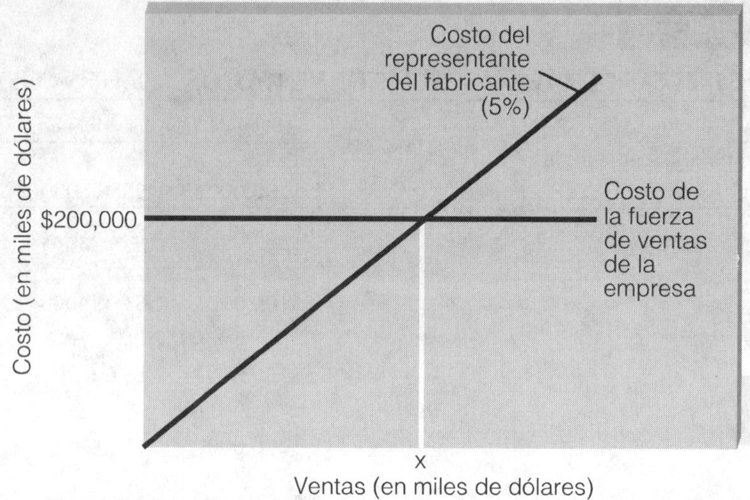

- Dos ventajas muy importantes de los representantes de los fabricantes son que ellos cuentan con un mejor conocimiento de las necesidades del cliente o distribuidor y pueden brindar una mejor cobertura a las cuentas pequeñas. Pueden lograr estas ventajas debido a que combinan las líneas de varios proveedores y, por consiguiente, pueden justificar más visitas para esas cuentas.
- La principal ventaja de la fuerza de ventas de la empresa se basa en el control del desempeño. Mientras que los representantes de los fabricantes no reciben ningún pago a menos que hagan una venta, la fuerza de ventas de una compañía puede motivarse para efectuar actividades que no sean de ventas o de desarrollo de ventas, diseñadas para construir un crecimiento a largo plazo o hacer énfasis en el mantenimiento de la cuenta. Por ejemplo, en Alemania, los vendedores industriales pocas veces trabajan con prospectos, con muy poca frecuencia tramitan pedidos y rara vez les hacen seguimiento. Sin embargo, los alemanes brindan un excelente entrenamiento a los empleados de sus clientes y les ayudan a instalar lo que les venden[19]. No obstante, el punto de atención de los representantes de los fabricantes ha cambiado. Muchos de ellos y de las agencias trabajan muy de cerca con los departamentos de planeación estratégica de los principales fabricantes y les suministran información de campo para desarrollar nuevos productos. Algunas agencias contratan personal de servicio de apoyo al cliente y ofrecen servicios de marketing como programas de telemercadeo y de correo directo[20].

Costos del capital de trabajo

Hasta hace poco, los costos asociados con el otorgamiento de crédito a compradores y distribuidores y con incentivos de inventarios, rara vez se relacionaban con los presupuestos de ventas. Sin embargo,

[19] "How the Germans Do It", *Sales and Marketing Management,* Nov. 19, 1989, p. 25.

[20] Melissa Campenelli, "Agents of Change", op. cit. pp. 71-75.

los atractivos de inventario y de crédito se han vuelto más importantes para compradores y distribuidores. Como resultado, más organizaciones han comenzado a evaluar los costos adicionales de capital de trabajo en que incurren debido al uso de estos atractivos[21].

COSTOS DEL CRÉDITO

Al examinar los costos de ofrecer un atractivo de crédito, los gerentes deben considerar cada uno de los siguientes factores.

- Un estimado de los volúmenes de ventas generados bajo políticas alternativas de crédito
- La tasa anual de rotación de las cuentas por cobrar
- El costo anual de otorgar crédito comercial (usualmente, el costo de los préstamos de capital a corto plazo que tenga la empresa más los costos de la administración del crédito)
- El margen de contribución variable

Por ejemplo, supongamos que una firma ofrece crédito a 30 días, un margen de contribución variable del 20% y un costo anual de crédito del 12% de la cantidad promedio del crédito por pagar. Si todos los clientes crédito pagan sus cuentas mensualmente, y se espera que las ventas crédito bajo esta política sean de US$20 millones, entonces la tasa anual de rotación es 12 (es decir, 12 meses del año divididos por un mes), y el costo anual del crédito es:

$$\frac{\text{US\$20 millones}}{\text{12 cambios (meses)}} \times .12 = \text{US\$200,000}$$

Ahora, supongamos que la misma firma cree que puede generar US$4 millones adicionales en ventas si los clientes tienen dos meses para pagar. Generalmente, debido a que los términos del crédito deben ofrecerse a todos los clientes, puede esperarse que todos los clientes crédito tomen los dos meses para pagar. Por consiguiente, la rotación de las cuentas por cobrar ahora es de seis por año (12 meses divididos por 2 meses), y el costo de la política de crédito es:

$$\frac{\text{US\$24 millones}}{\text{6 cambios (meses)}} \times .12 = \text{US\$480,000}$$

Por tanto, los costos del crédito ascenderán en US$280.000 bajo la nueva política. Sin embargo, con un margen de contribución variable del 20%, los US$4 millones adicionales en ventas aumentarán el margen de contribución variable de la compañía en:

$$\text{US\$4 millones} \times .20 = \text{US\$800,000}$$

Por tanto, el efecto neto del cambio en la política de crédito será:

US$800,000	(contribución variable aumentada)
–US$280,000	(costo de capital de trabajo aumentado)
US$520,000	

[21] R. D. Rutherford, "Make Your Sales Force Credit Smart", *Sales and Marketing Management*, November 1989, pp. 50-55

Los vendedores necesitan saber el costo directo de los términos de pago ampliado. Cuando se les pagan las comisiones por pedidos de ventas y no por ventas pagadas, no aprecian el costo directo que representa para la empresa ampliar los plazos. No obstante, muchas empresas pagan a sus vendedores cuando reciben el pago de los bienes vendidos. De esta manera, los vendedores se interesan tanto como la gerencia general en lo concerniente al flujo de efectivo y en el efecto de los términos del crédito sobre la rentabilidad. Geolograph-Pioneer entrega a sus vendedores dos extractos mensuales: en uno se presentan los recaudos de cartera hechos en el mes inmediatamente anterior y en el segundo, las facturas sin pagar. Estos dos extractos le muestran a los representantes de ventas el estado mensual de cada cuenta, lo cual les lleva a trabajar con una relación más estrecha entre ventas y cartera[22].

COSTOS DE INVENTARIOS

Los gerentes pueden emplear un procedimiento similar al que se utiliza para examinar el costo de los atractivos de crédito cuando deseen identificar las implicaciones del presupuesto en los atractivos de inventario. Las principales diferencias en los dos análisis son que la tasa anual de rotación de inventarios se utilizará en lugar de la rotación anual de las cuentas por pagar, y el costo anual de tener inventarios se utiliza en lugar del costo anual de otorgar crédito comercial. Es decir, que para una política de inventarios determinada:

$$\text{Costo de inventarios} = \frac{\text{ventas anuales}}{\text{rotación de inventarios}} \times \text{costo de tener inventarios}$$

en donde:

$$\text{Rotación de inventarios} = \frac{\text{ventas anuales en dólares}}{\text{valor promedio en dólares del inventario que mantiene la firma}}$$

Por lo general, los costos de mantenimiento incorporan los costos de los préstamos a corto plazo, los costos administrativos, la obsolescencia del producto y el deterioro. En la actualidad, estos costos se controlan más cerca que nunca. Por ejemplo, 3M Corporation no sólo observa los costos de inventarios cuando hacen impacto en su desempeño, sino también los de sus clientes. Al utilizar etiquetas logísticas que ubican los artículos de oficina de 3M localizados en las bodegas de su cliente Boise Cascade's, la empresa pudo reducir el inventario en un 5% o en US$500.000 para este cliente[23].

Como en el caso de las cuentas por cobrar, los aumentos en los costos de inventarios que resultan de los atractivos de ventas y distribución deberán considerarse como gastos directos, y los gerentes deberán tener en cuenta la cantidad de estos gastos al evaluar las consecuencias en la rentabilidad del programa.

Como se sugirió antes, muchas empresas aún no incorporan estos costos cuando elaboran los presupuestos de ventas y distribución. Sin embargo, como la obsolescencia del producto se vuelve más significativa (un problema particular de moda en las industrias de alta tecnología), más firmas comienzan

[22] Ibid.
[23] Rahul Jacob, "Why Some Customers Are More Equal than Others", *Fortune*, Sept. 19, 1994, p. 218.

a tomar en cuenta el impacto de estos costos. Por ejemplo, considérese el problema que experimentó Dynascan.

Dynascan originalmente fue un fabricante de equipos electrónicos de pruebas, pero hacia la década de los setenta se desplazó hacia los productos de consumo masivo y de oficina con sus radios de banda ciudadana marca Cobra. Posteriormente, la compañía produjo líneas de teléfonos inalámbricos, detectores de radar, máquinas contestadoras y otros productos electrónicos. Aunque la empresa obtuvo mucho éxito con todos estos productos, desde un punto de vista de ventas, afrontó graves problemas con el radio Cobra y los teléfonos inalámbricos: cuando el nivel de ventas descendió, la empresa estaba llena de inventarios. Entonces, reconoció el impacto de los costos de capital de trabajo en sus utilidades: se necesitaban cuatro dólares de capital de trabajo para apoyar cada US$10 de ventas. Por tanto, la compañía configuró un sistema para analizar continuamente todos los programas por su impacto en los costos de capital de trabajo[24].

Costos de la distribución física

El objetivo del sistema de distribución deberá minimizar el total de los costos de distribución y, al mismo tiempo, alcanzar un nivel objetivo de servicio al cliente. Debido a que las actividades de distribución física incluyen intercambios, con frecuencia es necesario desarrollar sistemas que tengan en cuenta el hecho de que los costos interactúan de manera adversa. Por ejemplo, los programas de ventas y distribución pueden producir incrementos en los costos de transporte cuando:

- La fuerza de ventas acuerda ofrecer despachos más rápidos para los pedidos urgentes (que requieren métodos de transporte más costosos).
- Se ofrecen cronogramas de despacho más frecuentes (a menudo se ajustan cantidades menores al tope por vagón o por furgón).

Sin embargo, los costos de transporte se hallan estrechamente relacionados con las políticas de inventario de los clientes. Muchos fabricantes están adoptando políticas de inventarios justo-a-tiempo, las cuales minimizan el volumen de inventarios que necesitan mantener al alcance para el proceso de producción. Usualmente, la capacidad para ayudar a un cliente a implementar una política de justo-a-tiempo es un prerrequisito para obtener una venta.

Según el nivel que alcance el incremento en los costos de transporte por los programas de ventas o servicio al cliente, el aumento en el costo directo deberá cargarse al presupuesto de ventas y distribución. De otro lado, debido a que los costos de transporte suelen representar una gran parte del total de costos para productos que son voluminosos o que tienen una alta proporción de peso empaque/producto, es difícil trasladar el aumento en los costos de transporte a los clientes que requieren de estos atractivos. No obstante, con frecuencia puede ser útil un cambio en la estructura del sistema de ventas y distribución para brindar un despacho mejorado a los mismos precios (o más bajos). Como ejemplo, considérense los cambios iniciados por National Semiconductor.

National Semiconductor produce chips en seis diferentes plantas de fabricación: cuatro en EE.UU., una en Gran Bretaña y otra en Israel. La empresa despacha los productos terminados a clientes como IBM, Ford, Compaq y Siemens, cada uno con fábricas ubicadas por todo el mundo. Para llegar a estos clientes, la empresa utilizaba 12 aerolíneas, 20.000 rutas diferentes y luego las bodegas. National despachaba el 95% de sus

[24]David Henry, "Death Wish", *Forbes*, Oct. 20, 1986, pp. 50-51.

productos a los clientes 45 días después de la fecha de pedido. El 5% restante tardaba 90 días para su despacho, de manera que los clientes necesitaban un inventario de 90 días para todos los productos, al no saber cuál 5% llegaría retrasado. Para reducir costos, la empresa eliminó casi la mitad de sus productos, los cuales, en la mayoría de los casos, contribuían con muy pocos ingresos. Los chips terminados se enviaban a una sede central en Singapur, administrada por Federal Express. Los almacenes de FedEx, organizan y despachan los chips de National. En la actualidad, esta empresa traslada los productos de la fábrica al cliente en cuatro días, o menos, y los costos de distribución han descendido de 2.6% de los ingresos a 1.9%[25].

El costo total de la distribución física es una combinación de costos de transporte, de procesamiento de pedidos y de inventarios. Sin embargo, estos costos no son mutuamente excluyentes y con frecuencia se complican, debido a que diferentes personas tienen la responsabilidad de controlar los distintos componentes de los costos de la distribución física. Por ejemplo, cuando los gerentes de tráfico utilizan los despachos por tren para reducir los costos de transporte, la decisión puede restringir el capital de trabajo por un periodo largo, retrasar los pagos del cliente y llevar a una baja satisfacción de éste. El mismo efecto ocurriría sobre el total de costos de distribución si se utilizaran contenedores inadecuados para minimizar los costos de embarque, y llevarían a una alta tasa de bienes dañados y a posibles pérdidas para los clientes. Debido a que las decisiones sobre inventarios, bodegaje y transporte requieren de una coordinación estrecha, muchas empresas tienen un control centralizado sobre sus actividades de distribución física. Es importante reconocer que en la distribución física debe considerarse un nivel de servicio al cliente/costo total en lugar de minimizar cada componente de los costos.

Efectos del margen de contribución variable

Por lo general, los gerentes utilizan atractivos de precios (como descuentos por pago de contado y por cantidad o precio sombra o por fuera de lista) para lograr los objetivos del programa. Sin embargo, cada uno de estos atractivos conduce a una reducción del margen de contribución variable. Con base en esto, según el alcance del papel que desempeñe el personal de ventas para establecer los precios, el impacto de los atractivos de precio sobre la rentabilidad deberá evaluarse muy de cerca.

DESCUENTOS POR PAGO DE CONTADO

En la mayoría de industrias las empresas emplean los descuentos por pagar de contado como atractivos de ventas. De hecho, esta clase de política, a menudo, se establece más por tradición de la industria que por análisis. Se cuenta con una amplia variedad de términos. Liz Claiborne, por ejemplo, tiene términos de 10/10 EOM: los minoristas obtienen un descuento de 10% si pagan la mercancía dentro de los 10 primeros días del mes siguiente al recibo de la misma. El pago total debe hacerse al final del mes después de haber recibido los productos[26].

Aunque los descuentos por pago de contado pueden estimular a los compradores a pagar más rápido las facturas (reduciendo los costos del capital de trabajo), resulta frecuente que los costos del descuento excedan los costos del capital de trabajo. Por ejemplo, una firma que ofrece un descuento del 2% a compradores o distribuidores que paguen en 10 días y no en 30 días, en realidad está

[25] Ronald Henkoff, "Delivering the Goods", *Fortune*, Nov. 28, 1994, pp. 70-74.
[26] "An SA Surprise: Claiborne Hikes Trade Discount", *Women's Wear Daily*, July 30, 1990, pp. 1, 19.

pagando el 2% para obtener su dinero 20 días antes. Esto se traduce en un tasa de interés anual cercana al 36% (es decir, 2% multiplicado por 365 días y dividido por 20 días es igual a 36%). Debido a que la mayor parte de las empresas pueden solicitar préstamos con tasas bastante por debajo del 36%, la política de descuento en efectivo en realidad incrementa el costo total.

DESCUENTOS POR CANTIDAD

El vendedor puede ahorrar en muchas formas a través de los descuentos por cantidad[27].

- Un posible traslado de los gravámenes de inventarios y de los costos para el comprador o distribuidor
- Reducción de los contactos de ventas y de los costos para el procesamiento de pedidos
- Costos de embarque más económicos debido al aumento del volumen en cada despacho
- Mejoramiento en el cronograma de producción debido a que los procesos pueden ser mayores y más económicos.

Por ejemplo, supongamos que una empresa tiene un comprador que solicita 1200 unidades por año en pedidos mensuales de 100 unidades cada uno. Además, supongamos que el contacto de ventas del vendedor y los costos de procesamiento por pedido son de US$400, el costo de mantener el inventario es del 20%, el costo variable por unidad es de US$80, y el precio es de US$100 por unidad. De otro lado, considérese que el comprador hará pedidos de 200 unidades si el precio unitario es de US$98. Esto significa que la compañía puede obtener y procesar solamente seis pedidos por año (1200 unidades divididas por 200 unidades de cada pedido). Desde el punto de vista del proveedor las dos alternativas pueden compararse en términos de reducciones del margen y de costos del pedido, como se indica en la tabla 13-5.

TABLA 13-5

EVALUACIÓN DEL IMPACTO DE UN DESCUENTO POR CANTIDAD SOBRE LA RENTABILIDAD

	AL PRECIO NORMAL	AL PRECIO CON DESCUENTO
Precio	US$100/unidad	US$98/unidad
Costo variable	US$80/unidad	US$80/unidad
Margen de contribución variable por unidad	US$20/unidad	US$18/unidad
Volumen de ventas	1200	1200
Margen de contribución en dólares	US$24,000	US$21,600
Costo de pedido	US$400/pedido	US$400/pedido
Número de pedidos	12	6
Costo total de pedido	US$4800	US$2400

Reducción en el margen	US$24,000 - US$21,600	= US$2,400
Ahorros en el costo del pedido	US$ 4,800 - US$ 2,400	= US$2,400
Impacto sobre la utilidad neta		US$ 0

[27]Un método analítico para establecer descuentos por cantidades se encuentra en James P. Monahan, "A Quantity Discount Pricing Model to Increase Vendor Profits", *Management Science*, June 1984, pp. 720-726.

La reducción del costo directo por obtener y procesar pedidos compensa el margen de contribución perdido en este ejemplo. Nótese que este análisis exige varios supuestos clave.

- Que los índices de pedidos se mantengan constantes durante el año.
- Que los costos de procesamiento de pedidos en realidad sean más bajos (es decir, las visitas de ventas disminuyan y en verdad se puedan hacer reducciones en los costos de procesamiento de pedidos)
- Que los compradores perciban una ganancia por los precios más bajos, que exceda el aumento de sus costos de mantenimiento

Sin embargo, es muy probable que el vendedor obtenga beneficios adicionales por los menores costos de transporte y, en algunos casos, por las reducciones en la cantidad de inventarios que debe mantener para satisfacer los requerimientos del cliente.

DESCUENTOS POR CANTIDAD ACUMULADA

Estos descuentos (también conocidos como *rebajas por volumen*) se conceden sobre la base del volumen total de compras durante un periodo (por lo general, un año) sin tener en cuenta el tamaño promedio de los pedidos. Algunas empresas justifican estos descuentos al mostrar que los costos de ventas de las cuentas con grandes volúmenes son proporcionalmente menores que los de las cuentas más pequeñas. No obstante, las motivaciones para emplear rebajas por volumen suelen ser competitivas. Los clientes pueden exigirlas porque los competidores las ofrecen. Sin embargo, las empresas pueden ofrecer estos descuentos porque les permiten una mejor penetración en las cuentas: con las rebajas por volumen hay más incentivos para que un comprador o distribuidor reduzca el número de fuentes de suministros[28].

PRECIO SOMBRA O POR FUERA DE LISTA

Los atractivos del precio sombra se utilizan cuando un precio más bajo le permite a la fuerza de ventas cerrar un negocio con un cliente en particular. Con frecuencia, los precios más bajos llevan a ventas adicionales que de otro modo no se harían. Esto es especialmente cierto cuando se abre una nueva cuenta o se trata de ganar una mayor participación del negocio de una cuenta existente (penetración de cuenta). En esos casos, el precio sombra aumentará la rentabilidad ya que hay exceso de capacidad y, además, el precio supera los costos variables más el costo de despacho. No obstante, el uso excesivo del precio sombra puede significar que la fuerza de ventas no está haciendo el énfasis adecuado en atractivos diferentes al del precio. Cuando se utiliza el precio sombra en gran escala, los gerentes pueden encontrar que los márgenes de contribución por dólar comienzan a descender y los competidores empiezan a extender el uso del precio sombra. Por esta razón, algunas empresas han comenzado a eliminar este sistema, excepto para las nuevas cuentas o los compradores más grandes, y otras han establecido límites mayores en la autoridad de la fuerza de ventas con respecto al precio, para garantizar

[28] Para un estudio más completo, *véase* Ashak Rao, "Quantity Discounts in Today's Marketing", *Journal of Marketing*, Fall 1980, pp. 44-51.

que se alcancen márgenes mínimos aceptables. Por ejemplo, Nucor Corporation, un fabricante de acero con sede en Carolina del Norte, no permite ninguna flexibilidad en los precios a su fuerza de ventas. Los precios se basan en cuánto cuesta operar la fábrica las 24 horas. Aunque los vendedores pueden trabajar con clientes para mejorar los horarios de entrega y aconsejar sobre los fletes, no pueden salirse de los precios del programa o lista[29].

Finalización del presupuesto

Después que un gerente ha identificado los costos y las reducciones del margen asociadas con el establecimiento de un conjunto de atractivos determinado, se puede establecer un presupuesto de ventas. Como se indica en la figura 13-3, en la elaboración de este presupuesto existen varios pasos.

1. Determinar los niveles requeridos de ventas y la participación de mercado necesaria con base en: a) aumentos en los costos directos, b) cambios en los márgenes de contribución variable, c) la contribución objetivo deseada, y d) el pronóstico de ventas de la industria.
2. Determinar si las ventas requeridas y la participación de mercado pueden lograrse sobre la base de los criterios de productividad.
3. Hacer revisiones, si es necesario, a los objetivos del programa (como el nivel de logro requerido) o a los atractivos para desarrollar un presupuesto más realista.
4. Asignar niveles de logro específicos, si ello es apropiado, para los objetivos del programa y las cuotas de ventas para los territorios de ventas, vendedores y, quizá, para cada cuenta, y asignar recursos humanos y financieros para cada territorio de ventas, de una manera consistente con el potencial, los objetivos y las cuotas del territorio.

Obsérvese que los pasos del 1 al 3 se refieren al presupuesto total de ventas y distribución. Al evaluar la probabilidad de que se alcanzarán los niveles de ventas y la participación de mercado que se requieren, debe conocerse el impacto de otros programas (como el de publicidad).

En consecuencia, los gerentes de ventas no pueden ser los únicos vinculados en la evaluación de la racionalidad del presupuesto. (El proceso de coordinar los presupuestos del programa se tratará en el capítulo 15).

Los gerentes también deberán elaborar presupuestos separados para diferentes partes de la fuerza de ventas. Por ejemplo, en diversas organizaciones se separan las funciones de ventas y de servicio al cliente y los presupuestos. Es decir, en algunas compañías, el servicio al cliente se ve como un centro de utilidades separado, en particular cuando los cargos por servicio directo se hacen a los clientes que reciben servicio de mantenimiento, reparación y operaciones.

Por último, como se indica en el paso 4, pueden establecerse presupuestos separados para cada territorio de ventas y para cuentas específicas de clientes o distribuidores. Las cuotas de ventas pueden establecerse para indicar específicamente la participación de ventas requerida que debe lograrse en cada territorio o cuenta, con el fin de satisfacer los requerimientos del presupuesto. Los recursos financieros y

[29] En un estudio, los investigadores encontraron que los vendedores con un mayor grado de autoridad sobre los precios generaron las ventas y el desempeño de utilidad más bajos. *Véase* P. Ronald Stephenson, William L. Cron, and Gary L. Frazier, "Delegating Pricing Authority to the Sales Force: The Effect on Sales and Profit Performance", *Journal of Marketing*, Spring 1979, pp. 21-28; y Melissa Campenelli, "The Price to Pay", *Sales and Marketing Management*, September 1994, pp. 96-102.

FIGURA 13-3
Finalización del presupuesto de ventas y distribución.

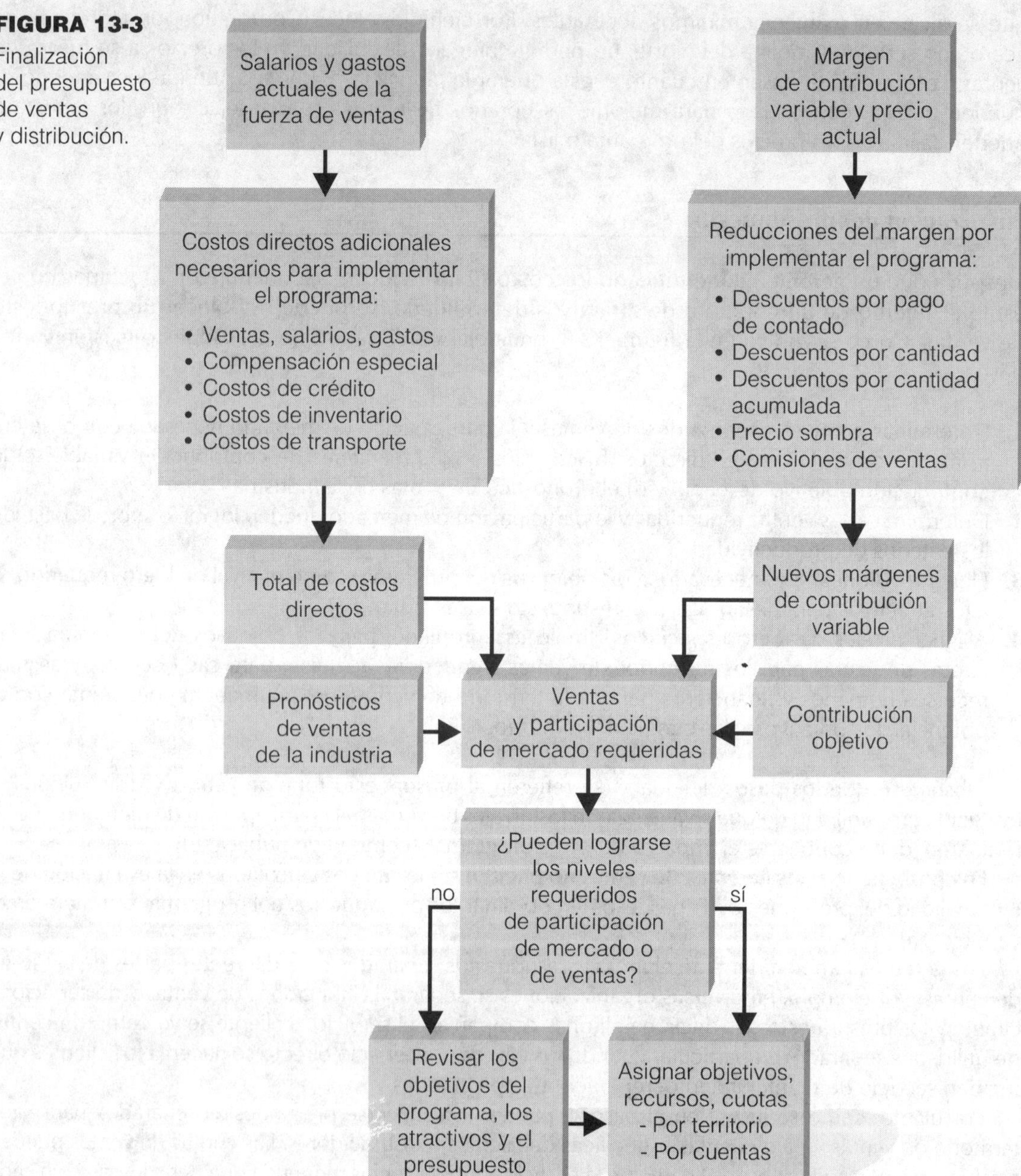

humanos pueden asignarse por territorios o cuentas para reflejar las diferencias de potencial para lograr los objetivos del programa o para obtener ganancias en el volumen de ventas.

Cuando se finaliza el presupuesto, el gerente de ventas ha establecido efectivamente varios estándares para controlar y evaluar el desempeño.

EVALUACIÓN DEL DESEMPEÑO

Con el fin de medir la efectividad de los programas de ventas y distribución e identificar las oportunidades para mejorar la utilización de recursos, los gerentes deben emplear algún procedimiento para la evaluación del desempeño. De hecho, las medidas del volumen de ventas y la contribución total a la utilidad son necesarias en la evaluación del desempeño, pero pueden reflejar la efectividad total del esfuerzo de marketing[30]. Al evaluar el desempeño de ventas y distribución, los gerentes de ventas necesitan medidas y procedimientos que se dirijan hacia los objetivos, las actividades y los costos específicos de los cuales son responsables. Además, los gerentes de ventas necesitan evaluar el desempeño en uno o más de los siguientes niveles:

- Desempeño de cada vendedor
- Desempeño de cada distribuidor
- Desempeño del territorio de ventas
- Desempeño del segmento de ventas

Al examinar el desempeño a diferentes niveles (al igual que el desempeño total), los gerentes de ventas podrán entender mejor las razones de los resultados generales de todo el programa. Específicamente, podrán identificar los segmentos de ventas, territorios, vendedores y distribuidores que tienen un desempeño apropiado o deficiente. Además, si el procedimiento de evaluación es suficientemente detallado, los gerentes podrán entender las razones de las diferencias en el desempeño y establecer algunas acciones correctivas.

Desempeño de cada vendedor y distribuidor

Los gerentes deben evaluar el desempeño de cada integrante del personal de ventas y servicio al cliente y de los distribuidores con varios propósitos.

- Otorgar incentivos y bonificaciones
- Identificar personal o distribuidores que puedan necesitar entrenamiento adicional
- Identificar cuentas *problema* o áreas geográficas *problema* atendidas por distribuidores o vendedores individuales
- Determinar si se necesitan distribuidores nuevos o adicionales

Para ser tan útiles como sea posible, las medidas del desempeño del vendedor o distribuidor deberán ayudar a los gerentes a determinar si ese desempeño se debe a las acciones del distribuidor o vendedor por sí solo, o a fuerzas del mercado incontrolables. Esto significa que la evaluación del desempeño deberá incluir medidas *orientadas por resultados* y *orientadas por esfuerzos*. Las

[30]Robert J. Freedman, "For More Profitable Sales, Look beyond Volume", *Sales and Marketing Management*, August 1989, pp. 50-53.

TABLA 13-6

MEDIDAS ORIENTADAS A LOS RESULTADOS PARA EVALUAR DISTRIBUIDORES O VENDEDORES

1. Volumen de ventas (total o por producto o modelo)
2. Volumen de ventas como un porcentaje de la cuota
3. Rentabilidad de las ventas (margen bruto en dólares o contribución)
4. Número de nuevas cuentas
5. Cantidad de agotados de inventario
6. Cantidad de distribuidores que participan en los programas
7. Número de cuentas perdidas
8. Aumento del volumen porcentual en cuentas clave
9. Cantidad de quejas de los clientes
10. Proporción del inventario de ventas del distribuidor

tablas 13-6 y 13-7 presentan algunas de las medidas típicas del desempeño, de gran utilización entre los gerentes de ventas[31].

Cuando se emplean las medidas orientadas por resultados, ellas deberán tener una base equitativa y lógica. Por ejemplo, si se utiliza el volumen de ventas en dólares, deberán establecerse cuotas individuales solamente después de haber considerado el potencial de ventas de la cuenta de cada vendedor o distribuidor. De modo similar, si el número de nuevas cuentas abiertas es la medida del desempeño, entonces el número de cuentas potenciales en el territorio de cada vendedor o distribuidor deberá tenerse en cuenta para evaluar el desempeño.

TABLA 13-7

MEDIDAS ORIENTADAS AL ESFUERZO PARA EVALUAR DISTRIBUIDORES O VENDEDORES

1. Cantidad de visitas de ventas realizadas
2. Cantidad de visitas hechas por servicios de MRF
3. Cantidad de quejas manejadas
4. Número de revisiones en los inventarios del intermediario
5. Tiempo de trabajo perdido y no controlable
6. Cantidad de consultas a las que se hizo seguimiento
7. Cantidad de demostraciones realizadas

[31] La frecuencia con la cual los gerentes utilizan estas diferentes medidas se estudian en Donald Jackson, Janet Keith, and John Schlacter, "Evaluation of Selling Performance: A Study of Current Practices", *Journal of Personal Selling and Sales Management*, November 1983, pp. 43-51.

Las medidas orientadas por el esfuerzo que resultan más apropiadas son las que se hallan más directamente relacionadas con el programa de ventas y distribución. Por ejemplo, la cantidad de consultas a las que se hace seguimiento será la medida del esfuerzo más apropiada, si el objetivo de ventas y distribución es aumentar el número de cuentas. Sin embargo, la cantidad de quejas manejadas será una medida más acertada del esfuerzo cuando se ha establecido un objetivo de mantenimiento de cuentas.

No obstante, en general, el interés primario de la gerencia está en los resultados. Las medidas relacionadas con el esfuerzo se utilizan en primera instancia para diagnosticar por qué el desempeño está por encima o por debajo del promedio. Es decir, al comparar esfuerzos y resultados, los gerentes deberán evaluar si el desempeño es deficiente debido a un esfuerzo inadecuado o mal dirigido. Por ejemplo, un vendedor o distribuidor puede tener una baja medida de desempeño en términos del desarrollo de la cuenta a causa de una serie de quejas del cliente que debió manejarse o porque se hizo una cantidad inadecuada de visitas de ventas. En este último caso, la gerencia puede achacar el bajo desempeño a un esfuerzo débil. No obstante, en el primer caso, el esfuerzo simplemente pudo haberse dirigido mal debido a circunstancias que se hallaban fuera del control del distribuidor o vendedor. Muchas empresas se hallan en el proceso de tratar de desarrollar medidas de la satisfacción del cliente que puedan usarse para medir el desempeño de cada vendedor. Sin embargo, debido a que el cliente puede estar insatisfecho por razones que no puede manejar el vendedor (como precios, competencia o políticas de crédito), las medidas del desempeño y el esfuerzo relacionadas con la satisfacción del cliente no han tenido un uso muy extendido[32]. Por tanto, al combinar las medidas orientadas al esfuerzo y las medidas dirigidas a los resultados, los gerentes de ventas pueden diagnosticar con mayor precisión las razones de las variaciones en el desempeño y tomar las acciones remediales necesarias.

Desempeño del territorio de ventas

Cada territorio de ventas diferirá en términos del potencial de ventas y de los recursos que se requieren para que la empresa siga siendo competitiva. Por ejemplo, algunos territorios tendrán varias cuentas bien establecidas y con alto volumen, concentradas en una pequeña área (de modo que el volumen de ventas será alto y los costos de viaje, bajos). Sin embargo, otros territorios pueden tener un alto número de pequeñas cuentas que se hallan muy dispersas geográficamente, llevando a un potencial de ventas más bajo y costos de viaje más altos. Debido a estas clases de diferencias, los gerentes no pueden comparar el desempeño con facilidad en varios territorios. Sin embargo, cada territorio puede evaluarse en términos del grado en que se logren los objetivos de ventas y distribución y en términos de las medidas de rentabilidad.

LOGRO DE OBJETIVOS

Las medidas del logro de objetivos comparan el nivel de desempeño de cada territorio con los objetivos especificados en el programa de ventas y distribución. Como se sugirió antes en este capítulo, los gerentes de ventas acostumbran asignar niveles específicos del objetivo del programa (como el número de cuentas abiertas) para cada territorio de ventas.

[32] "Taking Aim at Tomorrow's Challenges", *Sales and Marketing Management,* September 1991, pp. 66-80.

Aunque los gerentes acostumbran usar estas medidas para conceder bonificaciones y otros incentivos, también las emplean como mecanismos de diagnóstico para identificar territorios con bajo desempeño. Una vez que se han identificado estos territorios, el gerente de ventas puede tratar de determinar las causas del bajo desempeño. Por ejemplo, Frito-Lay encontró que las ventas descendieron en su mercado del sur de Texas; un análisis más minucioso reveló que esto se debía a que un competidor había ganado más espacio en los estantes a expensas de Frito-Lay, en supermercados específicos de Houston y San Antonio. Con base en este descubrimiento, el gerente de ventas del distrito desarrolló una estrategia de confrontación directa, utilizando análisis y planeación de inventarios computarizados para recuperar ese espacio[33].

En algunos casos, los objetivos del territorio se pueden haber establecido arbitrariamente sin una consideración adecuada del potencial del mercado ni de las condiciones competitivas. Además, esfuerzos inadecuados, cambios inesperados en las condiciones económicas locales o falta de los recursos necesarios pueden ser la causa de un desempeño deficiente. De otro lado, algunos territorios pueden haber alcanzado sus objetivos de ventas y distribución simplemente porque se ha confiado demasiado en los atractivos de precio o de despacho, lo cual puede haber llevado a una rentabilidad negativa. Con base en esto, el desempeño del territorio de ventas también deberá evaluarse desde una perspectiva de rentabilidad.

RENTABILIDAD

Las medidas de la rentabilidad al nivel del territorio de ventas pueden tomar varias formas. Los gerentes pueden comparar los territorios para identificar cualquier variación en los márgenes y en los costos fijos de venta, como un porcentaje de ventas. Adicionalmente, los márgenes y los costos fijos de venta pueden relacionarse con los objetivos de ventas y distribución. Por ejemplo, si lo desean, los gerentes pueden medir el total en dólares del costo de venta por cada nueva cuenta.

Además de los márgenes y los costos de ventas, pueden manejarse ciertos activos a nivel de territorio de ventas. De acuerdo con esto, la rentabilidad de los territorios también puede medirse en términos del retorno generado sobre esos activos. Los coeficientes de retorno-sobre-activos-administrados para diferentes territorios pueden compararse para buscar oportunidades de mejorar los procedimientos de asignación con respecto a los activos y a los costos directos, o para modificar presupuestos territoriales. En su forma habitual, las cuentas por cobrar, los inventarios y los activos en depósito son los que podrían emplearse para calcular los activos administrados. En la medida en que el territorio de ventas determine la política de crédito y tenga su propia bodega para mantener sus existencias, los activos administrados pueden ser suficientes para garantizar el uso de esta medida. El análisis de ventas y costos identifica los resultados logrados y los costos de obtener dichos resultados. Sin embargo, es necesario considerar los activos que se necesitan para obtener esos resultados. La fórmula para el retorno sobre los activos administrados (RSAA) considera el margen de contribución para un nivel de ventas determinado y la rotación de activos.

$$\text{RSSA} = \text{contribución como porcentaje de las ventas} \times \text{tasa de rotación de activos}$$

[33] Jeffrey Rothfeeder, Jim Bartimo, Lois Therrien, and Richard Brandt, "How Software Is Making Food Sales a Piece of Cake", *Business Week,* July 2, 1990. pp. 54-55.

En la tabla 13-8 se presenta una ilustración del uso de la medición de la rentabilidad territorial. Al comparar los resultados de la rentabilidad y los niveles de logro de los objetivos del programa en diferentes territorios, los gerentes pueden obtener varias perspectivas sobre el desempeño territorial. Por ejemplo:

- Un bajo margen de contribución variable en porcentaje puede indicar una excesiva confianza en los atractivos de precios
- Un coeficiente alto de costos de embarque/ventas o un coeficiente bajo de ventas/inventario promedio puede indicar una excesiva confianza en los atractivos logísticos.
- Un territorio en donde los objetivos de desarrollo de cuentas no se satisfacen, puede tener una tasa elevada de nuevas cuentas por cada dólar que se invierta en salarios. La fuerza de ventas actual hace un trabajo adecuado para generar nuevas cuentas pero no capitaliza la oportunidad del mercado total, indicando que el territorio puede contar con menos personal del necesario.

En síntesis, el uso combinado de medidas de rentabilidad-desempeño con una medida del logro de los objetivos del programa, permitirá a los gerentes evaluar los territorios de ventas con más equidad y diagnosticar de una manera más efectiva los problemas y las oportunidades que se presenten en cada uno de ellos.

TABLA 13-8

MEDIDAS PARA CALCULAR LA RENTABILIDAD TERRITORIAL

Ventas	US$1,500,000	
Menos costos variables	900,000	
Margen de contribución variable	US$ 600,000	
Menos costos directos		
Salarios del personal de ventas y servicio al cliente	US$ 200,000	
Gastos de viaje	50,000	
Material en el punto de ventas	30,000	
Despacho de embarques	20,000	
Contribución a los costos indirectos y la utilidad	US$ 300,000	
Activos administrados		
Cuentas por cobrar	US$ 140,000	
Bodega	600,000	
Inventarios de productos terminados	160,000	
Total de activos administrados	US$ 900,000	
Contribución como un porcentaje de ventas	$\frac{\text{US\$ } 300{,}000}{\text{US\$}1{,}500{,}000}$	= 20%
Rotación de activos	$\frac{\text{US\$}1{,}500{,}000}{\text{US\$ } 900{,}000}$	= 1.667

RSSA = 1.667 × 20%
= $33\frac{1}{3}$%

Desempeño del segmento de ventas

Con frecuencia, los gerentes buscan las principales diferencias en los patrones de ventas y rentabilidad cuando comparan los distintos tipos de distribuidores y de clientes. Al reconocer estas desigualdades, pueden identificar posibles mejoramientos en la asignación de los recursos de ventas y servicio al cliente. Por ejemplo, la frecuencia de las visitas, las políticas de despacho y las de descuentos, pueden ajustarse a diferentes tipos de segmentos de ventas. Es posible emplear dos métodos para examinar las diferencias de los segmentos: el análisis de ventas y el análisis del costo de distribución.

ANÁLISIS DE VENTAS

El análisis de ventas es una expresión que cubre diversos procedimientos para examinar el desempeño en ventas y las oportunidades de ventas a través de diferentes territorios, grupos de clientes o canales de distribución. No hay ninguna medida que pueda calificarse como la mejor para la efectividad de ventas y distribución ya que, debido a la multiplicidad de metas y objetivos, cualquier evaluación del desempeño debe considerar varios factores. En su forma habitual, los gerentes utilizan el análisis de ventas para responder preguntas tales como:

- ¿Cómo se distribuyen las ventas a través de los segmentos de ventas?
- ¿En cuáles segmentos las ventas superaron las expectativas y en cuáles no las cumplieron?
- ¿Qué tan eficiente fue la asignación de los recursos de ventas a los segmentos de ventas respectivos?
- ¿Cuáles productos se venden y en qué segmentos?

En esencia, el análisis de ventas es un proceso de agregar los reportes de ventas de cada vendedor en diversas formas. Considérense, por ejemplo, los datos de la tabla 13-9.

En este reporte de análisis de ventas, los resultados de ventas por unidades de cada vendedor para el periodo octubre-diciembre de 1995 se agregaron en uno de tres tipos de modelos y por grupo de clientes. (Obsérvese que esta empresa vende directamente a algunos clientes, como agencias del gobierno e instituciones financieras y bancarias, e indirectamente a través de distribuidores a otros compradores).

El valor gerencial de este análisis de ventas puede examinarse mejor al inspeccionar en primera instancia las cifras del total de ventas para cada modelo, en cada uno de los tres grupos de clientes y, luego, revisando las cifras dentro de los grupos de clientes. Por ejemplo, las ventas de la serie 99 crecieron solamente 8% con respecto al año anterior y apenas cumplieron con las expectativas. (Obsérvese que el índice de desempeño apenas está por debajo de 100, nivel en el cual las ventas reales y las ventas planeadas serían iguales). Sin embargo, estos resultados encubren algunos logros importantes en ventas. Cuando las ventas de la serie 99 se comparan entre los diferentes grupos de clientes, resulta evidente que las ventas de este modelo quedaron por debajo de las expectativas en los grupos de agencias del gobierno, banca y finanzas. De modo similar, el grupo de clientes de banca y finanzas es decididamente diferente de los otros dos en el desempeño de ventas para los modelos de las series 60 y 90.

Este tipo de información permite que la gerencia identifique con rapidez las áreas en las cuales el desempeño es muy diferente de las expectativas o de las tendencias pasadas. Con esta información, los gerentes pueden enfocar su atención a estos segmentos particulares de ventas para determinar si deberán tomarse en consideración los cambios en objetivos, atractivos o en el esfuerzo de ventas. Por ejemplo, el gerente que utiliza la tabla 13-9 probablemente se interesaría en determinar por qué los

TABLA 13-9

EJEMPLO DE UN REPORTE DE ANÁLISIS DE VENTAS

	VENTAS EN UNIDADES DE IMPRESORAS DE ALTA VELOCIDAD				
GRUPO DE CLIENTES Y SERIE DEL COMPUTADOR	REAL OCT.-DIC. 1995	PLANEADO OCT.-DIC. 1995	ÍNDICE DE DESEMPEÑO*	REAL OCT.-DIC. 1994	CAMBIO EN PORCENTAJE†
1. Agencias del gobierno					
Serie 60	8,000	6,000	133	4,000	100
Serie 90	2,000	5,000	40	4,000	-50
Serie 99	2,000	4,000	50	4,000	-50
Total	12,000	15,000	80	12,000	0
2. Banca y finanzas					
Serie 60	3,000	3,500	86	3,000	0
Serie 90	4,000	2,000	200	2,000	100
Serie 99	1,000	1,500	67	1,000	0
Total	8,000	7,000	114	6,000	33
3. Distribuidores					
Serie 60	23,000	18,000	128	18,000	28
Serie 90	13,000	16,000	81	10,500	24
Serie 99	4,000	2,000	200	1,500	167
Total	40,000	36,000	111	30,000	33
4. Total para tres grupos					
Serie 60	34,000	27,500	123	25,000	36
Serie 90	19,000	23,000	83	16,500	15
Serie 99	7,000	7,500	93	6,500	8
Total	60,000	58,000	104	48,000	25

*Calculado como: (real 95 ÷ planeado 95) × 100
†Calculado como: (real 95 – real 94) ÷ (real 94) × 100

clientes del grupo de banca y finanzas se están pasando de la serie 60 a la 90, mientras que las agencias del gobierno parecen desplazarse en una dirección diferente.

No obstante, es importante reconocer que el análisis de ventas suministra información sólo en una dimensión. Como se sugiere al comienzo del capítulo, los gerentes también deben revisar los costos relacionados con la generación de estas ventas y las implicaciones que tiene sobre la rentabilidad el uso de atractivos de ventas alternativos. El método más completo para analizar los costos de ventas y distribución se conoce como *análisis de los costos de distribución.*

ANÁLISIS DE LOS COSTOS DE DISTRIBUCIÓN

Éste es un procedimiento que compara la rentabilidad de los segmentos de ventas e identifica posibles métodos para mejorar la rentabilidad. El énfasis en el análisis de los costos de distribución se hace para evaluar los costos en que incurre para generar el nivel de ventas alcanzado. Específicamente, el análisis de los costos de distribución puede usarse para identificar cambios en los atractivos de ventas y distribución y en los presupuestos o en la estructura de los sistemas de ventas y distribución que pueden aumentar la rentabilidad de uno o más segmentos de ventas. Aunque este procedimiento puede emplearse para revisar la rentabilidad de los territorios de ventas, se utiliza mucho más cuando los segmentos de ventas para analizar son:

- Sistemas alternativos (por ejemplo, respuesta directa frente a venta personal directa, frente a venta al comercio)
- Canales de distribución alternativos (por ejemplo, almacén por departamentos frente a cadenas de descuentos, o mayoristas frente a canales minoristas directos)
- Tipos de clientes alternativos (por ejemplo, compradores en diferentes industrias)
- Clases alternativas del tamaño de la cuenta (ventas-volumen)

El procedimiento básico que se emplea para realizar un análisis de los costos de distribución es identificar los ingresos por ventas y los costos atribuibles a cada segmento de ventas. En su forma típica, los gerentes asignan tres tipos de costos a los diferentes segmentos:

- Costos variables asociados con la fabricación o venta del producto (incluyendo las comisiones por ventas)
- Costos fijos directos en que no se incurriría si un segmento de ventas determinado se eliminara. (Por ejemplo, si uno o más vendedores solamente vendieron a un segmento dado, los salarios y los gastos de viaje de esos vendedores se asignarían directamente a ese segmento)
- Costos indirectos asignables que se pueden distribuir (asignar) en diversos segmentos sobre alguna base lógica y no arbitraria. Desde el punto de vista operacional, las empresas solamente asignan esos costos indirectos para los cuales el esfuerzo de ventas y distribución o los atractivos asignados a cada segmento de ventas pueden influir en el nivel de costos.

Los procedimientos y usos del análisis de distribución de costos pueden ilustrarse con el análisis realizado por Classic Apparel, Inc.

> Classic vendía una línea de ropa orientada hacia las blusas de encaje, a través de almacenes especializados o por departamentos que se distinguían por su calidad, utilizando una pequeña fuerza de ventas. Cada miembro de la fuerza de ventas llamaba tanto a los grandes almacenes por departamentos como a los pequeños almacenes independientes de ropa para dama que estuvieran ubicados dentro de un área geográfica determinada. En 1995, Classic también comenzó a vender sus blusas a través de una campaña de respuesta directa en la cual se distribuyeron por correo los formatos de pedido mediante un servicio de correo directo dirigido a hogares con ingresos altos. Classic pagaba por los despachos hechos a sus distribuidores minoristas. Sin embargo, los clientes de respuesta directa pagaban los costos de envío de sus pedidos. En la tabla 13-10 se presenta un análisis de los costos de distribución de los sistemas de ventas y distribución de Classic.

El análisis reveló algunas diferencias significativas en la rentabilidad relativa de los diversos sistemas:

TABLA 13-10

ANÁLISIS DE LOS COSTOS DE DISTRIBUCIÓN: CLASSIC APPAREL, INC. (ventas en miles)

	CADENAS DE ALMACENES POR DEPARTAMENTOS	ALMACENES DE MODA ESPECIALIZADOS	VENTAS POR RESPUESTA DIRECTA	BASE PARA ASIGNACIÓN
Ventas	US$12,000	US$ 4,800	US$1,500	Recibos de ventas
Mano de obra	-2,000	-800	-200	Costo unitario
Materiales	-4,000	-1,600	-400	Costo unitario
Contribución variable	US$ 6,000	US$ 2,400	US$ 900	
Despachos	-800	-600	0	Registros de despachos
Toma de pedido/ facturación	-10	-30	-60	Número de pedidos
Venta personal	-400	-800	0	Reportes de visitas de ventas
Correo directo	-0	-0	-50	Facturas
Crédito	-300	-200	-50	Cantidad promedio por pagar
Contribución total	US$ 4,490	US$ 770	US$ 740	
Contribución total de ventas en dólares	US$ .374	US$ .160	US$ .493	

- El margen de contribución variable en porcentaje de las ventas del fabricante para el sistema de respuesta directa fue del 60%, en oposición al 50% para los canales indirectos, reflejando la eliminación de márgenes minoristas en el canal de respuesta directa.
- Los costos de despacho, venta y toma de pedido, como un porcentaje de las ventas del fabricante, fueron mucho más altos para los almacenes especializados que para los almacenes por departamentos. Una razón importante para esto fue que los almacenes especializados eran mayores en cantidad, pero los volúmenes de compra eran más pequeños. Los almacenes por departamentos pudieron ordenar cantidades que eran bastante grandes como para que los envíos fueran económicos.

Sobre la base de estos resultados, el gerente de ventas de Classic pudo identificar algunas posibles acciones para mejorar la rentabilidad:

1. Classic podría establecer volúmenes mínimos de pedido para despacharlos sin costo de envío o cobrar el envío para pedidos pequeños.
2. Classic podría exigir pagos en efectivo sobre pedidos pequeños para reducir los costos de crédito.
3. Classic podría reducir la frecuencia de las visitas de ventas a las cuentas pequeñas y, por consiguiente, reducir el tamaño de la fuerza de ventas, o cambiar hacia un mayor esfuerzo de ventas en las cadenas de almacenes por departamentos.

4. El hecho de que los márgenes de contribución variable en porcentaje sean idénticos para los dos canales indirectos sugiere que no se ha ofrecido ningún descuento por cantidad. Classic podría optar por aumentar los precios, pero ofreciendo descuentos por cantidad a los compradores de grandes volúmenes.
5. Classic podría tratar de contratar representantes del fabricante para vender a los almacenes especializados. En la actualidad, la venta personal, la toma de pedidos y los costos de crédito cubren más del 20% de las ventas en los almacenes especializados. Si estas funciones pudieran efectuarse a un menor costo, utilizando un segundo intermediario, la rentabilidad podría ampliarse.
6. Classic podría separar el segmento especializado de ropa en múltiples subsegmentos, con base en los niveles del volumen de compras. Este análisis podría revelar que algunas cuentas deberán eliminarse. Es importante anotar que un análisis de los costos de distribución resulta útil para diagnosticar en dónde están los problemas de rentabilidad, pero no necesariamente para decidir sobre las acciones que se van a tomar; es decir, cada una de las alternativas en consideración reduciría o eliminaría un atractivo de ventas y distribución. Con base en esto, antes de implementar cualquiera de estas acciones, el gerente de marketing de Classic debe analizar las consecuencias sobre las ventas al igual que sobre los costos. En otras palabras, Classic necesita revisar la importancia de estos atractivos en el contexto de los requerimientos del distribuidor y de las relaciones de poder (como se estudiaron en el capítulo 12) para determinar cómo responderán los almacenes especializados de moda.

El presupuesto de ventas se utiliza como el *benchmark* o punto de referencia para evaluar los costos. El enfoque general es comparar los costos reales en que se incurre con los que se planearon en el presupuesto. El propósito último de los costos de venta es generar ventas. El objetivo no es minimizarlos sino ver que se mantenga una relación específica entre las ventas y los costos de ventas. Resulta útil calcular los diversos costos de venta como un porcentaje de las ventas que se logren, pues esto permite contar con un mecanismo para evaluar si la relación costos-ventas se ha mantenido cuando los costos reales pueden exceder el nivel dispuesto en el presupuesto de ventas.

En el análisis de los costos de distribución del ejemplo, no se ha tomado en cuenta cuánto cuesta remplazar a un cliente perdido. Por ejemplo, los bancos pierden cerca de US$80 en los ingresos que no logran cada vez que pierden un cliente. Otros estudios han demostrado que las compañías pueden aumentar sus utilidades casi en un 100% si conservan sólo el 5% más de sus clientes[34]. En el capítulo 7 se indicó la importancia de la satisfacción y la conservación del cliente, y su impacto en la empresa. Por estas razones, algunas compañías utilizan el "número de cuentas perdidas" como una medida del desempeño de ventas[35]. Development Dimensions International (DDI) ha ido más lejos al eliminar las bonificaciones por ventas para atraer nuevos clientes, debido a que considera que esta clase de incentivos motiva a los vendedores para conseguir a una empresa nueva en lugar de atender a la base de clientes existentes.

[34] Frederick F. Reichheld and W. Earl Sasser, Jr., "Zero Defections: Quality Comes to Services", *Harvard Business Review,* September-October 1990, pp. 105-111.
[35] "How Much Is a Customer Worth?" *Sales and Marketing Management,* May 1989, p. 23.

CONCLUSIÓN

Los programas de ventas y distribución incorporan actividades variadas que vinculan a la fuerza de ventas, al personal de servicio al cliente y a los distribuidores. Además, los gerentes de ventas pueden emplear diversidad de objetivos y atractivos, los cuales afectarán la estructura de costos y rentabilidad de la firma en muchas formas.

Sin embargo, la complejidad de estos programas no significa que sean inmanejables. El propósito de los capítulos 12 y 13 es presentar un método lógico para desarrollar e implementar estos programas e identificar algunos de los métodos analíticos y conceptuales que los gerentes pueden usar para lograr esfuerzos efectivos de ventas y distribución. En la figura 13-4 se presenta la relación entre estos enfoques analíticos y conceptuales y la relación de los programas de ventas y distribución para los otros capítulos de esta obra.

Debido a que la mayor parte de los trabajos de marketing quedan dentro de las categorías de ventas y servicio al cliente, y porque el costo y la efectividad de estos programas son vitales para el éxito del mercadeo, es de capital importancia que no solamente los gerentes de ventas sino también los miembros de la fuerza de ventas entiendan estos métodos, conceptos y herramientas. También es esencial que los gerentes reconozcan y utilicen las diferentes herramientas y conceptos estudiados en este capítulo, como lo demuestra la situación de Alpha One.

FIGURA 13-4

Relación de los programas de ventas y distribución con el análisis de la situación, la estrategia de marketing, otros programas de marketing y las actividades de coordinación y control.

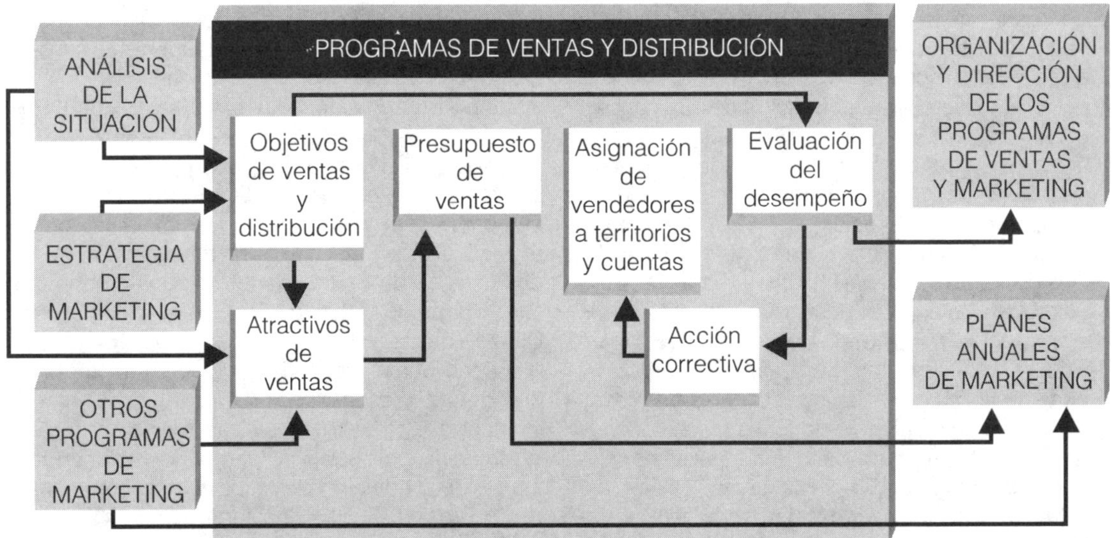

ALPHA ONE: *OUTSOURCING* DE VENTAS Y MARKETING

En 1904, Sales Mark era una empresa comisionista de alimentos. La empresa funcionó en este sentido como un comisionista tradicional hasta 1980. Al reconocer la tendencia de consolidación en la industria de alimentos, Sales Mark adquirió empresas similares en Memphis, Tennessee, y en Jackson, Mississippi. Posteriormente, comenzó a ofrecer sus servicios sobre una base regional, lo cual significaba que un fabricante podía contratar a una organización para varios mercados y lograr un considerable nivel de ahorros y eficiencia. Como los fabricantes redujeron los honorarios por los servicios de los comisionistas, quienes estaban dedicados a esta área se extendieron hacia nuevos mercados para crecer y ganar participación de mercado.

Sales Mark continuó avanzando hacia otras regiones con la meta de convertirse en el primer comisionista de alimentos en Estados Unidos. En enero de 1996, Sales Mark firmó una carta de intención para la fusión con la empresa Gordon Company de Texas y con Phillips Company de Alabama. Ésta fue la más grande fusión en la industria de los comisionistas de alimentos. Con la posibilidad de que la tendencia hacia la consolidación continúe, la meta de Sales Mark es tener una oficina en cada mercado en donde se encuentre uno de los 20 primeros mayoristas o cadenas de productos alimenticios.

En 1979, la empresa comenzó a prestar servicios de *merchandising* a minoristas para Wal-Mart. Sales Mark ha actuado como representante de las empresas Peter Paul Cadbury, de los dulces Heath y de otras empresas productoras, y cada año, después de la fiesta del *Halloween*, estas empresas piden que Sales Mark visite todos los almacenes Wal-Mart para retirar la mercancía que se ha quedado de la temporada. Inicialmente, Sales Mark utilizó personas en la industria de los comisionistas de alimentos para atender los almacenes Wal-Mart sobre la base de una vez al año. En 1982, configuró una fuerza minorista exclusiva para prestar servicio de *merchandising* continuo a los almacenes Wal-Mart. Se reclutaron y entrenaron universitarios recién egresados para hacer visitas efectivas a los almacenes. Sales Mark prestó este servicio a los fabricantes a quienes representaba y lo ofreció como un servicio de valor agregado. Muchos fabricantes comenzaron a formar equipos para trabajar con comercializadores masivos como Wal-Mart, Kmart y Target a nivel de casa matriz, pero no pudieron dedicar equipos especiales para visitar cada almacén y garantizar el cumplimiento del espacio en los estantes, del material para el punto de ventas y de las presentaciones y demás implementación para sus programas de marketing.

En 1987, Sales Mark comenzó una nueva división con la misión de prestar una dirección general de ventas y un servicio de *merchandising* a casas matrices y a nivel de almacenes minoristas para las mercancías de producción masiva. Desde entonces, la empresa ha expandido sus servicios a más de 20 minoristas en Estados Unidos y Canadá. Desde hace cinco años, compañías como Colgate, Dial, Bristol Myers, Schering Plough y Procter & Gamble utilizan sus propias fuerzas de ventas para el *merchandising* a nivel de almacén pero, en la actualidad, todos emplean terceros para el suministro de sus mercancías, bien sea con exclusividad o como parte de una organización híbrida. En 1995, la división Special Market Division de Sales Mark recibió su propia carta de identidad como Alpha One, debido a su rápido crecimiento y aceptación.

Los fabricantes han utilizado el servicio de *outsourcing* para las actividades de *merchandising* al detal con el fin de reducir costos y aumentar la productividad. Una tercera parte de los proveedores son especialistas y han desarrollado la experiencia y los sistemas necesarios para lograr mejores resultados de los que pueden obtener muchos fabricantes que cuentan con sus propias fuerzas de ventas directas. Hoy en día, los principales minoristas de alimentos están reduciendo la mano de obra al eliminar el personal de almacén que, a menudo, carece de experiencia y tiempo para responder a las necesidades especializadas del fabricante en un ambiente de restricción de costos. Una organización como Alpha One se muestra como una alternativa eficiente en materia de costos para la contratación de personal al interior de una organización.

Hacia 1995, Alpha One obtuvo ingresos de US$30 millones y contaba con 1340 asociados. Una pequeña muestra de sus clientes incluye a Coke Foods, Del Monte, Ocean Spray, Fuji, Kal Kan, Mr. Coffee, Bausch & Lomb, Bristol-Myers, Clairol, Dial Corp. y Dow Brands. Los minoristas a quienes sirve incluyen empresas como Wal-Mart, Kmart, Target, Price/Costco, Walgreens, PharMor, Revco, Eckerds y superalmacenes de categoría. Las cuentas están clasificadas y la cobertura puede ir desde atención semanal hasta un mínimo de una visita por trimestre, dependiendo de las necesidades y requerimientos del fabricante y del punto de venta minorista. Las responsabilidades como minorista de Alpha One pueden incluir lo siguiente:

- Distribución de nuevos productos
- Corrección de anulaciones o agotamientos de inventarios
- Creación de etiquetas
- Ubicación en los estantes
- Instalaciones modulares para eventos de ventas
- Ventas de exhibición discrecionales
- Restablecer una categoría importante
- Ubicar IRC
- Ubicación de material en el punto de venta
- Exhibiciones
- Proyectos regionales
- Comunicación de las tendencias a las casas matrices
- Comunicación de la actividad competitiva en la penetración de cuentas
- Auditorías
- Distribución de muestras y cupones

Los gerentes de los territorios de ventas son empleados asalariados, de tiempo completo y con educación universitaria. Se enfocan en las ventas, se encargan de tratar con la administración del almacén y pueden dirigir la realización de diversas tareas complejas a través de cerca de 1200 personas en el área de *merchandising*, quienes trabajan tiempo parcial, por horas, en dicha labor. Alpha One utiliza un amplísimo sistema de comunicaciones que incluye correo de voz, sistemas interactivos de respuesta, computadores tipo *notebook*, reportes de minoristas y llamadas telefónicas.

Los fabricantes que contratan con proveedores externos los servicios de *merchandising* al detal han podido reducir sus costos de ventas de cerca del 5% a menos del 2%. Además, en promedio, Alpha One puede aumentar la tasa de disponibilidad de productos para la venta y en los estantes en un 12% dentro de los seis meses siguientes a la contratación de sus servicios. En algunos casos, la escasez de mercancías en los estantes ha disminuido en más de un 62%, con un índice del 28% corregidos de inmediato con inventarios de respaldo.

1. Más empresas están reduciendo sus ineficiencias y costos por medio de la contratación de operaciones internas con el sistema de *outsourcing*, incluyendo algunos aspectos de ventas y marketing. ¿Existe alguna razón por la cual una empresa no debería utilizar los servicios de *merchandising* al detal por parte de un tercero, como Alpha One?
2. ¿Cómo puede contribuir Alpha One a reducir los costos del capital de trabajo tanto para los fabricantes que representa como para los minoristas?
3. Si Ud. fuera un fabricante que utiliza los servicios de Alpha One, ¿qué medidas utilizaría para evaluar su desempeño?

Elaborado en colaboración con John N. Owens, presidente de Alpha One.

PREGUNTAS Y SITUACIONES PARA ANÁLISIS

1. Si Ud. le preguntara a diez gerentes de ventas cuál es el costo de una visita de ventas, posiblemente lograría diez respuestas diferentes que podrían ir desde US$100 hasta US$1000. ¿Cómo explicaría Ud. esta disparidad en los estimados?
2. Después de completar un análisis de sus cuentas, la empresa M&N encontró que muchas de las pequeñas no eran rentables. ¿Bajo qué condiciones recomendaría Ud. que M&N dejara de venderle a estas cuentas y en cambio concentrara sus recursos en los clientes medianos y grandes más rentables?
3. Alpha Corporation vende US$50 millones anuales en repuestos industriales a empresas fabricantes, ganando el 50% de margen de contribución variable en porcentaje. Hace poco, los clientes que representan el 10% de las ventas de Alpha le dijeron que debía garantizar la entrega de todas las piezas en dos días si quería su negocio. Los gerentes de Alpha tienen cifras que indican que tendrán que aumentar sus niveles de inventarios a nivel de las bodegas regionales con un promedio anual de US$12.5 millones a US$20 millones para prestar este servicio. En la actualidad, el costo de mantener los inventarios es del 25% del inventario promedio.
   a. Determinar el costo del inventario de Alpha con ambos niveles de inventario promedio.
   b. ¿Deberá someterse Alpha ante esta solicitud?
4. Un fabricante está revisando su política de oferta de descuentos del 1% a los distribuidores que pagan facturas a 10 días y no dentro del periodo normal de 30 días. ¿Qué aspectos específicos deberá tener en consideración el fabricante antes de tomar esta decisión?
5. "Las redes de computadores y comunicaciones están cambiando las relaciones permanentes de proveedor-comprador". Arthur D. Little predice que hacia el año 2000, los métodos como computadores de escritorio y redes de televisión interactiva (que permiten a los consumidores hacer reservaciones para vuelos, hoteles e inclusive unas vacaciones completas) canibalizarán entre un 20 y un 30% de las ventas de los agentes de viajes. ¿Qué efectos tendrá esto para proveedores (aerolíneas, hoteles, etc.) y agentes de viaje? ¿Cuáles son algunas de las formas como los agentes de viajes pueden responder ante este cambio?
6. Algunas empresas, como Nucor, prohiben a sus vendedores utilizar el precio sombra. Otros, como Canton Analytical Laboratory, Inc. les concede autoridad sobre los precios. ¿Cuáles son los factores que una empresa deberá considerar al determinar la flexibilidad que la fuerza de ventas tendrá en las negociaciones de precios?
7. El gerente nacional de ventas de su empresa le pide a Ud. comenzar a evaluar los requerimientos de capital de trabajo para calificar el desempeño de los territorios de ventas. Ud. ha recibido los siguientes datos por el año que acaba de terminar para los territorios A y B.
   a. Comparar los dos territorios en términos del retorno sobre los activos administrados.
   b. Supóngase que el costo de mantener inventarios y cuentas por cobrar son del 15 y el 10%, respectivamente. Al tratar el inventario y las cuentas por cobrar como costos directos, compare la contribución total de los territorios.
   c. ¿Cuál territorio se desempeña mejor y qué factores se tienen en cuenta para establecer las diferencias en el desempeño?

	TERRITORIO	
	A	B
Ventas	US$5,500,000	US$6,800,000
Costos variables	3,300,000	4,488,000
Costos de venta directos	300,000	350,000
Inventario promedio	2,040,000	2,125,000
Promedio de cuentas por cobrar	440,000	450,000

LECTURAS ADICIONALES SUGERIDAS

Cespedes, Frank V., "Channel Management Is General Management", *California Management Review,* Fall 1988, pp. 98-120.

Finkin, Eugene F., "Expense Control in Sales and Marketing", *Journal of Business Strategy,* May-June 1988, pp. 52-55.

Gates, Michael, "New Measures of Sales Performance", *Incentive,* November 1988, pp. 45-52.

Grant, Alan W. H., and Leonard A. Schlesinger, "Realize Your Customers Full Profit Potential", *Harvard Business Review,* September-October 1955, pp. 59-72.

Jackson, Donald, and Lonnie Ostrom, "Grouping Segments for Profitability Analysis", *Business Topics,* Spring 1980, pp. 39-44,

Kaplan, Robert S., "One Cost System Isn't Enough", *Harvard Business Review,* January-February 1988, pp. 61-66.

Lambert, Douglas M., and Jay U. Sterling, "What Types of Profitability Reports Do Marketing Managers Receive?" *Industrial Marketing Management,* November 1987, pp. 295-304.

Levy, Michael, and Michael Van Breda, "A Financial Perspective on the Shift of Marketing Functions", *Journal of Retailing,* Winter 1984, pp. 23-42.

Lodish, Leonard M., "A User-Oriented Model for Sales Force Size, Product, and Market Allocation Decisions", *Journal of Marketing,* Summary 1980, pp. 70-78.

Monahan, James P., "A Quantity Discount Pricing Model to Increase Vendor Profits", *Management Science,* June 1984, pp. 720-726.

Piercy, Nigel, "The Marketing Budgeting Process", *Journal of Marketing,* October 1987, pp. 45-59.

Schiff, J. S., "Evaluating the Sales Force as a Business", *Industrial Marketing Management,* April 1983, pp. 131-137.

Wotruba, Thomas P., and Pradeep K. Tyagi, "Met Expectations and Turnover in Direct Selling", *Journal of Marketing,* July 1991, pp. 24-35.

PARTE CUATRO

COORDINACIÓN Y CONTROL

En la parte Tres se estudiaron los diferentes programas y estrategias de marketing que los gerentes utilizan para alcanzar los objetivos de producto. Más específicamente, se indicó que los programas de desarrollo de producto, precios, publicidad, promoción de ventas, marketing directo y ventas y distribución, pueden utilizarse en conjunto o por separado para estimular la demanda de la manera deseada.

Debido a la variedad de programas que pueden emplearse para llevar a cabo una estrategia de marketing y a que más de una persona suele estar involucrada en la dirección de estos programas para un producto o línea de producto, es necesario contar con algún método para coordinar el programa. Además, la efectividad de las estrategias y de los programas de marketing dependerá de lo acertadamente que se hayan ejecutado. Sin embargo, incluso un plan bien diseñado, coordinado muy cercanamente, y ejecutado de manera apropiada puede no lograr los objetivos de producto debido a factores que se hallan fuera de control, tales como fuerzas económicas o acciones de los competidores.

En los capítulos 14 y 15 se presentan herramientas y procedimientos para:

- Mejorar la coordinación y ejecución de estrategias y programas
- Controlar los resultados
- Modificar estrategias y programas cuando sea necesario, sobre la base del desempeño o debido a cambios importantes en el entorno, o ambos

Específicamente, en el capítulo 14 se presentan métodos alternativos para estructurar la organización y para manejar los recursos humanos con el fin de lograr la coordinación y ejecución efectiva de estrategias y programas. En el capítulo 15, se demuestra la manera como los gerentes pueden utilizar los planes de marketing anuales para coordinar la asignación de los recursos entre los programas de marketing, controlar el desempeño y ajustar el plan, en respuesta a la brecha entre los niveles planeado y real del desempeño.

CAPÍTULO 14

ORGANIZACIÓN Y GERENCIA DE LOS PROGRAMAS DE MARKETING Y VENTAS

VISIÓN GENERAL

Un tema central en esta obra es que los gerentes necesitan seleccionar estrategias y programas que sean consistentes con el análisis de la situación y que estén diseñados para lograr objetivos específicos. Sin embargo, inclusive una estrategia bien elegida, no será efectiva si no se ejecuta de manera apropiada. Resulta mucho más fácil diseñar estrategias de marketing que ponerlas en acción bajo restricciones competitivas, de la empresa y del cliente[1].

Como se mostrará en el capítulo 15, al coordinar diferentes programas de marketing a través de planes anuales, los gerentes pueden mejorar la probabilidad de que la estrategia de marketing se implemente de manera adecuada. Sin embargo, aunque la estrategia pueda haber sido la apropiada, dada la situación, una ejecución deficiente puede llevar a un desempeño deficiente en el mercado. Por consiguiente, es importante coordinar y controlar las prácticas de marketing, al igual que a las personas responsables de implementar estas decisiones.

Adicionalmente, el éxito del esfuerzo de marketing dependerá, en gran parte, del grado de coordinación que se logre entre el marketing y las otras áreas funcionales de un negocio.

Durante las últimas dos décadas, se han presentado varios cambios importantes que han tenido un impacto significativo en el papel del marketing dentro de la compañía. Se han desarrollado nuevas formas de organizaciones de negocios en respuesta a las condiciones competitivas y del mercado. Esto ha llevado a una transformación de la función del marketing y su función tradicional dentro de la organización. Con base en esto, la estructura organizacional que una firma utiliza para actuar coordinadamente, y la efectividad de las relaciones interpersonales entre los gerentes en las diversas áreas funcionales tendrán una gran influencia en el éxito de las estrategias de la compañía.

En este capítulo se estudiarán algunos de los problemas asociados con la ejecución de las estrategias de marketing. Teniendo en cuenta que el diseño organizacional puede ser uno de los factores clave para determinar la efectividad del personal en la firma, se estudiarán algunos de los tipos de estructuras organizacionales, así como los factores para considerar en la selección del tipo más apropiado. Posteriormente, se examinarán las relaciones entre otras funciones de la empresa y algunos mecanismos para manejar los conflictos interfuncionales con el fin de mejorar la coordinación. Luego, se considerarán

[1] La importancia de prestar atención a la ejecución se estudia en Thomas V. Bonoma, "Making Your Marketing Strategy Work", *Harvard Business Review,* March-April 1984, pp. 68-76.

algunos de los factores concernientes con la necesidad de integrar los programas de ventas y distribución de una manera más eficiente. Además, debido a que el éxito en la ejecución de las estrategias de marketing se determina a nivel de los vendedores, se estudiarán algunas de las acciones que los gerentes pueden emprender para mejorar la ejecución y la efectividad de la fuerza de ventas.

El papel de la fuerza de ventas tiene particular importancia en la ejecución de la estrategia. Como se indicó en el capítulo 12, la función de ventas será efectiva solamente si los atractivos de ventas que se presentan son apropiados y si la fuerza de ventas está estructurada para lograr una eficiencia máxima en las visitas a clientes o distribuidores. De acuerdo con esto, la gerencia debe estar segura de que estos recursos humanos se utilizan de manera efectiva si la estrategia se ejecuta en la forma conveniente.

EJECUCIÓN DE LA ESTRATEGIA DE MARKETING

Los expertos en marketing saben que el desempeño exitoso depende de la estrategia y de su ejecución. Considérese, por ejemplo, el caso de IKEA:

> IKEA es uno de los más grandes minoristas de muebles en Europa. Esta firma sueca distribuye muebles listos para armar y accesorios decorativos, a través de un sistema internacional de distribución. IKEA utiliza una novedosa tecnología de empaque en placas que ahorra espacio de almacenamiento y reduce los costos de embarque. Esta clase de tecnología le permite a la empresa presentar más de 10.000 productos en grandes almacenes de bodega. La mayor parte de este mobiliario se vende como juegos de armar que los clientes llevan a casa y ensamblan por su propia cuenta. Una red de suministro global, integrada por 1500 proveedores en 67 naciones, envía sus productos a una bodega central en Amhult, Suecia. Esta bodega cuenta sólo con tres personas que utilizan brazos mecánicos computarizados y 13 robots. IKEA tiene un 30% de ventaja en cuanto al precio sobre sus competidores, debido a las economías de escala producto del tamaño de cada almacén y a los grandes procesos de producción que hacen posible vender el mismo mobiliario alrededor del mundo.
>
> Sin embargo, este sistema flexible y exitoso tuvo problemas en Estados Unidos. En 1985, IKEA abrió una bodega de casi 5700 metros cuadrados en las afueras de Filadelfia. Hacia 1991 se abrieron seis almacenes, pero desde 1989 la operación de IKEA en Estados Unidos estaba en problemas. Muchas personas visitaban las bodegas pero no compraban. Los clientes se quejaban de las largas filas y la falta de disponibilidad de existencias. La expansión de IKEA había roto varias de las reglas de la venta al detal internacional como la de entrar a un mercado solamente después de un estudio cuidadoso, hacer pruebas sobre el gusto local hasta donde sea posible, y lograr experiencia en el manejo local a través de adquisiciones, inversiones conjuntas o mediante franquicias locales. Por ejemplo, las camas suecas eran estrechas y sus medidas eran en centímetros, no había disponibilidad de juegos de alcoba tipo *suite* y las alacenas para cocina eran demasiado estrechas para los platos más grandes.
>
> IKEA se adaptó introduciendo camas en tamaños *king* y *queen*, gavetas más profundas y estantes más amplios. Se instalaron nuevas máquinas registradoras de efectivo que mejoraban el rendimiento en un 20%, se implementaron cambios en la disposición del almacén, políticas de devoluciones más generosas que en Europa, y servicio de entrega al día siguiente. Además, el 45% de los muebles de los almacenes en Estados Unidos se produjeron localmente, permitiendo a IKEA reducir precios. Sin embargo, la experiencia en esa nación suscitó dos preguntas: ¿los costos pueden controlarse cuando se desvanece la uniformidad de los productos? y ¿es posible gerenciar de manera efectiva la creciente complejidad de la cadena global de suministros?[2].

[2] Barbara Soloman, "A Swedish Company Corners the Business Worldwide", *Management Review*, April 1991, p. 10-B; Bill Saporito, "IKEA's Got 'Em Living Up", *Fortune*, Mar. 14, 1991, p. 72; Jeffrey A. Tracktenberg, "IKEA Furniture Chain Pleases with Its Prices, Not with Its Service", *Wall Street Journal*, Sept. 17, 1991, pp. A1, A5; y "Furnishing the World", *The Economist*, Nov. 19, 1994, pp. 79-80.

La estrategia de marketing y su ejecución tienen un efecto recíproco. Thomas Bonoma, ex profesor en Harvard Business School, ha concluido que la estrategia obviamente afecta las acciones y que, con el paso del tiempo, también compromete las estrategias de marketing[3]. Con frecuencia, los problemas en la implementación pueden estropear una buena estrategia. Si la ejecución es mediocre, esto puede hacer que la gerencia de marketing atribuya el fracaso a una estrategia deficiente y cambie de manera permanente su enfoque. Sin embargo, al otro extremo, se pueden encontrar estrategias inapropiadas que se ven compensadas por una excelente ejecución. En esta situación, la gerencia puede tener tiempo para reconocer sus errores estratégicos y ajustar la estrategia. En otras ocasiones, es posible que la buena ejecución de una estrategia con deficiencias en su diseño pueda acelerar el fracaso. Debido a que una mala ejecución puede causar daños, sea apropiada o no la estrategia, es necesario que los gerentes observen las prácticas de marketing inmediatamente antes de hacer ajustes estratégicos. Estos problemas y prácticas pueden ocurrir bien sea con las funciones, los programas, los sistemas o las directrices de la política de marketing.

Por lo general, una ejecución deficiente es el resultado de que la gerencia no sigue los fundamentos del marketing o no hace un seguimiento a su implementación. Otra causa de problemas o fracasos procede de la falta de un enfoque claro o de tratar de concentrarse en demasiadas funciones a la vez, llevando a lo que Bonoma ha llamado "mediocridad global". Por el contrario, a menudo la ejecución exitosa se deriva de la excelencia al realizar bien una función. Las empresas líderes conducen el mercado elevando el valor que los clientes esperan de todos. La investigación demuestra que, en la actualidad, ninguna empresa puede triunfar haciendo todo para todo el mundo. En cambio, las empresas deben ofrecer al cliente un valor único en excelencia operacional (Wal-Mart), liderazgo de producto (Nike) o cercanía con el cliente (Cable & Wireless Communications)[4].

Con frecuencia, los programas de marketing requieren la coordinación de las actividades relacionadas con ésta y otras áreas. La gerencia intenta entrelazar funciones como promoción de ventas y producción para vender un producto en particular o penetrar en un mercado objetivo. Es frecuente que la combinación de estas diversas funciones en programas efectivos de marketing se haga en forma deficiente. Se puede llegar a programas ejecutados de esa manera cuando una empresa trata de ir más allá de sus capacidades funcionales o si falta dirección. La decisión de Pepperidge Farm de introducir las galletas Star Wars, las cuales no se ajustaban a su imagen de alta calidad y gran atracción para el cliente, fue una estrategia sin equilibrio en cuanto a identidad de marketing o en dirección de producto.

La deficiencia en la práctica del marketing puede deberse a errores en la organización formal, a una destinación inadecuada de los recursos o a no separarse de lo tradicional. Por ejemplo, hasta hace unos años, IBM era una las empresas más rentables del mundo y tenía la reputación de ser una de las mejor gerenciadas. El éxito de la empresa se había construido sobre su dominio del mercado de los grandes computadores *mainframes*. Estas máquinas se construían sobre estándares del propietario de manera que no podían funcionar con las de otros fabricantes. Una vez que un cliente se comprometía con IBM era de muy poca utilidad retirar los millones invertidos en hardware y software personalizado para cambiarse a un proveedor desconocido. Sin embargo, a mediados de la década de los ochenta, la creciente capacidad y el descenso en los precios de los computadores personales

[3]El profesor Bonoma ha argumentado que es más frecuente una implementación mediocre que estrategias deficientemente diseñadas, las cuales no permiten alcanzar los objetivos de marketing. Esta sección se basa en las investigaciones de Bonoma como se describe en Thomas V. Bonoma,"Making Your Marketing Strategy Work", *Harvard Business Review*, March-April 1984, pp. 69-76; y en Thomas V. Bonoma, *Managing Marketing*, Free Press, New York, 1984, p. 552.
[4]Michael Treacy and Fred Wersema,"How Market Leaders Keep Their Edge", *Fortune*, Feb. 6, 1995, pp. 88-98.

transformaron la industria. A finales de esa década, nuevos circuitos integrados y una nueva variedad de máquinas de escritorio (estaciones de trabajo) hicieron posible la interconexión de estas unidades en una red, como una alternativa económica frente a los minicomputadores y los *mainframes*. IBM no vio la amenaza que los PC y las estaciones de trabajo representaban para su negocio de *mainframes*. Esto llevó a la empresa a sufrir pérdidas de U$16 billones entre 1991 y 1993[5].

La falta de información adecuada también puede llevar a una ejecución deficiente. Con demasiada frecuencia, los gerentes de marketing carecen de la información necesaria para determinar la rentabilidad por segmento, producto o cuenta individual, inclusive, aunque esa información se solicite a otros departamentos funcionales.

Varias características distintivas parecen diferenciar a las compañías eficientes en el manejo del marketing, de las que no lo son. La primera es que las mejores organizaciones parecen tener un sentido de identidad y dirección; en ellas existen un tema claro y una visión definida, y hay poca incertidumbre con respecto a lo que la empresa representa y hacia dónde va. Por ejemplo, Mag Instruments, empresa que fabrica y comercializa "*flashes*" con la tecnología más avanzada en su género, se ha construido sobre una filosofía y una estrategia de impulsar la calidad hasta el límite. La calidad *premium* llega a cada rincón de operaciones de la empresa, partiendo desde sus productos diseñados con carácter único, pasando por su proceso de fabricación y todo su esfuerzo de marketing. Como resultado, la empresa puede vender los"*flashes*" que registran el mejor nivel de ventas a un precio al detal de US$16.95, que equivale casi al doble de los demás. Los productos Mag continuamente aparecen en las listas de los productos mejor fabricados en EE.UU., al igual que en las que incluyen los mejores diseños de esa nación[6].

La segunda característica tiene que ver con los clientes e incluye a distribuidores mayoristas y minoristas; se presenta en aquellas firmas que ejecutan de manera consistente y efectiva sus estrategias. Estas empresas ven a los usuarios finales y a los distribuidores como socios y esperan que ellos reciban utilidades en términos del valor que reciben y de la duración de la sociedad que se establece. Por ejemplo, Black & Decker Corp. tiene divisiones con personas que cumplen una variedad de funciones, como logística y finanzas, y quienes están dedicadas a atender clientes tales como Home Depot. Al desarrollar sus nuevas herramientas eléctricas profesionales para trabajo pesado, los ejecutivos de Black & Decker dedican tres meses a visitar a más de 200 distribuidores minoristas en busca de retroalimentación[7].

Por último, en aquellas empresas que desempeñan bien el trabajo de marketing, a los empleados se les anima a desafiar y cuestionar a la alta gerencia[8]. Por ejemplo, a los gerentes de nivel bajo se les anima para sugerir mejoras a los métodos de operación existentes. Delta Airlines, por ejemplo, es conocida por su política de puertas abiertas para los empleados y su disposición para hacer cambios sustanciales en sus políticas como resultado de las sugerencias de aquellos.

Factores que influyen en la organización del marketing

El marketing, como una función de la gerencia, se centralizó bien entrada la década de los años setenta; básicamente, estaba relacionado con las otras funciones del negocio a través del presupuesto

[5] "What Went Wrong at IBM?" *The Economist,* Jan. 16, 1993, pp. 23-26; Carol J. Loomis and David Kilpatrick,"The Hunt for Mr. X: Who Can Run IBM?" *Fortune*, Feb. 22, 1993, pp. 68-72; y"The View from IBM", *Business Week,* Oct. 30, 1995, pp. 142-152.
[6] Paul B. Brown,"Magnificient Obsession", *Inc.,* August 1989, pp. 79-84.
[7] "New Selling Tool: The Acura Concept", *Fortune*, Feb. 24, 1992, p. 88.
[8] Thomas V. Bonoma,"Market Success Can Breed Market Inertia", *Harvard Business Review,* October 1981, p. 115.

y del proceso de reportes financieros. Esta centralización se encargaba de la experiencia especializada al igual que de las economías en la compra de servicios de marketing. Además, era útil para mantener el control de los esfuerzos de marketing hacia grupos individuales de productos y marcas así como del esfuerzo de ventas.

Hacia los años ochenta, más y más organizaciones encontraron que era necesario reducir su tamaño y ser más flexibles para responder ante los cambios de la competencia y en las condiciones de mercado, incluyendo los avances en telecomunicaciones, transporte e información. Además, la competencia global llevó a contar con mejores productos alternativos y costos más bajos para los consumidores. En la mayor parte de las empresas, estos cambios fueron el resultado de presiones para reducir costos mediante adelantos tecnológicos en los productos, mejores procesos de fabricación y reorganización.

Las nuevas organizaciones toman variedad de formas para responder ante los cambios en tecnología, competencia y demandas del consumidor. Una tendencia fue el énfasis en las asociaciones entre firmas que previamente eran competidoras, como General Motors y Toyota, Ford y Mazda, e IBM y Apple Computer. Otras respuestas se dirigieron al desarrollo de múltiples tipos de adquisiciones y asociaciones dentro de la organización, como cuando IBM se presentó reorganizándose en unidades de operación más autónomas (como Lexmark International, su anterior empresa de máquinas de escribir e impresoras de escritorio). Otras, como Nike y Reebok, cuyas fortalezas están en el diseño y el marketing, cedieron la producción de sus zapatos a fábricas eficientes y de bajo costo en el Lejano Oriente. Sin importar la forma, estas nuevas respuestas organizacionales se caracterizan por flexibilidad, especialización y un énfasis en el manejo de las relaciones y no simplemente en transacciones comerciales[9]. Aunque las fuerzas del mercado son un factor importante para dirigir una empresa y determinar sus precios, tienen igual importancia la continuidad en las relaciones y la capacidad de negociación.

Estas relaciones toman la forma de alianzas estratégicas, *joint ventures* o *network*. Una alianza estratégica tiene lugar en el contexto del plan estratégico a largo plazo de una empresa y busca mejorar o cambiar radicalmente la posición competitiva de una empresa. Las *joint ventures* son una forma de alianza estratégica, pero con la característica única de que crean una nueva firma con su propia estructura de capital en donde los miembros comparten otros recursos. Las *networks* o redes surgen de múltiples alianzas estratégicas y suelen combinarse con otras formas de organización ya sea dentro o fuera de la empresa existente. Aunque no hay una forma única que se considere como la mejor para organizar, la presencia o ausencia de ciertas condiciones puede influir en la efectividad de una determinada estructura organizacional.

Estrategia corporativa

Un propósito importante en la estructura de una organización es ayudar en la implementación de estrategias corporativas. Con base en esto, un tipo de forma estructural puede ser superior o inferior, dependiendo de la situación estratégica. Una estrategia para el desarrollo del mercado podría necesitar de una organización funcional u orientada hacia el cliente, si los nuevos mercados se han de desarrollar de manera efectiva. Por ejemplo,

[9] Para un excelente estudio sobre el tema, *véase* Frederick E. Webster, Jr., "The Changing Role of Marketing in the Corporation", *Journal of Marketing,* October 1992, pp. 1-17.

Digital Equipment Corporation (DEC) estuvo organizada por línea de producto durante 19 años. Los gerentes de producto eran responsables de la rentabilidad y el marketing de una línea de producto. Sin embargo, la introducción de los superminicomputadores VAX, de los cuales se esperaba que permitieran automatizar corporaciones enteras, exigió un esfuerzo de marketing altamente unificado y coordinado. Para lograrlo, DEC desmanteló su organización por línea de producto y se organizó a lo largo de líneas funcionales. Hacia 1989, el desarrollo del VAX 9000, que competía directamente con los *mainframes* de IBM, trajo consigo otros cambios organizacionales. En un esfuerzo por llegar a industrias específicas, los gerentes regionales quedaron a cargo de todos los empleados: programadores, ingenieros de sistemas y vendedores, que atendían a una industria dada[10].

En 1992, la empresa se reorganizó en nueve unidades de negocios, dirigidas a industrias y mercados de producto específicos. Además, DEC busca un socio para ayudarse en el futuro diseño de procesadores para su línea de computadores Alpha AXP, con base en un chip para computador con un reducido conjunto de instrucciones[11].

Obsérvese que la estructura de DEC cambió cuando modificó su estrategia. En consecuencia, la gerencia deberá permitir que la estrategia determine la estructura y no a la inversa. Por ejemplo, Sony trabaja con Panavision, Inc. en lentes para televisión de alta definición; con Compression Labs, Inc. en una nueva máquina para videoconferencias; y con Alphatronix, Inc. en tecnologías de almacenamiento para reutilizar los discos ópticos. En ninguno de estos casos Sony ha asumido la equidad o formado una *joint venture*. Simplemente comparte equipos de personal, instalaciones de producción, conceptos de ingeniería y planes de investigación y marketing[12].

Necesidades de los clientes en el segmento objetivo

La estructura organizacional de una firma deberá dar a la gerencia la forma más efectiva para satisfacer con rapidez las necesidades del cliente. Oracle Corporation reorganizó su marketing por esta razón. La empresa produce bases de datos grandes y pequeñas y programas de aplicaciones funcionando como la cuarta empresa de consultoría más grande del mundo. En los años ochenta, Oracle dominaba el mercado de bases de datos avanzadas y, para 1990, las ventas habían llegado a un billón de dólares. Sin embargo, para ese último año Oracle estaba en bancarrota. Los productos se vendieron antes que sus creadores hubieran terminado de desarrollarlos, los esfuerzos de marketing eran inconsistentes y, para la época en que el producto estaba terminado, pasaban varios meses antes que llegara a la fuerza de ventas. Los grupos de producto pasaban los nuevos productos a un grupo de marketing de producto el cual, a su vez, los trasladaba al grupo de marketing corporativo que los enviaba al campo del marketing y de allí, llegaba a los 2000 vendedores de la empresa. La reorganización comenzó en 1993 y, después de la reestructuración, el único traslado era del marketing de producto al grupo de vendedores. En 1995, las ventas superaron en un 50% las cifras de años anteriores y se introdujeron al mercado 10 nuevos productos importantes[13].

Las consideraciones de los clientes son el punto focal de Sony Medical, fabricante de impresoras y otros periféricos que se utilizan con los equipos de imágenes de diagnóstico médico. El personal de

[10]Peter Petre, "America's Most Successful Entrepreneur", *Fortune,* Oct. 27, 1986, pp. 24-32; y "DEC Has One Little Word for 30.000 Employees: Sell", *Business Week, Jan.* 18, 1993.
[11]Gary McWilliams, "DEC's Comeback Is Still a Work in Progress", *Business Week*, Jan. 18, 1993, pp. 75-76.
[12]Allan J. Magrath, "Collaborative Marketing Comes of Age-Again", *Sales and Marketing Management,* September 1991, p. 62.
[13]Allison Lucas, "Zack Attack", *Sales and Marketing Management*, December 1995, pp. 46-50.

Sony pasa todo el tiempo necesario con médicos y en centros hospitalarios, y constantemente investiga con el resto del grupo Sony en busca de tecnologías que puedan servir a sus clientes. Cuando encuentran una posible aplicación tecnológica, organizan un nuevo grupo de cerca de diez personas procedentes de diversas disciplinas para desarrollar la idea. En 1992, utilizando la tecnología de los discos láser y de pantalla por contacto (Touchscreen) de Sony, crearon un sistema interactivo que ayuda a los pacientes a aprender acerca de sus afecciones. Las ventas están proyectadas en una cifra de US$40 millones al cabo de 4 o 6 años. Constantemente, Sony Medical está creando y, quizá, destruyendo, la organización según las demandas del mercado[14].

En síntesis, en la medida en que las necesidades del cliente difieran entre los productos y los clientes, la estructura organizacional deberá permitir que la firma desarrolle y ejecute estrategias de marketing que satisfagan las necesidades de los clientes objetivo. Además, entre más dinámicos sean los mercados de una firma, mayor es la importancia de poder responder a las necesidades de los clientes.

Filosofía y recursos de la gerencia

Las actitudes de la gerencia con respecto a conceptos tales como toma de decisiones participativa, descentralización e innovación también influirán en la efectividad del diseño de una organización. Por ejemplo, al analizar la decisión de Henry Ford II de retirarse como CEO de Ford Motor Company, *Business Week* hizo énfasis en su deseo de construir una estructura administrativa descentralizada similar a la de General Motors[15]. No obstante, debido a la fuerte personalidad de Ford y su incapacidad para renunciar al control sobre ciertas áreas de decisión, este esfuerzo fue menos que exitoso.

Unilever, que se formó en 1930 tras una fusión de la empresa británica Lever Brothers Ltd. con la Margine Union Ltd. de Holanda, fue uno de los primeros comercializadores globales verdaderos. La mayor parte del negocio de Unilever en Estados Unidos la hace Lever Brothers. La inusual estructura anglo-holandesa de Unilever le dio una cultura multinacional, la cual ha llevado a una administración altamente descentralizada. En su mayor parte, la alta gerencia de Unilever permite que los ejecutivos locales de sus 500 subsidiarias en 75 países dirijan el negocio como a ellos les parece. Sin embargo, en Estados Unidos, la empresa estableció objetivos de utilidad irreales que llevaron a los gerentes de Lever Brothers a reducir la inversión en publicidad, al tiempo que los competidores aumentaban los gastos en esa área e introducían nuevas marcas.

Después que la empresa perdió un total de US$100 millones entre 1981 y 1986, Unilever tomó un papel más activo en sus operaciones en EE.UU. Uno de sus ejecutivos de primera línea fue a esa nación y, prácticamente, desmanteló Lever Brothers, dejando sólo la división de productos domésticos. La división de productos personales se cambió a Chesebrough-Ponds, Inc., y la división de alimentos se convirtió en una unidad separada llamada VanderBurgh Foods. En la actualidad, cada división se reporta directamente a Europa. Esto eliminó varios niveles administrativos y llevó a una adopción más rápida de nuevas ideas. Posteriormente, la participación de Unilever en el mercado de productos domésticos en Estados Unidos subió del 15% en 1980 al 25% en 1989. Además, la rentabilidad total de la operación aumentó en un 69% durante este periodo[16].

[14]Brian Dumaine, "The New Non-Manager Managers", *Fortune,* Feb. 22, 1993, pp. 83-84.
[15]"Ford after Henry II: Will He Really Leave? Absolutely", *Business Week,* Apr. 30, 1979, pp. 62-72.
[16]Walecia Konrad, "The New, Improved Unilever Aims to Clean Up in the U.S.", *Business Week,* Nov. 27, 1989, pp. 102-106.

Para resumir, la organización de marketing debe estructurarse de tal manera que las estrategias corporativas y de marketing puedan llevarse a cabo efectiva y eficientemente para satisfacer las necesidades del cliente. Además, la alta gerencia debe ser consciente de que tanto su filosofía y actitudes acerca del papel del marketing, así como la disponibilidad de gerentes de nivel medio calificados pueden llevar a la selección de una estructura inadecuada.

Sin embargo, la estructura de toda la organización y de la organización de marketing nunca puede garantizar la ejecución exitosa de estrategias y programas. El organigrama de la organización no coordina las actividades, es la gente quien lo hace. Debido al papel interactivo del marketing con las otras áreas funcionales, la capacidad para dirigir relaciones interorganizacionales es esencial, especialmente para los gerentes de producto y de mercado.

TIPOS DE ESTRUCTURAS ORGANIZACIONALES

En esencia, una estructura organizacional logra dos cosas:

1. Define la asignación normal de los papeles de trabajo para identificar a los miembros de la organización que ejecutarán cada actividad.
2. Establece las líneas de autoridad para integrar y coordinar las actividades.

En esta sección, el interés principal se refiere al impacto de la estructura tradicional de la organización en la ejecución de las tareas de marketing. Específicamente, se estudian los medios por los cuales una determinada estructura puede ampliar o limitar la coordinación de las actividades de marketing.

Las firmas se han organizado a lo largo de tres dimensiones: las *funciones* que realizan, los *productos* y líneas de producto que ofrecen y los *mercados* que atienden. Aunque ciertas combinaciones de estas formas pueden usarse para ajustar la situación específica que enfrenta una empresa, la base primordial de la organización será seguir una de estas tres dimensiones.

Organización por función

La estructura funcional de la organización es un enfoque común para agrupar las actividades de marketing, especialmente entre empresas que ofrecen una variedad limitada de productos o servicios. En este tipo de estructura, las actividades de marketing están organizadas con base en el tipo de responsabilidades asignadas, y la autoridad y coordinación del proceso de toma de decisiones están altamente centralizadas. Debido a que todas las funciones están centralizadas, esta estructura se aplica más cuando la línea de producto es relativamente limitada; cuando los productos son similares en cuanto a sus requerimientos de fabricación, investigación y publicidad, y cuando se pueden emplear con facilidad la misma fuerza de venta y los mismos distribuidores para todos los productos de la compañía.

Aunque la centralización del esfuerzo de marketing reduce los problemas de coordinar los programas de marketing, sin embargo, asigna una mayor responsabilidad al director ejecutivo de marketing para coordinar su actividad con las demás áreas funcionales. Adicionalmente, cuando todas las decisiones están centralizadas, la toma de decisiones suele ser lenta. De otra parte, en las grandes firmas, el director ejecutivo de marketing puede tener dificultades para mantener el mismo ritmo de desarrollo de mercado para cada producto. Como resultado, muchas compañías han encontrado que, cuando se expanden las líneas de producto, una organización funcional completamente centralizada se vuelve inmanejable. Por ejemplo, considérense los cambios que inició Xerox.

> Cuando los productores japoneses sacaron al mercado sus fotocopiadoras de bajo precio a mediados de los años setenta, Xerox no estaba preparada para competir por este segmento del mercado. Debido a la competencia, su participación en los ingresos por fotocopiadoras en Estados Unidos descendió de un 96% en 1970 a menos de un 45% en 1983. Los departamentos de planeación de producto, diseño, servicio y fabricación, tenían que reportarse ante ejecutivos diferentes en las oficinas principales, y ninguno tenía la responsabilidad primaria de verificar que los nuevos productos se terminaran e introdujeran al mercado. Para corregir esta situación, Xerox reorganizó el negocio de las máquinas fotocopiadoras en cuatro unidades de negocios estratégicas. El gerente general de cada unidad estableció estrategias a largo plazo y supervisó el desarrollo del producto, a la vez que se reportaba ante el presidente del Reprographics Business Group quien, a su turno, respondía sólo ante un ejecutivo en la casa matriz; esto llevó a una ganancia inmediata de 10% en productividad. Además, los ciclos de ingeniería para algunos nuevos productos se redujeron en un 10%[17].

Esencialmente, la descentralización se puede alcanzar a través de la organización sobre la base de productos o mercados. La anterior forma organizacional de Xerox se mantuvo hasta 1992, cuando la empresa creó nueve empresas dirigidas hacia mercados como sistemas para empresas pequeñas, sistemas de ingeniería y sistemas de documentos de oficina. En la actualidad, cada empresa tiene su propia responsabilidad en utilidades y un grupo identificable de competidores. Los esquemas de fabricación se han reorganizado para dedicarse a negocios específicos; se ha creado un nuevo Grupo de Operaciones del Cliente integrado por ventas, despachos, instalación, servicio y facturación. Las empresas negocian los contratos con el Grupo de Operaciones del Cliente para garantizar que la información acerca de las fuerzas del mercado y los clientes se extienda a todas las áreas de cada empresa[18].

Organización por producto

En la medida en que una compañía cuente con una gran variedad de productos y según el grado de disimilitud de los productos, en términos de sus requerimientos de marketing (de manera que cada producto requiera de atención especializada), una organización orientada hacia el producto puede estructurarse en dos formas: a través de sistemas de gerente de producto o mediante divisiones de producto autónomas.

EL SISTEMA DE GERENTE DE PRODUCTO

En un sistema de esta clase, a cada gerente se le asigna la coordinación de los programas de marketing de uno o más productos o marcas. La clave del éxito en el uso de esta forma de organización es la efectividad con que el gerente de producto logre coordinar los programas de marketing con fabricación y logística. El gerente de producto desarrollará y administrará programas de marketing; analizará y presentará reportes sobre el progreso de una empresa; administrará presupuestos;

[17]"How Xerox Speeds Up the Birth of New Products", *Business Week,* Mar. 19, 1984, p. 38; y "The New Lean, Mean Xerox: Fending Off the Japanese", *Business Week,* Oct. 12, 1981, pp. 126-132.
[18]Thomas A. Stewart, "The Search for the Organization of Tomorrow", *Fortune,* May 18, 1992. pp. 92-98.

supervisará las funciones de ventas, desarrollo de producto y fabricación, y entrenará al personal. Aunque los gerentes de producto no tienen ninguna línea de autoridad sobre la fuerza de ventas, trabajan muy cerca de ésta para lograr las metas de ventas necesarias para sus productos. Aunque el trabajo de la gerencia de producto difiere de una organización a otra, es frecuente que el gerente de producto o de marca cuente con un presupuesto para el marketing de la marca y que luego se compre el apoyo de ventas, publicidad, investigación de producto u otros servicios que la marca requiera de la empresa.

La organización de gerente de producto no está exenta de deficiencias. Por ejemplo:

- El gerente de producto puede conocer el producto, pero carecer de la experiencia necesaria para tomar decisiones apropiadas en las áreas técnicas de investigación de producto, fabricación e inclusive ventas y medios de comunicación.
- En general, los gerentes de producto no cuentan con la autoridad que corresponde con sus responsabilidades. Por ejemplo, deben intentar coordinar las promociones de ventas con la fuerza de ventas y los programas de fabricación, pero no tienen autoridad sobre ninguna de estas actividades. Por esa causa, deben confiar en su capacidad de persuasión para lograr la cooperación necesaria.
- Muchos gerentes de producto cuentan con poco tiempo para desarrollar las actividades de planeación, de importancia indudable para el éxito, debido a la gran cantidad de tiempo y esfuerzo que implica su interacción diaria con otras áreas funcionales.
- Los gerentes de producto utilizan bastante tiempo en investigación y análisis, depuración y ejecución de cambios menores, y en hacer el balance trimestral de los gastos de marketing, pero buena parte de esta actividad se relaciona con asuntos en los que ellos solamente tienen un impacto limitado.
- Si el gerente de producto o marca tiene responsabilidades sobre la rentabilidad y su compensación se basa en el desempeño de utilidad de la marca, puede no haber ningún incentivo para invertir en la construcción de la participación de mercado porque esto puede reducir las utilidades a corto plazo.

La gerencia de producto está viviendo un cambio fundamental por varias razones. La tecnología está dando a los gerentes de marca mucha más cantidad de información y los mercados masivos se están fragmentando más. Con la llegada de la tecnología de seguimiento ha cambiado el enfoque del marketing de marca de programas nacionales amplios hacia numerosas campañas regionales y subregionales. Quizá, lo más importante ha sido el crecimiento de la influencia del minorista, tal como se señaló en el capítulo 12. Los minoristas quieren que las empresas hablen con ellos al unísono y no por separado. Esto ha llevado al desarrollo de la gerencia de categoría en empresas como Procter & Gamble, Clorox y Ralston Purina. En esta última, los gerentes de categoría establecen el calendario y el presupuesto de promoción para el comercio, y la organización de marketing para el comercio controla las decisiones diarias en el campo, incluyendo la manera como se invierte el presupuesto. En algunas empresas, como Coca-Cola Foods, en Houston, se han eliminado los gerentes de marca y se han remplazado por grupos regionales de marketing para el comercio y el consumidor[19].

[19] Laurie Peterson, "Brand Managing's New Accent", *Adweek's Marketing Week,* Apr. 15, 1991, pp. 18-22.

LA ORGANIZACIÓN MULTIDIVISIONAL DE PRODUCTO

Las firmas con una gran variedad de productos que difieren en sus requerimientos de fabricación e I&D, al igual que en los de marketing, con frecuencia emplean una organización multidivisional de producto. En esta estructura organizacional, se forman divisiones separadas con productos agrupados en divisiones que contienen productos similares. Cada división tendrá su propia organización funcional y, muy a menudo, contará con un sistema de gerencia de producto.

En muchas firmas, cada división se tratará como un negocio único y autónomo. Adicionalmente, un estudio reciente indica que en las empresas bien gerenciadas, los gerentes de división son responsables del reabastecimiento de nuevos productos y, por lo general, se les permite reinvertir los ingresos de los productos propios de la división, dentro de la misma. Aunque esta práctica parece inconsistente con el enfoque de portafolio del producto, los gerentes pueden emplear el concepto de portafolio del producto para determinar la asignación de recursos y los objetivos de producto dentro de los productos de cada división. Lo más destacado es que muchas de estas firmas creen que los gerentes no tendrán que desarrollar destrezas empresariales en corporaciones que "dan los frutos del trabajo de un gerente a alguien más"[20].

Este enfoque organizacional tiene algunas limitantes. En algunos casos, las líneas de división pueden inhibir la coordinación e incrementar los costos. Sin embargo, Sara Lee evitó este problema.

> Sara Lee hizo su primera adquisición europea en 1962 cuando consiguió un productor holandés de productos enlatados. Desde esa época, Sara Lee ha hecho muchas otras adquisiciones internacionales que incluyen Douwe Egberts (empresa holandesa de café, té y tabaco), Nicholas Kiwi Ltd. (el fabricante australiano de betún para calzado), Akzo N.V. (división de productos de consumo masivo) y DIM (medias y ropa interior francesas). Cornelius Boomstra, presidente de la principal unidad europea de la empresa, en preparación para la Unión Europea después de 1992, inició un programa de estandarización y reorganización. Previamente, el café Douwe Egberts se había vendido bajo diferentes nombres de marca en siete países. Se inició una campaña global de publicidad y se estandarizaron el tamaño de los empaques y los colores para desarrollar una identidad europea. Al integrar las estructuras administrativas de Akzo, Douwe Egberts, y otras unidades europeas, Sara Lee esperaba mejorar las utilidades en US$40 millones al año. Para evitar disputas entre las divisiones con las megamarcas existentes, se hizo énfasis en productos especializados para las Euromarcas. Por ejemplo, en lugar de extender a *Prudent,* su marca Benelux líder en ventas, Sara Lee seleccionó Zendium, una pasta dental danesa con enzimas que cuesta más. Al combinar administración y desarrollar un enfoque coordinado, Boomstra anticipa que Sara Lee estará mejor preparada para desarrollar el mercado europeo y, al mismo tiempo, ahorrar enormes cantidades de dinero[21].

Organización por mercado

Cuando los grupos de clientes tienen necesidades abiertamente diferentes y esos mismos grupos son lo bastante grandes como para justificar atención individual, casi siempre la estructura organizacional incluye gerentes de mercado y fuerzas de ventas separadas. Obsérvese que varios gerentes de mercado pueden compartir las instalaciones de fabricación e investigación porque, en esencia, el mismo producto se vende a distintos mercados. Sin embargo, pueden existir diferencias importantes en las cantidades que se compran, en los canales de distribución apropiados o en las necesidades de uso

[20] Thomas J. Peters, "Putting Excellence into Management", *Business Week,* July 21, 1980, p. 200.
[21] Steve Werner, "How Do You Say L'Eggs in French?", *Forbes,* Nov. 27, 1989, pp. 73-77.

técnico de los diferentes grupos de clientes. Por esto, puede ser necesario que cada grupo cuente con distintos programas de empaque y precios, lo mismo que con fuerzas de ventas y actividades de servicio al cliente diferentes. En estas situaciones, muchas firmas han comenzado a adoptar estas estructuras organizacionales con base en el mercado.

Por ejemplo, Procter & Gamble ha asignado empleados de marketing, finanzas, distribución y operaciones, para trabajar en coordinación con ventas en situaciones con clientes clave. Un grupo de ejecutivos de esa firma se trasladó a Arkansas para trabajar a diario con Wal-Mart, la cuenta más grande de P&G. En un tiempo, Borden, Inc. tuvo a 28 personas llamando a Wal-Mart para vender una amplia variedad de marcas de comidas rápidas. Borden ha cambiado ocho organizaciones de ventas, seis operaciones de distribución y cinco sistemas de información en uno solo para negociar con los grandes clientes.

Como en el caso de los gerentes de producto, los gerentes de mercado rara vez tienen autoridad sobre todas las áreas funcionales que les son esenciales para implementar los programas de marketing. Por el contrario, los gerentes de mercado son responsables de la planeación y la coordinación, y los gerentes de ventas son responsables de la implementación. Las fusiones de grandes minoristas han creado una cantidad de gigantes regionales con un inmenso poder de distribución. Estos grandes minoristas requieren de atención especializada, como la que brinda la división Safety Razor Division de Gillette. Esta empresa decidió concentrarse en el nivel regional en lugar de expandir su departamento de cuentas nacionales. Los gerentes de cuenta regionales clave no sólo se comunican con la casa principal sino también con las oficinas de división de la cadena, incluso aunque se encuentren fuera de la región. El trabajo del gerente regional de ventas se extendió hasta el del gerente de una unidad de negocios. Esto se logró dejando la planeación de *merchandising* y ventas bajo el control del gerente regional de ventas. Los vendedores, como resultado de esta reestructuración, se preparan para hablar con sus clientes sobre precios, distribución, promoción y exhibición[22].

Un reciente estudio entre empresas productoras de bienes de consumo masivo en Estados Unidos, realizado por Boston Consulting Group, encontró que un 90% de las empresas investigadas habían reestructurado sus departamentos de marketing[23]. Por ejemplo, en 1994, Lever Brothers eliminó la posición de director de marketing; la empresa combinó los departamentos de marketing y ventas, y los reorganizó como una serie de grupos de negocios dirigidos hacia la investigación del consumidor y el desarrollo de producto. Además, Lever ha establecido equipos de "desarrollo del cliente" que son responsables de las relaciones con los minoristas para todas las marcas de la empresa. Equipos multidisciplinarios para diferentes grupos de producto han remplazado al departamento de marketing tradicional, en Pillsbury. Esos equipos incluyen a los gerentes de producción, ventas y marketing; bajo esta nueva estructura, Pillsbury ha reducido su equipo de desarrollo de producto en un 30%.

GERENCIA DE LAS RELACIONES ORGANIZACIONALES

En el capítulo 1 se estudiaron las diversas formas como el marketing se relaciona con las otras áreas funcionales de la organización. Debido a estas interrelaciones, los gerentes de marketing deben desarrollar destrezas interpersonales para tener éxito en el trato con otros gerentes sobre quienes no tienen autoridad directa. Constantemente, los gerentes citan la importancia de su interacción con los demás,

[22] "Gillette Hones Salespower to a Fine Edge", *Sales and Marketing Management,* June 1987, p. 59.
[23] "Death of the Brand Manager", *The Economist,* Apr. 9, 1994, pp. 67-68.

en especial para coordinar los esfuerzos con otros departamentos. En particular, las actividades de marketing deben estar estrechamente coordinadas con I&D, producción, distribución física y finanzas. A continuación se estudiará la importancia de la coordinación con cada una de estas funciones.

Investigación y desarrollo

En la mayoría de los programas de desarrollo de producto, las áreas de marketing e investigación y desarrollo deben trabajar muy de cerca. Por esa razón, los gerentes de marketing deberán entender los problemas y procesos técnicos relacionados con las diferentes etapas del desarrollo de producto. Adicionalmente, deben ser conscientes de las inevitables frustraciones y la naturaleza exacta de la actividad de I&D y deberán compartir todo su conocimiento de las necesidades del mercado para brindar orientaciones útiles al trabajo de I&D. Considérese por ejemplo, la experiencia de Colgate.

En 1985, Colgate comenzó a adoptar un sistema en donde los gerentes de las categorías de producto tendrían responsabilidad directa sobre las utilidades. Para darles la autoridad necesaria, estos gerentes recibieron parte del control sobre otras funciones, tales como investigación, finanzas y facturación. Este sistema estaba diseñado para promover mejores y más rápidos lanzamientos de nuevos productos. A. Courtenay Shepard, presidente de Colgate en Estados Unidos, dice: "al rodear a la gente de marketing con estas destrezas multidisciplinarias los hacemos efectivos al instante". Este enfoque se ha atribuido como la razón para que la compañía pudiera tomar el detergente FAB 1 Shot y produjera el suavizante, utilizando, a partir de la idea y hasta el lanzamiento a nivel nacional, sólo 11 meses[24].

Sin embargo, resulta frecuente que en estas dos acciones no se comparta conocimiento. Un autor ha sugerido cuatro razones para la falta de coordinación entre marketing e investigación y desarrollo.

1. *La filosofía de la empresa está orientada hacia el producto:* en muchas empresas, la orientación va en un solo sentido, dominado por productos, propiedades y procesos. Esta actitud conduce al desarrollo de productos diseñados alrededor de la capacidad tecnológica de la organización y no de las necesidades del mercado.
2. *Hay una actitud deferente hacia I&D:* la falta de conocimiento de los gerentes de marketing con respecto a las herramientas y técnicas de los"científicos" puede ser la causa de una actitud permisiva o de gran deferencia hacia I&D. Como resultado, algunos de los esfuerzos de investigación y desarrollo pueden llevar a productos con poca oportunidad de éxito comercial.
3. *Investigación por productos perfectos*: con frecuencia, I&D trata de lograr la perfección en el producto; sin embargo, una solución técnicamente perfecta al problema puede ser más que los deseos del mercado. Los productos superiores, desde el punto de vista técnico, pueden no ser comercializables debido a que su complejidad puede obstruir un alto nivel de confiabilidad o dificultar su mantenimiento. Alternativamente, esos productos pueden tener un precio demasiado alto debido a los excesivos costos de producción.
4. *Ciencia frente al arte:* aunque la satisfacción del mercado se deriva de los *beneficios* (los cuales son esencialmente intangibles), I&D se interesa en los *atributos* tangibles del producto[25].

[24]Zachary Schiller, "The Marketing Revolution at Procter & Gamble", *Business Week,* July 25, 1988, p. 76.
[25]Mack Hanan, "Effective Coordination of Marketing with Research and Development", en *Handbook of Modern Marketing,* ed. Victor Buell, McGraw-Hill, New York, 1970, pp. 3-17 a 3-28.

Debido a que en muchas compañías tiende a considerarse marketing e I&D como trabajos muy diferentes uno del otro, es difícil ponerlos a trabajar juntos. Sin embargo, en un estudio entre empresas alemanas pequeñas y medianas con participación de mercado mundial, en el rango de un 70 a un 90%, se encontró que en esas empresas consideraban el mercado y la tecnología como fuerzas conductoras iguales. Estas empresas creen que cuando la tecnología domina, los ingenieros se alejan de los clientes. Del mismo modo, cuando el marketing domina, la tecnología sufre. El ideal sería que el personal técnico entendiera ampliamente las necesidades del consumidor. El contacto directo de la gente en I&D con los clientes es vital. Wurth & Company, por ejemplo, exige que sus gerentes visiten un cliente, por lo menos, una vez al mes[26]. La ubicación física de los departamentos uno junto al otro y la celebración de reuniones conjuntas ha funcionado en algunas firmas. La clave está en contar con alguien que coordine el esfuerzo; alguien que tenga la autoridad necesaria para lograr que los dos grupos cooperen. En el capítulo 3 se estudió "la casa de la calidad" como una manera de lograr que marketing e investigación y desarrollo trabajaran más estrechamente entre sí. El despliegue de la función de calidad (DFC) estimula una mejor comunicación entre las funciones porque producción, I&D e ingeniería tienen sus propios usos y necesidades en cuanto a la información que procede del cliente[27].

Fabricación

Quizá los conflictos más frecuentes entre las funciones son los que se presentan entre marketing y fabricación. Zonas de conflicto potencial pueden presentarse en las áreas de planeación de capacidad, pronósticos de ventas, planeación de producción, logística, garantía de calidad e introducción de nuevos productos. Por ejemplo, en 1995, General Electric introdujo su primera lavadora fundamentalmente nueva en 42 años. La empresa invirtió un estimado de US$10 millones en publicidad y marketing, y los pedidos de los minoristas excedieron las expectativas de la GE. Las muestras de piso de los minoristas se retrasaron y los programas de producción quedaron tres semanas atrás de lo previsto. Ese retraso en la producción llevó a poner en riesgo la pequeña ventaja de marketing que GE había anticipado para la línea Maxus[28].

Aunque estos conflictos rara vez pueden resolverse del todo, el nivel de conflicto entre estos dos grupos puede ser más manejable entre mayor sea la cooperación que se logre. Entre las acciones que los gerentes pueden emplear están las siguientes:

- Deberán desarrollarse estrategias corporativas y de marketing especificadas claramente para brindar un conjunto común de reglas para ambas funciones. Por ejemplo, cuando los mercados que se va a servir están especificados con claridad, se puede llegar más fácilmente a un acuerdo sobre el número de modelos o líneas de producto para producir.
- La gerencia puede modificar la evaluación y el sistema de premiación para incluir el desempeño interfuncional. Por ejemplo, los gerentes de marketing pueden evaluarse sobre el desempeño en el pronóstico de ventas y los gerentes de fabricación con respecto al tiempo de respuesta para los pedidos y para los niveles de inventarios. Los comercializadores deben ser conscientes de que las

[26]Herman Simon, "Lessons from Germany's Midsize Giants", *Harvard Business Review*, March-April 1992, p. 120.

[27]Michael Duerr, *The Commercial Development of New Products*, The Conference Board, New York, 1986; Abbie Griffin and John R. Hauser, "The Voice of the Customer", *Marketing Science*, Winter 1993, pp. 2-3.

[28]"GE Has a New Washing Machine", *Business Week*, Nov. 20, 1995, pp. 97-100.

capacidades de proceso-desarrollo pueden ayudar a diferenciar productos. El proceso de fabricación de la máquina Gillette Sensor no solamente hace posible un producto distintivo sino que también es una gran barrera ante la entrada al mercado de cuchillas y máquinas de afeitar competitivas[29].

- Al contar con personal de fabricación que asista a las reuniones de ventas o con gerentes de marketing que "se interrelacionen" con personal de producción, los gerentes de cada área funcional pueden lograr mejores puntos de vista acerca de los problemas que enfrentan los gerentes en las demás áreas funcionales[30].

Distribución física

Un sistema de distribución física efectivo y bien integrado puede dar a una compañía una ventaja de marketing competitiva y significativa. Debido a que una parte sustancial del precio final de un producto se halla en los costos de la distribución física, cualquier reducción en el precio que resulte de una coordinación más efectiva llevará a precios más competitivos o márgenes más altos. Además, las empresas encuentran que la velocidad con que responden a los cambios en el mercado es un elemento esencial para ser más competitivas.

El sistema computarizado de entrada de pedidos de Allegheny Beverages suministra este tipo de ventaja para su fuerza de ventas y para el sistema de programación de la producción. Cada uno de los representantes de ventas de la división Desk and Furnishings Division de Allegheny cuenta con un computador *laptop* Hewlett-Packard Portable Plus que les permite comunicarse con el *mainframe* HP 3000 en la casa matriz. Cada vendedor puede revisar el estado de un pedido, al igual que el programa de despachos para cualquier cliente. De esta manera, pueden garantizar a los clientes fechas de entrega o sugerir alternativas; además, pueden hacer reservaciones de mercancías o colocar pedidos casi instantáneamente[31].

Como se indicó en los capítulos 12 y 13, los atractivos logísticos se han vuelto más deseables para los clientes, pero el costo de brindarlos también está en aumento, en momentos en que cada empresa busca formas para reducir los costos de distribución. Por esto, la coordinación entre los programas de ventas y distribución física es esencial para lograr niveles de volumen de ventas rentables. El champú Suave de Helene Curtis, redujo su precio para el consumidor en un 10% durante dos años. Casi la mitad de la rebaja se debió a ahorros en los costos de distribución e inventarios. Los costos de la distribución total de Helene Curtis se redujeron en un 40%, en gran parte, debido a su moderna bodega de distribución automatizada y computarizada. Esta instalación no cuenta con ningún tiquete de pedido impreso en papel o con etiquetas de despacho y utiliza montacargas controlados por computador para colocar los paquetes en los contenedores. Una vez instalados allí, por medio de rayos láser se leen los códigos de barra y se ordenan los paquetes para su lugar de destino. Este lugar puede manejar el doble de productos que las seis viejas bodegas a las que remplazó. De otro lado, Sun Microsystems ha contratado externamente su sistema de distribución con Federal Express debido a que la empresa quiso que la distribución fuera básicamente un costo variable y no fijo en el proceso de fabricación[32].

[29]Gary P. Pisano and Steven C. Wheelwright, "How Manufacturing Can Make Low-Tech Products High-Tech", *Harvard Business Review,* September-October 1995, p. 98.
[30]Benson Shapiro, "Can Marketing and Manufacturing Coexist?" *Harvard Business Review,* September-October 1977, pp. 111-113.
[31]Thayer C. Taylor, "Laptops and the Salesforce: New Stars in the Sky", *Sales and Marketing Management,* April 1987, pp. 50-55.
[32]Rita Koselka, "Distribution Revolution", *Forbes,* May 25, 1992, pp. 54-61.

Finanzas

El plan de marketing incluye entradas financieras importantes, como el costo histórico y la rentabilidad para la empresa, los estados financieros proforma, los presupuestos y las estrategias de marketing relacionadas. Al desarrollar y seleccionar las estrategias de marketing apropiadas, la gerencia exige ciertos datos financieros. Muchas decisiones de marketing deberán verse como decisiones de inversión. Por ejemplo, como se estudió en el capítulo 8, las alternativas de nuevo producto deberán incluir una evaluación financiera de la inversión requerida y el flujo de ingresos. Sin embargo, esto no deberá limitarse a los nuevos productos; la gerencia de marketing debe considerar los aspectos financieros de la promoción, las alternativas de distribución y las decisiones de precios. Además, con frecuencia, las consideraciones financieras pueden actuar como una barrera significativa en las opciones estratégicas abiertas al comercializador.

Frecuentemente, los comercializadores no reconocen el impacto que sus decisiones tienen sobre variables como el nivel de inventario, las necesidades de capital de trabajo, los costos de financiación, los coeficientes deuda-capital propio y los precios de las acciones. Muy a menudo, estos aspectos se consideran como de responsabilidad exclusiva del departamento financiero. La gerencia de marketing necesita ser muy sensible ante el impacto que las diversas estrategias de marketing pueden tener sobre el bienestar financiero de la empresa. El desarrollo de planes financieros que implican requerimientos de capital, flujo de efectivo y políticas de crédito, requieren que la información de marketing funcione efectivamente con el departamento financiero. Puede ser necesario que marketing suministre estrategias alternativas y escenarios de las condiciones del entorno para colaborar en la planeación financiera. Además, los comercializadores deben estar dispuestos a hacer los intercambios que se necesiten a partir de diferentes consideraciones financieras. Esto demanda una estrecha cooperación y contacto con la función financiera, al igual que un entendimiento de los conceptos y métodos utilizados.

En síntesis, aunque una estructura organizacional puede ayudar a los gerentes en la ejecución de las estrategias corporativa y de marketing, el desarrollo de la coordinación interorganizacional dependerá, en definitiva, de las actitudes y acciones de los gerentes de la firma. Por ejemplo, los gerentes de Rockwell International coordinan con sus contrapartes de otras unidades de negocios el uso de las tecnologías, destrezas y competencias de éstos para desarrollar nuevos productos. Marketing y ventas se benefician de esa cooperación al tener productos nuevos y novedosos para vender, al igual que productos modificados para mercados existentes. Los equipos interfuncionales, las nuevas configuraciones organizacionales y el uso extensivo de dispositivos de comunicación han facilitado esta cooperación entre diversos departamentos. Sin embargo, como indica uno de los ejecutivos de Rockwell, "El primer lugar que una persona de marketing tiene para vender es en el interior, y ese es el más difícil de todos"[33]. Para ser efectivos en el desempeño de esta tarea, resulta esencial entender las necesidades y aspiraciones de los demás gerentes y estar consciente de las restricciones que limitan sus acciones (como el sistema de premiación que enfrentan). Si los gerentes de marketing pueden desarrollar esta clase de entendimiento mutuo, es probable que desarrollen programas que recibirán apoyo de los gerentes de otras áreas funcionales.

[33] "All for One", *Sales and Marketing Management*, January 1996, pp. 22-23.

INTEGRACIÓN DE LOS PROGRAMAS DE VENTAS Y DISTRIBUCIÓN

En los últimos años, se han logrado varios avances que exigen que las firmas integren mejor sus programas de ventas y distribución. Buena parte de la presión para cada cambio procede de las empresas que redujeron sus costos y nóminas. El resultado fue que muchas empresas disminuyeron el número de proveedores al de los proveedores que los ayudaban a mejorar sus operaciones. Por ejemplo, Manco, Inc. un proveedor minorista de cintas, burletes y suministros para correo, ayuda a administrar el inventario de sus 30 productos para clientes como Wal-Mart y Kmart[34]. Además de la reducción de costos, los avances en tecnología, los procesos de producción flexibles, más información del cliente y la globalización mejoran la integración de las actividades de ventas y distribución, un prerrequisito para el marketing efectivo. Estos cambios han alterado la manera como se crea y envía valor al cliente. Frank Céspedes, en su obra *Concurrent Marketing: Integrating Product Sales and Service* resume la manera como estos cambios afectan la naturaleza de la mezcla de producto, el mercado, el sistema de ventas y distribución, y la competencia[35].

En la actualidad, una firma debe ajustar sus productos para satisfacer las necesidades de sus clientes y, además, agregar valor en todo el sistema de ventas y distribución. Con frecuencia, las ofertas de producto requieren servicios adicionales como desarrollo cooperativo, logística de distribución, *merchandising,* tamaños estandarizados en el empaque, términos de despacho, etc. Estos servicios se convierten en parte importante del valor agregado y requieren de una estrecha participación de todos los integrantes. Además, la fabricación integrada por computador permite líneas más amplias sin reducir la calidad o aumentar los costos. Los sistemas de punto de venta suministran información acerca de categorías, marcas, tamaños, precios y actividad de *merchandising,* lo cual ha llevado a la adaptación de los productos y al mayor énfasis en segmentos de mercado más pequeños.

El énfasis en la calidad es el resultado de reconsiderar las relaciones del proveedor por parte de muchas empresas. Un menor número de proveedores requiere menos control, y las relaciones a largo plazo que se basan en factores diferentes al precio se están volviendo rutinarias en las industrias. Al desarrollar las relaciones a largo plazo, los proveedores encuentran necesario trabajar en estrecha sociedad con sus clientes para aumentar la rentabilidad. La competencia ha reducido la duración de la mayor parte de ciclos de vida del producto, lo que ha llevado a contar con más sustitutos, aumentar la presión sobre los precios, desarrollar más nuevos productos y disponer de menos tiempo para lograr más utilidades. Estos cambios exigirán un mayor énfasis en el liderazgo interfuncional y el pensamiento estratégico si una compañía quiere maximizar su rentabilidad a largo plazo. Esto significa que el papel de los gerentes de ventas y de los vendedores continuará evolucionando a medida que estos cambios se vayan presentando[36].

GERENCIA DE LA FUERZA DE VENTAS

La gerencia de recursos humanos es una tarea importante en todas las áreas, pero dentro del marketing, es fundamental para los gerentes de ventas. Esto es verdad por tres razones. Primera, el mayor número de personas de marketing se encuentra en posiciones de ventas. Segunda, el costo de la venta

[34]Susan Gould, "The Art of Selling", *Inc.,* June 1993, pp. 72-80.
[35]Frank V. Céspedes, *Concurrent Marketing: Integrating Product, Sales and Service,* Harvard Business School Press, Boston, 1995, pp. 3-28.
[36]"Brand Managers Give Way to Integrators", *Sales and Marketing Management,* June 1995, pp. 35-36.

TABLA 14-1

COSTOS RELACIONADOS CON LAS VENTAS POR INDUSTRIA

GRUPO DE INDUSTRIA	GASTOS DE VENTAS COMO PORCENTAJE DEL TOTAL DE VENTAS*	GASTOS EN PUBLICIDAD PROMOCIONAL†	MEDIANA DE VENTAS POR INDUSTRIA‡
Bienes de consumo masivo	10.5%	4.5%	US$25,000,000
Bienes industriales	11.0%	3.0%	US$24,000,000
Servicios	15.3%	3.4%	US$18,000,000

*Los gastos de ventas incluyen compensación, beneficios, gastos de viaje y entretenimiento, costos de reuniones, costos de reclutamiento y entrenamiento, materiales de apoyo, gastos de divisiones de personal y administrativos, y comisiones para representantes externos y distribuidores.

†Los gastos de publicidad y promocionales incluyen costos directos de materiales y medios de comunicación (prensa, radio, televisión, etc.) al igual que cualquier otro costo relacionado con investigación, preparación y ejecución.

‡La mediana de las ventas por industria se calcula al examinar todo el rango de respuestas para la encuesta de este año y seleccionar el punto medio en cada conjunto de rangos (es decir, la mitad de las respuestas está por encima, y la otra mitad por debajo de esta cifra).

Fuente: "1993 Sales Manager's Budget Planner", *Sales and Marketing Management*, June 28, 1993, p. 65.

personal es muy alto porque los salarios de ventas y otras compensaciones suelen ser bastante elevados, y por los costos asociados con viajes, entrenamiento y demostraciones de ventas. Como se muestra en la tabla 14-1, estos gastos de ventas como un porcentaje del total de ventas van desde un 10.5% para los bienes de consumo masivo hasta un 15.3% para servicios.

Finalmente, la gerencia efectiva de la fuerza de ventas es importante debido a que la responsabilidad en la ejecución de ventas y distribución es altamente descentralizada; es decir, la efectividad de estos programas depende del desempeño de un gran número de personas. En contraste, otros programas de marketing (como publicidad) normalmente los ejecuta un número relativamente pequeño de personas que tiene la oportunidad de trabajar en estrecha colaboración con los gerentes responsables de los programas. Con base en esto, por lo general, los gerentes de ventas deben estar mucho más interesados en la gerencia de los recursos humanos que otros gerentes de marketing de nivel medio.

En el capítulo 13 se revisaron algunos de los aspectos para tener en cuenta al determinar el número de visitas de ventas, el tamaño de la fuerza de ventas y la asignación de recursos para la misma. En la parte restante de este capítulo, se estudian aquellas acciones de la gerencia de ventas que están más dirigidas hacia el mejor desempeño de los integrantes de la fuerza de ventas, en especial con respecto a la calidad de la visita de ventas. Estas acciones toman una creciente importancia a la luz de los cambios que se presentan en la empresa actual. Los diversos requerimientos del cliente, la competencia intensa y un rápido crecimiento del mercado han llevado a la necesidad de que las empresas rediseñen sus estrategias de ventas y gerencien su fuerza de ventas de acuerdo con ellas. La fuerza de ventas es un contribuyente clave en el desempeño de ventas, utilidades y satisfacción del cliente para muchas empresas. A los vendedores se les pide que asuman nuevas responsabilidades y desarrollen las actividades de la gerencia de ventas para reflejar estos cambios.

Selección de los vendedores

En muchas firmas, los esfuerzos para reclutar, seleccionar y entrenar a los miembros de la fuerza de ventas no son continuos debido a la expansión del mercado, las promociones de los vendedores hacia la parte administrativa y las renuncias o despidos. Se requiere de una gran inversión en tiempo y dinero para reclutar y entrenar nuevos vendedores. Según esto, es importante desarrollar procedimientos de selección que permitan a una firma contratar personal que triunfe en sus labores. Una selección inadecuada puede costarle a una organización US$150.000 o más, si se calculan todos los esfuerzos involucrados en selección, entrenamiento, desarrollo y administración. Por ejemplo, considérese el caso de Dow Chemical.

> Dow Chemical recluta su personal casi exclusivamente de los campus universitarios. Con el paso de los años, Dow ha seleccionado un grupo de casi 35 instituciones universitarias y de educación superior, principalmente en las zonas del oeste medio y del sur de Estados Unidos. La empresa ha establecido relaciones con estas instituciones de manera similar a las que se sostienen con un socio comercial. Todos los reclutados pasan por un proceso de un año de duración, seguido por la venta en el campo real. Dow calcula que después de casi cuatro años con la compañía, la inversión en cada uno de esos reclutados es de cientos de miles de dólares[37]

La selección de vendedores no sería una tarea difícil si las características que hacen a un buen vendedor pudieran identificarse rápidamente. Más aún, cada trabajo de ventas tiene sus propios y particulares requerimientos. Muchas empresas están convirtiendo las relaciones a largo plazo en un punto de enfoque de su estrategia de ventas y de marketing; esto ha alterado el papel tradicional del vendedor pasando de hacer simples transacciones a trabajar con otras funciones de negocios y con la capacidad de un equipo. Están fusionándose fuerzas de ventas altamente especializadas para reducir la duplicación de funciones y mejorar la coordinación con el cliente. Philip Morris ha combinado todas sus operaciones de alimentos en una sola división. Previamente, 3500 vendedores especializados representaban los productos de Kraft, General Foods, Oscar Mayer Foods y Maxwell House, y visitaban más de 26.000 almacenes. Ahora, un representante es responsable de un almacén, en lugar de varios; en cambio de centrarse en una sola marca, a los gerentes de ventas se les ha reorganizado en 300 grupos de apoyo de marketing, y a cada grupo se le ha asignado una cadena de almacenes. En la actualidad, el vendedor es responsable de un amplio rango de productos de abarrotes y no sólo de una línea. Esto tendrá diferentes exigencias sobre el vendedor y los errores en el proceso de selección pueden ser costosos[38]. Pruebas formales, entrevistas extensivas y aplicaciones ponderadas se utilizan cada vez más cuando las firmas tratan de mejorar sus procesos de reclutamiento. El incremento en el uso de servicios de evaluación psicológica trata de reducir la rotación de vendedores.

En 1991, la rotación fue superior al 20% para el 24% de las empresas en las industrias de servicios[39]. Acme Fabrication estima que pierde cerca de US$25.000 en costos por salarios, entrenamiento y reclutamiento cada vez que tiene que remplazar a un vendedor. Cada año, entrevistan a cerca de 500 personas y contratan a 100, de las cuales, casi 20 se descartarán durante el primer año, resultando en una pérdida de US$500.000. En un intento por mejorar su desempeño, Acme ha comenzado a utilizar un servicio de evaluación psicológica en donde, después de realizar entrevistas preliminares, remiten a los mejores 200 candidatos a una firma de evaluación a un costo de US$150 por candidato. Acme cree que si el servicio de evaluación puede reducir la rotación en un 2%, sus servicios se habrán pagado en

[37] "Dow Makes It Big by Thinking Small", *Sales and Marketing Management,* September 1991, p. 46.
[38] "Will So Many Ingredients Work Together?", *Business Week,* Mar. 27, 1995, pp. 189-191.
[39] "1992 Sales Manager's Budget Planner", *Sales and Marketing Management,* June 22, 1992, p. 71.

tres quintos de un año: dos personas por US$25.000 (costo de rotación) es igual a US$50.000, cifra superior a 200 por US$150 que equivale a US$30.000 (costo de la evaluación)[40].

Programas de entrenamiento

Según el nivel de conocimiento del producto, del cliente y las destrezas especiales que el entrenamiento aporte al vendedor, el poder de experto de éste puede ampliarse. De manera similar, el entrenamiento en relaciones interpersonales puede mejorar la habilidad de un vendedor para usar el poder de referencia. Adicionalmente, las sesiones de entrenamiento pueden ayudar a los vendedores a manejar mejor su tiempo y, por consiguiente, ser más productivos. Con raras excepciones, las empresas que cambian hacia estrategias de valor agregado y la construcción de relaciones, encuentran que el entrenamiento adquiere más importancia en sus organizaciones. Como los ciclos de ventas se vuelven más largos y las presentaciones se hacen a niveles más altos, la venta personal se dirige menos a superar objetivos o técnicas de cierre y más hacia procesos de producción, controles de inventarios y conocimiento del producto y del cliente. El entrenamiento puede ser costoso y requerir de mucho tiempo, pero más y más empresas reconocen su importancia. Por ejemplo:

> Desde 1990, IBM ha reducido su fuerza de ventas de marketing y ventas alrededor del mundo en un 50%. Como parte de su reducción de tamaño, la empresa creó una nueva organización que es un cruce entre una empresa de consultorías y una operación de ventas convencional. IBM ha desarrollado un programa de certificación de un año de duración para 300 jefes de equipos del cliente. Una parte del programa se realiza en Harvard en un curso de tres semanas seguido por trabajo de estudios de caso y una tesis sobre un cliente en particular. Durante las tres semanas en Harvard, los participantes dedican una al conocimiento general de la empresa, otra a consultoría y la tercera para la industria en que se especializan.
>
> Cada miembro del grupo de personal de ventas de Hewlett-Packard recibe entrenamiento básico en venta estratégica y administración de cuenta, utilizando videos de entrenamiento adaptados. H-P también utiliza sesiones de entrenamiento por televisión/satélite para entrenar a grupos de ventas en proyectos específicos o en grupos regionales cuyos clientes se beneficiarán de productos H-P específicos. El entrenamiento específico para la industria que se relaciona con nuevas tecnologías para las necesidades del cliente, se ha convertido en un componente importante del esfuerzo de entrenamiento y desarrollo de H-P[41].

Herramientas de ventas y procedimientos de operación estándar

Se utilizan procedimientos de operación estándar para desarrollar rutinas de aquellos aspectos de la función de ventas que se prestan para la estandarización. Si los gerentes pueden establecer rutinas para ciertos aspectos de la función de ventas, los vendedores pueden contar con más tiempo libre para la parte creativa de su tarea. Cada vez más, las empresas utilizan la automatización y la sistematización con este propósito.

Pueden emplearse diversas ayudas audiovisuales de ventas y literatura pertinente para aumentar la efectividad de las comunicaciones del vendedor. Además, la tecnología aporta nuevos mecanismos para

[40] Lester L. Tobias, "Making Tests Pay", *Sales and Marketing Management*, Aug. 12, 1985, p. 80.

[41] Jaclyn Fierman, "The Death and Rebirth of the Salesman", *Fortune,* July 25, 1995, pp. 80-91; y "Hewlett-Packard Strives to Connect with Its Customers", *Sales and Marketing Management*, September 1991, p. 48.

realizar muchas actividades de ventas. Esto ha llevado a un aumento de la eficiencia y a mejorar la calidad de la función de ventas. Videodiscos, computadores portátiles con CD, telemercadeo y otras herramientas electrónicas tienen un amplio uso en un esfuerzo por acelerar la productividad de las ventas.

Physician Sales and Service (PSS) es un distribuidor de suministros y equipo médico y farmacéutico, localizado en Jacksonville, Florida. Los 362 representantes de ventas de la firma trabajan para 46 centros de servicios y visitan a los médicos en sus consultorios en 40.000 sitios de 44 estados. El representante de ventas típico tiene 200 cuentas y se espera que visite cada una de ellas una vez, cada dos semanas. En 1993, PSS dotó a su fuerza de ventas de campo con computadores Compaq Notebook, con sistema de comunicaciones inalámbrico y desarrolló un sofisticado sistema de administración de información. La empresa gastó U$1,5 millones, pero afirma que la inversión se pagó por sí misma en menos de un año. Esto ha facilitado la entrada de pedidos y ahora los clientes cuentan con despachos el mismo día, en lugar de los 2 o 3 que se necesitaba antes. El ciclo de procesamiento inalámbrico ha resultado en ocho horas de tiempo de venta adicional por semana para el representante promedio. Este tiempo adicional puede usarse para desarrollar relaciones de consultoría con los clientes. La base de datos del centro de servicio suministra a los representantes la historia de la cuenta, el precio del producto, la disponibilidad, el estado de los pedidos y puede además confirmar la entrega[42].

Los 2800 representantes de ventas de Nabisco cuenta cada uno con computador portátil para reunir los datos de ventas de cuentas individuales. Además, dos tercios utilizan computadores *laptop* para ayudar a los compradores minoristas a configurar el espacio de sus estantes de la manera más productiva. Los modelos en el computador indican al vendedor el mejor método de exhibición para cada cuenta y cada producto de Nabisco. Este enfoque en las necesidades de los clientes ayudó a la empresa a duplicar su utilidad en un periodo de tres años, a la vez que ganaba el reconocimiento de la organización de ventas mejor orientada hacia el cliente en la industria de productos empacados[43].

Motivación y compensación

Una preocupación importante para cualquier gerente de nivel medio o alto es la manera de motivar a la gente para lograr el nivel y tipo de desempeño deseado. Infortunadamente, la investigación sobre motivación no ha aportado a la gerencia orientaciones prácticas para seleccionar la mejor forma de motivar a la fuerza de ventas.

De hecho, la mayor parte de los estudios indican que el desempeño no depende simplemente de mecanismos motivacionales como bonificaciones, premios y promociones. Por el contrario, el desempeño también depende de factores como calidad de la supervisión, el realismo de los objetivos de ventas y cuotas, la necesidad de logro del vendedor, el tipo de tarea de ventas (como desarrollo de una nueva cuenta o mantenimiento de una existente), y el tipo de trabajo de ventas (como ventas para el comercio frente a venta misionera). Con base en esto, la efectividad de los incentivos diferirá entre las industrias, las empresas e inclusive, dentro de los vendedores de una firma.

Resulta claro que las formas no relacionadas con la compensación deberán ser una parte del paquete motivacional en la mayor parte de las empresas. El reconocimiento es un factor vital y, después de un nivel justo de compensación, es una importante herramienta motivacional en muchas empresas[44].

Los incentivos con base en la compensación también se utilizan ampliamente y son en extremo efectivos en muchas industrias. Sin embargo, cuando se va a emplear este tipo de planes, deberá diseñarse

[42] Thayer C. Taylor, "Sales and Automation Cuts the Cord", *Sales and Marketing Management,* July 1995, pp. 110-114.
[43] Patricia Sellers, "How to Remake Your Sales Force", *Fortune,* May 4, 1992, p. 100.
[44] "Rewarding the Troops", *Inc.*, October 1991, p. 156.

para apoyar los objetivos particulares del programa de ventas de la empresa. Un incentivo con base en el volumen del dinero de ventas puede estimular a la fuerza de ventas a hacer énfasis en productos con bajo margen y también puede llevar a una atención inadecuada en cualquiera de los objetivos de servicio al cliente o desarrollo de cuenta. En un intento por superar estos problemas, muchas compañías en una gran variedad de industrias se han alejado de los programas por comisión y salarios fijos.

En un estudio de planes de compensación, se encontró que la combinación que más se utiliza es una forma de base salarial más pago de incentivos en la forma de comisiones, bonificaciones o ambas. Sólo el 14.8% de las empresas estudiadas utilizaron únicamente el salario y sólo el 7.5% de los planes de compensación se basaron en comisión plena[45].

Para servir mejor a los clientes, muchas firmas se han dedicado a aumentar el trabajo en equipo y la colaboración dentro de la fuerza de ventas y entre ésta y otras funciones de la empresa. Esto ha llevado a dificultades para determinar la compensación y las empresas están empezado a ensayar e implementar nuevas formas. Hay una tendencia creciente a relacionar la satisfacción del cliente con la compensación de un vendedor. Cada vez más, las empresas que desean crear relaciones duraderas con los clientes usan incentivos para sus fuerzas de ventas con base en la satisfacción del cliente. Por ejemplo, Appleton Papers, Inc., determina las bonificaciones de fin de año de sus 50 vendedores así: 30% sobre el volumen, 30% por utilidades y 40% por objetivos, siendo la satisfacción del cliente el objetivo más importante. Anteriormente, IBM ajustaba el plan de compensación cada mes de enero para aumentar las ventas de productos específicos o subir la participación de mercado en ciertas áreas. Sin embargo, en 1994, fijó el 60% de las comisiones de la fuerza de ventas a las utilidades que produjeran; para garantizar que los representantes no presionaran una rotación rápida en los productos con alto margen, IBM dejó el 40% restante de las comisiones con base en la satisfacción del cliente[46].

CONCLUSIÓN

Para el éxito de cualquier negocio, gobierno o tipo de organización son esenciales los individuos (o grupos de individuos) que elaboran o ejecutan los planes. Con base en esto, si las personas son efectivas, los gerentes deben diseñar un entorno que facilite y no oculte los esfuerzos de los individuos y amplíe la coordinación de los esfuerzos. La estrategia de marketing y su ejecución tienen un efecto recíproco. En ocasiones, las estrategias inapropiadas pueden compensarse con una excelente ejecución. De otro lado, con frecuencia, buenas estrategias pueden fracasar debido a una implementación mediocre. Varias características particulares distinguen a las compañías que parecen hacer un buen trabajo de implementación, de las que no. Una dirección bien definida, interés por las necesidades del cliente y gerentes que animen las ideas de sus subordinados están entre las principales características.

En este capítulo se estudió el impacto de la estructura organizacional para facilitar la ejecución de estrategias y programas; sin embargo, también se reconoció que ninguna estructura garantizará la coordinación. Deben desarrollarse destrezas interpersonales y actitudes de cooperación para garantizar una coordinación efectiva. Además, los gerentes deben aprender a entender los factores que pueden ocultar el desempeño del personal dentro de las mismas funciones que le corresponden. En marketing, este problema

[45] "Compensation: How Do You Pay Your Sales Force?", *Inc.*, August 1991, p. 82.
[46] "IBM Leans on Its Sales Force", *Business Week,* Feb. 7, 1994, p. 100; y Andy Cohen, "Right on Target", *Sales and Marketing Management,* December 1994, pp. 59-63.

es más grave con respecto al desempeño de la fuerza de ventas, porque si los programas se implementan efectivamente, la fuerza de ventas suele tener una función importante que desempeñar. Aunque no hay ninguna "fórmula mágica" para la dirección efectiva de los vendedores, los gerentes deben considerar los aspectos estudiados en este capítulo para construir y mantener un esfuerzo de ventas de calidad.

Es importante tener conciencia de que organizar y gerenciar los recursos humanos son partes esenciales del proceso de planeación. Diferentes estructuras organizacionales, distintos métodos para coordinar actividades y diversos mecanismos para dirigir el esfuerzo de los vendedores serán necesarios, dependiendo de los tipos de estrategias y programas seleccionados. Las relaciones entre estas decisiones y los demás elementos del proceso de planeación se sintetizan en la figura 14-1.

Tiene particular importancia reconocer que la estrategia corporativa y los objetivos del producto tienen una especial relación con las decisiones que se refieren a la organización y a la gerencia de recursos humanos. De hecho, algunos gerentes creen que los productos requieren de distintas destrezas administrativas en las diversas etapas del ciclo de vida del producto.

En síntesis, una estructura organizacional efectiva y sólidos procedimientos de gerencia de recursos humanos pueden ser de inmenso valor para la ejecución de la estrategia de marketing. Sin embargo, debido a la compleja disposición de los programas de marketing que con frecuencia se emplean para implementar la estrategia respectiva, deberán desarrollarse planes anuales de marketing para definir y coordinar los planes del programa. Como se indica en el siguiente capítulo, el tipo específico de plan dependerá, en gran parte, de la estructura organizacional seleccionada. Sin embargo, antes de continuar, considérese la siguiente situación a la luz de los temas estudiados en el presente capítulo.

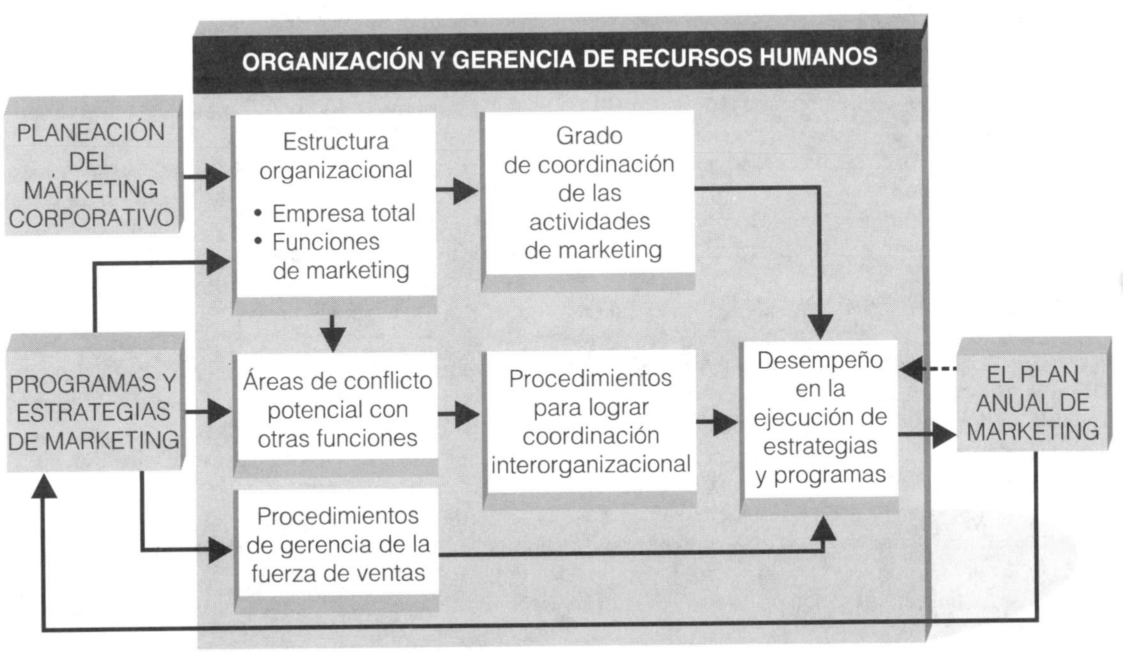

FIGURA 14-1

Relación de la organización y gerencia de recursos humanos con los demás elementos del proceso de marketing.

AGCO: UNA NOVEDOSA ESTRATEGIA DE MARKETING PARA EL DISTRIBUIDOR

En 1985, la fábrica estadounidense de tractores Allis-Chalmers fue vendida a una empresa alemana de equipo agrícola. Al cabo de dos años, la nueva división en Estados Unidos había perdido US$80 millones anuales sobre ingresos de US$200 millones. La distancia entre los ejes de su línea de tractores era demasiado ancha para los métodos estándar de siembra en EE.UU., lo cual llevaba a la destrucción de una hilera de la siembra cada vez que un tractor cruzaba el campo. Cuando se trató de rectificar este problema, el gerente en Estados Unidos, Robert Ratliff, dijo: "No hay ningún problema con el tractor, cambie al granjero". Ratliff decidió que era tiempo de comprar la empresa; la llamó Agco Corporation.

Agco fue fundada a mediados de 1990, y en 1991 sus ingresos fueron de US$274 millones con ganancias de US$8.7 millones. En ese tiempo, la agricultura estaba en un periodo de recesión y había una sobreproducción de maquinaria, buena parte de la cual permanecía en los lotes de los distribuidores por un largo tiempo hasta que las reducciones de precios fueran suficientemente sustanciales como para moverla de allí. Por ejemplo, los distribuidores de Case Corporation mantuvieron un inventario de 11 meses de suministros, durante este periodo.

Desde el comienzo, el enfoque de Agco fue el marketing y no la fabricación. Consciente de la importancia que para los granjeros tenían los nombres de marca establecidos, Agco compró varias marcas de equipo agrícola, como los tractores Massey Ferguson y las embaladoras Hesston Hay. La estrategia de crecimiento de la empresa se desarrolló alrededor de una gran red de distribuidores leales. La filosofía del distribuidor de Agco estaba en las palabras de Ratliff: "En un mercado maduro, todos los genios de fabricación y los sabios de marketing del mundo no necesariamente moverán su producto. El distribuidor es el rey y debe gerenciarse como el jugador principal de su equipo".

Agco compraría una fábrica de equipo agrícola, mantendría el nombre de marca mejor conocido y compraría los contratos del distribuidor. La red de distribución de Agco cuenta ahora con casi 7000 distribuidores, 2600 de ellos en América del Norte, y a quienes se les ofrece la oportunidad de vender otras marcas de Agco. Este cruce de contratos agregó US$130 millones en ingresos en 1994. Otros fabricantes de equipo agrícola como John Deere y Case Corporation tienen distribuidores exclusivos. Agco paga una bonificación por volumen a sus distribuidores con base en las ventas de producto Agco. Además de incrementar sus márgenes brutos, los distribuidores también cuentan con incentivos diferentes al dinero.

Sin embargo, los incentivos por sí solos no forjan la lealtad del distribuidor. Uno de los principales problemas en la industria de equipos agrícolas ha sido la sobrecapacidad. Como resultado, los fabricantes saturan a los distribuidores con más inventario del que pueden vender. Agco reconoció este problema y se concentró en minimizar los inventarios para los distribuidores. La fuerza de ventas de la empresa recibe un 50% en comisión y otro 50% en salario. Sin embargo, a diferencia de John Deere, Ford y Case, la comisión solamente se paga cuando el distribuidor hace una venta. Esto elimina el incentivo de presionar al distribuidor con inventarios y permite que los 100 vendedores de Agco estén motivados para ayudar al distribuidor a hacer la venta final con el granjero. Además, los vendedores de Agco, que trabajan con 25 distribuidores cada uno, los ayudan a desarrollar planes de negocios y los asesoran en los pronósticos; también sirven a nivel consultivo en el desarrollo de la estrategia de marketing de cada distribuidor. Agco no le despachará a un distribuidor para más de seis meses y controla muy de cerca las ventas. Por ejemplo, durante la estación de la cosecha, si un distribuidor no ha vendido una combinada en 30 días, Agco cambiará este inventario a otro distribuidor para reducir los costos de interés del primero.

Además, los vendedores de Agco realizan un mínimo de dos sesiones de entrenamiento por año y por marca en sus regiones. La empresa ofrece entrenamiento extensivo para los distribuidores en ramas como servicio, destrezas de venta al detal y manejo financiero; también ha establecido una línea caliente para quienes necesiten localizar una pieza o un producto, o que busquen respuesta a una pregunta técnica. En cada región se realizan reuniones abiertas con los distribuidores y los paneles con éstos últimos se celebran dos veces al año. Agco dice que el 85% de las políticas y decisiones que toma se originan en los intercambios de las reuniones personales, los paneles con los distribuidores y el contacto directo e individual con estos últimos. Durante los últimos 15 años, el número de distribuidores de equipo agrícola en Estados Unidos pasó de 15.000 a 6000 pero, al mismo tiempo, Agco aumentó su red de distribuidores, que se constituyó en el factor primario para el crecimiento de los ingresos de la empresa a US$1.4 billones en 1994. Los analistas proyectan que al cabo de cinco años, Agco habrá duplicado su participación de mercado.

1. La mayor parte de los distribuidores de Agco venden más de una de sus marcas. Cada vez que un distribuidor agrega una marca, esto le genera ingresos adicionales de US$150.000. Sin embargo, algunos pocos distribuidores han decidido vender sólo una línea. ¿Qué factores explicarían la decisión de estos distribuidores para vender solamente una línea en lugar de varias?
2. ¿Cómo cree Ud. que difiere el trabajo de un gerente de Agco de otro que utiliza distribuidores exclusivos, como John Deere?
3. ¿Qué tipo de estructura organizacional sería apropiada para Agco, dada la importancia que le otorga a su sistema de distribución?

Tomado de "Plant Pals", *Forbes*, May 8, 1995, pp. 130-131; "Case Digs Out from Under Way", *Business Week*, Aug. 14, 1995, pp. 62-63; y Geoffrey Brewer, "Wheeler Dealers: What the Hell Was Robert Ratliff Thinking?" *Sales and Marketing Management*, June 1995, pp. 39-44.

PREGUNTAS Y SITUACIONES DE ANÁLISIS

1. Pioneer Hi-Bred International produce y comercializa semillas híbridas más resistentes y productivas que otras semillas de variedades. En el pasado, los 4500 vendedores comisionados de Pioneer visitaban a cada granjero en su área de ventas. Ahora, se concentran en los cultivadores sofisticados, a gran escala que siembran 1000 acres o más. Se llama a agrónomos y especialistas para asesorar a los clientes preferenciales con información detallada sobre nuevas clases de semillas o para ayudar a quienes tienen problemas con sus cosechas. Este método de marketing "dirigido al cliente" se respalda con el reciente aumento de la participación de mercado de Pioneer. ¿Qué problemas de compensación esperaría Ud. con este método?
2. Un estudio de Bain and Company estima que una disminución del 5% en la tasa de retiro de clientes puede aumentar las utilidades entre un 25 y un 95%. ¿Por qué una mejora tan pequeña en la reducción de los retiros de clientes conduciría a un incremento tan grande en la rentabilidad?
3. Un gerente líder en marketing dijo recientemente: "cuando los mercados se fragmentan más y las empresas mantienen el desarrollo de múltiples productos, los aspectos clave técnicos, de fabricación y ventas se orientarán más hacia la línea que hacia la marca, haciendo que la participación de los gerentes de producto sea ineficiente". ¿Por qué estos factores señalan hacia esa predicción?
4. James River Corp. ha reorganizado su fuerza de ventas. Anteriormente, tres o más vendedores podían visitar a un cliente: uno con platos, otro con pocillos Dixie y otro con papel higiénico. Para obtener el precio más bajo, un cliente debería comprar la carga completa de tres camiones, uno por cada producto. En la actualidad, un equipo unificado visita al cliente y la mezcla de productos

se despachará al precio más bajo. ¿Cuáles son las ventajas para James River y sus clientes de un cambio de esta naturaleza en la estrategia de ventas? ¿Cuáles serían las desventajas?

5. "Cuando los clientes al detal son pocos y más sofisticados, la balanza de poder se inclina a favor del cliente". ¿Cómo esperaría Ud. que esto afecte el trabajo de la gerencia de ventas?
6. Un fabricante mediano de herramientas mecánicas utiliza un grupo de alta gerencia para todas las decisiones importantes. Este grupo consta del presidente y los vicepresidentes de finanzas, marketing, fabricación, personal e investigación y desarrollo. Suponga que Ud. es el vicepresidente de marketing y que el grupo de alta gerencia está considerando los siguientes aspectos:
   a. Ampliar la capacidad de la bodega de productos terminados en la sede local de fabricación o establecer cuatro bodegas regionales por todo el país.
   b. El gerente de investigación y desarrollo y el gerente de ventas han hecho solicitudes adicionales para aumentar el equipo de personal. El vicepresidente de finanzas indica que solamente una de las solicitudes puede contar con recursos en este momento.
   c. Se ha propuesto una nueva aleación más barata y compatible con los procesos de fabricación para usarla en la mayoría de los productos de la línea de producto existente.

¿Cuáles serían las diferencias en la posición que Ud. tomaría si considera estos temas desde el punto de vista de la empresa como un todo en oposición a los de su propia función? Explique su respuesta.

LECTURAS ADICIONALES SUGERIDAS

Avlonitis, George J., Kevin A. Boyle, and A. G. Kouremenos, "Matching Salesmen to the Selling Job", *Industrial Marketing Management,* vol. 15, February 1986, pp. 45-54.

Céspedes, Frank V., "Channel Management Is General Management", *California Management Review,* Fall 1988, pp. 98-120.

Cravens, David W., "The Changing Role of the Sales Force", *Marketing Management,* Fall 1995, pp. 49-58.

Griffin, Abbie, and John Hauser, "Integrating R&D and Marketing", *Journal of Product Innovation and Management,* May 1996, pp. 191-215.

Lorange, Peter, and John Roos, "Why Some Strategic Alliances Succeed and Others Fail", *Journal of Business Strategy,* January-February 1991, pp. 32-35.

Lyons, Michael Paul, "Joint Ventures as Strategic Choice A Literature Review", *Long-Range Planning,* August 1991, pp. 130-144.

McAdams, Jerry, "Rewarding Sales and Marketing Performance", *Management Review,* April 1987, pp. 33-38.

McKenna, Regis, "Real-Time Marketing", *Harvard Business Review,* July-August 1995, pp. 87-95.

Ruekert, Robert W., and Orville C. Walker, Jr., "Marketing's Interaction with Other Functional Units: A Conceptual Framework and Empirical Evidence", *Journal of Marketing,* January 1987, pp. 1-19.

Simon, Herman, "Lessons from Germany's Midsize Giants", *Harvard Business Review,* March-April 1992, pp. 115-123.

St. John C. H., and E. H. Hall, Jr., "The Interdependency between Marketing and Manufacturing", *Industrial Marketing Management,* August 1991, pp. 223-229.

Vaccaro, Joseph P., "Organizational Issues in Sales Force Decisions", *Journal of Professional Services Marketing,* vol. 6, no. 2, 1991, pp. 69-80.

Webster, Frederick E., Jr., "The Changing Role of Marketing in the Corporation", *Journal of Marketing,* October 1992, pp. 1-17.

Yovovich, B. G., "Partnering at Its Best", *Business Marketing,* March 1992, pp. 36-37.

CAPÍTULO 15

EL PLAN ANUAL DE MARKETING

VISIÓN GENERAL

Prácticamente para todas las organizaciones, el mecanismo más elemental es un plan anual que describa las metas u objetivos que la organización espera alcanzar durante el año siguiente y el presupuesto que se requiere para lograr esos objetivos. Como se indicó en otras secciones de este libro, muchas estrategias corporativas y de marketing necesitarán de suficiente tiempo (por lo menos, más de un año) para quedar totalmente implementadas. Sin embargo, debido a que los resultados financieros de toda la organización se presentan cada año, los presupuestos y su fundamento deben desarrollarse dentro de este marco de tiempo.

En este capítulo se estudia el plan anual de *marketing*, que es el mecanismo mediante el cual se integran objetivos, actividades y presupuestos para los diferentes programas de marketing (tratados en los capítulos 8 al 13)[1]. Estos planes sirven para tres propósitos básicos.

- Al igual que los diferentes planes del programa, los planes anuales sirven como mecanismo de comunicación que indica con claridad al personal vinculado a la actividad de marketing cuáles son los objetivos y los programas planeados y además servirá como guía de las actividades que se van a seguir.
- En una organización con múltiples productos, mercados u otras divisiones, los planes anuales sirven como datos importantes de entrada para el proceso de asignación de recursos. Usualmente, la alta gerencia revisará cada plan anual dentro de la organización, evaluará los recursos corporativos disponibles y aprobará o modificará los presupuestos con base en la valoración de las necesidades y contribuciones de cada unidad.
- Finalmente, una vez aprobado, el plan anual sirve como un mecanismo de control. Es decir, establece estándares de desempeño contra los cuales se puede evaluar el progreso de la unidad organizacional. Puede ser útil hacer revisiones periódicas de la brecha desempeño-evaluación, a fin de hacer las modificaciones oportunas al plan. Además, el logro total de la unidad se evalúa principalmente frente al desempeño anual con respecto al plan.

La principal meta de este capítulo es identificar los elementos básicos de un plan anual de marketing típico, mostrar el uso del mismo para fines de control y presentar algunos de los aspectos organizacionales más importantes que se relacionan con la planeación efectiva. Teniendo en cuenta

[1] Hal Goetsch, "Are Marketing Plans Passe?" *Marketing News*, Dec. 5, 1994, pp. 4-5.

que los gerentes también deben evaluar el impacto de los factores del entorno para establecer estándares y evaluar el desempeño, en este capítulo también se examina el proceso de monitoreo del entorno y su relación con el proceso de planeación de marketing. No obstante, antes de examinar estos conceptos y procesos, se distinguen tres tipos principales de planes anuales de marketing y se indican las diferentes clases de objetivos que se pueden seleccionar para el plan anual.

TIPOS DE PLANES ANUALES DE MARKETING

Las organizaciones pueden tener uno o varios planes anuales de marketing; además, el alcance del plan anual no es el mismo para todas las empresas. Básicamente, el número de planes y su alcance dependerá de la diversidad de productos y mercados de la firma y de su estructura organizacional.

El plan anual de marketing a nivel de negocios

Con frecuencia, una organización con un solo producto o una sola línea de productos altamente relacionados vende a través de una fuerza de ventas responsable únicamente de ese producto o línea. Ésta no sólo es una situación típica de muchas firmas productoras de tamaño pequeño y mediano, sino que también puede tipificar unidades de negocios estratégicas o categorías de negocios dentro de una gran firma diversificada. En estos casos, se desarrolla un plan anual de marketing único para este "negocio" en particular (sea el negocio una empresa completa, una división o alguna otra unidad estratégica). Usualmente, el gerente general de ventas o el gerente de marketing diseña estos planes para el negocio. De manera similar, los minoristas con una línea limitada, que se especializan en una categoría de producto, pueden desarrollar un plan único para todo el almacén bajo la orientación de un gerente de *merchandising* o del almacén. Por último, el director de marketing de una empresa de servicios para el consumidor (como el caso de un banco o una organización de servicios de salud) puede desarrollar un plan total de marketing. Estas firmas ofrecen una gran cantidad de servicios altamente relacionados y no acostumbran emplear fuerzas de ventas.

Planes anuales por producto o departamento

Las firmas organizadas por línea de producto pueden requerir de planes separados para cada producto (o en el sector minorista, para cada departamento). En estas situaciones, el número de programas que se incluyen en el alcance de los planes es limitado. Por ejemplo, es frecuente que un gerente de producto desarrolle los elementos de publicidad y promoción de ventas de un plan. No obstante, si se utiliza una fuerza de ventas común para varios productos administrados por separado, el gerente de producto no suele tener ningún control sobre el tamaño y los gastos en que incurre la fuerza de ventas; en esos casos, el presupueto de ventas puede no ser una parte del plan. Finalmente, las grandes empresas de servicios (como los grandes bancos) pueden emplear planes de producto si algunos de los productos necesitan atención especial. Por ejemplo, muchos bancos desarrollan planes anuales separados para la comercialización de servicios que utilizan únicamente clientes corporativos (como ciertos servicios de manejo de pensiones).

Cuando se desarrollan planes individuales de producto, deben integrarse en otros planes a niveles más elevados dentro de la organización. Por ejemplo, en una organización con varias divisiones, cada una de las cuales cuenta con varios productos, un gerente de división debe desarrollar planes que reflejen la suma de los planes de producto. En consecuencia, los planes corporativos y los planes de las divisiones deben ser consistentes con los objetivos de planeación del marketing corporativo que fueron estudiados en el capítulo 2.

Planes anuales de ventas

Un tercer tipo de plan es el plan anual de ventas. Si una fuerza de ventas es responsable de varios productos en una división, el gerente de ventas puede desarrollar un plan y un presupuesto separados que cubran solamente las responsabilidades de la fuerza de ventas. Los salarios, las comisiones y los gastos correspondientes a esa fuerza de ventas suelen ser los principales elementos en esos presupuestos. Sin embargo, estos aspectos pueden incluirse dentro del alcance del plan según la capacidad en la toma de decisiones que la fuerza de ventas tenga sobre descuentos, crédito, condiciones especiales de despacho, garantías y devoluciones de mercancía. El plan anual de ventas se integrará, entonces, con los diferentes planes de producto en el plan de la división.

Como los planes de ventas ya se han estudiado en el capítulo 13, en esta parte el estudio del plan anual se centrará en el plan total de marketing y en el plan del producto. No obstante, es importante reconocer que en las empresas multiproducto cada plan anual se revisará a nivel de división, a nivel corporativo, o ambos.

En la figura 15-1 se muestra la manera como los diversos tipos de planes de marketing a nivel de la gerencia pueden integrarse a niveles más altos de la organización. Como se sugirió en el capítulo 2,

FIGURA 15-1

Relación de los planes anuales de marketing, los planes de productos y los planes de ventas con la planeación a nivel corporativo y de división.

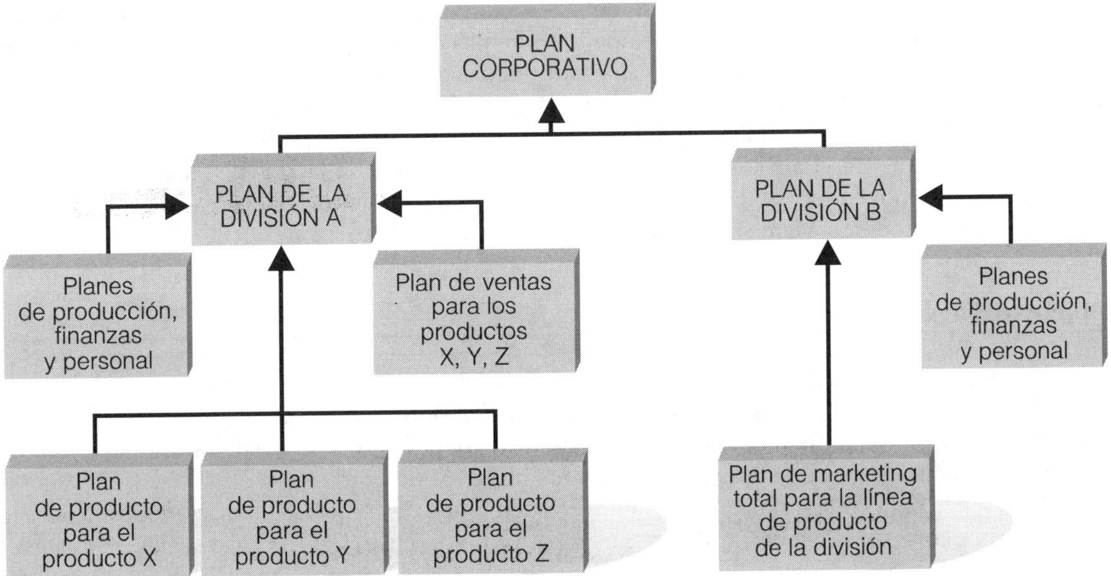

estos planes de producto deben ser consistentes con los objetivos de producto establecidos a nivel de la alta gerencia. Sin embargo, los planes también deben desarrollarse de una manera que refleje el análisis de la situación. En la siguiente sección se hace un breve repaso de los principales aspectos que influyen en el plan de marketing.

DESARROLLO DEL PLAN

No hay un formato o fórmula única acerca de la cual exista acuerdo universal para cada situación de la planeación anual. En la práctica, cada firma desarrollará el método, el esquema o la forma que parezca ajustarse mejor a sus propias necesidades. Sin embargo, existen dos clases básicas de datos de entrada para el proceso de planeación, las cuales deberán ser parte de cualquier plan: 1) un análisis amplio de la situación y 2) un enunciado de todos los objetivos de desempeño.

Análisis amplio de la situación

Como se estudió en los capítulos iniciales de esta obra, una firma necesita realizar un análisis de la situación antes de diseñar su estrategia y sus programas de marketing. Específicamente, se indicó que una estrategia de marketing deberá basarse en un análisis detallado del mercado, un análisis competitivo, mediciones del mercado y un análisis de rentabilidad y productividad.

Para un plan anual no suele ser necesario repetir cada uno de estos análisis (a menos que se presente una nueva estrategia de marketing). Suponiendo que una empresa continuara con su estrategia de marketing básica, el énfasis en el plan anual será la elección y la consecución de fondos para cada programa de marketing. En consecuencia, el análisis de la situación para un plan anual se dirigirá también hacia las actividades de los competidores, las tendencias de la industria (como cambios en el crecimiento de las ventas de la industria) y la productividad de los programas de marketing más recientes.

Considérese por ejemplo la figura 15-2, en donde se presenta un proceso que ha aplicado Procter & Gamble; puede apreciarse que el proceso de planeación anual comienza casi doce semanas antes de la aprobación, con una revisión del desempeño de ventas de una marca determinada y de la actividad competitiva. Durante las semanas siguientes, el gerente de producto desarrolla estimados acerca del nivel de asignación presupuestal que se requiere para alcanzar diferentes niveles de volumen de ventas por unidades y de participación de mercado. Estos estimados de productividad (los cuales se basan principalmente en el análisis de índices históricos y criterios de la actividad competitiva) son información vital para el proceso del presupuesto. Además, los gerentes involucrados en el proceso de planeación deben tener un claro sentido de los objetivos que esperan lograr.

Objetivos del plan anual

En el capítulo 2 se estudiaron los *objetivos corporativos* y el proceso para establecer las estrategias corporativas. Sobre la base de estas últimas y el análisis del portafolio de producto, los *objetivos de producto* se utilizan para orientar a los gerentes de nivel medio que desarrollan las estrategias y los programas de marketing necesarios para alcanzar los objetivos de producto.

Debido a que para cada producto o línea de producto debe desarrollarse un plan anual, éste debe ser consistente con el objetivo del producto. Sin embargo, los objetivos del producto suelen enunciarse

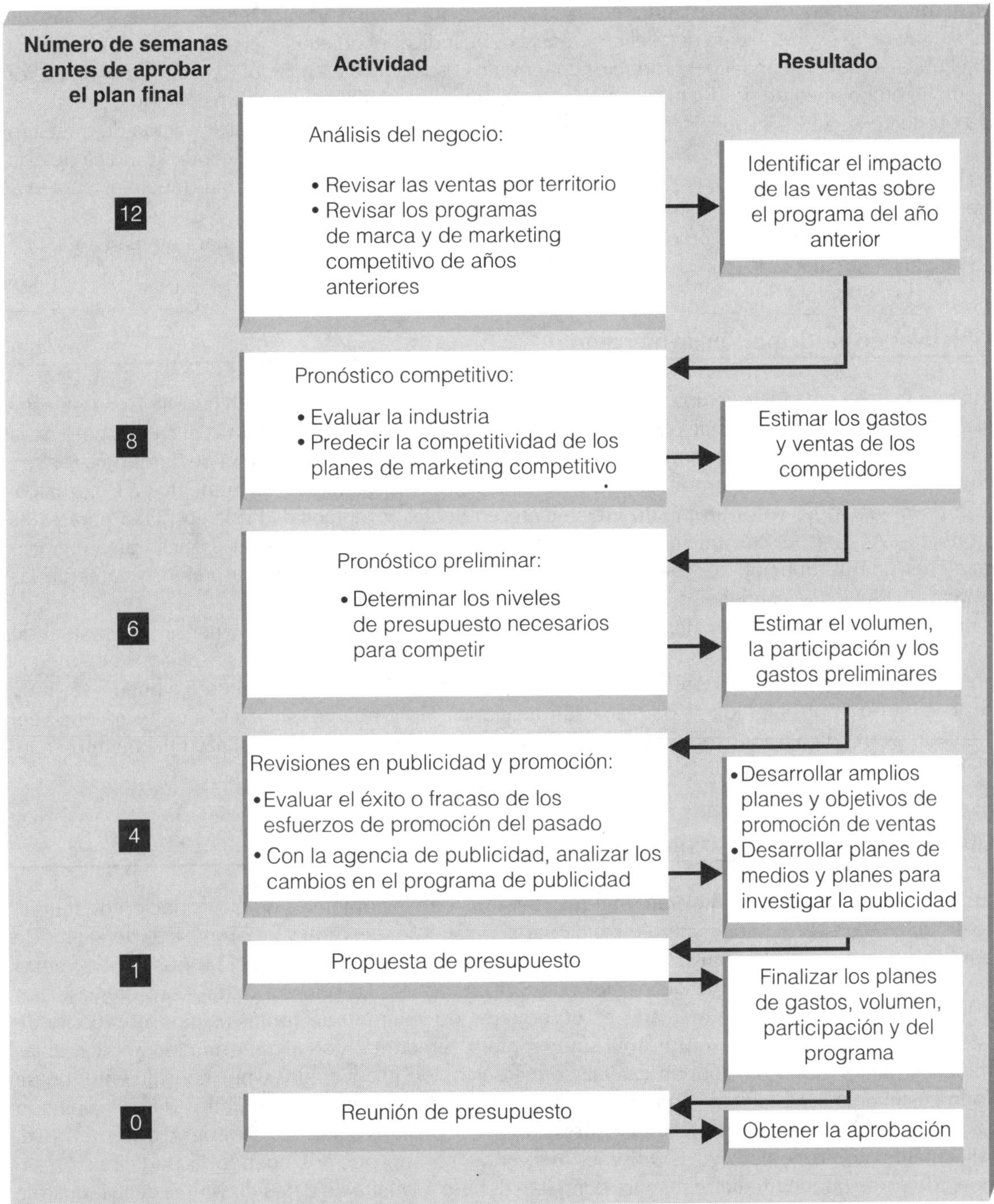

FIGURA 15-2

Un ejemplo del proceso de planeación anual.

en términos generales (como "aumentar la participación de mercado"). Debido a que un plan de marketing debe expresarse en detalle, la gerencia debe indicar el objetivo del plan anual de marketing (o el objetivo del plan anual del producto) en términos específicos en relación con *tiempo* y *nivel*. Por ejemplo, un objetivo de producto que se ha enunciado como "aumentar la participación de mercado del producto X" podría especificarse en un plan anual como incrementar la participación de mercado del producto X de un 17 a un 20% en seis meses, y hasta un 22% en un año". Cuando se indica de esta manera, los objetivos pueden brindar orientación más específica y estándares más medibles para evaluar el logro.

En esencia, hay tres tipos de objetivos que los gerentes pueden establecer para un plan anual: de participación de mercado, de volumen de ventas y de rentabilidad.

Objetivos de participación de mercado

Cuando la gerencia cree que una alta participación de mercado representará altas utilidades, se establecerán objetivos de participación de mercado. Como se sugirió en el capítulo 2, el crecimiento de la participación de mercado es un objetivo típico para un producto en la categoría de "interrogación" en un modelo de portafolio de producto. Si los mercados crecen con rapidez, un aumento en la participación de mercado llevará a un rápido crecimiento en ventas y rentabilidad a largo plazo para estos productos. Además, el crecimiento en la participación de mercado puede ser esencial para lograr o mantener una distribución adecuada debido a que los distribuidores pueden preferir solamente las marcas que mejor se venden.

Para los productos de la categoría "construir", el objetivo puede ser mantener el nivel actual de participación de mercado. Debido a que estos tipos de productos ya tienen participaciones de mercado altas y los mercados en donde compiten son atractivos para los competidores, puede ser muy costoso, si no imposible, lograr participación adicional. Sin embargo, si la tasa de crecimiento del mercado es alta para estos productos, la rentabilidad puede aumentarse con el paso del tiempo, manteniendo simplemente la participación de mercado actual.

Objetivos de volumen de ventas

Los objetivos de ventas están claramente relacionados con los objetivos de participación de mercado. Es decir, si una firma tiene un objetivo de participación de mercado y un pronóstico de ventas de la industria, entonces el objetivo de ventas puede calcularse multiplicando el pronóstico de ventas de la industria por el objetivo de participación de mercado. La primera razón para convertir un objetivo de participación de mercado en un objetivo de volumen de ventas es que se necesita de este último para desarrollar un presupuesto completo. Sin contar con algún estimado acerca de las unidades para vender, no podrían calcularse los costos de producción y, por consiguiente, no se podría estimar la rentabilidad. Con base en esto, cuando se establece un objetivo de participación de mercado, el volumen de ventas que refleja ese objetivo también deberá determinarse. Adicionalmente, los objetivos de volumen de ventas son apropiados cuando la participación de mercado no se puede medir de manera confiable debido a la falta de datos de ventas de la industria, como también cuando el plan anual es para una nueva forma de producto (en donde la participación de mercado es del 100%).

Objetivos de rentabilidad

Como se indicó al comienzo, los productos en la categoría "interrogación" deben recibir un amplio apoyo de marketing si la gerencia espera construir su volumen de ventas y su participación de mercado. Lo mismo es válido para los nuevos productos. A corto plazo, esto significa que la rentabilidad puede sacrificarse para esos productos con el fin de lograr una posición de mercado más fuerte y rentabilidad a largo plazo. No obstante, para productos en las categorías "sostener" y "cosechar" se presume que las oportunidades de crecimiento a largo plazo son pocas; es decir, los objetivos de rentabilidad suelen ser muy notorios en esos casos. De otra parte, casi siempre se espera que los productos en la categoría "construir" contribuyan con un cierto nivel de rentabilidad. Más aún, inclusive con nuevos productos y en la categoría "interrogación", no se puede desconocer totalmente la rentabilidad; habrá límites para las pérdidas que la gerencia esté dispuesta a aceptar para estos productos. En general, entonces, en todos los productos habrá algún nivel de rentabilidad bien sea como objetivo primario o secundario. Por consiguiente, en cualquier plan anual, los gerentes deberán establecer alguna contribución objetivo mínima (o alguna contribución negativa máxima, en el caso de nuevos productos o de la categoría "interrogación") para la utilidad total de la división o de la empresa.

En la figura 15-2 es importante reconocer que, en este proceso en particular, todos los pronósticos preliminares se someten a la alta gerencia de manera que se conoce la suma total de solicitudes de presupuesto y se pueden establecer en orden de prioridad antes de celebrar las reuniones finales para el presupuesto. Sobre los niveles de presupuesto podrían surgir diferencias de opinión significativas entre la alta gerencia y el gerente de marca, que bien podrían llevar a una orden de suministrar metas o planes sustancialmente revisados en la propuesta del presupuesto final, antes de la reunión correspondiente.

Para ilustrar el desarrollo de un plan anual, se retomará el caso de Linkster, Inc., que se trató en el capítulo 6.

Un plan anual de producto: Linkster, Inc.

El gerente de marketing de Linkster ha desarrollado un plan anual de producto para las chaquetas, cuyos elementos básicos se resumen en la tabla 15-1. Como se indica en el capítulo 6, es probable que este plan tenga alguna influencia sobre los ventas de sombrillas y suéteres. Esos efectos podrían plasmarse en el plan general de la empresa, el cual también incorporaría los planes de marketing para otros productos Linkster.

La esencia del plan de Linkster es construir el volumen a través de una promoción de precio durante el mes de abril y una campaña publicitaria en una revista. Esta campaña hará énfasis en dos beneficios distintivos: las chaquetas: 1) son frescas al igual que impermeables y 2) las diseñaron golfistas específicamente para golfistas. La promoción del precio incluirá un descuento de US$15 para cualquier chaqueta de la firma en todos los almacenes de profesionales que vendan cursos de golf. La promoción se anunciará en los avisos comerciales de la revista. El plan sugiere que los efectos combinados de estos programas llevarán a un aumento del 40% en las ventas de chaquetas.

Las características específicas del plan ameritan un estudio especial:

- Se espera que el total de las ventas promocionales sea de 8000 unidades, de las cuales se confía que 3000 sean ventas desplazadas. (Sin la promoción de precio, la ganancia que la gerencia espera en ventas por la campaña de publicidad es de 3000).

TABLA 15-1

LINKSTER: PLAN DE PRODUCTO PARA LAS CHAQUETAS EN 1997

OBJETIVOS ANUALES DE DESEMPEÑO

1. Aumentar las ventas de unidades de chaquetas a 28.000 (de 20.000 en 1996)
2. Aumentar la contribución total sobre las chaquetas a US$300.000 (de US$250.000 en 1996)

ESTRATEGIA DE MARKETING

Captar nuevos clientes a partir de un posicionamiento diferenciado (fresco e impermeable, diseño exclusivo para golfistas)

PROGRAMAS DE MARKETING

PROGRAMA	OBJETIVOS	PRESUPUESTO
1. Anuncios en revistas: enero-marzo	Lograr un 40% de conocimiento entre los lectores de revistas de golf para marzo 30.	US$176.000 para 4 inserciones en revistas de golf más costos de producción de US$8000.
2. Promoción en septiembre: US$15 de descuento en un curso de golf en almacenes profesionales	Lograr ventas de 8000 unidades.	US$10.000 en exhibiciones en puntos de ventas y US$15 de descuento sobre 3000 ventas desplazadas.

- Debido a que la anterior publicidad de Linkster fue modesta, para 1997 la meta de la empresa es comenzar a construir una mayor conciencia de marca como una base para el futuro. La audiencia objetivo serán los golfistas que se suscriban a una revista de golf, cuya circulación es casi de un millón de ejemplares. La agencia de publicidad de Linkster cree que debe generar 800 GRPs hacia el final de marzo para alcanzar una conciencia del 40%. Como la audiencia objetivo es un millón y como un GRP se logra al alcanzar un 1% de la audiencia objetivo una vez, se multiplica 1% por un millón o 10.000 impresiones para generar un GRP. (En el capítulo 10 se puede revisar la relación entre los *gross rating points* y las impresiones en bruto). La agencia piensa que puede comprar espacio en una revista de golf a un costo por mil de US$22. Por consiguiente, Linkster puede obtener los GRPs requeridos por US$176.000, como se calcula en la tabla 15-2.

El proceso de unificar el plan anual no es sencillo debido a la variedad de combinaciones de precios, presupuestos del programa y costos que tiene que considerarse. En consecuencia, a menudo los gerentes pasarán por una serie de planes tentativos antes de dar con uno que sea satisfactorio. Sin embargo, la complejidad y el tiempo involucrados en este proceso se reducirán sustancialmente si el gerente utiliza alguno de los programas populares de hojas electrónicas (como el Lotus 1-2-3) disponibles para los computadores personales.

Finalmente, el plan no deberá suponer que los resultados se lograrán a una tasa constante durante todo el año. Las condiciones de la demanda según las estaciones y las variaciones en la oportunidad de

TABLA 15-2

CÁLCULO DEL PRESUPUESTO DE PUBLICIDAD QUE REQUIERE LINKSTER

Tamaño de la audiencia objetivo	1,000,000
× 1%	× 1%
Número de personas para alcanzar 1 *gross rating point* (*GRP*)	10,000
× Número de GRPs requeridos	× 800
Total de impresiones requeridas	8,000,000
÷ 1000	÷ 1000
Miles de impresiones requeridas	8,000
× Costo por mil (CPM)	× US$22
Presupuesto requerido para los medios	US$176,000

los programas alternativos existen quizá en la mayoría de los planes. Por tanto, cuando sea posible, deberán establecerse recesos mensuales o trimestrales para permitir que los gerentes sepan cuándo se esperan los diferentes resultados y para facilitar el control. (La tabla 15-3 muestra *benchmark* o puntos de referencia mensuales para el plan de producto de Linkster).

TABLA 15-3

LINKSTER, INC.: PROYECCIONES BIMENSUALES PARA LAS CHAQUETAS EN 1997 (en dólares)

	ENE.– FEB.	MAR.- ABR.	MAY.- JUN.	JUL.- AGO.	SEPT.- OCT.	NOV.- DIC.	PRESUPUESTO TOTAL
Ventas de chaquetas a precios regulares	2,000	6,000	4,000	2,000	3,000	3,000	20,000
MCV (Margen de contribución variable)—ventas regulares	$76,000	$228,000	$152,000	$76,000	$114,000	$114,000	$760,000
Ventas de chaquetas a precios de promoción	0	0	0	0	8,000	0	8,000
MCV—ventas de promoción	0	0	0	0	$184,000	0	$184,000
Total de ventas (acumulado)	2,000	8,000	12,000	14,000	25,000	28,000	28,000
Total de MCV (acumulado)	$76,000	$304,000	$456,000	$532,000	$830,000	$944,000	$944,000
Gastos de publicidad (acumulado)	$52,000	$184,000	$184,000	$184,000	$184,000	$184,000	$184,000
Gastos de promoción (acumulado)	0	0	0	0	$ 10,000	$ 10,000	$ 10,000
Otros gastos directos (acumulado)	$75,000	$150,000	$225,000	$300,000	$375,000	$450,000	$450,000
Contribución total (acumulado)	($51,000)	($ 30,000)	$ 47,000	$ 48,000	$261,000	$300,000	$300,000

UTILIZACIÓN DEL PLAN COMO MECANISMO DE CONTROL

Si los gerentes simplemente se olvidaran de un plan una vez que lo adoptan, fracasarían luego al intentar tomar ventaja plena del proceso de planeación; es decir, el plan anual no sirve simplemente como una herramienta de coordinación sino también como un dispositivo de control.

De hecho, rara vez los resultados irán precisamente de acuerdo con el plan, ya que pueden presentarse cambios en las acciones competitivas, en la disposición y la capacidad de compra de los clientes, o en otro factor del entorno. Además, en muy pocas ocasiones los gerentes estarán totalmente seguros de la manera como los programas de marketing influirán en las ventas, incluso ante la ausencia de reacciones competitivas u otros cambios del entorno. Finalmente, incluso a veces los costos son difíciles de proyectar.

Los gerentes deberán reconocer que existen, por lo menos, dos métodos de control: *posterior a la acción* que puede utilizarse al final del periodo de planeación para revisar el grado de éxito alcanzado y para aislar las causas de cualquier brecha entre el desempeño planeado y el real. Por ejemplo, a finales de 1997, Linkster podría revisar sus resultados, compararlos con las ventas planeadas y los objetivos de rentabilidad, y tratar de determinar por qué surgió alguna brecha en el desempeño del plan. El principal propósito de este tipo de sistema de control es utilizar el conocimiento que se obtiene de este análisis para desarrollar planes futuros.

Como alternativa, las organizaciones pueden adoptar modelos de *control de rumbo*. Este enfoque considera que si se pueden identificar con suficiente anticipación las desviaciones en el desempeño del plan, los gerentes pueden emprender acciones correctivas; es decir, el plan puede ajustarse (enrumbarse) para satisfacer los objetivos originales[2]. Desde un punto de vista de la gerencia de marketing, el método de control del rumbo tiene en verdad importantes ventajas a corto plazo debido a que la efectividad de los programas de marketing para producir ventas siempre es, de alguna manera, incierta. En consecuencia, los gerentes preferirían tener la oportunidad de hacer ajustes al plan de marketing tan pronto como sea posible cuando se hace evidente que no se pueden alcanzar los objetivos anuales.

Para implementar el método de control de rumbo, los gerentes deben seguir los siguientes pasos:

1. Seleccionar las medidas del desempeño que se deben controlar.
2. Comparar el desempeño real y el planeado con intervalos de tiempo apropiados.
3. Especificar el grado de desviación aceptable.
4. Identificar las implicaciones de las desviaciones.
5. Modificar el plan para controlar el rumbo hacia los objetivos.

Seleccionar las medidas del desempeño

Debido a que los objetivos primarios de un plan de marketing se establecen en términos de ventas, participación de mercado o rentabilidad, es natural que los gerentes quieran monitorear estas medidas del desempeño. Sin embargo, también es probable que encuentren que ellas no son adecuadas para el modelo de control del rumbo, por dos razones. La primera, es que la información sobre estas medidas

[2]Subhash Sharma and Dale Achabla, "STEMCOM: An Analytical Model of Marketing Control", *Journal of Marketing*, Spring 1982, pp. 104-113.

puede no estar disponible con la rapidez necesaria; por ejemplo, los fabricantes que venden a través de distribuidores a menudo tienen un tiempo de espera entre las ventas y las compras del minorista. Adicionalmente, la información sobre participaciones de mercado puede no estar disponible sobre una base regular. Segunda, y más importante, es que los gerentes que utilizan el método de control del rumbo necesitan información sobre la *manera como* deben cambiar el plan para satisfacer los objetivos de ventas, participación de mercado o rentabilidad. En consecuencia, es importante controlar el desempeño del programa porque las desviaciones en el mismo pueden servir como indicadores de que los objetivos del plan anual no se están logrando. En la tabla 15-4 se presenta una lista de algunos de los indicadores del desempeño más comunes que los gerentes deberán monitorear.

TABLA 15-4

ALGUNAS POSIBLES MEDIDAS DE DESEMPEÑO QUE SE MONITOREAN PARA EJERCER CONTROL

MEDIDAS DEL DESEMPEÑO GENERAL

1. Ventas en unidades
2. Ventas en dinero
3. Ventas en segmentos específicos del mercado
4. Costos de marketing
5. Costos de producción
6. Participación de mercado
7. Calificaciones del cliente sobre la calidad del producto
8. Calificaciones del cliente sobre el servicio suministrado

MEDIDAS DEL DESEMPEÑO DEL PROGRAMA

1. Programas de nuevo producto	**a.** Tasa de prueba
	b. Tasa de recompra
	c. Ventas canibalizadas
	d. Número de devoluciones del cliente
2. Programas de precios	**a.** Precio real cargado
	b. Precio en relación con el promedio de la industria
3. Programas de publicidad	**a.** Niveles de conciencia
	b. Calificaciones del atributo
	c. Gastos actuales
4. Programas de promoción de ventas	**a.** Tasas de redención
	b. Tasas de desplazamiento
	c. Tasas de reabastecimiento de inventario
5. Programas de ventas y distribución	**a.** Tasas de respuesta directa
	b. Número de visitas de ventas
	c. Número de nuevas cuentas
	d. Número de cuentas perdidas
	e. Número de distribuidores que tienen el producto
	f. Cantidad de quejas del cliente
	g. Costos de viaje

En muchas empresas, la clase de información que se presenta en la tabla 15-4 tampoco está disponible de manera oportuna. En esos casos, con frecuencia, los gerentes experimentados suelen recurrir al desarrollo de su propias medidas, utilizando cualquier dato que encuentren disponible. Por ejemplo, un gerente de bienes de consumo masivo diseñó un "Índice Gimme" semanal el cual se calculó como el cociente entre los gastos de promoción para el comercio y los gastos de la promoción para el consumidor. El índice sirvió como una advertencia del aumento de la actividad competitiva para lograr espacio en los estantes (cuando el cociente es muy alto) o del debilitamiento de las ventas al consumidor (cuando el cociente desciende). Como resultado, este índice permitió que el gerente viera la posibilidad de una desviación entre el desempeño real y el planeado, sobre el nivel de distribución logrado o sobre las ventas[3].

Como se indicó en el capítulo 1, en la actualidad se reconoce que la satisfacción del cliente es un aspecto fundamental del desempeño. Muchas firmas están aprendiendo que impulsar la satisfacción puede llevar a niveles más altos de retención del cliente y de rentabilidad. Algunas firmas miden directamente la satisfacción y la calidad percibida[4]; otras se basan en indicadores de satisfacción (como el número de problemas reportados o la probabilidad de volver a comprar el producto en el futuro). Los cambios a través del tiempo en estos indicadores le indican a la gerencia si el desempeño está mejorándose o deteriorándose.

Comparación del desempeño actual con el desempeño planeado

Las comparaciones del desempeño deberán hacerse con la frecuencia que sea necesaria, de manera que los gerentes puedan tener la mejor oportunidad para poner en marcha el plan. Sin embargo, los intervalos que se utilicen para comparar el desempeño deberán ser bastante amplios como para ser significativos. Por ejemplo, debido a que los programas de publicidad suelen funcionar lentamente, será más difícil contar con indicadores de su desempeño útiles en un periodo corto. De otro lado, la promoción de ventas y el marketing de respuesta directa trabajan más rápidamente y pueden controlarse de una manera apropiada sobre una base mensual (o con más frecuencia si se desea). Adicionalmente, las medidas del desempeño con base en el esfuerzo (como el número de visitas de ventas o de demostraciones del producto) también pueden medirse con frecuencia. Por último, existen diferencias entre las industrias en términos de frecuencias de compra del cliente; en consecuencia, el desempeño de ventas puede medirse de manera significativa sobre una base mensual en algunos mercados, mientas que en otros puede ser más razonable utilizar comparaciones trimestrales.

Especificar grados aceptables de desviación

En el plan anual también deberá especificarse el grado de desviación aceptable con respecto a los estándares de desempeño. Como se indicó antes, los gerentes en realidad no esperan que se logre a plenitud cada uno de esos estándares; sin embargo, quieren identificar las desviaciones significativas con respecto a las ventas, la participación de mercado y los estándares de costo que se hayan establecido. Con base en

[3]Thomas Bonoma, "Marketing Subversives", *Harvard Business Review*, November-December 1986, pp. 113-118.
[4]Para un estudio de las escalas de medición, *véase* Tom Brown, Gilbert Churchill, and J. Paul Peter, "Research Note: Improving the Measurement of Service Quality", *Journal of Retailing*, Spring 1993, pp. 127-139.

esto, por lo general resulta de gran utilidad especificar por anticipado el rango aceptable para el desempeño, de manera que la atención de la gerencia puede dirigirse hacia las desviaciones más importantes (por ejemplo, una firma puede considerar como aceptable una desviación del 5% en sus ventas reales con respecto a las ventas planeadas, mientras que otras pueden considerar solamente un 1% como aceptable).

Adicionalmente, el grado de aceptación de la desviación deberá considerarse dentro del contexto del grado de confiabilidad del estándar de desempeño. Por ejemplo, si los gerentes quieren impresionar a sus superiores, siempre hay la oportunidad de que establezcan estándares de desempeño demasiado pesimistas de manera que se amplíe la probabilidad de lograr un estándar (y cualquier bonificación resultante). Por el lado contrario, algunos gerentes de alto nivel presionan a los planificadores para establecer expectativas irreales de alto desempeño. Esto puede ocurrir porque la alta gerencia espera un buen resultado (quizá para justificar una decisión previa) y, por tanto, es demasiado optimista; o porque los gerentes creen que la gerencia de nivel medio que hace los planes de ventas y de producto ha establecido metas conservadoras en ventas y utilidades, de manera que las pueden alcanzar más fácilmente. Aunque este problema no es fácil de resolver, en ocasiones puede ser más manejable al lograr que los gerentes expresen su grado de certidumbre acerca de diferentes niveles de desempeño. Por ejemplo, se les podría preguntar: "Para un presupuesto dado, ¿qué participación de mercado tiene el 50% de posibilidad? ¿cuál tiene el 80%? ¿cuál el 100%?"[5].

Identificar las implicaciones de las desviaciones

Dependiendo de cuáles indicadores específicos del desempeño se controlen, los gerentes se enfrentarán con el análisis de las desviaciones en el desempeño de ventas, del programa o de costos.

Las desviaciones que se observan con respecto al desempeño de ventas planeado puede atribuirse a factores fuera de control, como las cambiantes condiciones del mercado que llevan a un descenso en las ventas de la industria o a acciones competitivas imprevistas[6]. No obstante, si los gerentes no encuentran ninguna evidencia de que algún tipo de factor fuera de control es responsable de las desviaciones en el desempeño, entonces el siguiente paso lógico es analizar el desempeño de los programas de marketing (adicionalmente, como se indicó antes, si lo desean, los gerentes pueden examinar los indicadores de los programas de desempeño inclusive antes que se disponga de resultados de ventas útiles).

El desempeño del programa deberá examinarse en dos niveles, cuando sea posible: el grado en el cual se alcanzan los *objetivos* del programa y el grado en el cual se logra el *esfuerzo* planeado. Si los niveles de esfuerzo (como las visitas de ventas reales o la cobertura de publicidad) no se logran como se planeó, entonces es probable que no se alcance ninguno de los objetivos del programa ni del desempeño de ventas. Sin embargo, si se llega al nivel de esfuerzo planeado (por ejemplo, cantidad de nuevas cuentas o niveles de conciencia de marca) pero no a los objetivos del programa, entonces el *diseño* del programa (por ejemplo, atractivos de ventas, nivel de precios, *copy* o texto de publicidad, valor del cupón, etc.) no es efectivo o el *presupuesto* es inadecuado. Además, los gerentes pueden encontrar que el desempeño de los diferentes programas procede de acuerdo con el plan, pero que el

[5]Para un estudio de estos y otros temas relacionados con el establecimiento de metas en los planes de marketing, *véase* Thomas Bonoma, "Marketing Performance—What Do You Expect?", *Harvard Business Review*, September-October 1989, pp. 44-47.

[6]Para ejemplos, *véase* Joan Delaney, "Crafting a Marketing Plan that Works", *Black Enterprise*, November 1994, pp. 120-124.

de ventas aún se encuentra por debajo del nivel planeado. Suponiendo que el gerente ha determinado factores incontrolables como causa en la desviación de las ventas, debe concluir que se ha sobrestimado la productividad de ventas en los diferentes programas. (La figura 15-3 sintetiza los pasos del análisis de las desviaciones de ventas).

Finalmente, los costos reales del marketing directo y los costos variables pueden desviarse de los costos planeados; por ello, deben identificarse las razones para esas desviaciones, las cuales pueden incluir aumentos de costos dictados por los proveedores, estimados inadecuados del costo de alcanzar los objetivos del programa o, simplemente, el logro, más rápido de lo previsto, de los objetivos del programa. Por ejemplo, la fuerza de ventas puede visitar más pronto o con más frecuencia de lo

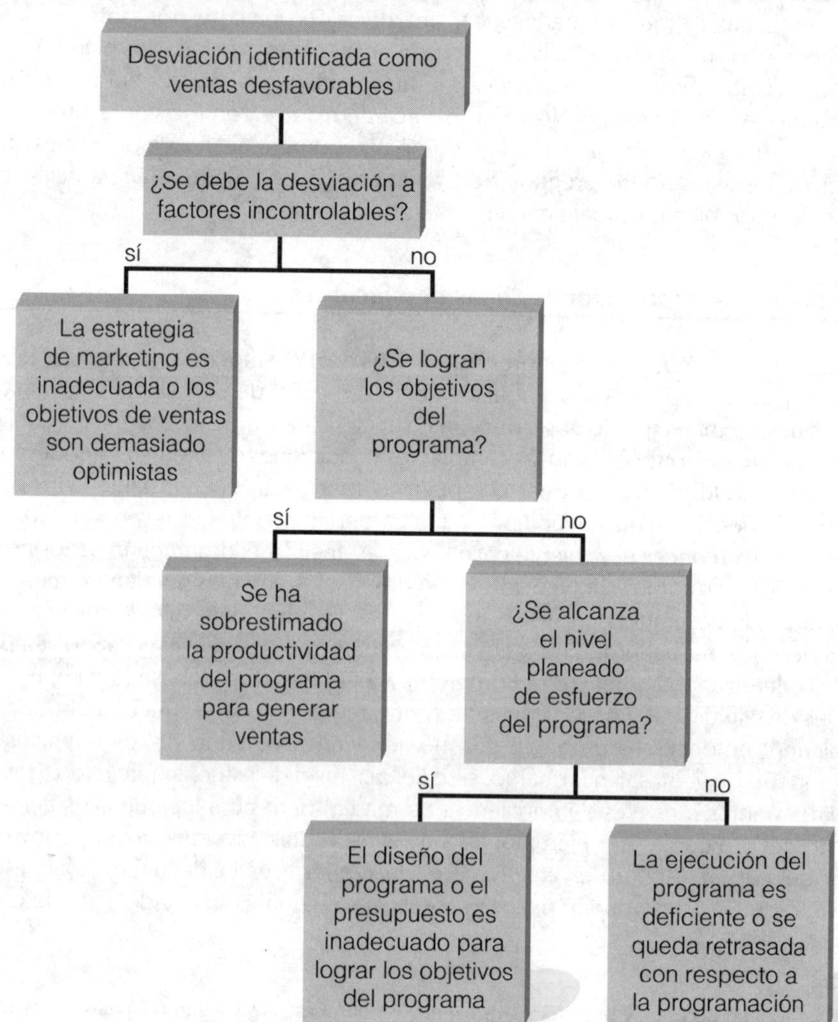

FIGURA 15-3
Análisis de las desviaciones de ventas.

planeado a algunos clientes; en ese caso, los costos pueden exceder el presupuesto durante los periodos iniciales del plan[7].

Sin considerar el tipo de desviación que se estudie, los gerentes deben distinguir las causas en el entorno de las causas controlables de un deficiente desempeño. A menudo, esto es muy difícil debido a que los cambios del entorno no se reconocen de inmediato. Según esto, un sistema para controlar las tendencias y fuerzas del entorno ayudará a los gerentes a identificar efectos fuera de control y a tratar de hacer modificaciones al plan. Algunos procedimientos y métodos para el monitoreo del entorno se estudian más adelante en este capítulo.

Hacer modificaciones al plan cuando sea necesario

Los gerentes deberán hacer al programa de marketing cualquier modificación que sea necesaria para que la firma retroceda o avance en procura del logro de los objetivos del plan anual. Si las desviaciones entre el plan y el desempeño real son relativamente menores, entonces este suele ser el único tipo de acción remedial que los gerentes deben tomar. Sin embargo, si las desviaciones son muy grandes y la probabilidad de eliminarlas durante el resto del año es relativamente pequeña, la gerencia puede tener que revisar los objetivos del plan anual. (Claro está que, si el desempeño real excede el planeado, puede ser deseable revisar los objetivos para ampliarlos)..Por último, en el caso de una competencia severa e imprevista, de cambios en el costo u otras modificaciones del entorno, puede que sea necesario revisar toda la estrategia de marketing e inclusive los objetivos del producto.

Para ilustrar el proceso de controlar el plan de marketing, véase nuevamente el caso de Linkster, Inc. En la tabla 15-5 se resume el desempeño general del plan del producto hasta fines del mes de junio. A mitad del año, Linkster se halla muy rezagada con respecto al plan de ventas y de utilidades.

Al evaluar las razones para el fracaso en el logro de los estándares de desempeño, la gerencia descubrió lo siguiente:

TABLA 15-5

LINKSTER, INC.: DESEMPEÑO REAL DEL PRODUCTO FRENTE A LO PLANEADO PARA ENERO-JUNIO 1997

MEDIDAS DEL DESEMPEÑO	REAL	PLANEADO
Total de chaquetas a precio regular	9,500	12,000
Total de chaquetas a precio de promoción	0	0
Total de chaquetas	9,500	12,000
Total MCV	US$361,000	US$456,000
Gastos de publicidad	US$197,000	US$184,000
Otros costos directos	US$220,000	US$225,000
Contribución total	(US$ 56,000)	(US$47,000)

[7]Métodos para identificar las causas de la varianza de costos se encuentran en James Hulbert and Norman E. Toy, "A Strategic Framework for Marketing Control", *Journal of Marketing*, April 1977, pp. 12-20.

- *Factores fuera de control*: el clima de primavera fue inusualmente cálido en el sur y húmedo en el norte. Por consiguiente, la demanda de chaquetas fue más baja de lo usual en el sur y muchos golfistas del norte debieron retrasar el inicio de su temporada.
- *No se lograron los objetivos del programa:* al rastrear la conciencia de marca, la gerencia pudo determinar que solamente el 25% de la audiencia objetivo era consciente de la marca para mediados de junio. La ejecución del programa estaba en la programación, lo que señalaba como problema una estrategia de publicidad deficiente o gastos inadecuados.
- *Sobrantes de costos*: los estimados iniciales de los costos del diseño de publicidad demostraron ser bajos, quedando un modesto sobrante en el presupuesto respectivo. En parte, esto se debió a que los costos fijos de producción eran más bajos de lo planeado.

Con base en este análisis, la gerencia de Linkster decidió tomar las siguientes acciones:

- La meta anual de ventas para las chaquetas a precios que no son de promoción disminuyó en 2000 unidades en reconocimiento de las ventas perdidas debido a las condiciones del clima.
- Para septiembre se agregó una inversión en publicidad por US$45.000 para coincidir con la promoción. La gerencia esperaba que esto aumentaría las ventas de promoción en septiembre en 2000 unidades (de 8000 a 10.000) y que también estimularía una cantidad extra de 500 unidades durante el periodo posterior a la promoción.

En la tabla 15-6 se presenta el plan revisado. Obsérvese que si Linkster puede lograr los niveles de desempeño estipulados en la revisión, la empresa superará todos los faltantes de ventas y parte del faltante de la contribución total. En otras palabras, la gerencia tendrá que comenzar el proceso de encauzar el plan hacia los objetivos originales. Aunque el objetivo de utilidad inicial ya no se considera alcanzable, el proceso le permite a la gerencia, por lo menos, señalar los efectos de factores fuera de

TABLA 15-6

LINKSTER, INC.: PLAN REVISADO PARA JULIO-DICIEMBRE 1997

	ORIGINAL JULIO-DIC.	REVISADO JULIO-DIC.	NUEVO TOTAL* PARA 1997
Total de chaquetas a precio regular	8,000	8,500	18,000
Total de chaquetas a precio de promoción	8,000	10,000	10,000
Total de chaquetas	16,000	18,500	28,000
MCV–precio regular	US$304,000	US$323,000	US$684,000
MCV–precio de promoción	US$184,000	US$230,000	US$230,000
Total de MCV	US$488,000	US$553,000	US$914,000
Gastos de publicidad	0	US$ 45,000	US$242,000
Gastos de promoción	US$ 10,000	US$ 10,000	US$ 10,000
Otros costos directos	US$225,000	US$225,000	US$445,000
Contribución total	US$253,000	US$273,000	US$217,000

*Incluye plan real enero-junio y revisado julio-diciembre.

control y un programa ineficiente antes que se pierda el año completo. Resulta claro que entre más temprano se detecten los problemas, más efectivo será el sistema de encauzamiento.

También es importante anotar que la efectividad del control de encauzamiento dependerá, en parte, del grado en el cual una firma pueda ser efectiva para hacer modificaciones. Si las desviaciones se deben en primer lugar a factores incontrolables del entorno, los gerentes no pueden modificar sus estrategias sin una consideración profunda de los efectos de futuros cambios del entorno. Por consiguiente, el proceso de monitoreo del entorno es un aspecto adicional importante para el proceso de control del rumbo.

MONITOREO DEL ENTORNO

El monitoreo del entorno consiste en buscar y procesar información acerca de los cambios en el entorno de una organización. Aunque un análisis del entorno es un requisito previo para el desarrollo de estrategias corporativas y de marketing, los entornos de marketing que enfrentan la mayor parte de las empresas son dinámicos. Por tanto, para analizar las desviaciones en el desempeño con respecto al plan básico y para hacer cualquier adaptación necesaria en la estrategia, los gerentes deberán tener acceso a sistemas que continuamente monitorean el entorno.

Sistemas estratégicos de monitoreo del entorno

Estos sistemas son métodos formalizados para monitorear el cambio sobre una base continua y sistemática. Un sistema de esta clase es efectivo si la gerencia ha definido con claridad su propósito de garantizar que no se pasará por alto información crucial.

Montgomery y Weinberg han propuesto tres clases de propósitos para estos sistemas[8].

1. *Defensivo*: la información se obtiene de un esfuerzo para evitar sorpresas. Es decir, el propósito del monitoreo del entorno simplemente es determinar si los supuestos implícitos y explícitos sobre los cuales se basan las estrategias actuales siguen siendo válidos.
2. *Pasivo*: la información se utiliza para suministrar datos como puntos de referencia o *benchmark* para evaluar un objetivo de las políticas de una firma. Por ejemplo, una empresa podría reunir datos de la compensación de ventas de la industria para premiar el desempeño de ventas de una manera comparable a la de los competidores de la firma.
3. *Ofensivo:* esta clase de información se diseña para *identificar* oportunidades.

Al establecer el propósito de un sistema estratégico de monitoreo del entorno, la gerencia puede asegurar la recopilación de las clases de información que requiere y evitar lo que sea irrelevante. Una vez que se han establecido las fuentes y necesidades de información, deben identificarse los participantes que necesitan esa información sobre el entorno. Como para suministrar la información estratégica necesaria están involucrados diversos individuos y departamentos, deben hacerse asignaciones definitivas para la adquisición de tipos específicos de información[9]. En la figura 15-4 se resumen los principales elementos que serían necesarios en un sistema estratégico de control del entorno.

[8] David B. Montgomery and Charles B. Weinberg, "Toward Strategic Intelligence Systems", *Journal of Marketing,* Fall 1979, p. 42.
[9] David B. Baker, "Organizing a Strategic Information Scanning System", *California Management Review,* January 1983, pp. 76-83.

FIGURA 15-4

Organización de un sistema estratégico de monitoreo del entorno.

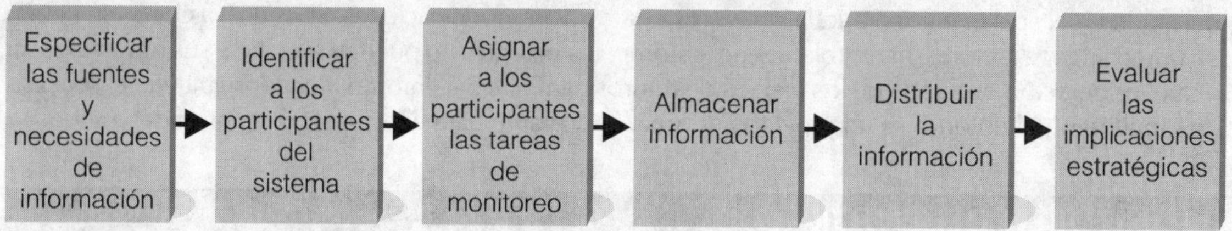

Fuentes de información del entorno

Para establecer un esfuerzo formal de monitoreo del entorno, los gerentes deben identificar las fuentes de información que probablemente se utilizarán más de acuerdo a los propósitos establecidos. En el capítulo 5 se identificaron algunas fuentes para datos generales de medición del mercado. En el Apéndice se presentan fuentes adicionales útiles.

Quizá el avance más importante en los últimos años con respecto al monitoreo del entorno es el banco de información en línea. Algunas de las organizaciones mejor conocidas y los datos que tienen a disposición se presentan en la tabla 15-7. Adicionalmente, como más gente ha logrado tener acceso a la Internet a través de universidades, organizaciones comerciales como America On-Line o Compuserve,

TABLA 15-7

PRINCIPALES DISTRIBUIDORES DE BASES DE DATOS CON INFORMACIÓN DE NEGOCIOS

SERVICIO Y DISTRIBUCIÓN	DESCRIPCIÓN
DIALOG Information Services	Más de 200 bases de datos que contienen cerca de 55 millones de registros; índices de artículos y datos financieros; reportes anuales de corporaciones de EE.UU con carácter público.
Dow Jones News Retrieval	Noticias económicas y de negocios, cuotas de capital, información sobre inversiones, artículos completos del *The Wall Street Journal*, *Barron's* y el Dow Jones News Service.
Lexis/Nexis	Acceso a más de 650 textos completos de fuentes de información de negocios, incluyendo servicios de cable internacional y de EE.UU., periódicos, revistas, diarios y circulares empresariales.
Compuserve Information Service	Información financiera, de la banca, de enciclopedias y resúmenes de periódicos.
Data Resources	Datos económicos y de negocios, y del Japanese Economic Information Service.
PROMPT	Citas y resúmenes de nuevos productos, tecnología y mercados, de más de 2000 publicaciones de EE.UU. y otros países.
DRI-VisiCorp	Cincuenta y ocho bases de datos, pronósticos económicos, tasa de cambio extranjera, industrias individuales.

o directamente a través de otros servidores, se encuentra disponible una enorme variedad de inteligencia del mercado y datos generales que van desde estadísticas comerciales hasta informes sobre los competidores (como anuncios de nuevos productos o estrategias de marketing) y progresos políticos y económicos alrededor del mundo. Con respecto a las estadísticas del gobierno, en Estados Unidos se cuenta con una inmensa cantidad de datos por medio de la Oficina del Censo. A la puerta de entrada de estas bases de datos se puede tener acceso en cualquiera de las siguientes formas[10].

Vía *e-mail*: ftp@census.gov (Digitar "help" en el mensaje para recibir instrucciones).
Vía World-Wide Web: http://census.gov
Vía AOL o cualquier servidor "*gopher*" seleccionar Census desde el menú Gopher, luego seleccionar "Access Our Other Information Services" y después, "Census Bureau Anonymous FTP".

Otras fuentes de información

Además de las fuentes de información de bases de datos, existen otras que se basan en la destreza y experiencia de personas expertas.

PRONÓSTICO TECNOLÓGICO

Éste incluye una variedad de procedimientos que los gerentes pueden utilizar para predecir la probabilidad, la oportunidad y el significado de futuros avances tecnológicos con respecto a productos o procesos. Entre los procedimientos que las empresas utilizan para el pronóstico tecnológico están las pruebas Delphi, los escenarios y la extrapolación de tendencias.

La *prueba Delphi* es un método sistemático para analizar la opinión de un experto independiente. A un panel de expertos se le cuestiona individualmente acerca de algún hecho o tendencia futuro. Todas las respuestas se combinan y sintetizan, y los resultados se devuelven a los participantes; después que todos conocen la opinión de los demás, se les pide que respondan de nuevo las preguntas. Este proceso se repite durante tres o más rondas hasta que se llega a un consenso. El método Delphi puede utilizarse no sólo para identificar cambios relevantes sino también para reconocer las acciones más apropiadas que deberá tomar la firma.

Los *escenarios* son descripciones compuestas de posibles hechos o condiciones tecnológicas futuras que pueden afectar las decisiones de una organización. Por lo general, se desarrollan múltiples escenarios para representar posibles entornos alternativos. En efecto, los escenarios son ejercicios de "Que pasa si" que obligan a los gerentes a considerar ciertos retos tecnológicos que pueden enfrentar. Dado un conjunto de escenarios alternativos, los planificadores estratégicos pueden desarrollar y evaluar las respuestas estratégicas alternativas para las que la firma deberá estar preparada, si se materializa un avance tecnológico.

Otro método de pronóstico tecnológico consiste en *extrapolar las tendencias históricas*. La suposición fundamental es que la tendencia de los avances tecnológicos en el pasado permanecerá muy constante en el futuro. Particularmente en las industrias de alta tecnología, como la electrónica, las tasas pasadas de avance (como el costo por bit de información procesada) pueden proyectarse hacia el futuro con algún grado de confiabilidad.

[10]Jackson Morton, "Census on the Internet", *American Demographics,* March 1995, pp. 52-54.

ANÁLISIS DE LA TENDENCIA SOCIAL

Los individuos o grupos de individuos y la sociedad en general están cambiando constantemente, en términos de lo que se considera una forma deseable y aceptable de vida y comportamiento. Estos cambios pueden tener un profundo impacto en las actitudes de los individuos hacia los productos y hacia las actividades de marketing. En particular, es importante que los gerentes entiendan y anticipen los cambios en los valores del consumidor y en los aspectos sociales, que los grupos dentro de la sociedad consideren importantes. Para seguir estos cambios, varias firmas de investigación independientes miden las tendencias sociales y de valores sobre temas como materialismo, libertad sexual y religión. Organizaciones, como Arthur D. Little, Impact Service, Predicasts, Inc. y The Future Group también prestan servicios de suscripción para monitorear tendencias sociales y tendencias económicas relacionadas[11].

ORGANIZACIÓN PARA LA PLANEACIÓN

Debido a que el plan anual de marketing puede implicar elementos de diferentes programas en distintas organizaciones, no hay una manera única de asignar responsabilidad para el plan anual de marketing de un producto individual.

Aunque muchas de las empresas más grandes cuentan con un grupo de personal de planeación, estos individuos se involucran en primer lugar en la planeación a largo plazo y en suministrar información con respecto a los pronósticos a corto plazo y las condiciones del mercado. Por consiguiente, el papel del grupo de personal de planeación para desarrollar el plan anual es suministrar datos de entrada básicos en el análisis de la situación a corto plazo y en el establecimiento de objetivos. Adicionalmente, estos individuos pueden participar en el proceso de revisar los planes propuestos para garantizar que los supuestos clave del mercado (y en ocasiones los supuestos del costo de marketing) sean razonables.

La mayoría de los planificadores parece creer que la planeación deberá delegarse al nivel más bajo posible en la organización, de manera que una persona sea responsable de lograr cada objetivo del programa. El fundamento que sustenta este punto de vista es que el gerente que está más estrechamente involucrado en un programa es quien se halla en la mejor posición para estimar los costos y la productividad del mismo e identificar posibles cambios en las condiciones del mercado.

Sin embargo, en muchas empresas esto significa que la planeación para un producto se encuentra en manos de más de una persona. Es decir, que a menos que el plan se confine estrictamente a un programa de marketing (como ventas), se necesita de algún mecanismo organizacional para coordinar los planes de programa dentro del plan general anual. Usualmente, en firmas con una amplia línea de productos, el gerente de producto o el gerente de marca asumirán este papel y sus planes los revisará un gerente de marketing de mayor nivel. En otras firmas, el gerente de ventas puede desempeñar esta función, especialmente cuando los costos de ventas dominan el presupuesto, cuando el gerente es responsable de las promociones de ventas (con frecuencia en el marketing industrial) y cuando la publicidad se dirige hacia la corporación como un todo y no a productos individuales y, por tanto, se gerencia a nivel corporativo. Finalmente, el gerente senior de marketing puede desempeñar este papel cuando las responsabilidades del programa se hallen muy dispersas entre varios gerentes.

No obstante, es claro que en la gran organización moderna, el proceso de planeación de marketing es bidireccional. La investigación sobre la manera como las firmas desarrollan planes de marketing

[11] Myron Magnet, "Who Needs a Trend Spotter?" *Fortune,* Dec. 9, 1995, pp. 51-56.

indica que es raro encontrar una situación en donde el presupuesto total de marketing se desarrolle simplemente por la suma de solicitudes de diferentes gerentes de ventas o de producto. Lo más común es que estas solicitudes se repasen y revisen para ajustarse a las necesidades corporativas totales. En otros casos, el presupuesto total de marketing se decide a nivel central (por lo general con una excesiva influencia del departamento financiero) y se asigna a productos o departamentos individuales[12].

CONCLUSIÓN

Gracias a la organización de los diferentes programas que los gerentes pueden utilizar para implementar la estrategia de marketing para un producto o una línea de productos relacionados, el plan anual es un elemento esencial para coordinar actividades y presupuestos. Además, como el entorno de marketing es dinámico, y la efectividad y los costos de los programas correspondientes siempre son, de alguna manera, inciertos, es necesario contar con planes anuales para controlar los resultados y dirigir las acciones correctivas. Cada programa también debe monitorearse porque, en la mayor parte de los casos, solamente hace una contribución parcial a los objetivos del producto en ventas, participación de mercado o rentabilidad total. En consecuencia, el plan anual es necesario para evaluar el esfuerzo total de marketing al igual que las contribuciones de los diferentes elementos del programa. (La figura 15-5 muestra la relación del plan anual con otros aspectos del proceso de planeación de marketing).

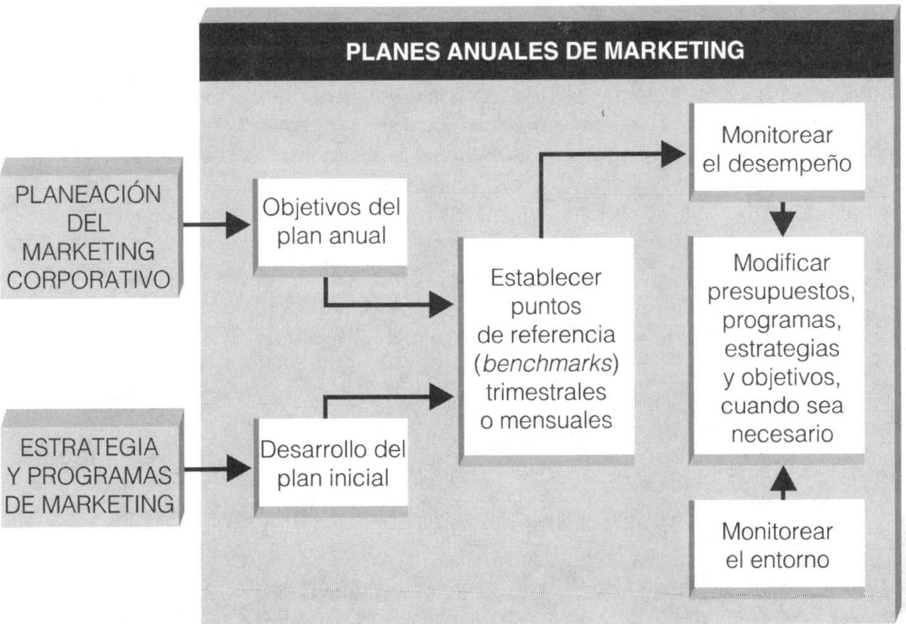

FIGURA 15-5

Relación entre la planeación anual de marketing y otros elementos del proceso de planeación de marketing.

[12]Nigel Piercy, "The Marketing Budgeting Process: Marketing Management Implications", *Journal of Marketing*, October 1987, pp. 45-59.

Más aún, debido a que el desempeño del programa recibe una enorme influencia de los cambios del entorno, no se puede desarrollar un sistema de control efectivo a menos que los gerentes tengan acceso a información estratégica sobre los clientes, los competidores u otras fuerzas relevantes del entorno.

En definitiva, la efectividad del proceso de planeación anual de marketing depende de la calidad de los esfuerzos hechos por quienes elaboran los planes. Sin embargo, el grado en que la organización facilite la planeación dirigida hacia el mercado, también es importante. En organizaciones que se hallan verdaderamente orientadas en ese sentido (como se estudió en el capítulo 1), es probable que el plan anual de marketing se vea como una actividad administrativa muy importante y también es posible que la diseñe básicamente el gerente más conocedor del mercado. Para contar con perspectivas adicionales dentro del proceso de desarrollo del plan anual de marketing, considérese la tarea que enfrentó Microsoft en 1995.

LA PLANEACIÓN PARA WINDOWS 95

Microsoft lanzó su nuevo sistema operativo para los computadores personales de escritorio, Windows 95, en agosto de 1995. Para esa época, el sistema operativo Windows 3.1 de la empresa ya era el líder de la industria. De hecho, durante el año anterior, el 60% de los sistemas operativos eran Windows 3.1. El nuevo sistema prometía procesos simplificados para aspectos como configuración de nombres de archivos, utilización de disco CD-ROM y acceso a servicios en línea. Adicionalmente, Windows 95 podía cargar un gran número de programas de manera simultánea y el sistema había estado en prueba con más de 400.000 clientes. Sin embargo, la gerencia sabía que la complejidad causada por un sistema con 15 millones de líneas de códigos de computador podía llevar a algunos problemas de incompatibilidad o a limitaciones para algunos usuarios, dependiendo de la configuración particular de hardware y software que pudieran estar utilizando. De hecho, Microsoft tenía un control limitado sobre estos aspectos, pues gran parte del software en que funcionaría el Windows 95 era diseño de otras firmas. Además, aparte de su propio equipo de expertos, Microsoft trató de entrenar a 15.000 minoristas y a una gran cantidad de contratistas de servicios para poder manejar las preguntas de los usuarios. Históricamente, Microsoft había alcanzado metas de respuesta en servicio al cliente del 95%; es decir, que el 95% de todas las llamadas en busca de asistencia técnica se resolvían en el mismo día. Con un enorme volumen de ventas anticipado, la gerencia estaba interesada en mantener ese nivel de servicio al cliente.

El lanzamiento de Windows 95 estuvo respaldado por programas de publicidad y promoción por US$200 millones. Se estimó que los anuncios de la empresa crearían tres billones de impresiones en bruto en Estados Unidos durante los primeros seis meses. Microsoft esperaba obtener distribución minorista en cerca de 25.000 puntos de venta, mucho más de los que contaban con el Windows 3.1. Los pronósticos de ventas iniciales señalaban 30 millones de unidades para fines de diciembre de 1995 y 63 millones en 1996.

1. ¿Cuáles medidas (tabla 15-4) serían más útiles para Microsoft al registrar el desempeño del plan de Windows 95? (Asegúrese de analizar si sería muy importante o no, desde un punto de vista de marketing, hacer un seguimiento a los problemas de servicio al cliente en este caso particular).

2. Con base en la figura 15-3, determine la lista y la secuencia de preguntas que Microsoft habría preparado para responder.

3. ¿Qué factores incontrolables podrían tener impacto en el éxito del plan para Windows 95?

Elaborado con base en Dan Clark, "Amid Hype and Fear, Microsoft Windows 95 Gets Ready to Roll", *Wall Street Journal*, July 14, 1995, pp. A1, A4; Kathy Rebello and Mary Kuntz, "Feel the Buzz", *Business Week*, Aug. 28, 1995, p. 31; Kathy Rebello, "Start Me Up-Just Try", *Business Week*, Sept. 25, 1995, p. 114; y Dick Satran, "Microsoft's Win 95 Enters Critical Period", *Reuters European Business Report*, Sept. 19, 1995.

PREGUNTAS Y SITUACIONES PARA ANÁLISIS

1. Explique por qué un objetivo de crecimiento de participación de mercado deberá estar acompañado por un objetivo de volumen de ventas y un objetivo de contribución.
2. Explique la diferencia entre control posterior a la acción y control del rumbo.
3. En cada una de las siguientes situaciones, ¿procuraría Ud. establecer puntos de referencia o *benchmarks* de la ejecución o desempeño a intervalos cortos (semanales o mensuales) o a intervalos largos (trimestrales)? Explique su respuesta.
   a. Una firma de bienes de consumo masivo se basa principalmente en programas de promoción de ventas para lograr un objetivo de volumen de ventas para su línea de galletas.
   b. Un fabricante de máquinas copiadoras está introduciendo una nueva línea de productos para sus compradores comerciales e industriales. La publicidad en revistas industriales y la venta personal son los programas primarios que se utilizan para lograr un objetivo de volumen de ventas.
   c. Una empresa de alimentos está tratando de mejorar la rentabilidad de la línea de producto que vende a clientes institucionales. El esfuerzo de marketing está orientado en primera instancia hacia el aumento del volumen de compra en cuentas grandes ya existentes, a través de visitas de ventas más frecuentes y del uso de descuentos por cantidad.
4. ¿Qué diferencias, si las hay, existen entre un sistema estratégico de monitoreo del entorno y la investigación de marketing?
5. En algunas firmas, los presupuestos de marketing están determinados en primer lugar por la alta gerencia y en otros, por los gerentes de nivel medio. ¿En qué circunstancias deberá ser la alta gerencia la iniciadora del presupuesto en lugar de actuar como revisora de los presupuestos que presenta la gerencia de nivel medio?
6. En febrero de 1990, Time Warner, Inc. lanzó *Entertainment Weekly*, una revista diseñada para presentar reseñas de películas, videos, discos, libros y programas de televisión. Además de las reseñas, en cada emisión aparecían artículos que trataban temas en profundidad sobre el negocio del espectáculo.

   Después de dos años de pruebas de correo directo, la empresa pudo identificar el mercado en donde tendría el mayor atractivo. El perfil esperado de los lectores era de 36,8 años de edad, dividido por igual entre hombres y mujeres, 72% con formación universitaria y un ingreso promedio de US$41.800. El precio de la revista fue de US$1.95 por ejemplar o US$51,48 por suscripción anual. Debido a que los ingresos de la revista provenían de dos fuentes: suscripciones o ventas en los puestos de revistas, y ventas de pauta publicitaria, Time Warner debió establecer dos planes por separado, aunque consistentes. El tamaño de la base de circulación (la cual estaba ubicada en 600.000 por semana para el primer año) obviamente tendría impacto en los ingresos por ventas de la revista. Sin embargo, la base de circulación junto con el perfil de los lectores y el número real de éstos (el cual podría ser cinco veces la circulación) serían importantes para los posibles anunciantes.

Para captar suscriptores, Time Warner ofreció una promoción de ventas que incluía cuatro ejemplares gratis de la revista. La promoción contó con un respaldo de US$30 millones en publicidad a través de la televisión y otras revistas de Time Warner. De manera simultánea, la fuerza de ventas de publicidad visitaba a anunciantes potenciales y agencias de publicidad, con la meta de lograr contratos de dos años con 100 anunciantes.

a. Elabore una lista de los objetivos anuales de desempeño que podrían haberse incluido en el(los) plan(es) anual(es).

b. ¿Qué medidas de desempeño del programa tendrá que utilizar Time Warner a manera de control?

7. Analice las clases de variables del entorno que los gerentes de cada una de las siguientes categorías de producto necesitarían monitorear sobre una base frecuente, y en dónde sería probable que buscaran información.

a. Televisión de alta definición (HDTV)

b. Zapatos para correr

c. Minivans

d. Helado de yogur

e. Textos universitarios

8. La National Broadcasting Corporation (NBC) se basó principalmente en ingresos de televisión por el sistema pague-por-ver de Triple Cast para sufragar los costos de transmisión de los Juegos Olímpicos de Verano de 1992.

En enero de 1992, la NBC estableció un objetivo de ventas de 3,5 millones de hogares sobre el supuesto de que los sistemas de cable harían técnicamente asequible el mecanismo de pague-por-ver para 35,9 millones de hogares. Se esperaba que los costos de Triple Cast fueran de US$40 millones en promoción y US$55 millones en costos de producción, distribuidos entre las empresas locales de televisión por cable y NBC.

En realidad, la NBC comenzó su campaña promocional en diciembre de 1991, ocho meses antes que comenzaran las Olimpiadas, e inclusive antes que la experiencia anterior de la empresa en transmisiones deportivas por cable de pague-por-ver sugiriera que el 90% de todas las solicitudes para un programa especial se hacían durante la semana anterior a la transmisión. Los anuncios de la temporada de Navidad se hicieron en la red NBC y a través de los canales por cable; los funcionarios de marketing de la empresa informaron que esos anuncios generaron 100.000 consultas. Además, NBC planeó promociones para los meses anteriores a los Juegos, a partir de febrero. Por ejemplo, se ofreció un control remoto gratis por cada compra del paquete completo de pague-por-ver (con un costo de US$125 para los 15 días completos) en febrero, y una videograbadora gratis por cada suscripción en el mes de marzo.

Observadores de la industria indicaron que la extensa campaña promocional estaba diseñada para construir un nivel de demanda entre los consumidores que superaría la resistencia de los operadores por cable, quienes necesitarían dejar libres sus canales para suministrar la cobertura de Triple Cast.

a. ¿Qué medidas de desempeño del programa podría haber usado la NBC como mecanismo de control?

b. Dado que los clientes de pague-por-ver tienden a esperar hasta el último minuto para hacer su solicitud, ¿habría algún punto en el seguimiento de las suscripciones que sirviera como control?

c. Siguiendo el formato general presentado en la figura 15-3, determine la lista y la secuencia de las preguntas que la NBC haría cuando fuera obvio que las ventas estarían por debajo de las expectativas.

LECTURAS ADICIONALES SUGERIDAS

Bonoma, Thomas, "Marketing Performance -What Do You Expect?", *Harvard Business Review,* September-October 1989, pp. 44-47.

Chebat, Jean-Charles, Pierre Filiatrault, Amon Katz, and Schlomo Mai Tal, "Strategic Auditing of Human and Financial Resource Allocation in Marketing", *Journal of Business Research,* October-November 1994, pp. 197-208.

Daniells, Lorna, "Sources on Marketing", *Harvard Business Review,* July-August 1982, pp. 40-43.

Georgoff, David, and Robert Murdick, "Manager's Guide to Forecasting", *Harvard Business Review,* January-February 1986, pp. 110-120.

Jaworski, Bernard, Vlasis Stathakopoulos, and H. Shankar Krishnan, "Control Combinations in Marketing: Conceptual Framework and Empirical Evidence", *Journal of Marketing,* January 1993, pp. 57-69.

Piercy, Nigel, "The Marketing Budgeting Process: Marketing Management Implications", *Journal of Marketing,* October 1987, pp. 45-59.

Stasch, Stanley, and Patricia Lanktree, "Can Your Marketing Planning Procedures Be Improved?" *Journal of Marketing,* Summer 1980, pp. 79-90.

Wack, Pierre, "Scenarios: Unchartered Waters Ahead", *Harvard Business Review,* November-December 1985, pp. 73-89.

APÉNDICE

FUENTES SELECCIONADAS DE INFORMACIÓN PARA GERENTES DE MARKETING

Código de descripción de la fuente

A Condiciones generales de la industria, competidores, tendencias
B Características del mercado del consumidor/poder de compra
C Patrones de compra del consumidor
D Estadísticas de publicidad y promoción
E Seguimiento de las ventas y estudios de la efectividad del marketing

ABI/INFORM: (A)
UMI/Data Courier, Inc.
620 S. Third St., Louisville, KY 40202-2475; (502) 582-4211
Servicio en línea. Permite el acceso a información de negocios. Contiene síntesis de artículos sobre contabilidad, economía, informática, marketing y otros temas relacionados. Servicio de entrega inmediata de revistas, resúmenes periódicos.

ADTRACK: (D)
Corporate Intelligence, Inc.
P.O. Box 16073, St. Paul, MN 55116
Índice computarizado de publicidad que aparece en las principales revistas de negocios y del consumidor. Los anuncios de un cuarto de página o más están clasificados en catorce clases de datos. La cobertura de los datos incluye el nombre de la empresa, del producto, su descripción, color, fecha, número de página, nombre de la revista y portavoz.

Advertising Age–100 Leading National Advertisers: (D)
Crain Communications
740 Rush St., Chicago, IL 60611; (312) 649-5200
Informes de marketing de cada empresa que suministran datos útiles acerca de sus operaciones de marketing, tales como ventas e ingresos, marcas y líneas de producto líderes, cuál es su ubicación a nivel nacional en EE.UU., participación de mercado, gastos en publicidad; también incluye nombres del personal y de los ejecutivos de cuenta de cada agencia, tanto para empresas editoras como para las divisiones principales (se encuentran en la edición de mediados de septiembre).

Advertising and Marketing Intelligence (AMI): (C, D)
New York Times Information Service, Inc., y J. Walter Thompson Co.
Mt. Pleasant Office Park, 1719 Route 10, Parsippany, NJ 07054
Incluye resúmenes de publicidad y medios, y marketing con cubrimiento de nuevos productos, tendencias del consumidor, personas, investigación, planeación y compra de medios y promoción de ventas. Cada registro consta de una breve reseña sobre el tema, el producto o la persona con la cita bibliográfica correspondiente.

Adweek's Marketer's Guide to Media: (B)
ASM Communications, Inc.
1515 Broadway, New York, NY 10036; (212) 536-5336
Publicación trimestral. Incluye datos de la audiencia para diferentes clases de medios.

American Profile: (B)
Donnelley Marketing Information Services
P.O. Box 10250, 70 Seaview Ave., Stamford, CT 06904; (203) 353-7266; FAX: (203) 353-7276
Incluye el perfil de más de 70 millones de hogares. Su cobertura encierra número de integrantes, ingresos, personas a cargo y otras variables demográficas. Esta base de datos también mantiene un excelente registro de datos que incluye número y tipo de empresas, número de empleados en el área, actividad bancaria y otros perfiles demográficos por área.

American Statistics Index: (A, B)
Congressional Information Service, Inc.
4520 E-W Highway, Bethesda MD 20814; (800) 638-8380, (301) 654-1550
Ésta es una completa guía y un índice de las estadísticas publicadas por todas las agencias del gobierno, comités del Congreso y programas de elaboración de estadísticas en EE.UU.

Annual Study of Advertisers: (D)
Suministra información sobre las primeras 100 compañías de EE.UU. con mayor inversión en publicidad. Proporciona estimados de cada anunciante sobre los gastos totales en publicidad y promoción, total de ventas y total de ingresos. Contiene amplias descripciones de los productos, mercados, planeación corporativa y estrategia de cada firma. Califica a los primeros 100 inversionistas en publicidad e incluye descripciones generales de tendencias en gastos de publicidad, estrategia y técnicas de estas compañías .

BAR (Broadcast Advertising Reports): (D)
BAR, Inc. (propiedad de ARBITRON)
142 W. 57th St., New York, NY 10019; (212) 887-1300
Conserva datos mensuales sobre las actividades y los gastos comerciales de la televisión por red, por producto, empresa matriz y estimado promedio por minuto de anuncio comercial. Incluye la relación entre un anuncio comercial en particular y los demás que salen al aire en los segmentos de tiempo inmediatamente anterior y posterior a aquel.

Brand Preference Change Measurements: (E)

Audience Studies, Inc. (ASI)

Las mediciones ASI se toman durante y después de exponer los anuncios comerciales de prueba a una audiencia reclutada y cautiva, reunida en un teatro. Se miden varios aspectos de la respuesta del espectador a los anuncios comerciales por televisión.

CACI Marketing Systems: (B)

1100 N. Glebe Rd., Arlington, VA 22201; (800) 292-2240; FAX: (703) 243-6372

Este servicio suministra información demográfica y se puede tener acceso a ella a través de nueve redes con tiempo compartido. Ofrece un sistema del potencial de ventas que mide el gasto del consumidor en cualquier área de Estados Unidos. La información puede usarse para selección del sitio, planeación de la entrada al mercado, decisiones de penetración y participación de mercado, planeación promocional, análisis de desempeño del almacén, etc. Actualiza con regularidad los datos de la Oficina del Censo y brinda muchos reportes especializados.

Consumer Economic Service Data: (B, C)

Data Resources, Inc.

24 Hartwell Ave., Lexington, MA 02173; (617) 863-5100

Ofrece una extensa cantidad de datos económicos y demográficos detallados, divididos en cinco áreas de información: 1) Current Population Survey Annual Demographic File (Archivo Demográfico Anual del Estudio de la Población Actual); 2) Consumer Expectations Survey (Estudio de las Expectativas del Cliente) que comprende un diario y un registro de entrevistas a 40.000 hogares; 3) TGI-Brand que corresponde a datos específicos de compra y penetración de los medios de comunicación; 4) Longitudinal Retirement History Survey (Estudio Longitudinal Histórico de los Jubilados); y 5) Consumer Markets Services (Servicios de Mercados del Consumidor) que cuenta con información sobre consumo personal, ventas al detal y precios asociados.

Consumer Expenditure Study: (C)

Bureau of Labor Statistics, Department of Labor

2 Massachusetts Ave., NE, Washington, DC 20212; (202) 606-7808

Boletines y/o reportes. Publicación anual. Estos estudios se basan en entrevistas personales a una muestra de 20.000 unidades de consumidores y un registro de una muestra de 23.000 unidades de consumidores. Estas muestras ofrecen datos sobre ingresos y análisis de gastos por clase de ingreso, tamaño de la familia y otros parámetros demográficos.

Consumer Expenditure Survey: (B)

National Technology Info. Service, U.S. Department of Commerce

5285 Port Royal Rd., Sprinfield, VA 22161; (703) 487-4600

Informes en ocho volúmenes que cubren siete parámetros demográficos y presentan estadísticas de gastos del consumidor para cada área por tipo demográfico. Su cobertura incluye ingresos familiares, tamaño de la familia, edad, raza, nivel de educación, ocupación y composición.

Demographic Research Company: (B)

233 Wilshire Blvd., Suite 995, Santa Monica, CA 90401; (310) 452-7587; 451-8583

Esta base de datos presta asistencia sobre análisis multivariado, demográfico y de investigación de marketing, al igual que una base de datos de códigos postales (ZIP) que organiza la Oficina del Censo en términos de ingresos, ocupación y vivienda por áreas de código postal.

DIALOG: (A, B)

3460 Hillview Ave., Palo Alto, CA 94303-0993; (800) 334-2564; (415) 858-3785;
FAX: (415) 858-7069

Este servicio en línea cubre más temas que casi cualquier otra base de datos. El DIALOG Business Connection es un servicio de información con base en menús que ofrece acceso fácil y rápido a información empresarial de gran calidad a partir de la recopilación de fuentes respetables. La información disponible incluye datos de participación de mercado, informes de analistas de las industrias, prospectos de ventas y mucho más.

Dow Jones News Retrieval

Dow Jones and Company
Box 300, Princeton, NJ 08543-0300; (800) 522-3567, Ext. 141

Comprehensive Company Reports: (A)

Servicio en línea que suministra información financiera y empresarial detallada sobre empresas públicas.

Dun & Bradstreet Financial Profiles and Company Reports: (A)

Amplios informes operacionales, financieros e históricos de compañías públicas y privadas.

Statistical Comparisons of Companies and Industries: (A)

Ofrece comparativos de precios de acciones, volumen y datos fundamentales sobre empresas e industrias.

Editor and Publisher's Market Guide: (B, C)

11 W. 19th St., New York, NY 10011; (212) 675-4380

Útil para planeación y selección del mercado, fijación de cuotas de ventas, planeación de publicidad y programas de *merchandising,* y selección de sitios para almacén/planta/bodega; esta guía contiene estudios estandarizados de datos de mercado en 14 artículos, para más de 1500 mercados de periódicos con circulación diaria en Estados Unidos y Canadá. También incluye estimados del ingreso disponible total y por hogar, y ofrece datos actuales sobre venta al detal para nueve clasificaciones de ventas, con base en el U.S. Census of Retail Trade. Se publica anualmente.

Industry Reports: (A)
U.S. Dept. of Commerce, Superintendent of Documents
U.S. Government Printing Office
Washington, DC 20402; (202) 783-3238
Informes. Publicación trimestral. Presenta resúmenes de tendencias seleccionadas en la industria.

Information Access Corporation
362 Lakeside Dr., Foster City, CA 94404; (800) 227-8431

America Buys: (C)
Libro anual. Índices con información sobre más de 40.000 productos que incluyen evaluaciones, referencias de nombre de marca, información de compra del consumidor y comparaciones de marca.

Business Index: (A)
Esta base de datos contiene índices y síntesis informativas de más de 300 publicaciones periódicas de negocios, *The Wall Street Journal* (de portada a portada), *Barron's* (de portada a portada), *The New York Times* (sección Financiera), artículos de negocios provenientes de más de 1000 publicaciones periódicas de carácter general o legal y libros de negocios de la base de datos MARC de la Biblioteca del Congreso. Cuenta con un extenso índice especial de información sobre corporaciones, sus divisiones, ejecutivos y utilidades.

International Media Guide
Directories International, Inc.: (D)
150 Fifth Ave., Suite 610, New York, NY 10011; (212) 807-1660
Fuente muy completa de listas de clasificación para publicaciones de negocios, periódicos y revistas para el consumidor. Este amplio conjunto incluye seis volúmenes: IMG Business Publications–Europa, América Latina, Medio Oriente/África y Asia/Pacífico; IMG Newspaper Worldwide; IMG Consumer Magazines Worldwide.

Leading National Advertiser, Inc. (LNA)
11 W. 42 St., New York, NY 10036; (212) 789-1440

Company Brand Report: (D)
Registra los gastos de publicidad de anunciantes nacionales. Presenta un listado de las empresas matrices en orden alfabético, con el total de gastos en publicidad por marca junto con los de cada uno de los siguientes medios: revistas, suplementos de periódicos, televisión por red, anuncios en televisión, cadenas de radio y publicidad exterior. Además presenta una lista de los principales anunciantes nacionales, los primeros diez en cada medio, las herramientas de los medios en los diez años anteriores, totales de revista por grupo, gastos totales por clase de industria y gastos por clase de industria en cada uno de los seis medios.

Multi-Media Report Service: (D)

Publicación trimestral que analiza los gastos de publicidad de cerca de 15.000 compañías.

Publishers Information Bureau: (D)

PIB/LNA Magazine Advertising Analysis

Tres volúmenes (servicio mensual). Éste es un servicio que suministra información detallada mes a mes de los gastos de publicidad y número de líneas por marca y por nombre de revista específica. Esta publicación se divide en las siguientes secciones: el volumen 1 contiene datos sobre vestuario, negocios/finanzas y ventas en general/ventas al detal; el volumen dos incluye medicamentos/productos de tocador, alimentos/bebidas, construcción de viviendas, transporte y agricultura; el volumen tres presenta totales por revista, totales por clase y un índice.

Market Profile Analysis: (B)

Dun & Bradstreet, Inc.

299 Park Ave., New York, NY 10171; (212) 593-6800

Publicación anual. Hojas sueltas. Perfiles detallados de las áreas metropolitanas de EE.UU.

Market Statistics, Inc.: (B)

355 Park Ave., South, New York, NY 10010; (212) 592-6250

Esta base de datos incluye información demográfica y de venta al detal en cada uno de los 3100 condados de EE.UU. Incluye datos sobre ingresos, poder adquisitivo, perfiles demográficos y otros. Se dispone de cuatro paquetes básicos de datos: 1) Demographic Data Base I (información demográfica básica); 2) Demographic Data Base II (información demográfica básica más características étnicas); 3) County Commercial and Industrial Data Base (cubre características industriales y empresariales); y 4) Planner's Data Base (incluye información de televisión, geográfica y de mercado necesaria para la planeación estratégica y los pronósticos).

Mead Data Central , Inc.: (A, B)

P.O. Box 933, Dayton, OH 45401; (800) 227-4908; (513) 865-6800

A través de Lexis, una de sus dos principales familias de bases de datos, esta compañía suministra acceso electrónico a todo el texto de cientos de bases de datos empresariales. La información disponible incluye servicios por cable, reportes anuales por empresa, reportes de compañías de inversión, publicaciones periódicas, circulares empresariales y periódicos seleccionados.

Media Market Guide: (B, D)

322 East 50th St., New York, NY 10022; (212) 832-7170

Publicación de Conceptual Dynamics, Inc. Suministra a comercializadores, vendedores y compradores de medios, y ejecutivos de publicidad una descripción de las dimensiones físicas, características de la población y principales oportunidades de los medios en cada uno de los 100 principales mercados metropolitanos.

Merrill Lynch Economic Regional Database: (A, B)

Merrill Lynch Economics, Inc.

One Liberty Plaza, 165 Broadway, New York, NY 10080; (212) 449-1000

Mantiene datos demográficos y económicos para estadísticas individuales y SMSA sobre tendencias de la fuerza laboral, población, pagos de impuestos, perfiles individuales, ventas al detal, construcción, ingresos y construcción de conjuntos de vivienda.

MRI: (C, D)

Mediamark Research, Inc.

708 Third Ave., New York, NY 10017; (212) 599-0444

Ésta es una organización de investigación asociada que compila información que muestra las relaciones entre el uso de los medios, empleo del producto y demografía. Agencias de publicidad, revistas y otros medios utilizan esta información para guiar la estrategia y los mercados objetivo. Los informes incluyen las audiencias en revistas, audiencias multimedia y volúmenes de producto.

NEXIS

Mead Data Central, Inc.

9393 Springboro Pike, P.O. Box 933, Dayton, OH 45401; (800) 227-4908

Marketing: (A, B, C)

Información de publicaciones comerciales y otras fuentes sobre publicidad, marketing, investigación de marketing y relaciones públicas. También incluye actitudes del consumidor, anuncios de productos, demografía y reseñas.

Promt/Plus: (A, E)

Presenta una visión general de mercados y tecnología. Analiza empresas e industrias específicas, realiza seguimiento de competidores e identifica y monitorea tendencias. Se evalúan y resumen diversas tecnologías de publicidad y promocionales.

Nielsen, A.C.

Nielsen Plaza, Northbrook, IL 60062-6288; (708) 498-6300

Retail Index: (C)

Este índice mide los patrones de compra de los consumidores por tipo de almacén, marca/producto, área o región de ventas y precio. Los datos se organizan según los principales gastos de publicidad en medios, apoyo de la publicidad interna, utilidades brutas del minorista y perfiles de inventario minorista.

Station Index: (B)

Este índice cuenta con información sobre hábitos para ver televisión, haciendo un seguimiento a los resultados del diario de cada familia, los cuales son utilizados por los anunciantes para comprar tiempo y por las estaciones para evaluar los programas.

TV Index: (B)

El Índice de Televisión Nielsen mide el número de hogares en los cuales están encendidos los televisores y los canales sintonizados, y reporta estas mediciones en términos del total de hogares y el porcentaje de *ratings* y participación. Los datos se toman para aquellas características demográficas que reflejan datos de los hogares como área geográfica, tamaño del condado, tamaño del hogar, ingresos familiares y presencia de menores de edad. El ITN reporta las mediciones de la audiencia acumulada de cuatro semanas para el programa y la frecuencia, además de muchos otros detalles y análisis.

NPD Research: (C)

9801 W. Higgins Rd., Rosemont, IL 60018; (312) 692-6700

Ofrece cuatro servicios de investigación asociados: 1) el CREST Report (Consumer Reports on Eating Share Trends) sobre los hábitos de compra del consumidor en restaurantes; 2) el Gasoline Market Index sobre gasolina nacional y regional y productos asociados; 3) Textile Apparel Market Index sobre textiles para el hogar, vestuario y mercados de confección para el hogar; y 4) el Toy Market Index del mercado nacional de juguetes.

Online Site Evaluation System (ONSITE): (B, C)

Urban Decision Systems, Inc.

2040 Armacost Ave., P.O. Box 25953, Los Angeles, CA 90025; (310) 820-8931

Suministra datos demográficos por área comercial de más de 600 artículos de datos agregados. La cobertura incluye datos demográficos como gastos del consumidor, ingresos actualizados, población, equipo para el hogar y cifras.

Predicasts

Predicasts, Inc.

11001 Cedar Ave., Cleveland, OH 44106; (800) 321-6388

Basebook: (A)

Extenso volumen de hojas sueltas que contiene cerca de 29.000 series de tiempo, dispuestas por el código SIC de siete dígitos modificado; incluye estadísticas para indicadores económicos. Usualmente, las estadísticas de la industria abarcan producción, consumo, exportaciones/importaciones, precio mayorista, gastos de planta y equipo y tasa salarial.

PROMT: (A)

Publicación mensual, con acumulación trimestral y anual. Contiene síntesis con información del mercado, agrupada en 28 secciones principales de la industria. Cobertura internacional.

Terminal Systems (PTS): (A)

Esta base de datos contiene más de tres millones de reseñas de información tomadas de más de 2500 diarios comerciales de Estados Unidos y otros países, periódicos y publicaciones generales sobre negocios. Ofrece resúmenes de artículos, datos estadísticos, y una o dos líneas de información sobre servicios de índices para suministrar a los usuarios información sobre antecedentes de empresas, productos, industrias o tendencias del mercado.

Prospects: (B)
The Futures Group
80 Glastonbury Blvd., Glastonbury, CT 06033; (203) 633-3501
Una base de datos para pronósticos sobre el consumidor. La cobertura de los datos de la muestra incluye indicadores de hogares, familias, matrimonios, divorcios, nivel de educación, fuerza laboral, población y estilo de vida. Los pronósticos van acompañados por una lista de hechos proyectados con base en tendencias históricas y situaciones relacionadas. Los pronósticos pueden contener más de 100 indicadores que se utilizan para describir a los consumidores de EE.UU. y su comportamiento. Además, se utiliza para los pronósticos de suministros hospitalarios e industrias farmacéuticas.

Rand McNally's Commercial Atlas and Marketing Guide: (B, C)
Rand McNally & Company
8255 Central Park Ave., P.O. Box 127, Skokie, IL 60076; (800) 284-6565; (708) 673-9100
De uso particular para distribuir esfuerzos de ventas, este volumen presenta mapas detallados de Estados Unidos y suministra información acerca de población, hogares, ventas al detal, registro de automóviles, ventas de bienes de consumo masivo, almacenes de alimentos, farmacias y otras estadísticas del censo para condados, ciudades importantes y las Standard Metro Statistical Areas. Se publica anualmente.

Rezide/1980 Update: (B)
Claritas Corp.
1911 N. Fort Meyer Dr., Arlington, VA 22209
1981. Edición nacional (diez volúmenes). Para código ZIP en Estados Unidos muestra población, número de hogares, ingresos familiares en siete intervalos e ingresos del hogar promedio.

Sales Manager's Budget Planner: (E)
Sales and Marketing Management Magazine
633 Third Ave., New York, NY 10017; (800) 554-2754; (212) 986-4800
Presentada en la edición de junio, esta guía contiene información sobre compensaciones y gastos por industria, vendedor y compensación promedio del personal de apoyo en ventas, costo promedio por visita en la industria, costos de exhibición de las presentaciones comerciales y gastos por funcionamiento del automóvil. También presenta el perfil de mercados metropolitanos, dando los costos por alimentación y alojamiento, hoteles y centros de conferencias con número telefónico y tarifas.

Simmons Study of Media and Markets: (B, C)
Simmons Market Research Bureau
420 Lexington Ave., 8th Floor, New York, NY 10170; (212) 916-8900; FAX: (212) 916-8918
Consta de descripciones detalladas de las características de los usuarios de productos, marcas y servicios por separado, y de audiencias de medios individuales. Las descripciones incluyen información detallada con respecto a edad, sexo, educación, ocupación, ingresos, ubicación geográfica, descripción de hogares, estilo de vida, y datos psicográficos (incluyendo aficiones, actividades recreativas y uso del tiempo libre), autoconcepto de los encuestados, estilo de compra y posición social.

Site Potential: (B, C)

Caci, Marketing Systems

1100 N. Glebe Rd., Arlington, VA 22201; (800) 292-2240; FAX: (703) 243-6272

Suministra estimados de la demanda (gastos del consumidor) por residentes dentro de un área definida para cerca de 140 productos y servicios. Esta base de datos genera reportes que cubren 16 almacenes minoristas diferentes y tres instituciones financieras. Su cobertura abarca almacenes de vestuario, de electrodomésticos, de servicio para vehículos, almacenes por departamentos, farmacias, almacenes de calzado, de abarrotes, salones de belleza, reparaciones locativas, heladerías, centros de óptica, bancos comerciales, empresas financieras y asociaciones de ahorro y préstamos.

Social Indicators: (B)

Government Printing Office, Washington, DC 20402

Publicación trienal. Cuadros y tablas de población; la familia; vivienda; seguridad y bienestar social; salud y nutrición; seguridad pública; educación y entrenamiento; "trabajo", ingreso, salud y gastos; cultura, tiempo libre y uso del tiempo; movilidad social y participación. Se suministran datos internacionales con fines comparativos. Extensas anotaciones técnicas acompañan cada sección. Incluye referencias para lecturas posteriores y un índice temático.

SRI Values and Lifestyles (VALS): (E)

SRI International

333 Ravenswood Ave., Menlo Park, CA 94025; (415) 326-6200

SRI International-VALS es un servicio de investigación que hace el seguimiento de cambios de marketing relevantes en cuanto a creencias, valores y estilos de vida de una muestra de la población de EE.UU. El sistema VALS divide la población en segmentos que constan de tres grupos de consumidores principales, los cuales, a su turno, se dividen en nueve segmentos específicos. El seguimiento a los cambios en los valores y el comportamiento de estos segmentos puede ayudar a entender el comportamiento del segmento objetivo que se busca atraer.

Standard & Poor's Industry Surveys: (A)

Standard & Poor Corp.

25 Broadway, New York, NY 10004; (212) 208-8000

Folletos separados para 33 industrias, con actualización trimestral y anual. Ésta es una valiosa fuente de datos básicos de dichas industrias, con comparativos financieros de las empresas líderes en cada una. Para cada industria hay un "Análisis Básico" (casi 40 páginas) con revisión anual, y uno corto "Análisis Actual" (casi ocho páginas) que se publica tres veces al año. Con estos documentos se recibe un folleto mensual de cuatro páginas sobre "Tendencias y Proyecciones", el cual incluye tablas de indicadores económicos y de la industria, y una publicación mensual, "Suplemento de Ingresos", con información concisa y actualizada de ganancias, ingresos y rentabilidad sobre más de 1000 empresas líderes en estas 33 principales industrias.

Starch Recognition Tests of Print Advertisements: (E)
Starch INRA Hooper, Inc.
566 E. Boston Post Rd., Mamaroneck, NY 10543; (914) 698-0800
Starch Readership Studies toma tres mediciones básicas entre personas que se declaran lectoras de ediciones específicas de una revista: el puntaje de observación, el puntaje asociado con mirar y el puntaje de lectura máxima.

Statistical Abstract of the United States: (A, B)
U.S. Bureau of Census, Department of Commerce, Public Info. Office, Federal Office Bldg., 3 Silver Hill, Rm. 2705, Suitland, MD 20233; (202) 482-3263
Esta guía suministra una visión general de estadísticas recopiladas por el gobierno federal y otras organizaciones públicas y privadas. Algunos de los temas que trata incluyen geografía y medio ambiente, fuerza laboral, comunicaciones, población, empleo e ingresos, empresas comerciales, estadísticas de vida, transporte, productores de energía, comercio exterior y ayuda, estadísticas de áreas metropolitanas estándar, y otros datos.

Statistics Reference Index
Congressional Information Service, Inc.
4520 E-W Highway, Suite 800, Bethesda, MD 20814; (301) 654-1550; (800) 638-8380
Publicación mensual en dos partes, con acumulados anuales. Una guía completa y selectiva para las publicaciones de estadísticas en EE.UU. disponible en diferentes fuentes a las del gobierno de esa nación, tales como asociaciones e instituciones comerciales, con y sin ánimo de lucro; organizaciones empresariales, editores comerciales (incluyendo diarios comerciales); centros universitarios de investigación e independientes; agencias estatales del gobierno.

Survey of Buying Power: (B)
Sales and Marketing Management Magazine
633 Third Ave., New York, NY 10017; (800) 543-3000; (212) 986-4800
Presentada en la edición de julio, esta guía contiene información sobre todas las Áreas Estadísticas Metropolitanas Estándar del país y cubre población, hogares, ingreso efectivo para comprar, ventas al detal y un útil "Índice de Poder Adquisitivo" para distribuir los esfuerzos de marketing y promoción. También incluye resúmenes nacionales y regionales, clasificaciones de áreas metropolitanas, condados y ciudades. Se publica anualmente.

Survey of Current Business: (A)
Bureau of Economic Analysis. Department of Commerce,
Tower Bldg., 1401 K. Street, NW, Washington, DC 20230
Esta publicación presenta estadísticas mensuales y trimestrales sobre varios indicadores de negocios para el ingreso nacional, a partir de ingresos y marketing, inventarios, producción industrial, mercancías, publicidad y comercio al por mayor y al detal por categoría de producto. Se publica mensualmente. Pedidos a la U.S. Government Printing Office, Superintendent of Documents, Washington, DC 20402.

Survey of Media Markets: (B, D)

Sales and Marketing Management Magazine

622 Third Ave., New York, NY 10017; (800) 544-2754; (212) 986-4800

Presentada en la edición de octubre, esta guía contiene datos sobre población, ingresos, ventas al detal y proyecciones para Media Markets, al igual que detalles de la clasificación de Media Markets (ADI) y proyecciones para 1996 de estados y regiones, y totales para EE.UU. los cuales se suministran para la población, el EBI, las ventas al detal y el índice del poder adquisitivo.

Target Group Index: (B, C)

Axiom Market Research Bureau, Inc.

666 Fifth Ave., New York, NY 10103; (212) 541-3811

Informe. Proporciona datos demográficos de muestra para usuarios y no usuarios de diferentes productos y servicios. Incluye participaciones de mercado para marcas de producto, programas de televisión vistos y revistas leídas.

AGRADECIMIENTOS: FIGURAS Y TABLAS

Capítulo 1

Figura 1-3 Reimpresión autorizada por la American Marketing Association. Adaptada de Lynn Phillips, Dae Chang, and Robert Buzzell, "Product Quality, Cost Position, and Business Performance": A Test of Some Key Hypotheses", *Journal of Marketing*, vol. 47, p. 29, Spring 1983. **Figura 1-4** Reimpresión autorizada por Harvard Business School Press. Tomada de *Product Juggernauts* de Jean-Philippe Deschamps and P. Ranganath Nayak, Boston, MA., 1995, p. 6 Copyright © 1995 por President and Fellows of Harvard College; todos los derechos reservados.

Tabla 1-1 Reimpresión autorizada por la American Marketing Association. Tomada de "Market Orientation: Antecedents and Consequences" por Bernard Jaworski and Ajay Kohli, *Journal of Marketing,* July 1993, pp. 65-66.

Capítulo 2

Figura 2-3 Adaptada de "Make the Product Portfolio a Basis for Action" por Rick Brown, *Long-Range Planning,* vol. 24, Feb. 1991, p. 104. Copyright © 1991 con autorización de Elsevier Science Ltd., Kidlington, England.

Capítulo 3

Figura 3-2 Reimpresión autorizada por *Harvard Business Review*. Tomada de "The House of Quality" por John Hauser and Don Clausing, May-June 1988, p. 69. Copyright © 1988 por President and Fellows of Harvard College; todos los derechos reservados. **Figura 3-4** Reimpresión autorizada. *A Probabilistic Model for Testing Hypothesized Hierarchical Market Structures* por Rajiv Grover and William Dillon. Copyright © 1985 del Institute of Management Sciences and Operations Research Society of America (INFORMS), Providence, RI.

Capítulo 4

Figura 4-2 Tomada de "Segmentation Marketing" por John Berrigan and Carl Finkbeiner, *New Methods for Capturing Business Marketing*. New York: HarperCollins, 1992, p. 72. **Figura 4-4** Tomada de *Strategic Marketing Management* por David Aaker. New York: John Wiley, 1988, p. 86.

Tabla 4-8 Tomada de "Segmentation Marketing" por John Berrigan and Carl Finkbeiner, *New Methods for Capturing Business Marketing*. New York: HarperCollins, 1992, p. 73. **Tabla 4-9** Tomada de *The New Competitor Intelligence* por Leonard M. Fuld. New York: John Wiley, 1995.

Capítulo 5

Figura 5-3 Reimpresión autorizada por *Harvard Business Review,* May-June 1994. Copyright © 1994 por President and Fellows of Harvard College; todos los derechos reservados.

Tabla 5-8 Reimpresión autorizada por la Association of National Advertisers. Adaptada de *Marketing Norms for Product Managers* por F. Beaven Ennis. New York: Association of National Advertisers, 1985, p. 27. **Tabla 5-9** Reimpresión autorizada. Elaborada a partir de *Adventures in Relevance Marketing* por Jock Bickert. Denver: Briefcase Books, 1990; "Lifetime Value of a Customer", *Marketing Insights*, Fall 1991, pp. 85-89; "The Great Turnaround: Selling to the Individual", por Stan Rapp and Thomas Collins, *Adweek's Marketing Week,* Aug. 27, 1990, pp. 20-26.

Capítulo 6

Figura 6-2 Reimpresa con autorización de "Advertising Research at Anheuser-Busch" por R. L. Ackoff and J. R. Emshoff, *Sloan Management Review*, Winter 1975, p. 4. Copyright © de Sloan Management Review Association; todos los derechos reservados.

Capítulo 8

Figura 8-3 Tomada de *Developing Products in Half the Time* por Preston Smith and Donald Reinersten. New York: Van Nostrand, 1991, p. 4.

Tabla 8-2 Reimpresión autorizada. Tomada de "The NewProd System: The Industry Experience" por Robert Cooper, *Journal of Product Innovative Management*, June 1992. Copyright © 1992 de Elsevier Science, Inc. **Tabla 8-3** Reimpresión autorizada. Tomada de "The NewProd System: The Industry Experience" por Robert Cooper, *Journal of Product Innovative Management*, June 1992. Copyright © 1992 de Elsevier Science, Inc.

Capítulo 9

Tabla 9-14 Adaptada de *Marketing: Principles and Strategy* por J. Barry Mason and Hazel F. Ezell. Business Publications: Plano, TX, 1987, p. 392.

Capítulo 10

Figura 10-4 Reimpresión autorizada. Copyright © 1996 *USA Today*, April 1996, p. 3. **Figura 10-5** Reimpresión autorizada por Houghton Mifflin Company. Tomada de *Advertising: From Fundamentals to Strategies* por Michael L. Rothschild. Copyright © 1987, Lexington, MA: D. C. Heath, 1987, p. 381.

Tabla 10-2 Reimpresión autorizada. Copyright © Crain Communications, Inc. Tomada de *Business Marketing Magazine*, Nov. 1991, pp. 111-113. **Tabla 10-3** Tomada de *Sports and Recreation Report*, Spring 1994, Mediamark Research.

Capítulo 12

Tabla 12-2 Reimpresión autorizada por Darnell Corporation, Chicago, IL. Adaptada de "Twenty-Sixth Survey of Sales Force Compensation", 1990. **Tabla 12-6** Tomada de "How to Remake Your Sales Force" por Patricia Sellers, *Fortune*, May 4, 1992, pp. 98-103; "Clout: More and More, Retail Giants Rule the Marketplace", *Business Week*, Dec. 21, 1992, pp. 66-73.

Capítulo 13

Tabla 13-1 Reimpresión autorizada por *Sales and Marketing Management*, June 1993. Elaborada a partir de "1993 Sales Manager's Budget Planner", *Sales and Marketing Management*, June 28, 1993. **Tabla 13-3** Reimpresión autorizada por *Sales and Marketing Management*, Feb. 1987. **Tabla 13-4** Reimpresión autorizada por *Sales and Marketing Management.* Tomada de "The Question of Reps", *Sales and Marketing Management*, June 1991, p. 34.

Capítulo 14

Tabla 14-1 Reimpresión autorizada por *Sales and Marketing Management*, June 1993. Tomada de "1993 Sales Manager's Budget Planner", *Sales and Marketing Management*, June 28, 1993, p. 65.

ÍNDICE

Aaker, David, 220*n.*
ABC, norma de clasificación
de cuentas, 355
ABI/INFORM, 441
Achabal, Dale, 424*n.*
Achenbaum, Alvin, 278*n.*
Ackoff, R. L., 162
Acme Fabrication, 407
Actitudes:
cambiar las, acerca del uso de
la forma del producto, 262
cambiar las percepciones
acerca de la importancia
de las, 262
impacto de las, sobre la
estrategia corporativa, 25
reforzar las, como objetivo
publicitario, 258, 263
Actividad multidisciplinaria, 203
Activos administrados, 374
Acumulación de inventarios, 297
Adolph Coors, 33, 36
ADTRACK, 441
Advertising Age-100 Leading
National Advertisers, *441*
Advertising and Marketing
Intelligence (AMI), 442
Adweek's Marketer's Guide to
Media, 442
Agco, 412-413
Agencias "boutique", 255
Agencias de publicidad, 253,
254-255, 256
Alcance:
definición, 277
efectivo, 278
en la programación de medios
de comunicación, 278
medición del, 277
uso del, 277
Alemania, 362
Alianzas estratégicas, 26, 393
Allegheny Beverages, 403
Allen, J. Linn, 177*n.*
Allenby, Jefrey S., 95*n.*
Alpert, Mark, 72*n.*
Alpha One, 382-383
Alsop, Ronald, 284*n.*
Alta gerencia, 15
decisiones gerenciales y, 15
en el proceso de planeación
del marketing, 15
estándares de desempeño y,
424-426
filosofía y recursos de la,
395-396
modelos relevantes, 55, 57
potencial de la mezcla de
productos, 58
programas de publicidad y, 256
Ameresorts, 157-158
America On-Line (AOL), 432
American Iron and Steel Institute,
177
American National Advertisers
(ANA), 279
American Profile, 442
American Statistics Index, 442
American Telephone and
Telegraph Corporation (AT&T),
28
Amoco Corp., 34
Análisis:
conjunto, 83-86, 234-236
de la estructura del
mercado, 54-55
de la paridad competitiva,
159-160
de ventas, 376-377
del costo de distribución,
371-372, 377-380
del problema, 205
del usuario modelo, 204
financiero para un nuevo
producto, 217-218
Análisis competitivo, 79-108
debilidades, oportunidades,
fortalezas, amenazas
(DOFA), 96, 98-99
implicaciones para las estrategias y los programas
de marketing, 187-188, 191
inteligencia competitiva, 95
para la fijación de precios, 236
perfiles del competidor, 96
proceso de, visión general, 104
teoría del juego, 192-194
Análisis de la situación, 17, 47
análisis de productividad
en el, 142, 159-164
análisis de rentabilidad en el,
142-159
ciclos de vida del producto
en el, 191
implicaciones para las estrategias y los programas
de marketing, 187-188, 194
medición del mercado, 109-138
para el plan anual de
marketing, 418
Análisis de productividad, 159-164
definición, 142, 159
efectos de elasticidad cruzada
y, 164-165
estimados de productividad
con base en el criterio en
el, 161-164

implicaciones para
estrategias y programas
de marketing, 187-188, 191
métodos tradicionales para
el, 159-161
Análisis de rentabilidad, 142,
143-159
costos semifijos en el,
150-151
definición, 142
implicaciones del, 147-159
medición de la rentabilidad,
143-147
para marketing directo, 313-316
para nuevos productos,
217-218
para promoción de ventas,
300-304
presupuestos de marketing y,
152-159
relaciones
costo-volumen-utilidad,
148-149
segmento de ventas, 377-379
territorio de ventas, 374-375
Análisis del mercado, 49-74
demanda primaria en el, 49,
59-65
demanda selectiva en el, 50,
65-73
implicaciones para las estrategias y los programas de
marketing, 187-188, 191
mercado relevante en el, 44,
49, 53-58
proceso de, visión general,
49-50, 72
segmentos del mercado en
el, 47, 50, 79-93
Anclaje, 243
Anderson, Erin, 361*n.*
Anderson, Eugene, 8*n.*
Anderson, James C., 341*n.*
Annual Study of Advertisers, 442
Antash, Nelson, 44*n.*
Apalancamiento de marcas, 220
Appleton, Elaine, 294*n.*
APT (Advanced Promotion
Technologies), 95
Aranceles, 246
Argumentos del texto, 269
Arkansas Freightways, 150
Arm & Hammer, 33, 262
Armacost, Robert L., 70*n.*
Armstrong, Larry, 64*n.*, 307*n.*
Asistencia promocional del
distribuidor, 296
Asociaciones:
simbólicas en publicidad, 269
voluntarias, 329
Aspectos legales y regulatorios:
estrategia corporativa y, 25
fijación de precios y, 245
ASSESSOR, 215
AST Computers, 183
AT&T, 283
Atchison, Sandra, 6*n.*
Atractivo(s):
de administración de
inventarios, 334
de crédito, 337, 363-364
de precio, 336, 342
de simplificación, 335-336, 338
del mercado, 38, 39
Atractivos de ventas, 268,
332-339, 366-368
atractivos de simplificación,
335-336, 338
de asistencia financiera, 337
de disposiciones de
protección, 334-335, 338
de precio, 336, 338
del producto, 332-333, 338
logísticos, 333-334, 338
relación entre objetivos y,
338-339
selección e implementación
de los, 339-346
Atributos:
análisis conjunto, 83-86
determinantes, 66, 69-73, 79
posicionamiento con base en
los, 182
Atrincheramiento, 35
Attanasio, Bob, 356*n.*
Baier, Martin, 306*n.*
Baker, David B., 431*n.*
Banca, 186, 195
personal, 195
Banco de información en línea,
432
BAR (Broadcast Advertising
Reports), 442
Barrett, William, 332*n.*
Bartimo, Jim, 374*n.*
BASES, 215
Bases de datos:
de clientes, 185
de consumidores, 94, 306,
307, 310
de la industria, 95, 115-119
desarrollo de las, 309-310
en CD-ROM, de industrias, 96
éxito comercial, 37
externas, 312
historiales de compra, 309
información de empresas, 432,
433
internas, 123-124
perfiles de clientes, 312-313
principales, 309
segmentación de las, 310
Bases de poder:
alternativas disponibles, 341
relaciones de ventas y
distribución, 340-343
tipos de, 341
Beale, Claire, 255*n.*
BeautiControl Cosmetics, 332
Belch, George E., 269*n.*
Belch, Michael A., 269*n.*
Belgner, Brent, 342*n.*
Berger, Paul, 290*n.*, 310*n.*
Berrigan, John, 81*n.*, 90*n.*, 91*n.*, 92
Berry, Jon, 124*n.*
Berry, Leonard, 8*n.*
Bessen, Jim, 296*n.*, 306*n.*
Bhat, Subodh, 220*n.*
Bickert, Jack, 124*n.*
Black & Decker, 35, 149, 188, 392
Blalock, Dawn, 44*n.*
Blattberg, Robert, 95*n.*, 298*n.*,
305*n.*, 309*n.*

Bogart, Leo, 272*n.*
Bonoma, Thomas V., 389*n.*, 391*n.*, 391, 392*n.*, 426*n.*, 427*n.*
Boston Consulting Group (BCG), 400
Boulding, William, 253*n.*
Boyd, Harper, 261*n.*
Brand equity (equidad de marca), 182-183, 220, 253
Brand Preference Change Measurements, 443
Brandt, Richard, 374*n.*
Brewer, Geoffrey, 330*n.*
Briesch, Richard, 298*n.*
Broadbent, Simon, 160*n.*
Brown, Barry, 256*n.*
Brown, James, 326*n.*
Brown, Paul B., 392*n.*
Brown, Rick, 39
Brown, Warren, 223*n.*
Bukro, Cassey, 34*n.*
Burns, Greg, 36*n.*
Burton, Thomas, 111*n.*
Busch, Paul, 345*n.*
Buzzell, Robert D., 8*n.*, 9, 283*n.*

Calidad:
  casa de la, 49
  ciclo de vida del producto y, 192
  complementos de, 165
  del producto, 192
  desempeño y satisfacción, 8-10
  dimensiones de la, 7-8
  satisfacción del cliente y, 6-8
Camacho, Frank E., 80*n.*
Campenelli, Melissa, 358*n.*, 359*n.*, 362*n.*, 369*n.*
Canal de distribución, 325-329
Canibalización, 200, 206, 217, 227
  apalancamiento de marcas, 220
  fijación de precios y, 242
Capacidad de compra, 59, 64-65, 177
Carlton, Jim, 183*n.*, 239*n.*
Carroll, J. Douglas, 84*n.*
Casa de la calidad, 48, 51
Case Corporation, 27
Castle (A. M.), 334
Catalina Marketing, 298, 306
Caterpillar, 188, 333
Census of Manufacturing, 116
Census of Retailing, 116
Centro de compras, 60, 61
Cespedes, Frank V., 356*n.*
Ciclo de vida del producto:
  distribución y, 192
  estrategia de marketing y, 191
  etapas del, 189-190
Círculo virtuoso, 10
Citicorp, 195
Clancy, Kevin, 215*n.*
Clark, Don, 210*n.*, 212*n.*, 437*n.*
Clarke, Darral G., 161*n.*
Classic Apparel, Inc., 378-379
Clausing, Don, 51*n.*, 52*n.*
Cláusulas escalonadas, 335
Clientes antiguos, reactivar, 308
Cluster PLUS 2000, 89
Coca-Cola Company, 44-45, 286-287
Código Universal de Producto (CUP), 94
Cohen, Iris, 254*n.*
Coleman, Culmatta, 35*n.*
Colgate, 401
Colgate-Palmolive, 32
Collins, Robert, 345*n.*
Collins, Thomas, 124*n.*
Colusión, 193, 245
Combs, Richard E., 96*n.*
Comercialización, de nuevos productos, 219-221
Comercializadores piratas, 335
Comisiones de ventas, 353-355, 359-362, 409-410
Compaq Computer Corp., 239, 333
Compatibilidad con el valor o la experiencia, disposición de compra y, 63
Compensación de la fuerza de ventas, 409-410
Competencia:
  distintiva, 26
  en el análisis de productividad, 161
  impacto de la, sobre la estrategia corporativa, 25
  inteligencia competitiva, 95-102
  posicionamiento de productos, 181-182
  ventas de la industria, 90-93
Complementos de calidad, 165
Comportamiento del consumidor, 87-90
Compradores:
  canales de distribución y, 326
  estimular las consultas de los, 293
  fijar como objetivo los, en el segmento de mercado, 87-90
  marketing directo y, 291
Compuserve, 432
Concepto de marketing, 5-6, 12, 18-20
Concesiones de devolución, 335
Conference Board, 113
Conocimiento, como objetivo publicitario, 261
Consignación, 335
Construcción:
  de la imagen corporativa, 263-264
  de la imagen de la línea de producto, 263-264
  de tráfico, promoción de ventas y, 294
Consultas, promoción de ventas y, 292
Consumer Economic Service Data, 443
Consumer Expenditure Survey, 443
Consumidores maduros, 82
Contratos a largo plazo, 335, 339
Control:
  planes anuales de marketing y, 424-431
  posterior a la acción, 424
Conveniencia, 165
Cooper, Robert, 198*n.*, 201*n.*, 208*n.*, 209*n.*
Coordinación, 17, 18
Coors, Peter, 36
Corporate Intelligence, Inc., 441

Cosechar, 39
Costo(s):
asignable, 146
de escala variable (costos semifijos), 150-151
de transporte, 365-366
en decisiones sobre fijación de precios, 237-238
semifijos (costos de escala variable), 150-151
sobrantes de, 430
y capacidad de compra, 65, 70, 177-178
(*Véase también* Costos fijos; Costos variables)
Costos fijos, 144-147
costos semifijos, 150-151
directos, 146
en el presupuesto de publicidad, 152-156
indirectos, 146
tipos de, 146-147
Costos variables, 144-145
comisiones de ventas, 359
costos semifijos, 150-151
County Business Patterns, 115, 116
Cravens, David, 357*n.*
Creación de nuevos productos, 31-32, 198-223
análisis del negocio, 217-218
arquitectura del producto, 210
comercialización, 219-221
consideraciones de fabricación, 211
decisión estratégica, 217
en la estrategia de marketing de la línea de producto, 199
equipos multidisciplinarios, 203
etapas del proceso de, 200-201
generación de ideas, 203-205
investigación y desarrollo (I&D), 401-402
pruebas de concepto, 206
stage-gate (o secuencial) *versus* paralelo, 201-205
tamizado, 205-209
tipos de nuevos productos, 198-200
Credibilidad, en mensajes efectivos, 268
Creencias acerca de marcas, cambiar las, 263
Cron, William L., 369*n.*
Cuotas de ventas, 113, 369
Cupones, 82, 292, 294, 297, 300, 301
cruzados, 294
Current Industrial Reports, 117
Curry, David, 227*n.*

Chakravarty, Subrata, 250*n.*
Chandrasherakan, Murali, 71*n.*
Chang, Dae, 8*n.*, 9
Churchill, Gilbert, 345*n.*

Dalbey, D., 282*n.*
Data Resources, 432
Datos de la industria, 110-112, 115-119, 127-133
David Shepard Associates, 311*n.*
Davis and Geck, 126
Dawkins, Peter, 157*n.*
Day, George, 54*n.*, 149*n.*, 190*n.*
Debilidades, oportunidades, fortalezas, amenazas (DOFA), 96, 98-99
Decisiones de compra, 67-69
DeGeorge, Gail, 36*n.*
Deighton, John, 95*n.*, 305*n.*, 309*n.*
Del Monte, productos alimenticios, 268
Delaney, Joan, 427*n.*
Dell Computers, 333
Della Femina, agencia de publicidad, 88
Delphi, prueba, 433
Demanda:
características de clasificación de la, 88-90
de la empresa, 239
de mercado, 239
elasticidad cruzada y, 164, 241
elasticidad del mercado y, 229
elasticidad-precio de la (*véase* Elasticidad-precio de la demanda)
en el pronóstico de ventas (*véase* Pronóstico de ventas)
primaria (*véase* Demanda primaria)
Demanda primaria:
análisis de la, 49, 59-65
brecha en la, 112, 188, 191
disposición y capacidad de compra y, 62-65, 176-177
objetivos de fijación de precios con base en la, 226, 230
Demanda selectiva:
análisis de la, 50, 65-73
atributos determinantes, 66, 69-73
brecha en la, 112
objetivos de fijación de precios con base en la, 226, 230
proceso de decisión y, 67-69
Demografía:
análisis de la tendencia social, 434
en la identificación del comprador, 60
impacto de la, sobre la estrategia corporativa, 25
sistemas geodemográficos agrupados, 88-89
Demographic Research Company, 444
Demostraciones del producto, 270
Desarrollo:
de nuevos mercados, prueba de conceptos (tamizado), 205-209
del mercado, 30, 33
paralelo, 202-203
Descentralización, 397
Deschamps, Jean-Philippe, 10*n.*, 10

Descuentos:
dirigidos, 307
por cantidad, 336, 339
acumulada, 368
por espacios, 295
por pago en efectivo, 337
Desempeño:
calidad, satisfacción y, 8-10
del segmento de ventas, 376-380
del territorio de ventas, 358-359, 373-375
Deseo, en mensajes efectivos, 268
DESIGNOR, 215
Despachar a tiempo, 333
Despliegue de la función de calidad (DFC), 51
Desviación, grados de, 426-427
Deveny, Kathleen, 295*n.*
DIALOG, 432, 444
Dictaphone, 356
Digital Equipment Corporation (DEC), 394
Dilema del prisionero, 192
Diligenciamiento, 314
Dillon, William, 55*n.*, 56
Discriminación de precios, 245, 336
Diseño del mensaje, 267, 268-271
argumentos de texto en el, 269
contenido de un mensaje efectivo y, 268
estilo de ejecución en, 269-271
Diseño:
de productos, 178
industrial, 211
Disponibilidad de espacio y capacidad de compra, 65
Disposición de compra, 59, 62, 63-64, 176-177
desarrollo de productos y, 324
Distribución:
ampliar la, 180
ciclo de vida del producto y, 192
eliminación, 313
exclusiva, 327, 335
intensiva, 327
selectiva, 327
sistema de despacho directo al almacén, 324
Distribuidores (*véase* Intermediarios; Minoristas; Mayoristas)
Diversificación, 34-35, 41
Dolan, Robert, 206*n.*, 241*n.*
Donahue, George, 254*n.*, 255*n.*
Dornoff, Ronald J., 71*n.*
Dortch, Shannon, 111*n.*
Dow Chemical, 263
Dow Jones News Retrieval, 432, 444
DRI-VisiCorp, 432
Dryden, Steven J., 64*n.*
DuBoise, Lois, 359*n.*
Dubow, Joel S., 87*n.*
Duerr, Michael, 402*n.*
Dumaine, Brian, 395*n.*
Dwyer, F. Robert, 343*n.*
Dynascan, 365

Eastman Chemical, 11-12
Economías de escala, 148, 149, 188, 237
Efectividad y eficiencia del marketing, 161
Efecto(s):
de la curva de experiencia, 149
de la interacción, en el análisis de productividad, 161
de la línea de producto, de la promoción de ventas, 301
del margen de contribución variable, 363-364, 366-369
El-Ansary, Adel, 326*n.*
Elasticidad cruzada de la demanda, 164-165
para productos complementarios, 242
para productos sustitutos, 242
Elasticidad de la demanda:
de la empresa, 229-231
del mercado, 229-231
del segmento, 230
Elasticidad-precio de la demanda, 228-232
de la empresa, 229-231
del mercado, 229-231
del segmento, 229-231
estimación de la, 232-236
Electric Power and Research Institute (EPRI), 90
Eli Lilly, 32
Eliminación de productos, 36
Empaque, capacidad de compra y, 65
Empleados, número de, 116
Emshoff, J. R., 162
Enfoques de factor corolario único, para medir el potencial del mercado relativo, 120
Ennis, F. Beavin, 122*n.*, 181*n.*
Ensayos del producto, promoción de ventas y, 292, 293
Entorno:
estrategia corporativa y, 24-28
monitoreo del, 431-434
Entrenamiento de la fuerza de ventas, 408
Eppen, Gary, 298*n.*
Eppinger, Steven, 210*n.*, 211*n.*
Error de pronóstico, 127, 134-135
Escala multi ítem, 81-82
Escenarios, 433
Estado de pérdidas y ganancias, 143
Estandarización, 188
Estilo de ejecución, 269-271
Estilo de vida, en la identificación del comprador, 60-6 (*Véase también* Demografía)
Estimados con base en el criterio, para productividad, 161-164
Estimados con base en el juicio:
de respuesta a las promociones de ventas, 301
en el pronóstico de ventas, 133
visitas de ventas y volumen de ventas, 357-358
Estimados de la frecuencia de visitas, 355-356
Estrategia corporativa, 23, 24-36, 393-394
crecimiento (*véase* Estrategias de crecimiento)

de consolidación, 30
factores del entorno, 25-28
fortalezas y debilidades, 26-28
misión y objetivos corporativos, 28-30
Estrategia(s):
de captación, 181-183
de conservación, 183-186, 294, 307-308
de consolidación, 30, 35-36
de crecimiento, 31-35
de la mezcla de productos, 23-24, 36-41, 43
de *statu quo*, 31
global, 25, 34, 188-189
multinacional, 34
organizacional, necesidades de los clientes en el segmento objetivo, 394-395
regional, 34
Estrategias de captación, 181-183
demanda primaria, 176-179, 189-191
demanda selectiva, 179-186, 189-191
para mercados actuales, 31-33
para nuevos mercados, 33-35
Estrategias de marketing, 17, 173, 175-176
análisis de la situación y, 194
ciclo de vida del producto y, 189-190, 192
de demanda primaria, 59-65, 176-179, 192, 226
de demanda selectiva, 179-186, 226
definición, 173, 175
ejecución de las, 390-396
enfoque de seis pasos, 72
línea del producto, 191-192, 200, 397-400
objetivos de la promoción de ventas y, 298
objetivos de marketing directo y, 308
objetivos de ventas y distribución, 329, 330
objetivos del producto, 187-188
selección de, 186-189
Estrategias en la demanda primaria, 176-179, 191
cambio de actitudes en las, 262
capacidad de compra y, 62, 64-65, 177
disposición de compra y, 62, 63-64, 176-177
para aumentar la tasa de compra, 177-179, 294-295
Estrategias en la demanda selectiva, 179-186, 191
de captación, 181-183
de conservación, 183-186, 191
Estructura del mercado del producto, 53-55
Estructura organizacional, 10-12, 396-413
del mercado, 399-400
estrategia corporativa y, 393-394
factores que influyen en la, 392-393
funcional, 396-397
gerencia de la fuerza de ventas y, 390, 405-410
gerencia de relaciones y, 400-404
multidivisional de producto, 399
por producto, 397-399
Etapa:
de crecimiento, 189
de descenso, 190
de introducción, 189, 221
de madurez, 189-190
Etiquetas privadas, 243
Evaluación del desempeño:
grados aceptables de desviación y, 426-427
implicaciones de las desviaciones en la, 427-429
programa de ventas y distribución, 371-380
programa publicitario, 281-283
programas de precios, 425
seleccionar las medidas para la, 424-426
Exclusividad, en mensajes efectivos, 268
Exhibiciones, 292, 295
Expansión del mercado, 33
Experimentos, 160, 233-234
de campo, 233-234
de mercado, 160-161
Extensión(es):
de la línea del producto, 180, 191
de·línea, 199, 220, 242
de marca, 220
horizontal de línea de producto, 180
vertical de línea de producto, 180
Extrapolar tendencias históricas, 433
Ezell, Hazel, 244*n.*

Fabricación:
de nuevos productos, 211
relación del marketing con la, 402-403
Factores:
corolarios, 120-121
económicos, impacto sobre la estrategia corporativa, 25
Fader, Peter, 194*n.*
Farquhar, Peter, 182*n.*
Federal Express (FedEx), 12
Feldman, Amy, 250*n.*
Fierman, Jaclyn, 408*n.*
Fijación de precio:
de penetración, 238, 239, 240, 243
por costos más cantidad adicional, 237-238
Filosofía *stage-gate* (o secuencial), 201-202
Finanzas, relación del marketing con las, 404
Finkbeiner, Carl, 81*n.*, 90*n.*, 91*n.*, 92
Fisher, Anne B., 263*n.*
Fisher, Marshall, 134*n.*
Ford Motor Company, 51, 222, 395
Ford, Henry, 79
Ford, Henry, II, 395

Forest, Stephanie, 36*n.*
Formación de concepto, 68
Fornell, Claes, 184*n.*, 205*n.*
Fortaleza competitiva, 38, 39, 96-100
Foust, Dean, 195*n.*
Fox, Edward, 298*n.*
Frank, Robert, 55*n.*, 180*n.*, 181*n.*
Frazer, Charles F., 260*n.*
Frazier, Gary L., 369*n.*
Frecuencia:
- definición, 277
- en programación de medios, 278
- historiales de compras, 309
- medición de la, 277
- programas de, 307
- uso de la, 277

Freeman, Laurie, 256*n.*
Frito-Lay, 26, 374
Fuerza de ventas, 405-410
- asignación de la, 119
- atractivos de ventas y, 339-346
- capacidad de visitas de la, 358-359
- compensación de la, 353-355, 359-362
- costos de venta y, 351*n.*, 359-366
- entrenamiento de la, 408
- evaluación del desempeño de la, 371-372
- gerencia de la, 345-346
- herramientas de ventas de la, 408-409
- motivación de la, 409-410
- patrón de frecuencia de visitas de la, 355-359
- procedimientos de operación estándar para la, 408-409
- relaciones de poder y, 340-343, 344-345
- selección de la, 407-408
- sistemas de ventas misioneras, 324-325
- tamaño de la, 353-354
- (*Véase también* Representantes del fabricante)

Fuld, Leonard M., 96*n.*, 99*n.*
Funciones de la respuesta de ventas, 159, 301

Gallup Organization, 351*n.*
Garvin, David, 8*n.*
Gastos de promoción, 119
Gastos de venta, 406
Generación de consultas a través de la respuesta directa, 306
Generación de ideas, 203-205
General Electric, 264
General Mills, 57, 291, 300
General Motors, 36, 149, 253, 264
Gensch, Dennis, 272*n.*, 280*n.*
Georgoff, David M., 127*n.*
Gerencia:
- de categorías, 256
- de la calidad total, 11

Gerencia de marketing:
- coordinación de funciones en la, 17, 390-396
- estructura organizacional y, 16, 389-413
- niveles de la, 15-16
- orientación futura, 6
- planeación del marketing y la, 18

Gerencia media, 3, 15-16
- decisiones de marketing y, 15
- estándares de desempeño y, 426
- plan corporativo y la, 41
- (*Véase también* Alta gerencia)

Gerente (director) de publicidad, 255-256
- en proceso de evaluación, 282-283

Gerente de producto (marca), 398
Geurts, Michael, 131*n.*
Glaxo, 27, 241
Glazer, Rashi, 95*n.*
Globalización (*véase* Marketing internacional)
Goetsch, Hal, 415*n.*
Goodyear Tire and Rubber, 327
Gougis, Michael, 63*n.*
Gould, Susan, 405*n.*
Grace, Robert H., 359*n.*
Grant, Alan, 12*n.*, 182*n.*, 203*n.*
Green, Paul E., 83*n.*, 84*n.*, 86*n.*
Greer, Bart, 74*n.*
Grey Advertising Agency, 284
Griffin, Abbie, 51*n.*, 402*n.*
Gross Rating Points (GRP), 277-279
Grossman, Laurie, 74*n.*
Grover, Rajiv, 55*n.*, 56
Grover, Ronald, 36*n.*
Grupos foco, 51, 205
GTE, 27
Guerras de precios, 193
Guiltinan, Joseph, 244*n.*

Haire, Maison, 63*n.*
Haley, Russell I., 81*n.*
Hamel, Gary, 6*n.*
Hanan, Mack, 401*n.*
Hansotia, Behram, 313*n.*
Hardy, Kenneth, 296*n.*
Harley Davidson, 9
Hauser, John, 51*n.*, 52*n.*, 194*n.*, 216*n.*, 402*n.*
Healthy Choice, comidas, 263
Helene Curtis, 403
Henkoff, Ronald, 333*n.*
Henry, David, 365*n.*
Herramientas de ventas, 408-409
Hewlett-Packard, 183, 199, 408
Hill, Edith, 223*n.*
Hippel, Eric von, 204*n.*
Hirobayashi, Bruce, 343*n.*
Hirsch, James, 226*n.*
Historias de caso, 270
Hoescht Roussel, 358-359
Hof, Robert, 307*n.*
Hoke, Henry, 306*n.*
Holak, Susan, 220*n.*
Holmes, Jerry, 12*n.*
Honda Motor, 9
Hosseini, Jamshid C., 70*n.*
Howard, John A., 67*n.*, 68*n.*
Hughes, Arthur, 315*n.*
Hulbert, James, 429*n.*
Hulland, John, 215*n.*
Hultink, Erik Jan, 219*n.*

Humor, en
publicidad, 271

IBM, 32, 183, 392, 408, 410
IBP, Inc., 149
Identificación del comprador, 59-62
IKEA, 390
Impulsar el producto, 295
Incentivos al cliente, 184, 409-410
Índice(s):
de desarrollo de categorías (IDC), 122-123, 272
de desarrollo de marca (IDM), 122-123, 272
de factores corolarios múltiples, para medir el potencial del mercado relativo, 120-121
del Poder Adquisitivo (IPA), 120-121
publicidad/ventas, 266
Industria automotriz, mercados relevantes en la, 57
Industry Reports, 445
Información:
defensiva, 431
ofensiva, 431
pasiva, 431
Information Access Corporation, 445
Information Resources Inc., 160, 295
Inglaterra, 270
Integración:
hacia adelante, 32
vertical, 32-33, 328
hacia atrás, 32
Inteligencia competitiva, 50, 95
Intelliquest Inc., 183
Intercambios de relación, 184-185
Intermediarios:
asistencia promocional e, 299-300
aspectos de rentabilidad para los, 151-152
estructura del canal de distribución, 325-329
objetivos de apoyo al distribuidor y, 330, 331
poder de los fabricantes *versus*, 340-343
promociones para comerciantes, 290, 291-296
promociones para la construcción de tráfico e, requerimientos, 340
sistemas de venta para comerciantes y, 324
(*Véase también* Minoristas; Mayoristas)
International Media Guide, 445
Internet, 290, 305, 307
Introducción de nuevos productos, 219-220
Intuit, 195
Inventario:
construcción de, a través de la promoción para comerciantes, 293, 295
costos de mantener el, 333, 334
Investigación y desarrollo (I&D):
medicamentos, 27
relación del marketing con, 401-402
Iron City, cerveza, 88

Jackson, Donald, 372*n.*
Jacob, Rahul, 364*n.*
Japón:
calidad y, 7
costo de los préstamos en, 246
fabricantes en el, 343
publicidad comparativa en, 270
tasa de cambio, 246
valores en, 64
Jaworski, Bernard, 10*n.*, 14*n.*, 269*n.*
Jerarquía de efectos, en publicidad, 257-260
Johnson, H. Thomas, 353*n.*
Joint ventures, 26, 393

Kahn, Barbara, 67*n.*, 69*n.*
Kahn, Kenneth B., 127*n.*
Kalyanaram, Gurumurthy, 71*n.*, 200*n.*, 242*n.*
Kaplan, Robert S., 353*n.*
Kapstein, Jonathan, 64*n.*
Kardes, Frank R., 71*n.*
Kassarjian, Harold H., 67*n.*
Kattle, Lynne R., 87*n.*
Kaul, Anil, 237*n.*
Keen, William, Jr., 126*n.*
Keenan, William, Jr., 355*n.*
Keets, Heather, 61*n.*
Keith, Janet, 372*n.*
Keller, John, 28*n.*
Keller, Kevin, 182*n.*, 220*n.*
Kelley, Bill, 357*n.*
Kelly, John, 284*n.*
Kerwin, Kathleen, 223*n.*
Khermouch, Gerry, 270*n.*
Kilburn, David, 270*n.*
Kilman, Scott, 149*n.*
Kilpatrick, David, 392*n.*
King, Resa, 64*n.*
Knain, D. Matthew, 80*n.*
Kohli, Ajay, 10*n.*, 14*n.*
Konrad, Walecia, 395*n.*
Koselka, Rita, 329*n.*, 333*n.*
Kreshel, Peggy J., 278*n.*
Krieger, Abba M., 86*n.*
Kumar, Anil, 333*n.*
Kuntz, Mary, 219*n.*, 437*n.*

LaForge, Raymond, 357*n.*
Lampkin, Mary, 190*n.*
Lancaster, Kent M., 278*n.*
Land's End, 185
LapCom Computer, 318
Lattin, James M., 67*n.*
Lavidge, Robert J., 258*n.*
Lawder, David, 36*n.*
Lawrence, Roberta, 284*n.*
Lazarus, George, 36*n.*
Leading National Advertiser, Inc. (LNA), 445
Lealtad:
al tamaño, grado de, 297
de marca, 183-184, 258, 260

Lectores ópticos, 233, 295, 301
Lee Corporation, 80
Lee, Eunkyu, 253*n.*
Lefton, Terry, 268*n.*
Leigh, Thomas, 345*n.*
Lever Brothers, 395, 400
Levitt, Theodore, 283*n.*
Lewis, Richard, 358*n.*
Liderazgo precio-costo, 181
Lieberman, Joshua, 298*n.*
Límites del mercado, 55-58
amplios, 55-57
estrechos, 57-58
Linkster, Inc., 143-145, 146-147, 153, 166, 167-168, 304, 313-316, 421-423
Lipman, Joanne, 262*n.*, 282*n.*
LITMUS, 215
Little, John D. C., 95*n.*, 163*n.*, 281*n.*
Lockwood, Thornton C., 283*n.*
Lodish, Leonard M., 281*n.*
Longman, Kenneth A., 261*n.*
Loomis, Carol J., 392*n.*
Lucas, Allison, 351*n.*

Machalba, Daniel, 29*n.*
MacInnis, Deborah, 269*n.*
Mackay, Harvey, 21*n.*
Madden, Thomas J., 271*n.*
Madrigal, Robert, 87*n.*
Mag Instruments, 392
Magnet, Myron, 434*n.*
Magrath, Allan J., 340*n.*
Mandese, Joe, 279*n.*
Manufacturer's Agent National Association, 360
Margen de contribución, 145-147, 152-156
variable porcentual (MCVP), 154-155, 158
Markels, Alex, 16*n.*
Market Profile Analysis, 446
Market Research Corporation of America (MRCA), 55
Market Statistics, Inc., 446
Marketing:
de frecuencia, 185
masivo, 79
Marketing de la línea de producto, 191, 200, 397-400
de productos complementarios, 165, 185-186, 242, 243
evaluación del desempeño del, 425
modelos de portafolio en el, 40-41
objetivos de fijación de precios con base en el, 241, 243
para productos sustitutos, 96, 164, 242
plan anual de marketing y, 434-435
planes anuales por producto para, 416-417
Marketing directo, 290-291, 305-318
definición, 290
objetivos publicitarios para, 264
Marketing internacional:
estrategia de marketing y, 188-189
estrategia global, 34, 188-189
estrategia multinacional, 34
estrategia regional, 34
fijación de precios y, 246-247
publicidad en el, 283-285
Marketing Metrics, 183
Marriott Corporation, 80
Marshall, Michael, 359*n.*
Mason, J. Barry, 244*n.*
Mathews, Jay, 250*n.*
Matriz de fortaleza de un competidor, 97
Mayoristas:
poder de los fabricantes *versus*, 341
tipos de, 326-327
(*Véase también* Intermediarios; Minoristas)
McClanglin, Edward W., 337*n.*
McCraw, Patrick, 345*n.*
McDonough, Edward, 219*n.*
McGraw, Gary, 12*n.*
MCI Communications, 268
McQuarrie, Edward, 204*n.*
McRoberts, Flynn, 334*n.*
McWilliams, Gary, 394*n.*
Mead Data Central, Inc., 446
Media Market Guide, 446
Mediamark Research, Inc. (MRI), 114*n.*, 272, 447
Median, Arthur, 354*n.*
Medición del mercado, 109-138
definición de lo que se va a medir en la, 112
implicaciones para las estrategias y los programas de marketing, 191
potencial del mercado relativo, 119-124
potencial del mercado total, 112-119
pronósticos de ventas y, 110, 124-135
Medidas:
orientadas por esfuerzos, 371-372
orientadas por resultados, 371-372
Medios, costos de los, 267
Menko, Robert, 205*n.*
Mensaje publicitario:
definición, 253
diseño del (*véase* Diseño del mensaje)
modelo AIDA, 257-259
Mentzer, John T., 127*n.*
Mercado(s):
actuales, estrategias de crecimiento para, 31-33
de prueba en laboratorio, 214
de prueba simulados, 214-216
del consumidor, estimación del potencial en los, 113-115
del producto, 53
nicho de, 182
objetivo, 50, 103
objetivo, ventaja competitiva y, 79-108
Mercado de prueba, 216-217
electrónico, 217
simulado, 214-216
Mercado relevante, 49, 53-58
definir el, 53-58, 103
en el análisis competitivo, 103

estructura del mercado del producto, 53-55
límites en el, 55-58
Mercados industriales:
estimar el potencial en los, 115-119
modelos de calificación en, 206-208
Merck, 32
Merrill Lynch Economic Regional Database, 447
Métodos de pronósticos con base en modelos descriptivos, 131-133
Meyer, Robert J., 67*n*., 69*n*.
Microsoft, 219, 436-437
Milband, Dana, 327*n*.
Miller Brewing, 63, 176
Minnesota Mining Manufacturing (3M) Company, 176, 177
Minoristas:
análisis de rentabilidad para los, 151-152
poder de los fabricantes *versus*, 342
promoción de ventas y, 294
puntos de ventas al detal, número de, 113
tipos de, 327
Misión corporativa, 28-30
Mitchell, Susan, 89*n*.
Mitsubishi, 51
Mobil Oil, 105
Modelo(s):
ADBUDG, 162-163
atención-interés-deseo-acción (AIDA), 257-258
de adopción de innovación, 258
de calificación, 206-207
de control de rumbo, 424
de la ventana del negocio, 36-39
de mercado de preprueba, 214-216, 233-234
de regresión múltiple, 131-132, 232-233
NewProd, 208
Modelos de portafolio de productos, 37-38
implicaciones y limitaciones, 39-41
planeación de productos y, 39-41
Modelos de pronósticos con base en series de tiempo, 127-129
promedios móviles, 128-129
proyecciones lineales, 129
suavización exponencial, 128-129
Modificación del programa, 429-431
Momento oportuno:
para la introducción de nuevos productos, 219-220
programación de los gastos publicitarios, 275-277
Monahan, James P., 367*n*.
Montague, Bill, 247*n*.
Montgomery, David, 149*n*., 431*n*.
Moore, Pamela, 250*n*.
Moorhead, John D., 96*n*.
Morton, Jackson, 433*n*.
Motivación de la fuerza de ventas, 409-410
Motorola, 211
Moukheiber, Zina, 344*n*.
MRI (Mediamark Research, Inc.), 114*n*., 272
Murdick, Robert G., 127*n*.
Murray, Matt, 31*n*.
Myers, James H., 72*n*.

Nabisco, 324
Nagle, Thomas, 243*n*.
Narus, James, 341*n*.
National Semiconductor, 365-366
Naughton, Keith, 223*n*.
Nayak, P. Ranganath, 10*n*., 10, 21*n*.
Necesidades:
de experiencia, 269
funcionales, 269
simbólicas, 269
Network, 393
New Competitor Intelligence, 96
NEXIS, 432, 447
Nichos, 182
Nielsen (A. C.), 276
Nissan, 32, 259
No linealidad, en el análisis de productividad, 162-164
Nonaka, Ikujiro, 203*n*.
Novak, Thomas P., 87*n*.
NPD Research, 448
Nuevos mercados:
estrategias de crecimiento para, 33-35
prueba de conceptos (tamizado), 205-209
Nussbaum, Bruce, 211*n*.
NutraSweet Co., 63

O'Brien, Timothy, 195*n*.
O'Connell, Vanessa, 195*n*.
O'Connell, William A., 355*n*.
Objetivos:
corporativos, 28-30, 418
de desarrollo de cuentas, 330, 331
de fijación de precios, 225-228
de la promoción de ventas, 292-296
de los medios de comunicación, 275-279
de penetración de cuentas, 330, 331
de ventas y distribución, 329-331
del apoyo al distribuidor, 330, 331
del mantenimiento de cuentas, 330, 331
del plan anual, 418-421
del producto, 47, 186-187, 418-420
del programa, 429-431
del volumen de ventas, 329-330
en la selección de la estrategia de marketing, 186-187
establecer, 17
publicitarios, 260-264, 267
Oficina del Censo, 433
Oh, Sejo, 343*n*.
Ohmae, Kenichi, 26*n*.
Oldsmobile, 262

Online Site Evaluation System (ONSITE), 448
Ono, Yukimo, 270*n.*
Oracle Corporation, 394
Organización:
  de gerente de producto, 398
  del producto, 401-404
  multidivisional de producto, 399
  orientada al mercado, coordinación de la, 394-395, 401-404
  sin ánimo de lucro, 12, 14
Orgill, Margaret, 44*n.*
Orientación hacia el mercado, 10-14, 18
  componentes de la, 10-14
  medición de la, 13-14
  planeación del marketing y, 14
Orwall, Bruce, 308*n.*
Owens, John N., 383*n.*

Paley, Norton, 133*n.*
Paneles de consumidores, 54, 55
Paquete:
  conjunto mixto, 244
  de producto, estrategia, 186
  líder mixto, 244
Parasuraman, A., 8*n.*
Park, C. Whan, 220*n.*, 269*n.*
Parsons, Leonard, 192*n.*
Participación de mercado:
  análisis de la paridad competitiva y, 159-160
  cálculo de la, 125
  crecimiento en, 53
  definición, 53-58
  estrategias en la demanda selectiva para la construcción de, 179-186, 192
  gastos y niveles de, 162
  mercados relevantes, 53-58
  objetivos de, en el plan anual de marketing, 420
  presupuestos de marketing y, 156-159
  publicidad y, 162-164, 259, 267
Pasavant, Pierre, 313*n.*
Patrones de compra del consumidor, 297-298
Patti, Charles H., 260*n.*
Penetración del mercado, 31
Peppers, Don, 95*n.*
PepsiCo Inc., 253, 270, 286
Perfil del mercado, creación de un, 95-96
Perspectiva orientada al cliente, 6
  calidad y, 6-8
  estructura organizacional y, 394-395
Peter, J. Paul, 426*n.*
Peters, Thomas J., 399*n.*
Peterson, Laurie, 398*n.*
Petre, Peter, 394*n.*
Philip Morris, 253
Phillips, Lynn, 8*n.*, 9
Physician Sales and Service (PSS), 409
PIB/LNA Magazine Advertising Analysis, 446
Piercy, Nigel, 435*n.*
Pierey, Nigel, 352*n.*
Piirto, Rebecca, 88*n.*
Pillsbury, 400
Pisano, Gary P., 403*n.*
Plan anual de marketing, 415
  control y, 424-431
  desarrollo del, 418-423
  monitoreo del entorno y, 431-434
  objetivos del, 418-421
  organización para el, 434-435
  tipos de, 416-418
  (*Véase también* Planeación del marketing corporativo)
Plan anual por productos (departamento), 416-417
Planeación del marketing, 15-18
  alta gerencia y, 15, 23
  estrategia corporativa en la, 23, 24-25
  estrategia de la mezcla de productos en la, 23, 24, 36-41
  gerencia de marketing y, 15-16, 18
  gerencia media en la, 41
  organización para la, 434-435
  pasos básicos en la, 17
  pronósticos de ventas de la industria en la, 109
  (*Véase también* Plan anual de marketing)
Planes anuales de ventas, 417-418
Poder:
  de experto, 344-345
  de recompensa, 345
  de referencia, 345
Porter, Henry, 355*n.*
Porter, Michael, 41*n.*
Posicionamiento:
  de beneficio/atributo, 182
  de confrontación directa, 181
  de productos, 97, 181-183
  diferenciado, 182
  orientado hacia el cliente, 182
Potencial de remplazo, 117-119
Potencial del mercado, 110-112
  decisiones que necesitan un estimado del, 112-113
  definición, 110
  estudios del, 205-206
  futuro, proyectar el, 116-119
  medición del, 113-119
  medir el, 119-122
  mercados del consumidor, 113-115
  mercados objetivo con alto potencial, 121-122
  mercados organizacionales, 115-119
  relativo, 119-124
  total, 112-119
Power, Christopher, 198*n.*
Prahalad, C. K., 6*n.*
Precio:
  de paridad, 239-241
  de referencia, 242
  líder, 243-244
  por paquete, 244
    mixto, 244
    estrategia, 244
  sombra, 336
Predicasts, 117, 448
Premios especiales en mercancía, 296
Premium price, 241

Prescott, John E., 96*n.*
Presupuestos, 18
  de base, 265-267
  de marketing, 152-156
  de publicidad, 264-268
  de ventas y distribución, 369-370
  directos, 152-154
  indirectos, 152, 154-156, 157
PRIZM (Potential Rating Index by Zip Markets), 89
Procedimientos de operación estándar, 408-409
Procter & Gamble, 32, 73, 176, 177, 253, 256, 291, 348-349
Productos complementarios, 165
  estrategias de marketing con base en, 185-186
  programas de fijación de precios para, 242, 243
Productos líderes:
  construcción de tráfico con, 294
  fijación de precios de, 243-244
  precio por paquete, 244
Productos sustitutos, 54, 96, 164
  programas de fijación de precios para, 242
Productos y servicios relacionados, y disposición de compra, 63
Profit Impact of Market Strategy (PIMS), base de datos, 37
Programa(s):
  continuo, 275
  de franquicias, 328-329
  de mejoramiento, 307
  de referencia, 306
  de ventas cruzadas, 307
  intermitente, 275
Programación de los gastos, 275-277
Programación de los medios de comunicación, 271-275
  distribución del mensaje y, 275-278
  programa de los medios de comunicación, establecer el, 279-281
  selección del medio en la, 272-273
  selección del vehículo en la, 273-274
  tamaño, duración y posición, 274-275
Programas de fijación de precios, 192, 225-250
  consideraciones internacionales para los, 246-247
  de la empresa, 229-231
  definición, 225
  del mercado, 229-231
  del segmento, 229-231
  elasticidad-precio de la demanda, 228-232
  entorno político-legal y, 245
  estimación de los, 232-236
  factores competitivos, 236-237
  factores de costos, 237-238
  fijación de precios de paridad, 239-240
  fijación de precios de penetración, 238, 239, 240
  fijación de *premium price*, 241
  medidas de desempeño para, 425
  objetivos de fijación de precios, 225-228, 230
  objetivos de los, 225-228
  para productos complementarios, 242, 243
  para productos sustitutos, 242
Programas de marketing, 17
  aspectos para considerar en el diseño de los, 309-313
  de fijación de precios, 192, 225-250
  de ventas y distribución, 192, 247
  definición, 173, 175
  desarrollo del producto, 31-32, 191, 206, 211-221
  economía distintiva de los, 313-315
  promoción de ventas, 257
  publicidad, 192, 252-287
Programas de promoción de ventas, 247, 252-253, 291-304, 317
  beneficios de los, 290
  consideraciones de diseño, 297-300
  del consumidor, 291-295, 297-298
  medidas de desempeño para los, 425
  objetivos de los, 292-296
  para comerciantes, 295
  presupuestos para los, 300-304
  promoción de ventas, definición, 290
Programas de publicidad, 192, 252-287
  agencias de publicidad, 254-255
  decisiones y organización de los, 254-257
  diseño de, 268-271
  elementos de los, 256
  evaluar la efectividad de los, 281-283
  objetivos de los, 257-264, 269, 275-279
  para mercados internacionales, 270
  proceso del presupuesto, 264-268
  programación de los medios de comunicación en los, 271-275
  responsabilidad de los, 255-256
Programas de ventas y distribución, 321-349
  atractivos de ventas, 332-339
  costos de compensación de la fuerza de ventas en los, 353-355, 359-362
  costos de transporte en los, 365-366
  costos de venta del representante del fabricante y, 359-362
  costos de venta en los, 359-366
  efectos del margen de contribución variable y, 363-364, 366-369
  estructura del canal de distribución, 325-329
  evaluación del desempeño de los, 371-380

finalización de los, 369-370
frecuencia de visitas
requerida y, 355-359
influencia del gerente sobre
los, 406
objetivos de los, 329-331
presupuesto de los, 352-370
relación del marketing con los,
403
tipos de sistemas de, 323-325
Promoción(es), 252
continuas, 294
de ventas, 290
dentro del almacén, 298
para el consumidor, 290
Promociones para comerciantes,
290, 291-296
construcción de inventario a
través de, 295-300
PROMPT, 432
PROMT, 448
Pronóstico:
error de, 127, 134-135
tecnológico, 433
Pronósticos de ventas, 110, 111,
124-138
de la empresa y producto, 109
de la industria, 109, 125
enfoques básicos de, 127-133
errores en los, 134-135
interpretación de los, 133-135
Propuesta única de ventas, 262
Prospects (Futures Group), 449
Prototipos, 212
Prueba de mercado, 212-217
electrónica, 160
Pruebas:
de concepto, 206
de nuevos productos, prueba
de producto/mercado, 211-217
de preferencia y satisfacción,
212-213
de producto/mercado,
211-217
Psicografía, 60
Publicidad:
comparativa, 270
cooperativa, 299
global, 283-285
institucional, 146
medidas de desempeño para,
281-283
para mercados internacionales,
283-285
participación de mercado y,
163, 164
política de fijación de precios,
236
presupuestos de marketing y,
156-159
ventas y, 161-163, 253
vida del producto y, 192
Punto de venta, 94, 405
Puntos de índice bruto, 277-279

Quaker Oats Company, 94, 95,
344
Quaker State Corporation, 31
Quelch, John, 291*n*., 299*n*.
Quicken, software, 195

Rand McNally's Commercial Atlas and Marketing Guide, 449
Rao, Ashak, 368*n*.
Rao, Vithala R., 54*n*., 337*n*.
Rapp, Stan, 124*n*.
Ray, Michael, 261*n*.
Rebajas por volumen, 368
Rebello, Kathy, 219*n*., 437*n*.
Recompra, 68, 69, 213
directa, 68, 69
modificada, 68, 69
promoción de ventas y, 292,
293
Recordatorio de uso, como
objetivo publicitario, 261-262
Recursos:
humanos, 405
estrategias corporativas y, 26
Reda, Susan, 80*n*.
Reddy, Srinivas, 220*n*.
Redención:
de cupones, 301
fraudulenta, 301
Reducciones de costos, 200
Reese, Jennifer, 205*n*.
Regulación (*véase* Aspectos
legales y regulatorios)
Regulación gubernamental (*véase*
Aspectos legales y regulatorios)
Reichheld, Frederick, 157*n*., 184*n*.,
380*n*.
Reid, Peter, 9*n*.
Reinertsen, Donald, 202, 203*n*.
Relaciones costo-volumen-utilidad,
147-149
Relaciones de poder, 340-345
intercambios de relaciones en
las, 343-344
papel de la fuerza de ventas
en las, 344-345
Remplazo, estimular el, 179-180
Rendimiento del margen bruto:
por pie (metro) cuadrado, 151
sobre la inversión en
inventarios, 151
Rendimiento sobre los activos
administrados (RSAA), 374-375
Rentabilidad, 9, 12, 23, 29, 31
del producto, 142, 143-159
estado de pérdidas y ganancias,
143-144
implicaciones de la, 196
objetivos de, en el plan anual
de marketing, 421
segmentos del mercado y, 94
servicio al cliente y, 156-157
Reposicionamientos, 199
Representantes del fabricante,
costos de venta y, 359-360
(*Véase también* Fuerza de
ventas)
Requerimientos del comprador o
distribuidor, 340
Respuesta(s):
afectivas a la publicidad, 258
cognoscitivas a la publicidad,
258
rutinaria, 68
Respuesta del mercado:
a la promoción de ventas, 301
ciclos de vida del producto y,
192
Respuestas de comportamiento:
a la publicidad, 258

promociones de ventas y, 290
prueba de consumidores, 87
Retirarse del negocio, 36
Rezide/1980 Update, 449
Riesgo percibido, disposición de compra y, 64
Riesz, Peter, 227*n.*
RJR Nabisco, 324
Robben, Henry, 219*n.*
Roberts, John H., 67*n.*
Roberts, Mary Lou, 290*n.*, 310*n.*
Robertson, Thomas S., 67*n.*
Robinson, William, 200*n.*
Rockmorton Chemical Corporation, 116, 117
Rockwell International, 404
Rogers, Everett, 258*n.*
Rogers, Martha, 95*n.*
Rotación:
de clientes, 61-62
de inventarios, 151
de la fuerza de ventas, 407
Rothfeeder, Jeffrey, 374*n.*
Roush, Matt, 195*n.*
Rubbermaid, 20-21
Rutherford, R. D., 363*n.*, 364*n.*
Ryan, Bernard, Jr., 282*n.*

Saab, 149
Sabavala, Darius Jal, 54*n.*
Sales Manager's Budget Planner, 449
Salmon, Walter, 291*n.*
Sandor, Grabielle, 82*n.*
Saporito, Bill, 241*n.*, 349*n.*
Sara Lee, 285
Sarathy, Ravi, 188*n.*
Sasser, W. Earl, 184*n.*, 380*n.*
Satisfacción:
del producto, 177-178
desempeño y calidad, 8-10
estrategias con base en la, 7-8, 183-184, 212-213
Satisfacción del cliente, 156-159, 183-184, 426
calidad y, 6-8
incentivos y, 184, 409-410
Satran, Dick, 437*n.*
Saturar de productos al consumidor, 295
Scanlon, Sally, 268*n.*
Schell, Ernest, 124*n.*
Schiller, Zachary, 32*n.*, 73*n.*,182*n.*, 401*n.*
Schlacter, John, 372*n.*
Schlesinger, Leonard, 12*n.*, 182*n.*, 203*n.*
Schoeffler, Sidney, 37*n.*
Schultz, Ray, 80*n.*
Schurr, Paul, 343*n.*
Schwinn Bicycle Co., 5-6
Sears, 253
Secuencia de fragmentos de la vida, 270
Segmentación:
del mercado, 79-80
por beneficios, 81
Segmentos del mercado, 50, 81-90
análisis conjunto, 83-86
características de clasificación de los, 88-90
enfoque con base en las necesidades, 81-82
estabilidad, 93
estrategias de segmentación, 94
evaluación de los, 90-93
perfiles de las necesidades de los, 85
publicidad y, 271
unicidad, 90
Seinfeld, 277
Sellers, Patricia, 328*n.*, 336*n.*, 349*n.*
Selz, Michael, 151*n.*
Serafin, Raymond, 262*n.*
Service Master, 35
Servicio al cliente, venta personal directa y, 323-324
Servicios de mantenimiento, reparaciones, funcionamiento (MRF), 336
Serwer, Andrew, 241*n.*
Shapiro, Benson, 12*n.*, 344*n.*
Shapiro, Eben, 177*n.*
Sharma, Subhash, 424*n.*
Sheets, Kenneth R., 259*n.*
Shermach, Kelly, 178*n.*
Sherman, Graham, 333*n.*
Sheth, Jagdish, 183*n.*
Shimp, Terence A., 253*n.*, 258*n.*, 277*n.*, 278*n.*
Shocker, Allan, 54*n.*
Shulman, Robert, 215*n.*
Siegler, Frank, 359*n.*
Simmons Market Research Bureau (SMRB), 272
Simmons Study of Media and Markets, 449
Simon, Herman, 402*n.*
Sinergia, 41
Sinisi, John, 253*n.*
Sisodia, Rajendra, 183*n.*
Sistema(s):
administrados, 329
contractuales, 328
corporativos, 328
de administración de quejas, 184
de marketing CACI, 89, 443
de respuesta directa, 264, 290, 306
de venta personal directa, 323-324
de ventas misioneras, 324-325
de ventas para comerciantes, 324
del canal de marketing, tipos de, 323-325
estratégicos de monitoreo del entorno, 432-433
interactivos, 290-291
verticales de marketing, 328-329
Sistema de distribución física:
costos del, 365-366
relación de marketing con el, 403
Sistemas de ventas y del canal de marketing:
directos, 323
indirectos, 323
Site Potential, 450
Smallwood, Richard, 234*n.*
Smith, Daniel, 220*n.*
Smith, Lee, 21*n.*
Smith, Preston, 202, 203*n.*
Smith, Wendell R., 79*n.*, 79

Snapple, 344
Snowdon, Rose, 270*n.*
Social Indicators, 450
Soloman, Barbara, 390*n.*
Solución de problemas:
complejos, 68
decisiones de compra y, 68-69
específicos, 68
Sombra, precio, 336
Sony, 394
Sony Medical, 394
Spekman, R. E., 69*n.*
Sport Obermeyer, 136, 137-138
Spotts, Harland, 271*n.*
Sprint, 268
Spyros, Makridakis, 127*n.*
SRI Values and Lifestyles (VALS), 450
Srivastava, Rajendra, 54*n.*
Staelin, Richard, 253*n.*
Stanbrook, Lionel, 270*n.*
Standard & Poor's Industry Surveys, 450
Standard Industrial Classification (SIC), código, 115
Starch Recognition Tests of Print Advertisements, 451
Stasch, Stanley, 183*n.*
Statistical Abstract of the United States, 451
Statistical Reference Index, 451
Steiner, Gary A., 258*n.*
Stephenson, P. Ronald, 369*n.*
Stern, Louis, 326*n.*
Stertz, Bradley A., 259*n.*
Stewart, Thomas A., 397*n.*
Stone, Bob, 306*n.*
Strang, William, 345*n.*
Strategy Planning Institute, 37
Strong, Edward, 259*n.*, 261*n.*
Sullivan, Allanna, 105*n.*
Survey of Buying Power, 113
Survey of Current Business, 451
Survey of Industrial Buying Power, 115, 120, 121
Survey of Media Markets, 452
Szymanski, David, 340*n.*

Takeuchi, Hirotaka, 203*n.*
Tamaño de la cuenta, frecuencia requerida de visitas y, 355-356
Tamizado, 205-209
Tanouye, Elyse, 245*n.*
Target Group Index, 452
Tasa(s):
de adquisición, 301
de cambio de la moneda, 246
de contención, 218
de conversión, 301
de descarte, 117-119
de desplazamiento, 301
de retorno mínima, 218
de supervivencia, 117-119
Tasas de compra:
cambios en las, 116-119
estimación de las, 115
estrategias en la demanda primaria para aumentar las, 177, 294-295
promociones de ventas y, 294-295
Taurus, 222
Taylor, Thayer C., 403*n.*, 409*n.*
Técnicas de mapas perceptuales, 97-102
Tecnología:
bases de datos en CD-ROM, 96
impacto sobre la estrategia corporativa, 25
Telemercadeo, 306
Tellis, Gerard, 192*n.*
Templeman, John, 149*n.*
Tendencia social, análisis de la, 434
Tendencias históricas:
en el análisis de productividad, 159-160
en la estimación de la elasticidad-precio de la demanda, 232-233
en la medición del mercado, 232-233
extrapolación de, 433
Tenneco, 43-44
Teoría del juego, 192-194
Terminal Systems, 448
Terpstra, Vern, 188*n.*
Testimoniales, 270
Therrien, Lois, 374*n.*
Thornton, Emily, 343*n.*
Tobias, Lester L., 408*n.*
Tomkovick, Chuck, 219*n.*
Toomey, Margaret A., 278*n.*
Tootsie Roll Company, 128
Toy, Norman E., 429*n.*
Toyota, 32, 51, 259
Tracktenberg, Jeffrey A., 390*n.*
Transgas, 43
Treacy, Michael, 391*n.*
Treece, James, 61*n.*
Triplett, Tim, 291*n.*, 300*n.*
Tupperware, 73-74
Twedt, Dik Warren, 268*n.*

U.S. Industrial Outlook, 116, 117
Ubicación, en la identificación del comprador, 60
Ulrich, Karl, 210*n.*, 211*n.*
Última fecha de compra, 310-311
Unidades Estratégicas de Negocios (UEN), 15
Unilever, 395
Unión Europea, 270
Union Pacific Railroad, 29, 203
United Parcel Services, 126
Urban, Glen, 200*n.*, 215*n.*, 216*n.*
Uso:
ampliación del, de productos, 177-178
disposición de compra y, 62-64
estabilidad de, a través de culturas, 189
observación directa del, 205
problemas de, y disposición de compra, 63
relacionado, 165
situaciones de, en la estructura del mercado del producto, 54
Usuarios, estimar el potencial de, 116-117

Vacas lecheras, 142
Valor:

ampliado, 165
de los envíos, 116
de permanencia de un cliente, 315-316
presente, 218, 218*n.*
presente neto, 218
Valores, escala de, 87
VALS (valores y estilos de vida), programa, 87-88
Van Raaij, W. Fred, 93*n.*
Vasilash, Gary S., 51*n.*
Vehículos publicitarios, 273-274
Ventas:
actuales, 110, 111
de marca, 126
de sistemas, 186
desplazadas, 297
por pie (metro) cuadrado,151
potenciales, 356
Venta personal, 296, 323, 324
costos de la, 352-358
Ventaja competitiva:
estrategias en la demanda selectiva para la construcción de, 175, 181-183, 191
inteligencia competitiva, 95
marketing objetivo y, 79-108
Ventas de la empresa y de productos:
actual, 110, 111
crecimiento en las, 113
pronósticos de, 109, 110, 124-138
Ventas de la industria:
actuales, 110, 111
crecimiento en las, 111-112
en la estimación de la elasticidad de la demanda, 232-233
en la estimación de la elasticidad-precio, 232-233
potencial del mercado comparado con las, 116-117
pronósticos de, 109, 124, 125
Verhallou, Theo M. M., 93*n.*
Verity, John, 307*n.*
VISA, 33, 244
Vision Value Club, 298
Visitas de ventas:
no planeadas, 357
costo de las, 354, 359-362
Volumen de ventas, 29
análisis de ventas y, 376-377
como objetivo para sistemas de ventas y distribución, 329-330
costo del representante del fabricante *versus* personal de ventas en el, 359-361
objetivos de, en el plan anual de marketing, 420
patrón de frecuencia de visitas y, 355-359
pronóstico del (*véase* Pronósticos de ventas)
publicidad y, 258-259, 264
relaciones costo-volumen-utilidad, 148-149
Vons,supermercados, 94, 307
Voz del consumidor, 51

Walsh, Matt, 297*n.*, 306*n.*
Walters, Rockney, 300*n.*
Ward, John, 183*n.*
Warner, Fara, 57*n.*
Webster, Frederick E., 393*n.*
Weinberg, Bruce, 215*n.*
Weinberg, Charles B., 431*n.*
Weinberger, Marc G., 271*n.*
Weiner, Steve, 263*n.*, 285*n.*
Weiser, Charles, 184*n.*
Weitz, Barton, 345*n.*
Werner, Steve, 399*n.*
Wernerfelt, Birger, 184*n.*
Wersema, Fred, 391*n.*
Wheelwright, Steven, 127*n.*, 403*n.*
White, Joseph, 262*n.*
Whitlark, David, 131*n.*
Wiersma, Frederick E., 352*n.*
Wilkie, William, 6*n.*, 68*n.*
Wilson, David, 345*n.*
Wind, Yoram, 83*n.*
Windows 95, 436-437
Wine Spectrum Company, 87
Winer, Russell, 242*n.*
Wittink, Dick, 237*n.*
Wolf, Marianne, 215*n.*
Wysocki, Bernard, 32*n.*

Xerox, 397

Young, James Webb, 257*n.*
Yovovich, B. G., 278*n.*

Zeithaml, Valerie, 8*n.*
Zeltner, Herbert, 254*n.*
Ziegler Tools, 357
Zinn, Laura, 61*n.*